“考古中国”重大项目　甲编第003号
宁夏回族自治区文物考古研究所丛刊之三十九

隆德沙塘北塬遗址考古发掘报告

（第四册）

宁夏回族自治区文物考古研究所
隆 德 县 文 物 管 理 所　编 著

文物出版社

Archaeological Excavation Report on the Shatang Beiyuan Site in Longde (IV)

by

Ningxia Institute of Cultural Relics and Archaeology
Longde County Cultural Relics Administration

Cultural Relics Press

243. H253

H253 位于ⅡT0706 中部，开口于第③层下（图 4-574；彩版二〇五，2）。平面近圆形，口部边缘形态明显，底部边缘形态明显，剖面呈筒状，直壁，未见工具痕迹，坑底平整。坑口南北 1.97、东西 2.12、坑底东西 2.12、深 1.10 米。坑内堆积未分层，土色浅褐色，土质较疏松，水平状堆积，包含少量黑色斑块。

坑内出土少量陶片、兽骨，陶片以腹部残片为主，可辨器形有圆腹罐、高领罐、盆、钵，另出土石器残片 1 件（表 4-1026、1027）。

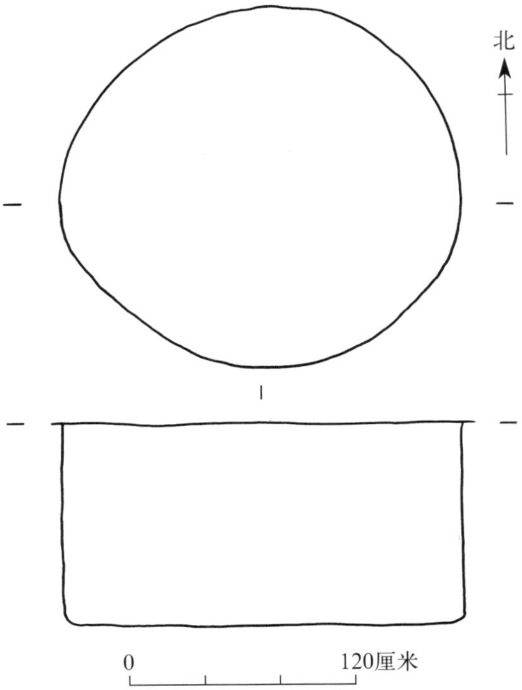

图4-574　H253平、剖面图

表4-1026　H253器形数量统计表

器形＼陶质/陶色	泥质				夹砂				合计
	红	橙黄	灰	黑	红	橙黄	灰	黑	
圆腹罐					1				1
高领罐	1								1
盆		2							2
钵	1								1

表4-1027　H253陶片统计表

纹饰＼陶质/陶色	泥质				夹砂				合计
	橙黄	灰	红	灰底黑彩	橙黄	灰	红	褐	
素面	5	2	6		7				20

续表

陶质 陶色 纹饰	泥质				夹砂				合计
	橙黄	灰	红	灰底黑彩	橙黄	灰	红	褐	
绳纹			1		3				4
麻点纹					9				9

圆腹罐　1件。

标本H253：3，夹砂红陶。侈口，圆唇，高领，束颈，颈部以下残。颈部素面。口径12、残高5厘米（图4-575，1）。

高领罐　1件。

标本H253：1，泥质红陶。喇叭口，圆唇，高领，束颈，颈部以下残。颈部饰横向篮纹，内壁素面磨光且有刮抹痕迹。口径16.4、残高3.2厘米（图4-575，2）。

盆　2件。

标本H253：2，泥质橙黄陶。敞口，圆唇，斜腹微弧，底残。口沿外侧有一周折棱，器表饰竖向绳纹，内壁素面磨光且有刮抹痕迹。口径23.2、残高5厘米（图4-575，3）。

标本H253：4，泥质橙黄陶。敞口，圆唇，斜直腹，底残。口沿外侧有一周折棱，腹部素面。口径20.4、残高4厘米（图4-575，4）。

钵　1件。

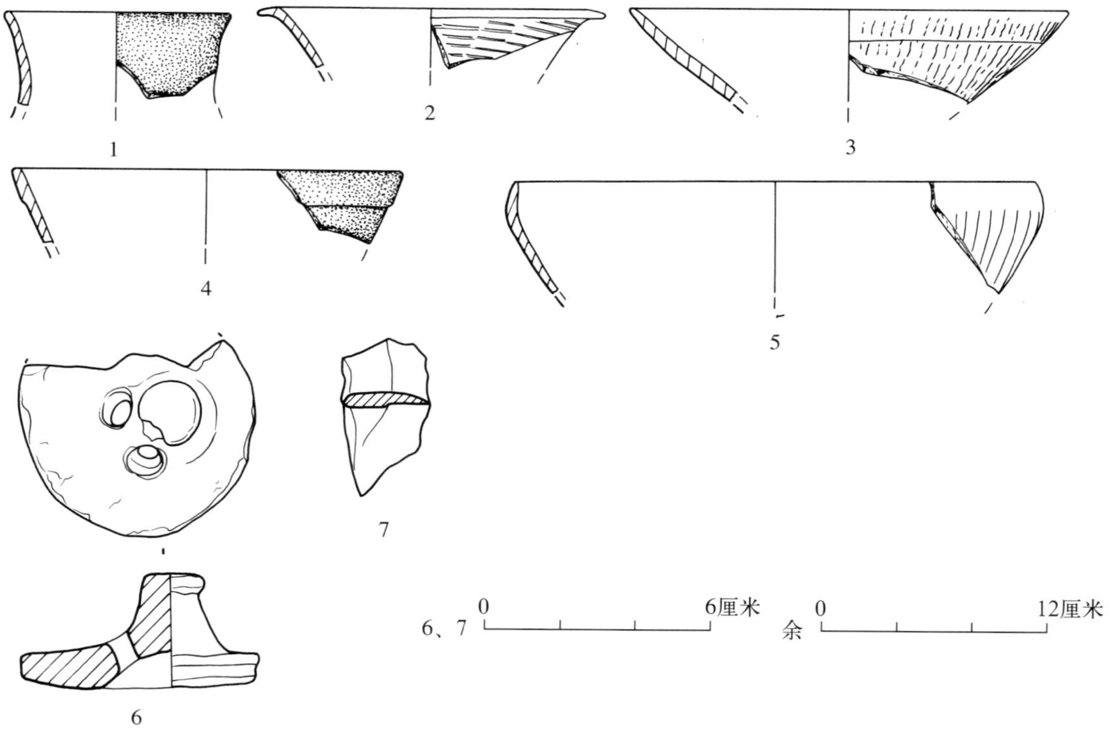

图4-575　H253出土遗物

1.圆腹罐H253：3　2.高领罐H253：1　3、4.盆H253：2、4　5.钵H253：5　6.器盖H253：7　7.石器残片H253：6

标本H253：5，泥质红陶。敛口，尖唇，弧腹，底残。腹部饰竖向刻划纹，内壁素面磨光且有刮抹痕迹。口径27.6、残高6厘米（图4-575，5）。

器盖 1件。

标本H253：7，泥质橙黄陶。圆形平顶柄，圆饼状盖面，方边。柄下方有两个钻孔，器表素面，直径6.3、高3.1、孔径1.1厘米（图4-575，6；彩版二〇五，3）。

石器残片 1件。

标本H253：6，石英岩。系石器脱落部分，器表有磨痕。残长4.3、残宽2.4厘米（图4-575，7；彩版二〇五，4）。

244. H254

H254位于ⅡT0802西部，开口于第④层下，被M3打破（图4-576；彩版二〇六，1）。根据遗迹现存部分推测H254平面呈长方形，口部边缘形态明显，底部边缘形态明显，剖面呈筒状，斜直壁，未见工具痕迹，坑底平整。坑口南北长1.96、东西宽0.49～0.52、坑底长1.50、深0.48米。坑内堆积未分层，土色深黄，土质较疏松，包含少量黑色斑块，水平状堆积。

坑内无遗物出土。

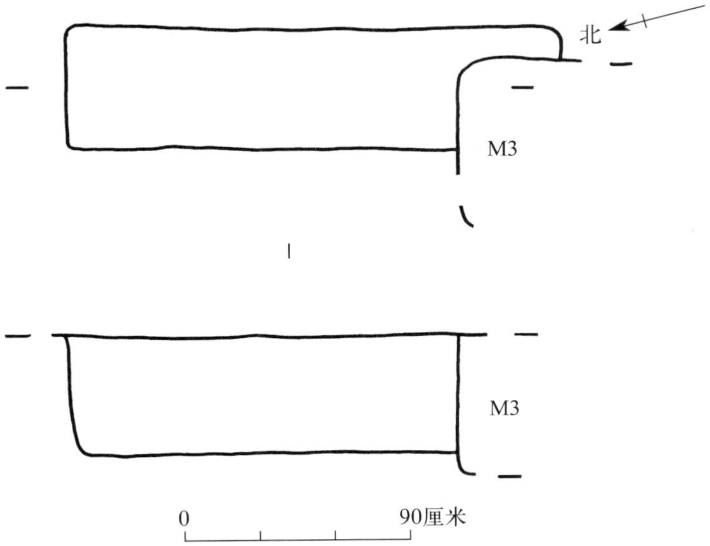

图4-576 H254平、剖面图

245. H255

H255位于ⅡT0803东南角，开口于第④层下（图4-577）。平面近圆形，口部边缘形态明显，底部边缘形态明显，剖面呈袋状，斜直壁，壁面较规整，未见工具痕迹，坑底平整。坑口南北2.46、东西2.60、坑底东西3.30、深约3.50米。坑内堆积可分七层，第①层厚0.68～0.80米，土色浅灰色，土质疏松，包含少量斑块和零星炭粒，水平状堆积。第②层厚0.43～0.55米，土色浅灰色，土质疏松，包含少量斑块和零星炭粒，凸镜状堆积。第③层厚0.21～0.63米，土色浅灰色，

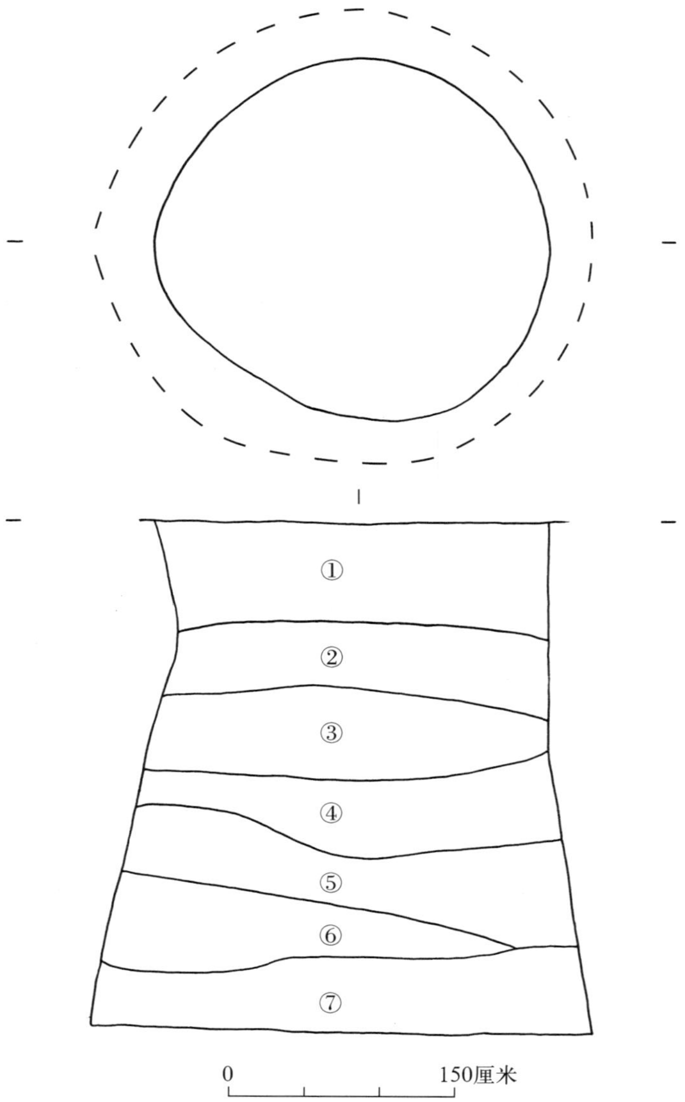

图4-577　H255平、剖面图

土质疏松，包含大量草木灰和斑块，凹镜状堆积。第④层厚 0.24～0.60 米，土色灰色，土质较疏松，包含少量炭粒和斑块，坡状堆积。第⑤层厚 0.34～0.74 米，土色浅褐色，土质疏松，包含零星炭粒，坡状堆积。第⑥层厚 0～0.62 米，土色浅灰色，土质疏松，包含零星斑块，坡状堆积。第⑦层厚 0.37～0.60 米，土色浅黄色，土质疏松，包含少量斑块，坡状堆积。

坑内出土大量陶片和兽骨。

（1）H255①层

出土少量陶片，以腹部残片为主，可辨器形有圆腹罐、双耳罐、高领罐、大口罐、钵（表 4-1028、1029）。

圆腹罐　1 件。

标本H255①：3，夹砂红陶。侈口，尖唇，高领，束颈，上腹圆，下腹残。口沿外侧有一周折棱，颈部饰横向篮纹，上腹饰麻点纹。口径 15.6、残高 10.8 厘米（图 4−578，1）。

双耳罐　1 件。

标本H255①：1，夹砂橙黄陶。微侈口，方唇，矮领，微束颈，上腹斜，下腹残。连口残耳，耳上端饰戳印纹，颈部素面有刮抹痕迹，上腹饰竖向绳纹。口径 18.4、残高 5.2 厘米（图 4−578，2）。

表4−1028　H255①层器形数量统计表

器形＼陶质/陶色	泥质				夹砂				合计
	红	橙黄	灰	黑	红	橙黄	灰	黑	
圆腹罐					1				1
双耳罐						1			1
高领罐	1								1
大口罐	1								1
钵		1							1

表4−1029　H255①层陶片统计表

纹饰＼陶质/陶色	泥质				夹砂				合计
	橙黄	灰	红	灰底黑彩	橙黄	灰	红	褐	
素面	69	6	11		34				120
绳纹	1				38				39
篮纹	28	7			21	1			57
麻点纹					99				99
篮纹＋绳纹					1				1
附加堆纹＋绳纹					1				1
刻划纹	1								1
交错篮纹	3								3
戳印纹					1				1
附加堆纹＋麻点纹					1				1
附加堆纹＋麻点纹＋压印纹					1				1
网格纹	1								1

高领罐　1 件。

标本H255①：4，泥质红陶。喇叭口，圆唇，高领，束颈，颈部以下残。口沿外侧有一周折棱，折棱之上饰竖向绳纹，颈部素面。口径 16、残高 4.4 厘米（图 4−578，3）。

大口罐　1 件。

标本H255①：2，泥质红陶。侈口，方唇，上腹斜直，下腹残。上腹有一周凹槽，器表通体饰麻点纹。口径 16、残高 4.2 厘米（图 4−578，4）。

钵　1 件。

标本H255①：5，泥质橙黄陶。敛口，方唇，上腹鼓，下腹斜弧，平底。器表素面。口径

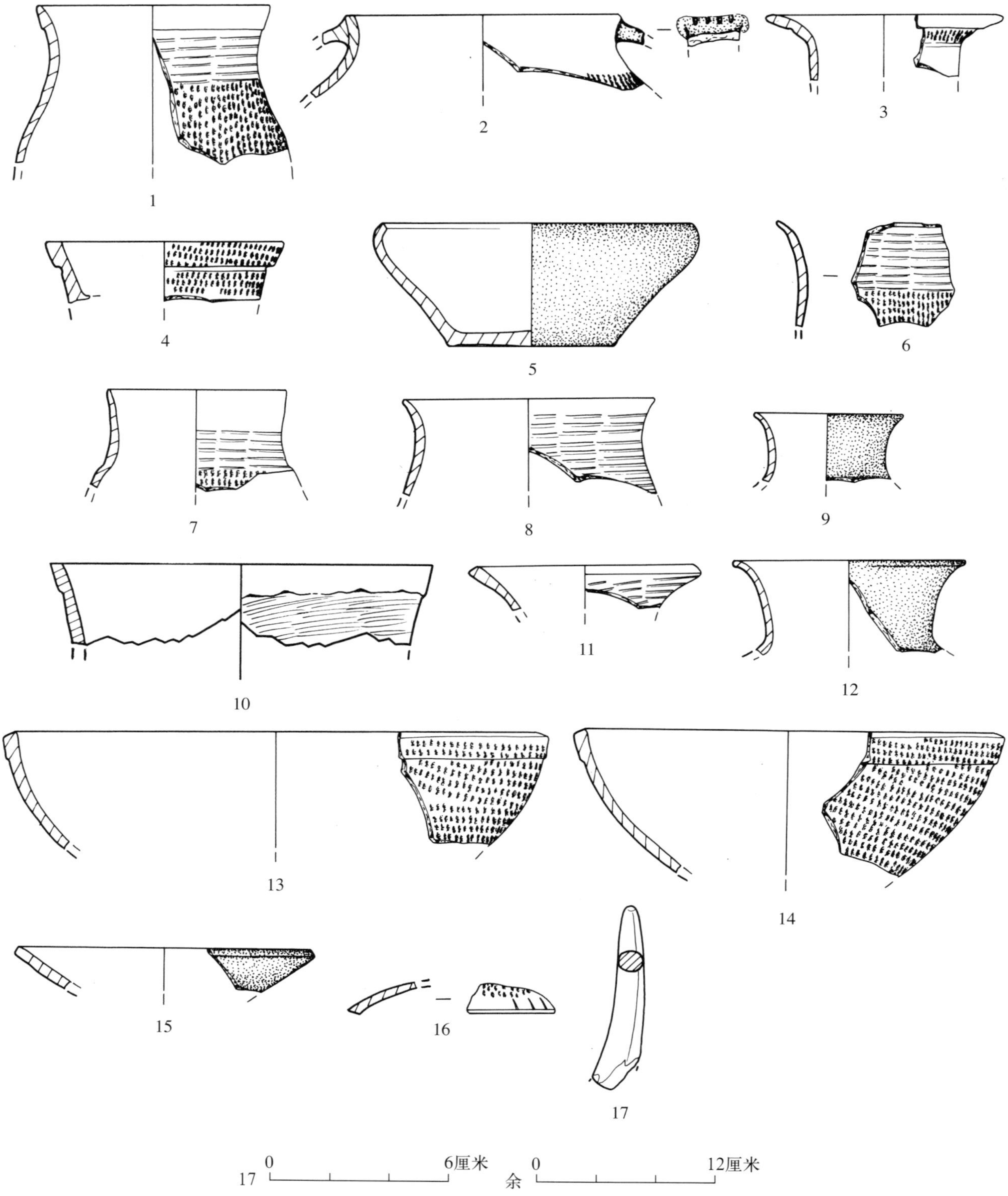

图4-578 H255出土遗物

1、6～10.圆腹罐H255①：3、H255②：1、2、6、8、11 2.双耳罐H255①：1 3、11、12.高领罐H255①：4、H255②：5、10 4.大口罐H255①：2 5.钵H255①：5 13～15.盆H255②：3、4、7 16.器盖H255②：9 17.兽角H255②：12

20.8、高 8.4、底径 11 厘米（图 4-578，5）。

（2）H255②层

出土少量陶片，以腹部残片为主，可辨器形有圆腹罐、高领罐、盆，另出土兽角 1 件（表 4-1030、1031）。

表4-1030　H255②层器形数量统计表

陶质	泥质				夹砂				合计
器形 ＼ 陶色	红	橙黄	灰	黑	红	橙黄	灰	黑	
圆腹罐		1			1	3			5
高领罐		1	1						2
盆			1				2		3

表4-1031　H255②层陶片统计表

陶质	泥质					夹砂				合计
纹饰 ＼ 陶色	橙黄	灰	红	白	灰底黑彩	橙黄	灰	红	褐	
素面	12					16				28
绳纹		2				7				9
篮纹	11	2				10				23
麻点纹						29				29
篮纹＋绳纹						2				2

圆腹罐　5 件。

标本H255②：1，夹砂红陶。侈口，尖唇，高领，束颈，颈部饰横向篮纹，篮纹下饰竖向绳纹，有烟炱。残高 7.2、残宽 7 厘米（图 4-578，6）。

标本H255②：2，夹砂橙黄陶。侈口，尖唇，矮领，束颈，上腹圆弧，下腹残。颈部饰横向篮纹，上腹部饰麻点纹，有烟炱。口径 12、残高 6.6 厘米（图 4-578，7）。

标本H255②：6，夹砂橙黄陶。侈口，圆唇，矮领，束颈，颈部以下残。颈部饰横向篮纹，有烟炱。口径 16.8、残高 6.5 厘米（图 4-578，8）。

标本H255②：8，泥质橙黄陶。侈口，圆唇，高领，束颈，颈部以下残。颈部素面磨光。口径 10、残高 4.6 厘米（图 4-578，9）。

标本H255②：11，夹砂橙黄陶。侈口，方唇，高领，束颈，颈部以下残。口沿外侧有一周折棱，颈部饰横向篮纹。口径 25.6、残高 5.5 厘米（图 4-578，10）。

高领罐　2 件。

标本H255②：5，泥质橙黄陶。喇叭口，方唇，高领，束颈，颈部以下残。颈部饰横向篮纹。口径 15.6、残高 3.2 厘米（图 4-578，11）。

标本H255②：10，泥质灰陶。喇叭口，圆唇，高领，束颈，颈部以下残。口沿外侧有刮抹痕迹，颈部素面磨光。口径 15.6、残高 6 厘米（图 4-578，12）。

盆　3 件。

标本H255②：3，夹砂灰陶。敞口，方唇，弧腹，底残。口沿外侧饰一周附加泥条，器表通体饰麻点纹，内壁有修整刮抹痕迹。口径35.2、残高8厘米（图4-578，13）。

标本H255②：4，夹砂灰陶。敞口，方唇，弧腹，底残。口沿外侧饰一周附加泥条，器表饰麻点纹，内壁有修整刮抹痕迹。口径27.2、残高10厘米（图4-578，14）。

标本H255②：7，泥质灰陶。敞口，方唇，斜腹略弧，底残。器表与内壁均为素面磨光，器表有修整刮抹痕迹。口径19.6、残高2.8厘米（图4-578，15）。

器盖　1件。

标本H255②：9，夹砂橙黄陶。器纽残缺，弧形盖面，敞口，方唇。器表饰麻点纹，边缘处有三道刻槽，有烟炱。残高2.1、残宽6厘米（图4-578，16）。

兽角　1件。

标本H255②：12，一端残，一端尖，器表光滑，被火烧过。残长6.2、直径1.2厘米（图4-578，17）。

（3）H255③层

出土少量陶片，以腹部残片为主，可辨器形有圆腹罐、高领罐、鸮面罐、盆（表4-1032、1033）。

表4-1032　H255③层器形数量统计表

器形＼陶质/陶色	泥质				夹砂				合计
	红	橙黄	灰	黑	红	橙黄	灰	黑	
圆腹罐						3			3
高领罐	1	1							2
鸮面罐						1			1
盆		1							1

表4-1033　H255③层陶片统计表

纹饰＼陶质/陶色	泥质					夹砂				合计
	橙黄	灰	红	白	灰底黑彩	橙黄	灰	红	褐	
素面	45	7	3			15				70
绳纹	1	1				16		2		20
篮纹	29	5				16				50
麻点纹						45				45
刻划纹						1				1
篮纹＋麻点纹						3				3
篮纹＋绳纹						2				2
交错篮纹	3					2	2			7
附加堆纹						3				3
附加堆纹＋麻点纹						1				1
戳印纹						1				1

圆腹罐 3件。

标本H255③:4，夹砂橙黄陶。侈口，圆唇，矮领，束颈，上腹弧，下腹残。颈部有竖向刮抹痕迹，口沿外侧饰横向篮纹，上腹部饰竖向绳纹，有烟炱。口径14、残高5.2厘米（图4-579，1）。

标本H255③：6，夹砂橙黄陶。侈口，圆唇，高领，束颈，颈部以下残。颈部素面，有烟炱。口径15.2、残高4.1厘米（图4-579，2）。

标本H255③：8，夹砂橙黄陶。侈口，圆唇，高领，束颈，上腹斜，下腹残。颈部饰横向篮纹，上腹部饰麻点纹，有烟炱。口径14、残高6.4厘米（图4-579，3）。

高领罐 2件。

标本H255③：2，泥质红陶。喇叭口，尖唇，高领，束颈，颈部以下残。口沿外侧有一周折棱，口沿及颈部饰斜向篮纹，内壁素面磨光。口径16.8、残高5.6厘米（图4-579，4）。

标本H255③：5，泥质橙黄陶。喇叭口，尖唇，高领，束颈，颈部以下残。口沿外侧饰一周折棱，颈部素面磨光。口径13.2、残高6厘米（图4-579，5）。

鸮面罐 1件。

标本H255③：1，夹砂橙黄陶。敛口，锯齿唇，腹部残。面部饰横向绳纹，面部下方有两个圆孔，有烟炱。残长10.6、残宽8厘米（图4-579，6）。

盆 1件。

标本H255③：3，泥质橙黄陶。敞口，圆唇，斜直腹，底残。口沿外侧有一周折棱，器表饰斜向篮纹，内壁素面磨光且有刮抹痕迹。口径24、残高6.2厘米（图4-579，7）。

器纽 1件。

标本H255③:7，夹砂橙黄陶。圆形平顶，顶部饰麻点纹。残高3.6、残宽4.2厘米（图4-579，8）。

（4）H255④层

出土少量陶片，以腹部残片为主，可辨器形有圆腹罐、花边罐、单耳罐、高领罐、盆，另出土石刀1件、玉料1件（表4-1034、1035）。

表4-1034 H255④层器形数量统计表

器形＼陶质	泥质				夹砂				合计
陶色	红	橙黄	灰	黑	红	橙黄	灰	黑	
圆腹罐					2	1			3
花边罐		1				3			4
单耳罐		1							1
高领罐		3							3
盆		1							1

表4-1035 H255④层陶片统计表

纹饰＼陶质	泥质					夹砂				合计
陶色	橙黄	灰	红	白	灰底黑彩	橙黄	灰	红	褐	
素面	74	2	5							81

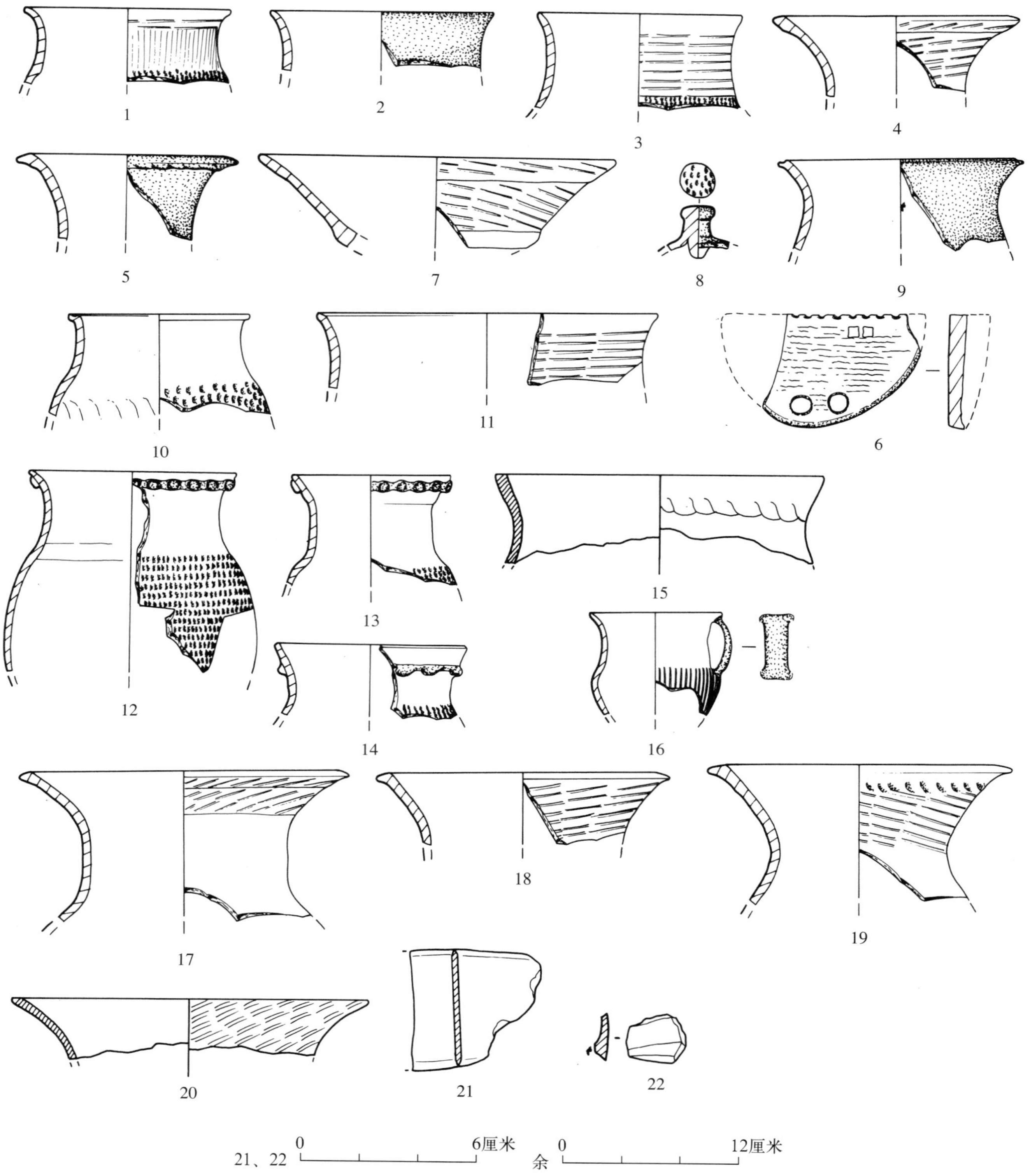

图4-579　H255出土遗物

1～3、9～11.圆腹罐H255③：4、6、8、H255④：3、7、10　4、5、17～19.高领罐H255③：2、5、H255④：1、4、5　6.鸮面罐H255③：1　7、20.盆H255③：3、H255④：11　8.器纽H255③：7　12～15.花边罐H255④：2、8、9、12　16.单耳罐H255④：6　21.石刀H255④：14　22.玉料H255④：13

续表

纹饰＼陶质/陶色	泥质					夹砂				合计
	橙黄	灰	红	白	灰底黑彩	橙黄	灰	红	褐	
绳纹	1	1				31				33
篮纹	36					14				50
麻点纹						50				50
刻划纹						1				1
篮纹＋绳纹						1				1
交错篮纹	2									2
绳纹＋麻点纹						1				1
附加堆纹	3					2				5
抹断绳纹	1									1
刻划纹＋绳纹						1				1

圆腹罐　3 件。

标本H255④：3，夹砂橙黄陶。侈口，方唇，矮领，束颈，颈部以下残。唇面有一道凹槽，颈部素面，有烟炱。口径 15.6、残高 6.2 厘米（图 4-579，9）。

标本H255④：7，夹砂红陶。喇叭口，圆唇，矮领，束颈，上腹圆，下腹残。唇面有一道凹槽，颈部素面，上腹饰麻点纹。口径 12.4、残高 7 厘米（图 4-579，10）。

标本H255④：10，夹砂红陶。侈口，圆唇，高领，束颈，颈部以下残。颈部饰横向篮纹，有烟炱。口径 23.2、残高 5.2 厘米（图 4-579，11）。

花边罐　4 件。

标本H255④：2，夹砂橙黄陶。侈口，圆唇，矮领，束颈，圆腹，底残。口沿外侧饰一周附加泥条，泥条经手指按压呈波状，颈部素面，腹部饰麻点纹，内壁泥条盘筑痕迹明显，有烟炱。口径 14、残宽 14 厘米（图 4-579，12）。

标本H255④：8，夹砂橙黄陶。侈口，圆唇，高领，束颈，上腹圆，下腹残。口沿外侧饰一周附加泥条，泥条经手指按压呈波状，颈部素面，上腹饰麻点纹，有烟炱。口径 10.8、残高 7.6 厘米（图 4-579，13）。

标本H255④：9，夹砂橙黄陶。侈口，方唇，矮领，束颈，上腹斜，下腹残。口沿外侧饰一周附加泥条，泥条经手指按压呈波状，颈部素面，有烟炱。口径 12.8、残高 5.2 厘米（图 4-579，14）。

标本H255④：12，泥质橙黄陶。侈口，方唇，矮领，束颈，上腹斜，下腹残。口沿外侧有一周折棱，颈部及器表及内壁素面磨光且有刮抹痕迹。口径 22.4、残高 6.2 厘米（图 4-579，15）。

单耳罐　1 件。

标本H255④：6，泥质橙黄陶。侈口，圆唇，高领，束颈，鼓腹，底残。拱形单耳。颈部素面磨光，上腹饰竖向刻划纹，有烟炱。口径 8.8、残高 7.2 厘米（图 4-579，16）。

高领罐　3 件。

标本H255④：1，泥质橙黄陶。喇叭口，尖唇，高领，束颈，腹部残。口沿外侧有一周折棱，折棱之上饰斜向篮纹，颈部素面磨光。口径 20.8、残高 10.2 厘米（图 4-579，17）。

标本H255④：4，泥质橙黄陶。喇叭口，窄平沿，尖唇，高领，束颈，颈部以下残。颈部饰斜向篮纹。口径 18、残高 5 厘米（图 4-579，18）。

标本H255④：5，泥质橙黄陶。喇叭口，窄平沿，圆唇，高领，束颈，溜肩，腹部残。口沿外侧有按压痕迹，颈部饰斜向篮纹，肩部素面。口径 18、残高 9.6 厘米（图 4-579，19）。

盆 1 件。

标本H255④：11，泥质橙黄陶。敞口，平沿，圆唇，斜弧腹，底残。器表饰斜向篮纹，内壁素面磨光。口径 24.4、残高 4.2 厘米（图 4-579，20）。

石刀 1 件。

标本H255④：14，石英岩。对向双面磨刃，侧边残，器表磨制精细。刃一残长 4 厘米，刃角 35°，刃二残长 2.5 厘米，刃角 56°，器身残长 4.3、宽 4.2 厘米（图 4-579，21）。

玉料 1 件。

标本H255④：13，白色泛青，半透明状，器身剥落痕迹较多。残长 2.1、残宽 1.7、厚 0.5 厘米（图 4-579，22）。

（5）H255⑤层

出土少量陶片，以腹部残片为主（表 4-1036）。

表4-1036 H255⑤层陶片统计表

纹饰 \ 陶质 / 陶色	泥质					夹砂				合计
	橙黄	灰	红	白	灰底黑彩	橙黄	灰	红	褐	
素面	4	5				5				14
绳纹		6								6
篮纹	5					6				11
麻点纹						6				6
交错绳纹		7								7

（6）H255⑥层

出土少量陶片，以腹部残片为主，可辨器形有圆腹罐、盆（表 4-1037、1038）。

圆腹罐 1 件。

标本H255⑥：2，夹砂红陶。侈口，圆唇，颈部以下残。颈部饰横向篮纹。口径 13.2、残高 2.6 厘米（图 4-580，1）。

表4-1037 H255⑥层器形数量统计表

器形 \ 陶质 / 陶色	泥质				夹砂				合计
	红	橙黄	灰	黑	红	橙黄	灰	黑	
圆腹罐					1				1
盆	1								1

表4-1038　H255⑥层陶片统计表

纹饰＼陶质/陶色	泥质					夹砂				合计
	橙黄	灰	红	白	灰底黑彩	橙黄	灰	红	褐	
素面	2	3	2			2				9
绳纹	1	1				2				4
篮纹	2	1				1				4
麻点纹						3				3
交错绳纹		7								7

盆　1件。

标本H255⑥：1，泥质红陶。敞口，窄平沿，尖唇，斜弧腹，底残。口沿外侧有一周折棱，器表通体饰斜向篮纹。口径25.2、残高6.4厘米（图4-580，2）。

（7）H255⑦层

出土少量陶片，以腹部残片为主，可辨器形有圆腹罐、高领罐、斝、盆（表4-1039、1040）。

表4-1039　H255⑦层器形数量统计表

器形＼陶质/陶色	泥质				夹砂				合计
	红	橙黄	灰	黑	红	橙黄	灰	黑	
圆腹罐		1				2			3
高领罐	1								1
斝						1			1
盆		1							1

表4-1040　H255⑦层陶片统计表

纹饰＼陶质/陶色	泥质					夹砂				合计
	橙黄	灰	红	白	灰底黑彩	橙黄	灰	红	褐	
素面	13	14								27
绳纹	1	1				8				10
篮纹						3				3
麻点纹						9				9
交错绳纹		6								6
绳纹＋篮纹						4				4

圆腹罐　3件。

标本H255⑦：2，夹砂橙黄陶。侈口，方唇，矮领，束颈，上腹圆，下腹残。唇面有一道凹槽，颈部素面，上腹饰麻点纹，有烟炱，内壁有刮抹痕迹。口径12.4、残高8.8厘米（图4-580，3）。

标本H255⑦：5，夹砂橙黄陶。侈口，圆唇，颈部以下残。颈部素面。口径17.2、残高4.8厘

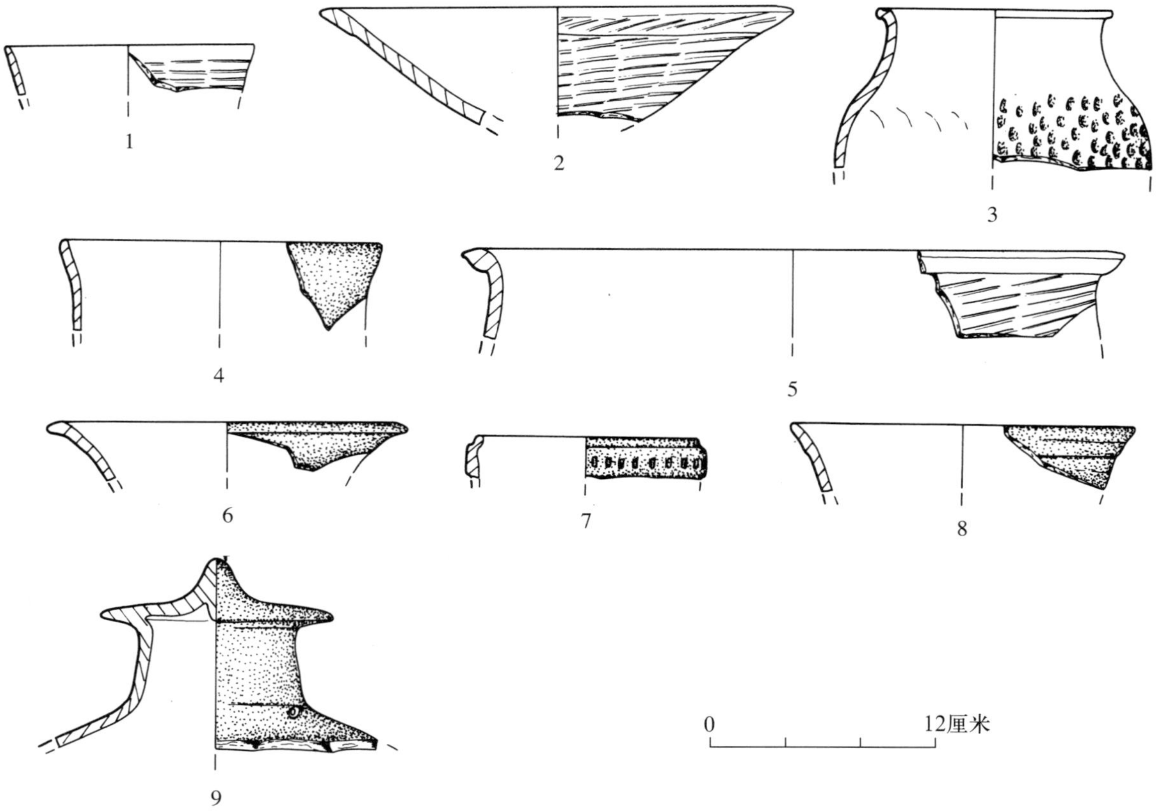

图4-580 H255出土遗物

1、3～5.圆腹罐H255⑥：2、H255⑦：2、5、7 2、8.盆H255⑥：1、H255⑦：6 6.高领罐H255⑦：4 7.斝H255⑦：3 9.器盖H255⑦：1

米（图 4-580，4）。

标本H255⑦：7，泥质橙黄陶。侈口，尖唇，颈部以下残。口沿外侧有一周折棱，颈部饰斜向篮纹。口径 35.4、残高 4.8 厘米（图 4-580，5）。

高领罐 1 件。

标本H255⑦：4，泥质红陶。喇叭口，窄平沿，尖唇，高领，束颈。颈部以下残。颈部素面。口径 19.2、残高 3.2 厘米（图 4-580，6）。

斝 1 件。

标本H255⑦：3，夹砂橙黄陶。敛口，圆唇，上腹直，下腹残。口沿外侧饰一周戳印纹。口径 11.6、残高 2 厘米（图 4-580，7）。

盆 1 件。

标本H255⑦：6，泥质橙黄陶。敞口，圆唇，斜腹微弧，底残。口沿外侧有两周凹槽，腹部素面。口径 18.4、残高 3.6 厘米（图 4-580，8）。

器盖 1 件。

标本H255⑦：1，泥质灰陶。圆锥状顶尖，高领，束颈，盖面微弧，素面磨光。残高 10.2、残宽 17 厘米（图 4-580，9）。

246. H256

H256 位于ⅡT0801 东南部，部分压于南壁下，开口于第④层下，东部被M3 打破（图 4–581；彩版二〇六，2）。遗迹现存部分呈不规则状，口部边缘形态明显，底部边缘形态明显，剖面呈筒状，斜直壁，未见工具痕迹，坑底平整。坑口南北 1.85、东西 0.15～0.45、坑底南北 1.41、东西 0.10～0.38、深 0.50 米。坑内堆积未分层，土色浅黄色，土质较疏松，包含少量斑块，水平状堆积。

坑内出土少量陶片，以腹部残片为主，可辨器形有盆（表 4–1041、1042）。

表4–1041　H256器形数量统计表

器形　陶质/陶色	泥质				夹砂				合计
	红	橙黄	灰	黑	红	橙黄	灰	黑	
盆		1							1

表4–1042　H256陶片统计表

纹饰　陶质/陶色	泥质					夹砂				合计
	橙黄	灰	红	白	灰底黑彩	橙黄	灰	红	褐	
素面	5		1			6				12
绳纹	1					6				7
麻点纹						3				3

盆　1 件。

标本H256：1，泥质橙黄陶。敞口，圆唇，斜直腹，底残。腹部饰斜向篮纹。口径 24.4、残高 5 厘米（图 4–582）。

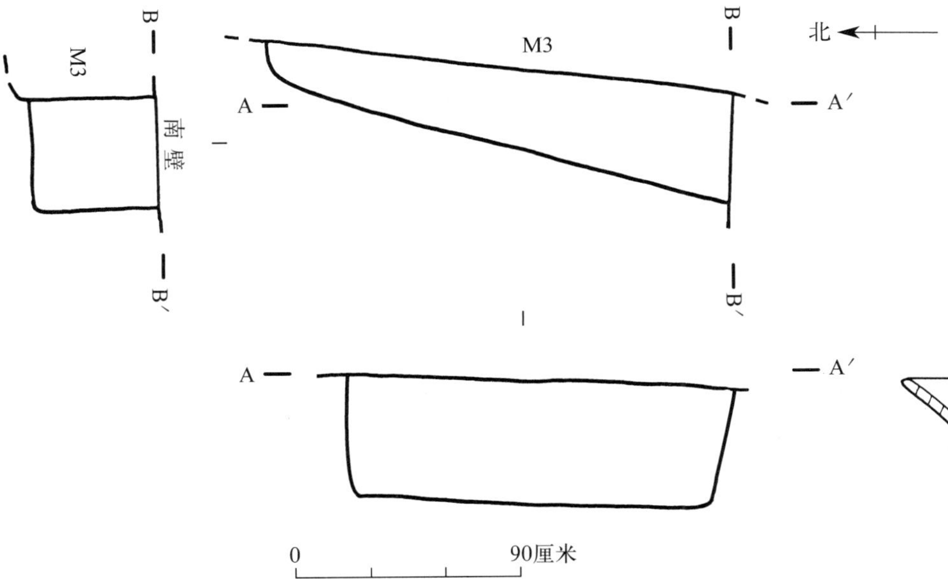

图4–581　H256平、剖面图

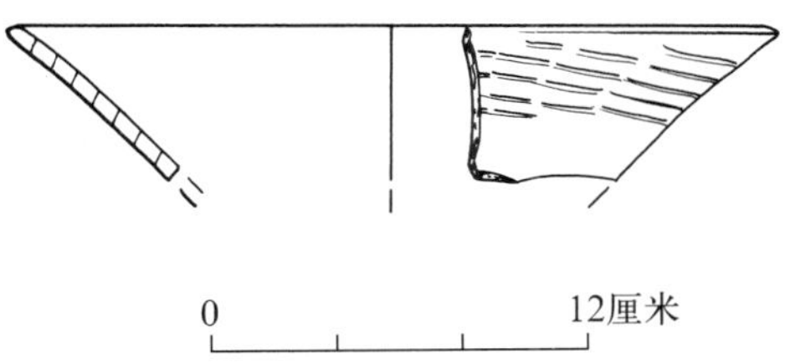

图4–582　H256出土陶盆H256：1

247. H257

H257位于ⅡT0706东北部，开口于第⑤层下，被H253打破（图4–583；彩版二〇七，1）。根据遗迹现存部分推测H257平面呈椭圆形，口部边缘形态明显，底部边缘形态明显，剖面呈袋状，弧壁，坑底平整，未见工具痕迹。坑口南北1.40、东西1.54、坑底东西1.66、深1.26米。坑内堆积未分层，土色深褐色，土质较疏松，水平状堆积，包含少量斑块。

坑内出土较多陶片和零散石块、兽骨，陶片以腹部残片为主，可辨器形有圆腹罐、花边罐、双耳罐、盆，另出土石刀2件、石料1件（表4–1043、1044）。

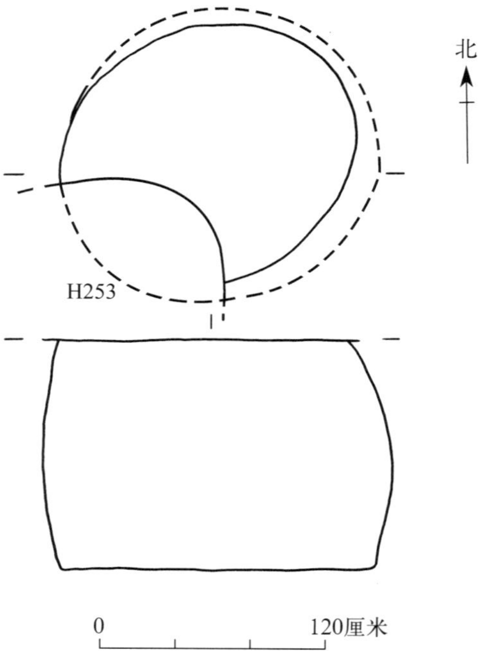

图4–583 H257平、剖面图

表4–1043 H257器形数量统计表

器形 \ 陶质/陶色	泥质				夹砂				合计
	红	橙黄	灰	黑	红	橙黄	灰	黑	
圆腹罐					1	1			2
花边罐					1	3	2		6
双耳罐		1							1
盆		2							2

表4–1044 H257陶片统计表

纹饰 \ 陶质/陶色	泥质					夹砂				合计
	橙黄	灰	红	白	灰底黑彩	橙黄	灰	红	褐	
素面	56	3	7			27	1			94
绳纹	11									11

续表

纹饰＼陶质/陶色	泥质					夹砂				合计
	橙黄	灰	红	白	灰底黑彩	橙黄	灰	红	褐	
篮纹	20	2	6							28
麻点纹						70				70
篮纹＋麻点纹						3				3
附加堆纹						3				3
附加堆纹＋麻点纹						1				1
附加堆纹＋麻点纹＋篮纹						1				1

圆腹罐　2件。

标本H257：3，夹砂红陶。侈口，圆唇，高领，束颈，颈部以下残。颈部饰竖向绳纹。残高6.6、残宽6.4厘米（图4-584，1）。

标本H257：10，夹砂橙黄陶。侈口，圆唇，矮领，束颈，圆腹，底残。颈部素面，腹部饰竖向绳纹，有烟炱。残高9.4、残宽8.8厘米（图4-584，2）。

花边罐　6件。

标本H257：2，夹砂灰陶。侈口，尖唇，矮领，束颈，上腹圆，下腹残。口沿外侧饰一周附加泥条，泥条经手指按压呈波状，颈部素面，上腹饰麻点纹。口径10.8、残高7厘米（图4-584，3）。

标本H257：4，夹砂橙黄陶。微侈口，圆唇，高领，微束颈，颈部以下残。唇面饰锯齿纹，口沿外侧饰一周附加泥条，泥条之上饰麻点纹，颈部饰竖向篮纹。口径13.2、残高5.2厘米（图4-584，4）。

标本H257：5，夹砂红陶。侈口，方唇，高领，束颈，颈部以下残。口沿外侧饰一周附加泥条，泥条经手指按压呈波状，颈部素面。口径22.8、残高8.4厘米（图4-584，5）。

标本H257：6，夹砂橙黄陶。侈口，尖唇，矮领，束颈，上腹圆弧，下腹残。口沿外侧饰一周附加泥条，泥条经手指按压呈波状，颈部素面，上腹饰麻点纹。口径10.8、残高6厘米（图4-584，6）。

标本H257：7，夹砂灰陶。侈口，尖唇，矮领，束颈，上腹斜，下腹残。口沿外侧饰一周附加泥条，泥条经手指按压呈波状，颈部素面，上腹饰麻点纹，有烟炱。口径12、残高5.2厘米（图4-584，7）。

标本H257：9，夹砂橙黄陶。侈口，圆唇，矮领，束颈，上腹圆弧，下腹残。口沿外侧饰一周附加泥条，泥条经手指按压呈波状，颈部素面，上腹饰麻点纹，有烟炱。口径15.6、残高5.6厘米（图4-584，8）。

双耳罐　1件。

标本H257：12，泥质橙黄陶。侈口，圆唇，高领，束颈，颈部以下残。拱形双耳，耳部饰斜向篮纹，颈部饰横向篮纹。口径9.6、残高3.2厘米（图4-584，9）。

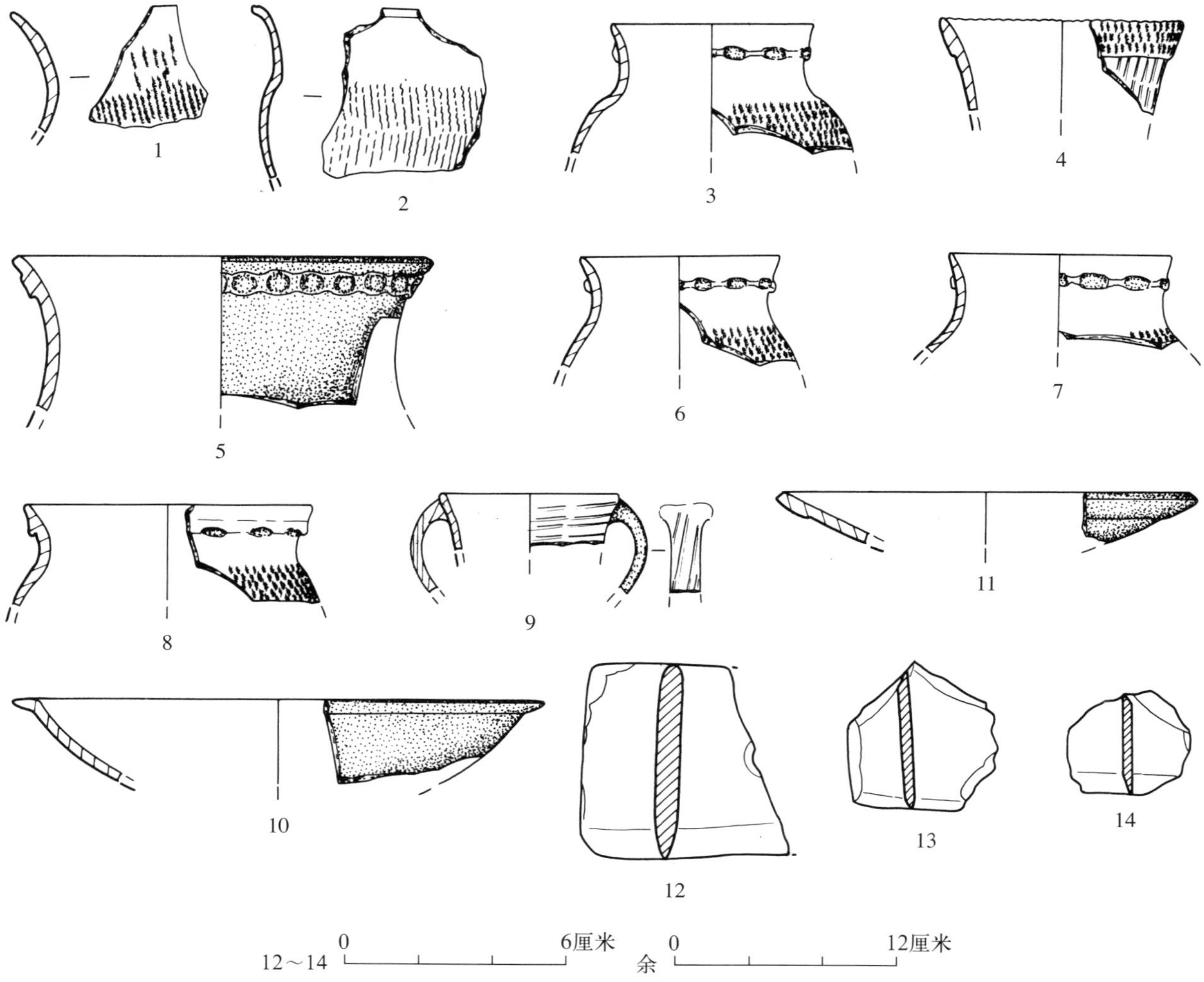

图4-584 H257出土遗物

1、2.圆腹罐H257：3、10 3～8.花边罐H257：2、4～7、9 9.双耳罐H257：12 10、11.盆H257：1、11 12、13.石刀H257：13、14 14.石料H257：8

盆 2件。

标本H257：1，泥质橙黄陶。敞口，平沿，尖唇，弧腹，底残。口沿外侧有一周折棱，腹部素面，内壁素面磨光。口径28.8、残高4.6厘米（图4-584，10）。

标本H257：11，泥质橙黄陶。敞口，方唇，斜腹微弧，底残。口沿外侧有一周折棱，器表素面，内壁素面磨光且有刮抹痕迹。口径22.8、残高2.8厘米（图4-584，11）。

石刀 2件。

标本H257：13，石英岩。一半残，基部与侧边平整，双面磨刃，残断处有一残孔。刃残长5厘米，刃角49°，器身残长5.5、宽5.4厘米（图4-584，12；彩版二〇七，2）。

标本H257：14，石英岩。基部及一边残，表面一面磨制精细，一面粗磨，双面磨刃。刃残长2.9厘米，刃角62°，器身残长4、残宽4.1厘米（图4-584，13；彩版二〇七，3）。

石料 1件。

标本H257：8，页岩。制作小石器材料，不规则状，边缘有切割痕迹。残长 3.3、残宽 2.9、厚 0.3 厘米（图 4-584，14；彩版二〇七，4）。

248. H258

H258 位于ⅡT0706 西北部，开口于第⑤层下，东部被H257 打破，南部被H253 打破（图 4-585）。根据遗迹现存部分推测H258 平面近椭圆形，口部边缘形态明显，底部边缘形态明显，剖面呈袋状，斜直壁，未见工具痕迹，坑底平整。坑口东西 1.48、南北 1.08、坑底东西 2.00、深约 1.24 米。坑内堆积未分层，土色浅褐色，土质较疏松，水平状堆积，包含少量斑块。

坑内出土少量陶片、石块，陶片以腹部残片为主，可辨器形有敛口罐、盆（表 4-1045、1046）。

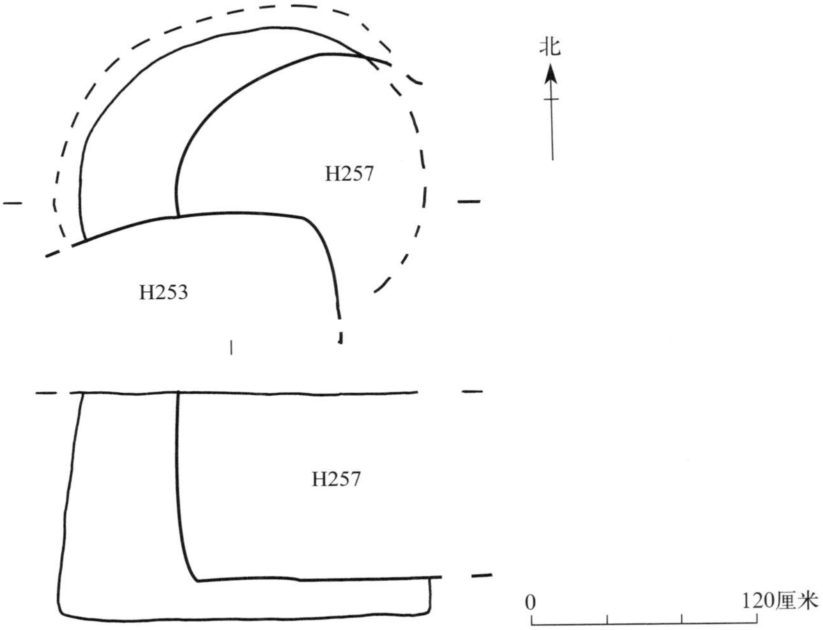

图4-585　H258平、剖面图

表4-1045　H258器形数量统计表

器形＼陶质/陶色	泥质				夹砂				合计
	红	橙黄	灰	黑	红	橙黄	灰	黑	
敛口罐					1				1
盆		1							1

表4-1046　H258陶片统计表

纹饰＼陶质/陶色	泥质					夹砂				合计
	橙黄	灰	红	白	灰底黑彩	橙黄	灰	红	褐	
素面		1	5			1				7

续表

纹饰 \ 陶质/陶色	泥质					夹砂				合计
	橙黄	灰	红	白	灰底黑彩	橙黄	灰	红	褐	
绳纹						8		1		9
篮纹			1							1
麻点纹						4				4

敛口罐　1 件。

标本H258：2，夹砂红陶。敛口，方唇，鼓腹，平底。上腹有对称錾耳，腹部饰竖向绳纹。口径 7.4、高 10.2、底径 8 厘米（图 4-586，1；彩版二〇八，1）。

盆　1 件。

标本H258：1，泥质橙黄陶。敞口，圆唇，斜弧腹，底残。口沿外侧饰一周附加泥条，腹部素面磨光。口径 30、残高 3.6 厘米（图 4-586，2）。

器纽　1 件。

标本H258：3，夹砂橙黄陶。圆形平顶，柄部饰竖向绳纹，器表有烟炱痕迹。残高 4、残宽 3.6 厘米（图 4-586，3）。

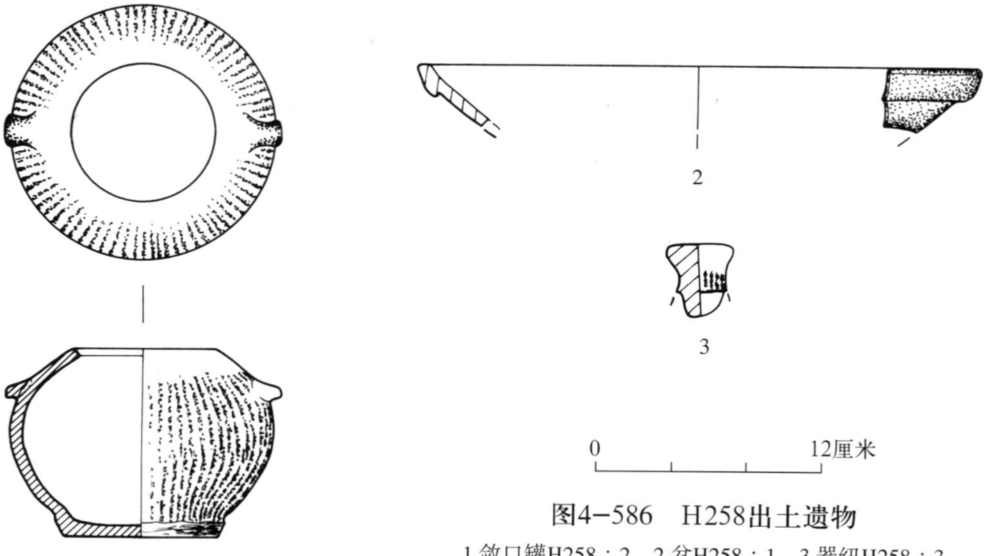

图4-586　H258出土遗物

1.敛口罐H258：2　2.盆H258：1　3.器纽H258：3

249. H259

H259 位于ⅡT0602 西南角，开口于第③层下（图 4-587；彩版二〇八，4）。平面呈椭圆形，口部边缘形态明显，底部边缘形态不明显，剖面呈筒状，斜直壁，坑底圜状。坑口南北 0.98、东西 0.91、深 0.83～0.92 米。坑内堆积未分层，土色浅黄色，土质疏松，水平状堆积。

坑内出土少量陶片，以腹部残片为主，可辨器形有高领罐（表 4-1047、1048），另出土石器

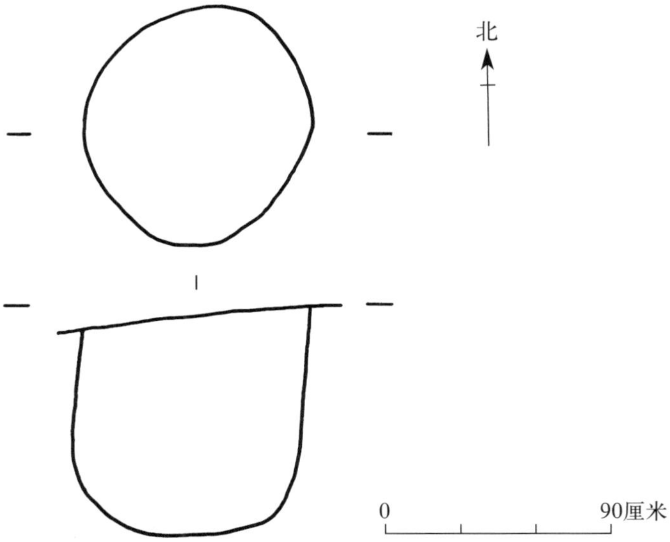

图4-587　H259平、剖面图

残片 1 件、兽牙 1 件。

高领罐　1 件。

标本H259：1，泥质灰陶。侈口，圆唇，高领，束颈，颈部以下残。口沿外侧有一周折棱，颈部素面磨光且有刮抹痕迹。口径 16.8、残高 4.4 厘米（图 4-588，1）。

表4-1047　H259器形数量统计表

陶质 / 陶色 / 器形	泥质				夹砂				合计
	红	橙黄	灰	黑	红	橙黄	灰	黑	
高领罐			1						1

表4-1048　H259陶片统计表

陶质 / 陶色 / 纹饰	泥质					夹砂				合计
	橙黄	灰	红	白	灰底黑彩	橙黄	灰	红	褐	
素面	4					2				6
篮纹	3					1				4
麻点纹						9				9
篮纹＋麻点纹						1				1

石器残片　1 件。

标本H259：3，石英砂岩。边缘有一残孔，表面有钻孔痕迹。残长 3.7、残宽 3.5、厚 0.6 厘米（图 4-588，3；彩版二〇八，2）。

兽牙　1 件。

标本H259：2，器身呈半环状，一端中空，一端为牙关部，磨损严重。长 2.4 厘米（图 4-588，2；彩版二〇八，3）。

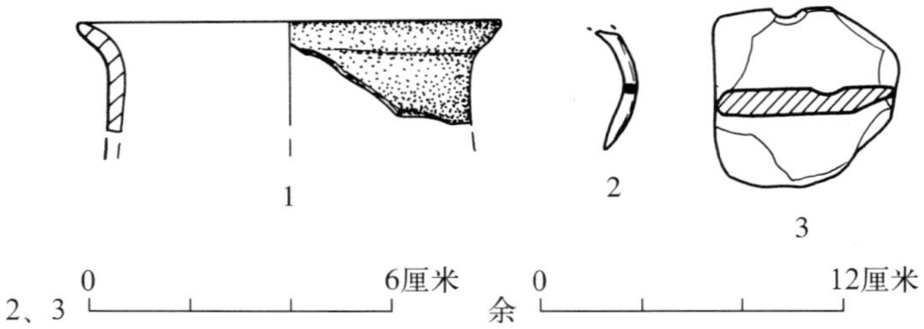

图4-588　H259出土遗物

1.高领罐H259：1　2.兽牙H259：2　3.石器残片H259：3

250. H260

H260位于ⅡT0706西北角，北部延伸至北隔梁下，西部延伸至T0705东隔梁下，开口于第⑤层下（图4-589）。根据遗迹暴露部分推测H260平面呈半椭圆形，口部边缘形态明显，底部边缘形态不明显，剖面呈坑状，斜弧壁，未见工具痕迹，坑底圜状。坑口东西2.15、南北0.60、深1.10～1.26米。坑内堆积可分四层，第①层厚0.35～0.54米，土色浅褐色，土质较致密，包含零星斑块，凹镜状堆积。第②层厚0.18～0.28米，土色浅黄色，土质较疏松，包含少量炭粒和斑块，凹镜状堆积。第③层厚0.16～0.25米，土色深褐色，土质较疏松，包含少量炭粒，凹镜状堆积。第④层厚0～0.26米，土色浅褐色，土质较致密，包含少量炭粒，凹镜状堆积。

坑内出土较多陶片及零星石块、兽骨。

（1）H260①层

出土陶片见下表（表4-1049）。

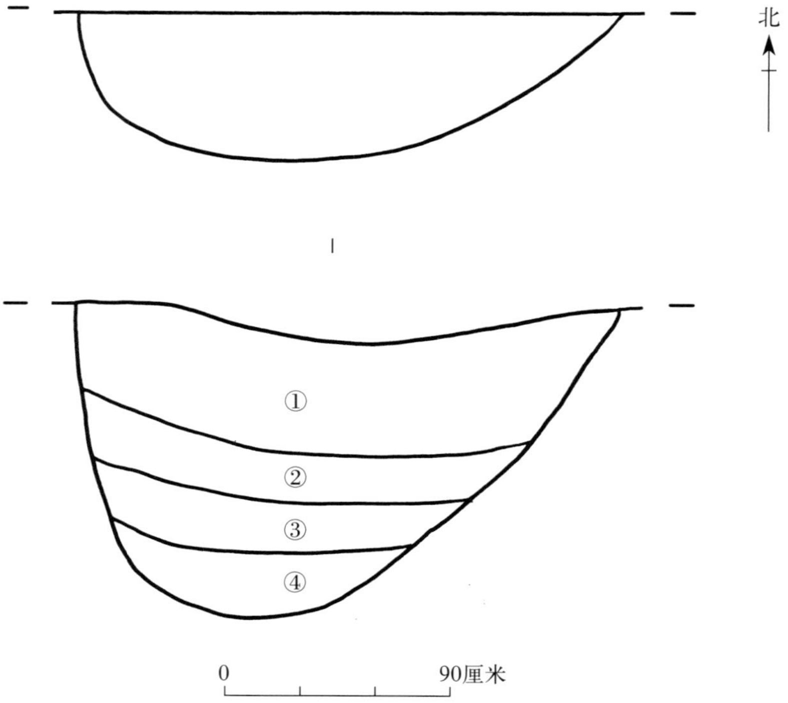

图4-589　H260平、剖面图

表4-1049　H260①层陶片统计表

纹饰＼陶质/陶色	泥质					夹砂				合计
	橙黄	灰	红	白	灰底黑彩	橙黄	灰	红	褐	
素面	12	21	7			29	3			72
篮纹	3		1			11				15
麻点纹	1	2				7				10
篮纹＋麻点纹						3				3

（2）H260②层

出土少量陶片，以腹部残片为主，可辨器形有花边罐、鸮面罐，另出土骨锥1件（表4-1050、1051）。

表4-1050　H260②层器形数量统计表

器形＼陶质/陶色	泥质				夹砂				合计
	红	橙黄	灰	黑	红	橙黄	灰	黑	
花边罐						1			1
鸮面罐						1			1

表4-1051　H260②层陶片统计表

纹饰＼陶质/陶色	泥质					夹砂				合计
	橙黄	灰	红	白	灰底黑彩	橙黄	灰	红	褐	
素面	11					11				22
绳纹						5		1		6
篮纹			2			1				3
麻点纹						2				2

花边罐　1件。

标本H260②：2，夹砂橙黄陶。侈口，圆唇，矮领，束颈，上腹圆腹，下腹残。口沿外侧饰一周附加泥条，泥条经手指按压呈波状，颈部素面，上腹饰麻点纹，器表有烟炱。口径13.2、残高6.6厘米（图4-590，1）。

鸮面罐　1件。

标本H260②：1，夹砂橙黄陶。均残鸮面部分，器表饰篮纹，有一道凸棱，方唇，边缘有残孔。残长7、残宽7.4厘米（图4-590，2）。

骨锥　1件。

标本H260②：3，动物骨骼磨制而成，柄部残，中腰至尖部渐收磨制成尖，尖部磨制尖锐。残长7.5、直径1.1厘米（图4-590，3）。

（3）H260③层

出土少量陶片，以腹部残片为主，可辨器形有圆腹罐、单耳罐、高领罐（表4-1052、1053）。

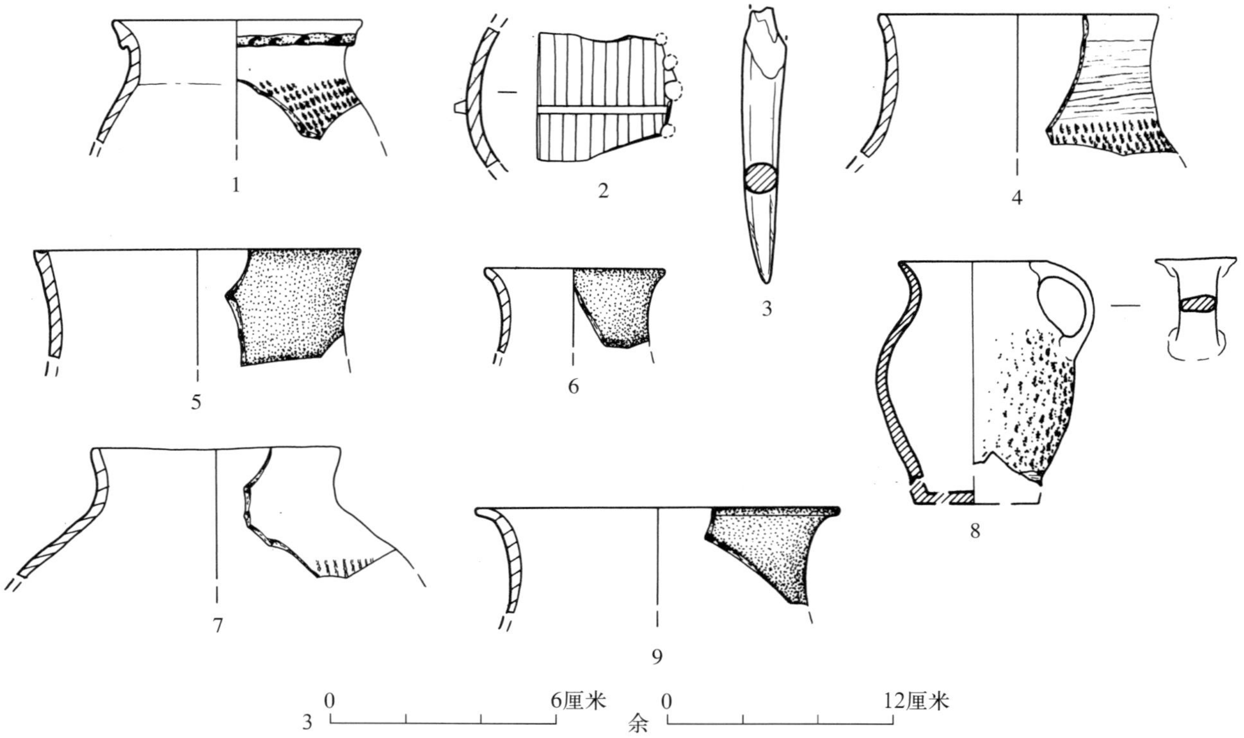

图4-590　H260出土遗物

1.花边罐H260②：2　2.鸮面罐H260②：1　3.骨锥H260②：3　4～7.圆腹罐H260③：1～4　8.单耳罐H260③：6　9.高领罐H260③：5

表4-1052　H260③层器形数量统计表

陶质/陶色/器形	泥质				夹砂				合计
	红	橙黄	灰	黑	红	橙黄	灰	黑	
圆腹罐					1	3			4
单耳罐					1				1
高领罐					1				1

表4-1053　H260③层陶片统计表

陶质/陶色/纹饰	泥质					夹砂				合计
	橙黄	灰	红	白	灰底黑彩	橙黄	灰	红	褐	
素面	4	1					4			9
篮纹	2									2
麻点纹						7				7
交错篮纹	1									1
附加堆纹＋麻点纹						1				1

圆腹罐　4件。

标本H260③：1，夹砂橙黄陶。侈口，圆唇，高领，上腹斜，下腹残。颈部饰横向篮纹，上腹饰麻点纹，有烟炱。口径14.8、残高7.6厘米（图4−590，4）。

标本H260③：2，夹砂橙黄陶。侈口，方唇，高领，束颈，颈部以下残。唇面有一道凹槽，颈部素面且有刮抹痕迹，有烟炱。口径17.2、残高6厘米（图4−590，5）。

标本H260③：3，夹砂橙黄陶。侈口，圆唇，高领，束颈，颈部以下残。颈部素面，有烟炱。口径9.6、残高4.4厘米（图4−590，6）。

标本H260③：4，夹砂红陶。侈口，圆唇，矮领，束颈，上腹斜弧，下腹残。颈部素面，上腹饰竖向绳纹。口径13.2、残高7.2厘米（图4−590，7）。

单耳罐　1件。

标本H260③：6，夹砂红陶。敛口，矮领，束颈，圆腹，平底。拱形单耳，颈部素面，腹部饰麻点纹。口径8、高13.2、底径6.6厘米（图4−590，8）。

高领罐　1件。

标本H260③：5，夹砂红陶。喇叭口，圆唇，高领，束颈，颈部以下残。颈部素面。口径19.2、残高5.6厘米（图4−590，9）。

251. H261

H261位于ⅡT0702东部，东部延伸至ⅡT0703探方内，南部延伸至ⅡT0802、ⅡT0803探方内。开口于第⑤层下，北部被H276打破（图4−591；彩版二〇九，1）。平面近椭圆形，口部边缘形态明显，底部边缘形态明显，剖面呈筒状，弧直壁，未见工具痕迹，坑底北高南低呈坡状。坑口南北6.05、东西5.50、坑底南北4.20、深4.55～5.15米。剖面略呈袋状，弧壁，坑底平整。灰坑内堆积可分八层，第①层厚0.22～0.40米，土色浅黄色，土质较致密，包含零星炭粒和红烧土颗粒，水平状堆积。第②层厚0.50～1.00米，土色浅灰色，土质较疏松，包含少量炭粒和红烧土颗粒，坡状堆积。第③层厚0.25～0.35米，土色浅黄色，土质较致密，包含零星炭粒，坡状堆积。第④层厚0.37～0.65米，土色浅灰色，土质较致密，包含少量炭粒，坡状堆积。第⑤层厚0～0.45米，土色浅黄色，土质较致密，包含少量炭粒和红烧土颗粒，坡状堆积。第⑥层厚0～0.75米，土色浅褐色，土质较致密，包含零星炭粒，坡状堆积。第⑦层厚0.30～1.35米，土色深灰色，土质较疏松，包含少量炭粒和红烧土颗粒，坡状堆积。第⑧层厚1.35～1.75米，土色浅灰色，土质较疏松，包含少量炭粒和红烧土颗粒，水平状堆积。

坑内出土大量陶片及少量兽骨、石块。

（1）H261①层

出土少量陶片，以腹部残片为主，可辨器形有圆腹罐、花边罐、高领罐、大口罐、盆、钵、盘（表4−1054、1055）。

圆腹罐　6件。

标本H261①：10，泥质灰陶。侈口，方唇，矮领，束颈，颈部以下残。颈部素面。口径22.8、残高4厘米（图4−592，1）。

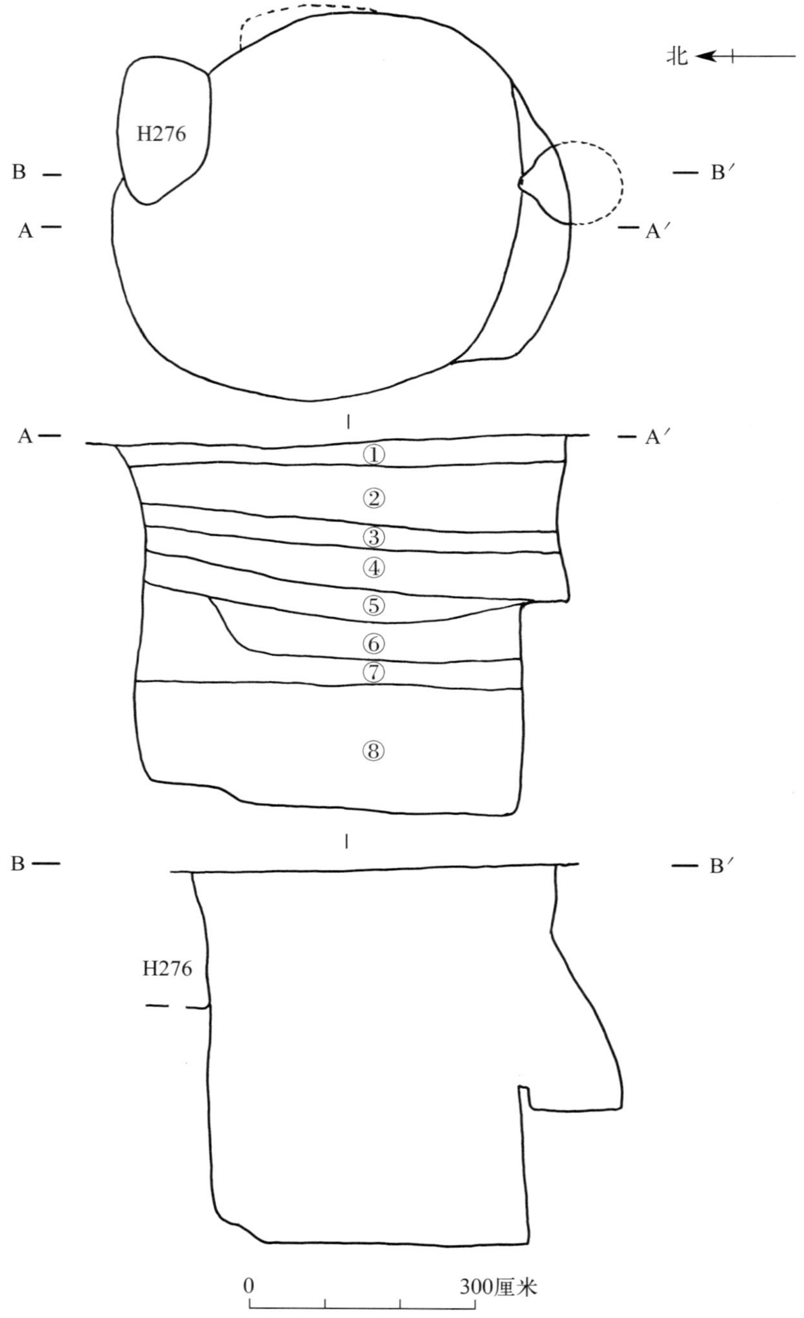

图4-591　H261平、剖面图

标本H261①：11，夹砂橙黄陶。侈口，圆唇，高领，束颈，颈部以下残。颈部饰横向篮纹。口径14、残高5.6厘米（图4-592，2）。

标本H261①：13，夹砂灰陶。侈口，尖唇，矮领，束颈，上腹圆，下腹残。口沿外侧有一周折棱，颈部饰一附加泥饼，上腹饰交错刻划纹。口径8.2、残高4厘米（图4-592，3）。

标本H261①：15，夹砂灰陶。侈口，尖唇，上腹直，下腹残。口沿有一流，上腹饰竖向绳纹。残高3.6、残宽7厘米（图4-592，4）。

表4-1054　H261①层器形数量统计表

器形＼陶质/陶色	泥质				夹砂				合计
	红	橙黄	灰	黑	红	橙黄	灰	黑	
圆腹罐			1			3	2		6
花边罐					1	2	1		4
高领罐	1	4			1				6
大口罐					1				1
盆		1							1
钵						1			1
盘						1			1

表4-1055　H261①层陶片统计表

纹饰＼陶质/陶色	泥质					夹砂				合计
	橙黄	灰	红	白	灰底黑彩	橙黄	灰	红	褐	
素面	212	16	31			85	3			347
绳纹	15					41				56
篮纹	139	16	12			70				237
麻点纹	1					309				310
席纹	2					1				3
篮纹＋附加堆纹＋麻点纹						1				1
戳印纹	1					3				4
刻划纹	1									1
篮纹＋刻划纹						1				1
篮纹＋麻点纹						16				16
附加堆纹						12				12
网格纹＋附加堆纹						1				1
附加堆纹＋绳纹	1									1
附加堆纹＋戳印纹						1				1

标本H261①：18，夹砂橙黄陶。侈口，圆唇，高领，束颈，颈部以下残。口部、颈部饰篮纹，有烟炱。口径 20、残高 5.4 厘米（图 4-592，5）。

标本H261①：20，夹砂橙黄陶。侈口，方唇，矮领，束颈，上腹斜弧，下腹残。口沿外侧有一周折棱，器表饰斜向篮纹。残高 7、残宽 9 厘米（图 4-592，6）。

花边罐　4 件。

标本H261①：2，夹砂橙黄陶。侈口，尖唇，高领，束颈，颈部以下残。口沿外侧饰一周附加泥条，泥条之上饰戳印纹，颈部素面。口径 17、残高 6.6 厘米（图 4-592，7）。

标本H261①：6，夹砂灰陶。侈口，尖唇，矮领，束颈，上腹圆弧，下腹残。颈部饰两周附加泥条，泥条经手指按压呈波状，上腹饰麻点纹。口径 12、残高 6 厘米（图 4-592，8）。

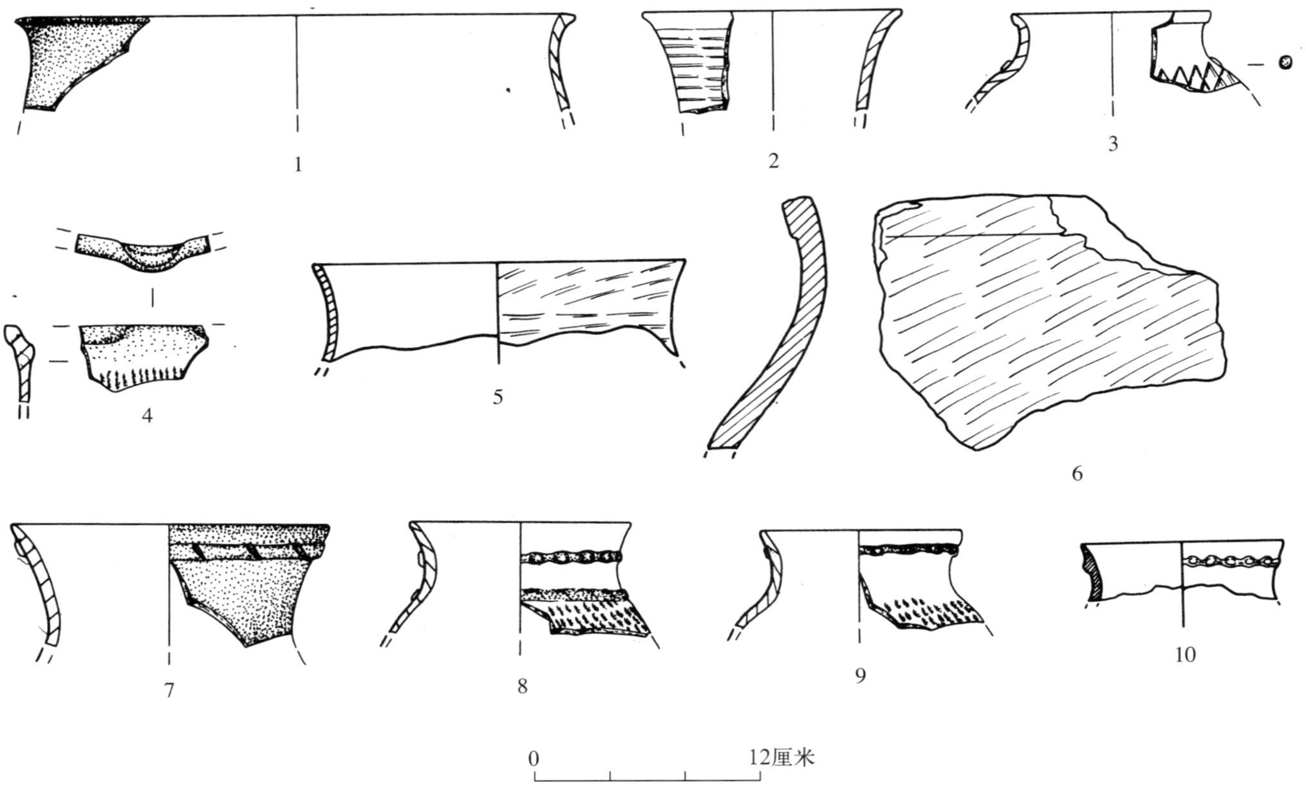

图4-592 H261出土遗物

1～6.圆腹罐H261①：10、11、13、15、18、20 7～10.花边罐H261①：2、6、7、19

标本H261①：7，夹砂红陶。侈口，圆唇，矮领，束颈，上腹圆弧，下腹残。口沿外侧饰一周附加泥条，泥条经手指按压呈波状，颈部素面，上腹饰麻点纹，有烟炱。口径10.8、残高5.4厘米（图4-592，9）。

标本H261①：19，夹砂橙黄陶。侈口，尖唇，矮领，束颈，颈部以下残。口沿外侧饰一周附加泥条，泥条经手指按压呈波状，颈部素面，有烟炱。口径10.8、残高3.1厘米（图4-592，10）。

高领罐 6件。

标本H261①：3，泥质红陶。喇叭口，尖唇，高领，束颈，颈部以下残。颈部饰斜向篮纹。口径18.2、残高5厘米（图4-593，1）。

标本H261①：4，泥质橙黄陶。喇叭口，圆唇，高领，束颈，颈部以下残。颈部素面。口径18、残高5.4厘米（图4-593，2）。

标本H261①：9，泥质橙黄陶。喇叭口，圆唇，高领，束颈，颈部以下残。颈部素面。口径16.8、残高4厘米（图4-593，3）。

标本H261①：12，夹砂红陶。喇叭口，方唇，口沿以下残。口沿外侧饰横向篮纹。口径17.2、残高2.2厘米（图4-593，4）。

标本H261①：16，泥质橙黄陶。喇叭口，尖唇，高领，束颈，颈部以下残。口沿外侧有一周

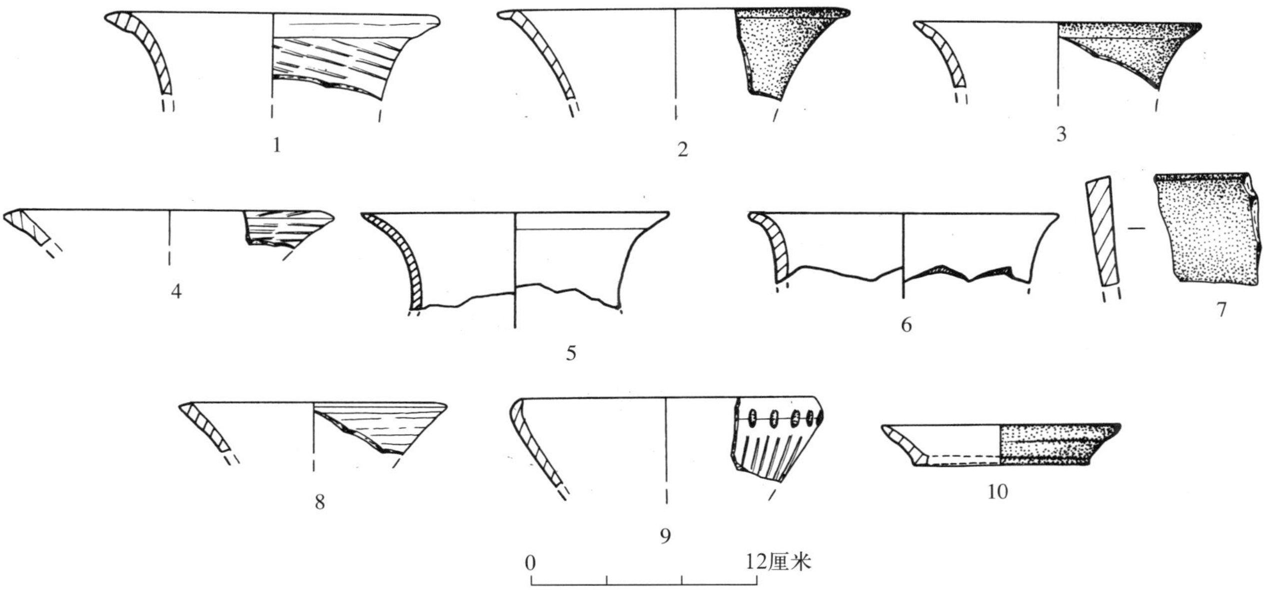

图4-593　H261出土遗物

1～6.高领罐H261①：3、4、9、12、16、17　7.大口罐H261①：14　8.盆H261①：8　9.钵H261①：1　10.盘H261①：5

折棱，颈部素面。口径18、残高6.4厘米（图4-593，5）。

标本H261①：17，泥质橙黄陶。喇叭口，圆唇，高领，束颈，颈部以下残。器表素面磨光。口径18、残高4.2厘米（图4-593，6）。

大口罐　1件。

标本H261①：14，夹砂红陶。直口，方唇，上腹斜直，下腹残。素面。残高6.6、残宽6厘米（图4-593，7）。

盆　1件。

标本H261①：8，泥质灰陶。敞口，方唇，斜腹，底残。腹部饰横向篮纹。口径14、残高3厘米（图4-593，8）。

钵　1件。

标本H261①：1，夹砂橙黄陶。敛口，尖唇，弧腹，底残。口沿外侧饰一周戳印纹，腹部饰竖向篮纹。口径17.2、残高5.4厘米（图4-593，9）。

盘　1件。

标本H261①：5，夹砂橙黄陶。敞口，尖唇，斜弧腹，平底。口沿外侧有一周折棱，器表素面。口径14、高2.2、底径10厘米（图4-593，10）。

（2）H261②层

出土少量陶片，以腹部残片为主，可辨器形有花边罐、高领罐、斝、盆，另出土陶刀1件、骨镞1件、骨匕1件、骨器1件（表4-1056、1057）。

花边罐　4件。

标本H261②：5，夹砂橙黄陶。侈口，锯齿唇，高领，束颈，上腹圆弧，下腹残。颈部饰横向篮纹，上腹饰麻点纹，有烟炱。口径 14、残高 7.3 厘米（图 4–594，1）。

标本H261②：8，夹砂红陶。侈口，圆唇，矮领，束颈，上腹斜，下腹残。口沿外侧饰一周附加泥条，泥条之上饰斜向戳印纹，颈部饰竖向篮纹，上腹饰麻点纹，有烟炱。口径 13.6、残高 6 厘米（图 4–594，2）。

表4–1056 H261②层器形数量统计表

器形＼陶质/陶色	泥质				夹砂				合计
	红	橙黄	灰	黑	红	橙黄	灰	黑	
花边罐					1	3			4
高领罐	1	2				1			4
斝					1	3			4
盆	1	1							2

表4–1057 H261②层陶片统计表

纹饰＼陶质/陶色	泥质					夹砂				合计
	橙黄	灰	红	白	灰底黑彩	橙黄	灰	红	褐	
素面	110	15	17			81				223
绳纹	3	1	1			40				45
篮纹	78	5	11			62	1	4		161
麻点纹			1			62	1	4		68
席纹						1				1
篮纹＋压印纹						1				1
刻划纹	1	1				10		2		14
篮纹＋麻点纹						1				1
附加堆纹	3							1		4
戳印纹＋篮纹＋麻点纹						1				1
附加堆纹＋绳纹						1				1

标本H261②：12，夹砂橙黄陶。侈口，圆唇，高领，束颈，颈部以下残。口沿外侧饰一周附加泥条，泥条经手指按压呈波状，颈部素面，有烟炱。口径 11.6、残高 4.4 厘米（图 4–594，3）。

标本H261②：13，夹砂橙黄陶。侈口，尖唇，高领，束颈，颈部以下残。口沿外侧饰一周附加泥条，泥条之上饰斜向戳印纹，颈部素面，有烟炱。口径 12、残高 5 厘米（图 4–594，4）。

高领罐 4 件。

标本H261②：1，泥质橙黄陶。喇叭口，尖唇，高领，束颈，颈部以下残。颈部饰横向篮纹。口径 25、残高 7 厘米（图 4–594，5）。

标本H261②：2，夹砂橙黄陶。喇叭口，方唇，高领，束颈，颈部以下残。口沿外侧有一周折棱，颈部素面。口径 24.4、残高 3.8 厘米（图 4–594，6）。

标本H261②：11，泥质橙黄陶。喇叭口，圆唇，高领，束颈，颈部以下残。口沿外侧有一周折棱，颈部素面且有刮抹痕迹，内壁素面磨光。口径 21.2、残高 3.4 厘米（图 4–594，7）。

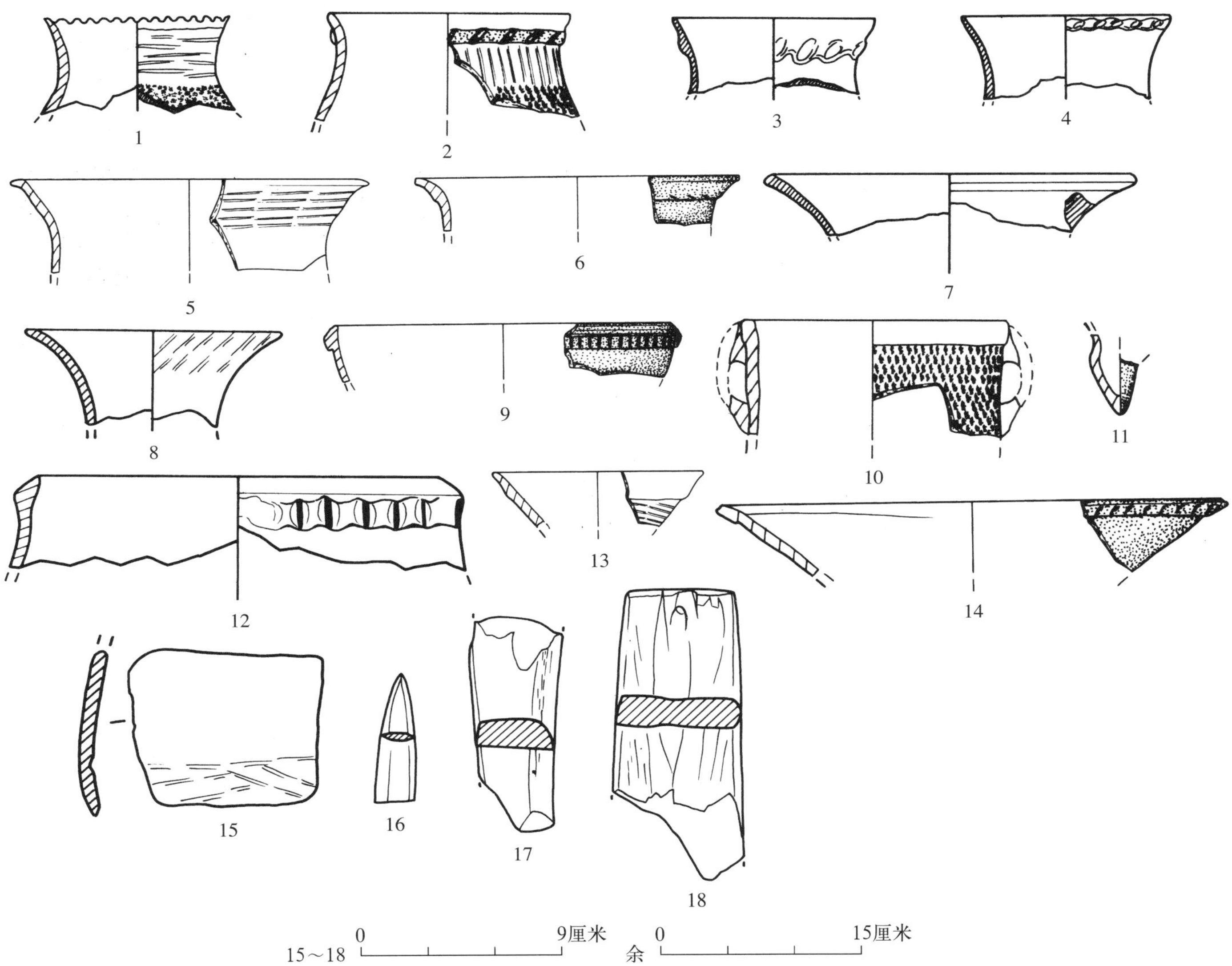

图4-594　H261出土遗物

1～4.花边罐H261②：5、8、12、13　5～8.高领罐H261②：1、2、11、14　9～12.斝H261②：4、7、10、15　13、14.盆H261②：3、6　15.陶刀H261②：16　16.骨镞H261②：17　17.骨匕H261②：9　18.骨器H261②：18

标本H261②：14，泥质红陶。喇叭口，圆唇，高领，束颈，颈部以下残。沿下饰斜向篮纹，颈部素面。口径 14.8、残高 5.6 厘米（图 4-594，8）。

斝　4 件。

标本H261②：4，夹砂橙黄陶。近直口，上腹弧，下腹残。口沿外侧饰有数道凹槽，凹槽下有一周凸棱饰戳印纹，上腹素面，有烟炱。口径 25.2、残高 4.2 厘米（图 4-594，9）。

标本H261②：7，夹砂橙黄陶。耳残，微侈口，方唇，上腹直，下腹残。口沿外侧有一周折棱，上腹饰麻点纹，有烟炱。口径 15.2、残高 7 厘米（图 4-594，10）。

标本H261②：10，夹砂橙黄陶。牛角状空心足，足面素面，且有刮抹痕迹。残高 4.6、残宽 2.8 厘米（图 4-594，11）。

标本H261②：15，夹砂红陶。敛口，尖唇，上腹斜弧，下腹残。口沿外侧饰一周附加泥条呈齿轮状，上腹素面。口径 24、残高 5.6 厘米（图 4-594，12）。

盆 2 件。

标本H261②：3，泥质红陶。敞口，圆唇，斜直腹，底残。口沿外侧有一周折棱，腹部饰斜向篮纹。口径 16、残高 4.2 厘米（图 4-594，13）。

标本H261②：6，泥质橙黄陶。敞口，方唇，斜直腹，底残。唇面有一道凹槽，口沿外侧饰一周附加泥条，泥条经手指按压呈波状，腹部素面。口径 28.4、残高 4 厘米（图 4-594，14）。

陶刀 1 件。

标本H261②：16，泥质橙黄陶。陶片打磨而成，器表素面磨光，刃部双面打制，内侧有一钻孔痕迹。刃长 4.5 厘米，器身长 5.6、宽 4.9 厘米（图 4-594，15）。

骨镞 1 件。

标本H261②：17，器体呈扁三角形，两侧边缘均为双面磨制的刃部，尖部磨制尖锐，尾端平。残长 3.9、宽 1.2 厘米（图 4-594，16；彩版二〇九，2）。

骨匕 1 件。

标本H261②：9，动物骨骼磨制而成，器身磨制光滑，柄部残，刃部残损，双面磨刃。刃残长 1 厘米，刃角 63°，器身残长 6.4、宽 2.7、厚 0.9 厘米（图 4-594，17；彩版二〇九，3）。

骨器 1 件。

标本H261②：18，米黄色，残存近长方形，扁平状，器表磨制光滑，尾端及两侧边平直规整，近尾部有一斜钻孔。残长 8.6、宽 3.7、厚 0.9 厘米（图 4-594，18；彩版二〇九，4、5）。

（3）H261③层

出土少量陶片，以腹部残片为主，可辨器形有圆腹罐、花边罐、双耳罐、高领罐、斝、盆、钵，另出土石笄 1 件、石器残片 1 件（表 4-1058、1059）。

表4-1058 H261③层器形数量统计表

器形＼陶质/陶色	泥质				夹砂				合计
	红	橙黄	灰	黑	红	橙黄	灰	黑	
圆腹罐		1			1	1			3
花边罐					1				1
双耳罐						1			1
高领罐		1					1		2
斝					1	1			2
盆	1								1
钵		1							1

圆腹罐 3 件。

标本H261③：5，夹砂红陶。微侈口，圆唇，高领，束颈，上腹圆弧，下腹残。颈部素面，上腹饰麻点纹，有烟炱。口径 13.2、残高 8 厘米（图 4-595，1）。

标本H261③：8，夹砂橙黄陶。侈口，圆唇，高领，束颈，颈部以下残。颈部素面。口径

14.8、残高5.8厘米（图4−595，2）。

标本H261③：11，泥质橙黄陶。侈口，圆唇，高领，微束颈，上腹圆弧，下腹残。器身通体素面磨光。口径32、残高9.2厘米（图4−595，3）。

表4−1059　H261③层陶片统计表

纹饰＼陶质/陶色	泥质					夹砂				合计
	橙黄	灰	红	白	灰底黑彩	橙黄	灰	红	褐	
素面	35	11	4			19				69
绳纹	19		3							22
篮纹	27		7			12				46
麻点纹						75				75
席纹	1									1
刻划纹	1									1
篮纹＋麻点纹						1				1
附加堆纹						2				2

花边罐　1件。

标本H261③：2，夹砂红陶。侈口，近方唇，高领，束颈，上腹圆腹，下腹残。口沿外侧饰一周附加泥条，泥条之上饰戳印纹，颈部素面，上腹饰麻点纹，有烟炱。口径14.6、残高8.2厘米（图4−595，4）。

双耳罐　1件。

标本H261③：3，夹砂橙黄陶。耳残，侈口，圆唇，高领，束颈。颈部以下残。颈部饰横向篮纹，有烟炱。口径23.6、残高5.6厘米（图4−595，5）。

高领罐　2件。

标本H261③：6，夹砂灰陶。喇叭口，圆唇，高领，束颈，颈部以下残。颈部素面。残高7.6、残宽7.6厘米（图4−595，6）。

标本H261③：7，泥质橙黄陶。喇叭口，圆唇，高领，束颈，颈部以下残。颈部素面且有刮抹痕迹。口径16.8、残高3厘米（图4−595，7）。

斝　2件。

标本H261③：1，夹砂红陶。敛口，重唇，上腹微弧，下腹残。拱形双耳。耳上端有一泥饼，上腹饰竖向绳纹。口径21.2、残高10厘米（图4−595，8）。

标本H261③：9，夹砂橙黄陶。牛角状空心足，足面素面且粗糙。残高4、残宽4厘米（图4−595，9）。

盆　1件。

标本H261③：10，泥质红陶。敞口，尖唇，斜弧微弧，圈足。口沿外侧饰一周折棱，腹部饰竖向篮纹，内壁素面磨光。口径24、高6.6、底径10厘米（图4−595，10；彩版二一〇，1）。

钵　1件。

标本H261③：4，泥质橙黄陶。敛口，尖唇，斜弧腹，底残。腹部饰竖向篮纹。口径27.6、

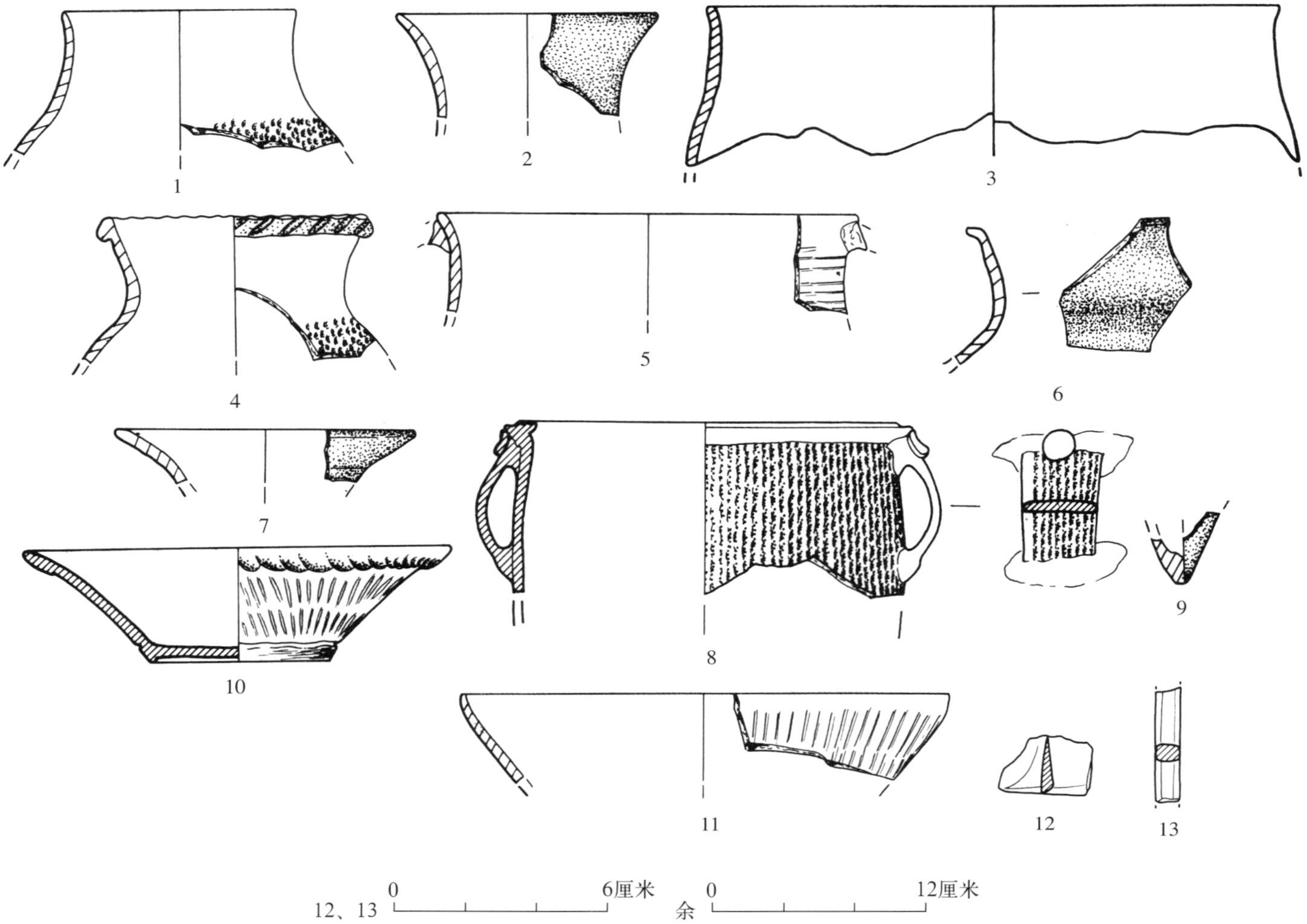

图4-595 H261出土遗物

1～3.圆腹罐H261③：5、8、11 4.花边罐H261③：2 5.双耳罐H261③：3 6、7.高领罐H261③：6、7 8、9.斝H261③：1、9 10.盆H261③：10 11.钵H261③：4 12.石器残片H261③：12 13.石笄H261③：13

残高 5.2 厘米（图 4-595，11）。

石笄 1 件。

标本H261③：13，页岩。墨绿色，器身磨制光滑，两端残，中腰部分呈扁柱状。残长 4.3、宽 1、厚 0.7 厘米（图 4-595，13；彩版二一〇，2）。

石器残片 1 件。

标本H261③：12，黑色，器表磨制光滑，系石器脱落部分，一侧边磨制规整。残长 3.4、残宽 2.2 厘米（图 4-595，12；彩版二一〇，3）。

（4）H261④层

出土少量陶片，以腹部残片为主，可辨器形有圆腹罐、花边罐、双耳罐、高领罐、大口罐、斝、盆、尊，另出土鹿角 1 件、骨器 1 件（表 4-1060、1061）。

圆腹罐 5 件。

表4-1060　H261④层器形数量统计表

器形＼陶质／陶色	泥质				夹砂				合计
	红	橙黄	灰	褐	红	橙黄	灰	黑	
圆腹罐	1				1	2	1		5
花边罐					2	2			4
双耳罐					1	2			3
高领罐	2	5				1			8
大口罐					1				1
盆	2	3		1					6
罍						3			3
尊	1								1

表4-1061　H261④层陶片统计表

纹饰＼陶质／陶色	泥质					夹砂				合计
	橙黄	灰	红	白	灰底黑彩	橙黄	灰	红	褐	
素面	83	20	57			49				209
绳纹	5					50		3		58
篮纹	94	23				40		6		163
麻点纹	3		1			233	4	9		250
席纹						2				2
戳印纹	1					1				2
压印纹	2									2
刻划纹	1	1				2				4
交错篮纹	3									3
篮纹＋麻点纹						14		3		17
附加堆纹						1				1
抹断绳纹		1				1				2
篮纹＋绳纹						1				1
附加堆纹＋麻点纹						2				2

标本H261④：8，夹砂橙黄陶。侈口，圆唇，高领，束颈，上腹圆弧，下腹残。颈部素面，上腹饰麻点纹，有烟炱。口径 18、残高 7.8 厘米（图 4-596，1）。

标本H261④：14，夹砂橙黄陶。侈口，圆唇，高领，束颈，颈部以下残。颈部素面，有烟炱。口径 9.2、残高 5 厘米（图 4-596，2）。

标本H261④：19，夹砂红陶。侈口，圆唇，高领，束颈，上腹圆，下腹残。颈部素面，腹部饰麻点纹。口径 11.2、残高 7.4 厘米（图 4-596，3）。

标本H261④：21，泥质红陶。侈口，圆唇，矮领，束颈，上腹圆弧，下腹残。器表饰竖向刻划纹。口径 10.8、残高 4.5 厘米（图 4-596，4）。

标本H261④：28，夹砂灰陶。侈口，圆唇，高领，束颈，颈部以下残。颈部饰斜向篮纹。口

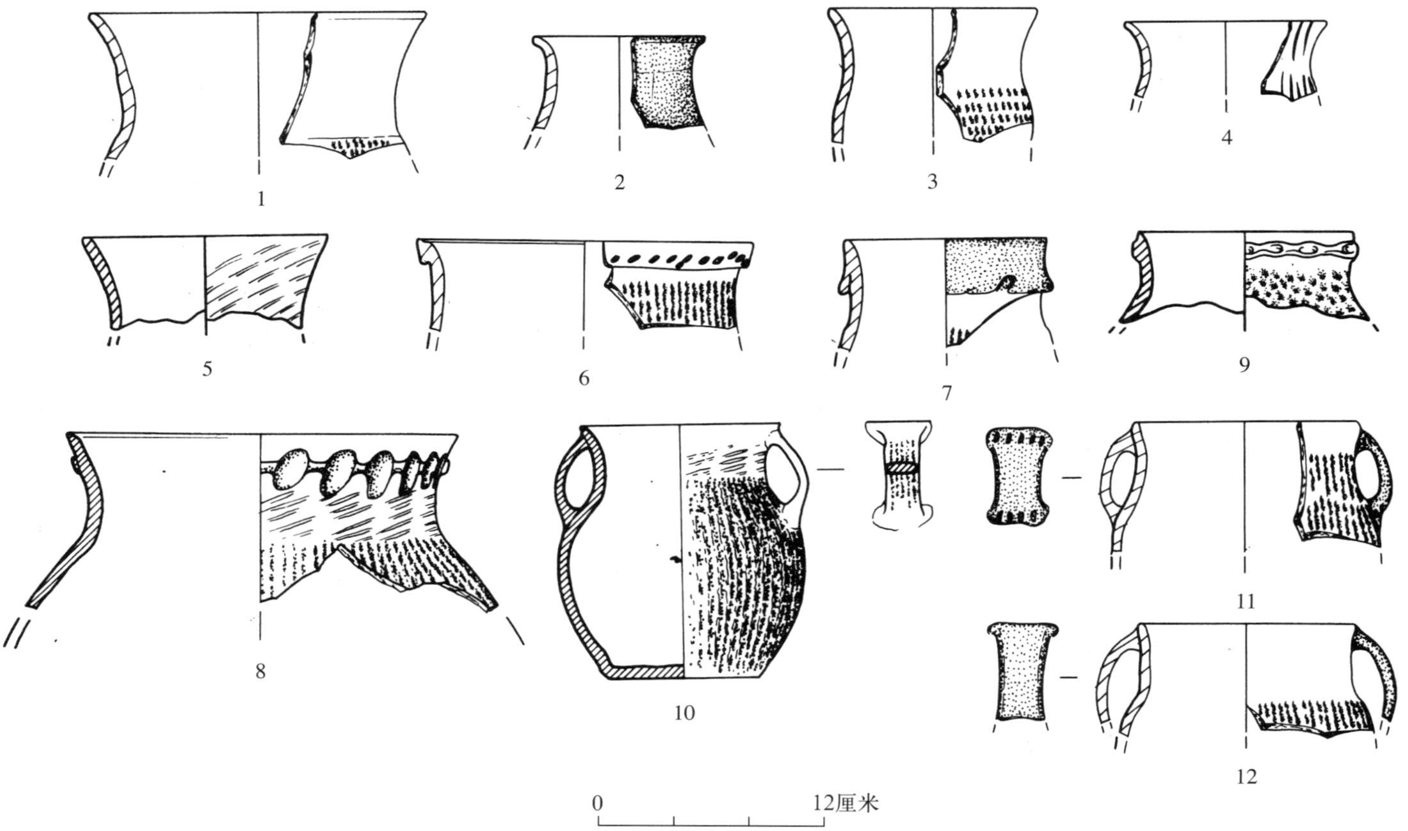

图4-596 H261出土遗物

1～5.圆腹罐H261④：8、14、19、21、28 6～9.花边罐H261④：7、13、23、31 10～12.双耳罐H261④：4、11、16

径 13.2、残高 5.2 厘米（图 4-596，5）。

花边罐 4 件。

标本H261④：7，夹砂橙黄陶。侈口，方唇，高领，束颈，颈部以下残。口沿外侧饰一周附加泥条，泥条之上饰戳印纹，颈部饰竖向篮纹，有烟炱。口径 18、残高 4.8 厘米（图 4-596，6）。

标本H261④：13，夹砂红陶。侈口，圆唇，高领，微束颈，颈部以下残。口沿外侧饰一周附加泥条，泥条经手指按压呈波状，有烟炱。口径 10.8、残高 6 厘米（图 4-596，7）。

标本H261④：23，夹砂红陶。侈口，尖唇，矮领，束颈，上腹圆弧，下腹残。口沿外侧饰一周附加泥条，泥条经手指按压呈波状，颈部饰斜向篮纹，上腹饰竖向绳纹，有烟炱。口径 21、残高 9.6 厘米（图 4-596，8）。

标本H261④：31，夹砂橙黄陶。侈口，尖唇，矮领，束颈，上腹圆弧，下腹残。口沿外侧饰一周附加泥条，泥条经手指按压呈波状，颈部素面，上腹饰麻点纹，有烟炱。口径 11.6、残高 5 厘米（图 4-596，9）。

双耳罐 3 件。

标本H261④：4，夹砂红陶。侈口，尖唇，矮领，束颈，圆腹，平底。拱形双耳，颈部饰横向篮纹，腹部饰麻点纹。口径 10.8、高 14、底径 8 厘米（图 4-596，10；彩版二一〇，4）。

标本H261④：11，夹砂橙黄陶。侈口，圆唇，矮领，束颈，圆腹，底残。拱形双耳，耳上下两端饰戳印纹，颈、腹饰竖向绳纹。口径12、残高7厘米（图4-596，11）。

标本H261④：16，夹砂橙黄陶。侈口，圆唇，矮领，束颈，上腹圆，下腹残。拱形双耳，颈部素面，上腹饰麻点纹，有烟炱。口径11.6、残高6厘米（图4-596，12）。

高领罐　8件。

标本H261④：5，泥质红陶。喇叭口，平沿，方唇，高领，束颈，颈部以下残。口沿外侧有一周折棱。口径23.8、残高5.6厘米（图4-597，1）。

标本H261④：6，泥质橙黄陶。喇叭口，近圆唇，高领，束颈，颈部以下残。口沿外侧有一周折棱，颈部饰横向篮纹。口径14、残高2.6厘米（图4-597，2）。

标本H261④：9，夹砂橙黄陶。喇叭口，方唇，高领，束颈，颈部以下残。颈部饰横向篮纹。口径20.6、残高5厘米（图4-597，3）。

标本H261④：20，泥质橙黄陶。喇叭口，尖唇，高领，束颈，颈部以下残。颈部饰斜向篮纹，内壁素面磨光。口径12.6、残高4厘米（图4-597，4）。

标本H261④：24，泥质橙黄陶。喇叭口，尖唇，高领，束颈，颈部以下残。沿下饰斜向篮纹，内壁素面磨光。口径18.4、残高2.9厘米（图4-597，5）。

标本H261④：25，泥质橙黄陶。喇叭口，圆唇，高领，束颈，颈部以下残。颈部及内壁素面磨光。口径14.8、残高3.2厘米（图4-597，6）。

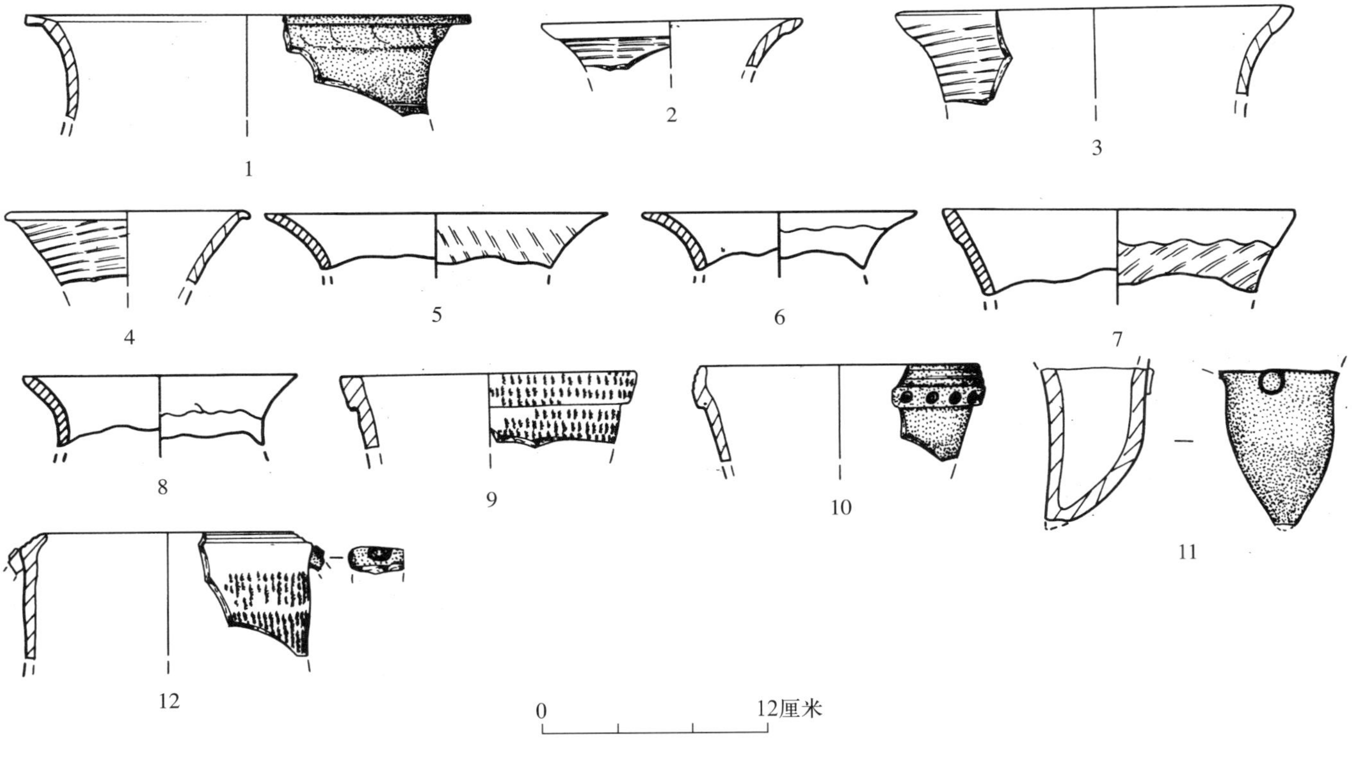

图4-597　H261出土遗物

1～8.高领罐H261④：5、6、9、20、24、25、29、30　9.大口罐H261④：2　10～12.斝H261④：10、15、18

标本H261④：29，泥质红陶。喇叭口，方唇，高领，束颈，颈部以下残。口沿外侧饰一周折棱，颈部饰斜向篮纹，内壁素面磨光。口径18.8、残高4.6厘米（图4–597，7）。

标本H261④：30，泥质橙黄陶。喇叭口，圆唇，高领，束颈，颈部以下残。口沿外侧饰一周折棱，颈部素面磨光。口径14.8、残高4厘米（图4–597，8）。

大口罐 1件。

标本H261④：2，夹砂红陶。侈口，方唇，上腹斜直，下腹残。口沿外侧有一周凸棱，器表通体饰麻点纹。口径16、残高4厘米（图4–597，9）。

斝 3件。

标本H261④：10，夹砂橙黄陶。敛口，重唇，上腹斜直，下腹残。口沿外侧有一周附加泥条，泥条之上饰戳印纹，上腹素面。口径14.8、残高5.2厘米（图4–597，10）。

标本H261④：15，夹砂橙黄陶。牛角状空心足。足上部饰一附加泥饼，有烟炱。残高8.4、残宽6.6厘米（图4–597，11）。

标本H261④：18，夹砂橙黄陶。耳残，敛口，重唇，上腹直，下腹残。唇外侧有三道凹槽，残耳上端有一附加泥饼，上腹饰竖向绳纹。口径13、残高6.8厘米（图4–597，12）。

盆 6件。

标本H261④：1，泥质橙黄陶。敞口，圆唇，斜直腹，底残。口沿外侧有一周折棱，器表饰竖向篮纹，内壁素面磨光。口径33.2、残高4.8厘米（图4–598，1）。

标本H261④：3，泥质红陶。敞口，圆唇，斜直腹，底残。口沿外侧有一周折棱，器表饰竖向篮纹。口径21.6、残高4厘米（图4–598，2）。

标本H261④：12，泥质橙黄陶。敞口，方唇，斜弧腹，底残。器表饰横向篮纹。口径28、残高4.2厘米（图4–598，3）。

标本H261④：17，泥质橙黄陶。敞口，尖唇，斜直腹，底残。腹部饰竖向篮纹，内壁素面磨光且有刮抹痕迹。口径24、残高4.8厘米（图4–598，4）。

标本H261④：26，泥质褐陶。敞口，近方唇，斜直腹，底残。器表饰斜向篮纹，内壁素面磨光。口径30、残高2厘米（图4–598，5）。

标本H261④：27，泥质红陶。敞口，圆唇，斜弧腹，底残。器表饰横向篮纹，内壁素面磨光。口径22.8、残高3.5厘米（图4–598，6）。

尊 1件。

标本H261④：22，泥质红陶。敞口，平沿，圆唇，高领，束颈，微折腹，底残。颈部及上腹素面磨光，下腹饰斜向篮纹。口径39.8、残高10.6厘米（图4–598，7）。

鹿角 1件。

标本H261④：32，三个枝杈均残，主枝杆保留原角的棱和纹理，总长29.2、宽5.2厘米（图4–598，8；彩版二一〇，5）。

骨器 1件。

标本H261④：33，动物骨骼磨制而成，扁平长条状，尾端残，尖端磨制尖锐。残长5.3、宽0.8、厚0.4厘米（图4–598，9；彩版二一〇，6）。

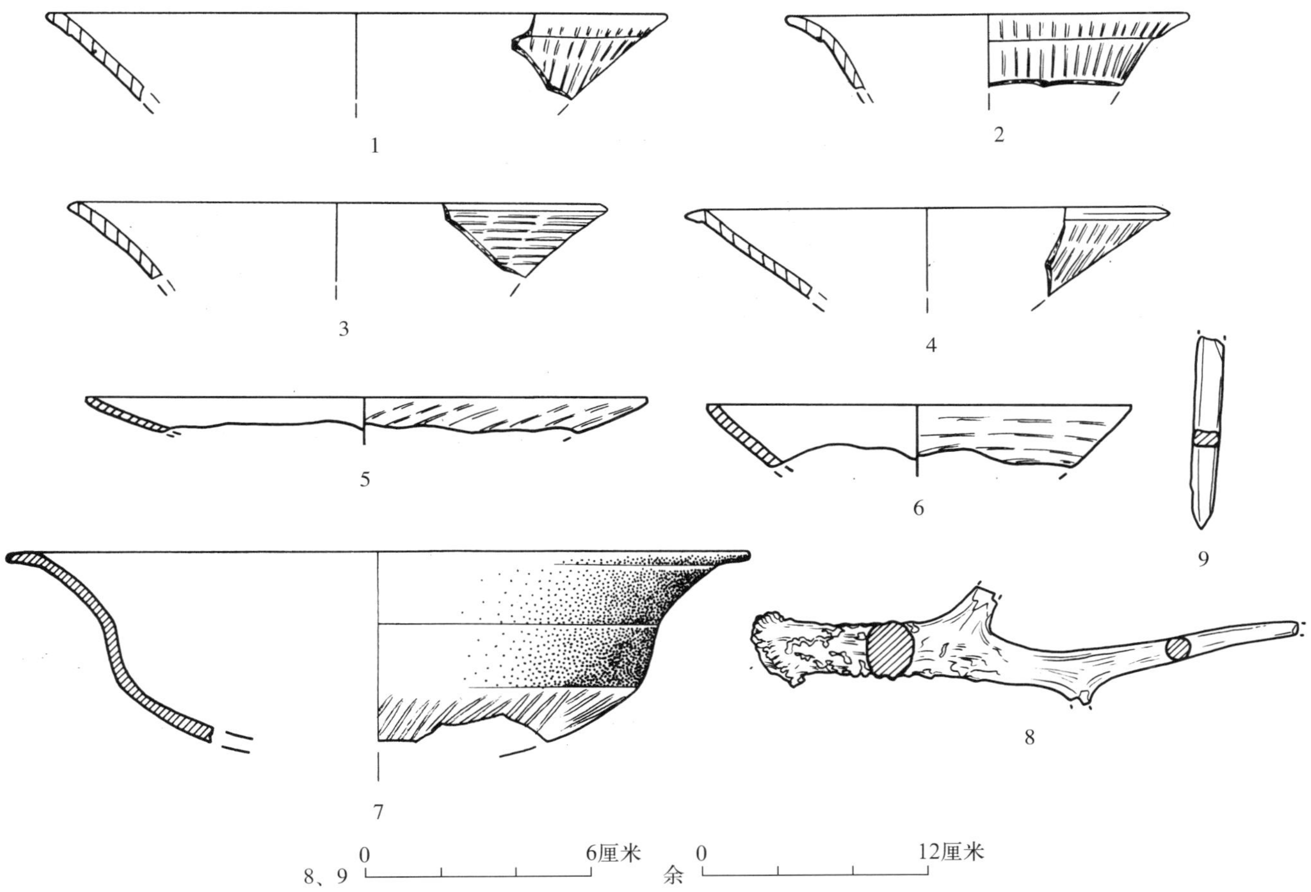

图4-598　H261出土遗物

1～6.盆H261④：1、3、12、17、26、27　7.尊H261④：22　8.鹿角H261④：32　9.骨器H261④：33

（5）H261⑤层

出土少量陶片，以腹部残片为主，可辨器形有圆腹罐、花边罐、双耳罐、高领罐、斝、盆，另出土石料1件（表4-1062、1063）。

表4-1062　H261⑤层器形数量统计表

器形＼陶质／陶色	泥质				夹砂				合计
	红	橙黄	灰	黑	红	橙黄	灰	褐	
圆腹罐					1	3			4
花边罐						1	1		2
双耳罐						1			1
高领罐		3				1			4
斝						1		1	2
盆	1	1							2

表4-1063　H261⑤层陶片统计表

纹饰＼陶质/陶色	泥质					夹砂				合计
	橙黄	灰	红	白	灰底黑彩	橙黄	灰	红	褐	
素面	111	6	18			58				193
绳纹						19				19
篮纹	67		51			38		2		158
麻点纹						112				112
席纹						1				1
戳印纹						2				2
刻划纹	1									1
篮纹＋麻点纹						2				2
附加堆纹						5				5
附加堆纹＋篮纹						2				2

圆腹罐　3件。

标本H261⑤：1，夹砂橙黄陶。侈口，圆唇，高领，束颈，上腹圆，下腹残。颈部素面，上腹饰麻点纹，有烟炱。口径12.4、残高9厘米（图4-599，1）。

标本H261⑤：2，夹砂红陶。侈口，尖唇，矮领，束颈，上腹圆弧，下腹残。颈部饰横向篮纹，绳纹之上饰竖向刻划纹，上腹饰麻点纹，有烟炱。口径14、残高8厘米（图4-599，2）。

标本H261⑤：12，夹砂橙黄陶。侈口，方唇，束颈，颈部以下残。器表饰横向篮纹，有烟炱。口径13.2、残高3.8厘米（图4-599，3）。

花边罐　2件。

标本H261⑤：5，夹砂橙黄陶。侈口，尖唇，矮领，束颈，上腹斜弧，下腹残。口沿外侧饰一周附加泥条，泥条经手指按压呈波状，颈部素面，上腹饰麻点纹，有烟炱。口径14.8、残高6.2厘米（图4-599，4）。

标本H261⑤：7，夹砂灰陶。侈口，圆唇，高领，束颈，上腹圆，下腹残。口沿外侧饰一周附加泥条，泥条经手指按压呈波状，颈部素面，上腹饰麻点纹。口径9.6、残高5.8厘米（图4-599，5）。

双耳罐　1件。

标本H261⑤：11，夹砂橙黄陶。侈口，方唇，高领，束颈，颈部以下残。口沿外侧有残耳脱落痕迹，颈部饰横向篮纹，有烟炱。口径19.6、残高5.8厘米（图4-599，6）。

高领罐　4件。

标本H261⑤：3，泥质橙黄陶。喇叭口，方唇，高领，束颈，颈部以下残。口沿外侧有一周折棱，颈部素面。口径22.8、残高5.4厘米（图4-599，7）。

标本H261⑤：4，泥质橙黄陶。喇叭口，圆唇，高领，束颈，颈部以下残。颈部饰竖向篮纹，器表有刮抹痕迹。口径19.6、残高7.4厘米（图4-599，8）。

标本H261⑤：9，夹砂橙黄陶。侈口，方唇，高领，束颈，颈部以下残。口沿外侧饰一周附

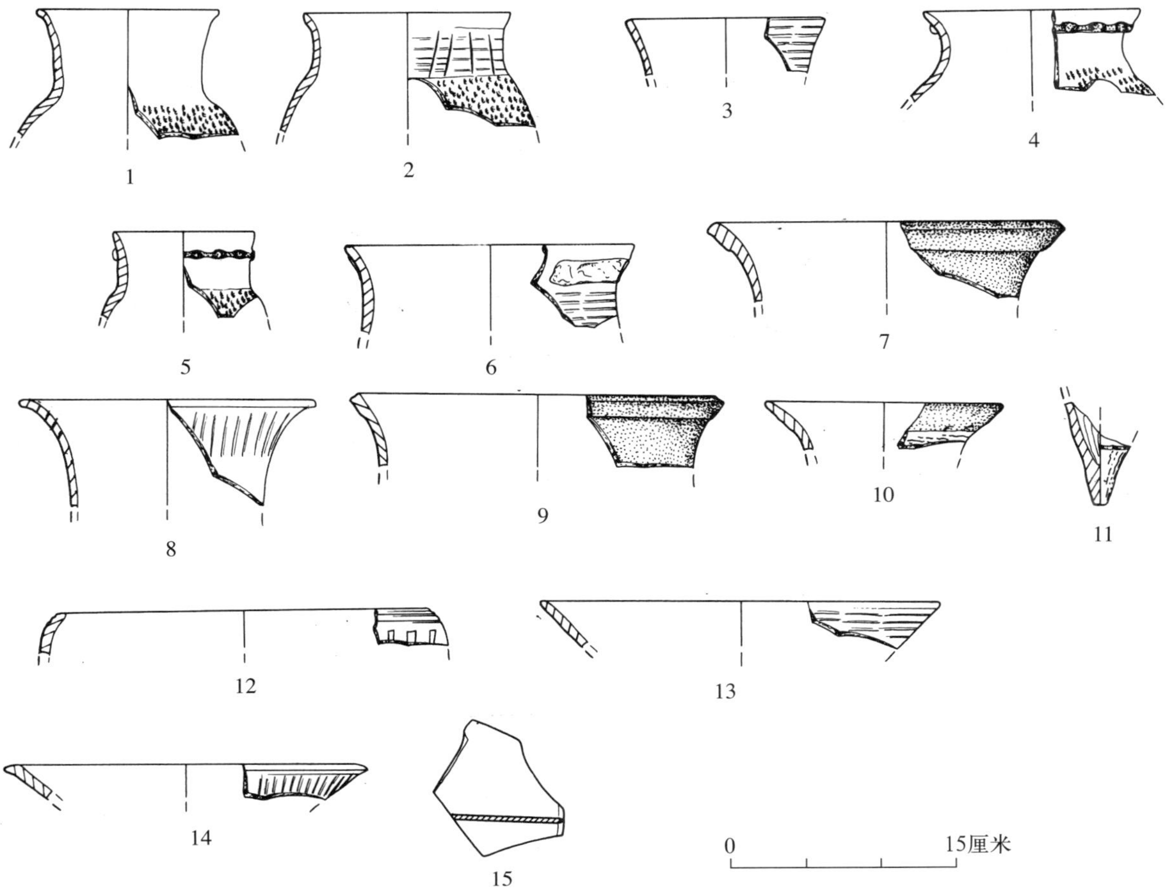

图4-599　H261出土遗物

1～3.圆腹罐H261⑤：1、2、12　4、5.花边罐H261⑤：5、7　6.双耳罐H261⑤：11　7～10.高领罐H261⑤：3、4、9、10　11、12.斝H261⑤：8、13　13、14.盆H261⑤：6、14　15.石料H261⑤：15

加泥条，颈部素面，有烟炱。口径24、残高5厘米（图4-599，9）。

标本H261⑤：10，泥质橙黄陶。喇叭口，圆唇，高领，束颈，颈部以下残。口沿外侧有一周折棱，颈部饰横向绳纹。口径16、残高3.4厘米（图4-599，10）。

斝　2件。

标本H261⑤：8，夹砂褐陶。牛角状空心足。足面饰竖向绳纹，有刮抹痕迹。残高7.2、残宽4.4厘米（图4-599，11）。

标本H261⑤：13，夹砂橙黄陶。敛口，圆唇，唇外侧有三道凹槽，口沿以下残。口沿外侧饰一周戳印纹。口径24.8、残高2.8厘米（图4-599，12）。

盆　2件。

标本H261⑤：6，泥质红陶。敞口，圆唇，斜直腹，底残。腹部饰横向篮纹。口径27、残高3.2厘米（图4-599，13）。

标本H261⑤：14，泥质橙黄陶。敞口，尖唇，斜直腹，底残。腹部饰竖向篮纹。口径22.8、残高2.4厘米（图4-599，14）。

石料　1件。

标本H261⑤：15，石英岩。制作小石器材料，不规则状。残长5.1、残宽4.7、厚0.3厘米（图4-599，15）。

（6）H261⑥层

出土少量陶片，以腹部残片为主，可辨器形有圆腹罐、高领罐、大口罐、盆（表4-1064、1065）。

表4-1064　H261⑥层器形数量统计表

器形 \ 陶质/陶色	泥质				夹砂				合计
	红	橙黄	灰	黑	红	橙黄	灰	黑	
圆腹罐						5			5
高领罐		1							1
大口罐						1			1
盆	1								1

表4-1065　H261⑥层陶片统计表

纹饰 \ 陶质/陶色	泥质					夹砂				合计
	橙黄	灰	红	白	灰底黑彩	橙黄	灰	红	褐	
素面	23	3	3			25				54
绳纹						15				15
篮纹	21		4			10				35
麻点纹						44				44
戳印纹						1				1
刻划纹						5				5

圆腹罐　5件。

标本H261⑥：1，夹砂橙黄陶。侈口，方唇，高领，束颈，上腹圆弧，下腹残。口沿外侧有一周折棱，颈部饰斜向篮纹，上腹饰竖向绳纹。口径39、残高15.8厘米（图4-600，1）。

标本H261⑥：2，夹砂橙黄陶。微侈口，圆唇，矮领，束颈，上腹圆弧，下腹残。颈部素面，上腹饰竖向绳纹，有烟炱。口径9、残高6.2厘米（图4-600，2）。

标本H261⑥：4，夹砂橙黄陶。侈口，圆唇，高领，束颈，上腹弧，下腹残。器表素面。口径19.2、残高5.4厘米（图4-600，3）。

标本H261⑥：8，夹砂橙黄陶。侈口，圆唇，矮领，束颈，上腹斜弧，下腹残。口沿外侧有一周折棱，器表素面。口径20、残高6厘米（图4-600，4）。

标本H261⑥：9，夹砂橙黄陶。侈口，方唇，矮领，束颈，上腹斜，下腹残。颈部斜向篮纹，上腹饰麻点纹，有烟炱。口径10、残高5厘米（图4-600，5）。

高领罐　1件。

标本H261⑥：6，泥质橙黄陶。喇叭口，尖唇，口沿以下残。素面。口径14、残高2厘米（图

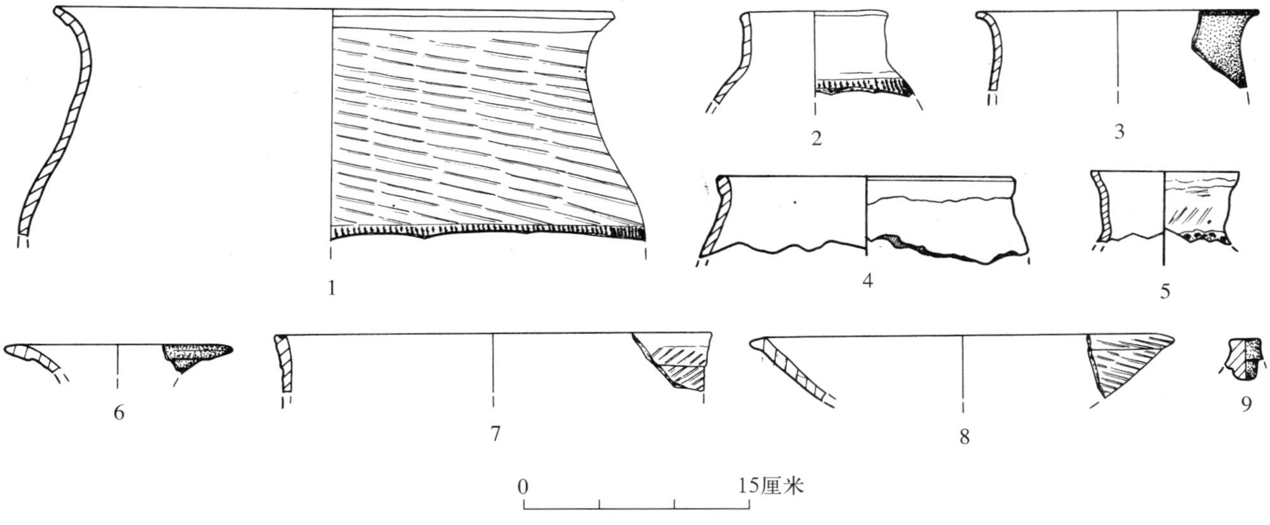

图4-600　H261出土遗物

1～5.圆腹罐H261⑥：1、2、4、8、9　6.高领罐H261⑥：6　7.大口罐H261⑥：3　8.盆H261⑥：5　9.器纽H261⑥：7

4-600，6）。

大口罐　1件。

标本H261⑥：3，夹砂橙黄陶。微侈口，方唇，上腹直，下腹残。唇面有一道凹槽，口沿外侧有一周折棱，器表饰斜向篮纹。口径29.6、残高4厘米（图4-600，7）。

盆　1件。

标本H261⑥：5，泥质红陶。敞口，尖唇，斜弧腹，底残。器表饰斜向篮纹，口沿内、外均有刮抹痕迹。口径26.8、残高4.4厘米（图4-600，8）。

器纽　1件。

标本H261⑥：7，夹砂橙黄陶。圆形平顶。素面。残高3.2、残宽2.8厘米（图4-600，9）。

（7）H261⑦层

出土少量陶片，以腹部残片为主，可辨器形有圆腹罐、花边罐、高领罐、盆、豆、杯，另出土石刀1件（表4-1066、1067）。

表4-1066　H261⑦层器形数量统计表

陶质 / 陶色 / 器形	泥质				夹砂				合计
	红	橙黄	灰	褐	红	橙黄	灰	黑	
圆腹罐					2	2			4
花边罐						2			2
高领罐	2								2
盆		3		1					4
豆		1							1
杯						1			1

表4-1067 H261⑦层陶片统计表

纹饰 \ 陶质 / 陶色	泥质					夹砂				合计
	橙黄	灰	红	白	灰底黑彩	橙黄	灰	红	褐	
素面	81	7	8			36		5		137
绳纹						28		1		29
篮纹	42	3	24			29		3		101
麻点纹						97				97
戳印纹						1				1
篮纹＋麻点纹						3				3
附加堆纹								1		1
戳印纹＋麻点纹						3				3

圆腹罐 4件。

标本H261⑦：4，夹砂红陶。侈口，圆唇，高领，微束颈，颈部以下残。颈部饰横向篮纹。口径14.8、残高5厘米（图4-601，1）。

标本H261⑦：7，夹砂橙黄陶。侈口，圆唇，高领，束颈，颈部以下残。颈部饰横向篮纹，有烟炱。口径16、残高4厘米（图4-601，2）。

标本H261⑦：13，夹砂红陶。侈口，方唇，高领，微束颈，颈部以下残。颈部饰斜向篮纹。口径14.4、残高5.5厘米（图4-601，3）。

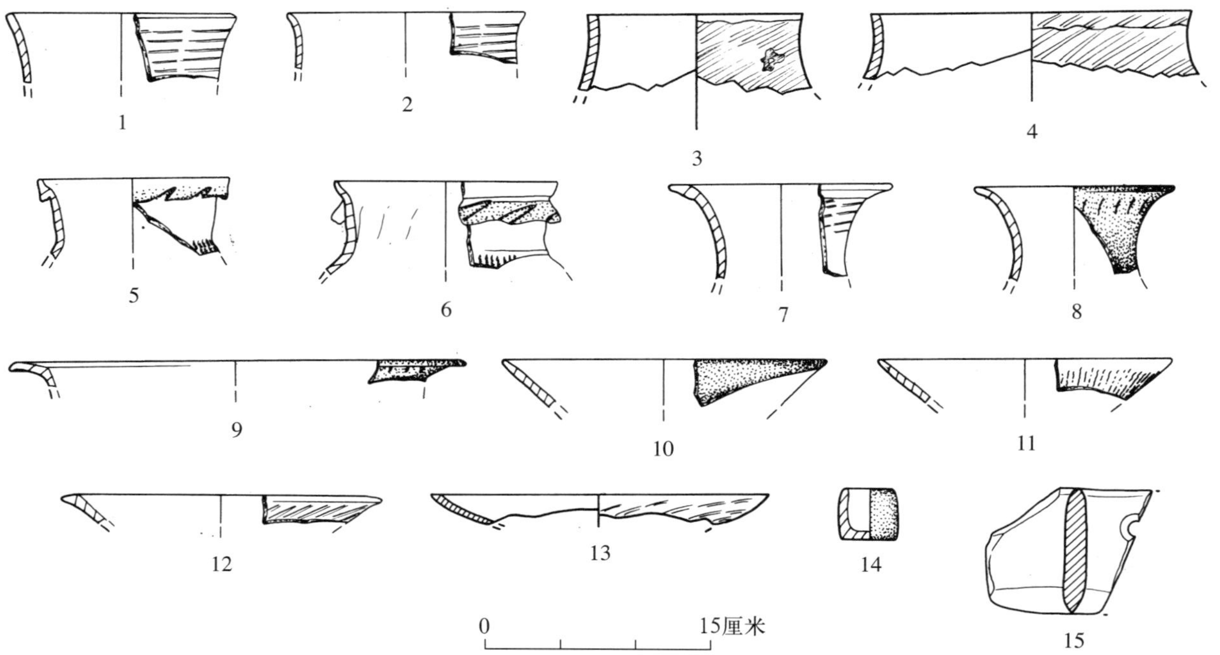

图4-601 H261出土遗物

1～4.圆腹罐H261⑦：4、7、13、14 5、6.花边罐H261⑦：8、11 7、8.高领罐H261⑦：1、2 9～12.盆H261⑦：3、5、6、10 13.豆H261⑦：12 14.杯H261⑦：9 15.石刀H261⑦：15

标本H261⑦：14，夹砂橙黄陶。侈口，方唇，矮领，颈部以下残。口沿外侧有一周折棱，器表饰斜向篮纹。口径21.6、残高4.5厘米（图4-601，4）。

花边罐　2件。

标本H261⑦：8，夹砂橙黄陶。侈口，圆唇，高领，束颈，上腹斜，下腹残。口沿外侧饰一周附加泥条，泥条之上饰斜向戳印纹，颈部素面，上腹饰麻点纹，有烟炱。口径13、残高5.2厘米（图4-601，5）。

标本H261⑦：11，夹砂橙黄陶。侈口，尖唇，高领，束颈，上腹斜弧，下腹残。口沿外侧饰一周附加泥条，泥条之上饰斜向戳印纹，上腹饰竖向绳纹。口径15.2、残高6.2厘米（图4-601，6）。

高领罐　2件。

标本H261⑦：1，泥质红陶。喇叭口，平沿，尖唇，高领，束颈，颈部以下残。口沿外侧有一周折棱，颈部饰斜向篮纹。口径14.8、残高6.4厘米（图4-601，7）。

标本H261⑦：2，泥质红陶。喇叭口，圆唇，高领，束颈，颈部以下残。口沿下有刮抹痕迹，颈部素面磨光。口径13.6、残高6.4厘米（图4-601，8）。

盆　4件。

标本H261⑦：3，泥质橙黄陶。敞口，折沿，圆唇，上腹斜直，下腹残。口沿外侧饰一周折棱，内壁素面磨光，有烟炱。口径30.1、残高1.8厘米（图4-601，9）。

标本H261⑦：5，泥质橙黄陶。敞口，圆唇，斜直腹，底残。器表素面，内壁素面磨光且有刮抹痕迹。口径22、残高3.2厘米（图4-601，10）。

标本H261⑦：6，泥质褐陶。敞口，圆唇，斜直腹，底残。腹部饰竖向绳纹，内壁素面磨光且有刮抹痕迹。口径20、残高3厘米（图4-601，11）。

标本H261⑦：10，泥质橙黄陶。敞口，平沿，尖唇，斜弧腹，底残。腹部饰斜向篮纹，内壁素面磨光且有刮抹痕迹。口径19.6、残高2厘米（图4-601，12）。

豆　1件。

标本H261⑦：12，泥质橙黄陶。敞口，方唇，上腹弧，下腹残。器表饰斜向篮纹，内壁素面磨光。口径22.8、残高2.2厘米（图4-601，13）。

杯　1件。

标本H261⑦：9，夹砂橙黄陶。微敛口，圆唇，直腹，平底，器表素面且粗糙。口径3.4、高3.6、底径3.6厘米（图4-601，14）。

石刀　1件。

标本H261⑦：15，石英岩。青灰色，器表磨制光滑，平基部，双面磨刃，残断处有一残孔。刃残长3.5厘米，刃角46°，器身残长5.6、宽4.5、厚0.7厘米（图4-601，15）。

（8）H261⑧层

出土少量陶片，以腹部残片为主，可辨器形有圆腹罐、花边罐、单耳罐、双耳罐、高领罐、敛口罐、斝、盆、钵、陶盅，另出土石刀1件、石料1件、玉料1件、骨锥1件、骨针2件、骨镞2件、蚌饰1件（表4-1068、1069）。

表4-1068 H261⑧层器形数量统计表

器形＼陶质/陶色	泥质				夹砂				合计
	红	橙黄	灰	褐	红	橙黄	灰	褐	
圆腹罐	2	1		1	4	9	4	3	24
花边罐	2					2	1		5
单耳罐							1		1
双耳罐						1			1
高领罐	2	4	1						7
敛口罐					1				1
斝						1			1
盆	3	5	3						11
钵	1	3	1						5
陶盅	1								1

表4-1069 H261⑧层陶片统计表

纹饰＼陶质/陶色	泥质					夹砂				合计
	橙黄	灰	红	白	褐	橙黄	灰	红	褐	
素面	510	53	54	1	1	216				835
绳纹	20	12	6			95		2	1	136
篮纹	276	19	45			172	1		2	515
麻点纹	9					506		4		519
抹断绳纹			1			1				2
戳印纹＋绳纹	1					3				4
刻划纹	4					4				8
交错篮纹						1				1
篮纹＋麻点纹						33				33
附加堆纹	2					10				12
麻点纹＋绳纹						1				1
压印纹						1				1
戳印纹						3				3
网格纹＋篮纹	1									1
戳印纹＋麻点纹						1				1
网格纹						1				1

圆腹罐 24件。

标本H261⑧：8，夹砂灰陶。微侈口，方唇，上腹弧，下腹残。上腹素面。口径38.8、残高8.2厘米（图4-602，1）。

标本H261⑧：9，夹砂红陶。侈口，方唇，高领，束颈，上腹圆弧，下腹残。颈部饰稀疏麻点纹，上腹部饰麻点纹，有烟炱。口径16、残高7.8厘米（图4-602，2）。

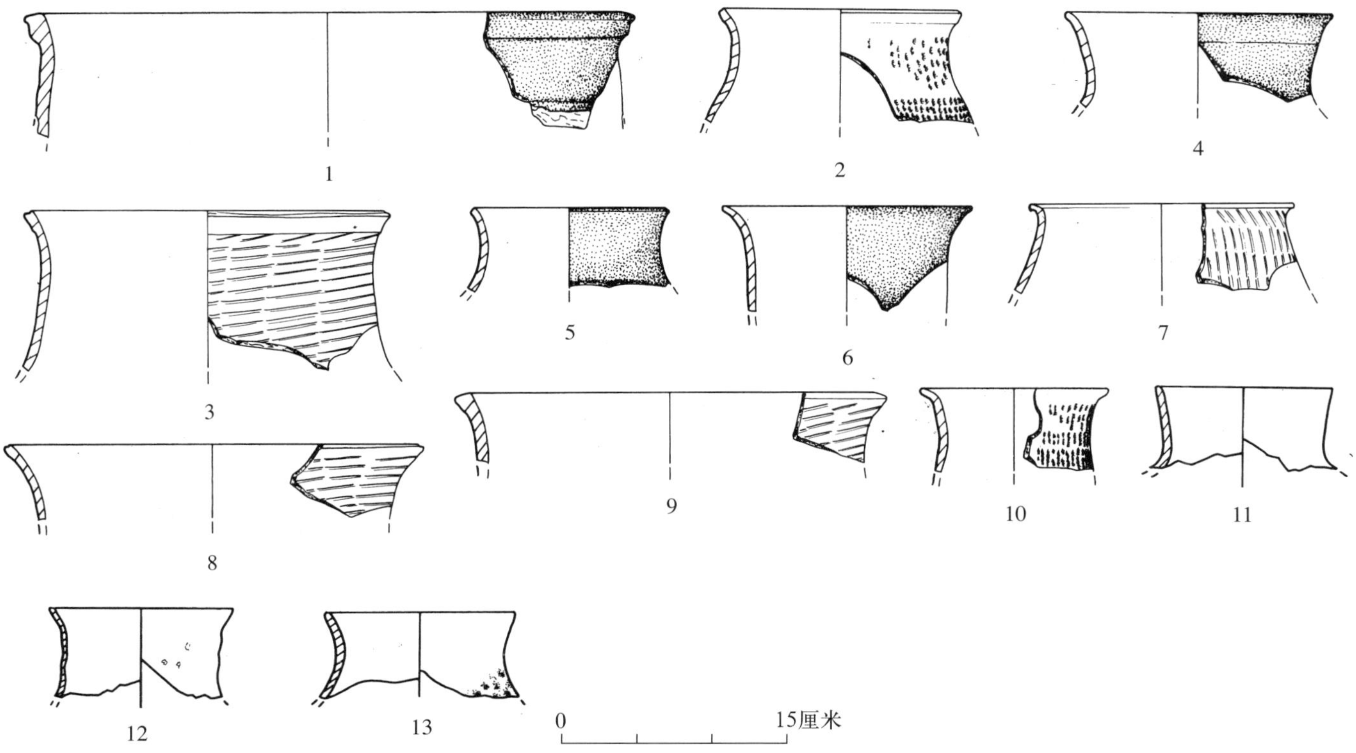

图4-602　H261出土遗物

1～13.圆腹罐H261⑧：8、9、11、13、15、16、19、21、23、26、33～35

标本H261⑧：11，夹砂红陶。侈口，方唇，高领，束颈，颈部以下残。唇面有一道凹槽，口沿外侧有一周折棱，颈部饰斜向篮纹。口径 23.6、残高 11 厘米（图 4-602，3）。

标本H261⑧：13，夹砂橙黄陶。侈口，圆唇，高领，束颈，颈部以下残。颈部素面且有刮抹痕迹。口径 18、残高 6.2 厘米（图 4-602，4）。

标本H261⑧：15，泥质褐陶。侈口，方唇，高领，束颈，颈部以下残。颈部素面。口径 13、残高 5.7 厘米（图 4-602，5）。

标本H261⑧：16，夹砂红陶。侈口，圆唇，直腹，底残。腹部素面，有烟炱。口径 16.8、残高 7.4 厘米（图 4-602，6）。

标本H261⑧：19，夹砂褐陶。侈口，方唇，矮领，束颈，上腹斜，下腹残。器表饰竖向篮纹，有烟炱。口径 18、残高 6 厘米（图 4-602，7）。

标本H261⑧：21，夹砂褐陶。侈口，方唇，高领，束颈，颈部以下残。唇部饰有一道凹槽，颈部饰横向篮纹，有烟炱。口径 27.6、残高 5 厘米（图 4-602，8）。

标本H261⑧：23，泥质红陶。侈口，方唇，高领，束颈，颈部以下残。颈部饰斜向篮纹。口径 27.2、残高 4.6 厘米（图 4-602，9）。

标本H261⑧：26，夹砂褐陶。侈口，圆唇，高领，束颈，颈部以下残。颈部饰竖向绳纹，有烟炱。口径 12.8、残高 5.6 厘米（图 4-602，10）。

标本H261⑧：33，泥质橙黄陶。侈口，尖唇，高领，束颈，上腹斜，下腹残。器表素面磨光。口径 12、残高 5.5 厘米（图 4-602，11）。

标本H261⑧：34，夹砂灰陶。侈口，圆唇，矮领，束颈，上腹斜弧，下腹残。器表素面，有烟炱。口径 12.4、残高 6.2 厘米（图 4-602，12）。

标本H261⑧：35，夹砂橙黄陶。侈口，圆唇，矮领，束颈，上腹斜弧，下腹残。颈部素面，上腹饰麻点纹。口径 12.8、残高 6 厘米（图 4-602，13）。

标本H261⑧：36，泥质红陶。侈口，方唇，矮领，束颈，上腹斜弧，下腹残。器表素面且有刮抹痕迹，内壁素面磨光。口径 20、残高 6 厘米（图 4-603，1）。

标本H261⑧：40，夹砂橙黄陶。侈口，尖唇，高领，束颈，上腹斜，下腹残。颈部饰横向篮纹，上腹饰竖向绳纹，有烟炱。口径 11.2、残高 6.6 厘米（图 4-603，2）。

标本H261⑧：42，夹砂橙黄陶。侈口，圆唇，高领，束颈，上腹斜，下腹残。颈部饰斜向篮纹，上腹饰麻点纹，有烟炱。口径 11、残高 5.4 厘米（图 4-603，3）。

标本H261⑧：50，夹砂橙黄陶。侈口，圆唇，矮领，束颈，颈部以下残。器表饰斜向篮纹。口径 20、残高 5.4 厘米（图 4-603，4）。

标本H261⑧：51，夹砂橙黄陶。侈口，圆唇，矮领，束颈，上腹圆弧，下腹残。口沿外侧有一周折棱，颈部饰横向篮纹，上腹饰麻点纹，有烟炱。口径 13.6、残高 5.8 厘米（图 4-603，5）。

标本H261⑧：52，夹砂灰陶。侈口，圆唇，高领，束颈，颈部以下残。颈部素面。口径 15.6、残高 5.7 厘米（图 4-603，6）。

标本H261⑧：53，夹砂橙黄陶。侈口，方唇，矮领，束颈，上腹斜弧，下腹残。唇面有一道凹槽，器表饰斜向篮纹，有烟炱。口径 26、残高 5.5 厘米（图 4-603，7）。

标本H261⑧：54，夹砂橙黄陶。侈口，圆唇，高领，束颈，上腹斜，下腹残。器表饰斜向篮纹。口径 22、残高 7 厘米（图 4-603，8）。

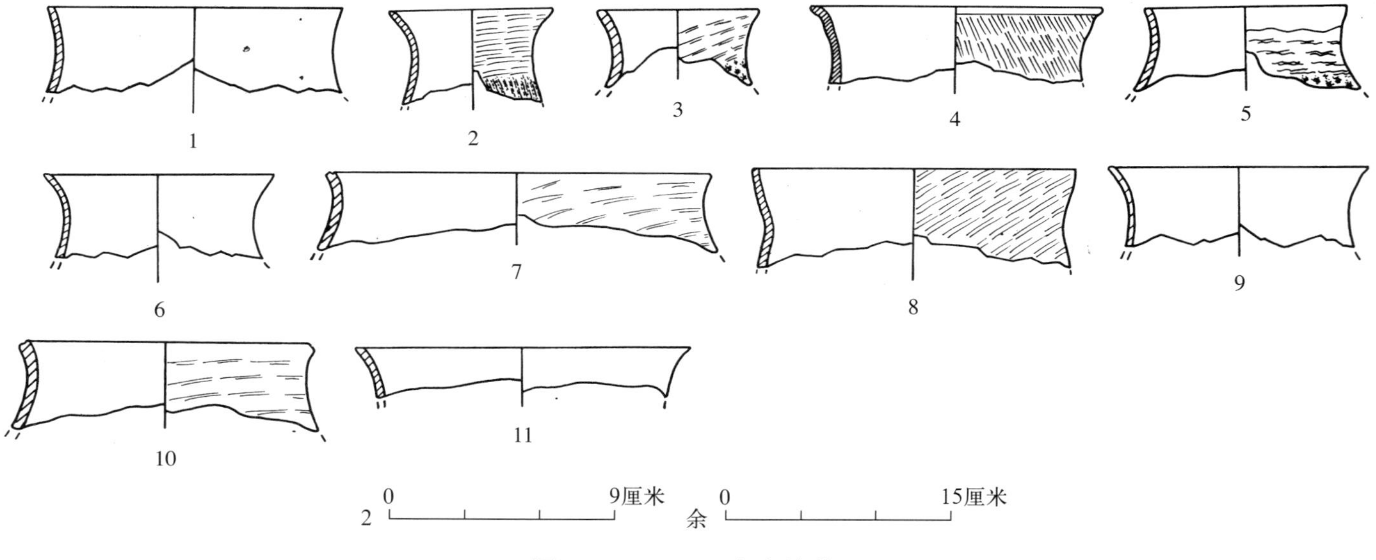

图4-603　H261出土遗物

1～11.圆腹罐H261⑧：36、40、42、50～57

标本H261⑧：55，夹砂灰陶。侈口，圆唇，矮领，束颈，颈部以下残。颈部素面，有烟炱。口径17.6、残高5.6厘米（图4-603，9）。

标本H261⑧：56，夹砂橙黄陶。侈口，方唇，高领，束颈，上腹微弧，下腹残。唇面有一道凹槽，器表饰横向篮纹。口径17.3、残高6.1厘米（图4-603，10）。

标本H261⑧：57，夹砂红陶。侈口，尖唇，矮领，束颈，颈部以下残。颈部素面且有刮抹痕迹，有烟炱。口径22.8、残高3.4厘米（图4-603，11）。

花边罐　5件。

标本H261⑧：1，夹砂橙黄陶。侈口，尖唇，矮领，束颈，上腹圆，下腹残。颈部饰两周附加泥条，泥条经手指按压呈波状，上腹饰麻点纹，有烟炱。口径10.8、残高6.6厘米（图4-604，1）。

标本H261⑧：12，泥质红陶。侈口，尖唇，高领，束颈，上腹圆，下腹残。口沿外侧饰一周附加泥条，泥条之上饰戳印纹，颈部素面，上腹饰麻点纹，有烟炱。口径14、残高9.8厘米（图4-604，2）。

标本H261⑧：18，泥质红陶。侈口，圆唇，矮领，束颈，上腹圆，下腹残。颈部饰两周附加泥条，泥条经手指按压呈波状，泥条间饰竖向篮纹，上腹饰竖向绳纹，有烟炱。口径16、残高

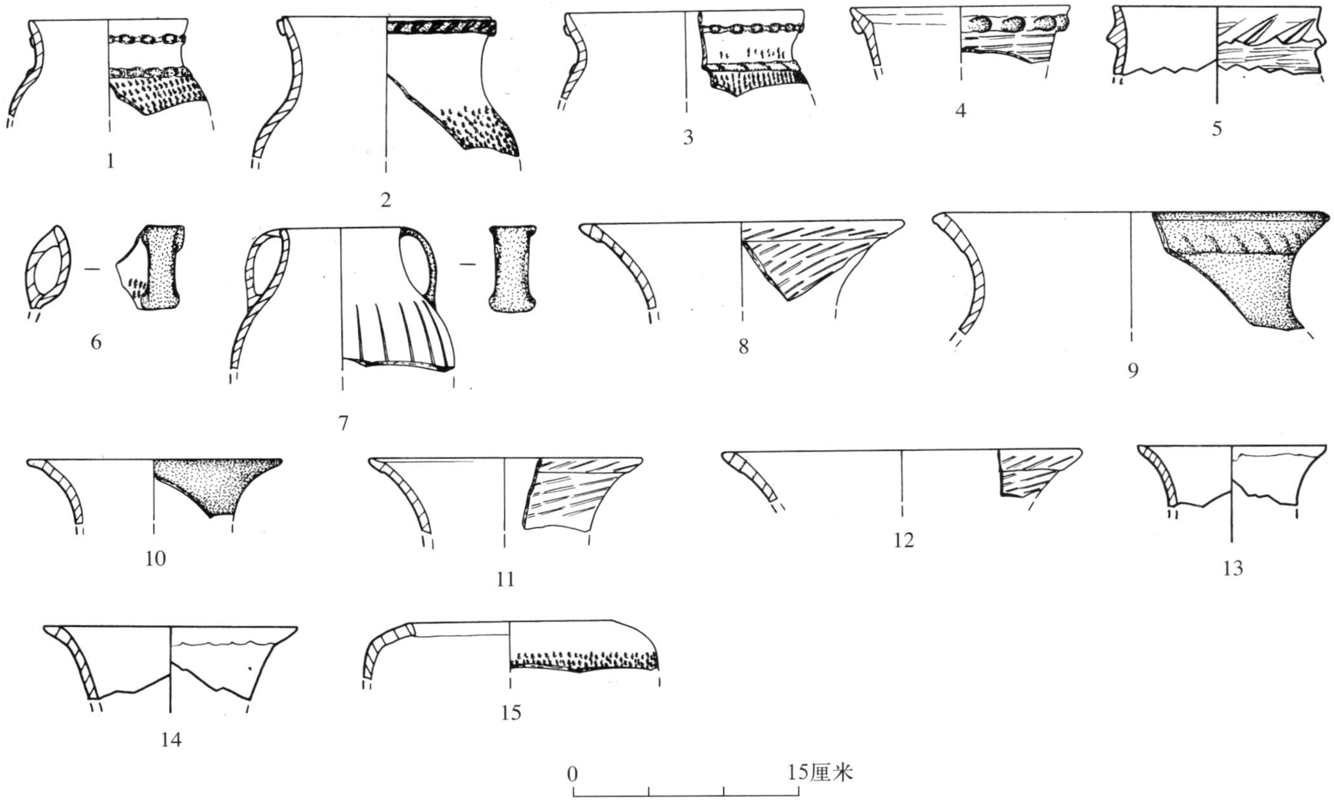

图4-604　H261出土遗物

1～5.花边罐H261⑧：1、12、18、25、49　6.单耳罐H261⑧：30　7.双耳罐H261⑧：14　8～14.高领罐H261⑧：2、3、7、20、28、43、46　15.敛口罐H261⑧：31

5.8 厘米（图 4-604，3）。

标本H261⑧：25，夹砂橙黄陶。敞口，近圆唇，上腹斜直，下腹残。口沿外侧饰一周附加泥条，泥条经手指按压呈波状，腹部饰横向篮纹。口径 14.8、残高 4 厘米（图 4-604，4）。

标本H261⑧：49，夹砂灰陶。侈口，圆唇，高领，束颈，颈部以下残。颈部饰横向篮纹，篮纹之上饰一周附加泥条，泥条上饰斜向戳印纹，有烟炱。口径 14、残高 4.7 厘米（图 4-604，5）。

单耳罐　1 件。

标本H261⑧：30，夹砂灰陶。侈口，圆唇，高领，束颈，上腹圆，下腹残。拱形单耳，颈部素面，上腹饰麻点纹。残高 5.6、残宽 4.6 厘米（图 4-604，6）。

双耳罐　1 件。

标本H261⑧：14，夹砂橙黄陶。敞口，圆唇，矮领，束颈，上腹圆，下腹残。拱形双耳，颈部素面，上腹饰竖向刻划纹。口径 8、残高 9.6 厘米（图 4-604，7）。

高领罐　7 件。

标本H261⑧：2，泥质红陶。喇叭口，圆唇，高领，束颈，腹残。口沿外侧有一周折棱，颈部以下残。颈部饰斜向篮纹。口径 21.6、残高 5.6 厘米（图 4-604，8）。

标本H261⑧：3，泥质橙黄陶。喇叭口，方唇，高领，束颈，颈部以下残。口沿外侧有一周折棱，颈部素面。口径 25.6、残高 8 厘米（图 4-604，9）。

标本H261⑧：7，泥质灰陶。喇叭口，平沿，圆唇，高领，束颈，颈部以下残。颈部素面。口径 17.2、残高 4.4 厘米（图 4-604，10）。

标本H261⑧：20，泥质红陶。喇叭口，圆唇，高领，束颈，颈部以下残。口沿外侧有一周折棱，颈部饰斜向篮纹。口径 18.4、残高 5 厘米（图 4-604，11）。

标本H261⑧：28，泥质橙黄陶。喇叭口，圆唇，高领，束颈，颈部以下残。口沿外侧有一周折棱，颈部饰斜向篮纹。口径 24、残高 3.4 厘米（图 4-604，12）。

标本H261⑧：43，泥质橙黄陶。喇叭口，圆唇，高领，束颈，颈部以下残。口沿外侧有一周折棱，颈部素面且有刮抹痕迹。口径 12.8、残高 4.2 厘米（图 4-604，13）。

标本H261⑧：46，泥质橙黄陶。喇叭口，平沿，尖唇，高领，束颈，颈部以下残。口沿外侧有一周折棱，颈部素面。口径 17.2、残高 5 厘米（图 4-604，14）。

敛口罐　1 件。

标本H261⑧：31，夹砂红陶。敛口，方唇，上腹鼓，下腹残。上腹饰麻点纹。口径 14、残高 3.6 厘米（图 4-604，15）。

斝　1 件。

标本H261⑧：39，夹砂橙黄陶。敛口，方唇，沿外侧鼓，上腹斜直，下腹残。上腹饰横向篮纹，篮纹上饰一周附加泥条，泥条经手指按压呈波状，有烟炱。口径 18、残高 5 厘米（图 4-605，1）。

盆　11 件。

标本H261⑧：4，泥质红陶。敞口，圆唇，斜直腹，底残。口沿外侧有一周折棱，腹部饰斜向篮纹。口径 26.8、残高 4.8 厘米（图 4-605，2）。

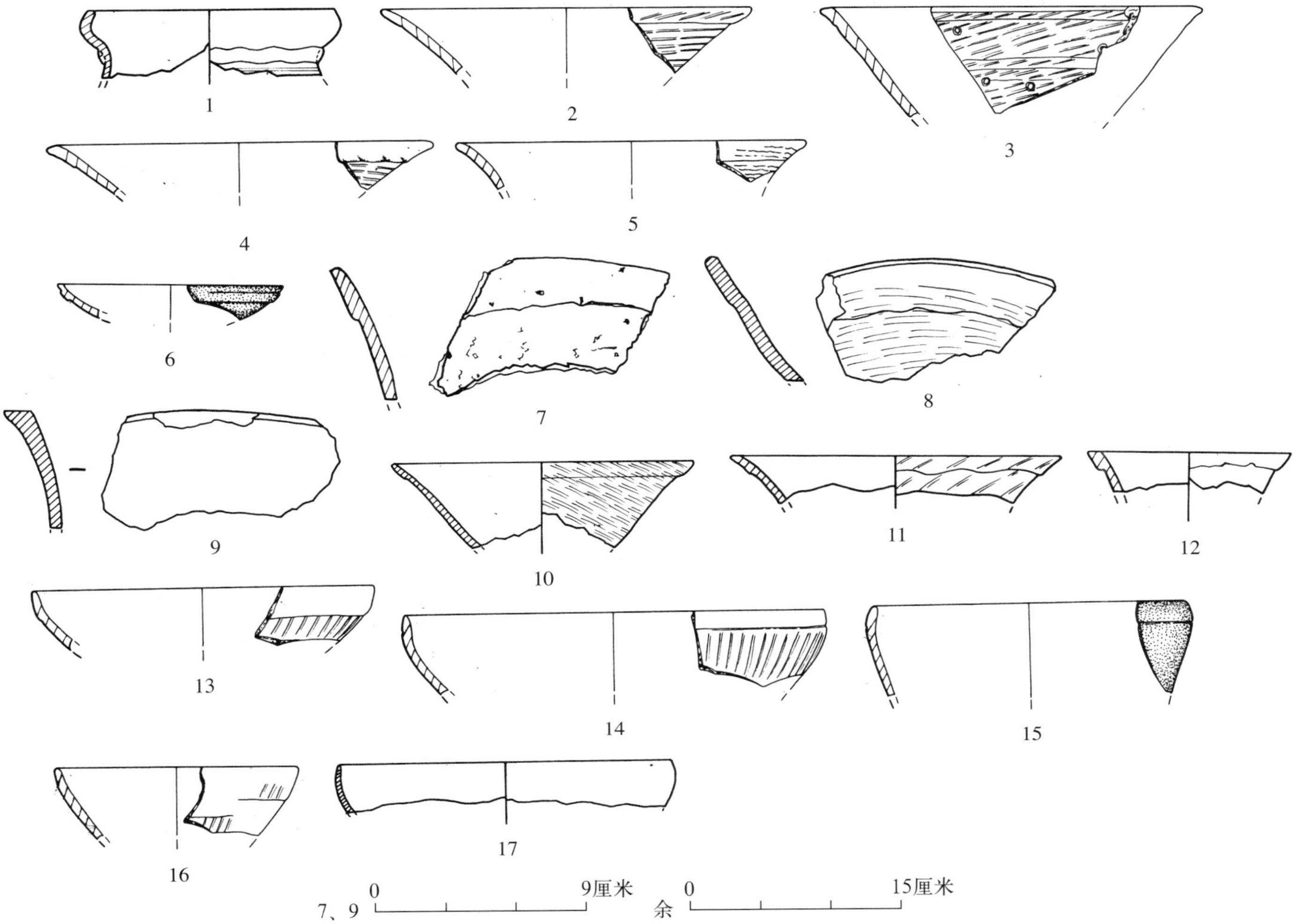

图4-605　H261出土遗物

1.斝H261⑧：39　2～12.盆H261⑧：4、10、17、24、29、37、41、44、47、48、58　13～17.钵H261⑧：5、6、22、27、38

标本H261⑧：10，泥质红陶。敞口，方唇，斜直腹，底残。口沿外侧有一周折棱，器表饰斜向篮纹，腹部泥条盘筑痕迹明显，且有四个圆孔。口径 26、残高 8.2 厘米（图 4-605，3）。

标本H261⑧：17，泥质橙黄陶。敞口，近方唇，斜直腹，底残。口沿外侧有一周折棱，腹部饰横向篮纹。口径 26.4、残高 3.6 厘米（图 4-605，4）。

标本H261⑧：24，泥质橙黄陶。敞口，圆唇，斜弧腹，底残。口沿外侧有一周折棱，器表饰横向绳纹。口径 24.8、残高 3.2 厘米（图 4-605，5）。

标本H261⑧：29，泥质灰陶。敞口，方唇，斜弧腹，底残。口沿外侧有一周凸棱，腹部素面。口径 16.4、残高 2.6 厘米（图 4-605，6）。

标本H261⑧：37，泥质橙黄陶。敞口，圆唇，上腹斜直，下腹残。口沿外侧有一周折棱，腹部素面，内壁素面磨光。残高 5.1、残宽 8.9 厘米（图 4-605，7）。

标本H261⑧：41，泥质橙黄陶。敞口，方唇，斜弧腹，底残。口沿外侧有一周折棱，腹部饰斜向篮纹，内壁素面磨光。残高 4.6、残宽 8.5 厘米（图 4-605，8）。

标本H261⑧：44，泥质灰陶。敞口，平沿，尖唇，上腹斜弧，下腹残。器身通体素面磨光且有刮抹痕迹。残高4.4、残宽8.5厘米（图4-605，9）。

标本H261⑧：47，泥质红陶。敞口，圆唇，斜弧腹，底残。口沿外侧有一周折棱，器表饰斜向篮纹，内壁素面磨光。口径22、残高6.4厘米（图4-605，10）。

标本H261⑧：48，泥质橙黄陶。敞口，圆唇，斜弧腹，底残。口沿外侧有一周折棱，器表饰斜向篮纹，内壁素面磨光。口径24、残高4.8厘米（图4-605，11）。

标本H261⑧：58，泥质灰陶。敞口，方唇，上腹斜直，下腹残。口沿外侧有一周折棱，腹部及内壁素面磨光。口径14.8、残高3厘米（图4-605，12）。

钵 5件。

标本H261⑧：5，泥质橙黄陶。敞口，圆唇，斜弧腹下腹残。口沿外侧有一周折棱，腹部饰竖向篮纹。口径24.8、残高4.2厘米（图4-605，13）。

标本H261⑧：6，泥质橙黄陶。敞口，尖唇，弧腹，底残。口沿外侧有一周凹槽，腹部饰竖向篮纹。口径30.4、残高5.8厘米（图4-605，14）。

标本H261⑧：22，泥质灰陶。敛口，圆唇，上腹鼓，下腹斜直，底残。上腹有一周凹槽，下腹素面。口径22.4、残高6.8厘米（图4-605，15）。

标本H261⑧：27，泥质橙黄陶。敞口，圆唇，斜弧腹，底残。腹部饰竖向篮纹。口径17.6、残高5.2厘米（图4-605，16）。

标本H261⑧：38，泥质红陶。敞口，圆唇，上腹鼓，下腹残。器身通体素面磨光，刮抹痕迹明显。口径24、残高3.6厘米（图4-605，17）。

陶盅 1件。

标本H261⑧：60，泥质红陶。直口，方唇，直腹，平底。器表素面磨光。口径3.4、高3、底径3.5厘米（图4-606，1；彩版二一一，1）。

器盖 1件。

标本H261⑧：64，泥质灰陶。圆形平顶柄，斜弧盖面，敞口，方唇，器表素面磨光，直径10.7、高4厘米（图4-606，2；彩版二一一，2）。

器纽 1件。

标本H261⑧：63，泥质红陶。盖面残，圆形平顶，素面。直径2.8、残高2.8厘米（图4-606，3；彩版二一一，3）。

彩陶片 1件。

标本H261⑧：45，泥质橙黄陶。器表素面磨光，饰条形黑彩和条形红彩。残高3.8、残宽4.9厘米（图4-606，4）。

石刀 1件。

标本H261⑧：62，石英砂岩。近长方形，平基部，侧边规整，刃部残，双面磨刃，器身中间有一钻孔，孔径0.6厘米。刃残长4.1厘米，刃角54°，器身长7.8、宽4厘米（图4-606，5；彩版二一一，4）。

石料 1件。

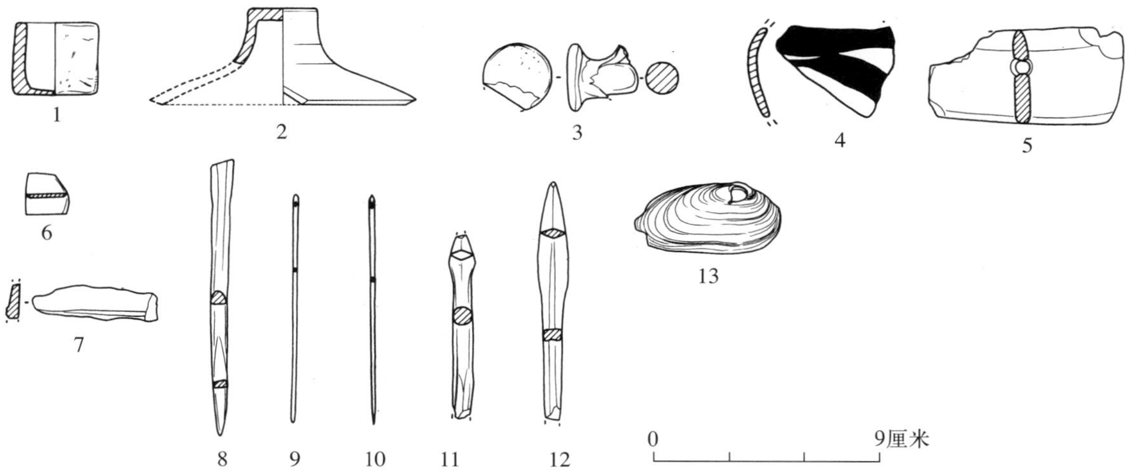

图4-606　H261出土遗物

1.陶盅H261⑧：60　2.器盖H261⑧：64　3.器纽H261⑧：63　4.彩陶片H261⑧：45　5.石刀H261⑧：62　6.石料H261⑧：61　7.玉料H261⑧：66　8.骨锥H261⑧：67　9、10.骨针H261⑧：32、59　11、12.骨镞H261⑧：65、68　13.蚌饰H261⑧：69

标本H261⑧：61，页岩。整体较平整，制作小石器材料。残长 1.8、残宽 1.8 厘米（图 4-606，6）。

玉料　1 件。

标本H261⑧：66，淡黄色，长条状，一面较平且光滑，一面有切割痕迹。长 5、宽 1.4、厚 0.5 厘米（图 4-606，7）。

骨锥　1 件。

标本H261⑧：67，动物骨骼磨制而成，器身磨制光滑，呈扁平长条状，柄部略残，尖部磨制尖锐。长 11.3、宽 0.95 厘米（图 4-606，8）。

骨针　2 件。

标本H261⑧：32，动物骨骼磨制而成，呈长圆柱状，尖部磨制尖锐，尾端有一椭圆穿孔，器身磨制精细。长 9.5 厘米（图 4-606，9）。

标本H261⑧：59，动物骨骼磨制而成，呈圆柱状，器身磨制光滑，两端磨制成尖，尾端有一钻孔，尖部磨制尖锐。长 9.5、直径 0.2 厘米（图 4-606，10）。

骨镞　2 件。

标本H261⑧：65，动物骨骼磨制而成，锋部磨制呈扁平菱形，锋部略残，铤部呈圆柱状。长 7.6、宽 1.1 厘米（图 4-606，11）。

标本H261⑧：68，动物骨骼磨制而成，器身磨制精细，锋部磨制呈扁平菱形，锋部磨制尖锐，铤部呈椭圆柱状。长 9.9、宽 1.2 厘米（图 4-606，12；彩版二一一，5）。

蚌饰　1 件。

标本H261⑧：69，由蚌壳制成，为装饰所用，在贝壳中心有一圆形钻孔。长 5.9、宽 3、圆孔直径 0.7 厘米（图 4-606，13；彩版二一一，6）。

252. H262

H262位于ⅡT0702北部，开口于第⑤层下（图4-607；彩版二一二，1）。平面呈椭圆形，口部边缘形态明显，底部边缘形态明显，剖面呈筒状，近斜直壁，未见工具痕迹，平底。坑口南北1.60、东西2.00、坑底东西1.58、深1.80～1.84米。坑内堆积可分两层，第①层厚0.93～1.00米，土色黄褐色，土质较疏松，包含零星炭粒和草木灰、红烧土颗粒，水平状堆积。第②层厚0.80～0.91米，土色浅灰色，土质较疏松，包含零星炭粒和草木灰、红烧土颗粒，水平状堆积。

坑内出土少量陶片及零星石块、兽骨，陶片以腹部残片为主，可辨器形有圆腹罐，另出土石凿1件（表4-1070～1072）。

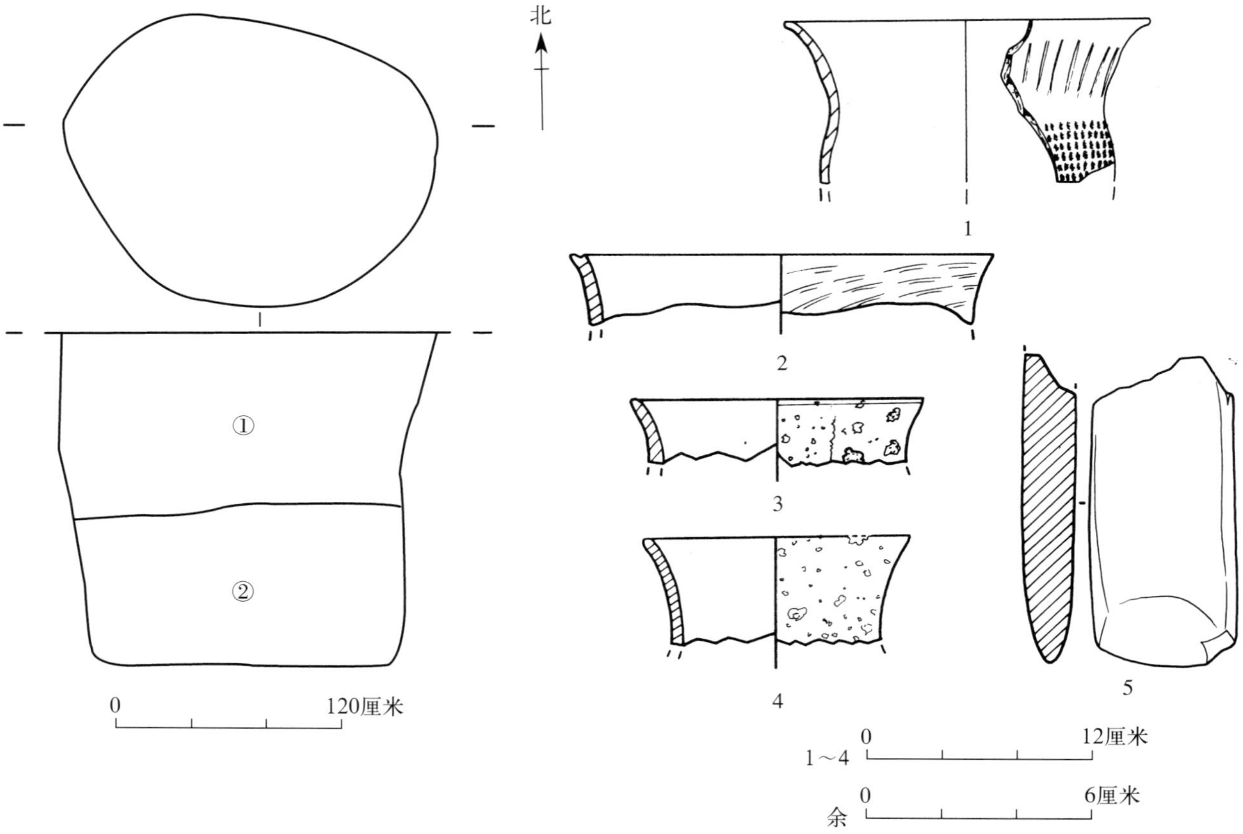

图4-607　H262及出土遗物

1～4.圆腹罐H262②：1～4　5.石凿H262②：5

圆腹罐　4件。

标本H262②：1，夹砂红陶。喇叭口，圆唇，高领，束颈，圆腹，底残。颈部饰竖向篮纹，腹部饰麻点纹。口径19.6、残高8.8厘米（图4-607，1）。

标本H262②：2，夹砂灰陶。侈口，方唇，高领，束颈，颈部以下残。唇面有一道凹槽，颈部饰横向篮纹。口径22.4、残高3.8厘米（图4-607，2）。

标本H262②：3，夹砂橙黄陶。侈口，圆唇，矮领，束颈，颈部以下残。颈部素面，有烟炱。

口径 15.6、残高 3.6 厘米（图 4-607，3）。

标本H262②：4，夹砂橙黄陶。侈口，圆唇，高领，束颈，颈部以下残。颈部素面。口径 14、残高 6 厘米（图 4-607，4）。

石凿　1 件。

标本H262②：5，石英岩。长方形，器身磨制精细，基部残，两侧边平直，双面磨刃，刃部略残。刃残长 2.9 厘米，刃角 65° ，器身残长 8.5、宽 3.7、厚 1.4 厘米（图 4-607，5；彩版二一二，2）。

表4-1070　H262①层陶片统计表

陶质 陶色 纹饰	泥质				夹砂				合计
	橙黄	灰	红	灰底黑彩	橙黄	灰	红	褐	
素面	21				17				38
绳纹					1		1		2
篮纹	8	1			3		1		13
麻点纹					30				30
篮纹 + 麻点纹					2				2
附加堆纹					1				1

表4-1071　H262②层器形数量统计表

陶质 陶色 器形	泥质				夹砂				合计
	红	橙黄	灰	黑	红	橙黄	灰	黑	
圆腹罐					1	2	1		4

表4-1072　H262②层陶片统计表

陶质 陶色 纹饰	泥质				夹砂				合计
	橙黄	灰	红	灰底黑彩	橙黄	灰	红	褐	
素面	16	2	1		37				56
绳纹	3				7		1		11
篮纹	13	6							19
麻点纹	3				100				103
席纹 + 绳纹					1				1
压印纹					1				1
篮纹 + 麻点纹					2				2
附加堆纹					1				1

253. H263

H263 位于ⅡT0602 西北角，部分延伸至T0601 探方内，开口于第⑤层下，被H245 打破（图 4-608）。平面呈半椭圆形，口部、底部边缘形态不明显，剖面呈不规则状，斜壁，未见工具痕

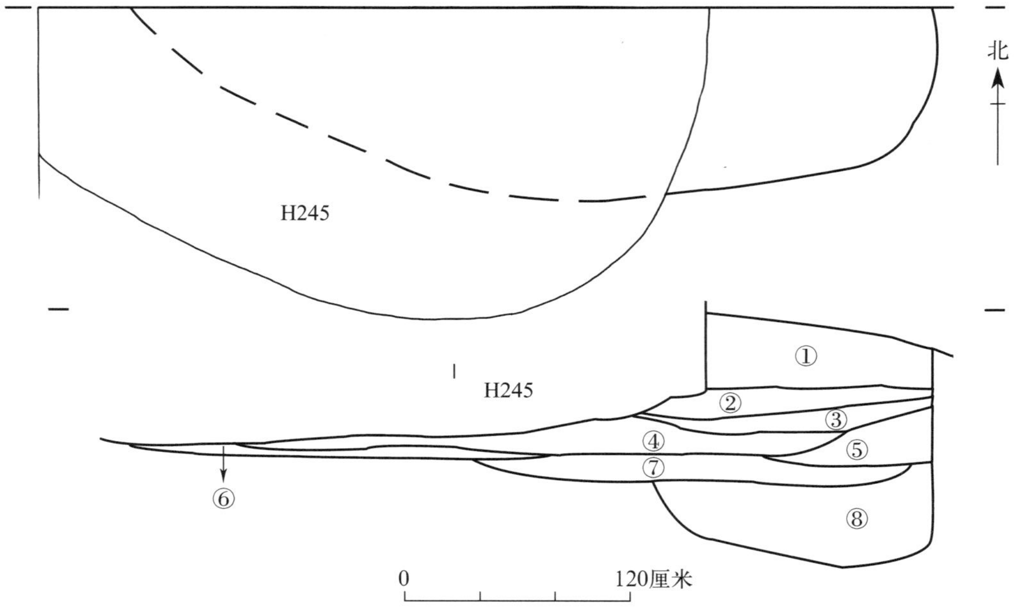

图4-608　H263平、剖面图

迹，坑底呈圜状。坑口东西4.30、南北1.07、深1.39米。坑内堆积可分八层，第①层厚0.22～0.42米，土色灰褐色，土质疏松，坡状堆积。第②层厚0～0.16米，土色浅灰色，土质较疏松，水平状堆积。第③层厚0.02～0.13米，土色黄褐色，土质致密，坡状堆积。第④层厚0～0.21米，土色深灰色，土质疏松，不规则状堆积。第⑤层厚0～0.30米，土色浅灰色，土质较疏松，坡状堆积。第⑥层厚0～0.08米，土色灰褐色，土质较疏松，水平状堆积。第⑦层厚0～0.14米，土色深灰色，土质疏松，水平状堆积。第⑧层厚0～0.46米，土色黑灰色，土质疏松，坡状堆积。

坑内出土零星陶片、石块、骨器。

（1）H263①层

出土少量陶片，以腹部残片为主，可辨器形有盆（表4-1073、1074）。

表4-1073　H263①层器形数量统计表

陶质	泥质				夹砂				合计
器形＼陶色	红	橙黄	灰	黑	红	橙黄	灰	黑	
盆		1							1

表4-1074　H263①层陶片统计表

陶质	泥质				夹砂				合计
纹饰＼陶色	橙黄	灰	红	灰底黑彩	橙黄	灰	红	褐	
素面	28	2	6		13				49
绳纹					4				4
篮纹	11		2		8				21

续表

纹饰＼陶质/陶色	泥质				夹砂				合计
	橙黄	灰	红	灰底黑彩	橙黄	灰	红	褐	
麻点纹					19				19
方格纹					2				2
刻划纹＋麻点纹						1			1
篮纹＋麻点纹					3				3
附加堆纹＋绳纹					1				1
附加堆纹＋麻点纹					1				1

盆　1件。

标本H263①：1，泥质橙黄陶。敞口，尖唇，斜弧腹，底残。器表素面。口径21.6、残高6.4厘米（图4-609，1）。

（2）H263②层

出土少量陶片，以腹部残片为主，可辨器形有高领罐、盆（表4-1075、1076）。

表4-1075　H263②层器形数量统计表

器形＼陶质/陶色	泥质				夹砂				合计
	红	橙黄	灰	黑	红	橙黄	灰	黑	
高领罐		1							1
盆		1							1

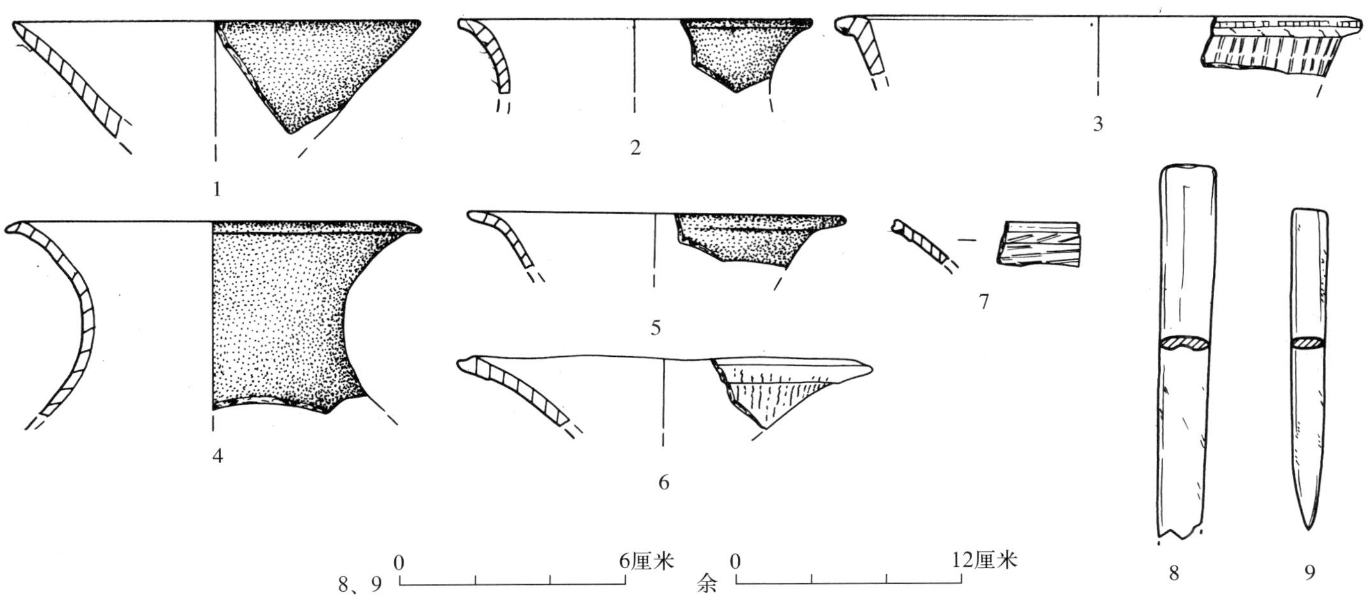

图4-609　H263出土遗物

1.盆H263①：1　2、4.高领罐H263②：2、H263③：1　3.盆H263②：1　5～7.盆H263③：2～4　8、9.骨锥H263④：1、2

表4-1076　H263②层陶片统计表

纹饰＼陶色＼陶质	泥质				夹砂				合计
	橙黄	灰	红	灰底黑彩	橙黄	灰	红	褐	
素面	13		2		19				34
篮纹	21	1	2		14				38
麻点纹					38				38
刻划纹	1								1
附加堆纹					1				1

高领罐　1件。

标本H263②：2，泥质橙黄陶。喇叭口，近圆唇，高领，束颈，颈部以下残。颈部素面且有刮抹痕迹。口径18.8、残高4厘米（图4-609，2）。

盆　1件。

标本H263②：1，泥质橙黄陶。敞口，平折沿，方唇，上腹斜直，下腹残。唇面呈齿轮状，上腹饰竖向篮纹。口径28、残高3.4厘米（图4-609，3）。

（3）H263③层

出土少量陶片，以腹部残片为主，可辨器形有高领罐、盆（表4-1077、1078）。

表4-1077　H263③层器形数量统计表

器形＼陶色＼陶质	泥质				夹砂				合计
	红	橙黄	灰	黑	红	橙黄	灰	黑	
高领罐	1								1
盆	1	1					1		3

表4-1078　H263③层陶片统计表

纹饰＼陶色＼陶质	泥质				夹砂				合计
	橙黄	灰	红	灰底黑彩	橙黄	灰	红	褐	
素面	25	1	5		6				37
绳纹	2				4				6
篮纹	14				10				24
麻点纹					48				48
篮纹+麻点纹					1				1

高领罐　1件。

标本H263③：1，泥质红陶。喇叭口，斜平沿，尖唇，高领，束颈，颈部以下残。颈部素面且有刮抹痕迹。口径20.4、残高10.2厘米（图4-609，4）。

盆　3件。

标本H263③：2，泥质红陶。敞口，平沿，圆唇，上腹斜弧，下腹残。器表素面。口径20、残高 3.2 厘米（图 4–609，5）。

标本H263③：3，泥质橙黄陶。敞口，方唇，斜直腹，底残。唇面有一道凹槽，口沿外侧有一周折棱，器表饰竖向绳纹。口径 22、残高 3.8 厘米（图 4–609，6）。

标本H263③：4，夹砂灰陶。敞口，方唇，上腹斜直，下腹残。唇面有一道凹槽，口沿外侧有一周折棱，器表饰斜向篮纹，有烟炱。残高 2.4、残宽 4.4 厘米（图 4–609，7）。

（4）H263④层

出土骨锥 2 件。

骨锥　2 件。

标本H263④：1，动物骨骼磨制而成，扁平长条状，器表磨制光滑，柄部平，锥尖部分残。残长 10.3、宽 1.7、厚 0.3 厘米（图 4–609，8）。

标本H263④：2，动物骨骼磨制而成，扁平长条状，器表磨制光滑，柄部平，尖部磨制尖锐。长 8.7、宽 1、厚 0.3 厘米（图 4–609，9）。

254. H264

H264 位于ⅡT0602 西南部，开口于第⑤层下（图 4–610；彩版二一二，4）。平面近圆形，口部边缘形态较明显，底部边缘形态较明显。剖面呈筒状，斜直壁，未见工具痕迹，坑底平整。坑口南北 1.55、东西 1.47、坑底东西 1.26、深 0.80 米。坑内堆积未分层，土色浅褐色，土质疏松，包含零星斑块和草木灰，水平状堆积。

坑内出土少量陶片、兽骨、石块，陶片以腹部残片为主，可辨器形有圆腹罐、盆，另出土骨锥 1 件（表 4–1079、1080）。

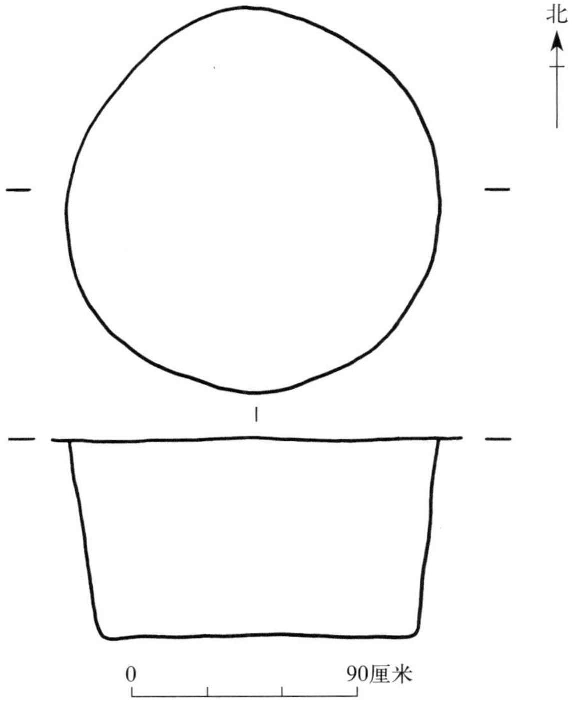

图4–610　H264平、剖面图

表4-1079　H264器形数量统计表

器形＼陶质/陶色	泥质				夹砂				合计
	红	橙黄	灰	黑	红	橙黄	灰	黑	
圆腹罐						1		1	2
盆		1							1

表4-1080　H264陶片统计表

纹饰＼陶质/陶色	泥质				夹砂				合计
	橙黄	灰	红	灰底黑彩	橙黄	灰	红	褐	
素面	13	2			9				24
绳纹					3				3
篮纹	24		4		7				35
麻点纹					30				30
交错绳纹			1		1				2

圆腹罐　2件。

标本H264：2，夹砂橙黄陶。侈口，圆唇，高领，束颈，颈部以下残。颈部饰横向篮纹，有烟炱。口径14.8、残高4.4厘米（图4-611，1）。

标本H264：3，夹砂黑陶。侈口，圆唇，矮领，束颈，上腹斜弧，下腹残。颈部素面，上腹饰一周弦纹，有烟炱。口径10.4、残高6厘米（图4-611，2）。

盆　1件。

标本H264：1，泥质橙黄陶。敞口，方唇，斜直腹，底残。口沿外侧有一周折棱，器表素面。口径19.2、残高3厘米（图4-611，3）。

骨锥　1件。

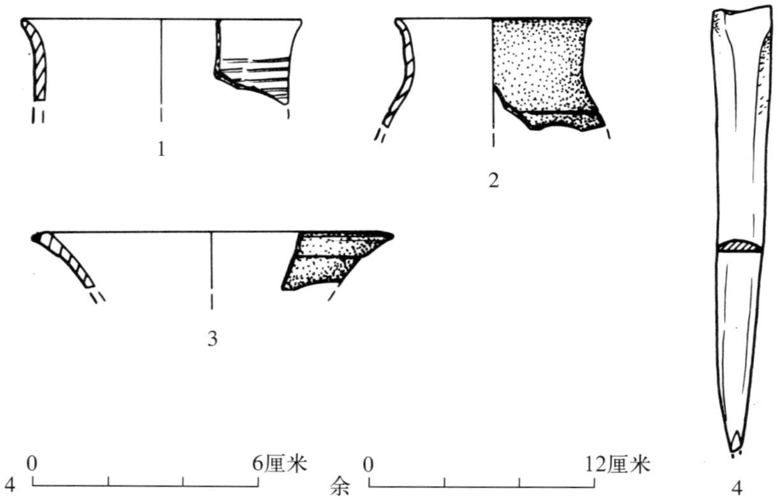

图4-611　H264出土遗物

1、2.圆腹罐H264：2、3　3.盆H264：1　4.骨锥H264：4

标本H264：4，动物骨骼磨制而成，扁平长条状，器表磨制光滑，柄部平，锥尖略残。残长12、宽1.6、厚0.3厘米（图4-611，4；彩版二一二，3）。

255. H265

H265位于ⅡT0706南部，南部延伸至ⅡT0806探方北部，西部延伸至ⅡT0705东隔梁内，开口于第⑤层下（图4-612；彩版二一三，1）。平面呈椭圆形，口部边缘形态明显，底部边缘形态不明显，剖面呈筒状，斜壁，未见工具痕迹，坑底平整。坑口南北3.00、东西3.56、坑底东西2.9、坑深1.62～1.78米。坑内堆积可分四层，第①层厚0.37～0.55米，土色浅褐色，土质较疏松，包含零星炭粒和红烧土颗粒，坡状堆积。第②层厚0.46～1.05米，土色深灰褐色，土质较疏松，包含少量炭粒和红烧土颗粒、草木灰，坡状堆积。第③层厚0.25～0.38米，土色灰色，土质较疏松，包含少量炭粒和大量草木灰和红烧土颗粒，坡状堆积。第④层厚0～0.36米，土色浅褐色，土质较致密，包含零星炭屑，坡状堆积。

坑内出土少量陶片、兽骨、石块。

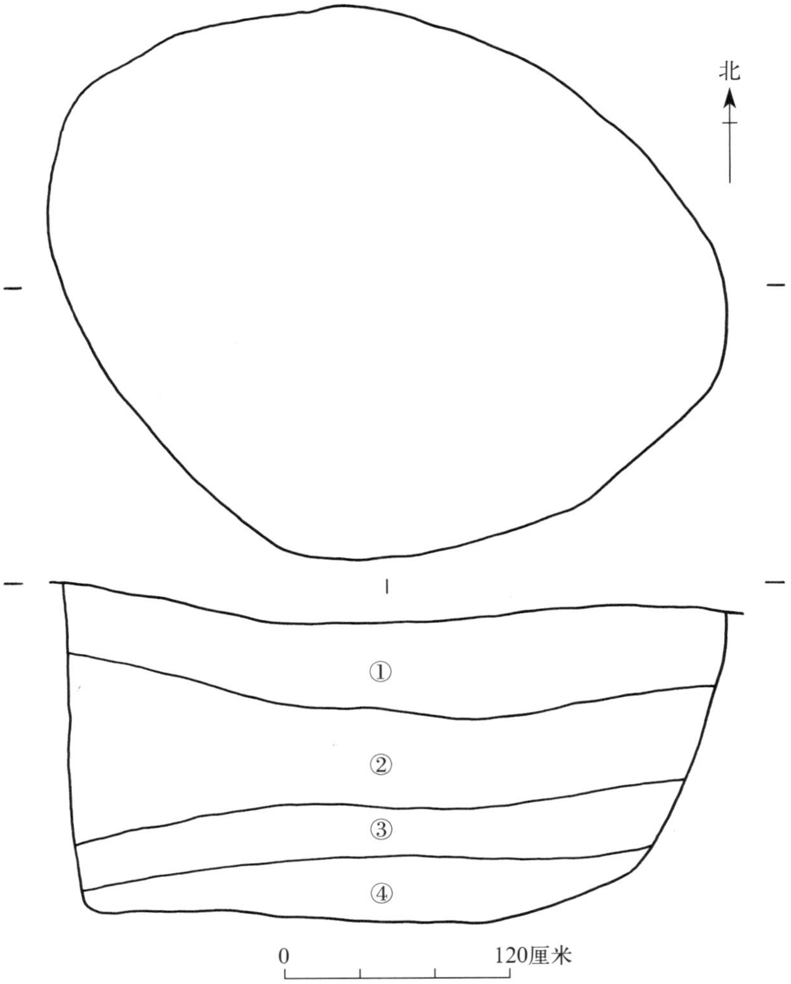

图4-612　H265平、剖面图

（1）H265①层

出土少量陶片，以腹部残片为主，可辨器形有圆腹罐、盆、器盖（表 4-1081、1082）。

表4-1081　H265①层器形数量统计表

器形 \ 陶质/陶色	泥质				夹砂				合计
	红	橙黄	灰	黑	红	橙黄	灰	黑	
圆腹罐					1	2			3
盆			1		1	1			3

表4-1082　H265①层陶片统计表

纹饰 \ 陶质/陶色	泥质				夹砂				合计
	橙黄	灰	红	灰底黑彩	橙黄	灰	红	褐	
素面	13		1		17	3			34
绳纹	1				6				7
篮纹	11	1	1		4				17
麻点纹					25				25
刻划纹					4				4
篮纹＋麻点纹					2				2
附加堆纹					1				1

圆腹罐　3 件。

标本H265①：1，夹砂红陶。侈口，圆唇，高领，束颈，颈部以下残。颈部饰横向篮纹。口径 19.2、残高 7.8 厘米（图 4-613，1）。

标本H265①：3，夹砂橙黄陶。侈口，圆唇，高领，束颈，颈部以下残。颈部饰竖向篮纹，下颈部饰竖向绳纹，有烟炱。口径 11.6、残高 6 厘米（图 4-613，2）。

标本H265①：7，夹砂橙黄陶。侈口，圆唇，颈部以下残。颈部饰麻点纹。口径 12.4、残高 3.2 厘米（图 4-613，3）。

盆　3 件。

标本H265①：2，夹砂红陶。敞口，圆唇，斜腹微弧，平底。口沿外侧有一周折棱，腹部饰斜向篮纹，有刮抹痕迹。口径 16.8、高 4.4、底径 7.2 厘米（图 4-613，4）。

标本H265①：4，泥质灰陶。敞口，尖唇，斜腹，底残。素面。口径 20.8、残高 2.2 厘米（图 4-613，5）。

标本H265①：5，泥质橙黄陶。敞口，折沿，尖唇，斜弧腹，底残。口沿外侧有一周折棱，器表素面。口径 25.2、残高 5 厘米（图 4-613，6）。

器盖　1 件。

标本H265①：6，夹砂橙黄陶。圆饼状，边缘厚于中间，边缘饰斜向绳纹，中间饰麻点纹。残长 10、残宽 5.4 厘米（图 4-613，7）。

（2）H265②层

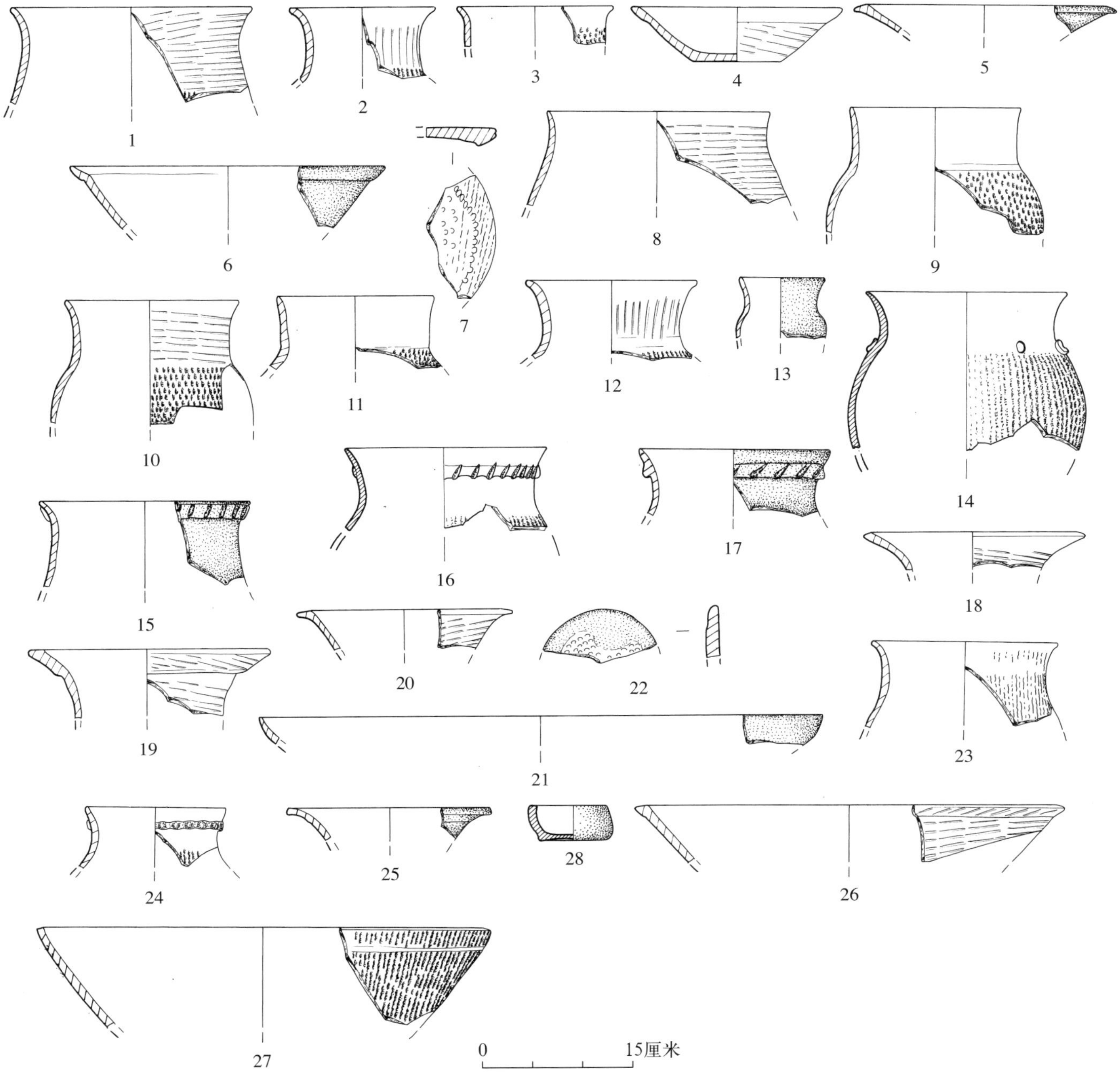

图4-613　H265出土遗物

1～3、8～14、23.圆腹罐H265①：1、3、7、H265②：1～4、11、12、15、H265③：4　4～6.盆H265①：2、4、5　7、22.器盖H265①：6、H265②：7　15～17、24.花边罐H265②：9、10、14、H265③：3　18、19、25.高领罐H265②：6、8、H265③：6　20、21、26、27.盆H265②：5、13、H265③：2、5　28.杯H265③：1

出土少量陶片，以腹部残片为主，可辨器形有圆腹罐、花边罐、高领罐、盆、器盖（表4-1083、1084）。

圆腹罐　7件。

标本H265②：1，夹砂橙黄陶。侈口，尖唇，高领，微束颈，上腹斜弧，下腹残。器表饰横向篮纹。口径17.6、残高7.6厘米（图4-613，8）。

表4-1083　H265②层器形数量统计表

陶质 / 陶色 / 器形	泥质				夹砂				合计
	红	橙黄	灰	褐	红	橙黄	灰	黑	
圆腹罐	1				1	5			7
花边罐						3			3
高领罐	1	1							2
盆	1			1					2

表4-1084　H265②层陶片统计表

陶质 / 陶色 / 纹饰	泥质				夹砂				合计
	橙黄	灰	红	灰底黑彩	橙黄	灰	红	褐	
素面	39	4	6		19				68
绳纹	2				24				26
篮纹	14	4			1				19
麻点纹					26				26
篮纹 + 麻点纹					2				2
附加堆纹					1				1
附加堆纹 + 麻点纹					1				1

标本H265②：2，夹砂橙黄陶。侈口，尖唇，高领，微束颈，上腹圆，下腹残。颈部素面，上腹饰麻点纹。口径 13.6、残高 10.3 厘米（图 4-613，9）。

标本H265②：3，夹砂橙黄陶。侈口，圆唇，高领，束颈，上腹圆，下腹残。颈部饰横向篮纹，上腹饰麻点纹。口径 13.8、残高 10 厘米（图 4-613，10）。

标本H265②：4，夹砂橙黄陶。侈口，尖唇，矮领，微束颈，上腹斜，下腹残。颈部素面，上腹饰麻点纹。口径 12.4、残高 5.8 厘米（图 4-613，11）。

标本H265②：11，夹砂橙黄陶。侈口，圆唇，高领，束颈，上腹斜，下腹残。颈部饰竖向篮纹，上腹饰麻点纹。口径 13.6、残高 6.4 厘米（图 4-613，12）。

标本H265②：12，泥质红陶。侈口，圆唇，高领，束颈，鼓腹，底残。器表素面磨光。口径 6.8、残高 4.8 厘米（图 4-613，13）。

标本H265②：15，夹砂红陶。侈口，尖唇，矮领，束颈，圆腹，底残。颈部素面，颈腹间饰一周附加泥饼，腹部饰竖向绳纹。口径 16、残高 13 厘米（图 4-613，14）。

花边罐　3 件。

标本H265②：9，夹砂橙黄陶。侈口，圆唇，高领，束颈，颈部以下残。口沿外侧饰一周附加泥条，泥条之上饰戳印纹，颈部素面，有烟炱。口径 16.8、残高 6.8 厘米（图 4-613，15）。

标本H265②：10，夹砂橙黄陶。侈口，尖唇，矮领，束颈，上腹斜，下腹残。口沿外侧饰一周附加泥条，泥条之上饰戳印纹，颈部素面，上腹饰竖向绳纹，有烟炱。口径 16、残高 6.6 厘米（图 4-613，16）。

标本H265②：14，夹砂橙黄陶。侈口，尖唇，矮领，束颈，颈部以下残。口沿外侧饰一周附加泥条，泥条之上饰戳印纹，颈部素面，有烟炱。口径15.2、残高5.4厘米（图4-613，17）。

高领罐　2件。

标本H265②：6，泥质橙黄陶。喇叭口，方唇，高领，束颈，颈部以下残。颈部饰斜向篮纹。口径16.4、残高3厘米（图4-613，18）。

标本H265②：8，泥质红陶。喇叭口，平沿，圆唇，高领，束颈，颈部以下残。口沿外侧有一周折棱，器表饰斜向篮纹。口径18.8、残高5.4厘米（图4-613，19）。

盆　2件。

标本H265②：5，泥质红陶。敞口，平沿，圆唇，斜直腹，底残。腹部饰斜向篮纹。口径17.2、残高3.2厘米（图4-613，20）。

标本H265②：13，泥质褐陶。敞口，尖唇，弧腹，底残。器表素面。口径44.8、残高2.4厘米（图4-613，21）。

器盖　1件。

标本H265②：7，夹砂红陶。圆饼状，圆边，表面饰戳印纹，边缘处有脱落痕迹，底面素面。残长9、残宽4.4厘米（图4-613，22）。

（3）H265③层

出土少量陶片，以腹部残片为主，可辨器形有圆腹罐、花边罐、高领罐、盆、杯（表4-1085、1086）。

表4-1085　H265③层器形数量统计表

器形＼陶质/陶色	泥质				夹砂				合计
	红	橙黄	灰	黑	红	橙黄	灰	黑	
圆腹罐						1			1
花边罐						1			1
高领罐		1							1
盆		2							2
杯		1							1

表4-1086　H265③层陶片统计表

纹饰＼陶质/陶色	泥质				夹砂				合计
	橙黄	灰	红	灰底黑彩	橙黄	灰	红	褐	
素面	43	1	9		29				82
绳纹	1				11		1		13
篮纹	47	5	7		12				71
麻点纹					47				47
附加堆纹＋绳纹					1				1
附加堆纹＋麻点纹					1				1

圆腹罐 1件。

标本H265③：4，夹砂橙黄陶。侈口，圆唇，高领，束颈，上腹斜弧，下腹残。器表通体饰竖向绳纹，有烟炱。口径14.8、残高7厘米（图4-613，23）。

花边罐 1件。

标本H265③：3，夹砂橙黄陶。侈口，圆唇，矮领，束颈，上腹斜，下腹残。口沿外侧饰一周附加泥条，泥条经手指按压呈波状，颈部素面，上腹饰麻点纹，有烟炱。口径11.2、残高5厘米（图4-613，24）。

高领罐 1件。

标本H265③：6，泥质橙黄陶。喇叭口，方唇，高领，束颈，颈部以下残。口沿外侧有一周折棱，器表素面磨光。口径16、残高2.6厘米（图4-613，25）。

盆 2件。

标本H265③：2，泥质橙黄陶。敞口，方唇，斜腹，底残。口沿外侧有一周折棱，器表饰斜向篮纹。口径32、残高4.6厘米（图4-613，26）。

标本H265③：5，泥质橙黄陶。敞口，方唇，斜弧腹，底残。腹部饰竖向绳纹，口沿外侧饰有一周凹槽。口径34.8、残高8厘米（图4-613，27）。

杯 1件。

标本H265③：1，泥质橙黄陶。微敛口，方唇，弧腹，底微凹。器表素面。口径6.2、高3、底径5.4厘米（图4-613，28；彩版二一三，2）。

（4）H265④层

出土少量陶片，以腹部残片为主，可辨器形有圆腹罐、高领罐（表4-1087、1088）。

表4-1087 H265④层器形数量统计表

陶质/陶色/器形	泥质				夹砂				合计
	红	橙黄	灰	黑	红	橙黄	灰	黑	
圆腹罐					3	2			5
高领罐	1								1

表4-1088 H265④层陶片统计表

陶质/陶色/纹饰	泥质				夹砂				合计
	橙黄	灰	红	灰底黑彩	橙黄	灰	红	褐	
素面	14		4		24				42
绳纹					3		1		4
篮纹	10	1	5		4				20
麻点纹					21				21
压印纹					1				1
篮纹＋绳纹					1				1
附加堆纹＋麻点纹							1		1

圆腹罐　5件。

标本H265④：1，夹砂橙黄陶。侈口，尖唇，矮领，束颈，上腹圆，下腹残。颈部饰斜向绳纹，纹饰被抹平，腹部饰竖向绳纹。口径16.4、残高6.4厘米（图4-614，1）。

标本H265④：2，夹砂红陶。侈口，方唇，矮领，束颈，上腹圆弧，下腹残。颈部素面，上腹饰竖向绳纹。口径18.8、残高9.2厘米（图4-614，2）。

标本H265④：3，夹砂橙黄陶。侈口，圆唇，高领，束颈，颈部以下残。颈部饰斜向绳纹。口径18.4、残高4.4厘米（图4-614，3）。

标本H265④：6，夹砂红陶。侈口，圆唇，高领，束颈，颈部以下残。颈部饰横向篮纹，有烟炱。口径15.6、残高6.3厘米（图4-614，4）。

标本H265④：7，夹砂红陶。侈口，方唇，高领，微束颈，圆腹，底微凹，器表通体饰麻点纹。口径14.2、高21.2、底径11厘米（图4-614，5；彩版二一三，3）。

高领罐　1件。

标本H265④：5，泥质红陶。喇叭口，圆唇，高领，束颈，颈部以下残。颈部素面磨光。口径21.2、残高7.2厘米（图4-614，6）。

陶器　1件。

标本H265④：4，泥质橙黄陶。前端呈乳头状，尾端呈空心方柱状，前端有小凹坑，方柱素面。残长7、宽2.8厘米（图4-614，7）。

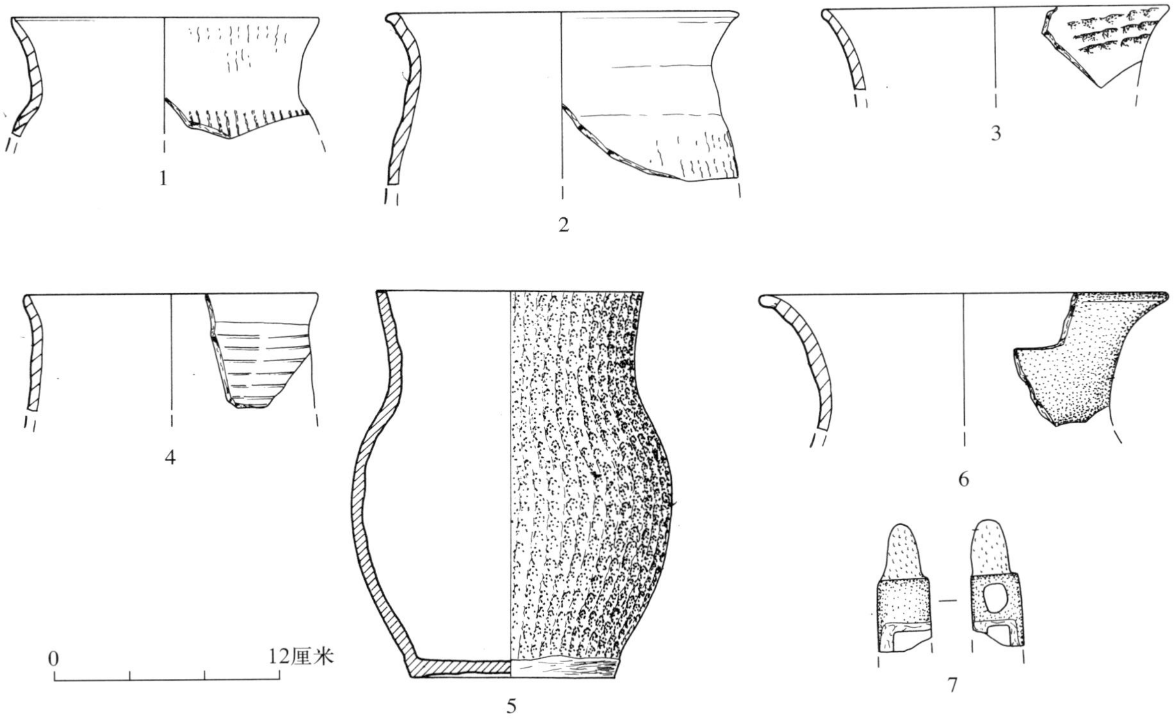

图4-614　H265出土遗物

1～5.圆腹罐H265④：1～3、6、7　6.高领罐H265④：5　7.陶器H265④：4

256. H266

H266 位于ⅡT0602 西南角，部分延伸至ⅡT0601、ⅡT0701、ⅡT0702 探方内，开口于第⑤层下，被H264、H262 打破（图 4-615；彩版二一四，1）。平面近圆形，口部边缘形态较明显，底部边缘形态较明显，斜壁，未见工具痕迹，坑底平整。坑口南北 3.20、东西 3.3、坑底南北 3.25、东西 3.30、深 4.80～5.30 米。（坑口有坍塌现象）坑内堆积可分七层，第①层厚 0～0.40 米，土色浅褐色，土质疏松，包含少量黑色斑点和草木灰，坡状堆积。第②层厚 0～0.50 米，土色浅黄色，土质疏松，较纯净，坡状堆积。第③层厚 0.17～0.30 米，土色深褐色，土质疏松，包含零星红烧土颗粒，坡状堆积。第④层厚 0.27～0.45 米，土色浅灰色，土质疏松，近水平状堆积。第⑤层厚 0.45～0.50 米，土色浅灰褐色，土质疏松，坡状堆积。第⑥层厚 1.70～1.80 米，土色灰褐色，土质疏松，包含零星炭屑，水平状堆积。第⑦层厚 1.72～1.75 米，土色浅黄色，土质较疏松，水平状堆积。

坑内出土大量陶片及零星石块、兽骨。

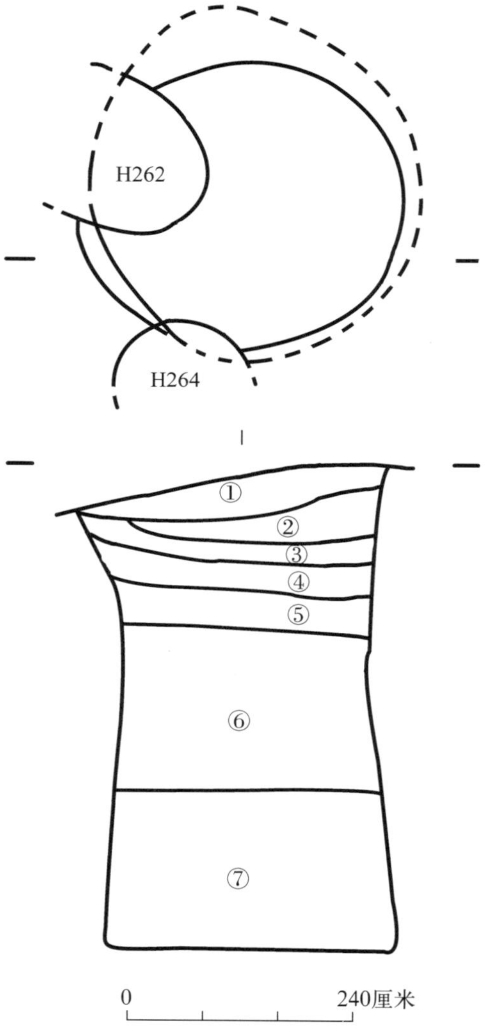

图4-615　H266平、剖面图

（1）H266①层

出土少量陶片，以腹部残片为主，可辨器形有双耳罐、盆（表 4-1089、1090）。

表4-1089　H266①层器形数量统计表

器形＼陶质／陶色	泥质				夹砂				合计
	红	橙黄	灰	黑	红	橙黄	灰	黑	
双耳罐	1								1
盆	1								1

表4-1090　H266①层陶片统计表

纹饰＼陶质／陶色	泥质				夹砂				合计
	橙黄	灰	红	灰底黑彩	橙黄	灰	红	褐	
素面	3	1	1		1				6
绳纹					9				9
篮纹	11	1	2						14
麻点纹					19				19
压印纹＋篮纹	1								1
篮纹＋麻点纹					1				1

双耳罐　1 件。

标本H266①：2，泥质红陶。耳残，侈口，圆唇，矮领，束颈，上腹圆，下腹残。颈部素面，上腹饰竖向刻划纹。口径 8、残高 5.2 厘米（图 4-616，1）。

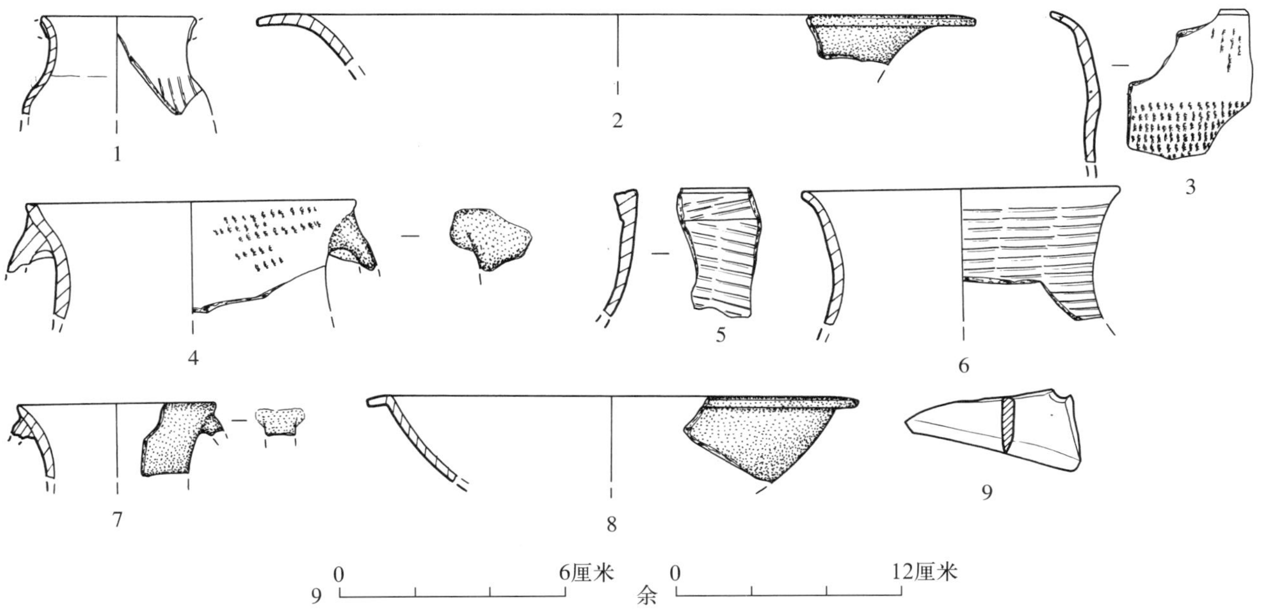

图4-616　H266出土遗物

1、4、7.双耳罐H266①：2、H266②：2、H266④：2　2、8.盆H266①：1、H266④：4　3、5、6.圆腹罐H266②：1、H266④：1、3　9.石刀H266④：5

盆 1件。

标本H266①：1，泥质红陶。敞口，圆唇，平沿，方唇，上腹斜直，下腹残。器表素面。口径36、残高2.6厘米（图4-616，2）。

（2）H266②层

出土少量陶片，以腹部残片为主，可辨器形有圆腹罐、双耳罐（表4-1091、1092）。

表4-1091 H266②层器形数量统计表

器形 \ 陶质/陶色	泥质				夹砂				合计
	红	橙黄	灰	黑	红	橙黄	灰	黑	
圆腹罐						1			1
双耳罐					1				1

表4-1092 H266②层陶片统计表

纹饰 \ 陶质/陶色	泥质				夹砂				合计
	橙黄	灰	红	灰底黑彩	橙黄	灰	红	褐	
素面	185	23	4		135				347
绳纹	2		4		48		5		59
篮纹	89	8	14		61		4		176
麻点纹					140				140
席纹					1				1
篮纹＋压印纹					1				1
抹断绳纹			1						1
刻划纹		1			6				7
交错绳纹					1				1
篮纹＋麻点纹					5				5
附加堆纹	1		1		9				11
麻点纹＋戳印纹					1				1
附加堆纹＋戳印纹					1				1
附加堆纹＋麻点纹					1				1
篮纹＋绳纹					1				1

圆腹罐 1件。

标本H266②：1，夹砂橙黄陶。侈口，圆唇，高领，束颈，上腹圆弧，下腹残。颈部饰竖向绳纹，绳纹有刮抹痕迹，上腹饰麻点纹，有烟炱。残高8.2、残宽6.8厘米（图4-616，3）。

双耳罐 1件。

标本H266②：2，夹砂红陶。耳残，侈口，方唇，高领，束颈，颈部以下残。颈部饰麻点纹，有烟炱。口径17.6、残高6厘米（图4-616，4）。

（3）H266③层

出土陶片见下表（表4-1093）。

表4-1093　H266③层陶片统计表

纹饰＼陶质/陶色	泥质				夹砂				合计
	橙黄	灰	红	灰底黑彩	橙黄	灰	红	褐	
素面	3				9				12
绳纹					5				5
篮纹	5								5
麻点纹					9				9
交错绳纹					1				1
刻划纹	1								1
篮纹＋麻点纹					1				1

（4）H266④层

出土少量陶片，以腹部残片为主，可辨器形有圆腹罐、双耳罐、盆，另出土石刀1件（表4-1094、1095）。

表4-1094　H266④层器形数量统计表

器形＼陶质/陶色	泥质				夹砂				合计
	红	橙黄	灰	黑	红	橙黄	灰	黑	
圆腹罐					1	1			2
双耳罐	1								1
盆	1								1

表4-1095　H266④层陶片统计表

纹饰＼陶质/陶色	泥质				夹砂				合计
	橙黄	灰	红	灰底黑彩	橙黄	灰	红	褐	
素面	15				4				19
绳纹		1			3				4
篮纹	3		9		5				17
麻点纹					16				16
戳印纹					1				1
刻划纹			1						1

圆腹罐　2件。

标本H266④：1，夹砂橙黄陶。侈口，方唇，高领，束颈，颈部以下残。唇面有一道凹槽，口沿外侧有一周折棱，器表饰斜向篮纹。残高6.8、残宽4.4厘米（图4-616，5）。

标本H266④：3，夹砂红陶。侈口，圆唇，高领，束颈，颈部以下残。颈部饰横向篮纹。口径16.8、残高7.2厘米（图4-616，6）。

双耳罐　1件。

标本H266④：2，泥质红陶。耳残，侈口，尖唇，高领，束颈，颈部以下残。颈部素面。口径 10.4、残高 3.8 厘米（图 4-616，7）。

盆　1 件。

标本H266④：4，泥质红陶。敞口，平沿，方唇，弧腹，底残。器表素面且有刮抹痕迹，内壁素面磨光。口径 24、残高 4.6 厘米（图 4-616，8）。

石刀　1 件。

标本H266④：5，石英岩。基部及侧边残，双面磨刃，残断处有一残孔。刃残长 4.5 厘米，刃角 44.7°，器身残长 4.6、残宽 2.2 厘米（图 4-616，9；彩版二一四，2）。

（5）H266⑤层

出土少量陶片，以腹部残片为主，可辨器形有圆腹罐、花边罐，另出土石刀 2 件（表 4-1096、1097）。

表4-1096　H266⑤层器形数量统计表

器形 \ 陶质/陶色	泥质				夹砂				合计
	红	橙黄	灰	黑	红	橙黄	灰	褐	
圆腹罐						3		1	4
花边罐					1			1	2

表4-1097　H266⑤层陶片统计表

纹饰 \ 陶质/陶色	泥质				夹砂				合计
	橙黄	灰	红	灰底黑彩	橙黄	灰	红	褐	
素面	45		4		21				70
绳纹	1				13				14
篮纹	46	2	5		24				77
麻点纹					42				42
压印纹	1								1
戳印纹					1				1
篮纹 + 麻点纹					2				2
附加堆纹					1				1

圆腹罐　4 件。

标本H266⑤：3，夹砂橙黄陶。侈口，圆唇，矮领，束颈，颈部以下残。器表饰横向篮纹，有烟炱。口径 13.2、残高 4 厘米（图 4-617，1）。

标本H266⑤：4，夹砂褐陶。侈口，圆唇，矮领，束颈，上腹斜，下腹残。颈部素面，上腹饰斜向篮纹，有烟炱。口径 16、残高 6.4 厘米（图 4-617，2）。

标本H266⑤：5，夹砂橙黄陶。侈口，圆唇，高领，束颈，颈部以下残。颈部饰横向篮纹，有烟炱。口径 16.4、残高 6 厘米（图 4-617，3）。

标本H266⑤：6，夹砂橙黄陶。敛口，方唇，弧腹，底残。口沿外侧有一周凸棱，腹部饰麻点纹，有烟炱。残高 4.4、残宽 6.4 厘米（图 4-617，4）。

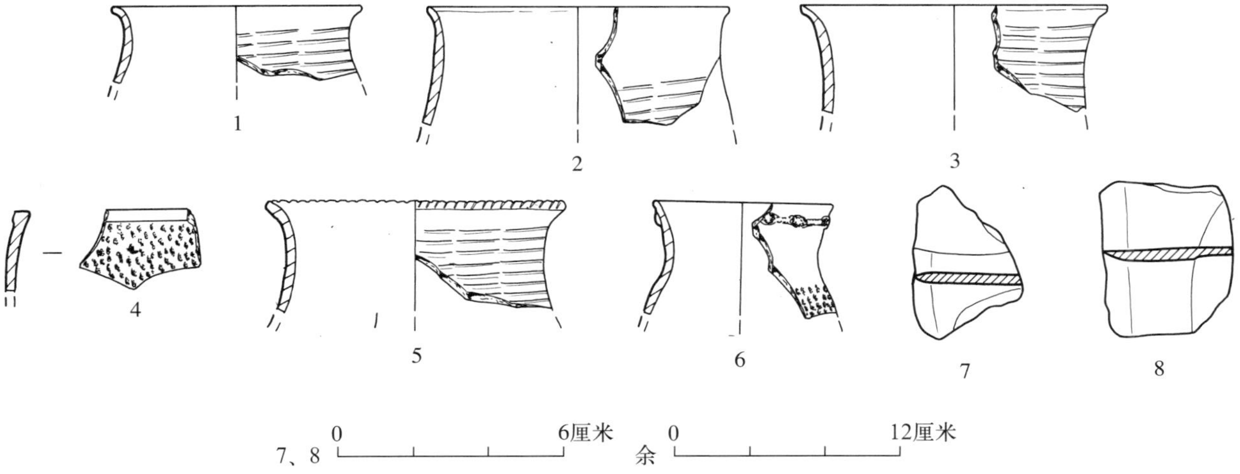

图4-617 H266出土遗物

1～4.圆腹罐H266⑤：3～6 5、6.花边罐H266⑤：1、2 7、8.石刀H266⑤：7、8

花边罐 2件。

标本H266⑤：1，夹砂红陶。侈口，锯齿唇，高领，束颈，颈部以下残。颈部饰横向篮纹，有烟炱。口径16、残高6厘米（图4-617，5）。

标本H266⑤：2，夹砂褐陶。侈口，圆唇，矮领，束颈，上腹圆弧，下腹残。口沿外侧饰一周附加泥条，泥条经手指按压呈波状，颈部素面，上腹饰麻点纹，有烟炱。口径9.6、残高6厘米（图4-617，6）。

石刀 2件。

标本H266⑤：7，石英岩。基部及侧边残，仅存部分刃部，双面磨刃。刃残长3.3厘米，刃角27°，器身残长4.1、残宽2.9厘米（图4-617，7；彩版二一四，3）。

标本H266⑤：8，石英岩。基部及一侧边残，另一侧边平直，单面磨刃，石刀一面残。刃残长3.8厘米，刃角32°，器身残长4.2、残宽3.7厘米（图4-617，8；彩版二一四，4）。

（6）H266⑥层

出土少量陶片，以腹部残片为主，可辨器形有圆腹罐、双耳罐、高领罐、大口罐、瓶、盆、尊，另出土陶刀1件、石刀3件、石镞1件、石料3件、玉料2件、骨锥1件、骨针3件、兽牙1件、蚌器2件（表4-1098、1099）。

表4-1098 H266⑥层器形数量统计表

陶质 / 陶色 / 器形	泥质				夹砂				合计
	红	橙黄	灰	黑	红	橙黄	灰	褐	
圆腹罐		3			2	12	4	1	22
双耳罐					2	2			4
高领罐	1	3							4
大口罐					1				1
瓶		1							1

续表

器形＼陶质/陶色	泥质				夹砂				合计
	红	橙黄	灰	黑	红	橙黄	灰	褐	
盆		3							3
尊	1	1							2

表4-1099　H266⑥层陶片统计表

纹饰＼陶质/陶色	泥质				夹砂				合计
	橙黄	灰	红	灰底黑彩	橙黄	灰	红	褐	
素面	246	23	34		133				436
绳纹	6	2	4		129				141
篮纹	144	12	4		84				244
麻点纹					219				219
刻划纹	5				2				7
交错篮纹					2				2
戳印纹		1			3				4
刻划纹＋篮纹					1				1
交错绳纹					1				1
篮纹＋麻点纹					5		2		7
附加堆纹					4				4
方格纹	2				2				4
篮纹＋绳纹					3				3
附加堆纹＋绳纹					1				1

圆腹罐　22件。

标本H266⑥：3，夹砂橙黄陶。侈口，圆唇，高领，束颈，颈部以下残。颈部饰横向篮纹，有烟炱。口径17.6、残高6.2厘米（图4-618，1）。

标本H266⑥：7，夹砂红陶。侈口，方唇，高领，束颈，颈部以下残。口沿外侧饰一周附加泥条，泥条经手指按压呈波状，颈部饰横向篮纹。口径35.2、残高6.8厘米（图4-618，2）。

标本H266⑥：9，夹砂红陶。侈口，尖唇，高领，微束颈，上腹斜，下腹残。颈部素面，上腹饰麻点纹，有烟炱。口径18.8、残高10厘米（图4-618，3）。

标本H266⑥：10，夹砂橙黄陶。侈口，圆唇，高领，束颈，颈部以下残。颈部素面，有烟炱。口径14、残高7厘米（图4-618，4）。

标本H266⑥：12，夹砂橙黄陶。侈口，圆唇，矮领，束颈，上腹斜弧，下腹残。颈部素面，上腹饰麻点纹，有烟炱。口径12.8、残高5.8厘米（图4-618，5）。

标本H266⑥：14，夹砂灰陶。侈口，圆唇，矮领，微束颈，上腹圆弧，下腹残。器表饰横向篮纹，有烟炱。口径16.8、残高6厘米（图4-618，6）。

标本H266⑥：15，夹砂灰陶。侈口，尖唇，高领，微束颈。颈部以下残。口沿外侧有一周折

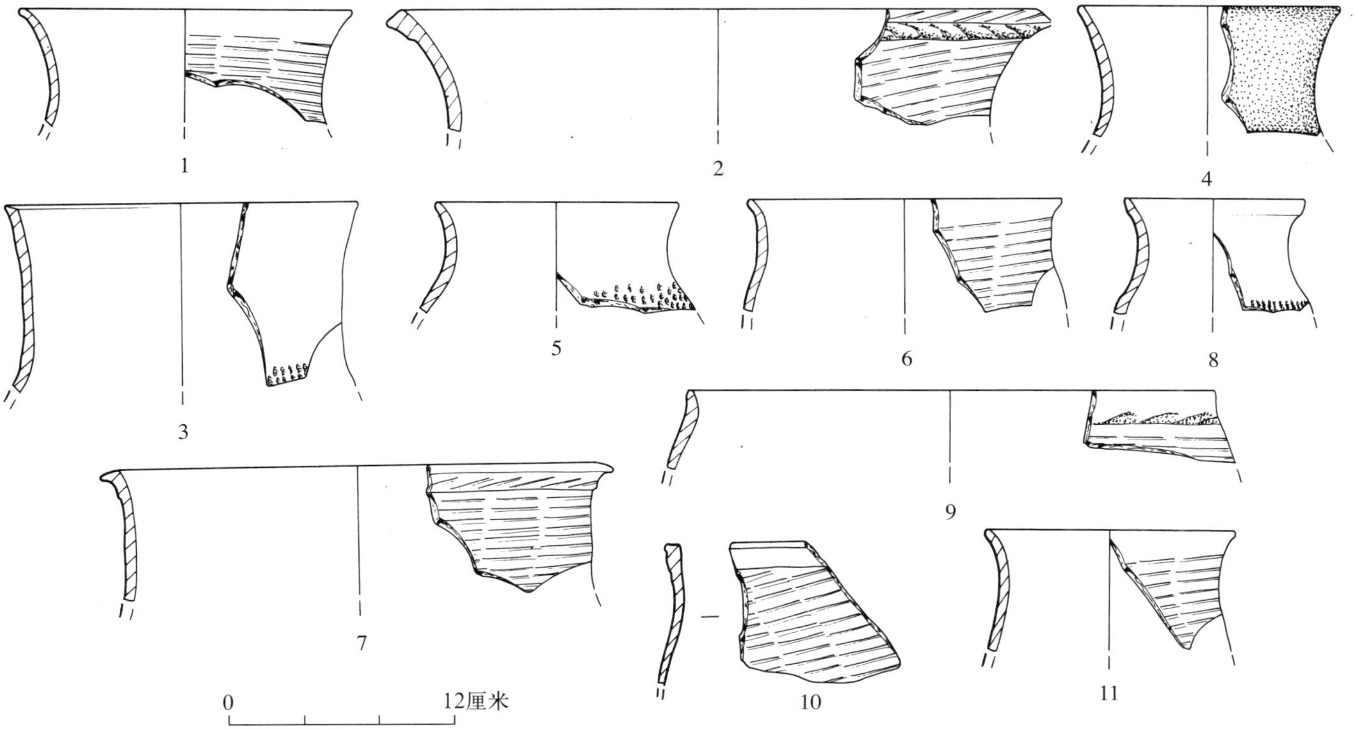

图4-618　H266出土遗物

1～11.圆腹罐H266⑥：3、7、9、10、12、14、15、17、19、22、24

棱，折棱之上饰斜向篮纹，颈部饰横向篮纹。口径 27.2、残高 7 厘米（图 4-618，7）。

标本H266⑥：17，泥质橙黄陶。侈口，尖唇，束颈，上腹圆弧，下腹残。口沿外侧有一周折棱，颈部素面，上腹饰竖向绳纹。口径 9.6、残高 6.2 厘米（图 4-618，8）。

标本H266⑥：19，泥质橙黄陶。侈口，尖唇，上腹圆弧，下腹残。口沿外侧有一周折棱，上腹饰横向篮纹。口径 28、残高 4 厘米（图 4-618，9）。

标本H266⑥：22，夹砂橙黄陶。微侈口，方唇，微束颈，上腹圆弧，下腹残。口沿外侧有一周折棱，颈、腹饰斜向篮纹。残高 7.6、残宽 9 厘米（图 4-618，10）。

标本H266⑥：24，夹砂橙黄陶。侈口，圆唇，束颈，上腹斜，下腹残。器表饰横向篮纹，有烟炱。口径 13.2、残高 6.4 厘米（图 4-618，11）。

标本H266⑥：26，夹砂橙黄陶。侈口，圆唇，矮领，束颈，颈部以下残。颈部饰横向篮纹，有烟炱。口径 22、残高 5.6 厘米（图 4-619，1）。

标本H266⑥：27，夹砂灰陶。侈口，尖唇，矮领，束颈，上腹斜，下腹残。器表素面。口径 18.8、残高 5 厘米（图 4-619，2）。

标本H266⑥：30，夹砂橙黄陶。侈口，圆唇，束颈，上腹斜，下腹残。器表饰斜向篮纹。口径 14、残高 5.6 厘米（图 4-619，3）。

标本H266⑥：31，夹砂灰陶。侈口，尖唇，高领，束颈，颈部以下残。颈部饰斜向篮纹，有烟炱。口径 10.4、残高 5 厘米（图 4-619，4）。

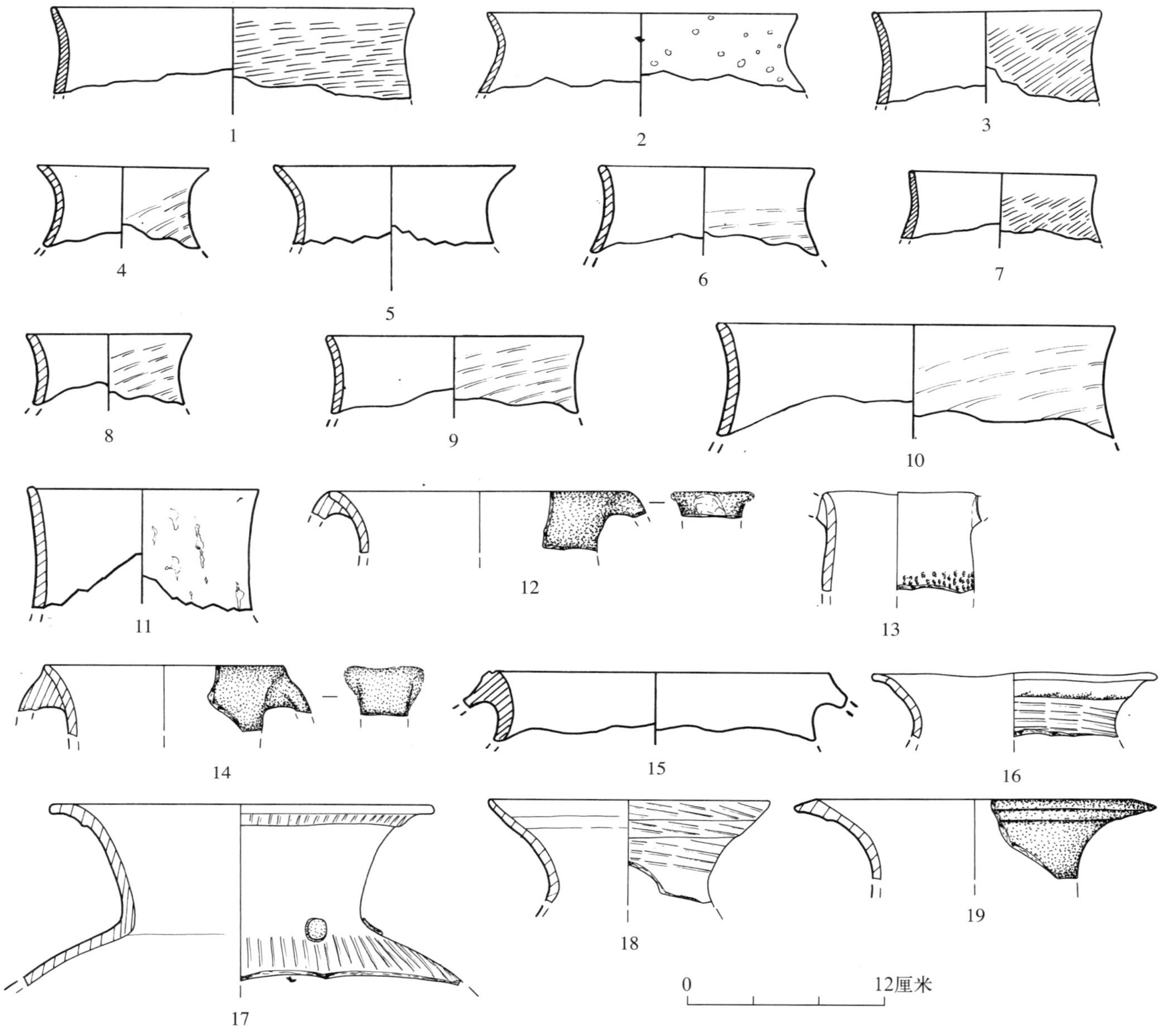

图4-619　H266出土遗物

1～11.圆腹罐H266⑥：26、27、30～32、34～39　12～15.双耳罐H266⑥：5、6、11、33　16～19.高领罐H266⑥：4、8、16、23

标本H266⑥：32，夹砂橙黄陶。侈口，圆唇，矮领，束颈，颈部以下残。颈部素面。口径14.8、残高4.8厘米（图4-619，5）。

标本H266⑥：34，夹砂橙黄陶。侈口，圆唇，矮领，束颈，上腹斜弧，下腹残。颈部素面，上腹饰横向篮纹。口径13.2、残高5.4厘米（图4-619，6）。

标本H266⑥：35，夹砂橙黄陶。侈口，圆唇，矮领，束颈，颈部以下残。颈部饰横向篮纹，有烟炱。口径11.2、残高4.2厘米（图4-619，7）。

标本H266⑥：36，夹砂橙黄陶。侈口，圆唇，高领，束颈，颈部以下残。颈部饰斜向篮纹，有烟炱。口径 10、残高 4.4 厘米（图 4-619，8）。

标本H266⑥：37，夹砂褐陶。侈口，圆唇，矮领，束颈，颈部以下残。器表饰斜向篮纹。口径 15.6、残高 4.8 厘米（图 4-619，9）。

标本H266⑥：38，泥质橙黄陶。侈口，圆唇，矮领，束颈，颈部以下残。器表饰斜向篮纹。口径 24、残高 7 厘米（图 4-619，10）。

标本H266⑥：39，夹砂橙黄陶。侈口，圆唇，高领，微束颈，颈部以下残。器表饰麻点纹，纹饰模糊，有烟炱。口径 14、残高 7.8 厘米（图 4-619，11）。

双耳罐 4 件。

标本H266⑥：5，夹砂橙黄陶。侈口，圆唇，矮领，束颈，颈部以下残。拱形残耳，颈部素面，有烟炱。口径 18、残高 3.8 厘米（图 4-619，12）。

标本H266⑥：6，夹砂红陶。侈口，圆唇，弧腹，底残。拱形残耳，上腹素面，下腹饰麻点纹，有烟炱。口径 9.2、残高 6.2 厘米（图 4-619，13）。

标本H266⑥：11，夹砂红陶。侈口，圆唇，高领，微束颈，颈部以下残。拱形残耳，颈部素面，有烟炱。口径 14.4、残高 4.2 厘米（图 4-619，14）。

标本H266⑥：33，夹砂橙黄陶。侈口，近方唇，矮领，微束颈，颈部以下残。拱形残耳，唇面有一道凹槽，器表素面。口径 20.4、残高 4.2 厘米（图 4-619，15）。

高领罐 4 件。

标本H266⑥：4，泥质橙黄陶。喇叭口，圆唇，高领，束颈，颈部以下残。口沿外侧有一周折棱，颈部饰横向篮纹。口径 17.2、残高 3.8 厘米（图 4-619，16）。

标本H266⑥：8，泥质红陶。喇叭口，平沿，方唇，高领，束颈，溜肩，腹部残。口沿外侧饰一周附加泥条，泥条之上饰竖向篮纹，颈部素面，下颈部饰有泥饼，肩部饰竖向篮纹。口径 23.2、残高 11.2 厘米（图 4-619，17）。

标本H266⑥：16，泥质橙黄陶。喇叭口，圆唇，高领，束颈，颈部以下残。口沿外侧泥条盘筑痕迹明显，器表饰斜向篮纹。口径 17.2、残高 6.4 厘米（图 4-619，18）。

标本H266⑥：23，泥质橙黄陶。喇叭口，尖唇，高领，束颈，颈部以下残。口沿外侧有一周折棱，颈部素面磨光且有刮抹痕迹。口径 19.2、残高 5 厘米（图 4-619，19）。

大口罐 1 件。

标本H266⑥：20，夹砂红陶。直口，方唇，上腹直，下腹残。唇面有一道凹槽，上腹饰交错刻划纹。口径 27.2、残高 4.8 厘米（图 4-620，1）。

瓶 1 件。

标本H266⑥：13，泥质橙黄陶。喇叭口，折沿，尖唇，高领，束颈，颈部以下残。器表素面磨光。口径 14.8、残高 3.8 厘米（图 4-620，2）。

盆 3 件。

标本H266⑥：18，泥质橙黄陶。敞口，方唇，斜腹微弧，底残。口沿外侧有一周折棱，器表通体饰斜向篮纹。口径 19.6、残高 3.2 厘米（图 4-620，3）。

标本H266⑥：28，泥质橙黄陶。敞口，尖唇，斜腹微弧，底残。口沿外侧饰一周折棱，腹部

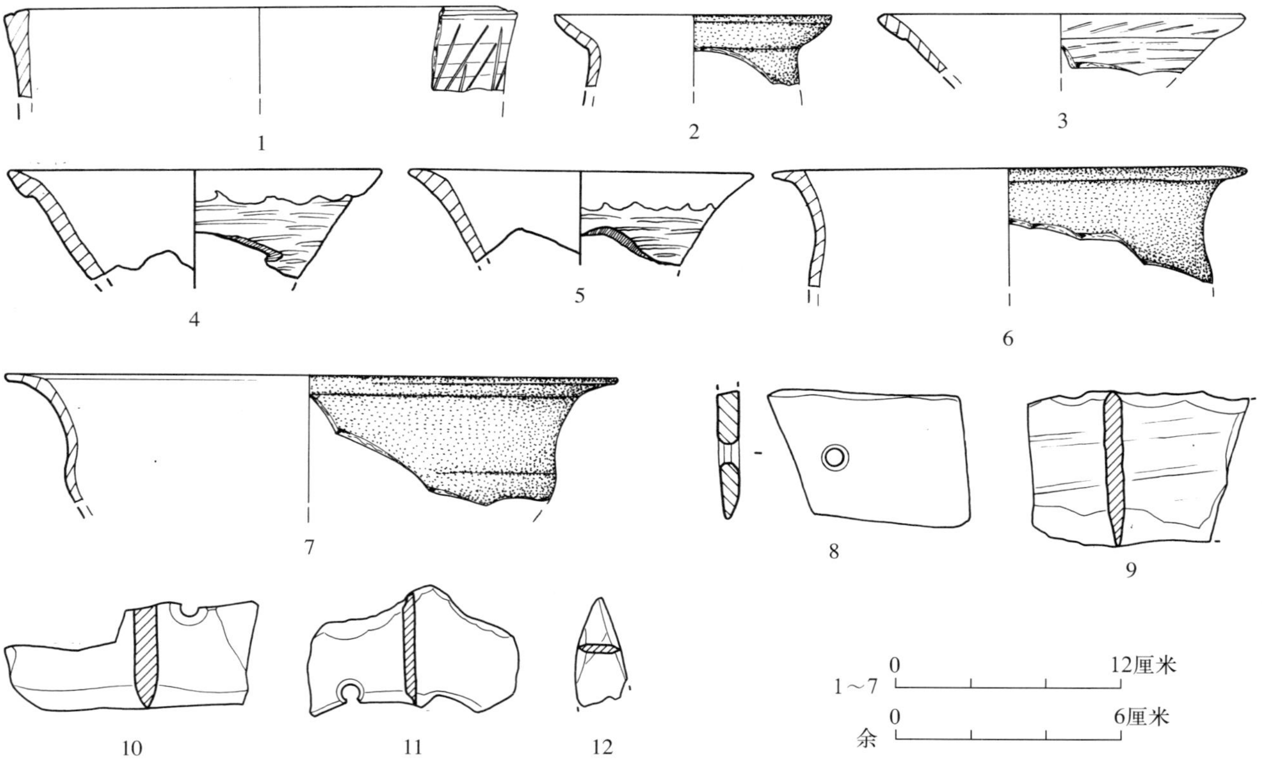

图4-620　H266出土遗物

1.大口罐H266⑥：20　2.瓶H266⑥：13　3～5.盆H266⑥：18、28、29　6、7.尊H266⑥：2、21　8.陶刀H266⑥：41　9～11.石刀H266⑥：42、49、53　12.石镞H266⑥：48

饰横向篮纹，内壁素面磨光。口径 20、残高 6.2 厘米（图 4-620，4）。

标本H266⑥：29，泥质橙黄陶。敞口，尖唇，斜直腹，底残。口沿外侧有一周折棱，腹部饰横向篮纹，内壁素面磨光。口径 18.4、残高 5.1 厘米（图 4-620，5）。

尊　2 件。

标本H266⑥：2，泥质红陶。敞口，平沿，圆唇，高领，束颈，圆腹，底残。器表素面。口径 25.2、残高 6.4 厘米（图 4-620，6）。

标本H266⑥：21，泥质橙黄陶。敞口，平沿，圆唇，高领，束颈，鼓腹，底残。口沿外侧有一周折棱，器表素面磨光。口径 32.4、残高 6.8 厘米（图 4-620，7）。

陶刀　1 件。

标本H266⑥：41，泥质橙黄陶。陶片磨制而成，器表素面磨光，平基部，一侧边平直，一侧边残，器身有一钻孔，单面磨刃。孔径 0.5 厘米，刃残长 4.2 厘米，刃角 31°，器身残长 5.5、宽 3.5 厘米（图 4-620，8；彩版二一五，1）。

石刀　3 件。

标本H266⑥：42，石英岩。器身打制痕迹明显，其中一边打制似刃部，器身未见磨痕。残长 5.8、残宽 4.2 厘米（图 4-620，9；彩版二一四，5）。

标本H266⑥：49，石英岩。基部及一半残，一侧边平直，双面磨刃，残断处有一残孔。刃残长 5.3 厘米，刃角 28°，器身残长 6.7、残宽 2.9 厘米（图 4–620，10；彩版二一五，2）。

标本H266⑥：53，石英岩。残损严重器身有一钻孔。残长 5.5、残宽 3.3 厘米（图 4–620，11）。

石镞　1 件。

标本H266⑥：48，石英岩。器体呈扁三角形，两侧边缘均为双面磨制的刃部，较为锋利，尖部较尖锐，尾端残。长 3、宽 1.4、厚 0.2 厘米（图 4–620，12；彩版二一五，3）。

石料　3 件。

标本H266⑥：46，页岩。整体较平整，制作小石器材料。残长 4.6、残宽 3.1 厘米（图 4–621，1；彩版二一五，4）。

标本H266⑥：50，页岩。整体较平整，制作小石器材料。残长 2.7、残宽 2.2 厘米（图 4–621，2）。

标本H266⑥：52，石英岩。整体较平整，制作小石器材料。残长 3.3、残宽 2.1 厘米（图 4–621，3）。

玉料　2 件。

标本H266⑥：40，三个侧边平直且光滑，一表面光滑且有一凹槽，一表面残。残长 3.4、残宽 3.3、厚 1.5 厘米（图 4–621，4；彩版二一五，5）。

标本H266⑥：54，石英岩。残存呈立体梯状，两面磨制精细且光滑。残长 1.8、残宽 1.5、厚 1.3 厘米（图 4–621，5；彩版二一五，6）。

骨锥　1 件。

标本H266⑥：43，动物骨骼磨制而成，呈圆柱状，器身粗磨，中腰粗，两端残且略细。残长 7.3、直径 0.7 厘米（图 4–621，6；彩版二一六，1）。

骨针　3 件。

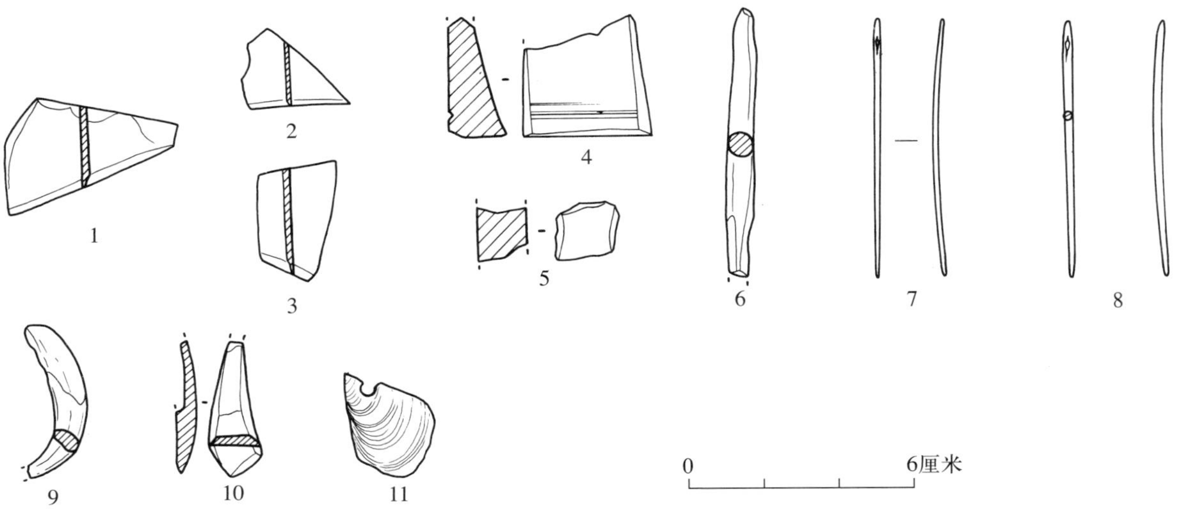

图4–621　H266出土遗物

1～3.石料H266⑥：46、50、52　4、5.玉料H266⑥：40、54　6.骨锥H266⑥：43　7、8.骨针H266⑥：1、44　9.兽牙H266⑥：45　10.蚌器H266⑥：47　11.蚌饰H266⑥：51

标本H266⑥：1，动物骨骼磨制而成，呈长圆柱状，尖部磨制尖锐，尾端有一椭圆穿孔，器身磨制精细。长7厘米（图4-621，7；彩版二一六，2）。

标本H266⑥：44，动物骨骼磨制而成，器表磨制精细，呈圆柱状，尾端有一圆形穿孔，尖端尖锐。长7厘米（图4-621，8；彩版二一六，3）。

兽牙　1件。

标本H266⑥：45，器身呈半环状，一端中空，一端为牙关部，磨损严重。长4.1、宽1厘米（图4-621，9；彩版二一六，4）。

蚌器　1件。

标本H266⑥：47，残，经火烧后再磨光，边缘磨痕明显。残长3.7、残宽1.4、厚0.5厘米（图4-621，10）。

蚌饰　1件。

标本H266⑥：51，残，由蚌壳制成，装饰所用，在贝壳中心有一圆形钻孔。长2.9、宽2.3厘米（图4-621，11；彩版二一六，5）。

257. H268

H268位于ⅡT0601北部，东部延伸至ⅡT0602探方内，开口于第⑤层下，被H249打破（图4-622；彩版二一七，1）。根据遗迹现存部分推测H268平面近椭圆形，口部边缘形态明显，底部边缘形态明显，剖面呈袋状，坑东壁相对斜直，西壁有明显折向，未见工具痕迹，底部不平。坑

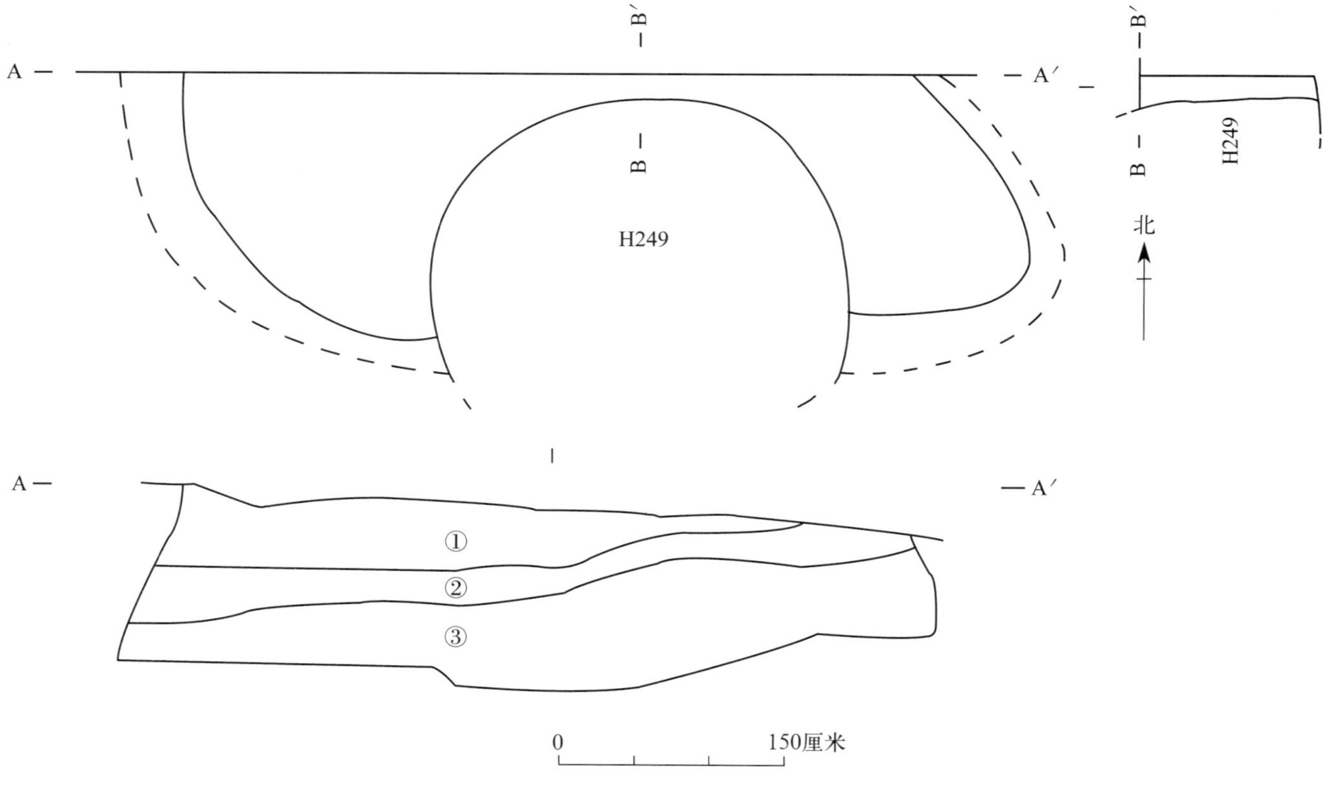

图4-622　H268平、剖面图

口东西 4.80、南北 1.60～1.80、坑底东西 5.42、深 0.70～1.22 米。坑内堆积可分三层，第①层厚 0～0.56 米，土色浅黄色，土质较致密，坡状堆积。第②层厚 0.10～0.38 米，土色浅灰色，土质致密，坡状堆积。第③层厚 0.26～0.80 米，土色深灰色，土质致密，坡状堆积。

坑内出土少量陶片、石块、兽骨。

（1）H268①层

出土少量陶片，以腹部残片为主，可辨器形有圆腹罐、双耳罐（表 4-1100、1101）。

表4-1100　H268①层器形数量统计表

陶质 / 陶色 / 器形	泥质				夹砂				合计
	红	橙黄	灰	黑	红	橙黄	灰	黑	
圆腹罐					1	3			4
双耳罐					3				3

表4-1101　H268①层陶片统计表

陶质 / 陶色 / 纹饰	泥质				夹砂				合计
	橙黄	灰	红	灰底黑彩	橙黄	灰	红	褐	
素面	6				4				10
篮纹	5				5				10
麻点纹					8				8
篮纹＋麻点纹					2				2

圆腹罐　4 件。

标本H268①：3，夹砂橙黄陶。侈口，圆唇，高领，微束颈，上腹圆，下腹残。器表饰竖向绳纹，有烟炱。口径 16、残高 12 厘米（图 4-623，1）。

标本H268①：4，夹砂橙黄陶。侈口，圆唇，矮领，束颈，上腹圆，下腹残。颈部素面，上腹部饰麻点纹，有烟炱。口径 16.8、残高 9.4 厘米（图 4-623，2）。

标本H268①：6，夹砂红陶。侈口，圆唇，高领，束颈，颈部以下残。颈部饰横向篮纹，有烟炱。口径 22、残高 7 厘米（图 4-623，3）。

标本H268①：7，夹砂橙黄陶。侈口，圆唇，上腹直，下腹残。器表素面。口径 13.2、残高 4.8 厘米（图 4-623，4）。

双耳罐　3 件。

标本H268①：1，夹砂红陶。侈口，方唇，高领，束颈，圆腹，底残。拱形双耳，口沿外侧有一周折棱，在耳上下两侧、耳下部竖向附加泥条上均饰戳印纹，颈部素面，腹部饰麻点纹，有烟炱。口径 22.8、残高 20 厘米（图 4-623，5）。

标本H268①：2，夹砂红陶。侈口，近方唇，高领，束颈，上腹圆，下腹残。拱形双耳，耳部饰斜向篮纹，篮纹之上饰竖向附加泥条，泥条经手指按压呈波状，颈部饰竖向篮纹，上腹部饰麻点纹，有烟炱。口径 22、残高 11 厘米（图 4-623，6）。

标本H268①：5，夹砂红陶。侈口，圆唇，高领，束颈，上腹斜，下腹残。拱形双耳，颈部饰横向篮纹，上腹饰麻点纹，有烟炱。口径 19.6、残高 9.6 厘米（图 4–623，7）。

（2）H268②层

出土磨石 1 件，出土少量陶片，以陶器腹部残片为主，无可辨器形标本，所以不具体介绍，只进行陶系统计（表 4–1102）。

磨石　1 件。

标本H268②：1，页岩。长方形，两面磨制平整，侧边残。残长 6、残宽 3、厚 1.5 厘米（图

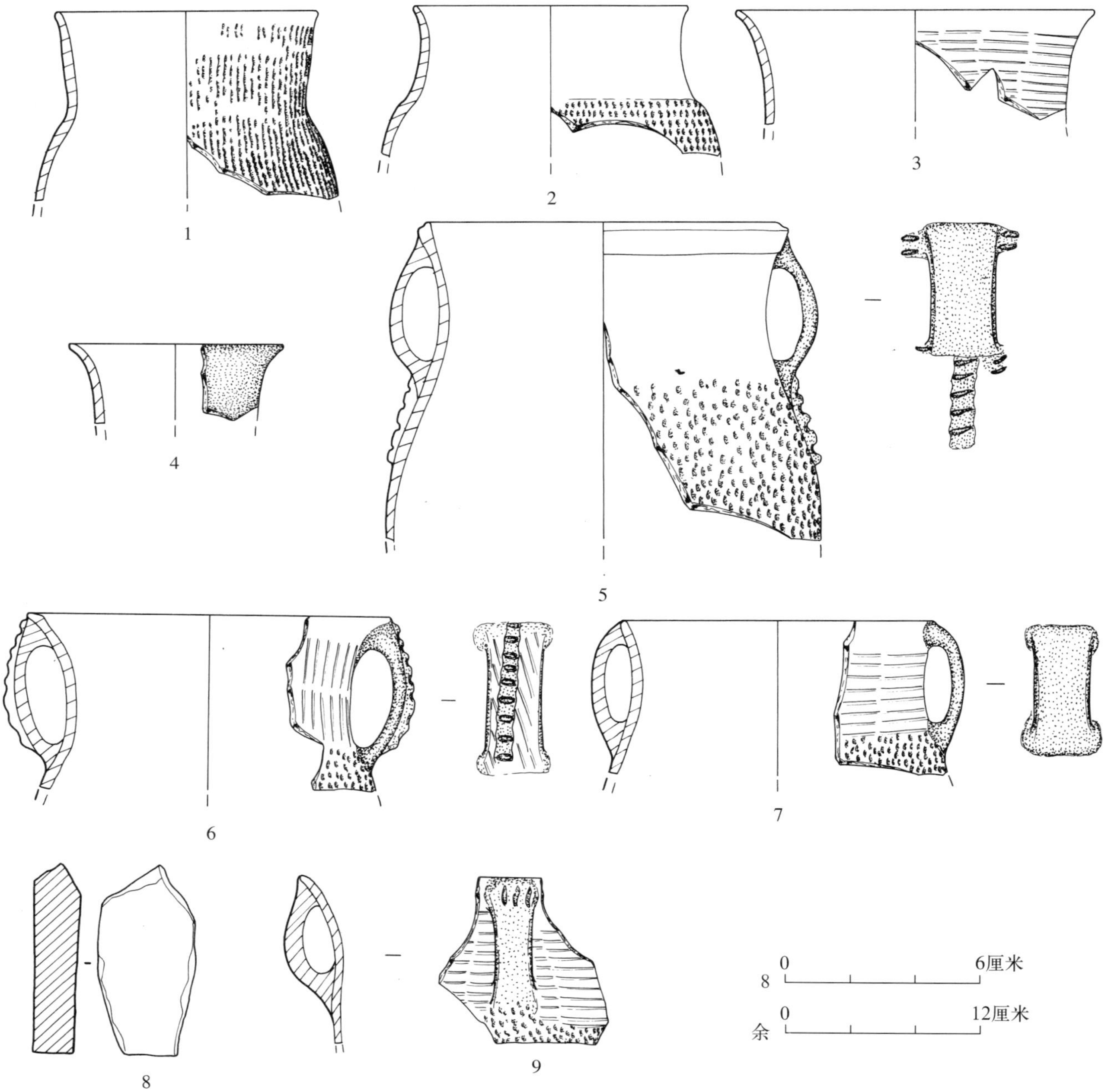

图4–623　H268出土遗物

1～4.圆腹罐H268①：3、4、6、7　5～7.双耳罐H268①：1、2、5　8.磨石H268②：1　9.单耳罐H268③：1

4B−566，8）。

（3）H268③层

出土少量陶片，以腹部残片为主，可辨器形有单耳罐（表4−1103、1104）。

表4−1102　H268②层陶片统计表

纹饰＼陶质/陶色	泥质				夹砂				合计
	橙黄	灰	红	灰底黑彩	橙黄	灰	红	褐	
素面			1		2				3
绳纹					1				1
篮纹					3				3
麻点纹					2				2
刻划纹					1				1

表4−1103　H268③层器形数量统计表

器形＼陶质/陶色	泥质				夹砂				合计
	红	橙黄	灰	黑	红	橙黄	灰	黑	
单耳罐					1				1

表4−1104　H268③层陶片统计表

纹饰＼陶质/陶色	泥质				夹砂				合计
	橙黄	灰	红	灰底黑彩	橙黄	灰	红	褐	
绳纹					2				2
麻点纹					3				3

单耳罐　1件。

标本H268③：1，夹砂红陶。侈口，圆唇，高领，束颈，上腹圆，下腹残。拱形单耳，耳上端饰戳印纹，颈部饰横向篮纹，上腹饰麻点纹，有烟炱。残高10.4、残宽10.4厘米（图4−623，9）。

258. H269

H269位于ⅡT0806东南角，部分压在ⅡT0906东隔梁下，开口于第⑤层下（图4−624；彩版二一七，2）。根据遗迹暴露部分推测H269平面近椭圆形，口部边缘形态明显，底部边缘形态不明显，剖面呈锅状，斜弧壁，未见工具痕迹，坑底圜状。坑口南北3.10、东西0.56、深0.86～1.26米。坑内堆积未分层，土色浅灰色，土质疏松，凹镜状堆积。

坑内出土较多陶片及少量兽骨、石块，陶片以腹部残片为主，可辨器形有圆腹罐、花边罐、双耳罐、高领罐、敛口罐、壶、盆，另出土石刀1件、石镞2件、砺石1件、石器1件、骨镞1件（表4−1105、1106）。

圆腹罐　19件。

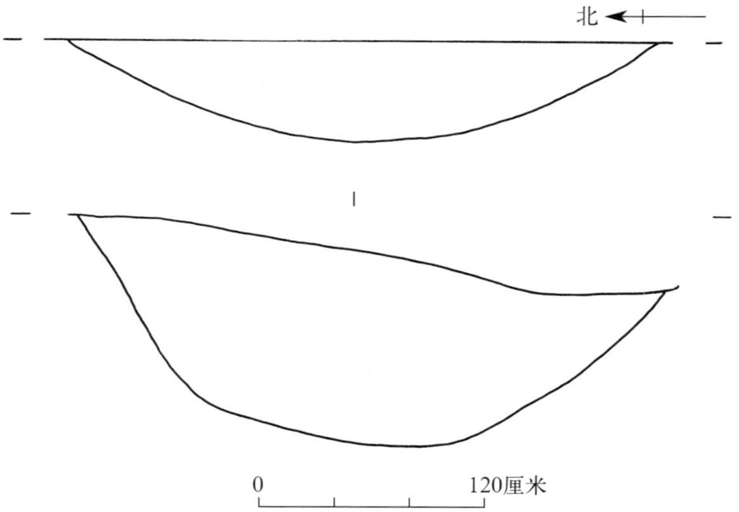

图4-624 H269平、剖面图

表4-1105 H269器形数量统计表

器形 \ 陶质 / 陶色	泥质				夹砂				合计
	红	橙黄	灰	褐	红	橙黄	灰	黑	
圆腹罐	2	2			6	9			19
花边罐					3	7	1		11
双耳罐						4			4
高领罐		1							1
敛口罐						2			2
壶			1						1
盆	4	3	1	1					9

表4-1106 H269陶片统计表

纹饰 \ 陶质 / 陶色					夹砂				合计
	橙黄	灰	红	灰底黑彩	橙黄	灰	红	褐	
素面	69	3	13		109				194
绳纹	2		2		55				59
篮纹	56	1	5		18				80
麻点纹					199				199
刻划纹		1							1
篮纹＋麻点纹					5				5
附加堆纹					4				4

标本H269：4，夹砂红陶。侈口，圆唇，矮领，束颈，颈部以下残。颈部素面，内壁有修整刮抹痕迹。口径 15.6、残高 3.8 厘米（图 4-625，1）。

标本H269：5，夹砂红陶。侈口，圆唇，高领，束颈，颈部以下残。颈部素面，有烟炱。口径 11.6、残高 5.2 厘米（图 4–625，2）。

标本H269∶6，泥质橙黄陶。侈口，圆唇，高领，束颈，颈部以下残。器表素面磨光。口径 10.8、残高 3.4 厘米（图 4–625，3）。

标本H269∶7，夹砂橙黄陶。侈口，圆唇，矮领，束颈，颈部以下残。颈部素面。口径 11.6、残高 3.4 厘米（图 4–625，4）。

标本H269∶8，夹砂橙黄陶。侈口，方唇，高领，束颈，上腹圆，下腹残。唇面有一道凹槽，颈部素面且有刮抹痕迹，上腹饰竖向绳纹。口径 14.4、残高 7.4 厘米（图 4–625，5）。

标本H269∶9，夹砂橙黄陶。侈口，圆唇，高领，束颈，颈部以下残。颈部素面，有烟炱。口径 14、残高 7.2 厘米（图 4–625，6）。

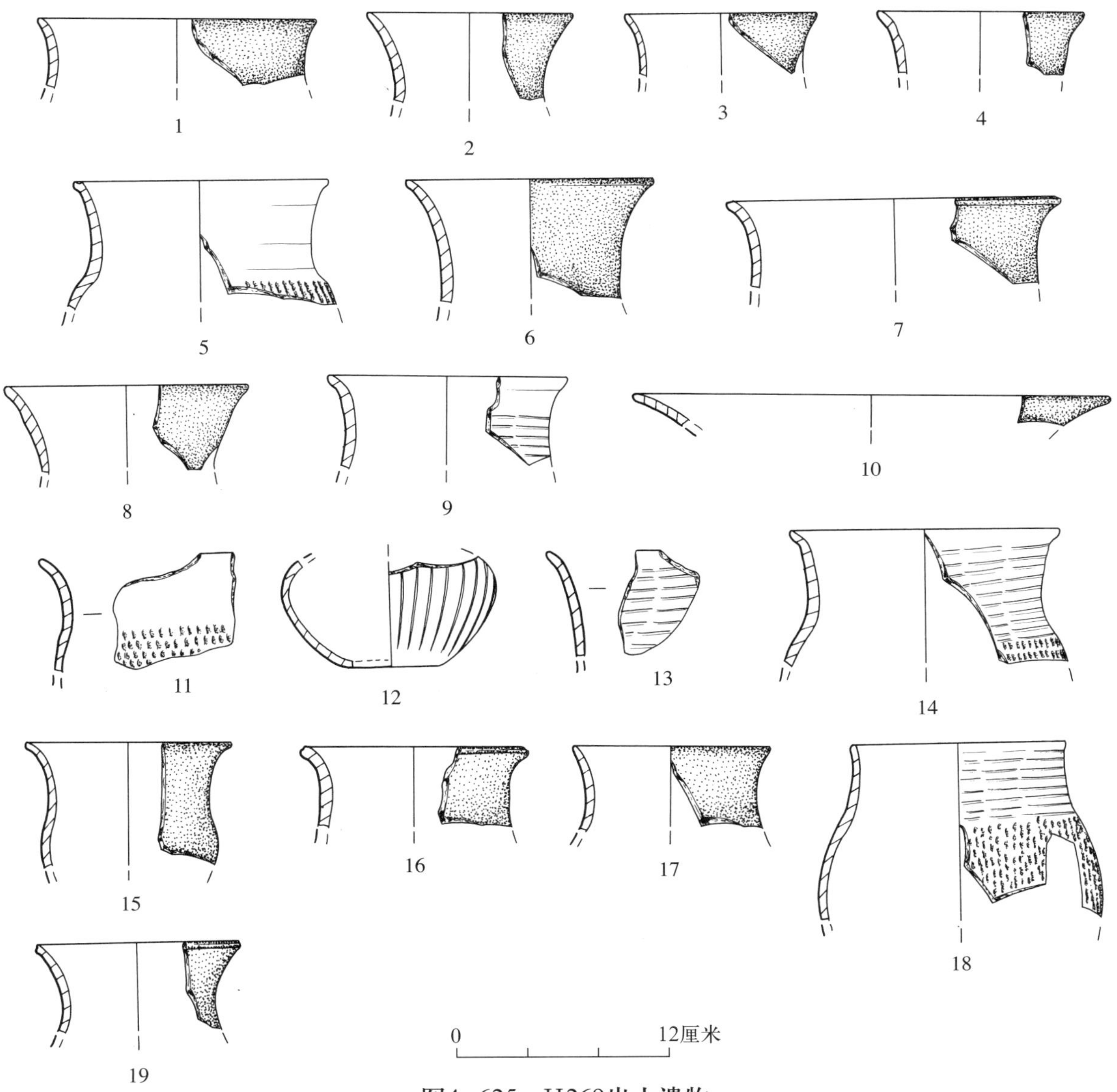

图4–625　H269出土遗物

1～19.圆腹罐H269∶4～9、13、15、18、28、31、34、35、37、39、40、42～44

标本H269：13，夹砂橙黄陶。侈口，圆唇，高领，束颈，颈部以下残。颈部素面且有刮抹痕迹。口径18.6、残高5厘米（图4-625，7）。

标本H269：15，夹砂橙黄陶。侈口，圆唇，高领，束颈，颈部以下残。颈部素面且有刮抹痕迹，有烟炱。口径13.6、残高4.8厘米（图4-625，8）。

标本H269：18，夹砂红陶。侈口，圆唇，高领，束颈，颈部以下残。颈部饰横向篮纹。口径13.6、残高5.2厘米（图4-625，9）。

标本H269：28，泥质橙黄陶。喇叭口，圆唇，口沿以下残。器身通体素面磨光。口径26.8、残高1.8厘米（图4-625，10）。

标本H269：31，夹砂红陶。侈口，圆唇，矮领，束颈，上腹圆弧，下腹残。颈部素面，上腹饰麻点纹。残高6.4、残宽7厘米（图4-625，11）。

标本H269①：34，泥质红陶。口沿及颈部残，鼓腹，小平底。腹部饰竖向刻划纹。残高6.2、底径5.2厘米（图4-625，12）。

标本H269：35，夹砂橙黄陶。侈口，圆唇，高领，束颈，颈部以下残。颈部饰横向篮纹，有烟炱。残高6、残宽4.6厘米（图4-625，13）。

标本H269：37，夹砂橙黄陶。侈口，尖圆唇，高领，束颈，上腹圆弧，下腹残。颈部饰横向篮纹，上腹饰麻点纹。口径15.2、残高7.6厘米（图4-625，14）。

标本H269：39，泥质红陶。侈口，圆唇，高领，束颈，圆腹，底残。器表通体素面磨光。口径11.6、残高7厘米（图4-625，15）。

标本H269：40，夹砂红陶。侈口，方唇，高领，束颈，颈部以下残。唇面有一道凹槽，颈部素面。口径12.4、残高4.6厘米（图4-625，16）。

标本H269：42，夹砂红陶。侈口，尖唇，矮领，束颈，颈部以下残。颈部素面，有烟炱。口径11.2、残高4.8厘米（图4-625，17）。

标本H269：43，夹砂橙黄陶。微侈口，尖圆唇，矮领，束颈，圆腹，底残。颈部饰横向篮纹，腹部饰麻点纹，有烟炱。口径12、残高10厘米（图4-625，18）。

标本H269：44，夹砂橙黄陶。侈口，方唇，矮领，束颈，颈部以下残。颈部素面，有烟炱。口径11.2、残高5厘米（图4-625，19）。

花边罐 11件。

标本H269：11，夹砂红陶。侈口，尖唇，高领，束颈，颈部以下残。口沿外侧饰一周附加泥条，泥条经手指按压呈波状，颈部素面。口径13.6、残高4.6厘米（图4-626，1）。

标本H269：12，夹砂橙黄陶。侈口，尖唇，矮领，束颈，颈部以下残。上颈部饰一周附加泥条，泥条经手指按压呈波状，颈部素面，有烟炱。口径8.6、残高3厘米（图4-626，2）。

标本H269：14，夹砂灰陶。侈口，锯齿唇，高领，微束颈，颈部以下残。颈部饰横向绳纹。口径12.4、残高5厘米（图4-626，3）。

标本H269：16，夹砂橙黄陶。侈口，圆唇，矮领，束颈，颈部以下残。口沿外侧饰一周附加泥条，泥条经手指按压呈波状，颈部素面，有烟炱。口径12.4、残高4.8厘米（图4-626，4）。

标本H269：22，夹砂橙黄陶。侈口，圆唇，高领，束颈，颈部以下残。口沿外侧饰一周附加

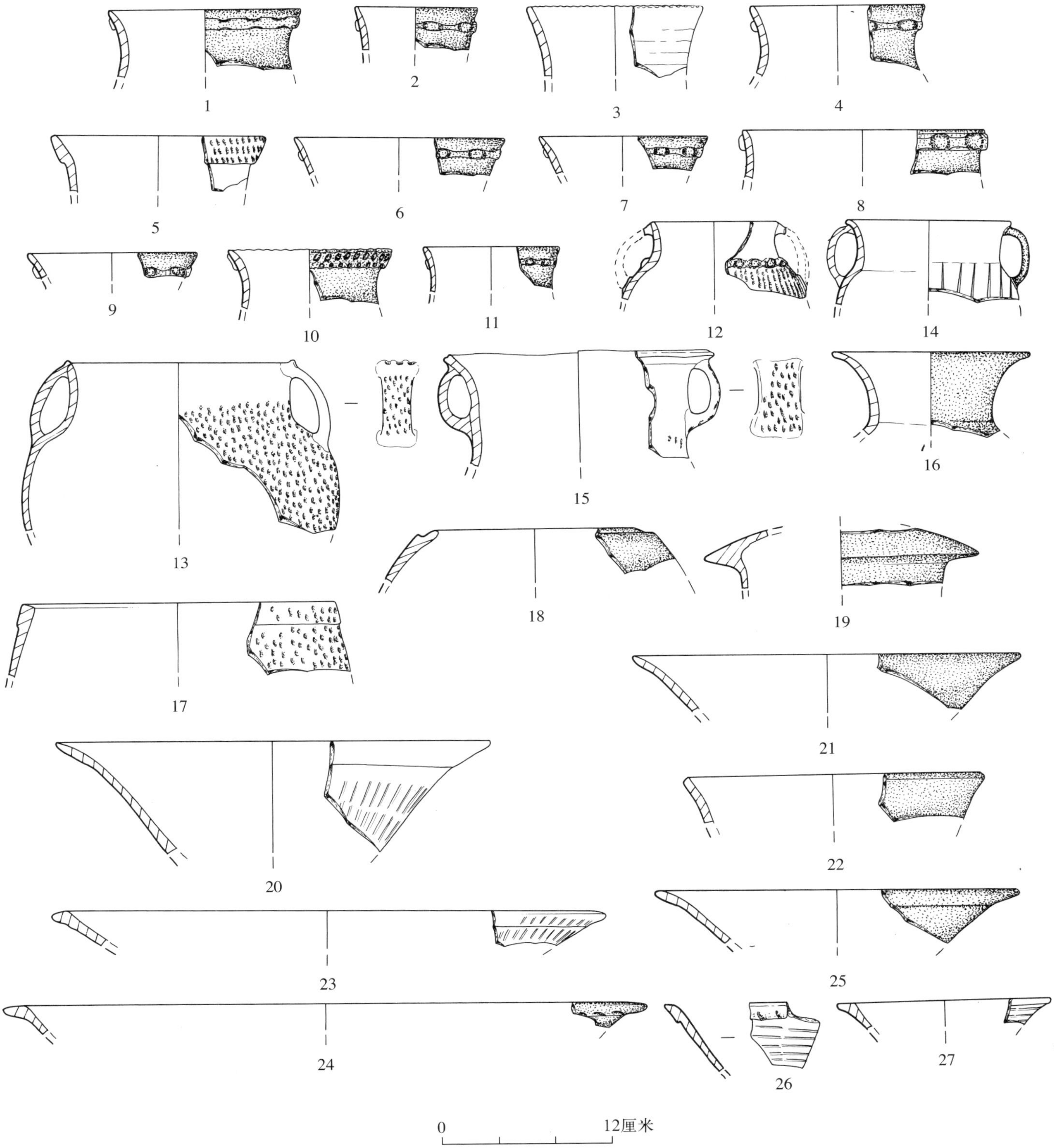

图4-626　H269出土遗物

1～11.花边罐H269：11、12、14、16、22～27、29　12～15.双耳罐H269：2、36、38、53　16.高领罐H269：1　17、18.敛口罐H269：19、30　19.壶H269：41　20～27.盆H269：3、10、17、20、21、32、33、45

泥条，泥条之上饰麻点纹，颈部素面，有烟炱。口径15.2、残高4厘米（图4-626，5）。

标本H269：23，夹砂橙黄陶。侈口，尖唇，矮领，束颈，颈部以下残。口沿外侧饰一周附加泥条，泥条经手指按压呈波状，颈部素面，有烟炱。口径14.8、残高2.6厘米（图4-626，6）。

标本H269：24，夹砂橙黄陶。侈口，尖唇，矮领，束颈，颈部以下残。口沿外侧饰一周附加泥条，泥条经手指按压呈波状，颈部素面，有烟炱。口径12、残高2.6厘米（图4-626，7）。

标本H269：25，夹砂红陶。侈口，圆唇，矮领，束颈，颈部以下残。口沿外侧饰一周附加泥条，泥条经手指按压呈波状，颈部素面。口径17.2、残高3.4厘米（图4-626，8）。

标本H269：26，夹砂红陶。侈口，圆唇，口沿以下残。口沿外侧饰一周附加泥条，泥条经手指按压呈波状。口径12、残高1.8厘米（图4-626，9）。

标本H269：27，夹砂橙黄陶。侈口，锯齿唇，高领，束颈，颈部以下残。口沿外侧饰一周附加泥条，泥条之上饰戳印纹，颈部素面，有烟炱。口径11.6、残高4厘米（图4-626，10）。

标本H269：29，夹砂橙黄陶。侈口，圆唇，高领，束颈，颈部以下残。口沿外侧饰一周附加泥条，泥条经手指按压呈波状，颈部素面。口径9.6、残高3厘米（图4-626，11）。

双耳罐　4件。

标本H269：2，夹砂橙黄陶。侈口，圆唇，矮领，束颈，上腹圆，下腹残。拱形双耳，颈部素面，颈腹间饰一周附加泥条，泥条经手指按压呈波状，腹部饰竖向绳纹，有烟炱。口径8.8、残高5.6厘米（图4-626，12）。

标本H269：36，夹砂橙黄陶。侈口，圆唇，矮领，束颈，圆腹，底残。拱形双耳。耳上端口沿处呈锯齿状。器表饰麻点纹，有烟炱。口径16、残高12.2厘米（图4-626，13）。

标本H269：38，夹砂橙黄陶。侈口，圆唇，矮领，束颈，上腹圆，下腹残。拱形单耳，颈部素面，腹部饰竖向刻划纹。口径11.6、残高6厘米（图4-626，14）。

标本H269：53，夹砂橙黄陶。侈口，尖唇，高领，束颈，颈部以下残。唇部有一圈凹槽，拱形双耳，耳部与颈部饰麻点纹。口径19.2、残高8厘米（图4-626，15）。

高领罐　1件。

标本H269：1，泥质橙黄陶。喇叭口，圆唇，高领，束颈，颈部以下残。器表素面磨光。口径14、残高5.8厘米（图4-626，16）。

敛口罐　2件。

标本H269：19，夹砂橙黄陶。微敛口，方唇，上腹斜弧，下腹残。口沿外侧有一周折棱，器表饰麻点纹。口径22、残高5.2厘米（图4-626，17）。

标本H269：30，夹砂橙黄陶。敛口（子母口），圆唇，上腹圆弧，下腹残。器表素面磨光。口径14、残高4厘米（图4-626，18）。

壶　1件。

标本H269：41，泥质灰陶。敛口，内斜沿，唇残，颈部以下残。器表素面磨光。残高4.2、宽19.2厘米（图4-626，19）。

盆　8件。

标本H269：3，泥质橙黄陶。敞口，尖圆唇，斜弧腹，底残。口沿外侧有一周折棱，腹部饰竖向篮纹，内壁素面磨光。口径 30.4、残高 8 厘米（图 4-626，20）。

标本H269：10，泥质橙黄陶。敞口，尖唇，斜弧腹，底残。器表素面。口径 27.2、残高 4 厘米（图 4-626，21）。

标本H269：17，泥质红陶。敞口，方唇，斜直腹，底残。器表素面，内壁素面磨光。口径 21.2、残高 3.4 厘米（图 4-626，22）。

标本H269：20，泥质红陶。敞口，圆唇，斜弧腹微弧，底残。口沿外侧有一周折棱，器表饰竖向篮纹，内壁素面磨光。口径 39、残高 2.4 厘米（图 4-626，23）。

标本H269：21，泥质红陶。敞口，平沿，圆唇，上腹斜弧，下腹残。口沿外侧有一周折棱，腹部素面。口径 42.8、残高 1.8 厘米（图 4-626，24）。

标本H269：32，泥质红陶。敞口，圆唇，斜弧腹，底残。口沿外侧有一周折棱，器表素面。口径 25.4、残高 3.8 厘米（图 4-626，25）。

标本H269：33，泥质褐陶。敞口，尖唇，斜腹微弧，底残。口沿外侧有一周折棱，腹部饰横向篮纹，内壁素面磨光。残高 4.8、残宽 5 厘米（图 4-626，26）。

标本H269：45，泥质橙黄陶。敞口，平沿，圆唇，斜腹，底残。腹部饰横向篮纹。口径 15.2、残高 1.8 厘米（图 4-626，27）。

石刀　1 件。

标本H269：47，石英岩。长方形，平基部，两侧边平直，双面磨刃，刃部微凹，器身中间有一钻孔，孔径 0.5 厘米。刃长 7.5 厘米，刃角 37° ，器身长 7.7、宽 4.3 厘米（图 4-627，1；彩版二一八，1）。

石镞　2 件。

标本H269：49，石英岩。器体扁平，平面近三角形，两侧边缘均为双面磨制的刃部，尾端平直，尖部略残。残长 3.5、宽 1.3 厘米（图 4-627，2；彩版二一八，2）。

标本H269：52，石英岩。器体扁平，平面近三角形，两侧边缘均为双面磨制的刃部，尾端残，尖部尖锐。残长 2.1、宽 1 厘米（图 4-627，3；彩版二一八，3）。

砺石　1 件。

标本H269：51，石英砂岩。不规则状，器表粗磨。残长 5.2、残宽 3.6、厚 4.5 厘米（图 4-627，4；彩版二一八，4）。

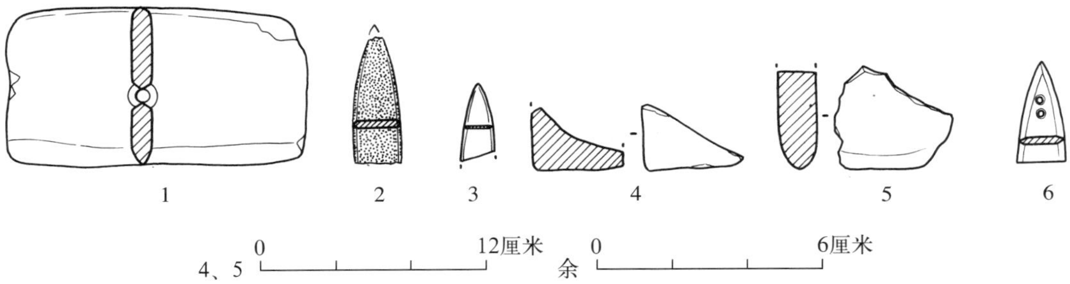

图4-627　H269出土遗物

1.石刀H269：47　2、3.石镞H269：49、52　4.砺石H269：51　5.石器H269：48　6.骨镞H269：46

石器　1件。

标本H269：48，页岩。一面平整，一面微凹，侧边圆弧，器表粗磨，有烟炱。残长6.1、残宽5.7、厚2.3厘米（图4－627，5；彩版二一八，5）。

骨镞　1件。

标本H269：46，器体扁平，平面近三角形，两侧边缘均为双面磨制的刃部，尾部平直，镞尖较尖锐，器身有两个钻孔，孔径0.2、长2.8、宽1.3、厚0.2厘米（图4－627，6；彩版二一八，6）。

259. H270

H270位于ⅡT0701北隔梁西部，部分位于ⅡT0601西南部，开口于第①层下（图4－628；彩版二一九，1）。平面呈圆形，口部边缘形态明显，底部边缘形态不明显，剖面呈筒状，壁斜直，未见工具痕迹，坑底平整。坑口东西1.05、南北1.00、坑底东西0.80、深0.72米。坑内堆积未分层，土色深黄色，土质疏松，水平状堆积，包含大量植物根茎。

坑内出土零星陶片和兽骨，陶片以陶器腹部残片为主，无可辨器形标本，所以不具体介绍，只进行陶系统计（表4－1107）。

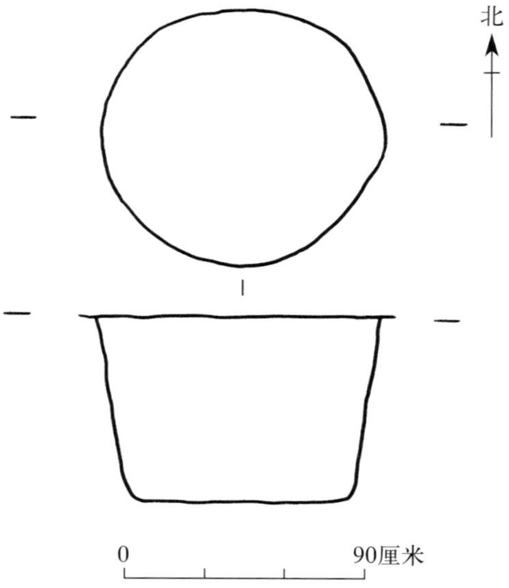

图4－628　H270平、剖面图

表4－1107　H270陶片统计表

纹饰＼陶质/陶色	泥质				夹砂				合计
	橙黄	灰	红	灰底黑彩	橙黄	灰	红	褐	
绳纹					3				3
麻点纹					3				3
附加堆纹					1				1

260. H271

H271位于ⅡT0702西北角，开口于第④层下（图4-629；彩版二一九，2）。平面呈椭圆形，口部边缘形态明显，底部边缘形态不明显，剖面呈筒状，斜直壁，未见工具痕迹，坑底平整。坑口南北1.85、东西1.12、坑底南北约1.40、深约0.70米。坑内堆积未分层，土色浅黄色，土质较疏松，水平状堆积，包含少量植物根茎。坑内出土零星陶片和兽骨。

H271坑内出土零星陶片，以腹部残片为主，可辨器形有罐腹底（表4-1108、1109）。

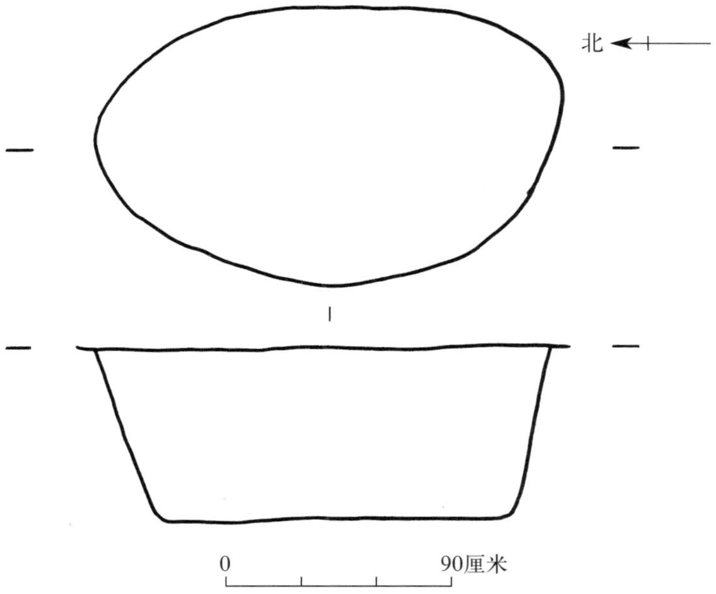

图4-629　H271平、剖面图

表4-1108　H271器形数量统计表

器形 \ 陶质/陶色	泥质				夹砂				合计
	红	橙黄	灰	黑	红	橙黄	灰	黑	
罐腹底	1								1

表4-1109　H271陶片统计表

纹饰 \ 陶质/陶色	泥质				夹砂				合计
	橙黄	灰	红	灰底黑彩	橙黄	灰	红	褐	
素面		1					2		3
篮纹	6				6				12
麻点纹					6				6

罐腹底　1件。

标本H271：1，泥质红陶。上腹残，下腹斜弧，平底。下腹饰竖向刻划纹。残高1.6、底径4.4厘米（图4-630）。

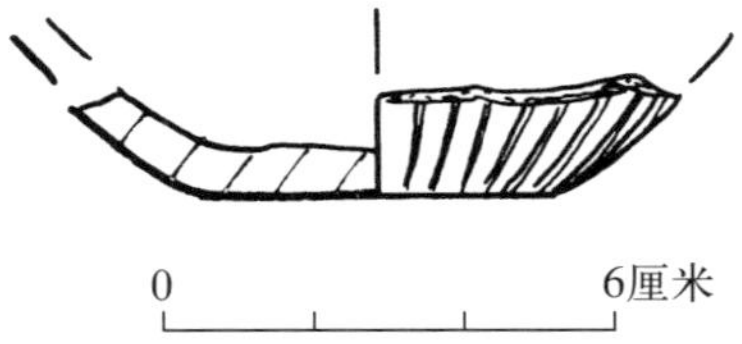

图4-630 H271出土罐腹底H271：1

261. H272

H272 位于ⅡT1007 西南部，开口于第⑤层下，被H298 打破（图 4-631；彩版二二〇，1）。根据遗迹现存部分推测H272 平面呈椭圆形，口部边缘形态明显，底部边缘形态明显。剖面呈袋状，斜壁，未见工具痕迹，坑底平整。坑口南北 0.95、东西 1.05、坑底南北 0.80、深 1.37～1.40 米。坑内堆积未分层，土色深黄色，土质较致密，水平状堆积。

坑内出土较多陶片和零散石块、兽骨，陶片以腹部残片为主，可辨器形有圆腹罐、花边罐、单耳罐、高领罐、大口罐（表 4-1110、1111）。

圆腹罐 6 件。

标本H272：1，夹砂红陶。侈口，圆唇，矮领，束颈，上腹斜弧，下腹残。器表素面，有烟

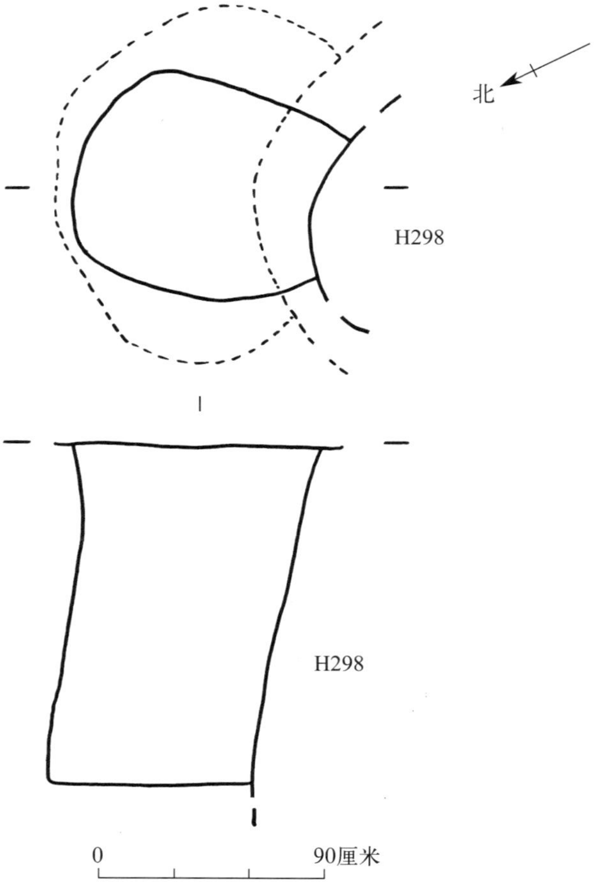

图4-631 H272平、剖面图

灸。口径 12、残高 5.2 厘米（图 4-632，1）。

标本H272：5，夹砂橙黄陶。侈口，卷沿，尖唇，矮领，束颈，颈部以下残。颈部素面。口径 12、残高 2.6 厘米（图 4-632，2）。

表4-1110　H272器形数量统计表

器形 \ 陶质/陶色	泥质				夹砂				合计
	红	橙黄	灰	黑	红	橙黄	灰	褐	
圆腹罐					2	3		1	6
花边罐					1	1			2
单耳罐						1			1
高领罐	1								1
大口罐					1				1

表4-1111　H272陶片统计表

纹饰 \ 陶质/陶色	泥质				夹砂				合计
	橙黄	灰	红	灰底黑彩	橙黄	灰	红	褐	
素面	45	1			16				62
绳纹	1				31				32
篮纹	8		3		5				16
麻点纹					16				16
篮纹＋麻点纹					2				2
刻划纹					2				2
弦纹	1								1
附加堆纹＋麻点纹					1				1

标本H272：6，夹砂橙黄陶。侈口，圆唇，高领，束颈，颈部以下残。颈部饰横向篮纹。口径 14.8、残高 8.2 厘米（图 4-632，3）。

标本H272：9，夹砂褐陶。侈口，圆唇，高领，束颈，上腹斜，下腹残。颈部素面，口径 12.8、残高 6 厘米（图 4-632，4）。

标本H272：10，夹砂橙黄陶。侈口，圆唇，矮领，束颈，颈部以下残。颈部素面。口径 8.8、残高 4.8 厘米（图 4-632，5）。

标本H272：11，夹砂红陶。侈口，圆唇，矮领，束颈，颈部以下残。颈部饰竖向绳纹。口径 15.6、残高 3.4 厘米（图 4-632，6）。

花边罐　2 件。

标本H272：2，夹砂橙黄陶。侈口，圆唇，矮领，束颈，上腹圆弧，下腹残。口沿外侧饰一周附加泥条，泥条经手指按压呈波状，颈部素面，上腹饰麻点纹。口径 9.6、残高 5 厘米（图 4-632，7）。

标本H272：3，夹砂红陶。侈口，尖唇，口沿以下残。口沿外侧饰一周泥条，泥条经手指按压呈波状，器表素面。口径 21.2、残高 3 厘米（图 4-632，8）。

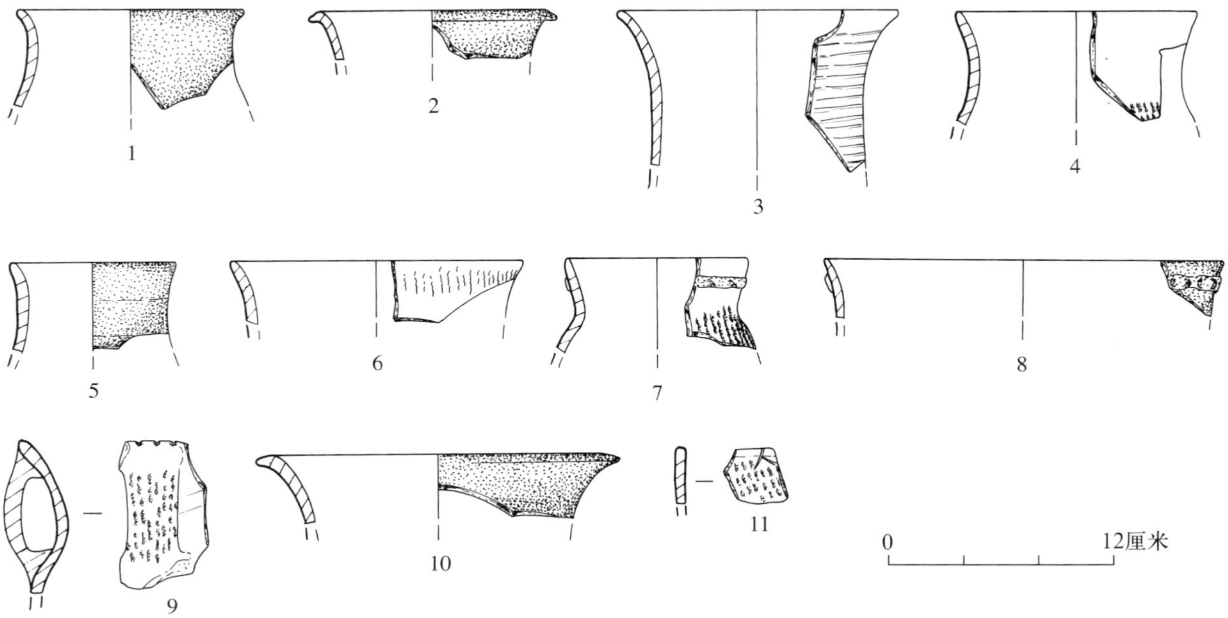

图4-632　H272出土遗物

1～6.圆腹罐H272：1、5、6、9～11　7、8.花边罐H272：2、3　9.单耳罐H272：7　10.高领罐H272：4　11.大口罐H272：8

单耳罐　1件。

标本H272：7，夹砂橙黄陶。侈口，圆唇，高领，束颈，上腹圆，下腹残。拱形单耳，耳上端口沿处呈锯齿状，耳面饰麻点纹。残高8.2、残宽4.8厘米（图4-632，9）。

高领罐　1件。

标本H272：4，泥质红陶。喇叭口，圆唇，高领，束颈，颈部以下残。颈部素面。口径17.2、残高3.6厘米（图4-632，10）。

大口罐　1件。

标本H272：8，夹砂红陶。直口，方唇，上腹直，下腹残。上腹饰麻点纹，口沿处有刻划纹。残高3.4、残宽3厘米（图4-632，11）。

262. H273

H273位于ⅡT0705东隔梁南部，开口于第④层下（图4-633；彩版二二〇，2）。平面呈椭圆形，口部边缘形态明显，底部边缘形态不明显。剖面呈筒状，斜直壁，未见工具痕迹，坑底平整。坑口南北0.98、东西0.70、坑底南北0.60、深约0.72米。坑内堆积未分层，土色深褐色，土质较疏松，水平状堆积，包含物有少量红烧土颗粒和草木灰。

坑内出土少量陶片，以腹部残片为主，可辨器形有钵（表4-1112、1113）。

钵　1件。

标本H273：1，泥质灰陶。敛口，圆唇，弧腹，底残。腹部饰竖向篮纹，内壁素面磨光且有刮抹痕迹。口径20.8、残高4.2厘米（图4-634）。

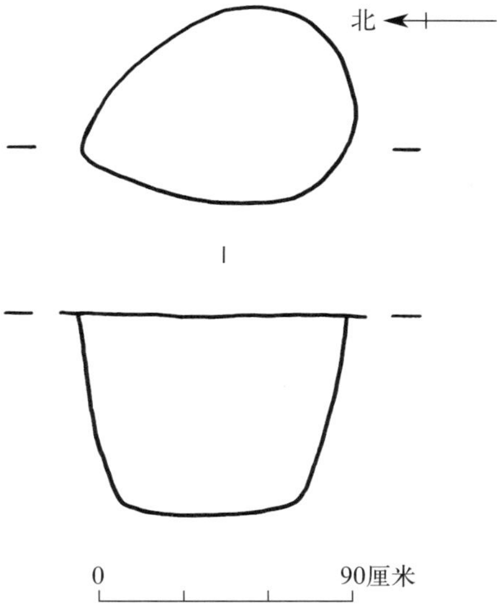

图4-633　H273平、剖面图

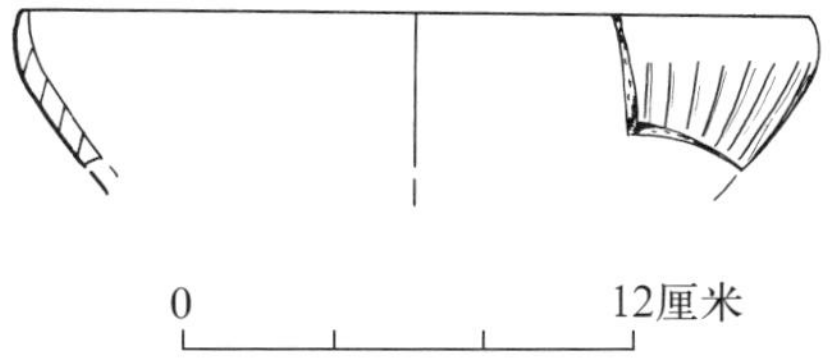

图4-634　H273出土陶钵H273：1

表4-1112　H273器形数量统计表

陶质 / 陶色 / 器形	泥质				夹砂				合计
	红	橙黄	灰	黑	红	橙黄	灰	黑	
钵			1						1

表4-1113　H273陶片统计表

陶质 / 陶色 / 纹饰	泥质				夹砂				合计
	橙黄	灰	红	灰底黑彩	橙黄	灰	红	褐	
素面	2		2		7				11
绳纹					1				1
麻点纹					4				4
蓝纹		1							1

263. H274

H274位于ⅡT0803南部，开口于第④层下，被H255打破（图4-635；彩版二二一，1）。根据遗迹现存部分推测H274平面近圆形，口部边缘形态明显，底部边缘形态明显，剖面呈袋状，斜直壁，未见工具痕迹，坑底平整。坑口南北1.84、东西1.94、坑底东西1.38、深0.92米。坑内堆积未分层，土色浅灰色，土质疏松，水平状堆积，包含少量褐色斑点和草木灰。

坑内出土少量陶片和兽骨，陶片以腹部残片为主，可辨器形有大口罐（表4-1114、1115）。

大口罐　1件。

标本H274：1，夹砂橙黄陶。微侈口，方唇，高领，微束颈，上腹圆弧，下腹残。口沿外侧有一周折棱，器表饰麻点纹。口径20、残高9.8厘米（图4-636）。

表4-1114　H274器形数量统计表

器形＼陶质/陶色	泥质				夹砂				合计
	红	橙黄	灰	黑	红	橙黄	灰	黑	
大口罐						1			1

表4-1115　H274陶片统计表

纹饰＼陶质/陶色	泥质				夹砂				合计
	橙黄	灰	红	灰底黑彩	橙黄	灰	红	褐	
素面	10	3	4		10				27
绳纹					3				3
篮纹	2		1		4	1			8
麻点纹					12				12
刻划纹					1				1

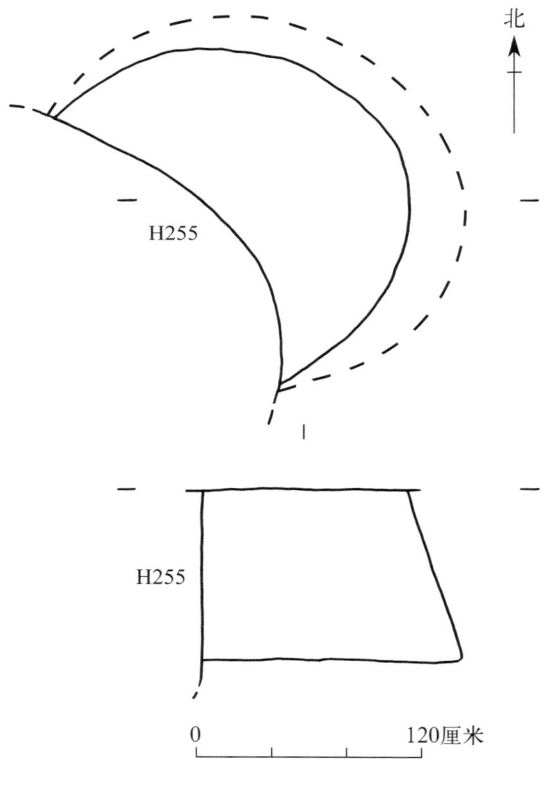

图4-635　H274平、剖面图

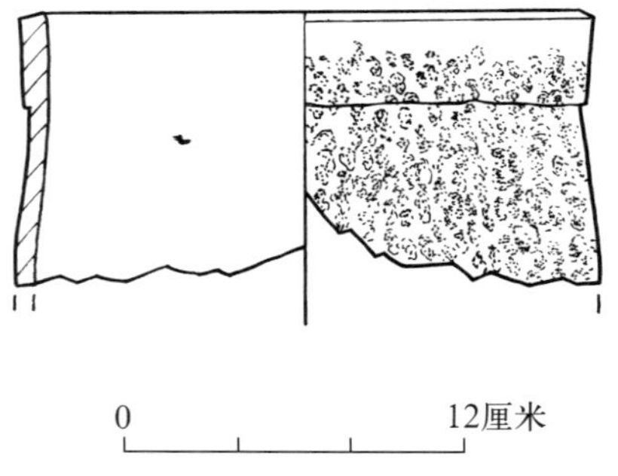

图4-636　H274出土大口罐H274②：1

264. H275

H275位于ⅡT0601西部，开口于第⑤层下，被H245打破（图4-637；彩版二二一，2）。根据遗迹现存部分推测H275平面近椭圆形，口部边缘形态明显，底部边缘形态明显，剖面呈袋状，弧形壁，未见工具痕迹，底部有一凹坑。H275坑口东西2.00、南北0.23、坑底残长0.62、深1.00

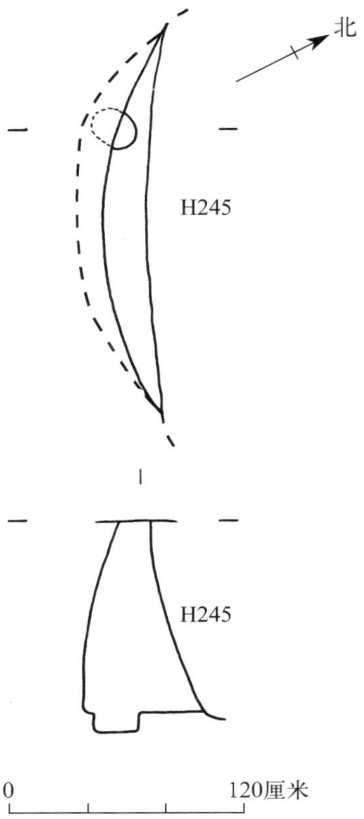

图4-637 H275平、剖面图

米。坑底小坑口 0.24、深 0.10 米。坑内堆积未分层，土色浅灰色，土质致密，不规则状堆积，包含零星炭粒。

坑内出土少量陶片，以陶器腹部残片为主，无可辨器形标本，所以不具体介绍，只进行陶系统计（表 4-1116）。

表4-1116 H275陶片统计表

陶质 / 陶色 / 纹饰	泥质				夹砂				合计
	橙黄	灰	红	灰底黑彩	橙黄	灰	红	褐	
素面	1								1
绳纹					2				2
麻点纹					3				3
附加堆纹＋绳纹					1				1

265. H276

H276 位于ⅡT0703 西北部，开口于第⑤层下（图 4-638；彩版二二二，1）。平面近椭圆形，口部边缘形态明显，底部边缘形态较明显，剖面呈袋状，斜弧壁，未见工具痕迹，坑底平整。坑口南北 1.22、东西 2.00、坑底东西 2.24、深 1.76 米。坑内堆积可分三层，第①层厚 0.20～0.60 米，

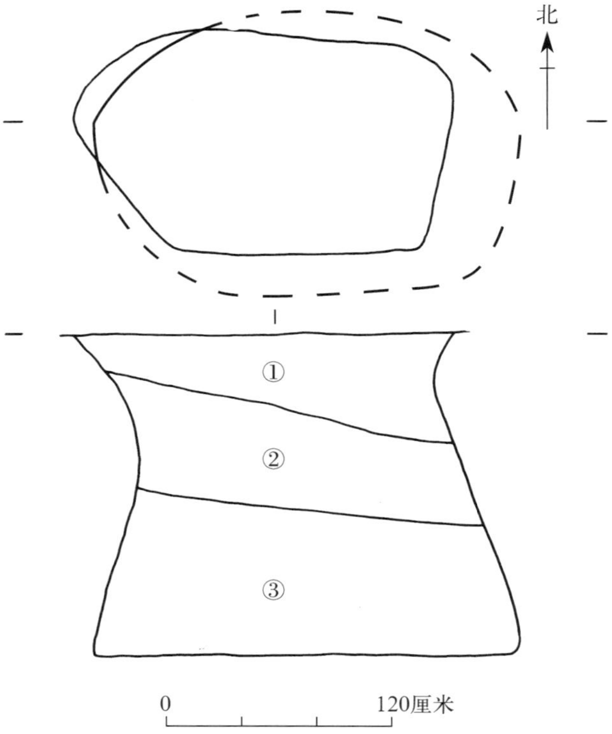

图4－638　H276平、剖面图

土色浅灰色，土质疏松，包含少量炭粒和褐色斑点，坡状堆积。第②层厚 0.44～0.64 米，土色深灰色，土质疏松，包含大量草木灰和灰色斑点，坡状堆积。第③层厚 0.72～0.92 米，土色黑灰色，土质疏松，包含大量草木灰和灰色斑点，坡状堆积。

出土少量陶片。

（1）H276①层

出土少量陶片，以腹部残片为主，可辨器形有圆腹罐（表 4－1117、1118）。

表4－1117　H276①层器形数量统计表

器形 \ 陶质/陶色	泥质				夹砂				合计
	红	橙黄	灰	黑	红	橙黄	灰	黑	
圆腹罐						1			1

表4－1118　H276①层陶片统计表

纹饰 \ 陶质/陶色	泥质				夹砂				合计
	橙黄	灰	红	灰底黑彩	橙黄	灰	红	褐	
素面			5		2				7
绳纹	1				6				7
篮纹	7								7
麻点纹					13				13

圆腹罐　1件。

标本H276①：1，夹砂橙黄陶。侈口，尖唇，矮领，束颈，颈部以下残。颈部饰横向篮纹，有烟炱。残高3.2、残宽8厘米（图4-639，1）。

（2）H276②层

出土少量陶片，以腹部残片为主，可辨器形有圆腹罐、花边罐、双耳罐、高领罐（表4-1119、1120）。

表4-1119　H276②层器形数量统计表

陶质 / 陶色 / 器形	泥质				夹砂				合计
	红	橙黄	灰	黑	红	橙黄	灰	黑	
圆腹罐					1	4			5
花边罐						1			1
双耳罐						1			1
高领罐		4							4

表4-1120　H276②层陶片统计表

陶质 / 陶色 / 纹饰	泥质				夹砂				合计
	橙黄	灰	红	白	橙黄	灰	红	褐	
素面	52	3	4		40				99
绳纹	8		1		17				26
篮纹	21	7	3	1	17				49
麻点纹	1				35		4		40
戳印纹			1						1
刻划纹							1		1
交错篮纹					1				1
篮纹＋麻点纹					5				5
附加堆纹＋戳印纹					1				1

圆腹罐　5件。

标本H276②：4，夹砂橙黄陶。侈口，圆唇，矮领，束颈，上腹斜弧，下腹残。颈部素面，上腹有一周凹槽，凹槽下饰麻点纹。口径16、残高7厘米（图4-639，2）。

标本H276②：5，夹砂橙黄陶。侈口，圆唇，高领，束颈，颈部以下残。颈部饰横向篮纹，有烟炱。口径15.2、残高6.2厘米（图4-639，3）。

标本H276②：6，夹砂橙黄陶。侈口，方唇，高领，束颈，上腹圆弧，下腹残。颈部素面，上腹饰竖向绳纹，有烟炱。口径13.2、残高6.4厘米（图4-639，4）。

标本H276②：8，夹砂橙黄陶。侈口，圆唇，矮领，束颈，上腹圆，下腹残。颈部饰横向篮纹，上腹饰麻点纹，有烟炱。口径12、残高8.4厘米（图4-639，5）。

标本H276②：12，夹砂红陶。侈口，圆唇，高领，束颈，颈部以下残。口沿外侧有一周折

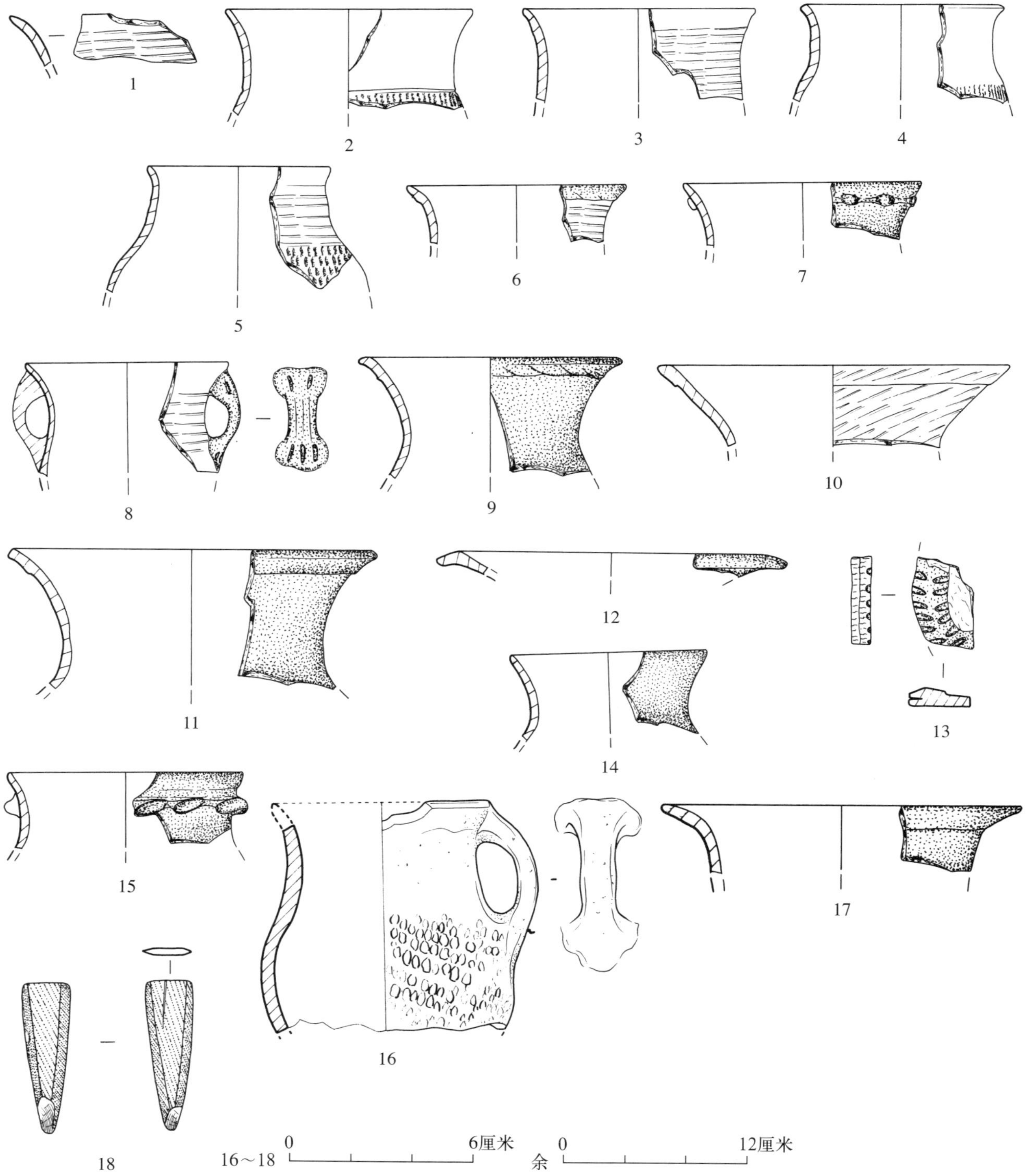

图4-639 H276出土遗物

1～6、14.圆腹罐H276①：1、H276②：4、5、6、8、12、H276③：2 7、15.花边罐H276②：9、H276③：1 8、16.双耳罐H276②：7、H276③：5 9～12、17.高领罐H276②：1～3、11、H276③：3 13.器盖H276②：10 18.石镞H276③：4

棱，颈部饰横向篮纹，有烟炱。口径 14.4、残高 3.6 厘米（图 4–639，6）。

花边罐　1 件。

标本H276②：9，夹砂橙黄陶。侈口，尖唇，矮领，束颈，颈部以下残。口沿外侧饰一周附加泥条，泥条经手指按压呈波状，颈部素面，有烟炱。口径 15.6、残高 3.8 厘米（图 4–639，7）。

双耳罐　1 件。

标本H276②：7，夹砂橙黄陶。侈口，圆唇，高领，束颈，上腹圆，下腹残。拱形双耳，耳上下端饰戳印纹，耳饰竖向篮纹，颈部饰横向篮纹。口径 13.2、残高 7.4 厘米（图 4–639，8）。

高领罐　4 件。

标本H276②：1，泥质橙黄陶。喇叭口，圆唇，高领，束颈，颈部以下残。口沿外侧有一周折棱，器表与内壁均为素面磨光。口径 16.8、残高 7.8 厘米（图 4–639，9）。

标本H276②：2，泥质橙黄陶。喇叭口，尖唇，高领，束颈，颈部以下残。口沿外侧有一周折棱，器表饰斜向篮纹，内壁素面磨光。口径 23、残高 5.4 厘米（图 4–639，10）。

标本H276②：3，泥质橙黄陶。喇叭口，方唇，高领，束颈，颈部以下残。口沿外侧有一周折棱，颈部素面磨光。口径 24、残高 9.2 厘米（图 4–639，11）。

标本H276②：11，泥质橙黄陶。喇叭口，圆唇，口沿以下残。器表素面，内壁素面磨光。口径 20、残高 2.4 厘米（图 4–639，12）。

器盖　1 件。

标本H276②：10，夹砂橙黄陶。圆弧边，边缘饰一周附加泥条，泥条之上饰戳印纹，侧边有一道凹槽，侧边饰绳纹。残长 5.8、残宽 4 厘米（图 4–639，13）。

（3）H276③层

出土少量陶片，以腹部残片为主，可辨器形有圆腹罐、花边罐、单耳罐、高领罐，另出土石镞 1 件（表 4–1121、1122）。

表4–1121　H276③层器形数量统计表

器形＼陶质/陶色	泥质				夹砂				合计
	红	橙黄	灰	黑	红	橙黄	灰	黑	
圆腹罐						1			1
花边罐						1			1
单耳罐					1				1
高领罐		1							1

表4–1122　H276③层陶片统计表

纹饰＼陶质/陶色	泥质				夹砂				合计
	橙黄	灰	红	灰底黑彩	橙黄	灰	红	褐	
素面	15	2	1		5				23
绳纹					3				3
篮纹	5	3	6		2				16

续表

陶质/陶色/纹饰	泥质				夹砂				合计
	橙黄	灰	红	灰底黑彩	橙黄	灰	红	褐	
麻点纹					10				10
刻划纹	1								1
篮纹＋麻点纹					2				2

圆腹罐　1件。

标本H276③：2，夹砂橙黄陶。侈口，圆唇，矮领，束颈，颈部以下残。颈部素面。口径12.8、残高5.8厘米（图4-639，14）。

花边罐　1件。

标本H276③：1，夹砂橙黄陶。侈口，圆唇，矮领，束颈，颈部以下残。颈部饰斜向篮纹，在篮纹之上饰一周附加泥条，泥条经手指按压呈波状，有烟炱。口径15.2、残宽5厘米（图4-639，15）。

单耳罐　1件。

标本H276③：5，夹砂红陶。侈口，圆唇，高领，束颈，圆腹，底残。拱形单耳，颈部饰横向篮纹，腹部饰麻点纹。口径7.1、残高7.5厘米（图4-639，16；彩版二二二，2）。

高领罐　1件。

标本H276③：3，泥质橙黄陶。喇叭口，圆唇，高领，束颈，颈部以下残。颈部素面。口径11.8、残高2.2厘米（图4-639，17）。

石镞　1件。

标本H276③：4，石英岩。器体呈扁三角形，两侧边缘均为双面磨制的刃部，尖部略残，尾端平整。长5、宽1.6厘米（图4-639，18）。

266. H277

H277位于ⅡT0906北隔梁西部，部分延伸至ⅡT0806内，开口于第⑤层下（图4-640；彩版二二二，4）。平面呈圆形，口部边缘形态明显，底部边缘形态明显，剖面呈筒状，直壁，未见工具痕迹，坑底平整。坑口南北1.03、东西1.00、坑底南北0.92、深0.62米。坑内堆积可分两层，第①层厚0.16～0.25米，土色深灰色，土质疏松，凹镜状堆积。第②层厚0.37～0.44米，土色深灰色，土质较疏松，水平状堆积。

出土少量陶片和零星兽骨、石块。

（1）H277①层

出土石镞1件。出土少量陶片，以陶器腹部残片为主，无可辨器形标本，所以不具体介绍，只进行陶系统计（表4-1123）。

石镞　1件。

标本H277①：1，石英岩。器体呈扁三角形，两侧边缘均为双面磨制的刃部，尖部略残，尾端平整。长2.8、宽1.1厘米（图4-640，1；彩版二二二，3）。

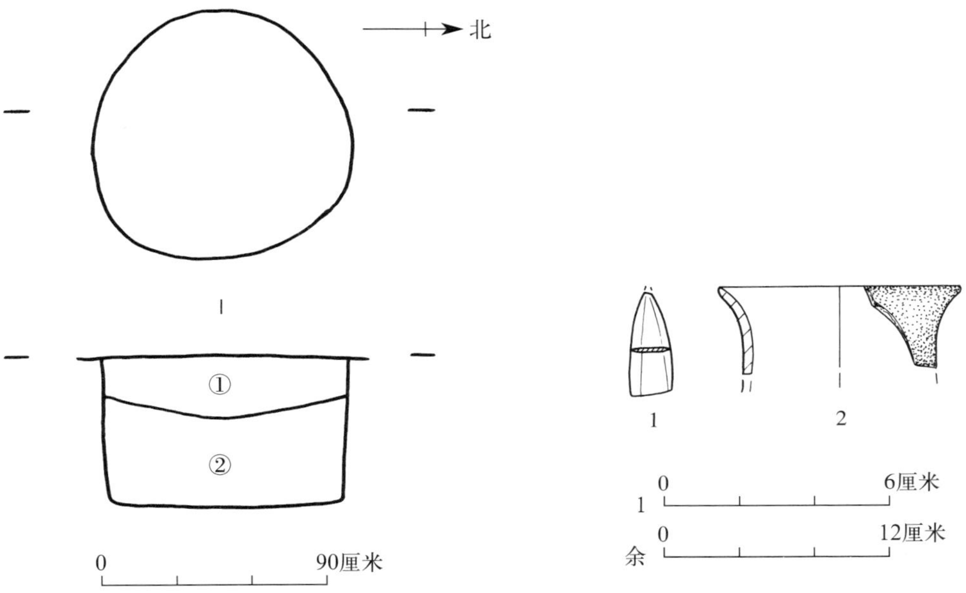

图4-640　H277及出土遗物

1.石镞H277①：1　2.圆腹罐H277②：1

表4-1123　H277①层陶片统计表

纹饰 \ 陶质 / 陶色	泥质				夹砂				合计
	橙黄	灰	红	灰底黑彩	橙黄	灰	红	褐	
素面	14	2	1		15				32
绳纹		1			9				10
篮纹	4								4
麻点纹					25				25
戳印纹	1								1
刻划纹					1				1
附加堆纹＋麻点纹					1				1

（2）H277②层

出土少量陶片，以腹部残片为主，可辨器形有圆腹罐（表4-1124）。

圆腹罐　1件。

标本H277②：1，夹砂橙黄陶。侈口，尖唇，高领，束颈，颈部以下残。颈部素面，有烟炱。口径12.8、残高4.6厘米（图4-640，2）。

表4-1124　H277②层器形数量统计表

器形 \ 陶质 / 陶色	泥质				夹砂				合计
	红	橙黄	灰	黑	红	橙黄	灰	黑	
圆腹罐						1			1

267. H278

H278 位于ⅡT0805 东隔梁下，东部延伸至ⅡT0806 西南部，开口于第④层下（图 4-641；彩版二二三，1）。平面呈椭圆形，口部边缘形态明显，底部边缘形态明显，剖面呈袋状，斜直壁，未见工具痕迹，坑底平整。坑口南北 1.60、东西 1.35、坑底东西 1.90、深 1.10 米。坑内堆积未分层，土色深褐色，土质较疏松，水平状堆积，包含少量草木灰和红烧土颗粒。

坑内出土少量陶片和兽骨，陶片以腹部残片为主，可辨器形有圆腹罐、双耳罐、盆（表 4-1125、1126）。

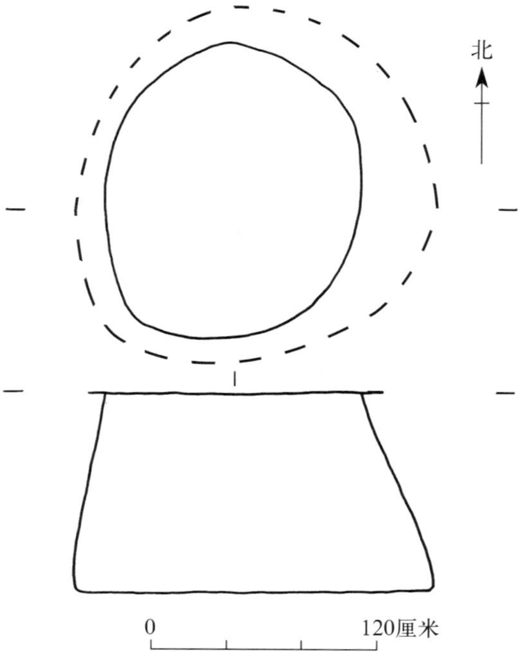

图4-641　H278平、剖面图

表4-1125　H278器形数量统计表

器形＼陶质/陶色	泥质				夹砂				合计
	红	橙黄	灰	黑	红	橙黄	灰	黑	
圆腹罐					1				1
双耳罐		1							1
盆	1								1

表4-1126　H278陶片统计表

纹饰＼陶质/陶色	泥质				夹砂				合计
	橙黄	灰	红	灰底黑彩	橙黄	灰	红	褐	
素面	3		2		6				11
绳纹			1		8				9
篮纹	2		1				2		5

续表

纹饰＼陶质／陶色	泥质				夹砂				合计
	橙黄	灰	红	灰底黑彩	橙黄	灰	红	褐	
麻点纹					17		3		20
戳印纹					1				1
戳印纹＋附加堆纹					1				1
刻划纹	1								1
篮纹＋绳纹					1				1
篮纹＋麻点纹					1				1
抹断绳纹		1							1
附加堆纹＋篮纹			1						1

圆腹罐　1件。

标本H278：2，夹砂红陶。侈口，尖唇，矮领，束颈，圆腹，假圈足。颈部素面，腹部饰竖向绳纹，底部饰交错绳纹，有烟炱。口径14.2、高20.8、底径8.8厘米（图4－642，1；彩版二二三，2）。

双耳罐　1件。

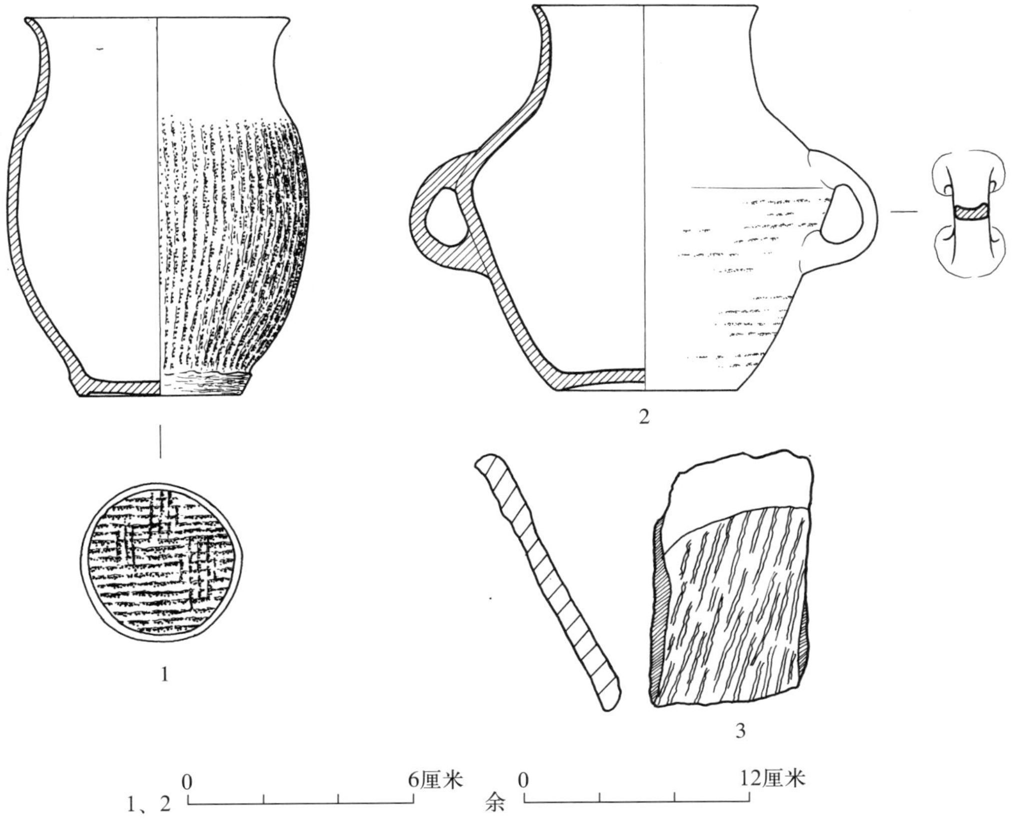

图4－642　H278及出土遗物

1.圆腹罐H278：2　2.双耳罐H278：1　3.盆H278：3

标本H278：1，泥质橙黄陶。侈口，圆唇，矮领，束颈，折腹，平底内凹。拱形双耳。颈部及上腹素面磨光，下腹饰横向篮纹。口径12、高21、底径10厘米（图4-642，2；彩版二二三，3）。

盆　1件。

标本H278：3，泥质红陶。敞口，方唇，斜腹微弧，底残。口沿外侧有一周折棱，腹部饰斜向绳纹，内壁素面磨光且有刮抹痕迹。残高7、残宽4.2厘米（图4-642，3）。

268. H279

H279位于ⅡT0706南部，部分延伸至ⅡT0806北隔梁下，开口于第⑤层下（图4-643；彩版二二四，1）。平面呈椭圆形，口部边缘形态明显，底部边缘形态明显，剖面呈袋状，斜直壁，未见工具痕迹，坑底平整。坑口南北1.90、东西1.50、深2.80米。坑内堆积可分三层，第①层厚0.50～1.00米，土色浅褐色，土质较疏松，包含零星炭粒和红烧土颗粒，坡状堆积。第②层厚1.00～1.50米，土色深灰褐色，土质较疏松，包含少量炭粒和红烧土颗粒，零星草木灰，坡状堆积。第③层厚0.80～0.90米，土色浅黄色，土质较致密，出土零星炭屑，水平状堆积。

坑内出土较多陶片和少量石块、兽骨。

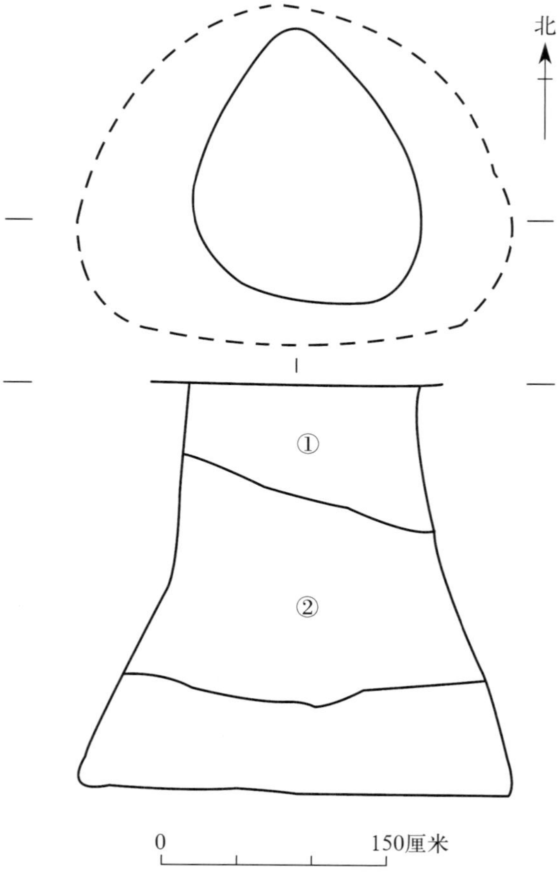

图4-643　H279平、剖面图

（1）H279①层

出土少量陶片，以腹部残片为主，可辨器形有圆腹罐、花边罐、盆、尊（表4-1127、1128）。

表4-1127 H279①层器形数量统计表

器形＼陶质/陶色	泥质				夹砂				合计
	红	橙黄	灰	黑	红	橙黄	灰	黑	
圆腹罐						2			2
花边罐						1			1
盆		1							1
尊		1							1

表4-1128 H279①层陶片统计表

器形＼陶质/陶色	泥质				夹砂				合计
	橙黄	灰	红	灰底黑彩	橙黄	灰	红	褐	
素面		3			1				4
绳纹			2						2
麻点纹					15				15

圆腹罐 2件。

标本H279①：1，夹砂橙黄陶。侈口，圆唇，高领，束颈，上腹圆，下腹残。颈部饰横向篮纹，上腹饰麻点纹，有烟炱。口径15.2、残高9.8厘米（图4-644，1）。

标本H279①：2，夹砂橙黄陶。侈口，圆唇，矮领，束颈，上腹斜，下腹残。颈部素面，有烟炱。口径16.4、残高6.2厘米（图4-644，2）。

花边罐 1件。

标本H279①：3，夹砂橙黄陶。侈口，圆唇，高领，束颈，颈部以下残。颈部饰竖向篮纹，肩部饰绳纹，在绳纹上饰一周附加泥条，泥条经手指按压呈波状。残高9、残宽8.2厘米（图4-644，3）。

盆 1件。

标本H279①：5，泥质橙黄陶。敞口，方唇，口沿以下残。口沿外侧有一周折棱，素面。口径17.6、残高1.4厘米（图4-644，4）。

尊 1件。

标本H279①：4，泥质橙黄陶。侈口，平沿，尖唇，矮领，束颈，上腹鼓，下腹残。器表素面磨光。口径18、残高4.8厘米（图4-644，5）。

（2）H279②层

出土少量陶片，以腹部残片为主，可辨器形有圆腹罐、盆（表4-1129、1130）。

圆腹罐 1件。

标本H279②：1，夹砂橙黄陶。侈口，方唇，直腹微弧，底残。唇面有一道凹槽，器表饰横向篮纹，有烟炱。口径12.8、残高7厘米（图4-644，6）。

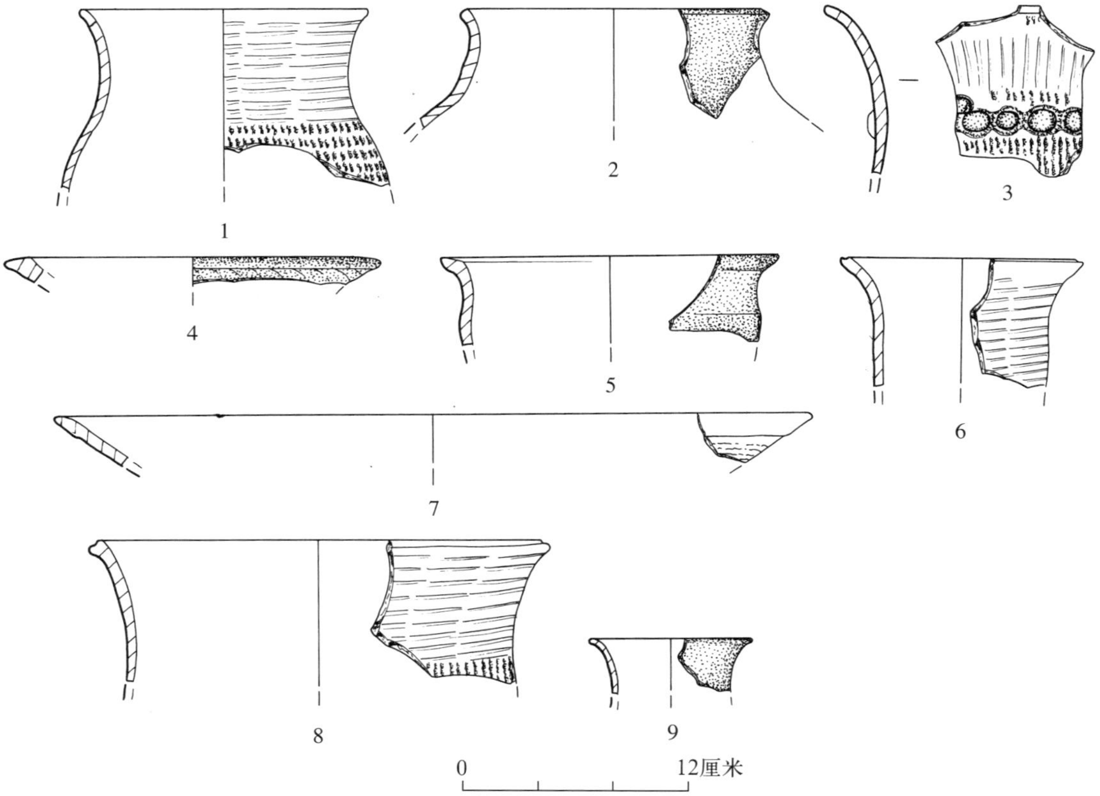

图4-644 H279出土遗物

1、2、6、8、9.圆腹罐H279①：1、2、H279②：1、H279③：1、2 3.花边罐H279①：3 4、7.盆H279①：5、H279②：2 5.尊H279①：4

表4-1129 H279②层器形数量统计表

器形 \ 陶质/陶色	泥质				夹砂				合计
	红	橙黄	灰	黑	红	橙黄	灰	黑	
圆腹罐						1			1
盆		1							1

表4-1130 H279②层陶片统计表

器形 \ 陶质/陶色	泥质				夹砂				合计
	橙黄	灰	红	灰底黑彩	橙黄	灰	红	褐	
素面	6								6
绳纹					8				8
篮纹	3				1				4

盆 1件。

标本H279②：2，泥质橙黄陶。敞口，圆唇，上腹斜弧，下腹残。口沿外侧有一周折棱，腹部饰横向绳纹。口径40、残高2.6厘米（图4-644，7）。

（3）H279③层

出土少量陶片，以腹部残片为主，可辨器形有圆腹罐（表 4-1131、1132）。

表4-1131　H279③层器形数量统计表

陶质/陶色/器形	泥质				夹砂				合计
	红	橙黄	灰	黑	红	橙黄	灰	黑	
圆腹罐	1					1			2

表4-1132　H279③层陶片统计表

陶质/陶色/纹饰	泥质				夹砂				合计
	橙黄	灰	红	灰底黑彩	橙黄	灰	红	褐	
素面	4		4		3				11
绳纹	1				4				5
篮纹	8		2						10
麻点纹					4		1		5

圆腹罐　2 件。

标本H279③：1，夹砂橙黄陶。侈口，方唇，高领，束颈，上腹弧，下腹残。唇面有一道凹槽，颈部饰横向篮纹，上腹饰竖向绳纹。口径 24.4、残高 7.6 厘米（图 4-644，8）。

标本H279③：2，泥质红陶。侈口，圆唇，矮领，束颈，颈部以下残。颈部素面。口径 8.6、残高 2.8 厘米（图 4-644，9）。

269. H280

H280 位于ⅡT1005 西北部，开口于第③层下（图 4-645；彩版二二四，2）。平面呈圆形，口部边缘形态较明显，底部边缘形态较明显，剖面呈袋状，弧壁，未见工具痕迹，坑底平整。坑口南北 0.84、东西 0.87、坑底东西 0.98、深 1.10 米。坑内堆积未分层，土色深灰色，土质较致密，水平状堆积。

坑内出土零星陶片，以陶器腹部残片为主，无可辨器形标本，所以不具体介绍，只进行陶系统计（表 4-1133）。

表4-1133　H280陶片统计表

陶质/陶色/纹饰	泥质				夹砂				合计
	橙黄	灰	红	灰底黑彩	橙黄	灰	红	褐	
素面					5				5
麻点纹					6		1		7
附加堆纹					1				1

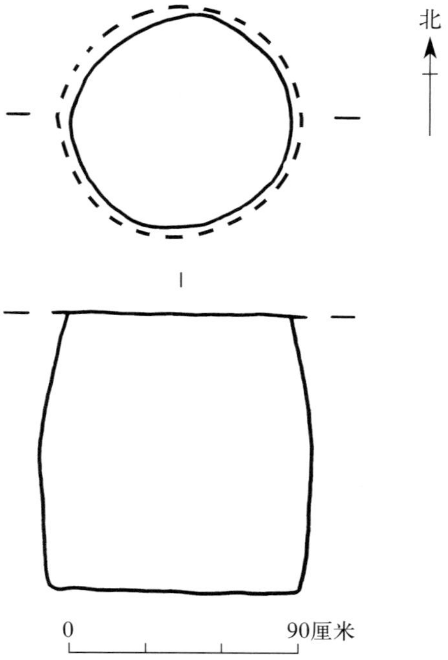

图4-645 H280平、剖面图

270. H281

H281位于ⅡT0602北部，部分压于北隔梁下，开口于第⑤层下，被H263打破（图4-646；彩版二二五，1）。根据遗迹暴露部分推测H281平面近椭圆形，口部边缘形态较明显，底部边缘形态不明显，剖面呈不规则状，斜直壁，未见工具痕迹，坑底略呈坡状。坑口南北1.02、东西2.20、深0.33～0.94米。坑内堆积未分层，土色浅灰色，土质疏松，包含少量黑色斑点和草木灰，凹镜状堆积。

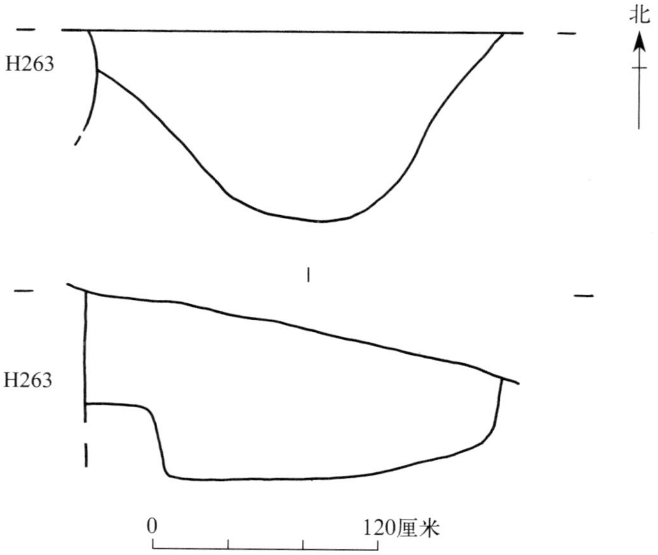

图4-646 H281平、剖面图

坑内出土少量陶片和零星兽骨，陶片以腹部残片为主，可辨器形有圆腹罐、单耳罐、高领罐，另出土骨器 1 件（表 4–1134、1135）。

表4–1134 H281器形数量统计表

器形 \ 陶质 / 陶色	泥质				夹砂				合计
	红	橙黄	灰	黑	红	橙黄	灰	黑	
圆腹罐		1				2			3
单耳罐						1			1
高领罐	1	2							3

表4–1135 H281陶片统计表

纹饰 \ 陶质 / 陶色	泥质				夹砂				合计
	橙黄	灰	红	灰底黑彩	橙黄	灰	红	褐	
素面	4	1	6		1				12
绳纹					4				4
篮纹	9				5				14
麻点纹					9				9

圆腹罐 3 件。

标本H281∶2，夹砂橙黄陶。侈口，圆唇，高领，束颈，上腹斜，下腹残。颈部素面，颈腹间饰有一泥饼，上腹饰竖向绳纹。口径 12.8、残高 6.8 厘米（图 4–647，1）。

标本H281∶3，泥质橙黄陶。侈口，圆唇，高领，束颈，颈部以下残。颈部饰横向篮纹。口径 14、残高 3.2 厘米（图 4–647，2）。

标本H281∶5，夹砂橙黄陶。侈口，圆唇，矮领，束颈，上腹圆，下腹残。器表通体素面磨光。口径 10、残高 8.8 厘米（图 4–647，3）。

单耳罐 1 件。

标本H281∶7，夹砂橙黄陶。侈口，尖唇，矮领，束颈，圆腹，平底。拱形单耳，器表饰麻点纹，底面饰交错绳纹。口径 11.6、高 16.2、底径 9.8 厘米（图 4–647，4；彩版二二五，2）。

高领罐 3 件。

标本H281∶1，泥质红陶。喇叭口，圆唇，高领，束颈，颈部以下残。口沿外侧饰一周折棱，颈部素面。口径 17.2、残高 4.8 厘米（图 4–647，5）。

标本H281∶4，泥质橙黄陶。喇叭口，圆唇，高领，束颈，颈部以下残。口沿外侧有一周折棱，颈部饰横向篮纹。口径 12.4、残高 3.6 厘米（图 4–647，6）。

标本H281∶6，泥质橙黄陶。喇叭口，圆唇，高领，束颈，溜肩，腹残。口沿外侧有一周折棱，器表素面磨光。口径 19、残高 13.6 厘米（图 4–647，7）。

器盖 1 件。

标本H281∶8，泥质灰陶。圆形尖顶柄，残留少许盖面，器表素面。残高 5.2、残宽 14.4 厘米（图 4–647，8；彩版二二五，3）。

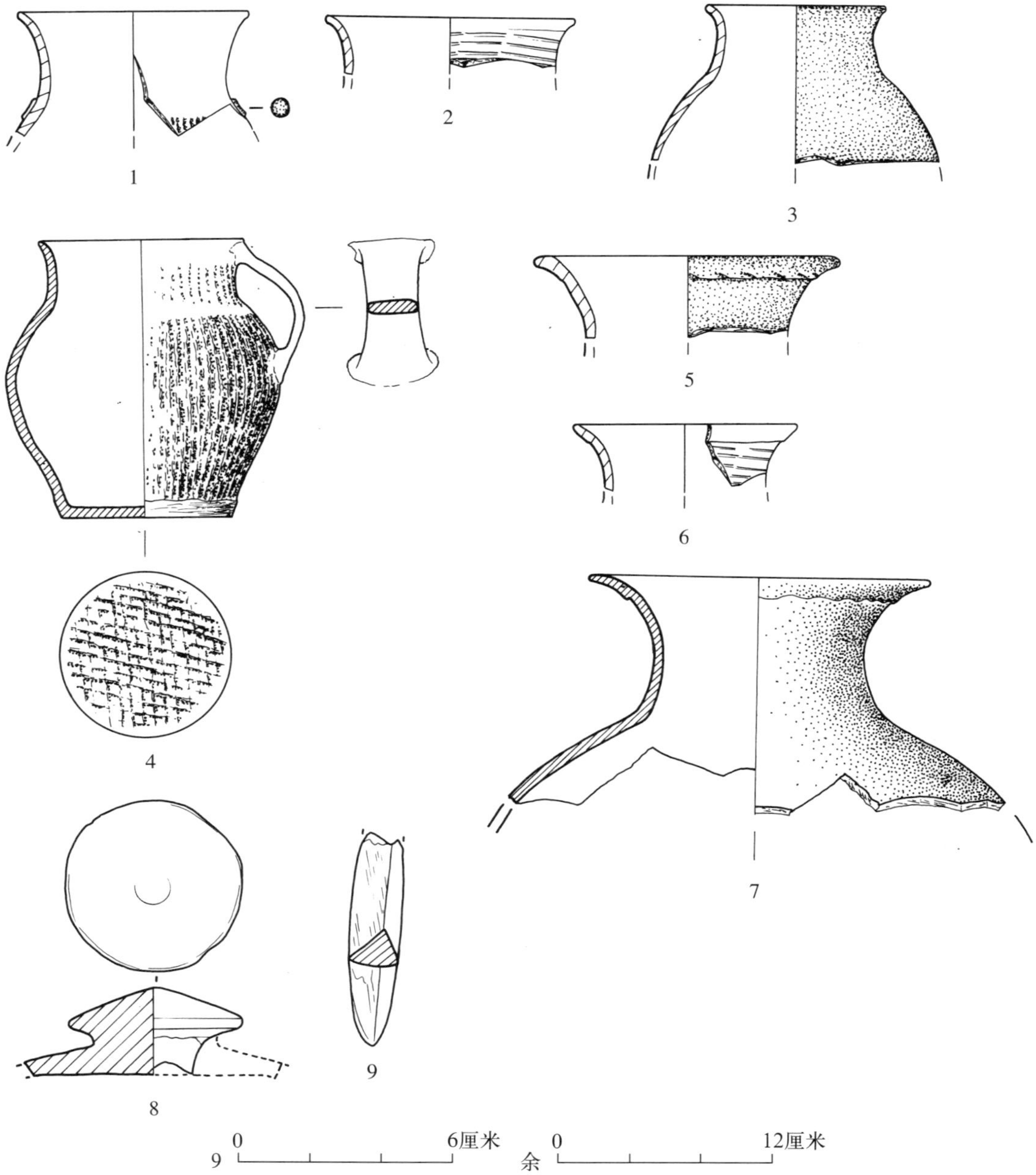

图4-647 H281出土遗物

1～3.圆腹罐H281：2、3、5 4.单耳罐H281：7 5～7.高领罐H281：1、4、6 8.器盖H281：8 9.骨器H281：9

骨器 1件。

标本H281：9，动物骨骼磨制而成，器身磨制光滑，呈三角棱状，两端均残。残长6.1、厚1.4厘米（图4-647，9；彩版二二五，4）。

271. H282

H282位于ⅡT1107南部，南部延伸至未发掘区域，开口于第④层下（图4-648；彩版二二六，1）。根据遗迹暴露部分推测H282平面近椭圆形，口部边缘形态明显，底部边缘形态不

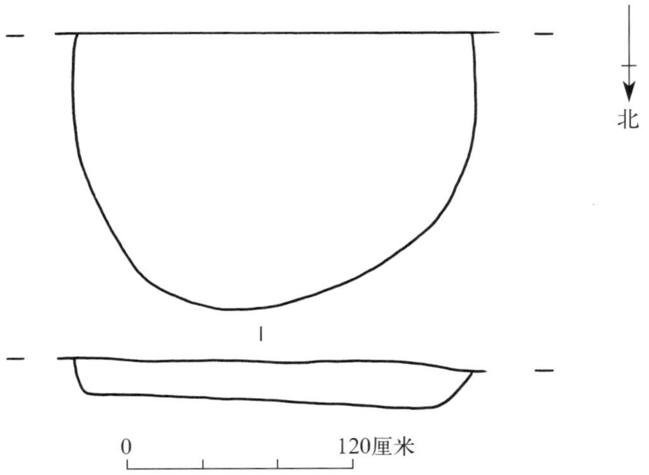

图4-648　H282平、剖面图

明显，剖面呈筒状，斜弧壁，未见工具痕迹，坑底平整。坑口东西2.10、南北1.50、坑底东西1.88、深0.21～0.25米。坑内堆积未分层，土色褐色，土质较疏松，水平状堆积。

坑内出土少量陶片，以陶器腹部残片为主，无可辨器形标本，所以不具体介绍，只进行陶系统计（表4-1136）。

表4-1136　H282陶片统计表

陶质	泥质				夹砂				合计
纹饰＼陶色	橙黄	灰	红	灰底黑彩	橙黄	灰	红	褐	
素面	4				1				5
篮纹					4				4
绳纹					2				2

272. H283

H283位于ⅡT1107西北角，开口于第④层下（图4-649；彩版二二六，2）。平面近圆形，口部边缘形态明显，底部边缘形态明显，剖面呈筒状，直壁，未见工具痕迹，坑底平整。坑口南北2.32、东西2.24、坑底东西2.26、深0.72～0.93米。坑内堆积未分层，土色浅黑色，土质较疏松，水平状堆积。

坑内出土少量陶片、石块、兽骨，陶片以腹部残片为主，可辨器形有圆腹罐、陶拍（表4-1137、1138）。

表4-1137　H283器形数量统计表

陶质	泥质				夹砂				合计
器形＼陶色	红	橙黄	灰	黑	红	橙黄	灰	黑	
圆腹罐					1				1

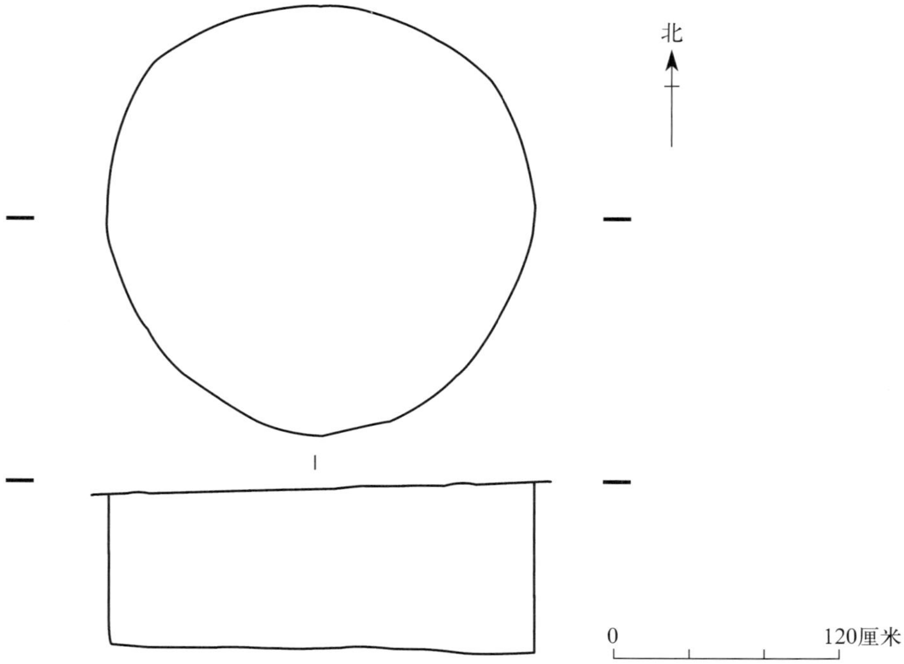

图4-649　H283平、剖面图

表4-1138　H283陶片统计表

纹饰 \ 陶质/陶色	泥质				夹砂				合计
	橙黄	灰	红	灰底黑彩	橙黄	灰	红	褐	
素面	8				5				13
绳纹			1		2		1		4
篮纹	12	1			6				19
麻点纹					12				12
压印纹	1								1

圆腹罐　1件。

标本H283：1，夹砂红陶。侈口，圆唇，高领，束颈，上腹斜弧，下腹残。颈部饰斜向篮纹，上腹饰麻点纹。口径17.2、残高8厘米（图4-650，1）。

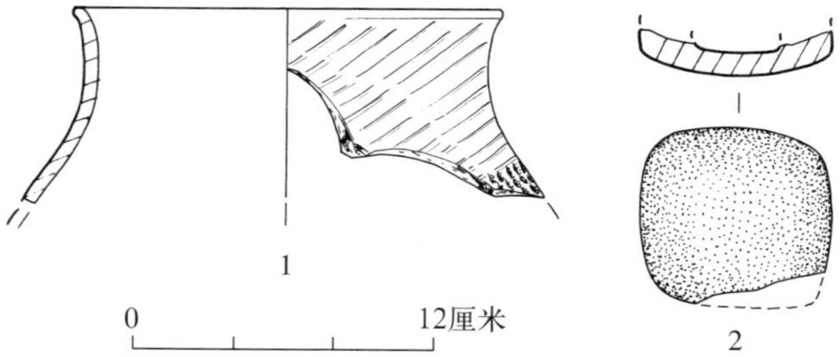

图4-650　H283出土遗物

1.圆腹罐H283：1　2.陶拍H283：2

陶拍 1件。

标本H283：2，泥质橙黄陶。残存拍面部分，呈圆角方形，拍面光滑。残长7.4、宽7.6、厚0.8厘米（图4-650，2）。

273. H284

H284位于ⅡT0603中东部，部分叠压于北隔梁下，开口于第⑤层下（图4-651；彩版二二七，1）。根据遗迹暴露部分推测H284平面呈椭圆形，口部边缘形态明显，底部边缘形态明显，剖面呈袋状，弧壁，未见工具痕迹，坑底平整。坑口东西3.88、南北2.36、坑底东西3.94、深1.56～1.62米。坑内堆积可分三层，第①层厚0.30～0.37米，土色浅灰色，土质较疏松，包含少量植物根茎，水平状堆积。第②层厚0.32～0.48米，土色浅黄色，土质较疏松，包含少量红烧土颗粒和炭粒，坡状堆积。第③层厚0.80～0.92米，土色浅褐色，土质致密，包含零星红烧土颗粒、炭粒，水平状堆积。

坑内出土较多陶片，少量石块和兽骨。

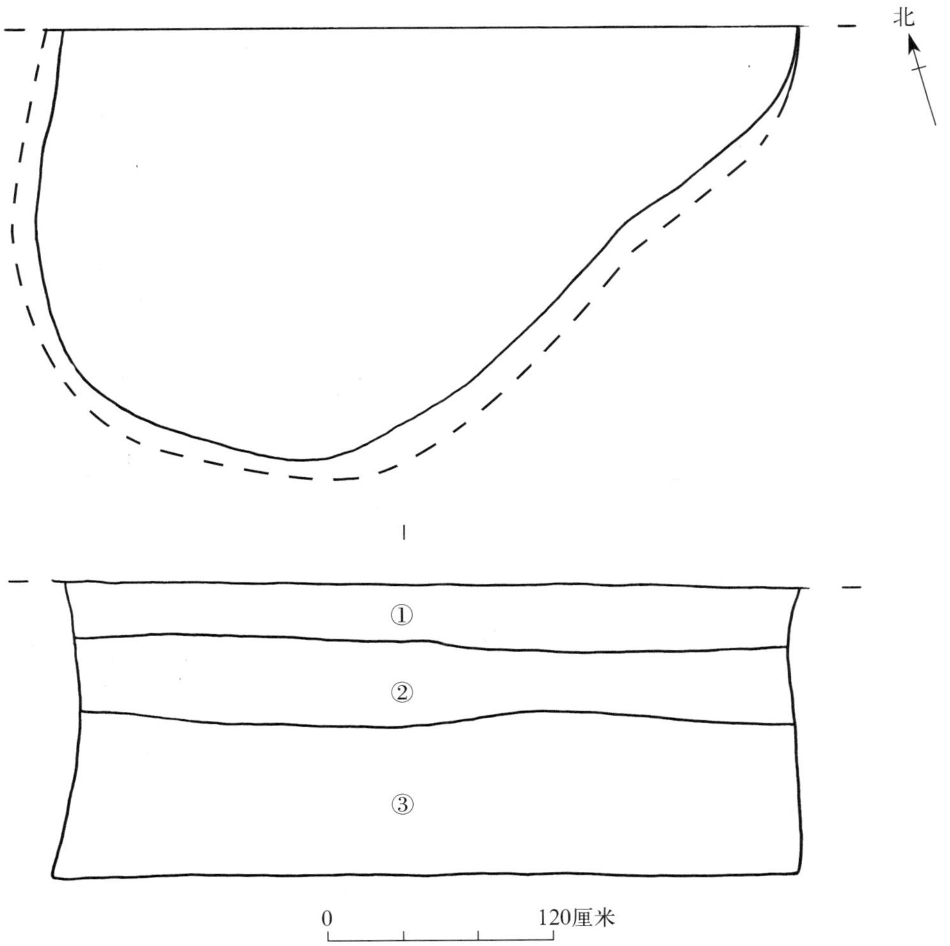

图4-651 H284平、剖面图

（1）H284①层

出土少量陶片，以腹部残片为主，可辨器形有圆腹罐、花边罐、高领罐，另出土玉料2件（表4–1139、1140）。

表4–1139　H284①层器形数量统计表

器形＼陶质/陶色	泥质				夹砂				合计
	红	橙黄	灰	黑	红	橙黄	灰	黑	
圆腹罐		1				3			4
花边罐						1			1
高领罐		1							1

表4–1140　H284①层陶片统计表

纹饰＼陶质/陶色	泥质				夹砂				合计
	橙黄	灰	红	灰底黑彩	橙黄	灰	红	褐	
素面	52	8	9		50				119
绳纹		1			21				22
篮纹	42	1	3		11				57
麻点纹					94				94
戳印纹			1						1
刻划纹					3				3
篮纹＋麻点纹					1				1
附加堆纹＋篮纹					1				1

圆腹罐　4件。

标本H284①：1，夹砂橙黄陶。侈口，方唇，高领，束颈，颈部以下残。唇面有一周凹槽，颈部饰横向篮纹，篮纹下饰麻点纹。口径24、残高7厘米（图4–652，1）。

标本H284①：2，泥质橙黄陶。侈口，圆唇，矮领，束颈，上腹圆弧，下腹残。颈部素面，上腹饰麻点纹，有烟炱。口径11.2、残高5.6厘米（图4–652，2）。

标本H284①：5，夹砂橙黄陶。侈口，圆唇，高领，束颈，溜肩，肩部以下残。肩部饰麻点纹。口径11.2、残高5厘米（图4–652，3）。

标本H284①：6，夹砂橙黄陶。侈口，圆唇，高领，束颈，上腹斜，下腹残。器表素面且有刮抹痕迹。口径16、残高4.8厘米（图4–652，4）。

花边罐　1件。

标本H284①：3，夹砂橙黄陶。侈口，圆唇，高领，束颈，颈部以下残。口沿外侧饰一周附加泥条，泥条之上饰戳印纹，颈部饰麻点纹，有烟炱。口径11.2、残高4.2厘米（图4–652，5）。

高领罐　1件。

标本H284①：4，泥质橙黄陶。喇叭口，平沿，圆唇，高领，束颈，颈部以下残。口沿外侧有一周折棱，颈部饰竖向绳纹。口径18.4、残高4.4厘米（图4–652，6）。

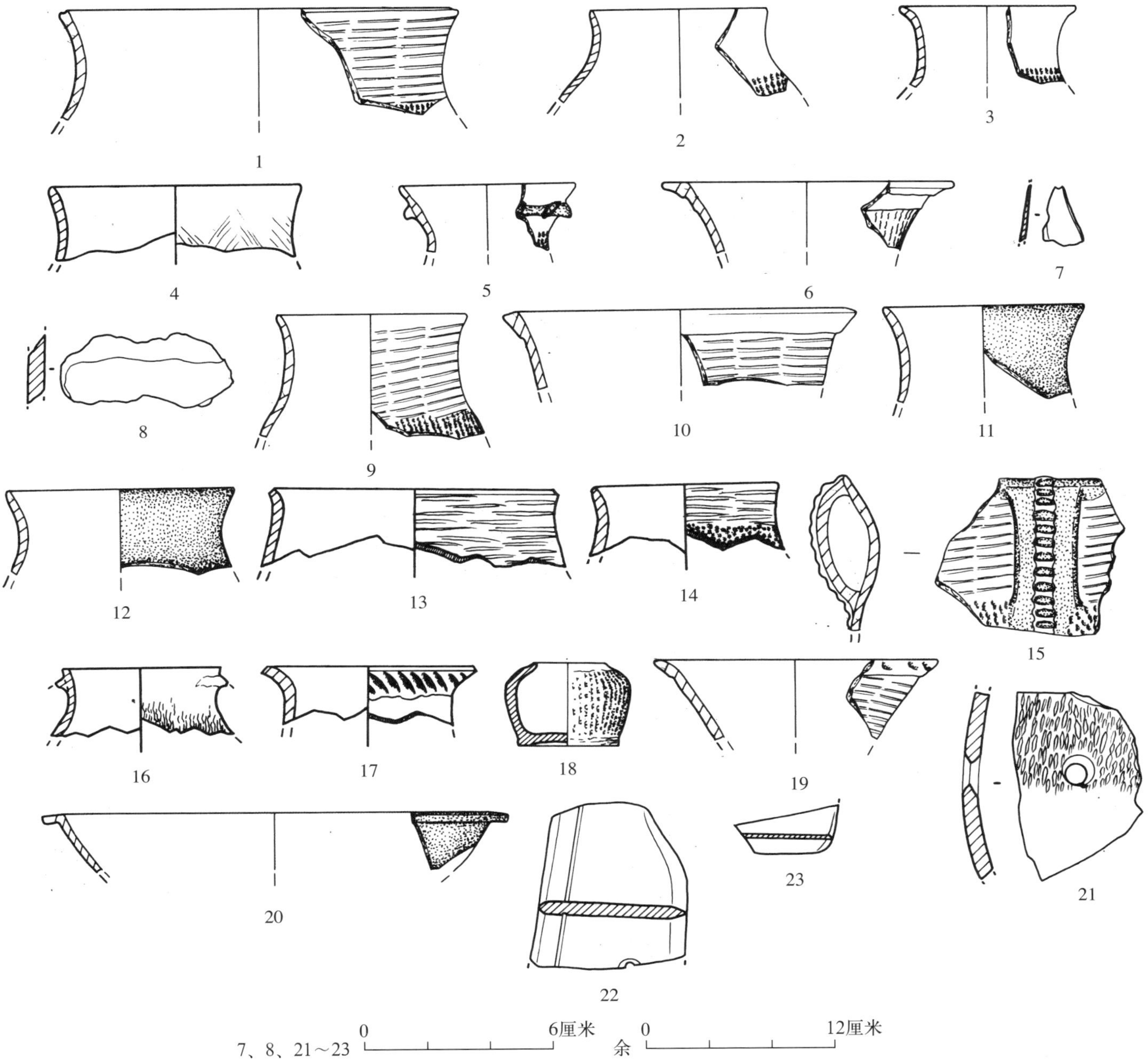

图4-652　H284出土遗物

1～4、9～14.圆腹罐H284①：1、2、5、6、H284②：3、6～8、11、12　5.花边罐H284①：3　6、17.高领罐H284①：4、H284②：9　7、8.玉料H284①：7、8　15.单耳罐H284②：1　16.双耳罐H284②：10　18.敛口罐H284②：4　19、20.盆H284②：2、5　21.陶片H284②：15　22.石刀H284②：13　23.石料H284②：14

玉料　2件。

标本H284①：7，淡黄色，器表光滑，一侧厚，一侧略薄。残长1.9、残宽1.3、厚0.3厘米（图4-652，7）。

标本H284①：8，青灰色泛黄，长条状，表面较光滑。残长5.4、残宽2.4、厚0.5厘米（图

4-652，8）。

（2）H284②层

出土少量陶片，以腹部残片为主，可辨器形有圆腹罐、单耳罐、双耳罐、高领罐、敛口罐、盆等，另出土石刀1件、石料1件（表4-1141、1142）。

表4-1141 H284②层器形数量统计表

器形 \ 陶质/陶色	泥质				夹砂				合计
	红	橙黄	灰	黑	红	橙黄	灰	黑	
圆腹罐					1	5			6
单耳罐					1				1
双耳罐					1				1
高领罐		1							1
敛口罐						1			1
盆		2							2

表4-1142 H284②层陶片统计表

纹饰 \ 陶质/陶色	泥质				夹砂				合计
	橙黄	灰	红	灰底黑彩	橙黄	灰	红	褐	
素面	59	7	5		35				106
绳纹					26				26
篮纹	27				12				39
麻点纹					40				40
刻划纹	1				3				4
附加堆纹							1		1
附加堆纹＋篮纹					1				1
附加堆纹＋绳纹							1		1

圆腹罐 6件。

标本H284②：3，夹砂红陶。侈口，圆唇，高领，束颈，上腹圆弧，下腹残。颈部饰斜向篮纹，上腹饰麻点纹，有烟炱。口径12、残高7.8厘米（图4-652，9）。

标本H284②：6，夹砂橙黄陶。侈口，方唇，高领，束颈，颈部以下残。口沿外侧有一周折棱，颈部饰横向篮纹，有烟炱。口径22.4、残高5厘米（图4-652，10）。

标本H284②：7，夹砂橙黄陶。侈口，圆唇，高领，束颈，颈部以下残。颈部素面。口径12.8、残高6.2厘米（图4-652，11）。

标本H284②：8，夹砂橙黄陶。侈口，圆唇，矮领，束颈，颈部以下残。颈部素面。口径14.4、残高5.2厘米（图4-652，12）。

标本H284②：11，夹砂橙黄陶。侈口，方唇，矮领，束颈，上腹斜，下腹残。器表饰横向篮纹，有烟炱。口径18.4、残高5厘米（图4-652，13）。

标本H284②：12，夹砂橙黄陶。侈口，圆唇，高领，微束颈，颈部以下残。颈部饰横向篮纹，篮纹下饰麻点纹，有烟炱。口径 12、残高 4.4 厘米（图 4–652，14）。

单耳罐　1 件。

标本H284②：1，夹砂红陶。侈口，圆唇，高领，束颈，上腹圆，下腹残。拱形单耳，耳面饰一条竖向附加泥条，泥条经手指按压呈波状，颈部饰横向篮纹，上腹饰麻点纹。残高 10.4、残宽 12 厘米（图 4–652，15）。

双耳罐　1 件。

标本H284②：10，夹砂红陶。侈口，方唇，矮领，束颈，上腹斜弧，下腹残。连口残耳，颈部素面，上腹饰竖向绳纹。口径 10、残高 4.4 厘米（图 4–652，16）。

高领罐　1 件。

标本H284②：9，泥质橙黄陶。喇叭口，方唇，高领，束颈，颈部以下残。口沿外侧有一周折棱，颈部素面磨光。口径 13.6、残高 3.8 厘米（图 4–652，17）。

敛口罐　1 件。

标本H284②：4，夹砂橙黄陶。敛口，圆唇，上腹鼓，下腹斜直，平底内凹，器表饰麻点纹，有烟炱。口径 4.6、高 5.4、底径 6.4 厘米（图 4–652，18；彩版二二八，1）。

盆　2 件。

标本H284②：2，泥质橙黄陶。敞口，圆唇，斜直腹，底残。口沿外侧有一周折棱，腹部饰横向篮纹。口径 18、残高 5.2 厘米（图 4–652，19）。

标本H284②：5，泥质橙黄陶。敞口，平沿，圆唇，斜弧腹，底残。器身通体素面磨光。口径 27.2、残高 3.6 厘米（图 4–652，20）。

陶片　1 件。

标本H284②：15，泥质灰陶。陶片，一半素面磨光，一半饰麻点纹，中间有一钻孔。孔径 0.6、残长 6.1、残宽 3.8 厘米（图 4–652，21；彩版二二八，2）。

石刀　1 件。

标本H284②：13，石英岩。一半残，平基部，侧边残，表面近基部有一道凹槽，残断处有一残孔，双面磨刃。刃残长 2.7 厘米，刃角 57°，器身残长 5.4、宽 5 厘米（图 4–652，22；彩版二二八，3）。

石料　1 件。

标本H284②：14，页岩。整体较平整，制作小石器材料。残长 3.2、残宽 1.9 厘米（图 4–652，23；彩版二二八，4）。

（3）H284③层

出土少量陶片，以腹部残片为主，可辨器形有圆腹罐、双耳罐、高领罐、盆，另出土磨石 1 件（表 4–1143、1144）。

圆腹罐　1 件。

标本H284③：1，夹砂橙黄陶。侈口，方唇，高领，束颈，颈部以下残。颈部素面。口径 27.6、残高 8 厘米（图 4–653，1）。

双耳罐　1 件。

表4-1143　H284③层器形数量统计表

器形 \ 陶质 / 陶色	泥质				夹砂				合计
	红	橙黄	灰	黑	红	橙黄	灰	黑	
圆腹罐						1			1
双耳罐		1							1
高领罐		3							3
盆		1							1

表4-1144　H284③层陶片统计表

纹饰 \ 陶质 / 陶色	泥质				夹砂				合计
	橙黄	灰	红	灰底黑彩	橙黄	灰	红	褐	
素面	43	15	14		12				84
绳纹	1						4		5
篮纹	9				16				25
麻点纹					48				48

标本H284③：4，泥质橙黄陶。侈口，尖唇，矮领，束颈，圆腹，底残。拱形双耳，器表素面。口径 8.8、残高 5.8 厘米（图 4-653，2）。

高领罐　3 件。

标本H284③：2，泥质橙黄陶。喇叭口，圆唇，高领，束颈，颈部以下残。颈部素面。口径

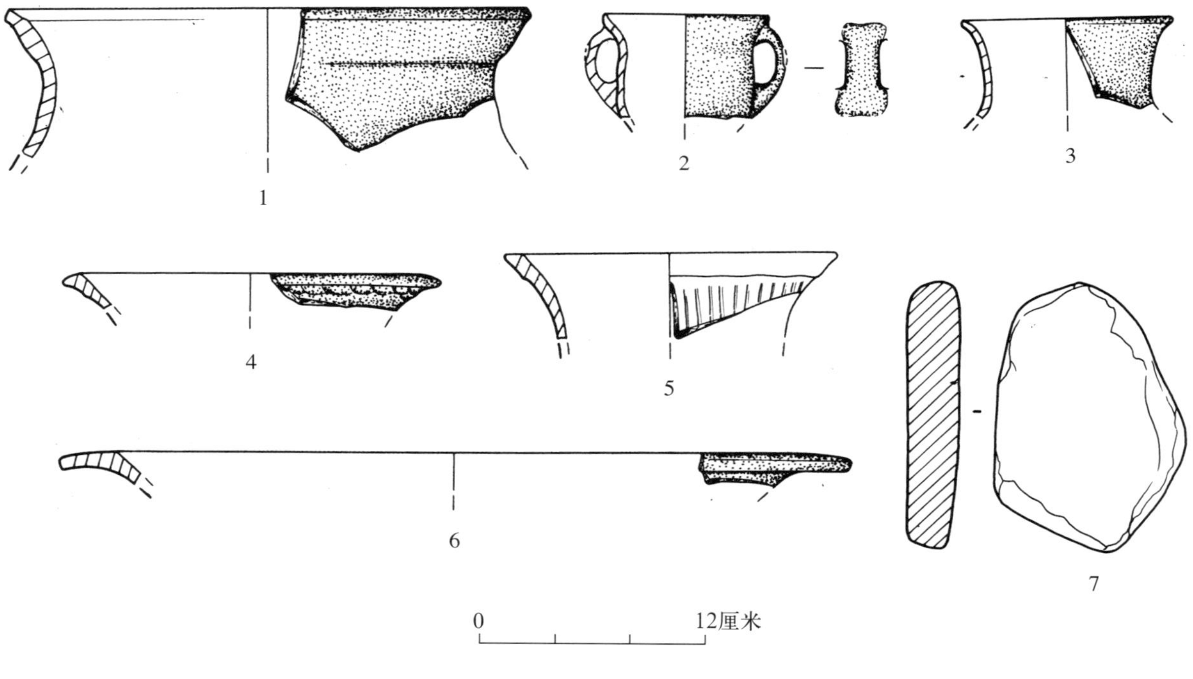

图4-653　H284出土遗物

1.圆腹罐H284③：1　2.双耳罐H284③：4　3～5.高领罐H284③：2、5、6　6.盆H284③：3　7.磨石H284③：7

11.2、残高 5.2 厘米（图 4–653，3）。

标本H284③：5，泥质橙黄陶。喇叭口，尖唇，口沿以下残。口沿外侧饰一周折棱，素面。口径 20、残高 1.8 厘米（图 4–653，4）。

标本H284③：6，泥质橙黄陶。喇叭口，方唇，高领，束颈，颈部以下残。口沿外侧有一周折棱，颈部饰竖向篮纹。口径 17.6、残高 4.4 厘米（图 4–653，5）。

盆　1 件。

标本H284③：3，泥质橙黄陶。敞口，平沿，方唇，上腹斜，下腹残。素面。口径 36.8、残高 1.8 厘米（图 4–653，6）。

磨石　1 件。

标本H284③：7，石英砂岩。近椭圆形，一面磨制平整，一面磨制微凹，一侧边也有磨痕。长 14.4、宽 10、厚 2.8 厘米（图 4–653，7；彩版二二八，5）。

274. H285

H285 位于ⅡT0702 北隔梁下中部，部分延伸至ⅡT0602 内，开口于第⑤层下（图 4–654；彩版二二七，2）。平面呈椭圆形，口部边缘形态明显，底部边缘形态不明显，剖面略呈倒梯形，斜壁，未见工具痕迹，坑底东高西低呈坡状。坑口东西 1.48、南北 0.90、坑底东西 0.96、深 0.40～0.43 米。坑内堆积未分层，土色浅褐色，土质较疏松。包含少量植物根茎，坡状堆积。

坑内出土零星陶片，以陶器腹部残片为主，无可辨器形标本，所以不具体介绍，只进行陶系统计（表 4–1145）。

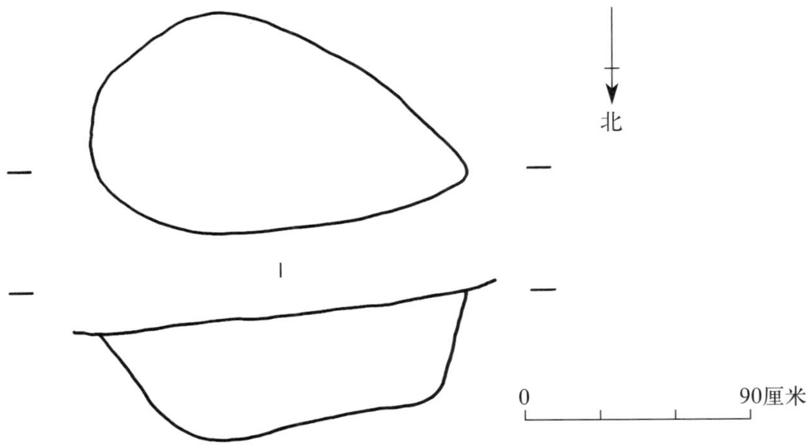

图4–654　H285平、剖面图

表4–1145　H285陶片统计表

纹饰 \ 陶质 / 陶色	泥质				夹砂				合计
	橙黄	灰	红	灰底黑彩	橙黄	灰	红	褐	
素面	1								1
麻点纹					1				1

275. H286

H286 位于ⅡT0602 中部，开口于第⑤层下，被H264、H268 打破（图 4–655；彩版二二九，1）。遗迹现存部分平面呈不规则形，口部边缘形态明显，底部边缘形态不明显，剖面呈筒状，斜直壁，未见工具痕迹，平底。坑口南北 2.19、东西 3.24、坑底东西 2.27、深 1.60 米。坑内堆积未分层，土色浅灰色，土质致密，水平状堆积。

坑内出土少量陶片、石块、兽骨，陶片以腹部残片为主，可辨器形有圆腹罐、高领罐、敛口罐、盆，另出土陶刀 1 件。

圆腹罐　4 件。

标本H286：3，夹砂橙黄陶。侈口，圆唇，高领，束颈，颈部以下残。颈部素面，有烟炱。口径 16.8、残高 4.2 厘米（图 4–656，1）（表 4–1146、1147）。

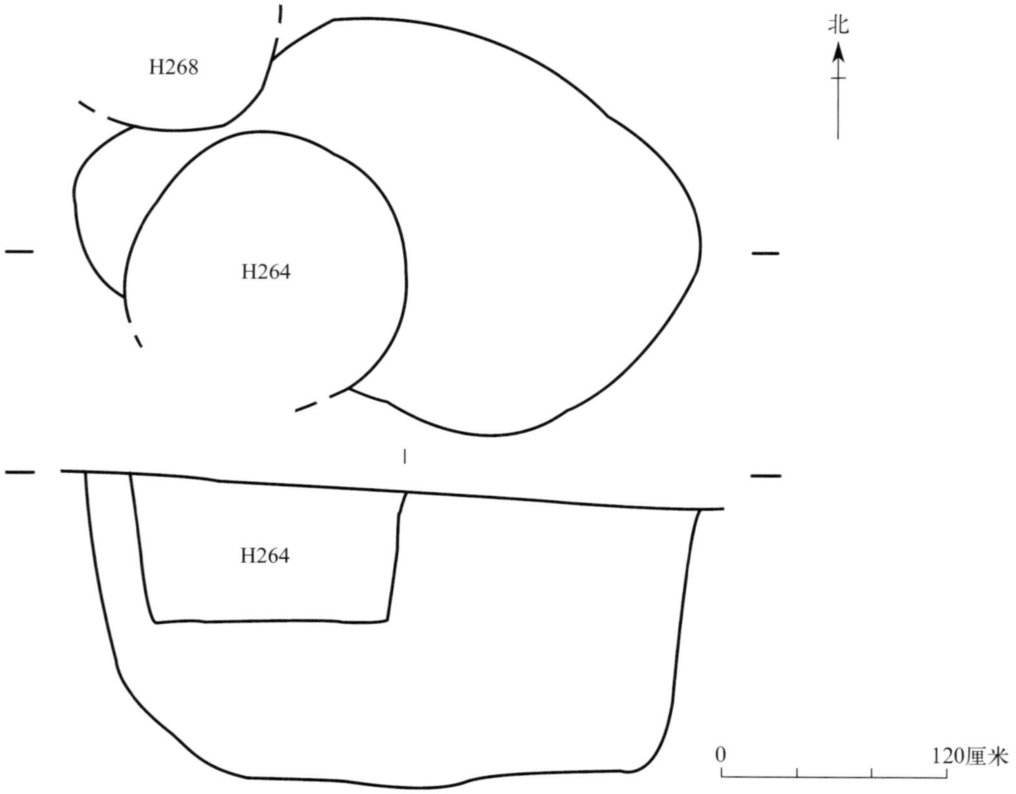

图4–655　H286平、剖面图

表4–1146　H286器形数量统计表

器形 \ 陶质/陶色	泥质				夹砂				合计
	红	橙黄	灰	黑	红	橙黄	灰	黑	
圆腹罐					1	3			4
高领罐		1							1
敛口罐						1			1
盆	1	1							2

表4-1147　H286陶片统计表

陶质/陶色/纹饰	泥质				夹砂				合计
	橙黄	灰	红	白	橙黄	灰	红	褐	
素面	56	8	10	6	33				113
绳纹			6		32				38
篮纹	55	4	9		25		2		95
麻点纹					90				90
戳印纹					1				1
交错绳纹					4				4
篮纹＋麻点纹					10				10

标本H286：4，夹砂橙黄陶。侈口，方唇，高领，束颈，颈部以下残。唇面有一道凹槽，颈部素面，内壁有修整刮抹痕迹。口径16.4、残高4.6厘米（图4-656，2）。

标本H286：5，夹砂橙黄陶。侈口，圆唇，高领，束颈，颈部以下残。颈部饰斜向篮纹。口径13.8、残高5.8厘米（图4-656，3）。

标本H286：6，夹砂红陶。侈口，圆唇，高领，束颈，颈部以下残。颈部饰横向篮纹。残高7.2、残宽6.8厘米（图4-656，4）。

高领罐　1件。

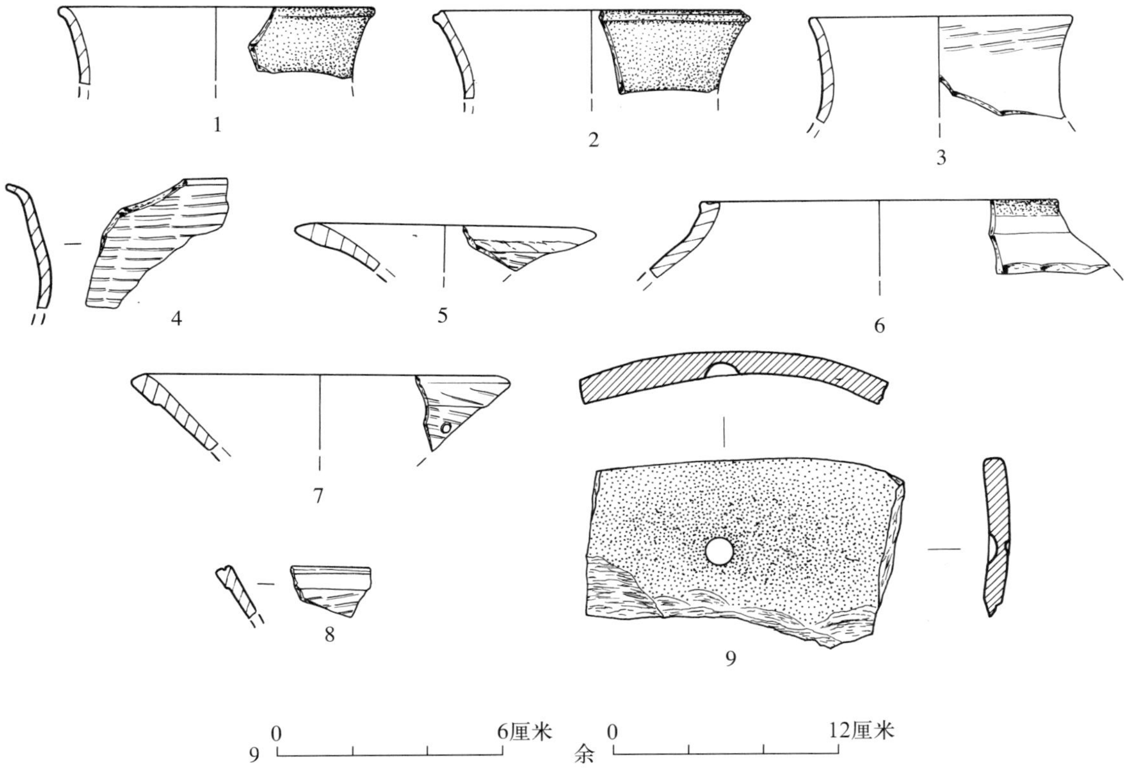

图4-656　H286出土遗物

1～4.圆腹罐H286：3～6　5.高领罐H286：7　6.敛口罐H286：1　7、8.盆H286：2、8　9.陶刀H286：9

标本H286：7，泥质橙黄陶。喇叭口，尖唇，高领，束颈，颈部以下残。口沿外侧有一周折棱，颈部饰横向篮纹，内壁素面磨光。口径16、残高2.4厘米（图4-656，5）。

敛口罐 1件。

标本H286：1，夹砂橙黄陶。敛口，方唇，上腹圆弧，下腹残。唇面有一道凹槽，口沿外侧有一周折棱，器表素面。口径19.2、残高4厘米（图4-656，6）。

盆 2件。

标本H286：2，泥质红陶。敞口，方唇，斜直腹，底残。口沿外侧有一周折棱，器表饰斜向篮纹，腹部有一对向钻孔，内壁素面磨光。口径20、残高4.2厘米（图4-656，7）。

标本H286：8，泥质橙黄陶。敞口，方唇，斜直腹，底残。唇面有一道凹槽，口沿外侧有一周折棱，腹部饰斜向篮纹。残高2.8、残宽4.2厘米（图4-656，8）。

陶刀 1件。

标本H286：9，泥质橙黄陶。系陶钵口沿部分打磨而成，近长方形，平基部，侧边及刃部打制痕迹明显，双面刃，器身中间有一圆孔，孔径0.7厘米。刃长7.6厘米，刃角53°，器身长8.3、宽5.2、厚0.6厘米（图4-656，9；彩版二三〇，1）。

276. H287

H287位于ⅡT0706东南角，南部延伸至ⅡT0806北隔梁下，开口于第⑤层下（图4-657；彩版二二九，2）。根据遗迹暴露部分推测H287平面近圆形，口部边缘形态明显，底部边缘形态明显，剖面呈不规则状，北侧壁面斜直，南侧壁面弧，未见工具痕迹，坑底平整。坑口南北1.42、

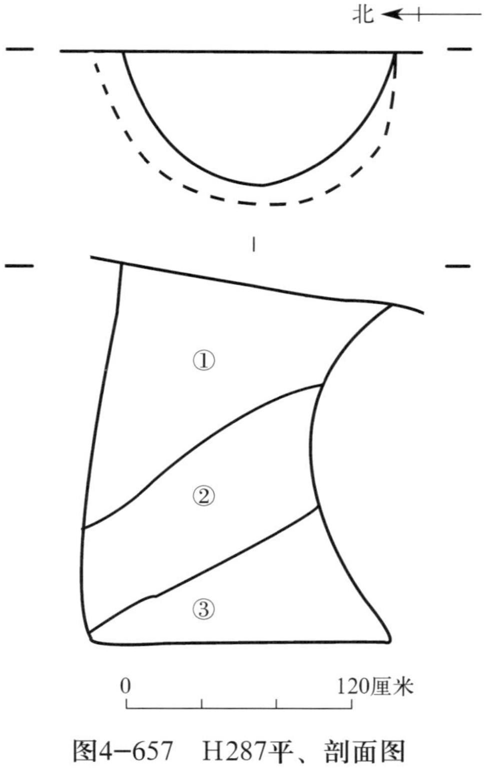

图4-657 H287平、剖面图

东西 0.74、坑底南北 1.56、深 1.80～2.04 米。坑内堆积可分三层，第①层厚 0.43～1.42 米，土色深褐色，土质较疏松，包含零星炭粒和红烧土颗粒，坡状堆积。第②层厚 0.60～0.67 米，土色浅灰色，土质较疏松，包含大量炭粒和红烧土颗粒，少量草木灰，坡状堆积。第③层厚 0.06～0.72 米，土色浅黄色，土质较致密，包含零星炭屑，坡状堆积。

坑内出土少量陶片、兽骨。

（1）H287①层

出土少量陶片，以腹部残片为主，可辨器形有单耳罐、盆（表 4–1148、1149）。

表4–1148　H287①层器形数量统计表

器形＼陶质/陶色	泥质				夹砂				合计
	红	橙黄	灰	黑	红	橙黄	灰	黑	
单耳罐						3			3
盆						2			2

表4–1149　H287①层陶片统计表

纹饰＼陶质/陶色	泥质				夹砂				合计
	橙黄	灰	红	灰底黑彩	橙黄	灰	红	褐	
素面	13	2	2		8				25
绳纹					6				6
篮纹	3	2							5
麻点纹					30				30
交错篮纹	1								1
附加堆纹					1				1

单耳罐　3 件。

标本H287①：1，夹砂橙黄陶。侈口，圆唇，高领，束颈，上腹圆，下腹残。拱形单耳，耳上下端均饰戳印纹，器表素面。残高 8.2、残宽 5.2 厘米（图 4–658，1）。

标本H287①：2，夹砂橙黄陶。侈口，方唇，高领，束颈，上腹圆，下腹残。拱形单耳，耳上下端饰戳印纹，颈部饰横向篮纹，腹部饰麻点纹。残高 11.2、残宽 12 厘米（图 4–658，2）。

标本H287①：5，夹砂橙黄陶。侈口，圆唇，矮领，束颈，圆腹，底残。拱形单耳，耳上下端有泥饼，颈部饰一周附加泥条，泥条经手指按压呈波状，腹部饰麻点纹。残高 8、残宽 7.4 厘米（图 4–658，5）。

盆　2 件。

标本H287①：3，夹砂橙黄陶。敞口，圆唇，斜腹微弧，底残。器表通体饰竖向绳纹，纹饰有磨平痕迹。口径 9.2、残高 3.6 厘米（图 4–658，3）。

标本H287①：4，夹砂橙黄陶。敞口，方唇，斜腹，底残。口沿外侧有一周折棱，器表素面。口径 20.4、残高 3.6 厘米（图 4–658，4）。

（2）H287②层

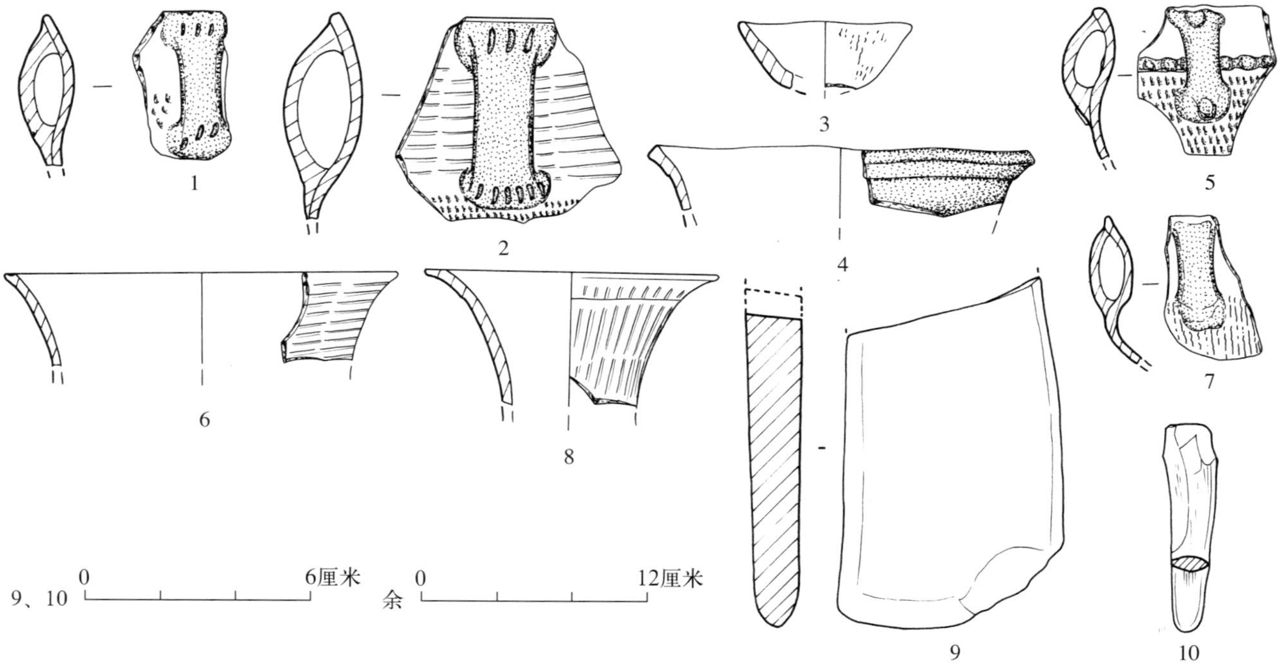

图4-658 H287出土遗物

1、2、5、7.单耳罐H287①：1、2、5、H287②：3 3、4.盆H287①：3、4 6.圆腹罐H287②：2 8.高领罐H287②：1 9.陶铲H287②：4 10.骨器H287②：5

出土少量陶片，以腹部残片为主，可辨器形有圆腹罐、单耳罐、高领罐，另出土陶铲1件、骨器1件（表4-1150、1151）。

表4-1150 H287②层器形数量统计表

器形＼陶质/陶色	泥质				夹砂				合计
	红	橙黄	灰	黑	红	橙黄	灰	黑	
圆腹罐							1		1
单耳罐						1			1
高领罐		1							1

表4-1151 H287②层陶片统计表

纹饰＼陶质/陶色	泥质				夹砂				合计
	橙黄	灰	红	灰底黑彩	橙黄	灰	红	褐	
素面	5				9				14
麻点纹					23				23
蓝纹	1					1			2
绳纹					1				1

圆腹罐 1件。

标本H287②：2，夹砂灰陶。侈口，方唇，高领，束颈，颈部以下残。颈部饰斜向篮纹。口径20.8、残高5厘米（图4-658，6）。

单耳罐　1件。

标本H287②：3，夹砂橙黄陶。侈口，圆唇，高领，束颈，鼓腹，底残。拱形单耳，颈部素面，腹部饰竖向绳纹。残高8、残宽5厘米（图4-658，7）。

高领罐　1件。

标本H287②：1，泥质橙黄陶。喇叭口，平沿，圆唇，高领，束颈，颈部以下残。口沿外侧有一周折棱，颈部饰竖向篮纹。口径15.6、残高7.2厘米（图4-658，8）。

陶铲　1件。

标本H287②：4，泥质橙黄陶。器表素面磨光，中腰至基部残，两侧边平直，双面磨刃，刃部略残。刃残长3.7厘米，刃角72°，器身残长9.7、宽6、厚1.7厘米（图4-658，9；彩版二三〇，2）。

骨器　1件。

标本H287②：5，动物骨骼磨制而成，扁平状，尾端剥落痕迹明显，前端双面磨制成刃部，刃部圆弧。刃长0.8厘米，刃角26°，器身残长5.6、宽1.4、厚0.4厘米（图4-658，10；彩版二三〇，3）。

277. H288

H288位于ⅡT1006东南角，部分延伸至ⅡT1106东、北隔梁下，开口于第④层下（图4-659；彩版二三一，1）。H288平面呈近圆形，口部边缘形态明显，底部边缘形态较不明显，剖面呈筒状，斜直壁，未见工具痕迹，坑底平整。坑口南北2.08、东西2.02、坑底东西2.00、深2.00米。

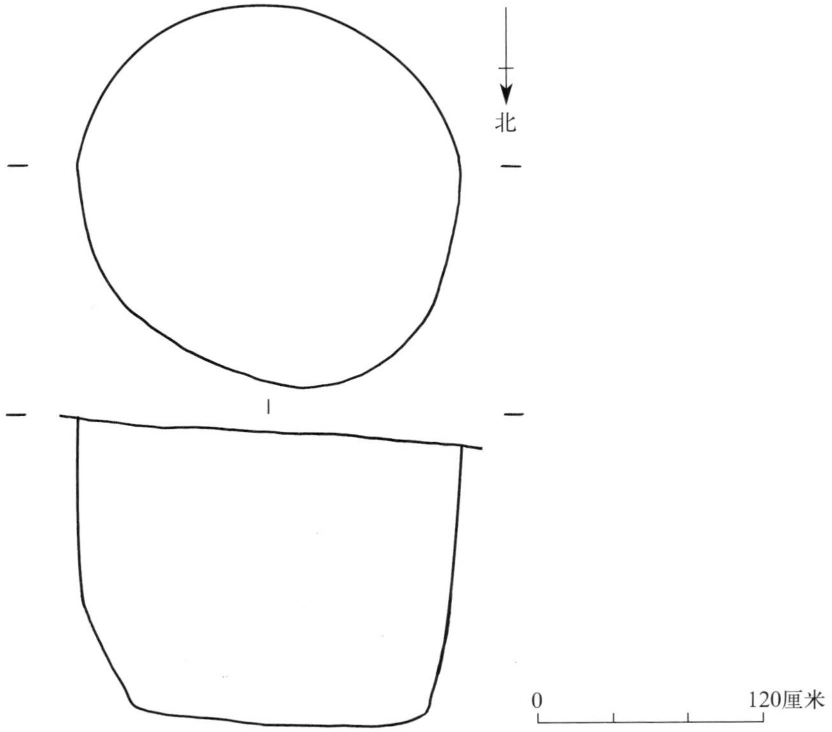

图4-659　H288平、剖面图

坑内堆积未分层，土色浅灰色，土质较致密，水平状堆积。

出土零星陶片，以陶器腹部残片为主，无可辨器形标本，所以不具体介绍，只进行陶系统计（表4-1152）。

表4-1152 H288陶片统计表

纹饰 \ 陶色 \ 陶质	泥质				夹砂				合计
	橙黄	灰	红	灰底黑彩	橙黄	灰	红	褐	
素面	5				6				11
麻点纹					11				11

278. H289

H289位于ⅡT0602东部，开口于第⑤层下，被H286打破（图4-660；彩版二三一，2）。平面近圆形，口部边缘形态明显，底部边缘形态明显，剖面呈筒状，斜直壁，未见工具痕迹，底面平整。坑口东西1.76、南北2.10、坑底东西1.6、深1.10～1.17米。坑内堆积未分层，土色深褐色，土质疏松，水平状堆积。

坑内出土少量陶片、石块、兽骨，陶片以腹部残片为主，可辨器形有圆腹罐、单耳罐、高领罐、盆，另出土石刀1件、骨针1件、蚌饰1件（表4-1153、1154）。

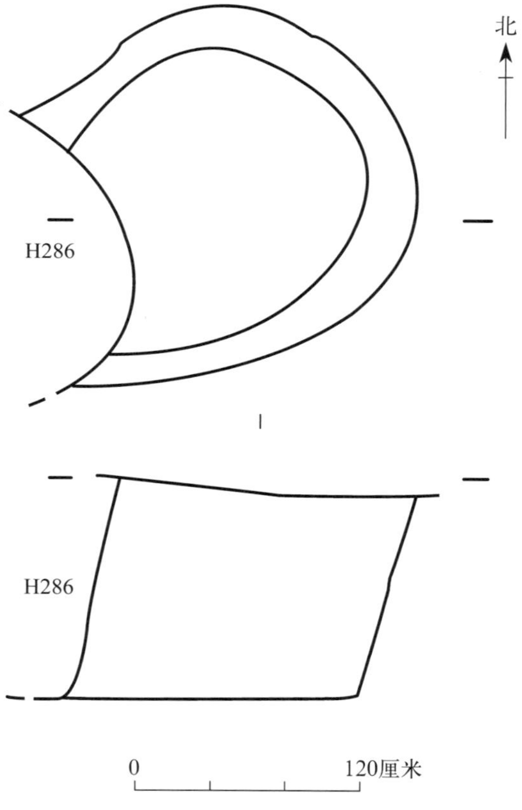

图4-660 H289平、剖面图

表4-1153 H289器形数量统计表

器形＼陶质/陶色	泥质				夹砂				合计
	红	橙黄	灰	黑	红	橙黄	灰	黑	
圆腹罐	1	1			1	2			5
单耳罐		1				1	1		3
高领罐	1								1
盆		1							1

表4-1154 H289陶片统计表

纹饰＼陶质/陶色	泥质				夹砂				合计
	橙黄	灰	红	灰底黑彩	橙黄	灰	红	褐	
素面	30	7	17		15				69
绳纹					7				7
篮纹	20	3	4		13				40
麻点纹					46		3		49
刻槽纹						1			1
刻划纹		2							2
篮纹＋麻点纹					5		1		6
附加堆纹					1				1
附加堆纹＋麻点纹					1				1

圆腹罐 5件。

标本H289：3，泥质红陶。侈口，方唇，高领，束颈，颈部以下残。颈部素面磨光。口径20、残高4厘米（图4-661，1）。

标本H289：6，泥质橙黄陶。侈口，圆唇，高领，束颈，颈部以下残。颈部素面有刮抹痕迹。口径10.8、残高4.6厘米（图4-661，2）。

标本H289：7，夹砂橙黄陶。侈口，圆唇，高领，束颈，颈部以下残。颈部饰竖向绳纹有刮抹痕迹，有烟炱。口径16.4、残高4.2厘米（图4-661，3）。

标本H289：10，夹砂红陶。侈口，圆唇，高领，束颈，颈部以下残。颈部饰横向篮纹，有烟炱。口径16、残高7厘米（图4-661，4）。

标本H289：11，夹砂橙黄陶。侈口，圆唇，矮领，束颈，颈部以下残。颈部素面，有烟炱。口径11.2、残高4.2厘米（图4-661，5）。

单耳罐 3件。

标本H289：1，夹砂橙黄陶。侈口，圆唇，高领，束颈，上腹圆，下腹残。拱形单耳。耳面饰竖向附加泥条，泥条经手指按压呈波状，颈部饰横向篮纹，上腹饰麻点纹，有烟炱。残高8.8、残宽6厘米（图4-661，6）。

标本H289：8，泥质橙黄陶。侈口，圆唇，矮领，束颈，上腹斜弧，下腹残。拱形单耳，器表素面有刮抹痕迹。残高5、残宽4.2厘米（图4-661，7）。

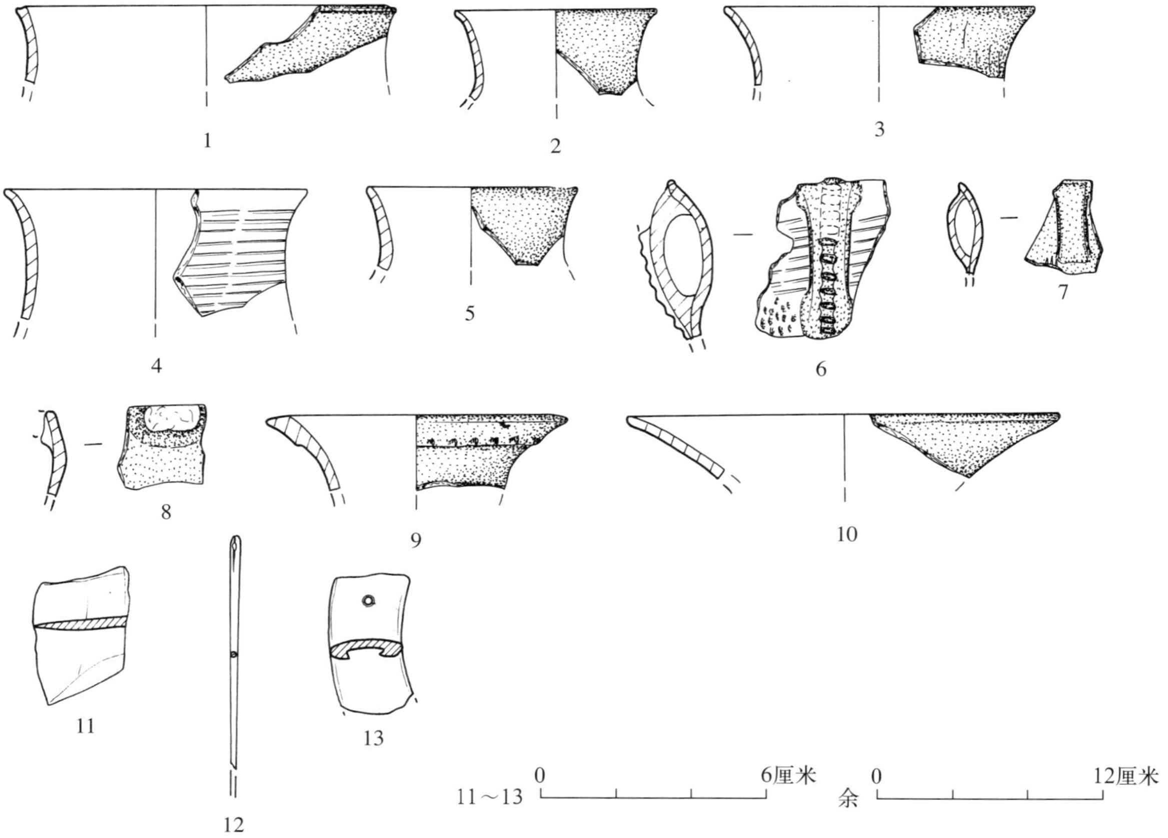

图4-661　H289出土遗物

1～5.圆腹罐H289：3、6、7、10、11　6～8.单耳罐H289：1、8、9　9.高领罐H289：2　10.盆H289：5　11.石刀H289：13　12.骨针H289：4　13.蚌饰H289：12

标本H289：9，夹砂灰陶。侈口，圆唇，矮领，束颈，上腹斜，下腹残。拱形残耳，素面。残高4.6、残宽5厘米（图4-661，8）。

高领罐　1件。

标本H289：2，泥质红陶。喇叭口，平沿，尖唇，高领，束颈，颈部以下残。口沿外侧饰一周附加泥条，泥条经手指按压呈波状，颈部素面。口径13.6、残高4厘米（图4-661，9）。

盆　1件。

标本H289：5，泥质橙黄陶。敞口，圆唇，斜腹微弧，底残。器表素面。口径22.8、残高3.4厘米（图4-661，10）。

石刀　1件。

标本H289：13，石英岩。仅残存部分刃部，双面磨刃。刃残长3厘米，刃角35°，器身残长4、残宽2.3厘米（图4-661，11；彩版二三〇，4）。

骨针　1件。

标本H289：4，动物骨骼磨制而成，器表磨制精细，呈圆柱状，尾端有一圆形穿孔，尖端残。残长6.4厘米（图4-661，12；彩版二三〇，5）。

蚌饰　1件。

标本H289：12，长方形，扁平状微弧，器表光滑，器身有一钻孔。孔径 0.2、器身长 3.9、宽 2.3、厚 0.4 厘米（图 4-661，13；彩版二三〇，6）。

279. H290

H290 位于ⅡT0602 北部，开口于第⑤层下（图 4-662；彩版二三二，1）。根据遗迹暴露部分推测H290 平面呈椭圆形，口部边缘形态明显，底部边缘形态明显，剖面呈筒状，斜直壁，坑底平整。坑口东西 1.16、南北 0.80、坑底东西 0.84、深 0.94～1.14 米。坑内堆积可分两层，第①层厚 0.40～0.51 米，土色浅灰色，土质疏松，坡状堆积。第②层厚 0.54～0.63 米，土色深灰色，土质疏松，水平状堆积。

坑内出土少量陶片、零星陶片和石块。

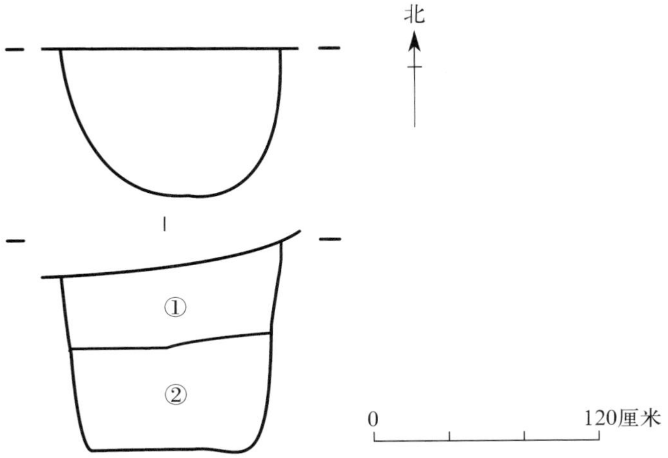

图4-662　H290平、剖面图

(1) H290①层

出土少量陶片，以腹部残片为主，可辨器形有鸮面罐（表 4-1155、1156）。

表4-1155　H290①层器形数量统计表

器形 \ 陶质/陶色	泥质				夹砂				合计
	红	橙黄	灰	黑	红	橙黄	灰	黑	
鸮面罐					1				1

表4-1156　H290①层陶片统计表

纹饰 \ 陶质/陶色	泥质				夹砂				合计
	橙黄	灰	红	灰底黑彩	橙黄	灰	红	褐	
素面	13		3		11	1			28
绳纹	1				10		3		14
篮纹	11		6		3				20
麻点纹					19		6		25

续表

纹饰 \ 陶质/陶色	泥质				夹砂				合计
	橙黄	灰	红	灰底黑彩	橙黄	灰	红	褐	
戳印纹					1				1
篮纹＋麻点纹					2				2
篮纹＋绳纹					1		1		2

鸮面罐 1件。

标本H290①：1，夹砂红陶。残存盖面部分，器表有两个钻孔，素面。残长 8、残宽 6.4 厘米（图 4-663，1）。

(2) H290②层

出土少量陶片，以腹部残片为主，可辨器形有三耳罐（表 4-1157、1158）。

表4-1157 H290②层器形数量统计表

器形 \ 陶质/陶色	泥质				夹砂				合计
	红	橙黄	灰	黑	红	橙黄	灰	黑	
三耳罐	1								1

表4-1158 H290②层陶片统计表

纹饰 \ 陶质/陶色	泥质				夹砂				合计
	橙黄	灰	红	灰底黑彩	橙黄	灰	红	褐	
素面	4				1				5
篮纹					2				2

三耳罐 1件。

标本H290②：1，泥质红陶。侈口，尖唇，高领，束颈，鼓腹，底残。拱形残耳，颈部素面，腹部饰竖向刻划纹。口径 10、残高 9.6 厘米（图 4-663，2；彩版二三二，2）。

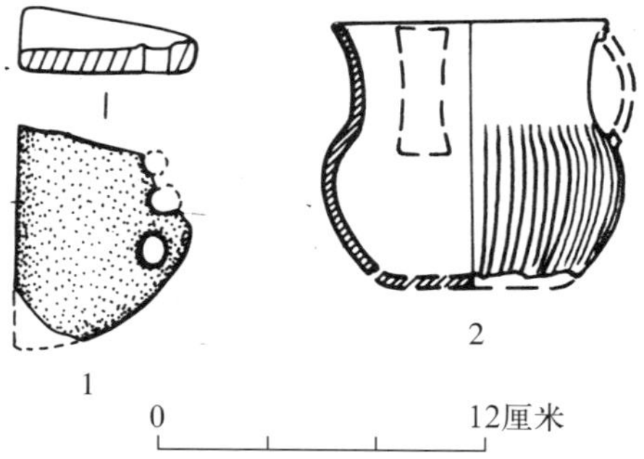

图4-663 H290出土遗物

1.鸮面罐H290①：1 2.三耳罐H290②：1

280. H291

H291 位于ⅡT0806 北部，北部延伸至北隔梁下，开口于第⑤层下，被H265 打破（图 4−664；彩版二三二，5）。平面呈椭圆形，口部边缘形态明显，底部边缘形态明显，剖面呈筒状，直壁，未见工具痕迹，坑底平整。坑口东西 2.18、南北 2.28、坑底东西 2.18、深 1.20 米。坑内堆积未分层，土色深褐色，土质较疏松，水平状堆积。包含少量草木灰和红烧土颗粒。

坑内出土大量陶片、零星石块和兽骨，陶片以腹部残片为主，可辨器形有圆腹罐、双耳罐、高领罐、盆、盘，另出土石刀 1 件、骨器 1 件（表 4−1159、1160）。

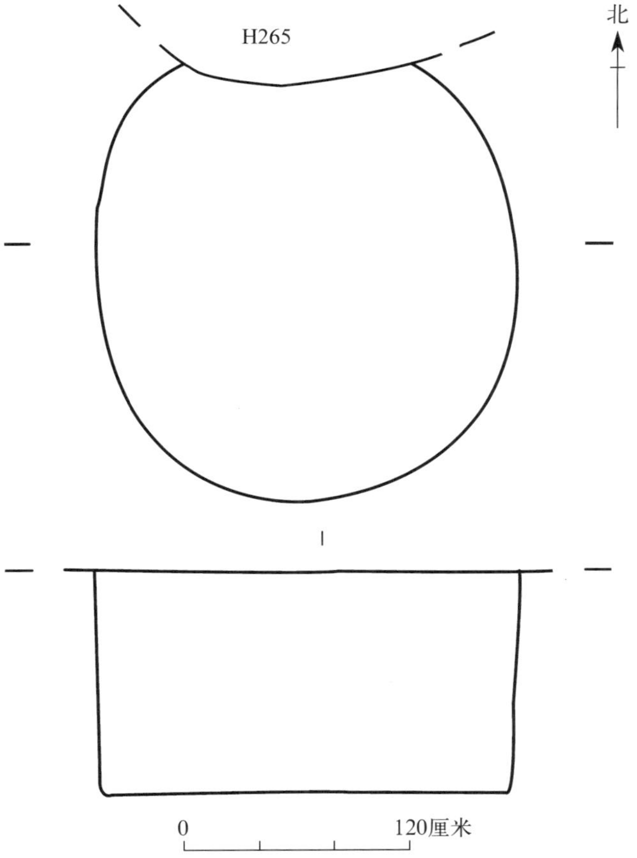

图4−664　H291平、剖面图

表4−1159　H291器形数量统计表

器形 \ 陶质 / 陶色	泥质				夹砂				合计
	红	橙黄	灰	黑	红	橙黄	灰	黑	
圆腹罐	1	1			2	10			14
双耳罐							1		1
高领罐	1	1							2
盆		1							1
盘						2			2

表4-1160　H291陶片统计表

纹饰＼陶质/陶色	泥质				夹砂				合计
	橙黄	灰	红	灰底黑彩	橙黄	灰	红	褐	
素面	41	1	5		21				68
绳纹		1			24	1			26
篮纹	35	2	9		11				57
麻点纹					64				64
戳印纹					1				1
篮纹＋麻点纹					3				3
附加堆纹＋麻点纹					2				2

圆腹罐　14件。

标本H291：1，夹砂橙黄陶。侈口，方唇，高领，束颈，颈部以下残。口沿外侧有一周折棱，颈部素面。口径18、残高4厘米（图4-665，1）。

标本H291：3，夹砂橙黄陶。侈口，方唇，矮领，束颈，上腹斜弧，下腹残。唇面有一周凹槽，颈部饰竖向绳纹。口径8.8、残高3.6厘米（图4-665，2）。

标本H291：4，泥质红陶。侈口，圆唇，高领，束颈，颈部以下残。颈部素面。口径7.2、残高3.2厘米（图4-665，3）。

标本H291：6，夹砂橙黄陶。微侈口，高领，微束颈，颈部以下残。颈部饰竖向篮纹，有烟炱，内壁泥条盘筑痕迹明显。口径7.2、残高4厘米（图4-665，4）。

标本H291：8，夹砂红陶。侈口，圆唇，矮领，束颈，上腹圆弧，下腹残。颈部饰横向篮纹，上腹饰竖向绳纹，有烟炱。口径10.4、残高6.4厘米（图4-665，5）。

标本H291：9，夹砂橙黄陶。侈口，圆唇，高领，束颈，上腹斜弧，下腹残。颈部素面，颈腹间有一泥饼，上腹饰麻点纹，有烟炱。口径14、残高6.8厘米（图4-665，6）。

标本H291：10，夹砂红陶。侈口，圆唇，矮领，束颈，上腹斜弧，下腹残。颈部素面，上腹饰麻点纹，有烟炱。口径12、残高5.8厘米（图4-665，7）。

标本H291：11，夹砂橙黄陶。侈口，方唇，高领，束颈，颈部以下残。唇面有一道凹槽，颈部饰斜向篮纹。口径24、残高5厘米（图4-665，8）。

标本H291：12，泥质橙黄陶。侈口，方唇，高领，束颈，颈部以下残。唇面有一道凹槽，颈部素面磨光且有刮抹痕迹，内壁素面磨光。口径22.4、残高3.6厘米（图4-665，9）。

标本H291：13，夹砂橙黄陶。侈口，圆唇，高领，束颈，颈部以下残。颈部饰斜向篮纹。口径14、残高3.8厘米（图4-665，10）。

标本H291：14，夹砂橙黄陶。侈口，圆唇，矮领，束颈，上腹斜，下腹残。颈部素面，有烟炱。口径12、残高4.6厘米（图4-665，11）。

标本H291：15，夹砂橙黄陶。侈口，圆唇，矮领，束颈，上腹斜，下腹残。颈部素面，有烟炱。口径9.6、残高5.4厘米（图4-665，12）。

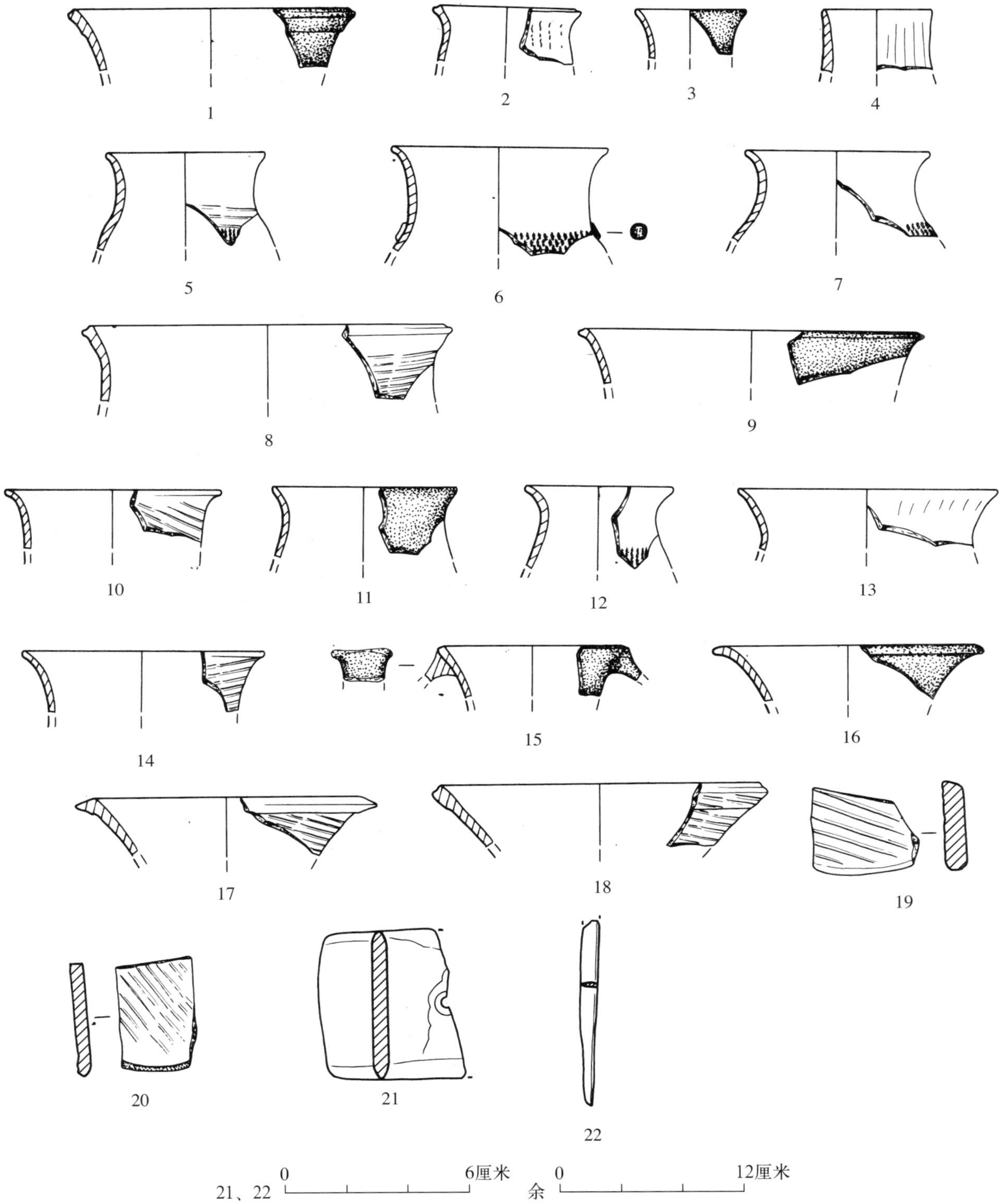

图4-665　H291出土遗物

1～14.圆腹罐H291：1、3、4、6、8～16、20　15.双耳罐H291：17　16、17.高领罐H291：2、5　18.盆H291：7　19、20.盘H291：18、19　21.石刀H291：21　22.骨器H291：22

标本H291：16，夹砂橙黄陶。侈口，尖唇，矮领，束颈，颈部以下残。颈部饰竖向篮纹，纹饰有磨平痕迹。口径16.8、残高4厘米（图4-665，13）。

标本H291：20，夹砂橙黄陶。侈口，圆唇，高领，束颈，颈部以下残。颈部饰斜向篮纹。口径15.6、残高4厘米（图4-665，14）。

双耳罐　1件。

标本H291：17，夹砂灰陶。侈口，方唇，口部以下残。拱形残耳，器表素面。口径12、残高3.4厘米（图4-665，15）。

高领罐　2件。

标本H291：2，泥质红陶。喇叭口，圆唇，高领，束颈，颈部以下残。颈部及内壁素面磨光。口径16、残高3.6厘米（图4-665，16）。

标本H291：5，泥质橙黄陶。喇叭口，平沿，尖唇，高领，束颈，颈部以下残。口沿外侧有一周折棱，颈部饰斜向篮纹，内壁素面磨光，有烟炱。口径17.2、残高3.8厘米（图4-665，17）。

盆　1件。

标本H291：7，泥质橙黄陶。敞口，方唇，斜直腹，底残。唇面有一道凹槽，器表通体饰斜向篮纹。口径21.2、残高4厘米（图4-665，18）。

盘　2件。

标本H291：18，夹砂橙黄陶。边缘弧，一面素面，一面饰斜向篮纹。残长7、残宽6厘米（图4-665，19）。

标本H291：19，夹砂橙黄陶。边缘弧，一面素面，一面饰宽篮纹。残长5、残宽7.6厘米（图4-665，20）。

石刀　1件。

标本H291：21，一半残，石英岩。基部及侧边平直，双面磨刃，残断处有一残孔。刃残长4.2厘米，刃角40°，器身残长4.5、宽5厘米（图4-665，21；彩版二三二，3）。

骨器　1件。

标本H291：22，动物骨骼磨制而成，扁平长条状，器身磨制光滑，上宽下窄，一端残，一端磨制精细。器身残长6.1、宽0.6、厚0.2厘米（图4-665，22；彩版二三二，4）。

281. H292

H292位于ⅡT0602东北角，部分压于北隔梁下，部分延伸至ⅡT0603，开口于第⑤层下，被H281打破（图4-666；彩版二三三，1）。根据遗迹暴露部分推测H292平面近椭圆形，口部边缘形态较明显，底部边缘形态较明显，剖面呈筒状，斜壁，未见工具痕迹，坑底平整。坑口南北0.84、东西1.88、坑底东西1.00、深0.86～0.95米。坑内堆积可分两层，第①层厚0.15～0.42米，土色浅黄色，土质疏松，包含少量黑色斑点和草木灰，水平状堆积。第②层厚0.45～0.56米，土色浅灰色，土质疏松，水平状堆积。

坑内出土少量陶片和零星兽骨和石块。

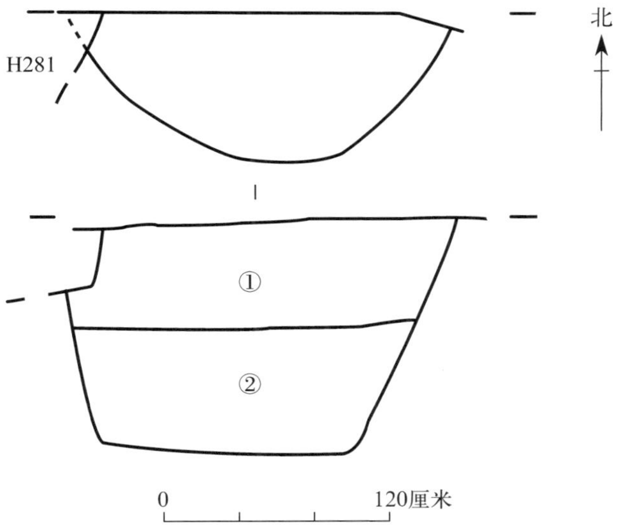

图4-666　H292平、剖面图

（1）H292①层

出土少量陶片，以腹部残片为主，可辨器形有圆腹罐、盆（表 4-1161、1162），另出土陶刀1 件。

表4-1161　H292①层器形数量统计表

器形 \ 陶质 / 陶色	泥质				夹砂				合计
	红	橙黄	灰	黑	红	橙黄	灰	黑	
圆腹罐					1				1
盆						1			1

表4-1162　H292①层陶片统计表

纹饰 \ 陶质 / 陶色	泥质				夹砂				合计
	橙黄	灰	红	灰底黑彩	橙黄	灰	红	褐	
素面	9	7			3				19
绳纹		1							1
篮纹	8				6				14
麻点纹					14				14
篮纹＋麻点纹					2				2

圆腹罐　1 件。

标本H292①：2，夹砂红陶。侈口，圆唇，高领，束颈，上腹斜弧，下腹残。颈部饰横向篮纹，上腹饰麻点纹，有烟炱。口径 14.8、残高 9 厘米（图 4-667，1）。

盆　1 件。

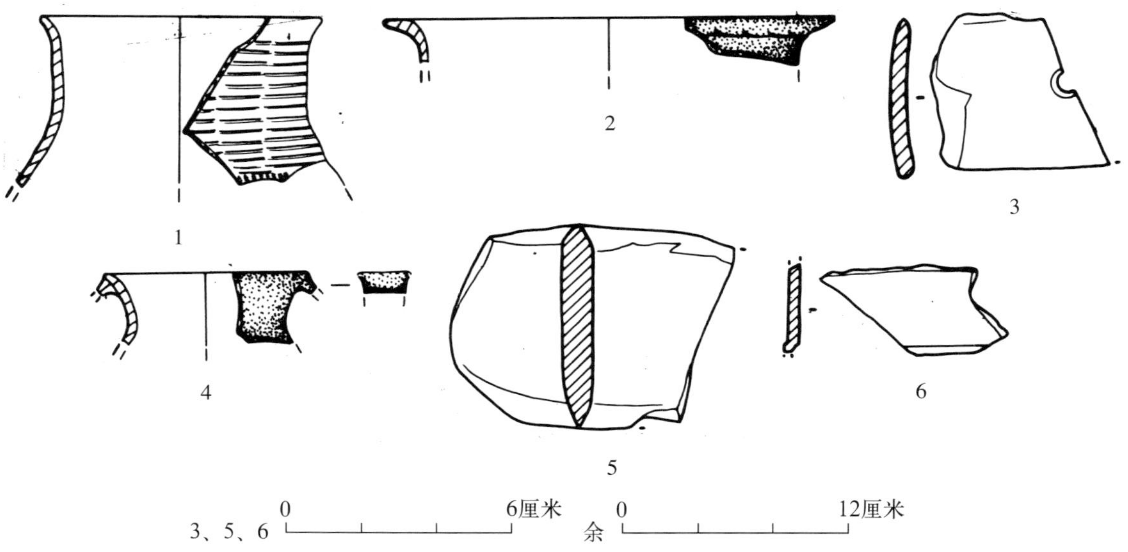

图4-667　H292出土遗物

1.圆腹罐H292①：2　2.盆H292①：1　3.陶刀H292①：3　4.双耳罐H292②：1　5.石刀H292②：3　6.玉料H292②：2

标本H292①：1，夹砂橙黄陶。敞口，平沿，圆唇，上腹直，下腹残。口沿外侧有一周折棱，上腹素面，有烟炱。口径 24、残高 2.6 厘米（图 4-667，2）。

陶刀　1 件。

标本H292①：3，泥质橙黄陶。陶片打磨而成，平基部，两侧边残，双面磨刃，器表素面磨光，残断处有一残孔。刃残长 1.3 厘米，刃角 27°，器身残长 4.5、宽 4.3 厘米（图 4-667，3）。

（2）H292②层

出土少量陶片，以腹部残片为主，可辨器形有双耳罐，另出土石刀 1 件、玉料 1 件（表 4-1163、1164）。

表4-1163　H292②层器形数量统计表

陶质／陶色／器形	泥质				夹砂				合计
	红	橙黄	灰	黑	红	橙黄	灰	黑	
双耳罐			1						1

表4-1164　H292②层陶片统计表

陶质／陶色／纹饰	泥质				夹砂				合计
	橙黄	灰	红	灰底黑彩	橙黄	灰	红	褐	
素面	2	2	1						5
绳纹					2				2
篮纹	3								3
麻点纹					8				8
戳印纹			1						1

双耳罐　1件。

标本H292②：1，泥质灰陶。侈口，圆唇，矮领，束颈，拱形残耳，器身通体素面磨光。口径10.8、残高3.6厘米（图4-667，4）。

石刀　1件。

标本H292②：3，石英岩。器表粗磨，基部打制痕迹明显，器身有一钻孔痕迹，双面刃，刃部先打制后磨。刃残长2.4厘米，刃角45°，器身残长7.2、宽4.6厘米（图4-667，5；彩版二三四，1）。

玉料　1件。

标本H292②：2，墨绿色泛黄，较平直光滑，边缘有切割痕迹。残长5、残宽2.5、厚0.4厘米（图4-667，6；彩版二三四，2）。

282. H293

H293位于ⅡT1005西部，开口于第⑤层下（图4-668）。根据遗迹暴露部分推测H293平面近椭圆形，口部边缘形态明显，底部边缘形态明显，剖面呈筒状，斜直壁，未见工具痕迹，坑底平整。坑口东西1.25、南北4.00、坑底南北3.70、坑深1.00～1.10米。坑内堆积可分两层，第①层厚0.32～0.62米，土色浅黄色，土质疏松，坡状堆积。第②层厚0.30～0.76米，土色浅灰色，土质疏松，坡状堆积。

坑内出土少量陶片、石块、兽骨。

（1）H293①层

出土少量陶片，以腹部残片为主，可辨器形有高领罐，另出土骨针1件（表4-1165、1166）。

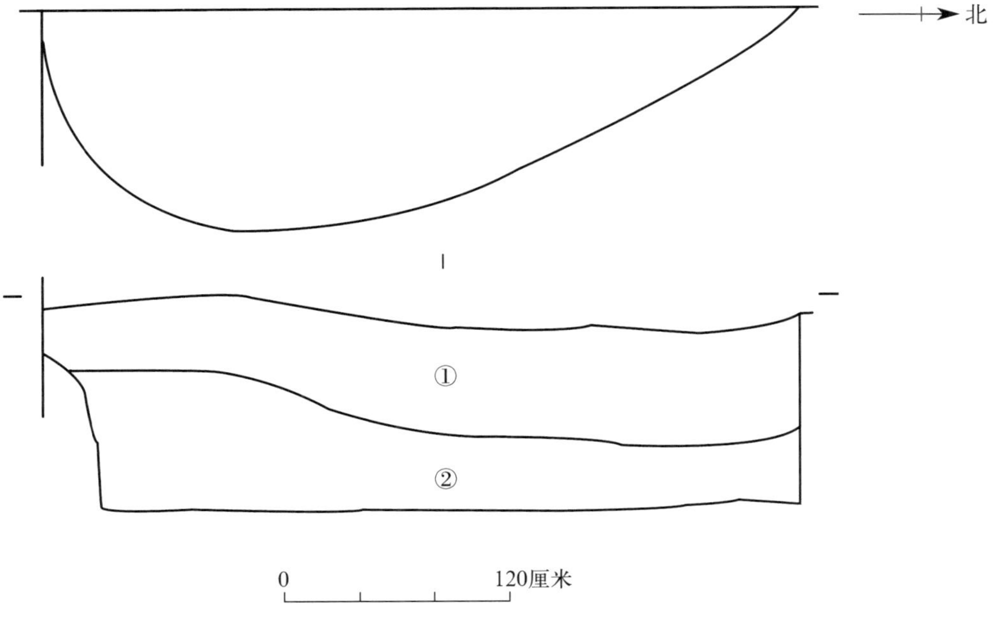

图4-668　H293平、剖面图

表4-1165 H293①层器形数量统计表

器形＼陶质/陶色	泥质				夹砂				合计
	红	橙黄	灰	黑	红	橙黄	灰	黑	
高领罐		1							1

表4-1166 H293①层陶片统计表

纹饰＼陶质/陶色	泥质				夹砂				合计
	橙黄	灰	红	灰底黑彩	橙黄	灰	红	褐	
素面		3			1				4
绳纹	1								1
篮纹	2								2
麻点纹					7				7
压印纹＋篮纹	1								1
交错篮纹	1								1
交错绳纹		1							1

高领罐　1件。

标本H293①：2，泥质橙黄陶。敞口，方唇，斜腹微弧，底残。口沿外侧有一周折棱，折棱之上饰斜向篮纹，腹部饰横向篮纹。口径32.2、残高6.8厘米（图4-669，1）。

骨针　1件。

标本H293①：1，动物骨骼磨制而成，呈圆柱状，器表粗磨，尾端扁平状，尖端残。残长12.6、直径0.3厘米（图4-669，2）。

（2）H293②层

出土少量陶片，以腹部残片为主，可辨器形有花边罐、盆，另出土玉器1件、骨锥1件、蚌壳1件（表4-1167、1168）。

表4-1167 H293②层器形数量统计表

器形＼陶质/陶色	泥质				夹砂				合计
	红	橙黄	灰	黑	红	橙黄	灰	黑	
花边罐						2			2
盆	1	2	1						4

表4-1168 H293②层陶片统计表

纹饰＼陶质/陶色	泥质				夹砂				合计
	橙黄	灰	红	灰底黑彩	橙黄	灰	红	褐	
素面	9	2	6		9				26
篮纹	4	2	6		2				14
麻点纹					37				37

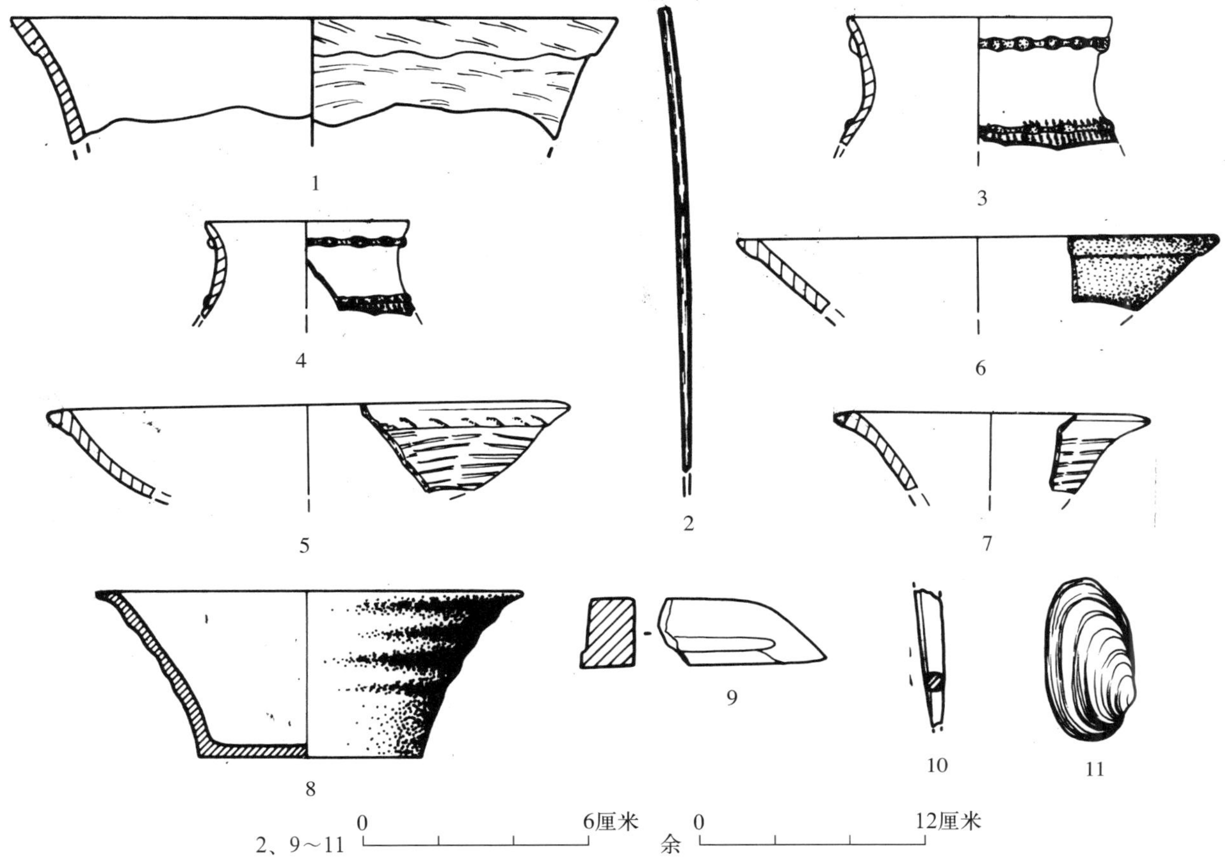

图4-669　H293出土遗物

1.高领罐H293①：2　2.骨针H293①：1　3、4.花边罐H293②：1、3　5～8.盆H293②：4～7　9.玉器H293②：2　10.骨锥H293②：8　11.蚌壳H293②：9

续表

纹饰＼陶色＼陶质	泥质				夹砂				合计
	橙黄	灰	红	灰底黑彩	橙黄	灰	红	褐	
席纹					1				1
戳印纹					1				1
交错篮纹	1								1
篮纹＋麻点纹					1				1

花边罐　2件。

标本H293②：1，夹砂橙黄陶。侈口，尖唇，高领，束颈，上腹斜弧，下腹残。口沿外侧及上腹各饰一周附加泥条，泥条经手指按压呈波状，颈部素面，上腹饰竖向绳纹。口径14、残高6.8厘米（图4-669，3）。

标本H293②：3，夹砂橙黄陶。侈口，尖唇，矮领，束颈，上腹斜弧，下腹残。口沿外侧及上腹各饰一周附加泥条，泥条经手指按压呈波状，颈部素面，上腹饰竖向绳纹，有烟炱。口径10.8、残高5厘米（图4-669，4）。

盆　4件。

标本H293②：4，泥质灰陶。敞口，平沿，尖唇，弧腹，底残。口沿外侧有一周折棱，腹部饰斜向篮纹，内壁素面磨光且有刮抹痕迹。口径25.6、残高4.8厘米（图4–669，5；彩版二三四，3）。

标本H293②：5，泥质橙黄陶。敞口，平沿，尖唇，斜直腹，底残。口沿外侧有一周折棱，器表素面，内壁素面磨光。口径25.6、残高4厘米（图4–669，6）。

标本H293②：6，泥质橙黄陶。敞口，平沿，尖唇，斜腹微弧，底残。腹部饰斜向篮纹，内壁素面磨光且有刮抹痕迹。口径14.4、残高4.2厘米（图4–669，7）。

标本H293②：7，泥质红陶。敞口，窄平沿，圆唇，深斜腹，平底。腹部素面，泥条盘筑痕迹明显。口径22.8、高9、底径12厘米（图4–669，8）。

玉器　1件。

标本H293②：2，米黄色，长条方柱状，器身光滑，一端残，一端磨制斜面似刃部，一侧边平直，一侧边有切割痕迹，器身残长4.3、宽1.8、厚1.4厘米（图4–669，9）。

骨锥　1件。

标本H293②：8，动物骨骼磨制而成，圆柱状，仅存锥尖部分，锥尖略残。残长3.7、直径0.7厘米（图4–669，10；彩版二三四，4）。

蚌壳　1件。

标本H293②：9，椭圆形，器身未见钻孔。长4.4、宽2.4厘米（图4–669，11；彩版二三四，5）。

283. H294

H294位于ⅡT0602东北部，部分延伸至北隔梁下，开口于第⑤层下，被H292、H290、H281、H289打破（图4–670；彩版二三三，2）。遗迹现存部分平面呈不规则状，口部边缘形态不明显，底部边缘形态不明显，剖面呈袋状，直壁，未见工具痕迹，坑底平整。坑口东西2.04、南北1.96、深0.6～0.92米。坑内堆积可分三层，第①层厚0.28～0.52米，土色浅褐色，土质疏松，坡状堆积。第②层厚0.48～0.72米，土色浅黄色，土质致密，坡状堆积。第③层厚0.04～0.20米，土色灰色，土质疏松，坡状堆积。

坑内出土零星陶片和石块、兽骨。

（1）H294①层

出土少量陶片，以腹部残片为主，可辨器形有圆腹罐、双耳罐、大口罐、盆（表4–1169、1170）。

表4–1169　H294①层器形数量统计表

器形＼陶质/陶色	泥质				夹砂				合计
	红	橙黄	灰	褐	红	橙黄	灰	黑	
圆腹罐						2			2

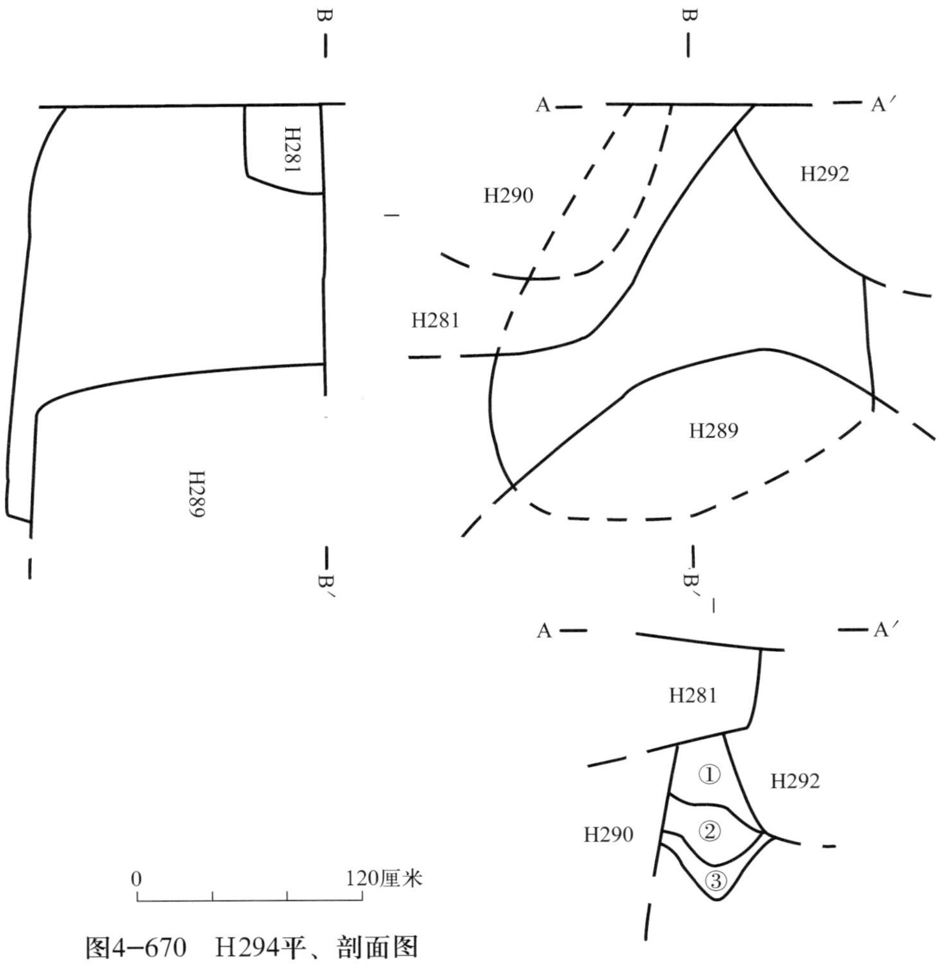

图4-670　H294平、剖面图

续表

器形＼陶质/陶色	泥质				夹砂				合计
	红	橙黄	灰	褐	红	橙黄	灰	黑	
双耳罐						1			1
大口罐		1							1
盆		1		1					2

表4-1170　H294①层陶片统计表

纹饰＼陶质/陶色	泥质				夹砂				合计
	橙黄	灰	红	灰底黑彩	橙黄	灰	红	褐	
素面	7	6	9		2				24
绳纹					1				1
篮纹	6		3		3		1		13
麻点纹					14				14
篮纹＋绳纹					1				1

圆腹罐 2件。

标本H294①：2，夹砂橙黄陶。侈口，方唇，高领，束颈，颈部以下残。唇面有一周凹槽，颈部饰斜向篮纹。口径32、残高6.6厘米（图4-671，1）。

标本H294①：4，夹砂橙黄陶。侈口，圆唇，矮领，束颈，颈部以下残。颈部素面，有烟炱。口径19.2、残高4.6厘米（图4-671，2）。

双耳罐 1件。

标本H294①：3，夹砂橙黄陶。侈口，圆唇，高领，束颈，上腹鼓，下腹残。拱形双耳，颈部素面，上腹饰竖向刻划纹。口径16、残高9.4厘米（图4-671，3）。

大口罐 1件。

标本H294①：6，泥质橙黄陶。侈口，微卷沿，圆唇，束颈，颈部以下残。颈部饰横向篮纹。口径26.4、残高3.6厘米（图4-671，4）。

盆 2件。

标本H294①：1，泥质橙黄陶。敞口，圆唇，斜直腹，底残。器表素面。口径26.8、残高4.4厘米（图4-671，5）。

标本H294①：5，泥质褐陶。敞口，方唇，斜弧腹，底残。器表素面，内壁素面磨光。口径25.2、残高5厘米（图4-671，6）。

（2）H294③层

出土陶刀1件。

陶刀 1件。

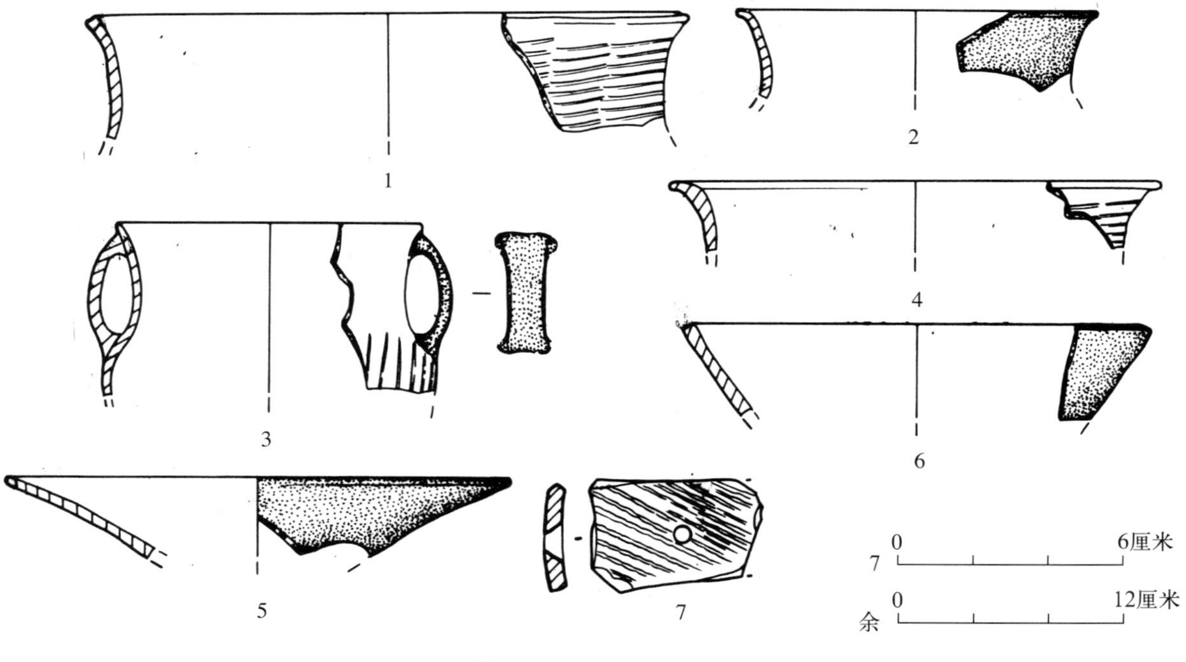

图4-671 H294出土遗物

1、2.圆腹罐H294①：2、4 3.双耳罐H294①：3 4.大口罐H294①：6 5、6.盆H294①：1、5 7.陶刀H294③：1

标本H294③：1，夹砂红陶。半成品，近长方形，器身有一钻孔。器表饰斜向绳纹。孔径0.5、器身残长4.5、残宽3.1厘米（图4-671，7；彩版二三五，1）。

284. H295

H295位于ⅡT1006东南角，开口于第⑤层下，被H288打破（图4-672；彩版二三五，3）。根据遗迹现存部分推测H295平面呈椭圆形，口部边缘形态明显，底部边缘形态不明显，剖面呈筒状，斜直壁，未见工具痕迹，底部北高南低略呈坡状。坑口东西2.28、南北0.4～1.25、坑底南北1.12、深1.20米。坑内堆积未分层，土色浅黄色，土质较致密，水平状堆积。

坑内出土少量陶片，零星石块、兽骨，陶片以腹部残片为主，可辨器形有花边罐，另出土石凿1件（表4-1171、1172）。

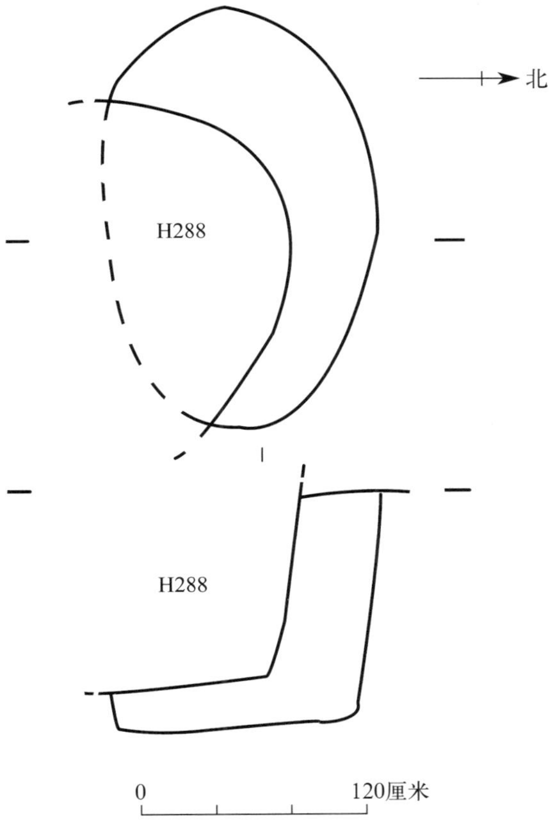

图4-672　H295平、剖面图

表4-1171　H295器形数量统计表

器形 \ 陶质/陶色	泥质				夹砂				合计
	红	橙黄	灰	黑	红	橙黄	灰	黑	
花边罐						1			1

表4-1172　H295陶片统计表

纹饰 \ 陶色 \ 陶质	泥质				夹砂				合计
	橙黄	灰	红	灰底黑彩	橙黄	灰	红	褐	
素面	15		4		7				26
绳纹					8				8
麻点纹					34				34

花边罐　1件。

标本H295：1，夹砂橙黄陶。侈口，圆唇，矮领，束颈，颈部以下残。口沿外侧饰一周附加泥条，泥条之上饰戳印纹，颈部饰竖向篮纹。口径17.6、残高4.2厘米（图4-673，1）。

石凿　1件。

标本H295：2，石英岩。长方形，上窄下宽，器表磨制精细，平基部，两侧边平直，刃部残，基宽3.6、器身长7.8、宽4、厚1.5厘米（图4-673，2；彩版二三五，2）。

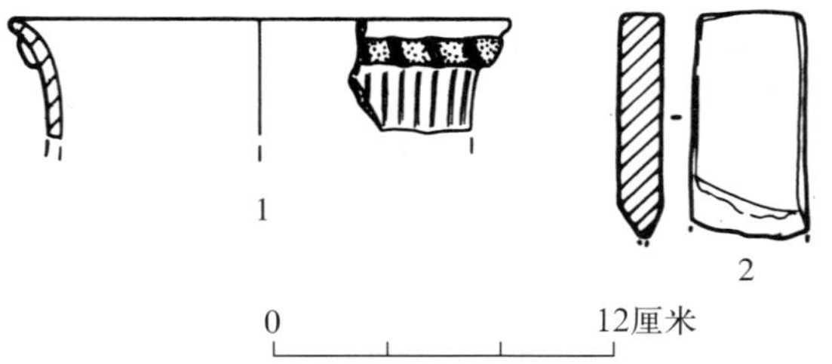

图4-673　H295出土遗物

1.花边罐H295：1　2.石凿H295：2

285. H296

H296位于ⅡT0603西部，开口于第⑤层下，被H292、H289打破（图4-674；彩版二三五，4）。遗迹现存部分平面呈不规则状，口部边缘形态明显，底部边缘形态明显，剖面呈筒状，斜直壁，坑底呈斜坡状。坑口东西1.32、南北2.34、坑底南北1.80、深0.76～1.10米。坑内堆积未分层，土色浅褐色，土质较疏松，包含零星黄色小斑点，坡状堆积。

坑内出土少量陶片、石块，陶片以陶器腹部残片为主，无可辨器形标本，所以不具体介绍，只进行陶系统计（表4-1173）。

表4-1173　H296陶片统计表

纹饰 \ 陶色 \ 陶质	泥质				夹砂				合计
	橙黄	灰	红	灰底黑彩	橙黄	灰	红	褐	
素面	2	1			3				6
篮纹	3				2				5
麻点纹					6				6
篮纹＋麻点纹＋附加堆纹					1				1
篮纹＋麻点纹					2				2

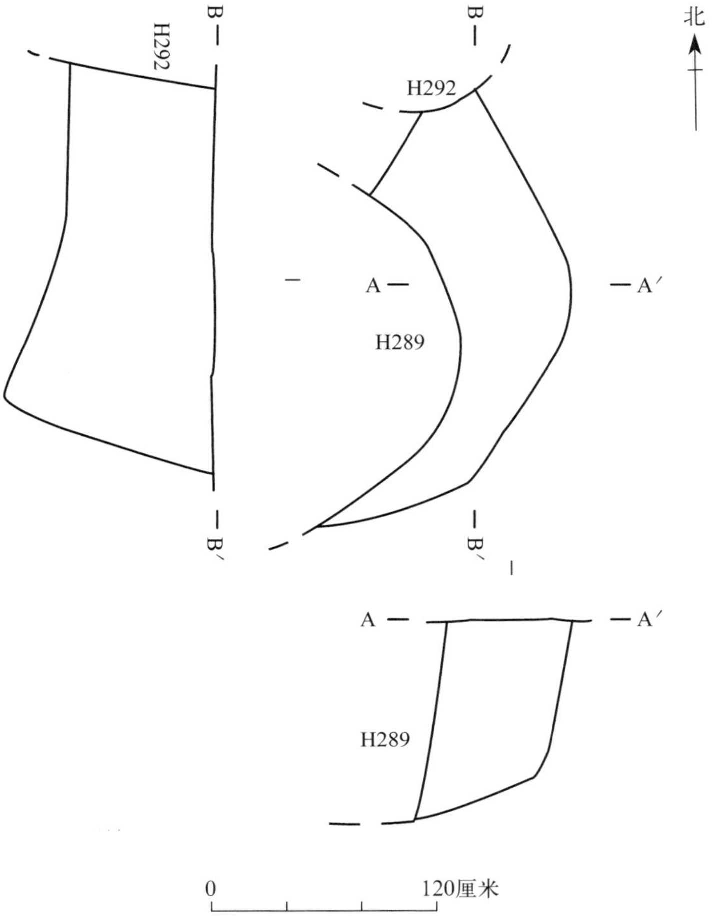

图4–674　H296平、剖面图

286. H297

H297位于ⅡT0805东南部，开口于第④层下（图4–675）。平面呈圆形，口部边缘形态明显，底部边缘形态明显，剖面呈袋状，斜直壁，未见工具痕迹，底面平整。坑口南北1.17、东西1.23、坑底东西1.81、深1.50米。坑内堆积未分层，土色浅褐色，土质较疏松，水平状堆积，包含零星草木灰和红烧土颗粒。

坑内出土少量陶片和石块、兽骨，陶片以陶器腹部残片为主，无可辨器形标本，所以不具体介绍，只进行陶系统计（表4–1174）。

表4–1174　H297陶片统计表

陶质	泥质				夹砂				合计
纹饰＼陶色	橙黄	灰	红	灰底黑彩	橙黄	灰	红	褐	
素面	5	2	3		7				17
绳纹		1			6				7
篮纹	3	1	2		2				8

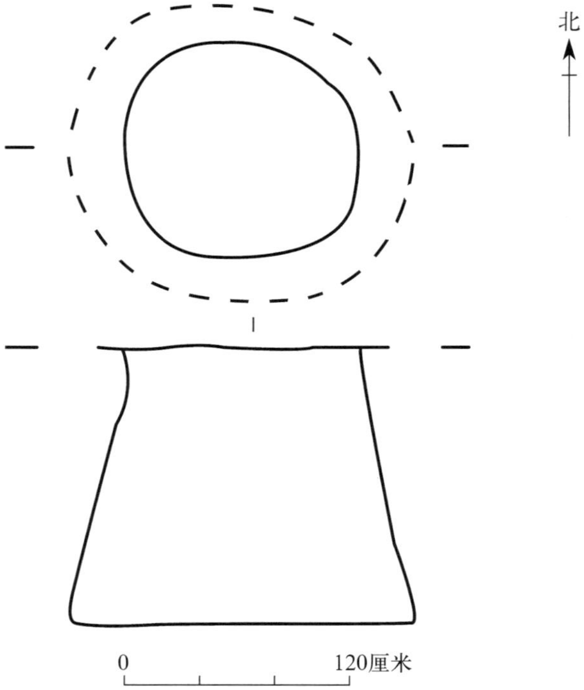

图4-675　H297平、剖面图

287. H298

H298 位于ⅡT1007 西南部，开口于第⑤层下（图 4-676）。平面呈椭圆形，口部边缘形态明显，底部边缘形态明显，剖面呈袋状，斜直壁，未见工具痕迹，坑底平整。坑口东西 1.04、

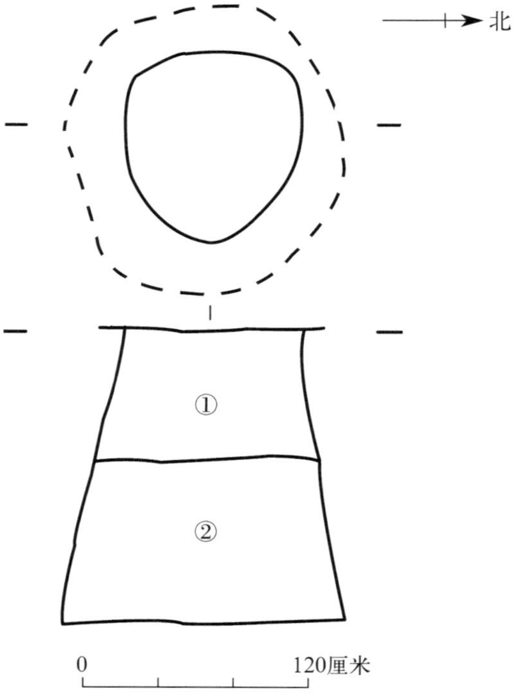

图4-676　H298平、剖面图

南北0.94、坑底南北1.48、深1.58米。坑内堆积可分两层，第①层厚0.68～0.72米，土色深灰色，土质较疏松，水平状堆积。第②层厚0.86～0.88米，土色深灰色，土质较疏松，水平状堆积。

坑内出土少量陶片、石块、兽骨，出土陶纺轮1件、骨镞1件，陶片以陶器腹部残片为主，无可辨器形标本，所以不具体介绍，只进行陶系统计（表4-1175）。

表4-1175　H298②层陶片统计表

陶质/陶色/纹饰	泥质				夹砂				合计
	橙黄	灰	红	灰底黑彩	橙黄	灰	红	褐	
素面	3		2		6				11
绳纹		1			5				6
篮纹	3		2		2				7

陶纺轮　1件。

标本H298②：1，泥质灰陶。圆饼状，中间厚于边缘，中心有一管钻孔，器表素面，直径7.8、残宽3.6、厚2.2厘米（图4-677，1；彩版二三六，1）。

骨镞　1件。

标本H298②：2，动物骨骼磨制而成，锋部呈扁平菱形，磨制精细且尖锐，铤部呈圆柱状。长7、宽1.8厘米（图4-677，2；彩版二三六，2）。

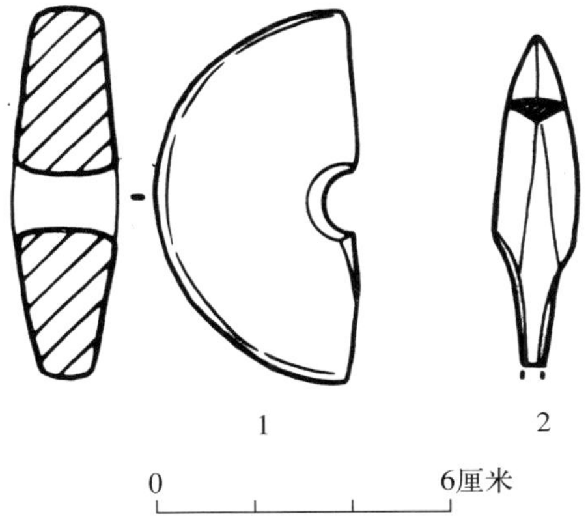

图4-677　H298出土遗物

1.陶纺轮H298②：1　2.骨镞H298②：2

288. H299

H299位于ⅡT1005北部，部分压于北隔梁下，开口于第⑤层下，被H280打破（图4-678；彩版二三六，3）。根据遗迹暴露部分推测H299平面近椭圆形，口部边缘形态较明显，底部边缘不明显，剖面呈锅状，斜弧壁，未见工具痕迹，坑底圜状。坑口东西1.66、南北0.76、深0.96米。坑内堆积未分层，土色浅灰色，土质疏松，凹镜状堆积。

坑内出土少量陶片，以陶器腹部残片为主，无可辨器形标本，所以不具体介绍，只进行陶系统计（表4-1176）。

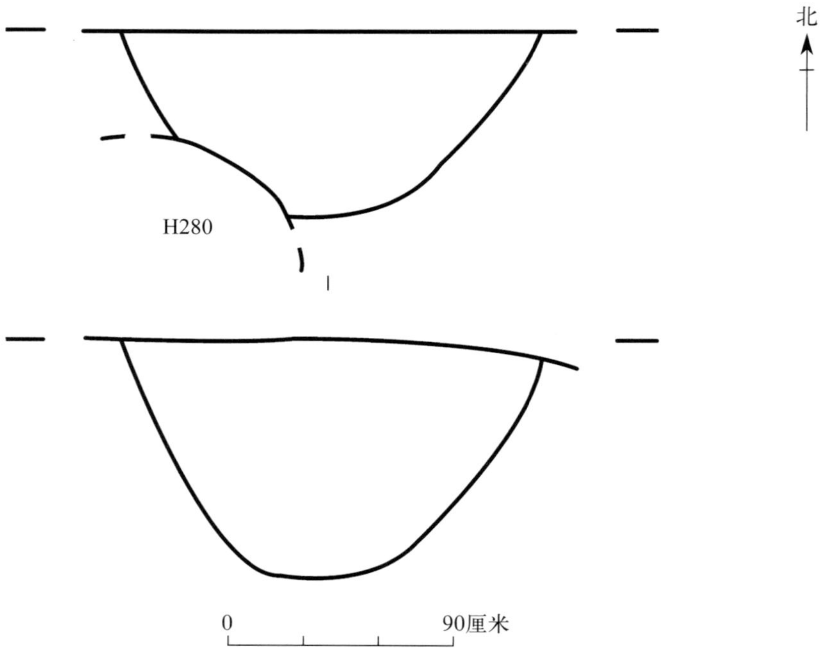

图4-678　H299平、剖面图

表4-1176　H299陶片统计表

纹饰 \ 陶质/陶色	泥质				夹砂				合计
	橙黄	灰	红	灰底黑彩	橙黄	灰	红	褐	
素面	3		1		3				7
绳纹		1			3				4
篮纹	2		2		3				7

289. H300

H300位于ⅡT0603西部，大部分延伸至ⅡT0602内，开口于第⑤层下，被H294、H289、H296打破（图4-679；彩版二三七，1）。根据遗迹现存部分推测H300平面呈椭圆形，口部边缘形态明显，底部边缘形态不明显，剖面呈筒状，斜直壁，未见工具痕迹，坑底平整。坑口东西2.13、坑底东西1.80、南北1.5、坑深0.70～1.04米。坑内堆积未分层，土色浅黄色，土质较疏松，包含零星炭粒和红烧土颗粒，水平状堆积。

坑内出土少量陶片、石块、兽骨，出土骨锥1件、鹿角1件。陶片以陶器腹部残片为主，无可辨器形标本，所以不具体介绍，只进行陶系统计（表4-1177）。

骨锥　1件。

标本H300：2，动物骨骼磨制而成，器身磨制光滑，柄部呈扁平状，中腰至尖部渐收磨制呈尖，锥尖略残。器身残长14、直径1厘米（图4-680，2；彩版二三七，2）。

鹿角　1件。

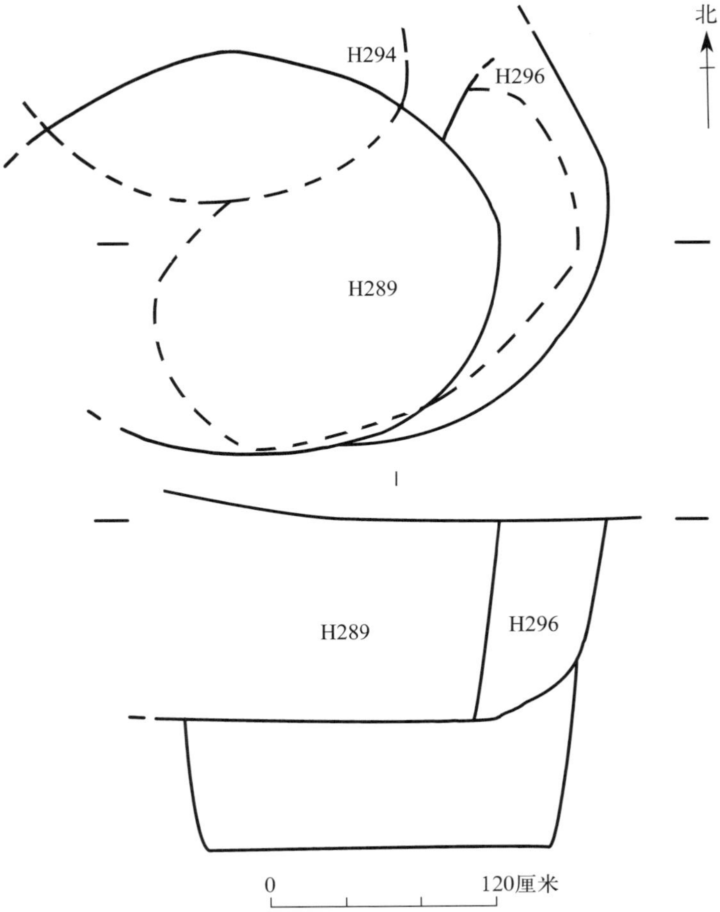

图4-679　H300平、剖面图

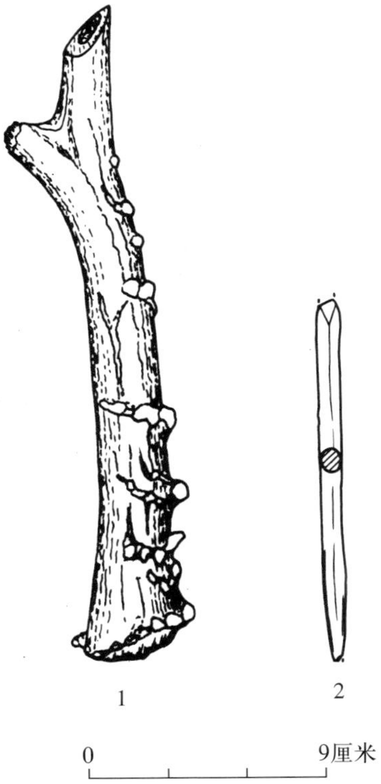

图4-680　H300出土遗物

1.鹿角H300：1　2.骨锥H300：2

表4-1177　H300陶片统计表

陶质 陶色 纹饰	泥质				夹砂				合计
	橙黄	灰	红	灰底黑彩	橙黄	灰	红	褐	
素面	1				6				7
绳纹	1				1				2
篮纹					6				6
麻点纹					10				10
附加堆纹＋麻点纹					3				3

标本H300：1，两个枝杈均残，其中一个分杈有切割痕迹，主支杆保留原角的棱和纹理。总长25.4厘米（图4-680，1；彩版二三七，3）。

290. H301

H301位于ⅡT0603西北角，部分叠压于北壁下，开口于第⑤层下，被H292、H296、H284打破（图4-681）。平面呈不规则状，口部边缘形态明显，底部边缘形态明显，剖面略呈袋状，斜

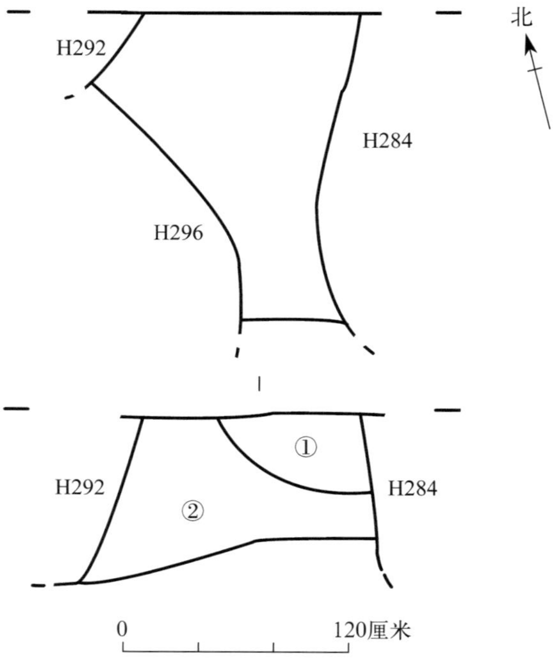

图4-681 H301平、剖面图

壁，未见工具痕迹，底面东高西低呈坡状。坑口南北 1.70、东西 0.44～1.48、坑底东西 1.60、深 0.65～0.90 米。坑内堆积可分两层，第①层厚 0～0.40 米，土色浅灰色，土质较疏松，包含少量植物根茎，坡状堆积。第②层厚 0.25～0.90 米，土色浅褐色，土质较疏松，不规则状堆积。

出土少量陶片。

（1）H301①层

出土少量陶片，以腹片为主，可辨器形有双耳罐（表 4-1178、1179）。

表4-1178 H301①层器形数量统计表

器形 \ 陶质/陶色	泥质				夹砂				合计
	红	橙黄	灰	黑	红	橙黄	灰	黑	
双耳罐						1			1

表4-1179 H301①层陶片统计表

纹饰 \ 陶质/陶色	泥质				夹砂				合计
	橙黄	灰	红	灰底黑彩	橙黄	灰	红	褐	
素面	1				9				10
麻点纹					2				2
戳印纹＋刻划纹						1			1

双耳罐 1 件。

标本H301①：1，夹砂橙黄陶。侈口，圆唇，矮领，束颈，圆腹，底残。拱形双耳。耳面饰戳印纹，颈部素面，腹部饰交错刻划纹，有烟炱。口径 8.8、残高 7.6 厘米（图 4-682，1）。

（2）H301②层

出土少量陶片，以腹片为主，可辨器形有圆腹罐（表 4-1180、1181）。

圆腹罐　1 件。

标本H301②：1，夹砂灰陶。侈口，方唇，矮领，束颈，圆腹，平底内凹，颈部素面有一道折线，腹部饰横向篮纹。口径 28、高 33.6、底径 14.4 厘米（图 4-682，2；彩版二三八，1）。

表4-1180　H301②层器形数量统计表

陶质 / 陶色 / 器形	泥质				夹砂				合计
	红	橙黄	灰	黑	红	橙黄	灰	黑	
圆腹罐							1		1

表4-1181　H301②层陶片统计表

陶质 / 陶色 / 纹饰	泥质				夹砂				合计
	橙黄	灰	红	灰底黑彩	橙黄	灰	红	褐	
素面	9								9
麻点纹					4				4
篮纹＋麻点纹					1				1

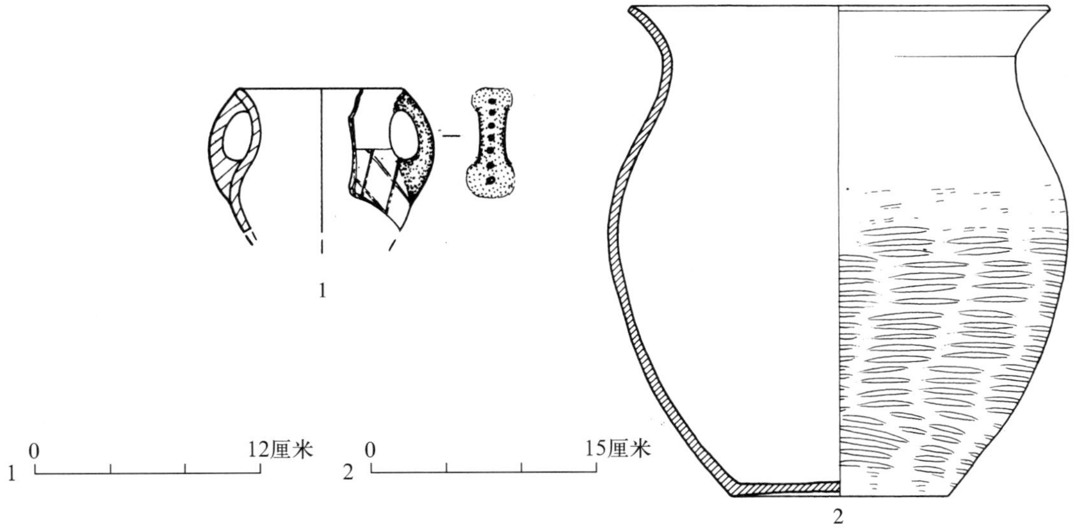

图4-682　H301出土遗物

1.双耳罐H301①：1　2.圆腹罐H301②：1

291. H302

H302 位于ⅡT0902 东南部，开口于第④层下（图 4-683；彩版二三八，2）。平面呈圆形，口部边缘形态明显，底部边缘形态明显，剖面呈筒状，直壁，未见工具痕迹，坑底平整。坑口南北 0.85、东西 0.90、坑底东西 0.84、深 0.96 米。坑内堆积未分层，土色浅灰色，土质疏松，包含零星黑色斑点，水平状堆积。

出土少量陶片，以腹片为主，可辨器形有圆腹罐（表 4-1182、1183）。

表4-1182 H302器形数量统计表

器形 \ 陶质/陶色	泥质				夹砂				合计
	红	橙黄	灰	黑	红	橙黄	灰	黑	
圆腹罐		1							1

表4-1183 H302陶片统计表

纹饰 \ 陶质/陶色	泥质				夹砂				合计
	橙黄	灰	红	灰底黑彩	橙黄	灰	红	褐	
素面	6	1	4						11
篮纹		1			2		1		4
麻点纹					27				27
交错篮纹			1						1
篮纹＋绳纹							1		1

圆腹罐 1 件。

标本H302：1，泥质橙黄陶。侈口，方唇，高领，束颈，颈部以下残。口沿外侧有一周折棱，颈部素面。口径 18.8、残高 3.6 厘米（图 4-684）。

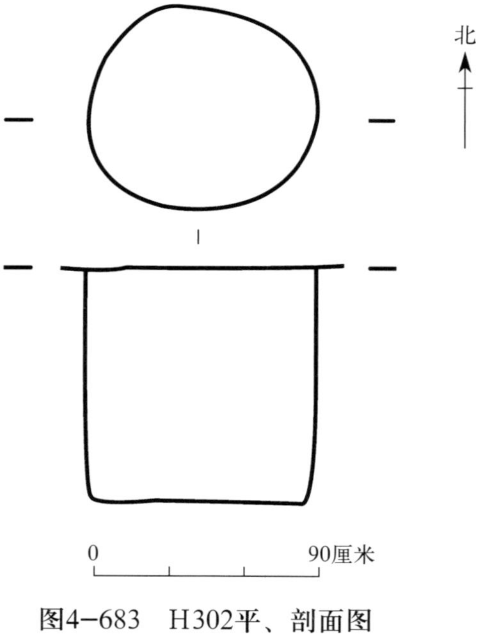

图4-683 H302平、剖面图

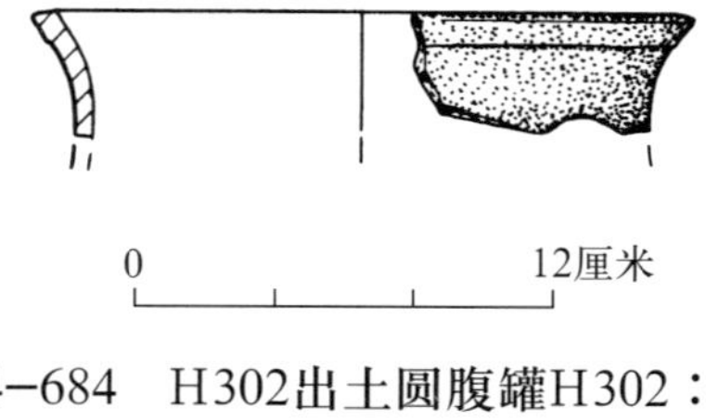

图4-684 H302出土圆腹罐H302：1

292. H303

H303 位于ⅡT1105 东北角，开口于第④层下（图 4-685；彩版二三八，3）。H303 平面呈椭圆形，口部边缘形态明显，底部边缘形态明显，剖面呈袋状，弧形壁，未见工具痕迹，坑底

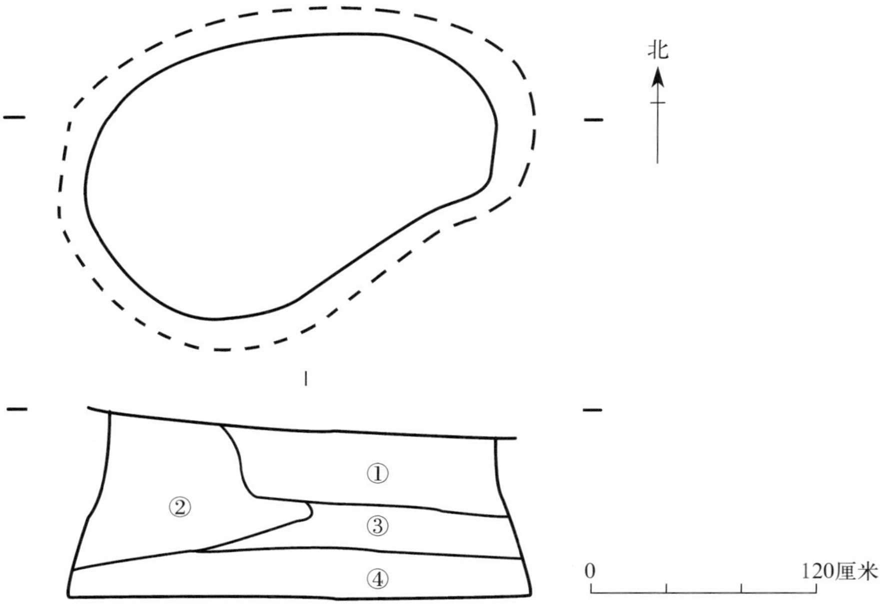

图4-685　H303平、剖面图

平整。坑口东西2.16、南北1.48、坑底东西2.46、深0.86～1.01米。坑内堆积可分四层，第①层厚0.40～0.44米，土色浅褐色，土质疏松，坡状堆积。第②层厚0.08～0.86米，土色浅灰色，土质致密，坡状堆积。第③层厚0～0.26米，土色深灰色，土质疏松，水平状堆积。第④层厚0.22～0.26米，土色浅灰色，土质较疏松，水平状堆积。

出土少量陶片和石块、兽骨。

（1）H303①层

出土少量陶片，以腹部残片为主，可辨器形有圆腹罐、单耳罐、双耳罐、盆（表4-1184、1185）。

表4-1184　H303①层器形数量统计表

陶质 / 陶色 / 器形	泥质				夹砂				合计
	红	橙黄	灰	黑	红	橙黄	灰	黑	
圆腹罐					2	2			4
单耳罐	1								1
盆					1	1			2
双耳罐	1								1

表4-1185　H303①层陶片统计表

陶质 / 陶色 / 纹饰	泥质				夹砂				合计
	橙黄	灰	红	灰底黑彩	橙黄	灰	红	褐	
素面	22	3	9		34				68
绳纹	3	1			24				28

续表

纹饰＼陶质陶色	泥质				夹砂				合计
	橙黄	灰	红	灰底黑彩	橙黄	灰	红	褐	
篮纹	11		5		2				18
麻点纹					23				23
附加堆纹					1				1

圆腹罐　4 件。

标本H303①：1，夹砂橙黄陶。侈口，圆唇，矮领，束颈，上腹斜弧，下腹残。颈部饰横向篮纹，上腹饰麻点纹。口径 12、残高 6.8 厘米（图 4-686，1）。

标本H303①：2，夹砂橙黄陶。侈口，圆唇，高领，微束颈，上腹圆弧，下腹残。颈部素面，上腹饰麻点纹。口径 11.6、残高 7.2 厘米（图 4-686，2）。

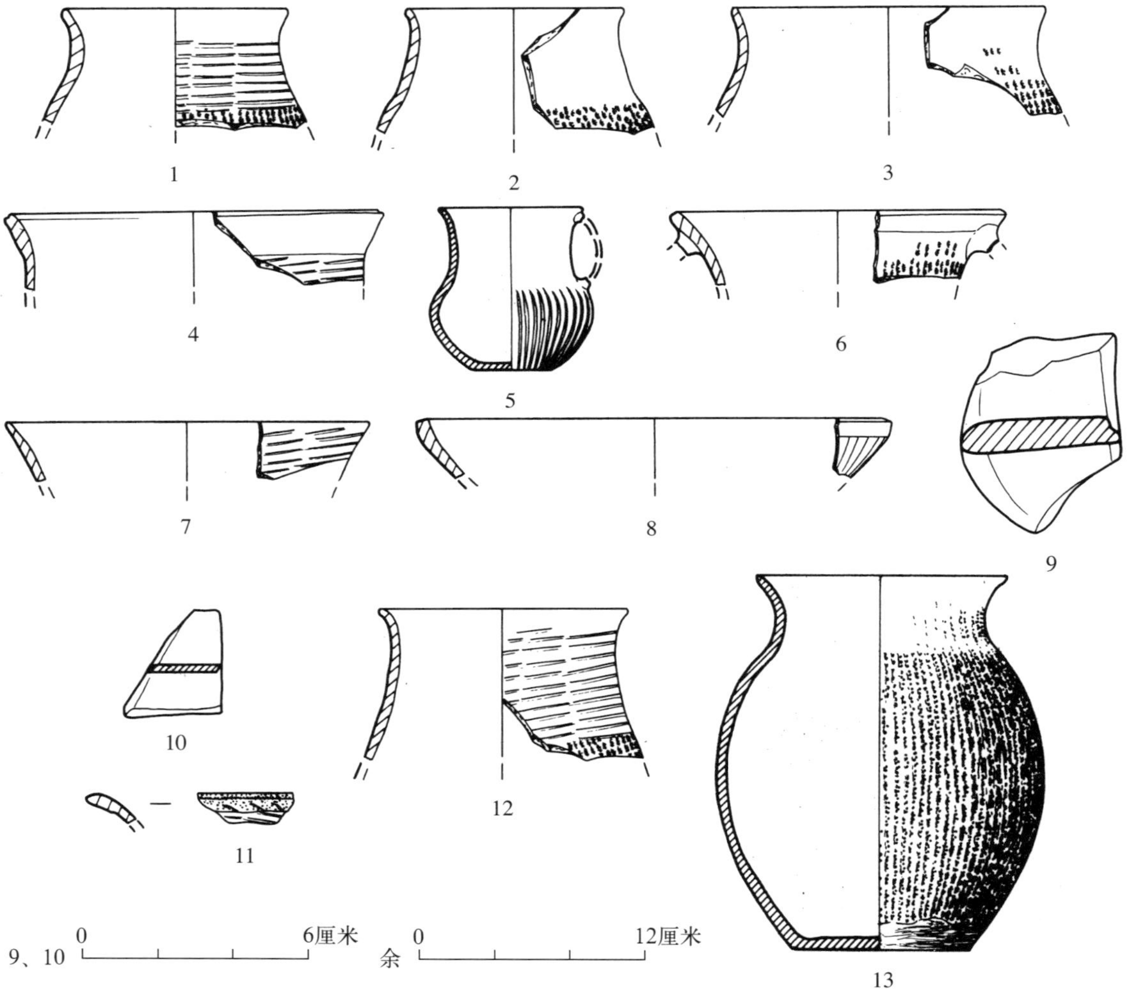

图4-686　H303出土遗物

1～4、12、13.圆腹罐H303①：1～3、7、H303④：1、2　5.单耳罐H303①：4　6.双耳罐H303①：8　7、8、11.盆H303①：5、6、H303③：1　9.石器H303②：1　10.石料H303②：2

标本H303①：3，夹砂红陶。侈口，圆唇，矮领，束颈，上腹斜弧，下腹残。器表饰麻点纹，有烟炱。口径16.8、残高6厘米（图4-686，3）。

标本H303①：7，夹砂红陶。侈口，方唇，高领，束颈，颈部以下残。唇面有一道凹槽，口沿外侧有一周折棱，颈部饰横向篮纹。口径20、残高4厘米（图4-686，4）。

单耳罐 1件。

标本H303①：4，泥质红陶。侈口，圆唇，高领，束颈，鼓腹，平底。耳残，颈部素面，腹部饰竖向刻划纹。口径7.8、高9、底径4.4厘米（图4-686，5；彩版二三九，1）。

双耳罐 1件。

标本H303①：8，泥质红陶。侈口，方唇，矮领，束颈，颈部以下残。耳残，口沿外侧有一周折棱，颈部饰竖向绳纹。口径18.4、残高3.8厘米（图4-686，6）。

盆 2件。

标本H303①：5，夹砂红陶。敞口，圆唇，斜直腹，底残。器表饰斜向篮纹。口径19.2、残高3.2厘米（图4-686，7）。

标本H303①：6，夹砂橙黄陶。敞口，方唇，弧腹，底残。口沿外侧有一周折棱，腹部饰竖向刻划纹。口径26.2、残高3.2厘米（图4-686，8）。

（2）H303②层

出土石器1件、石料1件。

石器 1件。

标本H303②：1，石英岩。黑色，器表磨制较光滑，残断处有切割痕迹。残长5.4、残宽4.3、厚0.9厘米（图4-686，9；彩版二三九，2）。

石料 1件。

标本H303②：2，石英岩。较平整，制作小石器材料。残长2.8、残宽2.6、厚0.2厘米（图4-686，10；彩版二三九，3）。

（3）H303③层

出土少量陶片，以腹部残片为主，可辨器形有盆（表4-1186、1187）。

表4-1186 H303③层器形数量统计表

器形 \ 陶质/陶色	泥质				夹砂				合计
	红	橙黄	灰	黑	红	橙黄	灰	黑	
盆		1							1

表4-1187 H303③层陶片统计表

纹饰 \ 陶质/陶色	泥质				夹砂				合计
	橙黄	灰	红	灰底黑彩	橙黄	灰	红	褐	
素面	1		1		6				8
绳纹					8				8

续表

纹饰＼陶质/陶色	泥质				夹砂				合计
	橙黄	灰	红	灰底黑彩	橙黄	灰	红	褐	
麻点纹					4				4
交错篮纹	2								2

盆　1件。

标本H303③：1，泥质橙黄陶。敞口，圆唇，口沿以下残。口沿外侧饰一周折棱，器表饰斜向篮纹。残高1.6、残宽5厘米（图4-686，11）。

（4）H303④层

出土少量陶片，以腹部残片为主，可辨器形有圆腹罐（表4-1188、1189）。

表4-1188　H303④层器形数量统计表

器形＼陶质/陶色	泥质				夹砂				合计
	红	橙黄	灰	黑	红	橙黄	灰	黑	
圆腹罐					1	1			2

表4-1189　H303④层陶片统计表

纹饰＼陶质/陶色	泥质				夹砂				合计
	橙黄	灰	红	灰底黑彩	橙黄	灰	红	褐	
素面	5				6				11
绳纹	2				11	1			14
篮纹					2				2
麻点纹					2				2
网格纹					1				1

圆腹罐　2件。

标本H303④：1，夹砂橙黄陶。侈口，圆唇，高领，微束颈，上腹斜，下腹残。颈部饰斜向篮纹，上腹饰麻点纹，有烟炱。口径13.2、残高8厘米（图4-686，12；彩版二三九，4）。

标本H303④：2，夹砂红陶。侈口，尖唇，矮领，束颈，圆腹，平底，器表通体饰麻点纹。口径13.4、高20.2、底径9.4厘米（图4-686，13）。

293. H304

H304位于ⅡT0705东隔梁下，东部延伸至T0706西部，开口于第⑤层下（图4-687；彩版二四〇，1）。平面呈圆形，口部边缘形态明显，底部边缘形态明显，剖面呈袋状，斜直壁，未见工具痕迹，坑底平整。坑口南北1.10、东西1.04、坑底东西1.20、深1.20米。坑内堆积可分两层，第①层厚0.60～0.70米，土色浅褐色，土质较疏松，包含黑色斑点，坡状堆积。第②层厚0.50～0.60米，土色浅灰色，土质较致密，包含少量草木灰和红烧土颗粒，水平状堆积。

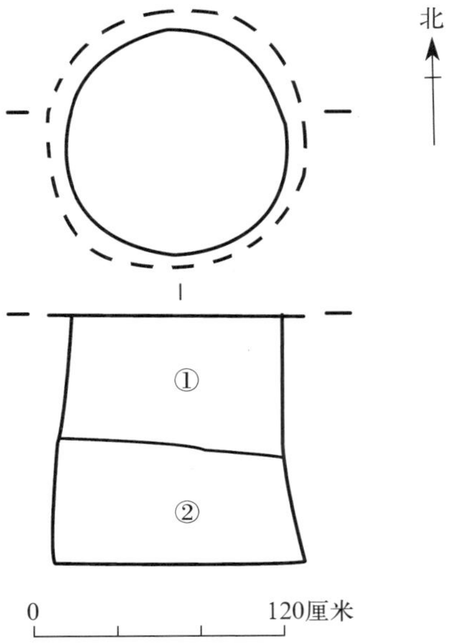

图4-687　H304平、剖面图

出土少量陶片（图 4B-631），以腹部残片为主，可辨器形有圆腹罐、花边罐、盆、斝（表 4-1190、1191）。

表4-1190　H304②层器形数量统计表

器形＼陶质/陶色	泥质				夹砂				合计
	红	橙黄	灰	黑	红	橙黄	灰	黑	
花边罐						2			2
圆腹罐					2	1			3
盆		1							1
斝						1			1

表4-1191　H304②层陶片统计表

纹饰＼陶质/陶色	泥质				夹砂				合计
	橙黄	灰	红	灰底黑彩	橙黄	灰	红	褐	
素面	3		2		5		1		11
绳纹					2				2
篮纹	6								6
麻点纹					11		1		12
席纹					1				1

圆腹罐　3 件。

标本H304②：2，夹砂橙黄陶。侈口，圆唇，矮领，束颈，上腹斜，下腹残。颈部素面，上腹饰竖向绳纹，有烟炱。口径 18、残高 6.4 厘米（图 4-688，1）。

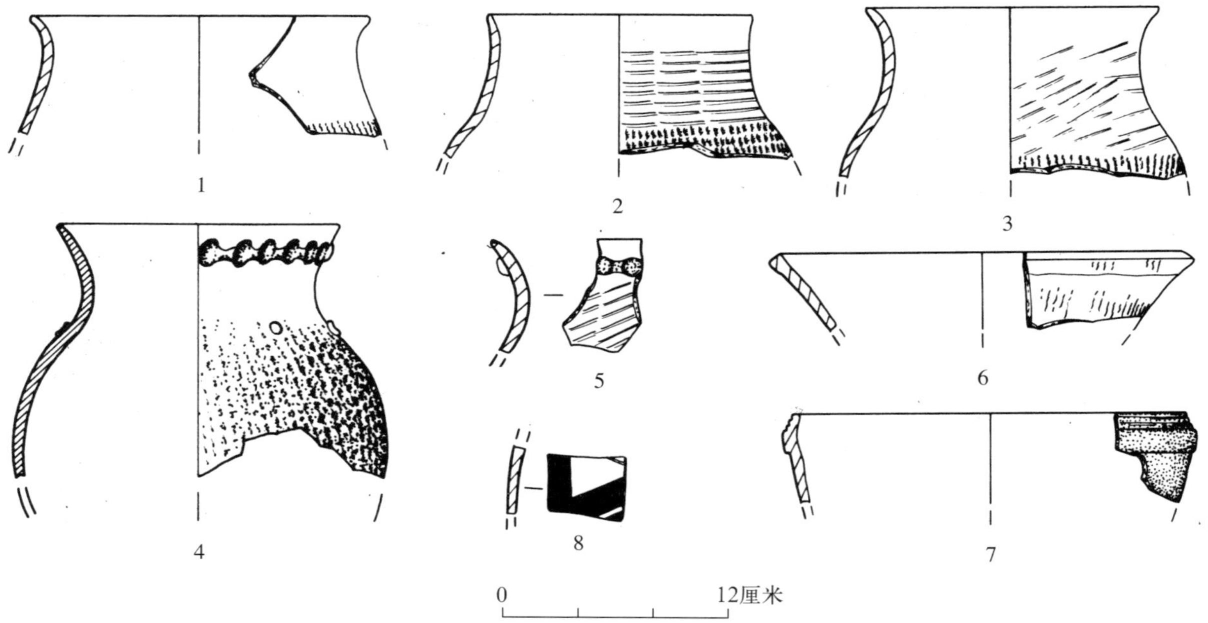

图4-688 H304出土遗物

1～3.圆腹罐H304②：2、4、5 4、5.花边罐H304②：1、7 6.盆H304②：3 7.斝H304②：6 8.彩陶片H304②：8

标本H304②：4，夹砂红陶。侈口，尖唇，高领，束颈，上腹圆弧，下腹残。颈部饰横向绳纹，上腹饰麻点纹，有烟炱。口径 14、残高 7.6 厘米（图 4-688，2）。

标本H304②：5，夹砂红陶。侈口，圆唇，高领，束颈，上腹圆，下腹残。颈部饰斜向篮纹，上腹饰竖向绳纹，有烟炱。口径 15.6、残高 9 厘米（图 4-688，3）。

花边罐 2 件。

标本H304②：1，夹砂橙黄陶。侈口，尖唇，矮领，束颈，圆腹，底残。口沿外侧饰一周附加泥条，泥条经手指按压呈波状，颈部素面，颈腹间饰圆形泥饼，上腹饰麻点纹，有烟炱。口径 15、残高 14 厘米（图 4-688，4）。

标本H304②：7，夹砂橙黄陶。侈口，尖唇，矮领，束颈，颈部以下残。口沿外侧饰一周附加泥条，泥条经手指按压呈波状，颈部饰斜向篮纹，有烟炱。残高 6、残宽 4.2 厘米（图 4-688，5）。

盆 1 件。

标本H304②：3，泥质橙黄陶。敞口，方唇，斜直腹，底残。口沿外侧有一周折棱，器表饰竖向绳纹。口径 22.4、残高 4.2 厘米（图 4-688，6）。

斝 1 件。

标本H304②：6，夹砂橙黄陶。敛口，圆唇，上腹斜直，下腹残。口外侧饰一周附加泥条，泥条上有三道凹槽，上腹素面，有烟炱。口径 20.8、残高 4.8 厘米（图 4-688，7）。

彩陶片 1 件。

标本H304②：8，泥质橙黄陶。素面磨光，器表饰宽条带形黑彩。残长 3.6、残宽 4.2 厘米（图 4-688，8）。

294. H305

H305 位于ⅡT1003 西南角，开口于第②层下（图 4–689；彩版二四〇，2）。平面呈椭圆形，口部边缘形态明显，底部边缘形态较明显，剖面呈坑状，斜壁，未见工具痕迹，坑底平整。坑口南北 1.55、东西 1.86、坑底东西 1.28、深 0.40 米。坑内堆积未分层，土色浅灰色，土质较疏松，包含少量草木灰，水平状堆积。

出土少量陶片，以腹部残片为主，可辨器形有圆腹罐（表 4–1192、1193）。

圆腹罐　1 件。

标本H305：1，夹砂红陶。侈口，圆唇，高领，束颈，颈部以下残。颈部素面。口径 15.2、残高 3.6 厘米（图 4–690）。

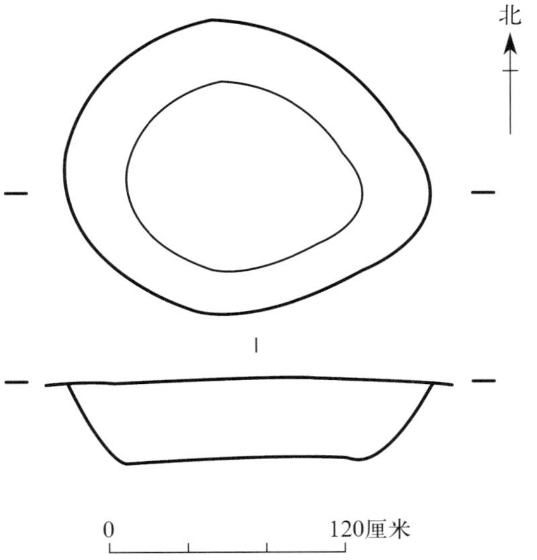

图4–689　H305平、剖面图

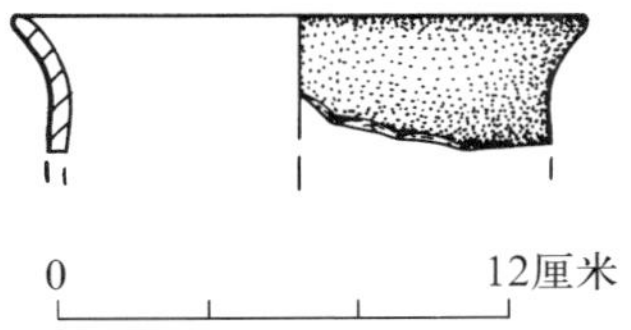

图4–690　H305出土圆腹罐H305：1

表4–1192　H305器形数量统计表

器形 \ 陶质/陶色	泥质				夹砂				合计
	红	橙黄	灰	黑	红	橙黄	灰	黑	
圆腹罐					1				1

表4–1193　H305陶片统计表

纹饰 \ 陶质/陶色	泥质				夹砂				合计
	橙黄	灰	红	灰底黑彩	橙黄	灰	红	褐	
素面	3	20							23
篮纹	3								3
麻点纹					7				7

295. H306

H306 位于ⅡT0902 东北部，开口于第④层下（图 4-691；彩版二四一，1）。平面呈圆形，口部边缘形态明显，底部边缘形态明显，剖面呈袋状，斜弧壁，未见工具痕迹，坑底平整。坑口南北 1.30、东西 1.16、坑底东西 1.25、深 1.20 米。坑内堆积未分层，土色浅灰色，土质疏松，水平状堆积。

出土少量陶片、石块，陶片以腹部残片为主，可辨器形有圆腹罐、花边罐（表 4-1194、1195）。

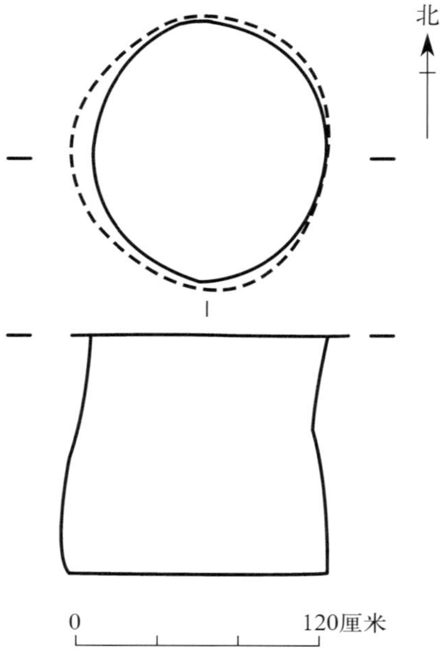

图4-691　H306平、剖面图

表4-1194　H306器形数量统计表

器形 \ 陶质/陶色	泥质				夹砂				合计
	红	橙黄	灰	黑	红	橙黄	灰	黑	
圆腹罐		1				1			2
花边罐					2				2

表4-1195　H306陶片统计表

纹饰 \ 陶质/陶色	泥质				夹砂				合计
	橙黄	灰	红	灰底黑彩	橙黄	灰	红	褐	
素面	25		2		8				35
绳纹	11				10				21
篮纹	13	2			2				17
麻点纹					63				63
篮纹＋麻点纹					1				1
附加堆纹	1				2				3

续表

纹饰＼陶质/陶色	泥质				夹砂				合计
	橙黄	灰	红	灰底黑彩	橙黄	灰	红	褐	
附加堆纹＋压印纹					2				2
篮纹＋绳纹					1				1
附加堆纹＋篮纹＋麻点纹					1				1

圆腹罐　2件。

标本H306：1，夹砂橙黄陶。侈口，方唇，矮领，束颈，颈部以下残。颈部素面。口径22、残高5.6厘米（图4－692，1）。

标本H306：4，夹砂橙黄陶。口部残，鼓腹，平底内凹。上腹素面，下腹饰交错篮纹，底面饰篮纹，有烟炱。残高6.6、底径4.8厘米（图4－692，2）。

花边罐　2件。

标本H306：2，夹砂红陶。侈口，尖唇，矮领，束颈，颈部以下残。口沿外侧饰一周附加泥条，泥条经手指按压呈波状，颈部饰斜向篮纹，篮纹之上饰圆形泥饼，有烟炱。口径14.4、残高5厘米（图4－692，3）。

标本H306：3，夹砂红陶。侈口，圆唇，矮领，束颈，上腹圆弧，下腹残。口沿外侧饰一周附加泥条，泥条经手指按压呈波状，颈部素面，上腹饰麻点纹。口径12、残高5厘米（图4－692，4）。

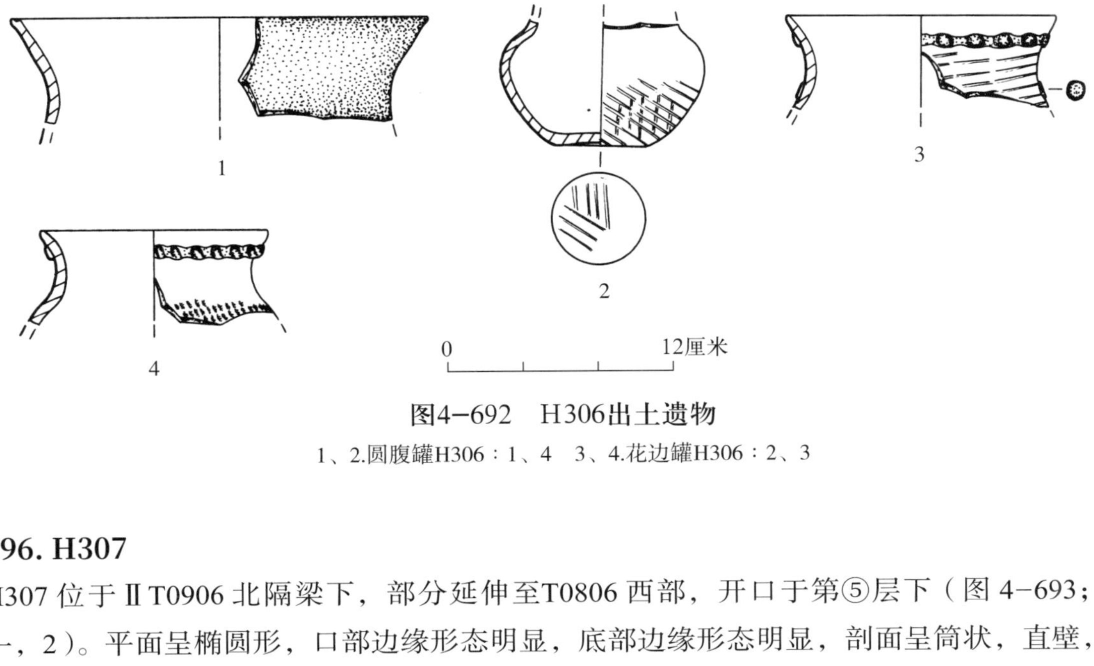

图4－692　H306出土遗物

1、2.圆腹罐H306：1、4　3、4.花边罐H306：2、3

296. H307

H307位于ⅡT0906北隔梁下，部分延伸至T0806西部，开口于第⑤层下（图4－693；彩版二四一，2）。平面呈椭圆形，口部边缘形态明显，底部边缘形态明显，剖面呈筒状，直壁，未见工具痕迹，坑底平整。坑口南北2.20、东西2.48、坑底南北2.08、深0.4～0.48米。坑内堆积未分层，土色灰褐色，土质疏松，水平堆积。

出土较多陶片，少量石块和兽骨，陶片以腹部残片为主，可辨器形有圆腹罐、方盘，另出土

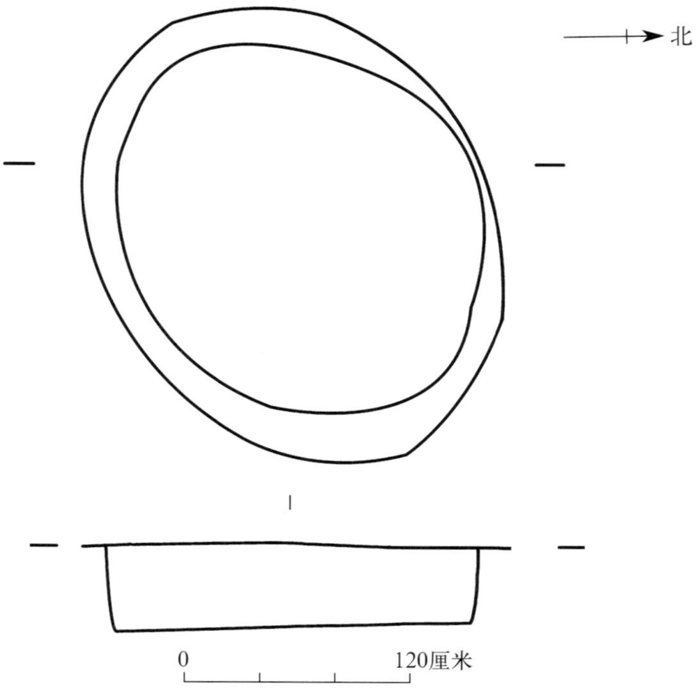

图4-693　H307平、剖面图

石料、骨锥（表 4-1196、1197）。

圆腹罐　1 件。

标本H307：1，夹砂红陶。口与上腹残，下腹圆弧，平底。下腹饰麻点纹。残高 8、底径 10.8 厘米（图 4-694，1）。

表4-1196　H307器形数量统计表

器形＼陶质/陶色	泥质				夹砂				合计
	红	橙黄	灰	黑	红	橙黄	灰	黑	
圆复罐					1				1
方盘						1			1

表4-1197　H307陶片统计表

纹饰＼陶质/陶色	泥质				夹砂				合计
	橙黄	灰	红	灰底黑彩	橙黄	灰	红	褐	
素面	18		2		12				32
绳纹	2				9		1		12
篮纹	13		4		3				20
麻点纹					35				35
附加堆纹					4				4

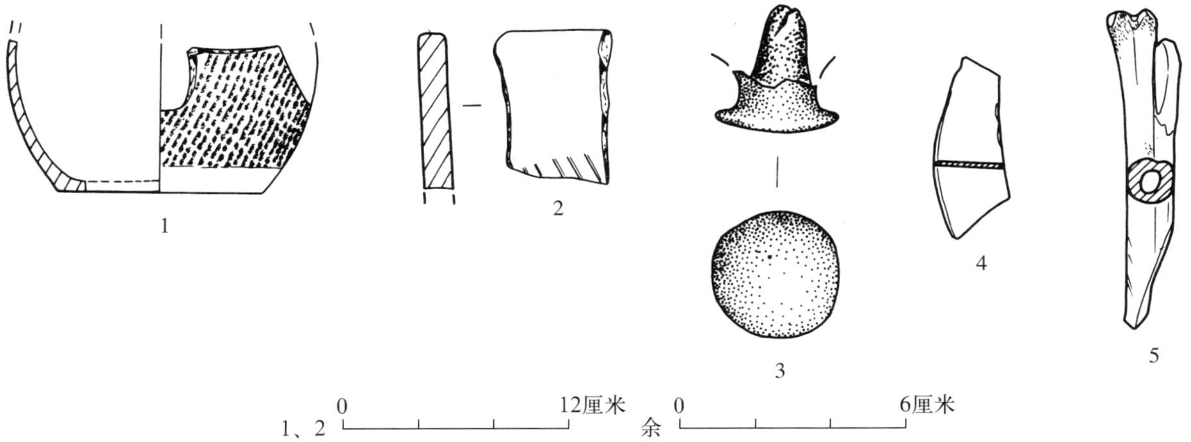

图4-694 H307出土遗物

1.圆腹罐H307：1 2.方盘H307：2 3.器纽H307：3 4.石料H307：4 5.骨锥H307：5

方盘 1件。

标本H307：2，夹砂橙黄陶。侧边方正，近边缘素面，中间饰斜向篮纹。残长6.4、残宽8.6厘米（图4-694，2）。

器纽 1件。

标本H307：3，夹砂红陶。呈钉帽状，圆形平顶，素面。残长3.5、宽3.3厘米（图4-694，3；彩版二四一，3）。

石料 1件。

标本H307：4，页岩。整体较平整，制作小石器材料。残长4.9、残宽2厘米（图4-694，4）。

骨锥 1件。

标本H307：5，动物肢骨磨制而成，内空，柄部系原骨关节，尖端残且磨制痕迹明显。残长8.6、直径1.2厘米（图4-694，5；彩版二四一，4）。

297. H308

H308位于ⅡT0905东北隔梁下，开口于第⑤层下（图4-695）。平面呈椭圆形，口部边缘形态较明显，底部边缘形态较不明显，剖面呈筒状，弧壁，未见工具痕迹，坑底北高南低呈坡状。坑口南北1.38、东西0.60、坑底南北1.18、深0.14～0.38米。坑内堆积未分层，土色浅灰色，土质较疏松，坡状堆积。

出土少量陶片和石块、兽骨，陶片以腹部残片为主，可辨器形有高领罐（表4-1198、1199）。

表4-1198 H308器形数量统计表

器形 \ 陶质/陶色	泥质				夹砂				合计
	红	橙黄	灰	黑	红	橙黄	灰	黑	
高领罐		1							1

表4-1199　H308陶片统计表

纹饰＼陶质/陶色	泥质				夹砂				合计
	橙黄	灰	红	灰底黑彩	橙黄	灰	红	褐	
素面	4				5				9
绳纹	1				7	1			9
篮纹	2	1	1						4
麻点纹					10				10

高领罐　1件。

标本H308：1，泥质橙黄陶。喇叭口，方唇，高领，束颈，颈部以下残。口沿外侧饰一周折棱，颈部素面，内壁素面磨光且有刮抹痕迹。口径23.2、残高4.4厘米（图4-696）。

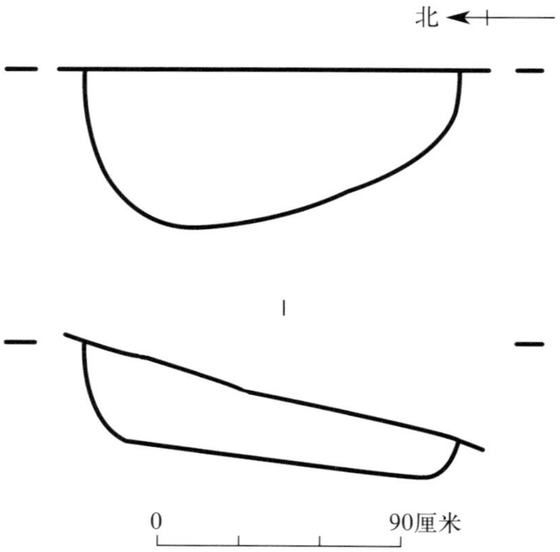

图4-695　H308平、剖面图

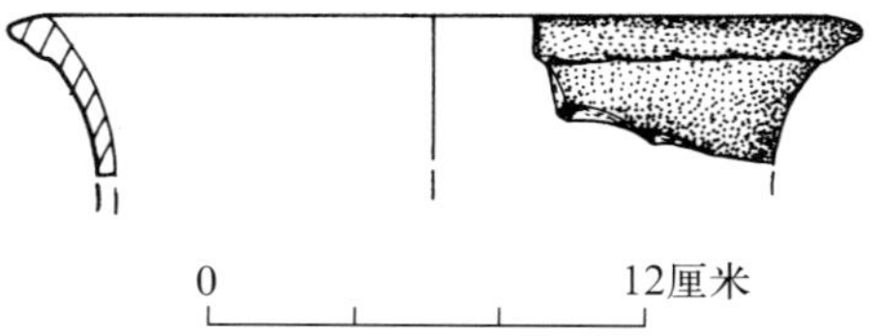

图4-696　H308出土高领罐H308：1

298. H309

H309位于ⅡT0603西北角，部分延伸至T0602东隔梁下，开口于第⑤层下，被H292、H301打破（图4-697；彩版二四二，1）。平面呈半圆形，口部边缘形态不明显，底部情况不详，剖面呈袋状，斜壁，未见工具痕迹，灰坑未清理到底。坑口东西约1.64、南北约0.24、清理深约0.92米。土色深黄色，土质较疏松，水平状堆积，包含少量植物根茎。

出土少量陶片，以陶器腹部残片为主，无可辨器形标本，所以不具体介绍，只进行陶系统计（表4-1200）。

表4-1200　H309陶片统计表

纹饰＼陶质/陶色	泥质				夹砂				合计
	橙黄	灰	红	灰底黑彩	橙黄	灰	红	褐	
素面	1				1				2

续表

纹饰＼陶色＼陶质	泥质				夹砂				合计
	橙黄	灰	红	灰底黑彩	橙黄	灰	红	褐	
麻点纹					5				5

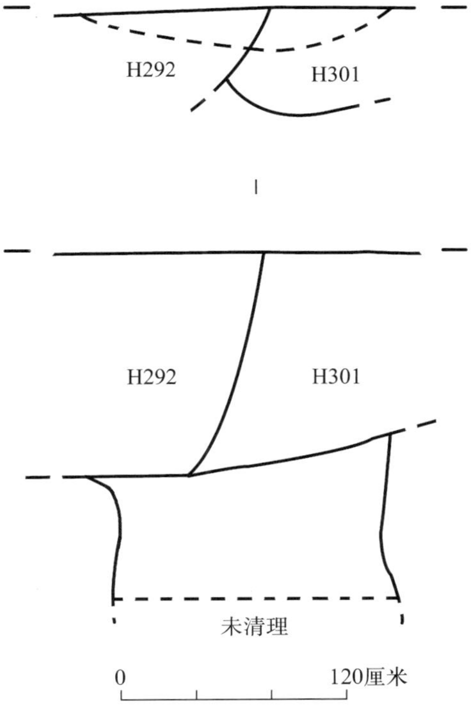

图4-697　H309平、剖面图

299. H310

H310位于ⅡT1105东部，开口于第④层下（图4-698；彩版二四二，2）。平面近圆形，口部边缘形态明显，底部边缘形态明显，剖面呈筒状，直壁，未见工具痕迹，坑底平整。坑口南北0.99、东西1.25、坑底南北0.90、深0.48米。坑内堆积未分层，土色浅灰色，土质疏松，水平状堆积。

出土少量陶片，以陶器腹部残片为主，无可辨器形标本，所以不具体介绍，只进行陶系统计（表4-1201）。

表4-1201　H310陶片统计表

纹饰＼陶色＼陶质	泥质				夹砂				合计
	橙黄	灰	红	灰底黑彩	橙黄	灰	红	褐	
素面	5		3		4				12
绳纹		1			6				7
篮纹	3	1	3		2				9

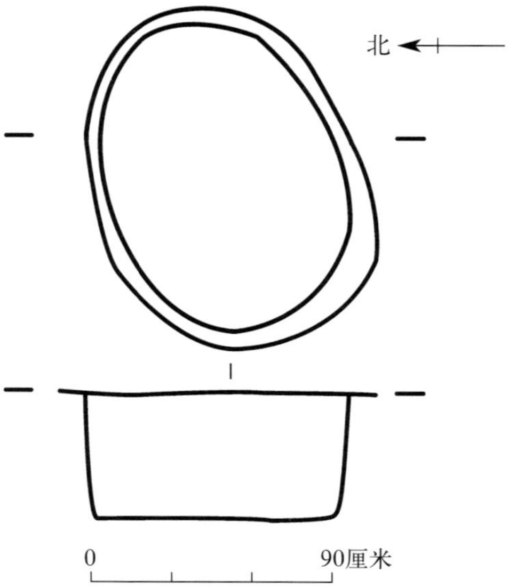

图4-698 H310平、剖面图

300. H311

H311 位于ⅡT0603 西北部，开口于第⑤层下，东部被H284 打破，西部被H309 打破（图4-699；彩版二四三，1）。根据H311 现残存部分推测H311 平面近圆形，口部边缘形态不明显，底部边缘形态不明显，剖面呈不规则状，斜弧壁，未见工具痕迹，坑底西高东低呈坡状。坑口东西残长约 1.36、南北最宽约 1.12、底部东西残长约 1.00、深 0.84～1.44 米。坑内堆积未分层，土

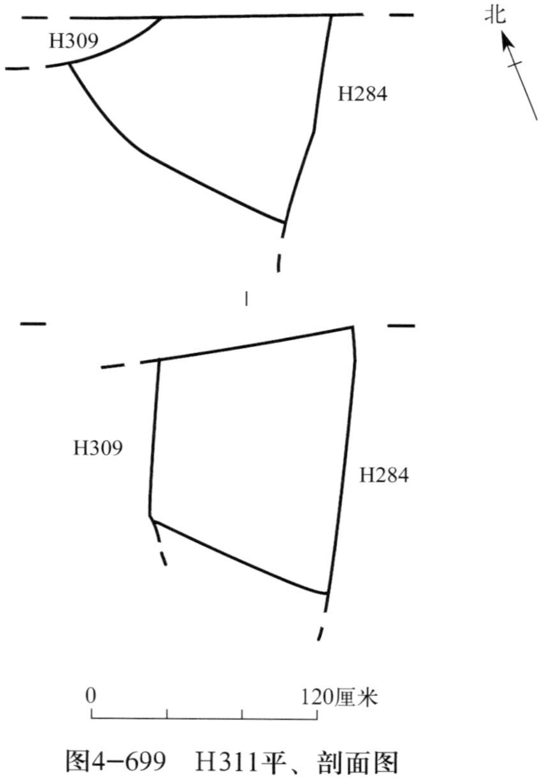

图4-699 H311平、剖面图

色浅黄色，土质较疏松，包含少量植物根茎，坡状堆积。

出土少量陶片、石器，出土石器1件。陶片以陶器腹部残片为主，无可辨器形标本，所以陶器标本不再介绍，只进行陶系统计（表4–1202）。

表4–1202　H311陶片统计表

纹饰＼陶质/陶色	泥质				夹砂				合计
	橙黄	灰	红	灰底黑彩	橙黄	灰	红	褐	
素面	4		1		2		1		8
篮纹＋麻点纹							1		1

石器　1件。

标本H311：1，石英岩。不规则状，器身有多个面，其中一面磨制平整且光滑，其余面未见打磨痕迹。长7.2、宽5.2、厚4.6厘米（图4–700）。

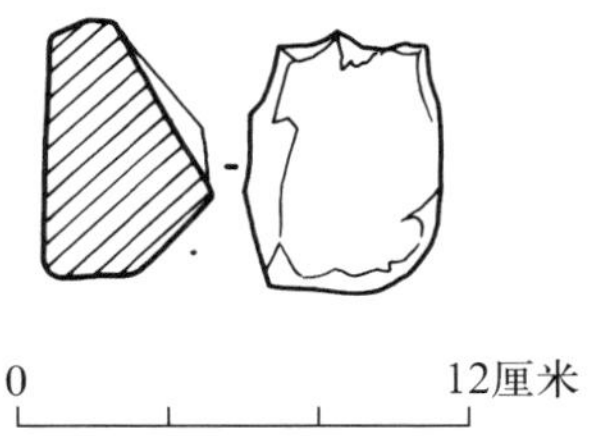

图4–700　H311出土石器H311：1

301. H312

H312位于ⅡT0902东南角，部分延伸至ⅡT0903、ⅡT1002、ⅡT1003探方内，开口于第④层下（图4–701；彩版二四三，2）。平面呈椭圆形，口部边缘形态明显，底部边缘形态明显，剖面略呈袋状，斜弧壁，未见工具痕迹，坑底平整。坑口南北4.30、东西4.25、深3.50米。坑内堆积可分十层，第①层厚0.15～0.73米，土色浅灰色，土质疏松，包含少量黑色斑点，凹镜状堆积，出土少量陶片和石块、兽骨，骨针、骨镞各1件。第②层厚0.45～0.60米，土色浅灰色，土质疏松，坡状堆积，出土少量陶片和石块、兽骨、石刀3件、石镞1件。第③层厚0.04～0.28米，土色浅黄色，土质疏松，坡状堆积，出土少量陶片和石块、兽骨、石镞、骨凿、兽牙、鹿角各1件。第④层厚0.23～0.50米，土色深灰色，土质疏松，坡状堆积，出土少量陶片和石块、兽骨、石刀1件、骨锥1件。第⑤层厚0～0.15米，土色浅深灰色，土质较疏松，坡状堆积，出土少量陶片和石块、兽骨，骨针1件。第⑥层厚0.15～0.40米，土色浅灰色，土质疏松，坡状堆积，出土少量陶片和石块、兽骨、石矛1件。第⑦层厚0.17～0.45米，土色浅灰色，土质疏松，坡状堆积，出土少量陶片和石块、兽骨，骨器1件。第⑧层厚0.35～0.95米，土色浅灰色，土质疏松，坡状堆积，出土少量陶片和石块、兽骨，骨针、骨凿、鹿角各1件、骨锥2件。第⑨层厚0.28～0.80米，土色浅灰色，土质疏松，坡状堆积，出土少量陶片和石块、兽骨、石料1件、石刀3件。第⑩层厚0.15～0.37米，土色浅灰色，土质疏松，坡状堆积。

出土少量陶片和石块、兽骨。

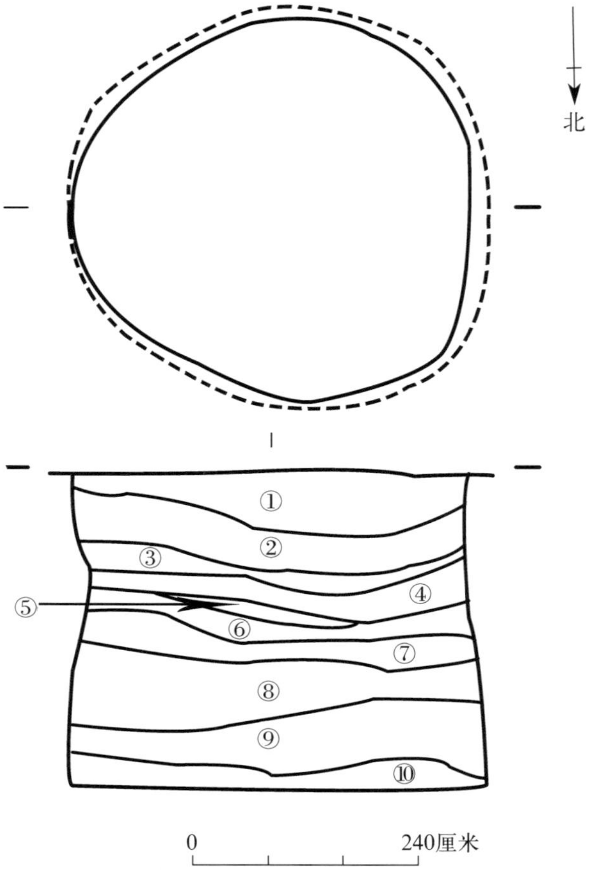

图4-701　H312平、剖面图

（1）H312①层

出土少量陶片，以腹部残片为主，可辨器形有圆腹罐、高领罐、盆，另出土石刀、骨镞、骨针各 1 件（表 4-1203、1204）。

表4-1203　H312①层器形数量统计表

器形 \ 陶质 / 陶色	泥质				夹砂				合计
	红	橙黄	灰	黑	红	橙黄	灰	黑	
圆腹罐						1			1
盆	1								1
高领罐	1								1

表4-1204　H312①层陶片统计表

纹饰 \ 陶质 / 陶色	泥质				夹砂				合计
	橙黄	灰	红	灰底黑彩	橙黄	灰	红	褐	
素面	31	2	7		19				59
绳纹	1		2		15				18
篮纹	26		3		11				40

续表

纹饰 \ 陶质/陶色	泥质				夹砂				合计
	橙黄	灰	红	灰底黑彩	橙黄	灰	红	褐	
麻点纹					69				69
刻划纹					1				1
篮纹 + 麻点纹					5				5
附加堆纹					1				1

圆腹罐 1件。

标本H312①：1，夹砂橙黄陶。侈口，圆唇，高领，束颈，颈部以下残。颈部饰横向篮纹，有烟炱。口径11.6、残高5.2厘米（图4–702，1）。

高领罐 1件。

标本H312①：3，泥质红陶。喇叭口，圆唇，口沿以下残。素面磨光。口径12、残高2.4厘米（图4–702，2）。

盆 1件。

标本H312①：2，泥质红陶。敞口，方唇，斜直腹，底残。腹部饰横向篮纹。口径19.6、残高3.6厘米（图4–702，3）。

石刀 1件。

标本H312①：5，石英岩。长方形，器表磨制精细，平基部，两侧边平直，近刃部有一对向钻孔，双面磨刃，孔径0.5厘米，刃长7.6厘米，刃角37°，器身长8.2、宽4厘米（图4–702，4；彩版二四四，1）。

骨镞 1件。

标本H312①：4，动物骨骼磨制而成，两端磨制呈尖，中腰呈圆柱状，锋部磨制成菱形，铤部磨制成柱状，器表磨制光滑。长6.4、宽0.6厘米（图4–702，5；彩版二四四，2）。

骨针 1件。

标本H312①：6，动物骨骼磨制而成，器表磨制光滑，尾端略残且有一小椭圆形钻孔，尖端磨制尖锐，器身长3.8、直径0.27厘米（图4–702，6；彩版二四四，3）。

（2）H312②层

出土大量陶片，以腹部残片为主，可辨器形有圆腹罐、花边罐、双耳罐、高领罐、大口罐、敛口罐、盆、盘、陶杯、尊，另出土石刀、石镞、骨凿、兽牙、鹿角（表4–1205、1206）。

表4–1205 H312②层器形数量统计表

器形 \ 陶质/陶色	泥质				夹砂				合计
	红	橙黄	灰	黑	红	橙黄	灰	黑	
高领罐	1	3				1			5
大口罐					1		1		2

续表

器形＼陶质/陶色	泥质				夹砂				合计
	红	橙黄	灰	黑	红	橙黄	灰	黑	
圆腹罐					1	7	1		9
盆	1	5							6
双耳罐	1								1
杯						1			1
盘						1			1
敛口罐	1								1
花边罐						1			1
尊	1								1

表4-1206 H312②层陶片统计表

纹饰＼陶质/陶色	泥质				夹砂				合计
	橙黄	灰	红	灰底黑彩	橙黄	灰	红	褐	
素面	135	24	29		39	3			230
绳纹	1				58	7			66
篮纹	137	11	6		33	2			189
麻点纹					275		4		279
戳印纹					2				2
篮纹＋麻点纹					17				17
交错绳纹	1								1
附加堆纹＋绳纹					2				2
席纹	1								1
刻划纹		1			8				9
附加堆纹＋麻点纹					6				6
篮纹＋绳纹					4				4
交错篮纹	6					1			7

圆腹罐 9件。

标本H312②：4，夹砂橙黄陶。侈口，圆唇，高领，束颈，颈部以下残。颈部饰横向篮纹，有烟炱。口径11.2、残高3.6厘米（图4-702，7）。

标本H312②：5，夹砂橙黄陶。侈口，方唇，高领，束颈，颈部以下残。颈部饰横向篮纹，有烟炱。口径14.4、残高7.4厘米（图4-702，8）。

标本H312②：8，夹砂橙黄陶。侈口，圆唇，高领，束颈，上腹圆，下腹残。颈部饰横向篮纹有刮抹痕迹，上腹饰麻点纹，有烟炱。口径14、残高8.4厘米（图4-702，9）。

标本H312②：15，夹砂红陶。侈口，圆唇，矮领，束颈，上腹圆，下腹残。器表饰麻点纹，有烟炱。口径11.2、残高7.2厘米（图4-702，10）。

标本H312②：18，夹砂橙黄陶。侈口，方唇，高领，束颈，颈部以下残。颈部饰横向篮纹。

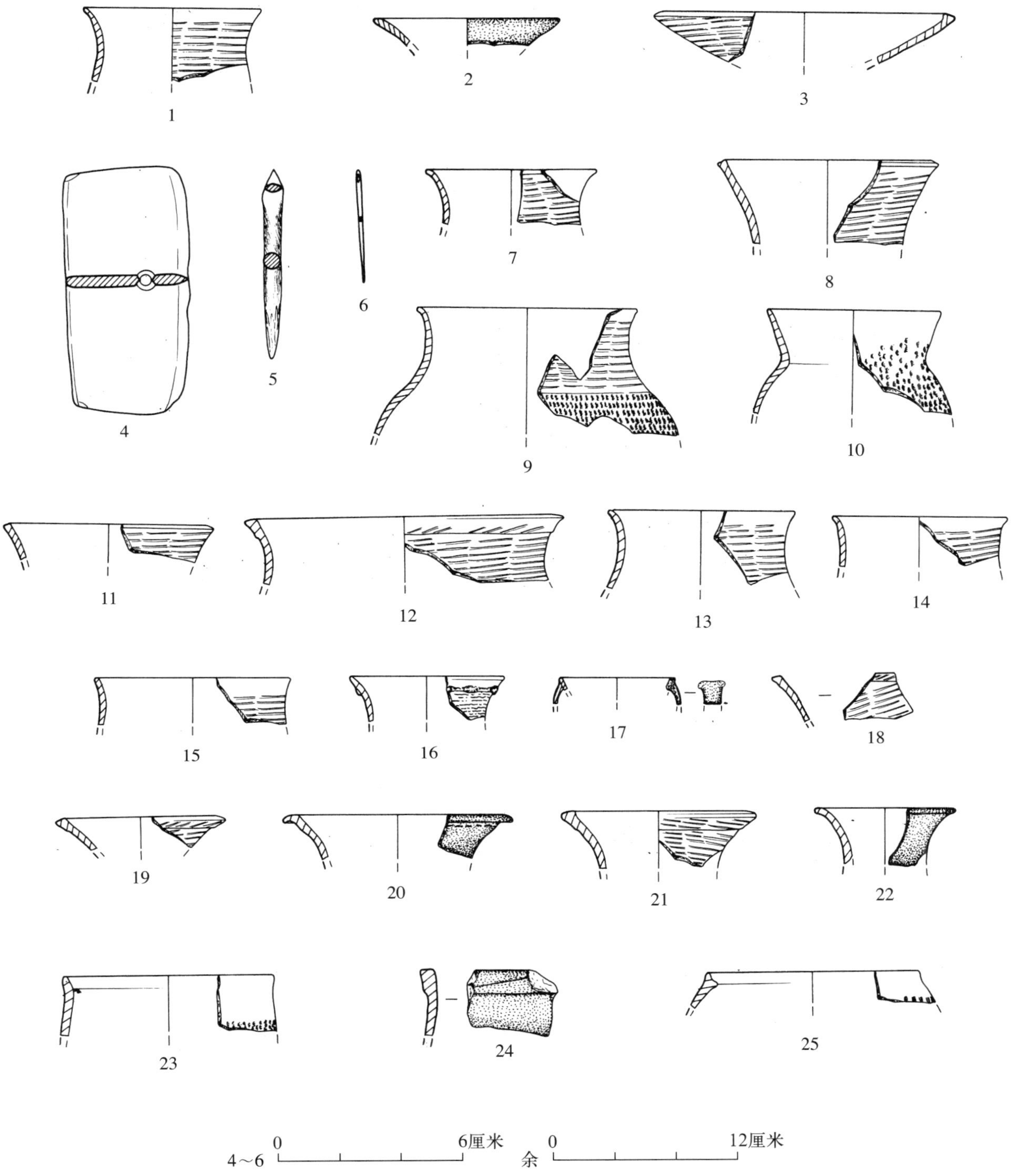

图4-702　H312出土遗物

1、7～15.圆腹罐H312①：1、H312②：4、5、8、15、18、19、22、25、27　2、18～22.高领罐H312①：3、H312②：2、10、11、20、28　3.盆H312①：2　4.石刀H312①：5　5.骨镞H312①：4　6.骨针H312①：6　16.花边罐H312②：26　17.双耳罐H312②：7　23、24.大口罐H312②：13、3　25.敛口罐H312②：21

口径 13.6、残高 3.2 厘米（图 4–702，11）。

标本H312②：19，夹砂橙黄陶。侈口，方唇，高领，束颈，颈部以下残。口沿外侧有一周折棱饰斜向篮纹，颈部饰横向篮纹，有烟炱。口径 20.8、残高 4.4 厘米（图 4–702，12）。

标本H312②：22，夹砂橙黄陶。侈口，圆唇，高领，束颈，颈部以下残。颈部饰横向篮纹有刮抹痕迹，有烟炱。口径 12、残高 5.2 厘米（图 4–702，13）。

标本H312②：25，夹砂灰陶。侈口，圆唇，高领，束颈，颈部以下残。颈部饰横向篮纹，有烟炱。口径 11.6、残高 3.2 厘米（图 4–702，14）。

标本H312②：27，夹砂橙黄陶。侈口，圆唇，矮领，束颈，颈部以下残。颈部饰横向篮纹有刮抹痕迹，有烟炱。口径 12.8、残高 3.2 厘米（图 4–702，15）。

花边罐　1 件。

标本H312②：26，夹砂橙黄陶。侈口，圆唇，高领，束颈，颈部以下残。口沿外侧饰一周附加泥条，泥条经手指按压呈波状，颈部饰横向绳纹。口径 10、残高 3.2 厘米（图 4–702，16）。

双耳罐　1 件。

标本H312②：7，泥质红陶。侈口，圆唇，口沿以下残。连口拱形双耳，器表素面。口径 7.6、残高 2.4 厘米（图 4–702，17）。

高领罐　5 件。

标本H312②：2，泥质红陶。喇叭口，方唇，束颈，颈部以下残。口沿外侧有一周折棱，器表饰斜向篮纹。残高 3.2、残宽 4.4 厘米（图 4–702，18）。

标本H312②：10，泥质橙黄陶。喇叭口，方唇，高领，束颈，颈部以下残。口沿外侧有一周折棱，器表饰斜向篮纹。口径 10.8、残高 2.4 厘米（图 4–702，19）。

标本H312②：11，泥质橙黄陶。喇叭口，卷沿，圆唇，高领，束颈，颈部以下残。沿下饰一周戳印纹，颈部素面。口径 14.8、残高 2.8 厘米（图 4–702，20）。

标本H312②：20，夹砂橙黄陶。喇叭口，方唇，高领，束颈，颈部以下残。口沿外侧有一周折棱，器表通体饰斜向篮纹。口径 12.8、残高 4 厘米（图 4–702，21）。

标本H312②：28，泥质橙黄陶。喇叭口，圆唇，高领，束颈，颈部以下残。器表素面磨光。口径 9.2、残高 4 厘米（图 4–702，22）。

大口罐　2 件。

标本H312②：13，夹砂红陶。侈口，圆唇，上腹微弧，下腹残。腹部饰麻点纹。口径 13.6、残高 4 厘米（图 4–702，23）。

标本H312②：3，夹砂灰陶。直口，方唇，上腹斜直，下腹残。口沿外侧有一周折棱，器表素面。残高 4.4、残宽 6 厘米（图 4–702，24）。

敛口罐　1 件。

标本H312②：21，泥质红陶。敛口，方唇，上腹圆弧，下腹残。唇面有一周凹槽，上腹饰戳印纹。口径 14、残高 2.8 厘米（图 4–702，25）。

盆　6 件。

标本H312②：6，泥质橙黄陶。敞口，方唇，斜直腹，底残。腹部饰交错篮纹。口径 22、残高 2.8 厘米（图 4−703，1）。

标本H312②：9，泥质橙黄陶。敞口，方唇，斜弧腹，底残。器表饰横向篮纹。口径 17.6、残高 3.2 厘米（图 4−703，2）。

标本H312②：16，泥质红陶。敞口，圆唇，斜直腹，底残。口沿外侧有一周折棱饰刻划纹，腹部饰斜向篮纹。口径 18.4、残高 5.2 厘米（图 4−703，3）。

标本H312②：17，泥质橙黄陶。敞口，方唇，斜弧腹，底残。口沿外侧有一周折棱，器表饰斜向篮纹有刮抹痕迹。口径 21.2、残高 4.8 厘米（图 4−703，4）。

标本H312②：23，泥质橙黄陶。敞口，方唇，斜弧腹，底残。腹部饰斜向篮纹。口径 17.2、残高 4 厘米（图 4−703，5）。

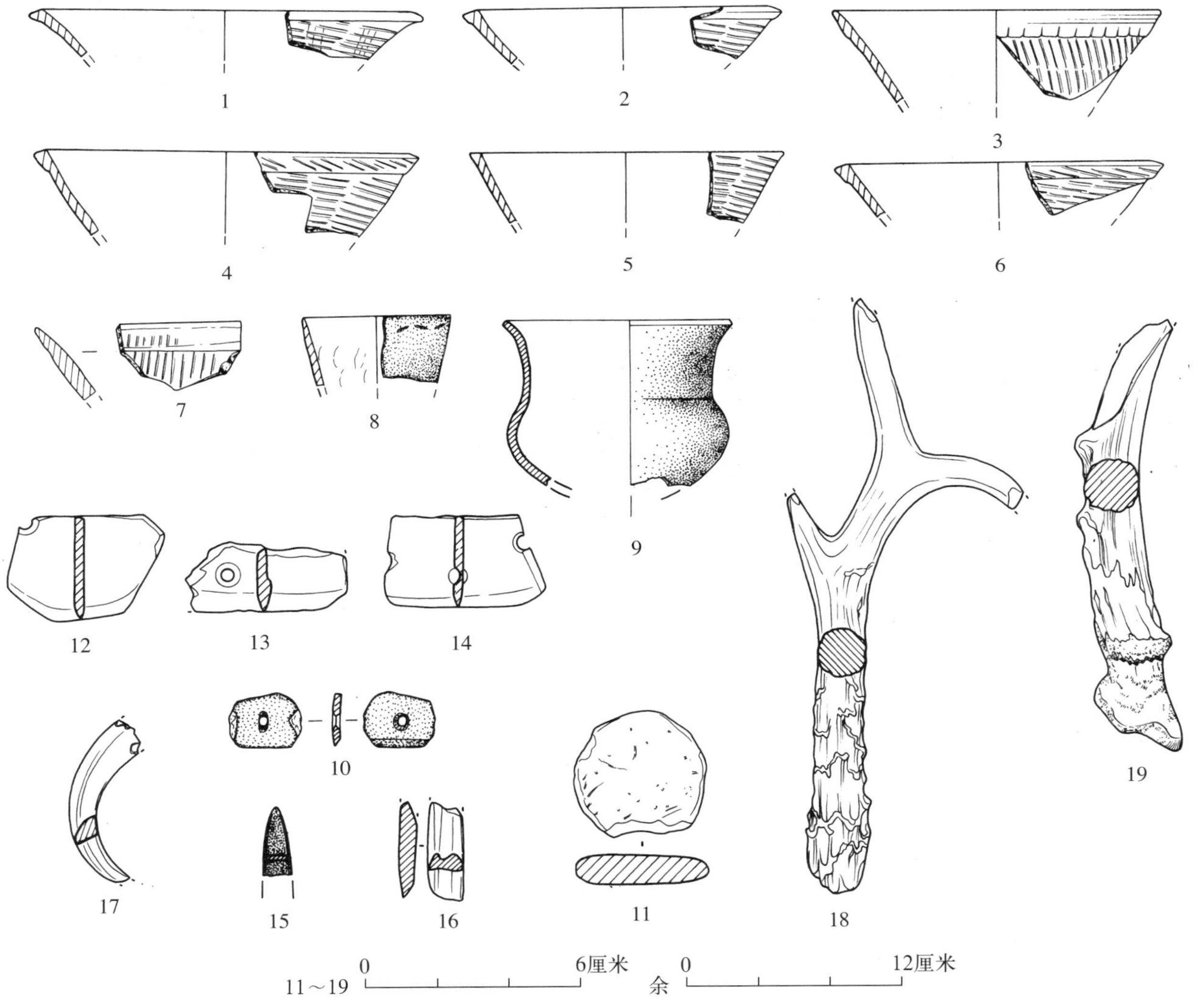

图4−703　H312出土遗物

1～6.盆H312②：6、9、16、17、23、24　7.盘H312②：14　8.陶杯H312②：12　9.尊H312②：30　10.陶刀H312②：1　11.泥饼H312②：32　12～14.石刀H312②：34、37−1、37−2　15.石镞H312②：29　16.骨凿H312②：31　17.兽牙H312②：33　18、19.兽角H312②：35、36

标本H312②：24，泥质橙黄陶。敞口，方唇，斜弧腹，底残。口沿外侧有一周折棱，器表通体饰斜向篮纹。口径18.4、残高4厘米（图4-703，6）。

盘 1件。

标本H312②：14，夹砂橙黄陶。圆唇，盘面饰篮纹。残长7.2、残宽4厘米（图4-703，7）。

陶杯 1件。

标本H312②：12，夹砂橙黄陶。敞口，尖唇，斜直腹，底残。器表素面，有烟炱。口径8.4、残高4厘米（图4-703，8）。

尊 1件。

标本H312②：30，泥质红陶。敞口，方唇，高领，束颈，鼓腹，底残。器表素面磨光。口径12.8、残高9.2厘米（图4-703，9）。

陶刀 1件。

标本H312②：1，泥质橙黄陶。陶片制作而成，呈椭圆形，器身中间有一圆孔，单面刃。刃长4厘米，刃角43°，器身残高3.2、残宽4.2厘米（图4-703，10）。

泥饼 1件。

标本H312②：32，泥质灰陶。圆形饼状，略残，器表饰线纹，直径3.8、厚0.8厘米（图4-703，11；彩版二四四，4）。

石刀 3件。

标本H312②：34，残，平基部，基部未磨，一侧边斜直，一半残，单面磨刃。刃残长2.7厘米，刃角37°，器身残高4.4、残宽3厘米（图4-703，12）。

标本H312②：37-1，石英岩。基部残，一侧边平直，双面磨刃，器身有一对向钻孔，孔径0.5厘米。刃残长4厘米，刃角63°，器身残高4.6、残宽2厘米（图4-703，13；彩版二四四，5）。

标本H312②：37-2，石英岩。基部及侧边残，残断处有一残孔，一面有一钻孔痕迹未通，双面磨刃。刃残长4厘米，刃角65°，器身残高4.6、残宽2.6厘米（图4-703，14；彩版二四四，6）。

石镞 1件。

标本H312②：29，石英岩。器体呈扁三角形，两侧边缘均为双面磨制的刃部，尾端残损，尖部磨制尖锐。长2、宽0.8、厚0.2厘米（图4-703，15；彩版二四五，1）。

骨凿 1件。

标本H312②：31，动物骨骼磨制而成，器表磨制光滑，扁平状，柄部残，单面磨刃。刃残长1.1厘米，刃角45°，器身残长2.8、宽1、厚0.4厘米（图4-703，16；彩版二四五，2）。

兽牙 1件。

标本H312②：33，器身呈半环状，一端中空，一端为牙关部，较尖。长4.6、宽0.8厘米（图4-703，17；彩版二四五，3）。

鹿角 2件。

标本H312②：35，三个枝杈均残，枝杈光滑，其他部分保留原角的棱和纹理，总长17、主干直径1.4厘米（图4-703，18；彩版二四五，4）。

标本H312②：36，仅存主杆，保留原角的棱和纹理。残长 12.4、直径 1.6 厘米（图 4–703，19；彩版二四五，5）。

（3）H312③层

出土少量陶片，以腹部残片为主，可辨器形有圆腹罐、花边罐、单耳罐、高领罐、盆。另出土鹿角（表 4–1207、1208）。

表4–1207　H312③层器形数量统计表

器形＼陶质/陶色	泥质				夹砂				合计
	红	橙黄	灰	黑	红	橙黄	灰	褐	
圆腹罐						1	1	1	3
单耳罐	1								1
花边罐							1		1
高领罐	2	1							3
盆		1							1

表4–1208　H312③层陶片统计表

纹饰＼陶质/陶色	泥质				夹砂				合计
	橙黄	灰	红	灰底黑彩	橙黄	灰	红	褐	
素面	50	5	6		6				67
麻点纹			6		27				33
篮纹	44		4		2				50
绳纹	1	1	9		13				24
篮纹＋绳纹					2				2

圆腹罐　3 件。

标本H312③：1，夹砂橙黄陶。侈口，圆唇，高领，束颈，上腹圆弧，下腹残。颈部饰横向篮纹，颈腹间有泥饼，上腹饰麻点纹，有烟炱。口径 11.6、残高 6 厘米（图 4–704，1）。

标本H312③：2，夹砂灰陶。侈口，圆唇，高领，束颈，颈部以下残。颈部饰横向篮纹。口径 11.2、残高 4 厘米（图 4–704，2）。

标本H312③：9，夹砂褐陶。侈口，方唇，高领，束颈，颈部以下残。口沿外侧有一周折棱，颈部饰斜向篮纹，有烟炱。口径 22、残高 3.2 厘米（图 4–704，3）。

花边罐　1 件。

标本H312③：4，夹砂灰陶。侈口，锯齿唇，高领，束颈，颈部以下残。颈部饰横向篮纹，有烟炱。口径 12、残高 4.8 厘米（图 4–704，4）。

单耳罐　1 件。

标本H312③：3，泥质红陶。侈口，圆唇，束颈，鼓腹，底残，连口拱形单耳。器表素面。残高 5.6、残宽 3.6 厘米（图 4–704，5）。

高领罐　3 件。

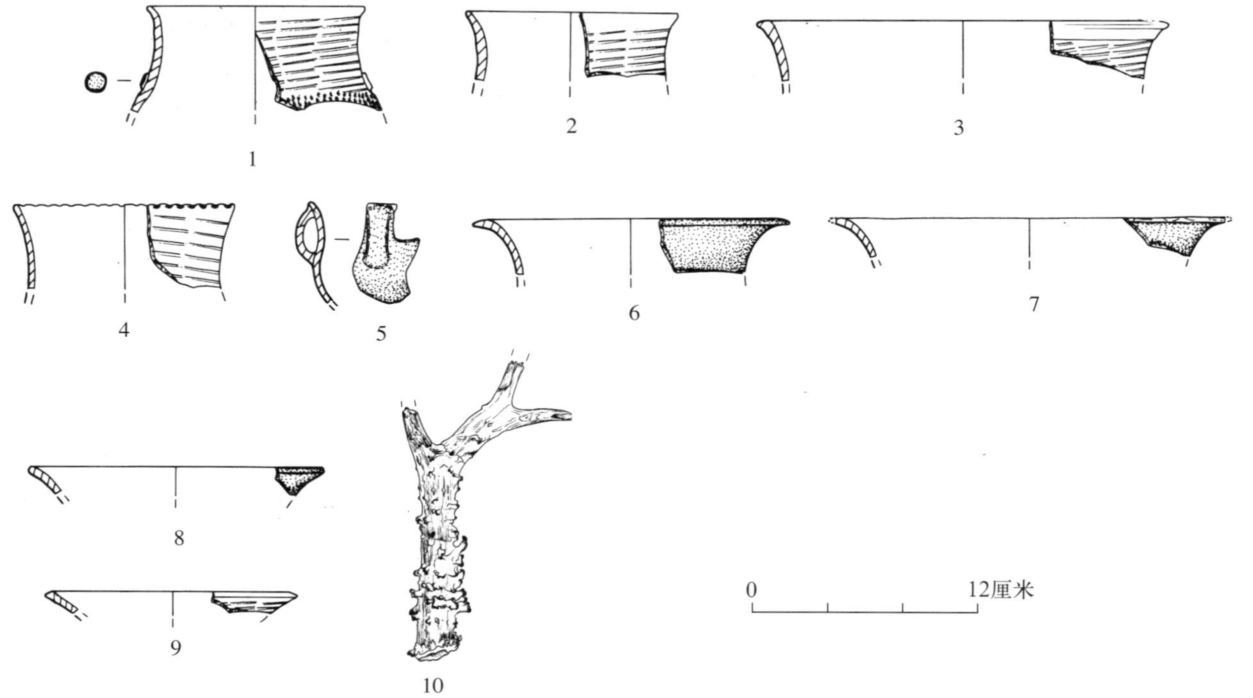

图4-704 H312出土遗物

1～3.圆腹罐H312③：1、2、9 4.花边罐H312③：4 5.单耳罐H312③：3 6～8.高领罐H312③：5、6、8 9.盆H312③：7 10.鹿角H312③：10

标本H312③：5，泥质红陶。喇叭口，微卷沿，圆唇，高领，束颈，颈部以下残。颈部素面。口径 16.8、残高 3.2 厘米（图 4-704，6）。

标本H312③：6，泥质红陶。喇叭口，唇残，口沿以下残。器表素面。口径 21.2、残高 2 厘米（图 4-704，7）。

标本H312③：8，泥质橙黄陶。喇叭口，圆唇，口沿以下残。器表素面。口径 16、残高 2 厘米（图 4-704，8）。

盆 1 件。

标本H312③：7，泥质橙黄陶。敞口，方唇，上腹斜，下腹残。腹部饰横向篮纹，内壁素面磨光。口径 13.6、残高 1.6 厘米（图 4-704，9）。

鹿角 1 件。

标本H312③：10，三个枝杈，有两个分杈残损，其中一个分杈有磨痕，主支杆保留原角的棱和纹理，总长 16.4、直径 3.2 厘米（图 4-704，10；彩版二四五，6）。

（4）H312④层

出土大量陶片，以腹部残片为主，可辨器形有圆腹罐、花边罐、单耳罐、双耳罐、高领罐、大口罐、盆、钵。另出土石器残块、石刀，骨锥（表 4-1209、1210）。

圆腹罐 2 件。

标本H312④：2，夹砂橙黄陶。侈口，圆唇，矮领，束颈，上腹圆，下腹残。颈部饰斜向篮纹，上腹饰麻点纹，有烟炱。口径 12、残高 4.8 厘米（图 4–705，1）。

标本H312④：3，夹砂灰陶。侈口，圆唇，矮领，束颈，上腹圆，下腹残。颈部有刮抹痕迹，上腹有稀疏麻点纹，有烟炱。口径 9.2、残高 4.8 厘米（图 4–705，2）。

表4–1209　H312④层器形数量统计表

器形 \ 陶质 / 陶色	泥质				夹砂				合计
	红	橙黄	灰	黑	红	橙黄	灰	黑	
双耳罐	2								2
圆腹罐						1	1		2
盆		4							4
大口罐						1			1
花边罐					1				1
钵	1								1
高领罐			1						1
单耳罐						1			1

表4–1210　H312④层陶片统计表

纹饰 \ 陶质 / 陶色	泥质				夹砂				合计
	橙黄	灰	红	灰底黑彩	橙黄	灰	红	褐	
素面	82	18	8		13	3			124
篮纹	91	7	2		15				115
绳纹					106				106
麻点纹					122				122
篮纹 + 麻点纹					1				1
刻划纹	2				6				8
交错篮纹	9				1				10
交错绳纹	2								2

花边罐　1 件。

标本H312④：6，夹砂红陶。侈口，锯齿唇，高领，微束颈，上腹圆弧，下腹残。颈部素面且泥条盘筑痕迹明显，上腹饰竖向绳纹，有烟炱。口径 12、残高 6.8 厘米（图 4–705，3）。

单耳罐　1 件。

标本H312④：13，夹砂橙黄陶。侈口，尖唇，矮领，束颈，圆腹，平底，连口残耳，器表素面。口径 6.8、高 12、底径 5.2 厘米（图 4–705，4；彩版二四六，1）。

双耳罐　2 件。

标本H312④：1，泥质红陶。侈口，圆唇，矮领，束颈，圆腹，底残，连口拱形双耳。器表素面。口径 6.8、残高 5.2 厘米（图 4–705，5）。

标本H312④：12，泥质红陶。侈口，圆唇，口沿以下残。耳残，器表素面。口径 6.8、残高 1.8 厘米（图 4–705，6）。

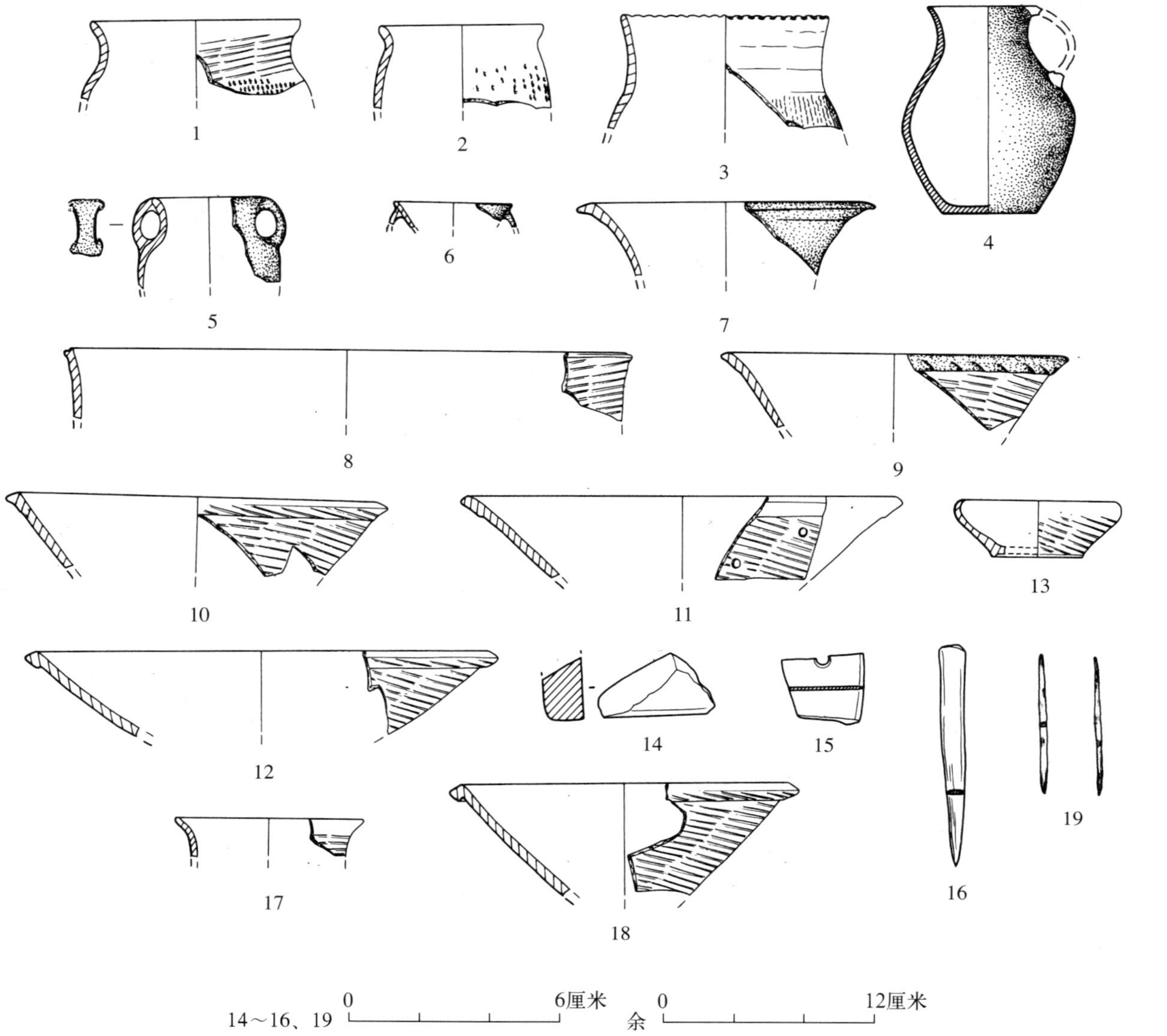

图4-705　H312出土遗物

1、2、17.圆腹罐H312④：2、3、H312⑤：2　3.花边罐H312④：6　4.单耳罐H312④：13　5、6.双耳罐H312④：1、12　7.高领罐H312④：9　8.大口罐H312④：5　9～12、18.盆H312④：4、8、10、11、H312⑤：1　13.钵H312④：7　14.石器残块H312④：14　15.石刀H312④：15　16.骨锥H312④：16　19.骨针H312⑤：3

高领罐　1件。

标本H312④：9，泥质灰陶。喇叭口，平沿，圆唇，高领，束颈，颈部以下残。颈部素面。口径16.8、残高4.4厘米（图4-705，7）。

大口罐　1件。

标本H312④：5，夹砂橙黄陶。微侈口，方唇，上腹直，下腹残。唇面有一道凹槽，上腹饰斜向篮纹。口径32.4、残高4厘米（图4-705，8）。

盆　4件。

标本H312④：4，泥质橙黄陶。敞口，方唇，斜弧腹，底残。口沿外侧有一周折棱饰戳印纹，腹部饰横向篮纹。口径 20、残高 4.4 厘米（图 4-705，9）。

标本H312④：8，泥质橙黄陶。敞口，方唇，斜直腹，底残。口沿外侧有一周折棱，器表饰斜向篮纹。口径 21.6、残高 4.4 厘米（图 4-705，10）。

标本H312④：10，泥质橙黄陶。敞口，方唇，斜直腹，底残。口沿外侧有一周折棱，腹部饰横向篮纹，腹上有两个对钻孔。口径 25.2、残高 4.8 厘米（图 4-705，11）。

标本H312④：11，泥质橙黄陶。敞口，方唇，斜弧腹，底残。口沿外侧有一周凸棱，器表通体饰横向篮纹，内壁有刮抹痕迹。口径 26.4、残高 5.2 厘米（图 4-705，12）。

钵　1 件。

标本H312④：7，泥质红陶。敛口，尖唇，上腹鼓，下腹斜直，假圈足，腹部饰斜向篮纹。口径 9.2、高 3.2、底径 5.2 厘米（图 4-705，13）。

石刀　1 件。

标本H312④：15，斜基部，两侧边残，器身有一对向钻孔残，双面磨刃。刃残长 2.6 厘米，刃角 53°，器身残长 2.4、残宽 2.2 厘米（图 4-705，15；彩版二四六，2）。

石器残块　1 件。

标本H312④：14，石英岩。残存呈三角形，一面及侧边磨制精细且光滑，其余残。残长 3.4、残宽 1.8、厚 1 厘米（图 4-705，14；彩版二四六，3）。

骨锥　1 件。

标本H312④：16，动物骨骼磨制而成，器表磨制精细且光滑，扁平状，柄部平，锥尖磨制尖锐。长 6.4、宽 0.6、厚 0.2 厘米（图 4-705，16；彩版二四六，4）。

（5）H312⑤层

出土少量陶片，以腹部残片为主，可辨器形有圆腹罐、盆。另出土骨针（表 4-1211、1212）。

表4-1211　H312⑤层器形数量统计表

器形＼陶质	泥质				夹砂				合计
陶色	红	橙黄	灰	黑	红	橙黄	灰	黑	
盆		1							1
圆腹罐						1			1

表4-1212　H312⑤层陶片统计表

纹饰＼陶质	泥质				夹砂				合计
陶色	橙黄	灰	红	灰底黑彩	橙黄	灰	红	褐	
素面	4	9	5		4	1			23
篮纹		7	17		2				26
麻点纹					20				20
绳纹					6				6
刻划纹			1						1
附加堆纹＋麻点纹					1	1			2

圆腹罐 1件。

标本H312⑤：2，夹砂橙黄陶。侈口，圆唇，高领，束颈，颈部以下残。颈部饰横向篮纹。口径9.2、残高2.4厘米（图4-705，17）。

盆 1件。

标本H312⑤：1，泥质橙黄陶。敞口，折沿，方唇，斜弧腹，底残。器表饰斜向篮纹。口径20、残高6.8厘米（图4-705，18）。

骨针 1件。

标本H312⑤：3，动物骨骼磨制而成，扁平柱状，两端均磨制成尖。长4厘米（图4-705，19）。

（6）H312⑥层

出土大量陶片，以腹部残片为主，可辨器形有圆腹罐、花边罐、单耳罐、双耳罐。另出土石矛1件、骨锥2件、兽骨2件（表4-1213、1214）。

表4-1213 H312⑥层器形数量统计表

陶质 \ 陶色 \ 器形	泥质				夹砂				合计
	红	橙黄	灰	黑	红	橙黄	灰	黑	
圆腹罐						7			7
双耳罐		1			1	1			3
花边罐						1			1
单耳罐		1							1

表4-1214 H312⑥层陶片统计表

陶质 \ 陶色 \ 纹饰	泥质				夹砂				合计
	橙黄	灰	红	灰底黑彩	橙黄	灰	红	褐	
素面	41	3	4		20				68
绳纹	9				33				42
篮纹	51	4			6				61
麻点纹					38				38
刻划纹					1				1
篮纹＋麻点纹					1				1

圆腹罐 7件。

标本H312⑥：1，夹砂橙黄陶。侈口，尖唇，高领，束颈，上腹圆，下腹残。颈部饰横向篮纹，上腹饰麻点纹。残高9.6、残宽10厘米（图4-706，1）。

标本H312⑥：2，夹砂橙黄陶。侈口，圆唇，矮领，束颈，颈部以下残。颈部素面，有烟炱。口径9.2、残高3.2厘米（图4-706，2）。

标本H312⑥：3，夹砂橙黄陶。侈口，方唇，高领，束颈，颈部以下残。唇面有一道凹槽，口沿外侧有一周折棱，器表饰斜向篮纹。口径19.6、残高4.8厘米（图4-706，3）。

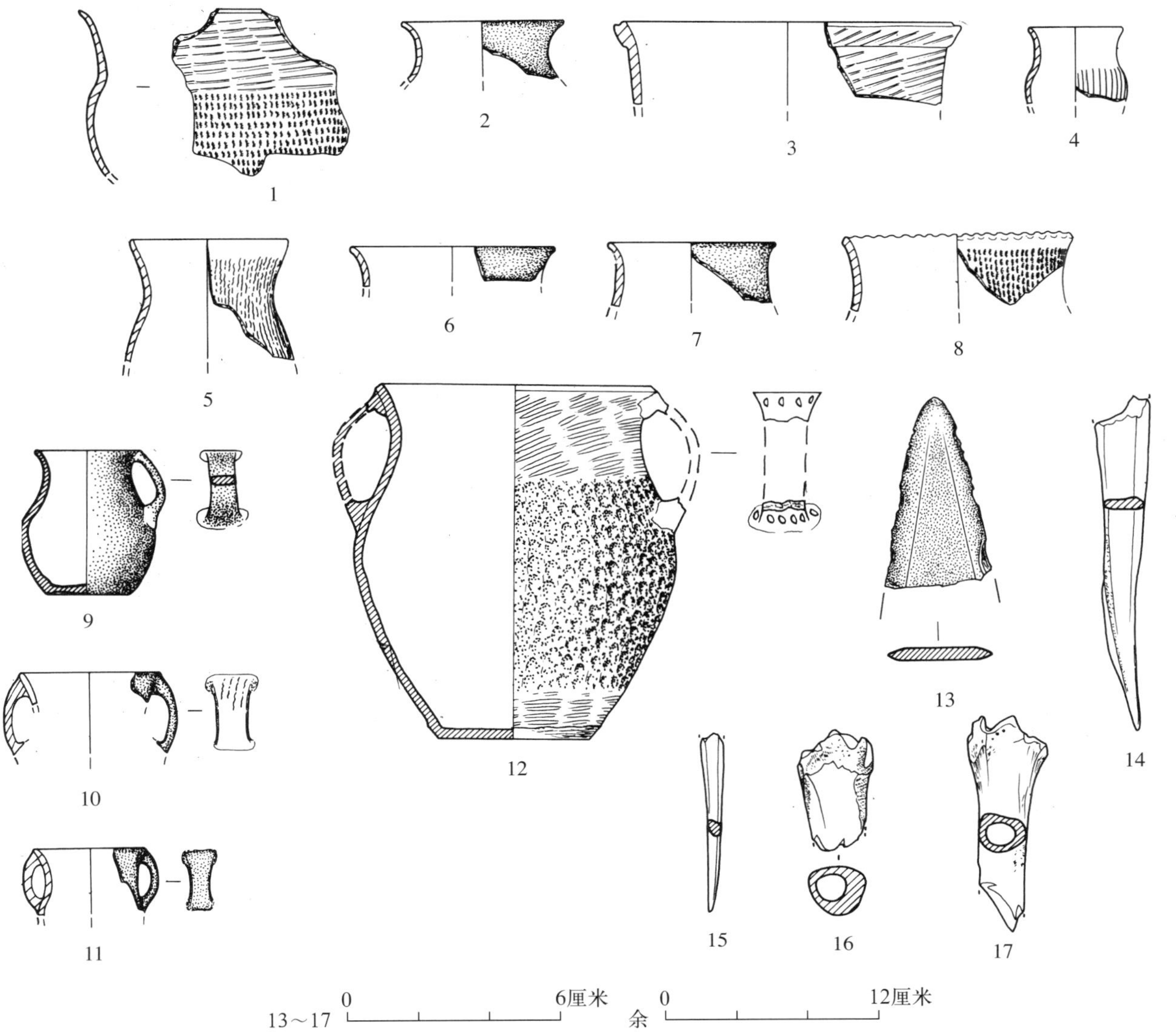

图4-706　H312出土遗物

1～7.圆腹罐H312⑥：1～5、9、11　8.花边罐H312⑥：7　9.单耳罐H312⑥：10　10～12.双耳罐H312⑥：6、8、12　13.石矛H312⑥：13　14、15.骨锥H312⑥：14、15　16、17.兽骨H312⑥：16、17

标本H312⑥：4，夹砂橙黄陶。侈口，圆唇，矮领，束颈，圆腹，底残。颈部素面，腹部饰竖向刻划纹。口径5.6、残高4.4厘米（图4-706，4）。

标本H312⑥：5，夹砂橙黄陶。侈口，圆唇，高领，束颈，上腹圆弧，下腹残。器表饰竖向绳纹。口径8.8、残高7.2厘米（图4-706，5）。

标本H312⑥：9，夹砂橙黄陶。侈口，圆唇，矮领，束颈，颈部以下残。颈部素面，有烟炱。口径11.6、残高2厘米（图4-706，6）。

标本H312⑥：11，夹砂橙黄陶。侈口，圆唇，高领，束颈，颈部以下残。颈部素面且有刮抹痕迹，有烟炱。口径9.2、残高3.6厘米（图4-706，7）。

花边罐　1件。

标本H312⑥：7，夹砂橙黄陶。侈口，锯齿唇，高领，束颈，颈部以下残。颈部饰麻点纹。口径13.2、残高4.4厘米（图4-706，8）。

单耳罐　1件。

标本H312⑥：10，泥质橙黄陶。侈口，圆唇，矮领，束颈，圆腹，平底内凹，连口拱形单耳，器表素面。口径6、高8.4、底径4.4厘米（图4-706，9；彩版二四七，1）。

双耳罐　3件。

标本H312⑥：6，夹砂橙黄陶。侈口，圆唇，口沿以下残。连口拱形双耳，耳面饰竖向绳纹。口径8、残高4.8厘米（图4-706，10）。

标本H312⑥：8，泥质红陶。侈口，圆唇，高领，束颈，颈部以下残。连口拱形双耳，器表素面。口径6.4、残高4厘米（图4-706，11）。

标本H312⑥：12，夹砂红陶。侈口，方唇，高领，束颈，圆腹，平底，连口残耳，耳上下端饰戳印纹，颈部饰斜向篮纹，腹部饰麻点纹，近底部饰横向篮纹。口径16、高20.4、底径8.4厘米（图4-706，12；彩版二四七，2）。

石矛　1件。

标本H312⑥：13，石英岩。青灰色，呈三角形，两侧边均磨制成刃部，刃部有豁口，尾端残。残长5.6、残宽3、厚0.5厘米（图4-706，13；彩版二四六，5）。

骨锥　2件。

标本H312⑥：14，动物骨骼磨制而成，器表磨制光滑，扁平状，柄部残，锥尖磨制尖锐。残长9.8、宽1.2、厚0.5厘米（图4-706，14；彩版二四七，3）。

标本H312⑥：15，动物骨骼磨制而成，器表磨制光滑，柄部残，锥尖略残。残长5.2、直径0.8厘米（图4-706，15；彩版二四七，4）。

兽骨　2件。

标本H312⑥：16，一端系原骨关节，一端残，表面未见磨痕。残长3.4、宽2.2厘米（图4-706，16；彩版二四七，5）。

标本H312⑥：17，一端系原骨关节，一端残，表面未见磨痕。残长6.4、宽2.2厘米（图4-706，17；彩版二四七，6）。

（7）H312⑦层

出土少量陶片，以腹部残片为主，可辨器形有圆腹罐、双耳罐、盆。另出土骨器（表4-1215、1216）。

表4-1215　H312⑦层器形数量统计表

陶质／陶色／器形	泥质				夹砂				合计
	红	橙黄	灰	黑	红	橙黄	灰	黑	
双耳罐		1	1						2
盆						1			1
圆腹罐						2			2

表4-1216　H312⑦层陶片统计表

纹饰 \ 陶质/陶色	泥质				夹砂				合计
	橙黄	灰	红	灰底黑彩	橙黄	灰	红	褐	
素面	44	5	15		46				110
绳纹			1		49				50
篮纹	52	1	4		15				72
麻点纹					84				84
篮纹＋麻点纹					9		3		12
附加堆纹					2				2
篮纹＋麻点纹＋刻划纹							1		1

圆腹罐　2件。

标本H312⑦：4，夹砂橙黄陶。侈口，圆唇，矮颈，束颈，颈部以下残。口沿外侧有一周折棱，颈部饰横向篮纹有刮抹痕迹。口径9.2、残高3.6厘米（图4-707，1）。

标本H312⑦：5，夹砂橙黄陶。侈口，圆唇，高颈，束颈，颈部以下残。颈部饰横向篮纹有刮抹痕迹，有烟炱。口径11.2、残高3.2厘米（图4-707，2）。

双耳罐　2件。

标本H312⑦：1，泥质灰陶。侈口，圆唇，高领，束颈，上腹圆弧，下腹残，连口拱形双耳。耳上饰竖向篮纹，颈部饰横向篮纹，上腹素面。口径8.8、残高5.6厘米（图4-707，3）。

标本H312⑦：3，泥质橙黄陶。侈口，圆唇，高领，束颈，圆腹，底残，连口拱形双耳。颈部素面，腹部饰竖向刻划纹。口径6、残高5.6厘米（图4-707，4）。

盆　1件。

标本H312⑦：2，夹砂橙黄陶。直口，方唇，斜弧腹，底残。口沿外侧有一周凸棱，器表通体饰麻点纹。口径23.2、残高6厘米（图4-707，5）。

骨器　1件。

标本H312⑦：6，动物肢骨磨制而成，扁平状，尾端系原骨关节，前端磨制光滑。长4.8、宽0.6、厚0.3厘米（图4-707，6）。

（8）H312⑧层

出土大量陶片，以腹部残片为主，可辨器形有圆腹罐、花边罐、单耳罐、高领罐、双鋬敛口罐、盆、斝。另出土石料、石刀、骨针、骨锥、骨凿、鹿角（表4-1217、1218）。

表4-1217　H312⑧层器形数量统计表

器形 \ 陶质/陶色	泥质				夹砂				合计
	红	橙黄	灰	黑	红	橙黄	灰	黑	
圆腹罐					1	4			5
花边罐					1	2	1		4
高领罐	1	2							3

续表

盆	1	1							2
单耳罐					1	1			2
双鋬敛口罐						1			1
斝					1				1

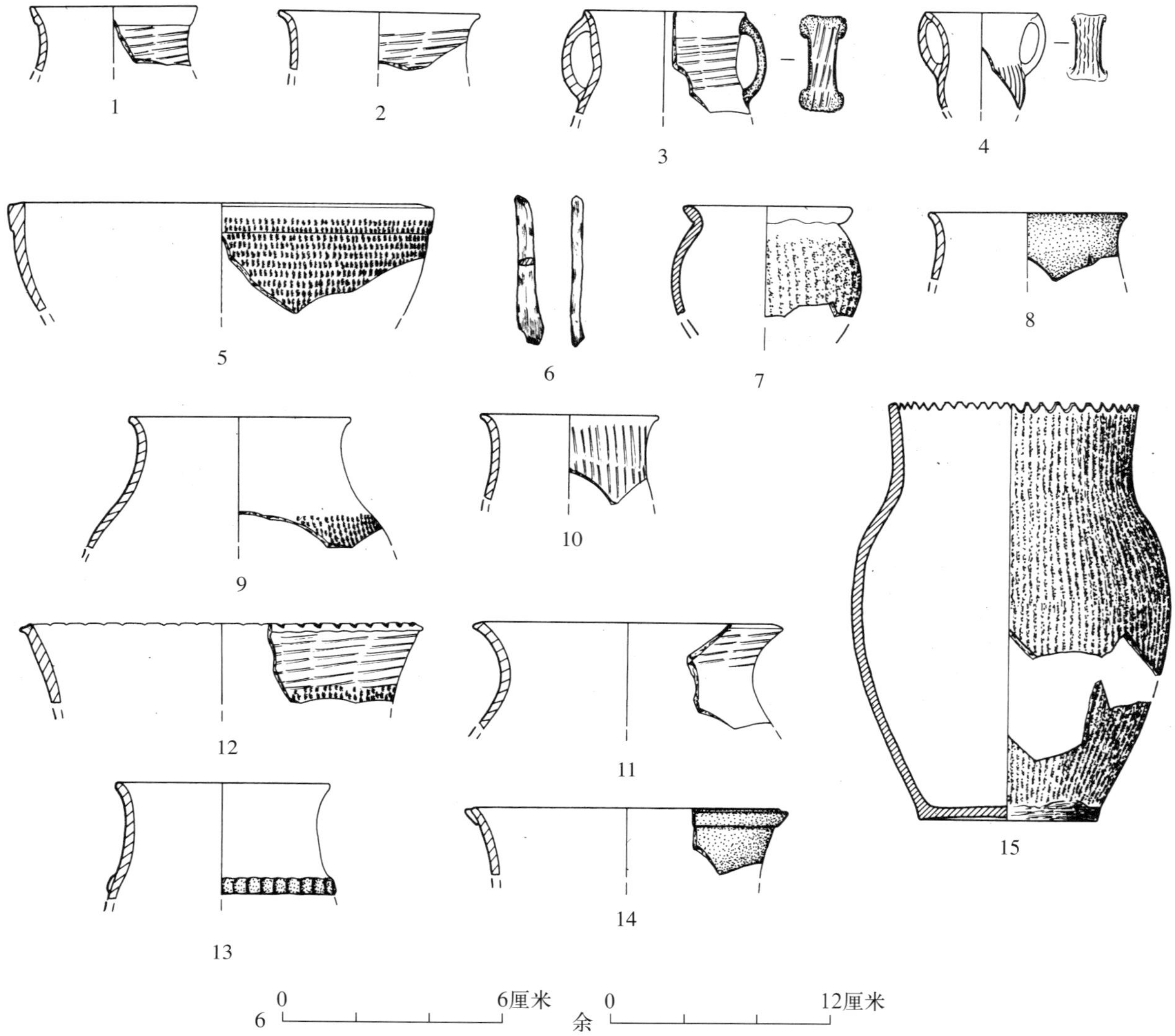

图4-707　H312出土遗物

1、2、7～11.圆腹罐H312⑦：4、5、H312⑧：1、2、4、10、14　3、4.双耳罐H312⑦：1、3　5.盆H312⑦：2　6.骨器H312⑦：6　12～15.花边罐H312⑧：3、9、15、18

表4-1218　H312⑧层陶片统计表

陶质 / 陶色 / 纹饰	泥质				夹砂				合计
	橙黄	灰	红	灰底黑彩	橙黄	灰	红	褐	
素面	300	29	34		103				466
绳纹	8				99				107

续表

纹饰 \ 陶质/陶色	泥质				夹砂				合计
	橙黄	灰	红	灰底黑彩	橙黄	灰	红	褐	
篮纹	211	4	23		86		3		327
麻点纹					269				269
抹断绳纹	1				1				2
刻划纹					5				5
篮纹＋麻点纹					3		2		5
附加堆纹					1				1
篮纹＋绳纹					2				2
附加堆纹＋麻点纹					1				1

圆腹罐　5件。

标本H312⑧：1，夹砂红陶。侈口，圆唇，圆腹，底残。口沿外侧饰一周折棱，腹部饰麻点纹，有烟炱。口径9.2、残高6厘米（图4-707，7）。

标本H312⑧：2，夹砂橙黄陶。侈口，圆唇，矮领，束颈，颈部以下残。颈部素面。口径10.8、残高4厘米（图4-707，8）。

标本H312⑧：4，夹砂橙黄陶。侈口，圆唇，高领，束颈，上腹圆弧，下腹残。颈部素面，上腹饰麻点纹，有烟炱。口径12、残高7.6厘米（图4-707，9）。

标本H312⑧：10，夹砂橙黄陶。侈口，圆唇，高领，束颈，颈部以下残。颈部饰斜向篮纹，有烟炱。口径9.6、残高5.2厘米（图4-707，10）。

标本H312⑧：14，夹砂橙黄陶。侈口，方唇，矮领，束颈，上腹斜，下腹残。颈部饰斜向篮纹，上腹素面。口径16.8、残高6厘米（图4-707，11）。

花边罐　4件。

标本H312⑧：3，夹砂橙黄陶。侈口，锯齿唇，高领，束颈，颈部以下残。颈部饰斜向篮纹，篮纹下饰麻点纹。口径22、残高4.8厘米（图4-707，12）。

标本H312⑧:9，夹砂橙黄陶。侈口，圆唇，高领，束颈，上腹弧，下腹残。颈部素面，颈腹间饰一周附加泥条，泥条经手指按压呈波状，有烟炱。口径12、残高6.8厘米（图4-707，13）。

标本H312⑧：15，夹砂灰陶。侈口，方唇，高领，束颈，颈部以下残。口沿外侧饰一周附加泥条，颈部素面，有烟炱。口径17.6、残高4厘米（图4-707，14）。

标本H312⑧：18，夹砂红陶。微侈口，锯齿唇，高领，微束颈，圆腹，平底内凹，器表通体饰竖向绳纹，有烟炱。口径13.6、高23.6、底径10厘米（图4-707，15；彩版二四八，1）。

单耳罐　2件。

标本H312⑧：7，夹砂橙黄陶。侈口，圆唇，高领，束颈，上腹圆，下腹残，连口拱形单耳。耳上端饰戳印纹，颈部素面，有烟炱。残高6.8、残宽5.6厘米（图4-708，1）。

标本H312⑧：19，夹砂红陶。侈口，尖唇，矮领，束颈，圆腹，平底。连口拱形单耳，颈部饰横向篮纹，上腹饰交错刻划纹，下腹饰斜向篮纹。口径7.2、高10.4、底径6厘米（图4-708，2；彩版二四八，2）。

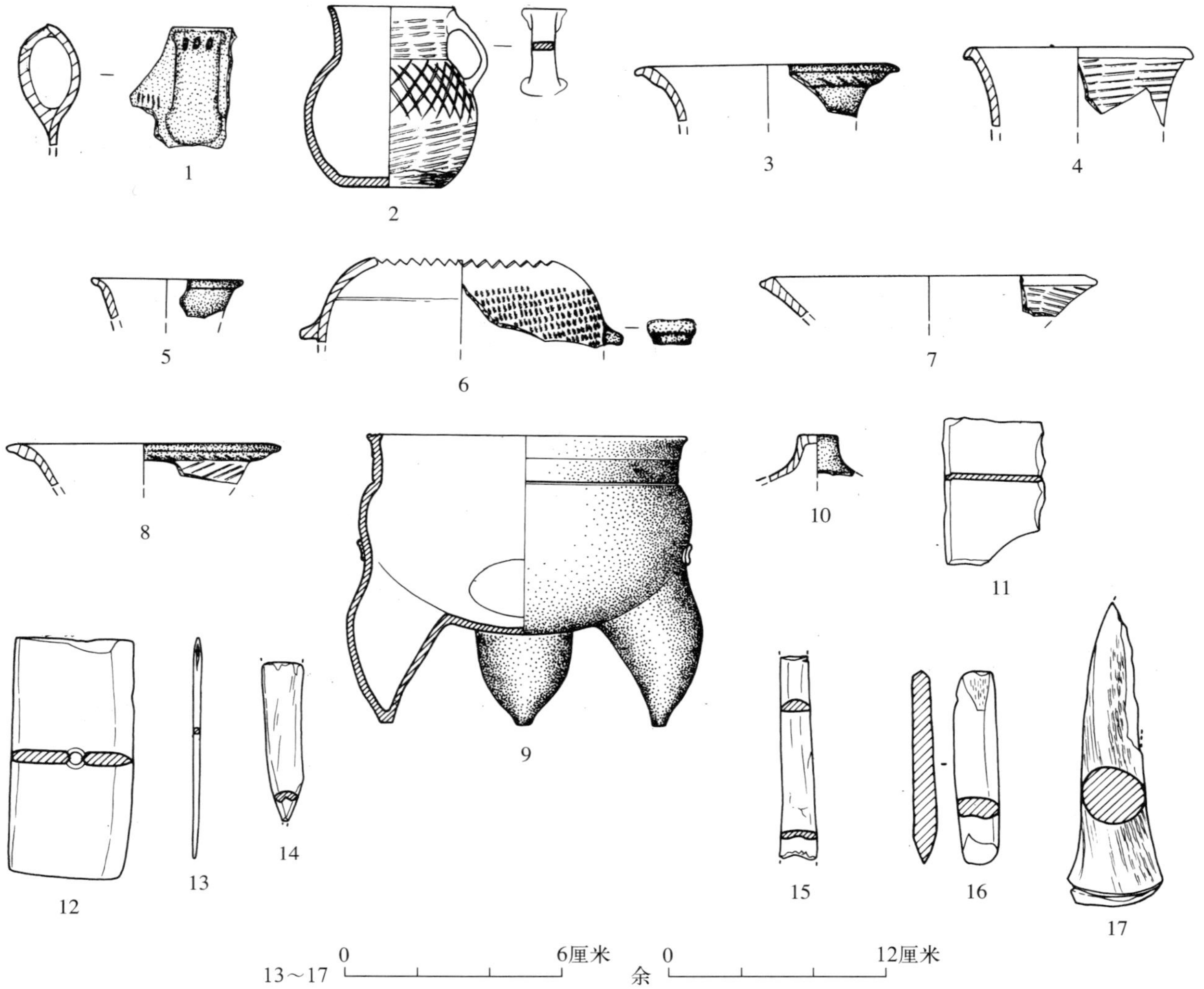

图4-708 H312出土遗物

1、2.单耳罐H312⑧：7、19 3～5.高领罐H312⑧：5、13、16 6.双鋬敛口罐H312⑧：12 7、8.盆H312⑧：6、8 9.斝H312⑧：17 10.器盖H312⑧：11 11.石料H312⑧：22 12.石刀H312⑧：23 13.骨针H312⑧：20 14、15.骨锥H312⑧：21、26 16.骨凿H312⑧：25 17.鹿角H312⑧：24

高领罐 3件。

标本H312⑧：5，泥质红陶。喇叭口，微卷沿，圆唇，高领，束颈，颈部以下残。口沿外侧有一周凸棱呈波状，颈部素面。口径14.8、残高3.2厘米（图4-708，3）。

标本H312⑧：13，泥质橙黄陶。喇叭口，卷沿，尖唇，高领，束颈，颈部以下残。颈部饰横向篮纹。口径12.8、残高4.4厘米（图4-708，4）。

标本H312⑧：16，泥质橙黄陶。喇叭口，圆唇，高领，束颈，颈部以下残。颈部素面。口径8.4、残高2.8厘米（图4-708，5）。

双鋬敛口罐 1件。

标本H312⑧：12，夹砂橙黄陶。敛口，方唇，上腹圆，下腹残。唇部呈锯齿状，腹部饰麻点纹，有乳丁状鋬耳，有烟炱。口径10、残高4.8厘米（图4-708，6）。

盆　2件。

标本H312⑧：6，泥质橙黄陶。敞口，方唇，斜直腹，底残。腹部饰斜向篮纹。口径18.8、残高2.4厘米（图4-708，7）。

标本H312⑧：8，泥质红陶。敞口，平沿，圆唇，斜腹微弧，底残。口沿外侧饰一周折棱，腹部饰斜向篮纹。口径15.2、残高2.4厘米（图4-708，8）。

斝　1件。

标本H312⑧：17，夹砂红陶。微敛口，重唇，矮领，微束颈，鼓腹，圜裆，三个牛角状空心足，颈腹间有一道凹槽，足上端均饰有一个泥饼，器表素面，有烟炱。口径17.6、高16.4厘米（图4-708，9；彩版二四八，3）。

器盖　1件。

标本H312⑧：11，夹砂橙黄陶。盖面残，圆形平顶柄。残高2.8、残宽4.8厘米（图4-708，10）。

石刀　1件。

标本H312⑧：23，石英岩。长方形，做工规整，磨制光滑，平基部，双面磨刃，器身中间有一对向钻孔，孔径0.8厘米，刃长8.7厘米，刃角45°，器身长13.6、宽6.8厘米（图4-708，12；彩版二四八，4）。

石料　1件。

标本H312⑧：22，石英岩。整体较平整，制作小石器材料。残长8.4、残宽5.6厘米（图4-708，11；彩版二四八，5）。

骨针　1件。

标本H312⑧：20，动物骨骼磨制而成，器表磨制光滑，两端磨制成尖，尾端有一小椭圆形钻孔，器身长6.4、直径0.27厘米（图4-708，13；彩版二四九，1）。

骨锥　2件。

标本H312⑧：21，动物骨骼磨制而成，除锥尖磨制光滑外其余部分未磨，扁平状，锥尖略残。残长4.6、宽1、厚0.3厘米（图4-708，14；彩版二四九，2）。

标本H312⑧：26，动物骨骼磨制而成，器表磨制光滑，扁平状，尾端及锥尖残。器身残长5.8、宽1、厚0.4厘米（图4-708，15；彩版二四九，3）。

骨凿　1件。

标本H312⑧：25，动物肢骨磨制而成，除柄顶外器表磨制精细且光滑，扁平状，双面磨刃。刃长1.2厘米，刃角55°，器身长5.6、宽1.2、厚0.8厘米（图4-708，16；彩版二四九，4）。

鹿角　1件。

标本H312⑧：24，残存主枝杆，保留原角的棱和纹理，根部有一周切割凹槽。残长8.6、直径1.8厘米（图4-708，17；彩版二四九，5）。

（9）H312⑨层

出土大量陶片，以腹部残片为主，可辨器形有圆腹罐、双耳罐、单耳罐、高领罐、刻槽盆、花边罐、盆、豆。另出土石料、石刀、骨镞（表4-1219、1220）。

表4-1219　H312⑨层器形数量统计表

器形＼陶质/陶色	泥质				夹砂				合计
	红	橙黄	灰	黑	红	橙黄	灰	黑	
盆			1						1
高领罐		3	2		1				6
单耳罐	1	1							2
圆腹罐	1				1	12			14
双耳罐		2	2			1			5
豆柄	1								1
花边罐		2							2
刻槽盆					1				1

表4-1220　H312⑨层陶片统计表

纹饰＼陶质/陶色	泥质				夹砂				合计
	橙黄	灰	红	灰底黑彩	橙黄	灰	红	褐	
素面	62	5	14		2	5			88
绳纹	9				73		1		83
篮纹	88				17				105
麻点纹					96				96
篮纹＋麻点纹					5				5
交错篮纹	2								2
附加堆纹					1				1
附加堆纹＋绳纹＋压印纹					1				1
交错绳纹					1				1
篮纹＋绳纹					1				1
绳纹＋麻点纹					2				2

圆腹罐　14件。

标本H312⑨：4，夹砂橙黄陶。侈口，圆唇，高领，束颈，上腹圆弧，下腹残。颈部素面，上腹饰麻点纹，有烟炱。口径12.4、残高5.6厘米（图4-709，1）。

标本H312⑨：5，夹砂褐陶。侈口，圆唇，矮领，束颈，颈部以下残。颈部素面，有烟炱。口径6.4、残高3.6厘米（图4-709，2）。

标本H312⑨：7，夹砂橙黄陶。侈口，尖唇，高领，束颈，颈部以下残。颈部饰横向篮纹，有烟炱。口径9.6、残高3.2厘米（图4-709，3）。

标本H312⑨：15，夹砂橙黄陶。侈口，圆唇，矮领，束颈，颈部以下残。颈部饰横向篮纹，有烟炱。口径6.8、残高2.8厘米（图4-709，4）。

标本H312⑨：17，夹砂橙黄陶。侈口，圆唇，高领，束颈，上腹斜弧，下腹残。颈部素面，上腹饰麻点纹，有烟炱。口径7.6、残高4.4厘米（图4-709，5）。

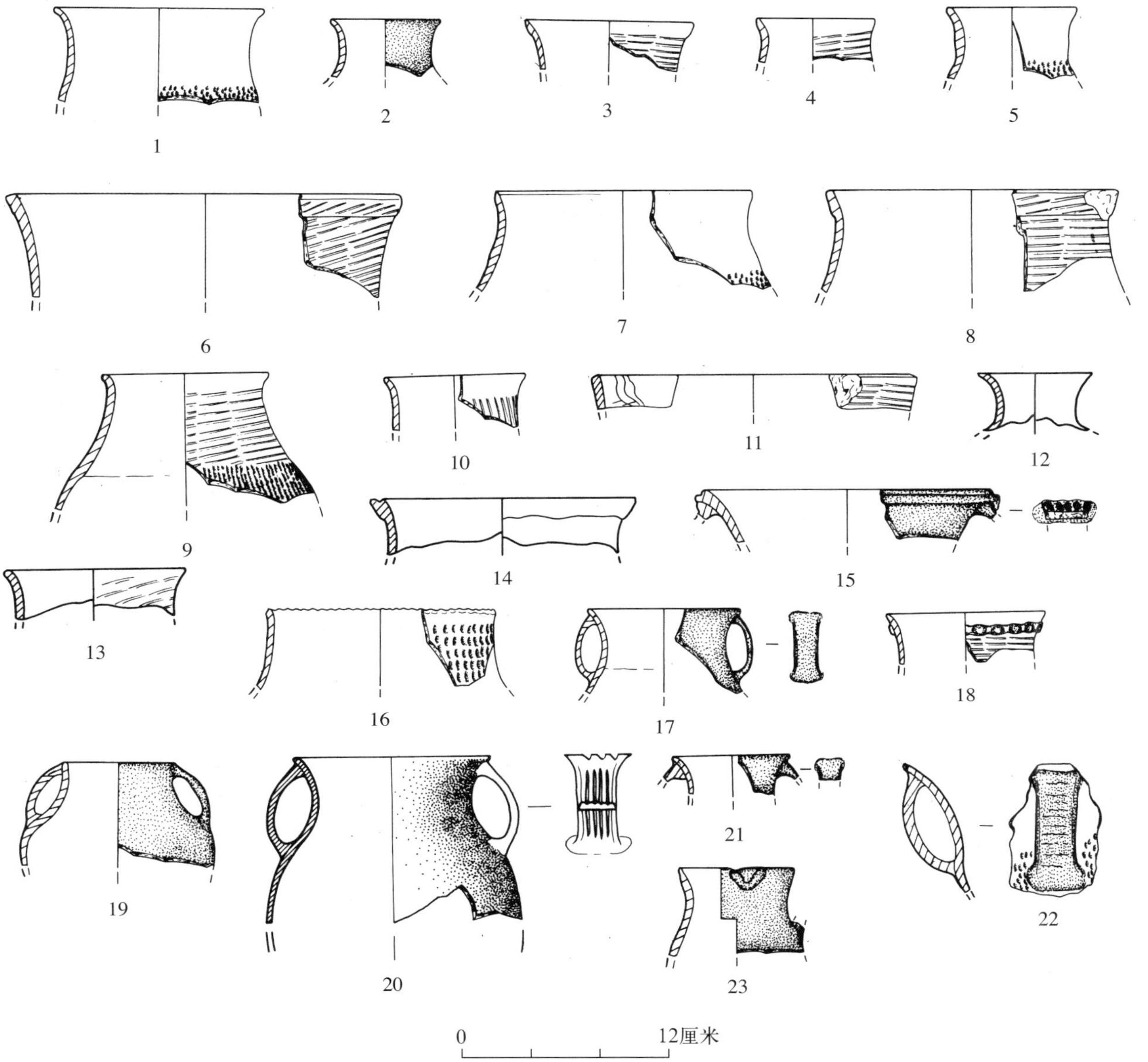

图4−709　H312出土遗物

1～14.圆腹罐H312⑨：4、5、7、15、17、19、20、24～26、28、30～32　15、17、19～21.双耳罐H312⑨：8、14、21～23　16、18.花边罐H319⑨：11、18　22、23.单耳罐H312⑨：3、12

标本H312⑨：19，夹砂橙黄陶。侈口，方唇，高领，束颈，颈部以下残。口沿外侧有一周折棱，器表通体饰斜向篮纹。口径22.8、残高6厘米（图4−709，6）。

标本H312⑨：20，夹砂橙黄陶。侈口，尖唇，高领，微束颈，上腹斜，下腹残。颈部素面，上腹饰麻点纹，有烟炱。口径15.2、残高6厘米（图4−709，7）。

标本H312⑨：24，夹砂橙黄陶。侈口，方唇，高领，束颈，颈部以下残。口沿外侧有一周折棱，折棱之上饰斜向篮纹，颈部饰横向篮纹，有烟炱。口径16.8、残高6厘米（图4−709，8）。

标本H312⑨：25，夹砂橙黄陶。侈口，圆唇，高领，微束颈，上腹圆弧，下腹残。颈部饰斜向篮纹，腹部饰竖向绳纹，有烟炱。口径9.6、残高8厘米（图4−709，9）。

标本H312⑨：26，夹砂橙黄陶。侈口，圆唇，矮领，束颈，颈部以下残。颈部饰竖向篮纹，有烟炱。口径8、残高3.2厘米（图4-709，10）。

标本H312⑨：28，夹砂橙黄陶。微侈口，方唇，口沿以下残。口沿外侧饰横向篮纹。口径18.8、残高2厘米（图4-709，11）。

标本H312⑨：30，泥质红陶。侈口，尖唇，高领，束颈，上腹斜，下腹残。器表素面磨光。口径6.8、残高3.6厘米（图4-709，12）。

标本H312⑨：31，夹砂橙黄陶。侈口，圆唇，矮领，束颈，颈部以下残。颈部饰斜向篮纹，有烟炱。口径10.4、残高2.8厘米（图4-709，13）。

标本H312⑨：32，夹砂橙黄陶。侈口，方唇，高领，束颈，颈部以下残。唇面有一道凹槽，口沿外侧有一周折棱，颈部素面，有烟炱。口径15.2、残高3.6厘米（图4-709，14）。

双耳罐　7件。

标本H312⑨：8，泥质灰陶。侈口，方唇，口沿以下残，耳残。耳上端饰戳印纹，器表素面。口径17.6、残高3.2厘米（图4-709，15）。

标本H312⑨：14，泥质红陶。侈口，圆唇，高领，束颈，上腹斜，下腹残。拱形双耳，器表素面。口径9.2、残高5.2厘米（图4-709，17）。

标本H312⑨：21，泥质橙黄陶。侈口，圆唇，矮领，束颈，鼓腹，底残。连口拱形双耳。器表素面。口径6.8、残高6厘米（图4-709，19）。

标本H312⑨：22，泥质橙黄陶。侈口，尖唇，高领，束颈，圆腹，底残。拱形双耳，耳上端口沿呈锯齿状，耳面饰竖向篮纹，器表素面。口径11.2、残高10厘米（图4-709，20）。

标本H312⑨：23，夹砂橙黄陶。侈口，圆唇，矮领，束颈，颈部以下残。耳残，器表素面，有烟炱。口径6.8、残高2厘米（图4-709，21）。

花边罐　2件。

标本H312⑨：11，泥质橙黄陶。侈口，锯齿唇，高领，微束颈，颈部以下残。颈部饰麻点纹，有烟炱。口径13.2、残高4.8厘米（图4-709，16）。

标本H312⑨：18，泥质橙黄陶。侈口，尖唇，矮领，束颈，颈部以下残。口沿外侧饰一周附加泥条，泥条经手指按压呈波状，颈部饰横向篮纹，有烟炱。口径9.2、残高3.2厘米（图4-709，18）。

单耳罐　2件。

标本H312⑨：3，泥质橙黄陶。侈口，尖唇，高领，束颈，鼓腹，底残。拱形单耳，耳面饰横向绳纹，颈、腹饰麻点纹，有烟炱。残高8、残宽5.2厘米（图4-709，22）。

标本H312⑨：12，泥质红陶。侈口，尖唇，矮领，束颈，上腹斜弧，下腹残，耳残。口沿外侧有“V”形附加泥条，器表素面，有烟炱。口径6.8、残高5.2厘米（图4-709，23；彩版二五〇，1）。

高领罐　6件。

标本H312⑨：2，泥质橙黄陶。喇叭口，圆唇，高领，束颈，颈部以下残。颈部素面有刮抹痕迹。口径12.8、残高5.2厘米（图4-710，1）。

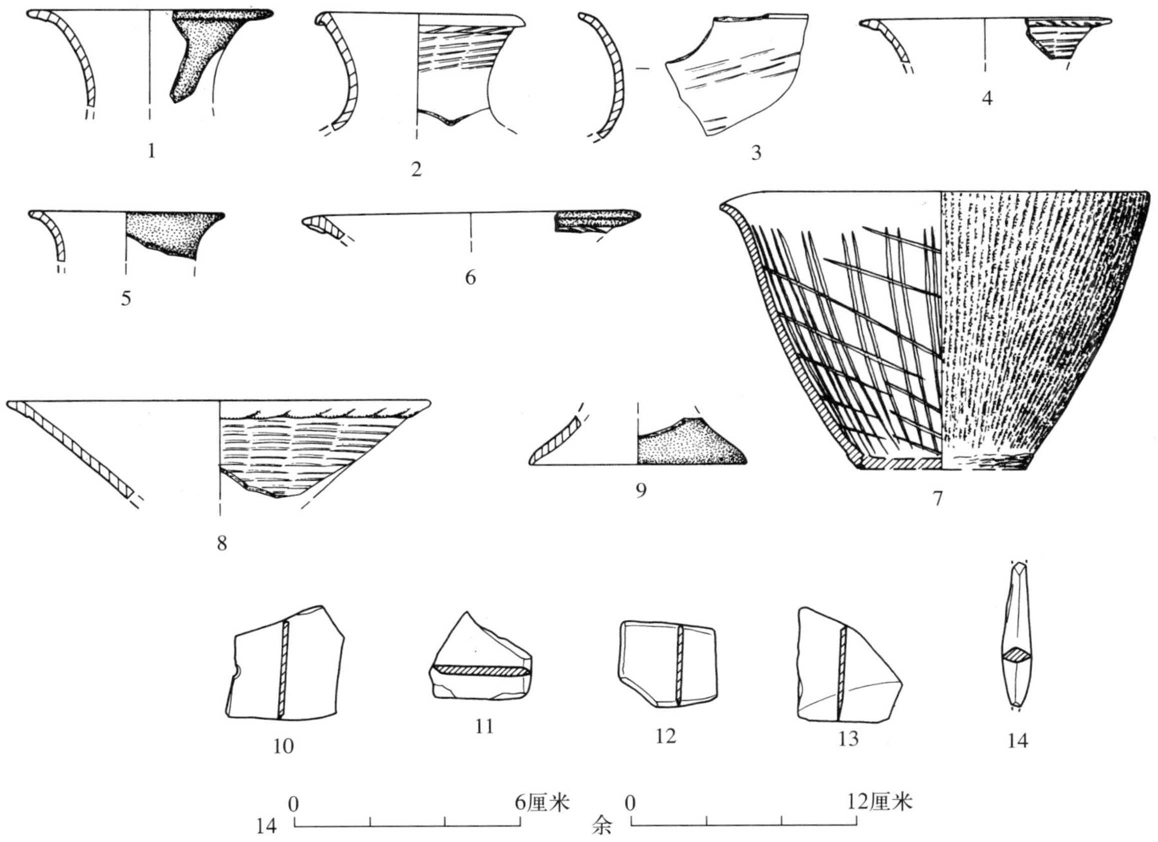

图4－710　H312出土遗物

1～6.高领罐H312⑨：2、6、9、13、16、27　7.刻槽盆H312⑨：29　8.盆H312⑨：1　9.豆H312⑨：10　10.石料H312⑨：34　11～13.石刀H312⑨：35、36、37　14.骨镞H312⑨：33

标本H312⑨：6，夹砂褐陶。喇叭口，卷沿，尖唇，高领，束颈，颈部以下残。颈部饰横向篮纹。口径11.2、残高6.4厘米（图4－710，2）。

标本H312⑨：9，泥质灰陶。喇叭口，圆唇，高领，束颈，颈部以下残。颈部素面有刮抹痕迹。残高6.8、残宽7.2厘米（图4－710，3）。

标本H312⑨：13，泥质灰陶。喇叭口，平沿，尖唇，高领，束颈，颈部以下残。唇面有刻划纹，颈部饰横向篮纹。口径13.6、残高3厘米（图4－710，4）。

标本H312⑨：16，泥质橙黄陶。喇叭口，平沿，圆唇，高领，束颈，颈部以下残。颈部素面有刮抹痕迹。口径10.4、残高2.4厘米（图4－710，5）。

标本H312⑨：27，泥质橙黄陶。喇叭口，圆唇，口沿以下残。口沿外侧饰一周附加泥条，器表素面。口径18、残高1.6厘米（图4－710，6）。

刻槽盆　1件。

标本H312⑨：29，夹砂红陶。敞口，圆唇，口部有一流，深斜腹，平底。器表饰竖向绳纹，内壁饰交错刻槽。口径22.8、高15.2、底径9.2厘米（图4－710，7；彩版二五〇，2）。

盆　1件。

标本H312⑨：1，泥质灰陶。敞口，窄平沿，圆唇，斜直腹，底残。口沿外侧饰一周折棱，腹部饰斜向篮纹，内壁有刮抹痕迹。口径22.4、残高5.6厘米（图4-710，8）。

豆 1件。

标本H312⑨：10，泥质红陶。高圈空心足，素面，器表有刮抹痕迹。底径12、残高2.8厘米（图4-710，9）。

石刀 3件。

标本H312⑨：35，石英岩。基部残，一侧边平直，双面磨刃。刃残长1厘米，刃角53°，器身残长4.8、残宽5.6厘米（图4-710，11；彩版二五〇，3）。

标本H312⑨：36，石英岩。平基部，一侧边平直，双面磨刃。刃残长2厘米，刃角34°，器身残长5.2、宽4.8厘米（图4-710，12；彩版二五〇，4）。

标本H312⑨：37，石英岩。基部残，一侧边平直且有切割痕迹，一边残，双面磨刃，刃部较锋利。刃残长2.9厘米，刃角45°，器身残长7.6、残宽6.4厘米（图4-710，13；彩版二五〇，5）。

石料 1件。

标本H312⑨：34，页岩。整体较平整，制作小石器材料。残长3.2、残宽3.2厘米（图4-710，10）。

骨镞 1件。

标本H312⑨：33，动物骨骼磨制而成，器表粗磨，锋部磨制呈扁平菱形，锋尖略残，铤部呈圆柱状，器身长4、宽1、厚0.5厘米（图4-710，14；彩版二四九，6）。

（10）H312⑩层

出土少量陶片，以腹部残片为主，可辨器形有圆腹罐、高领罐（表4-1221、1222）。

表4-1221 H312⑩层器形数量统计表

器形 \ 陶质/陶色	泥质				夹砂				合计
	红	橙黄	灰	黑	红	橙黄	灰	黑	
圆腹罐					2	1			3
高领罐		1			1				2

表4-1222 H312⑩层陶片统计表

纹饰 \ 陶质/陶色	泥质				夹砂				合计
	橙黄	灰	红	灰底黑彩	橙黄	灰	红	褐	
素面	22	3	1		23				49
绳纹					13				13
篮纹	18				9				27
麻点纹					37				37
麻点＋篮纹		1			1				2
交错绳纹		1							1

圆腹罐　3件。

标本H312⑩：1，夹砂橙黄陶。微侈口，方唇，上腹直，下腹残。上腹饰横向篮纹。口径13.2、残高3.2厘米（图4-711，1）。

标本H312⑩：2，夹砂褐陶。侈口，圆唇，高领，束颈，上腹圆弧，下腹残。颈部素面，上腹饰麻点纹，有烟炱。口径15.2、残高9.6厘米（图4-711，2）。

标本H312⑩：5，夹砂褐陶。侈口，圆唇，高领，束颈，颈部以下残。颈部素面，有烟炱。口径14.4、残高3.6厘米（图4-711，3）。

高领罐　2件。

标本H312⑩：3，夹砂红陶。喇叭口，尖唇，高领，束颈，颈部以下残。口沿外侧有一周折棱，颈部素面。口径12.8、残高3.2厘米（图4-711，4）。

标本H312⑩：4，泥质橙黄陶。喇叭口，圆唇，高领，束颈，颈部以下残。颈部饰横向篮纹。口径22.4、残高5.6厘米（图4-711，5）。

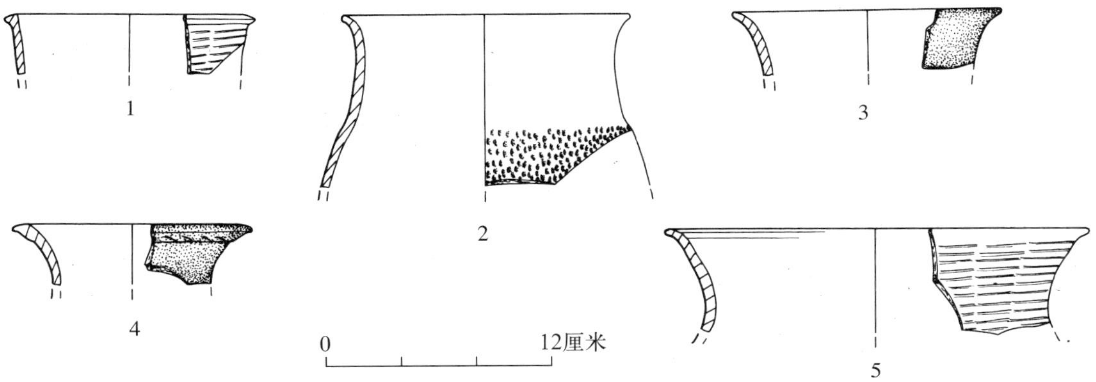

图4-711　H312出土遗物

1～3.圆腹罐H312⑩：1、2、5　4、5.高领罐H312⑩：3、4

302. H313

H313位于ⅡT0805东隔梁北部，开口于第⑤层下（图4-712；彩版二五一，1）。平面呈圆形，口部边缘形态明显，底部边缘形态明显，剖面呈筒状，直壁，未见工具痕迹，坑底平整。坑口东

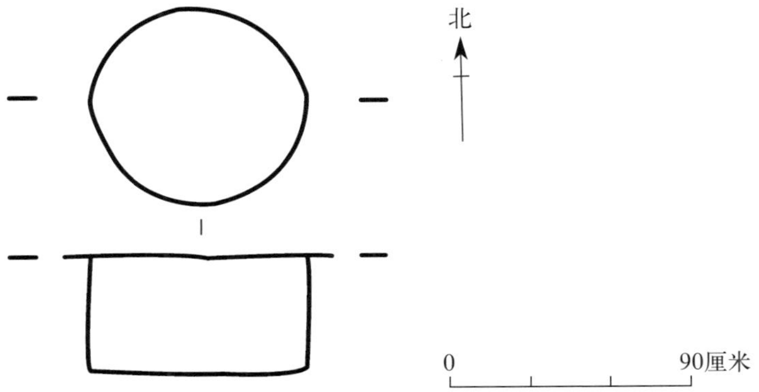

图4-712　H313平、剖面图

西 0.80、南北 0.75、坑底东西 0.80、深约 0.44 米。坑内堆积未分层，土色深褐色，土质较疏松，包含少量植物根茎，出土零星陶片，水平状堆积。

出土少量陶片，以陶器腹部残片为主，无可辨器形标本，所以不具体介绍，只进行陶系统计（表 4−1223）。

表4−1223 H313陶片统计表

纹饰＼陶质/陶色	泥质				夹砂				合计
	橙黄	灰	红	灰底黑彩	橙黄	灰	红	褐	
素面	3		3		4				10
绳纹		1			5				6
篮纹	3		5		2				10

303. H314

H314 位于 Ⅱ T0702 中部偏西南，开口于第⑤层下，东部被H261 打破（图 4−713；彩版二五一，2）。根据现残存部分推测H314 平面呈椭圆形，口部边缘形态明显，底部边缘形态明显，

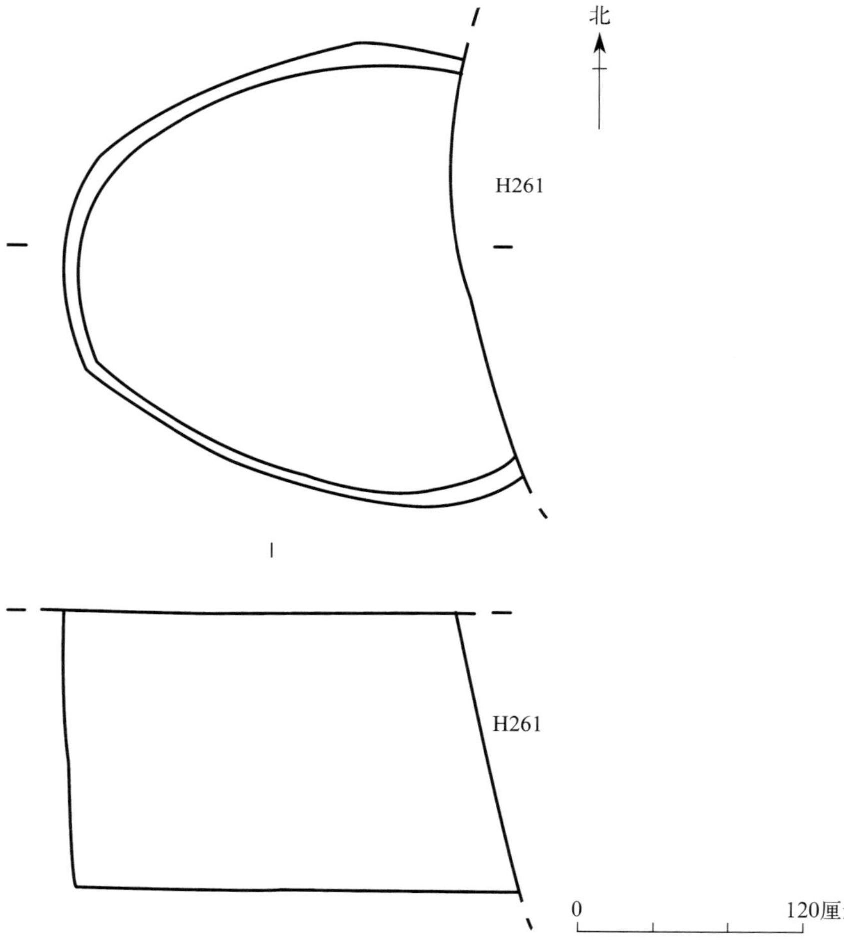

图4−713 H314平、剖面图

剖面呈筒状，斜直壁，未见工具痕迹，坑底平整。坑口东西 2.10、南北 2.52、坑底东西 2.34、深 1.50 米。坑内堆积未分层，土色浅黄色，土质较疏松，包含有少量植物根茎，水平状堆积。

出土少量陶片，以腹部残片为主，可辨器形有花边罐、单耳罐（表 4-1224、1225）。

表4-1224　H314器形数量统计表

器形 ＼ 陶质/陶色	泥质				夹砂				合计
	红	橙黄	灰	黑	红	橙黄	灰	黑	
单耳罐		1							1
花边罐						1			1

表4-1225　H314陶片统计表

纹饰 ＼ 陶质/陶色	泥质				夹砂				合计
	橙黄	灰	红	灰底黑彩	橙黄	灰	红	褐	
素面	5				3				8
篮纹	3								3
麻点纹					2				2

花边罐　1 件。

标本H314：2，夹砂橙黄陶。侈口，圆唇，矮领，微束颈，上腹圆，下腹残。颈部饰一周附加泥条，泥条经手指按压呈波状，颈部素面，腹部饰麻点纹，有烟炱。口径 15.2、残高 8.6 厘米（图 4-714，1）。

单耳罐　1 件。

标本H314：1，泥质橙黄陶。侈口，圆唇，矮领，束颈，上腹斜，下腹残，耳残。颈部素面，上饰竖向刻划纹，内壁有刮抹痕迹。口径 8.8、残高 5.6 厘米（图 4-714，2）。

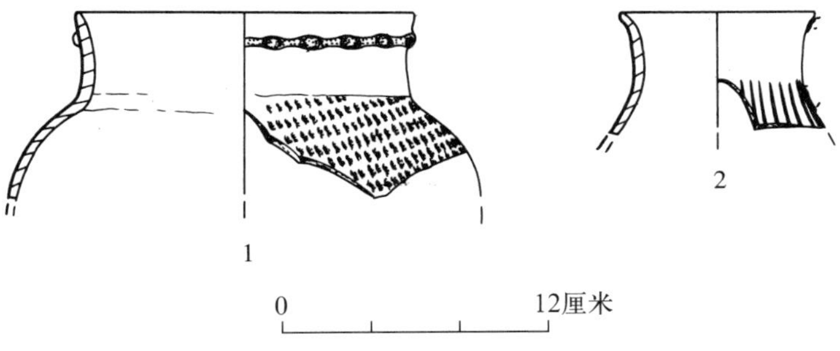

图4-714　H314出土遗物

1.花边罐H314：2　2.单耳罐H314：1

304. H315

H315 位于ⅡT1003 中南部，开口于第②层下，被Y3 打破（图 4-715；彩版二五二，1）。根据现残存部分推测H315 平面呈圆形，口部边缘形态明显，底部边缘形态不明显，剖面呈筒状，斜直壁，未见工具痕迹，坑底平整。坑口南北 2.80、东西 3.00、底部南北 2.64、深约 1.08 米。坑内

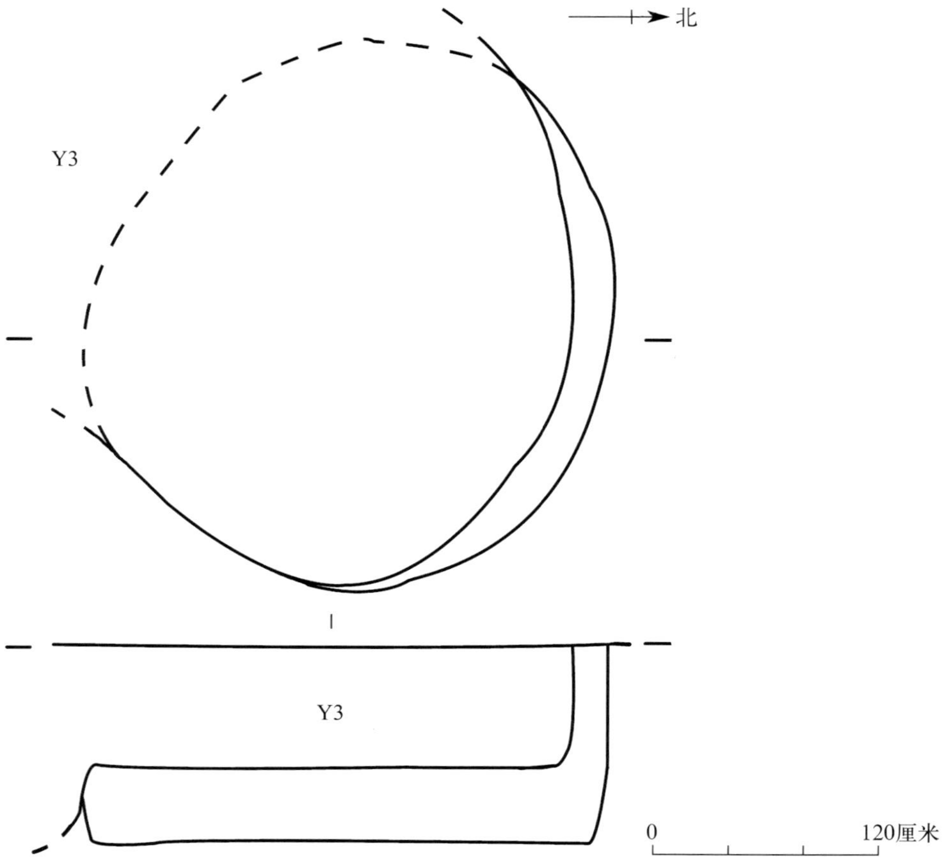

图4-715 H315平、剖面图

堆积未分层，土色深黄色，土质较疏松，水平状堆积。

出土少量陶片、石块，陶片以腹部残片为主，可辨器形有圆腹罐、盆（表4-1226、1227）。

表4-1226 H315器形数量统计表

器形＼陶质/陶色	泥质				夹砂				合计
	红	橙黄	灰	黑	红	橙黄	灰	黑	
圆腹罐						1			1
盆		1							1

表4-1227 H315陶片统计表

纹饰＼陶质/陶色	泥质				夹砂				合计
	橙黄	灰	红	灰底黑彩	橙黄	灰	红	褐	
素面	11				4				15
篮纹	2								2
麻点纹					13				13
篮纹＋麻点纹					1				1

圆腹罐　1件。

标本H315：1，夹砂橙黄陶。侈口，圆唇，高领，束颈，上腹圆，下腹残。颈部素面，上腹饰麻点纹，有烟炱。口径13.2、残高9.6厘米（图4-716，1）。

盆　1件。

标本H315：2，泥质橙黄陶。敞口，平沿，圆唇，上腹斜弧，下腹残。口沿外侧有一道凸棱呈波状，上腹素面，内壁素面磨光。口径21.6、残高3.6厘米（图4-716，2）。

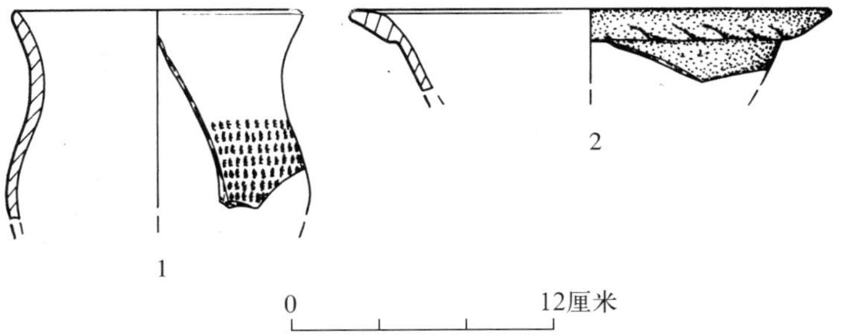

图4-716　H315出土遗物

1.圆腹罐H315：1　2.盆H315：2

305. H316

H316位于ⅡT0702中南部，开口于第⑤层下，被H314叠压，被H261打破（图4-717；彩版二五二，2）。平面呈椭圆形，口部边缘形态明显，底部边缘形态明显，剖面呈筒状，斜直壁，未见工具痕迹，坑底平整。坑口东西0.70、南北1.84、坑底东西0.94、深0.60米。坑内堆积未分层，土色深黄色，土质较疏松，包含少量植物根茎，水平状堆积。

出土少量陶片，以腹部残片为主，可辨器形有圆腹罐、双耳罐（表4-1228、1229）。

表4-1228　H316器形数量统计表

陶质	泥质				夹砂				合计
器形＼陶色	红	橙黄	灰	黑	红	橙黄	灰	黑	
双耳罐						2			2
圆腹罐					1				1

表4-1229　H316陶片统计表

陶质	泥质				夹砂				合计
纹饰＼陶色	橙黄	灰	红	灰底黑彩	橙黄	灰	红	褐	
素面			1		1				2
篮纹	1		1						2
麻点纹					3				3

圆腹罐　1件。

标本H316：3，夹砂红陶。侈口，圆唇，高领，束颈，颈部以下残。器表素面。口径14.4、

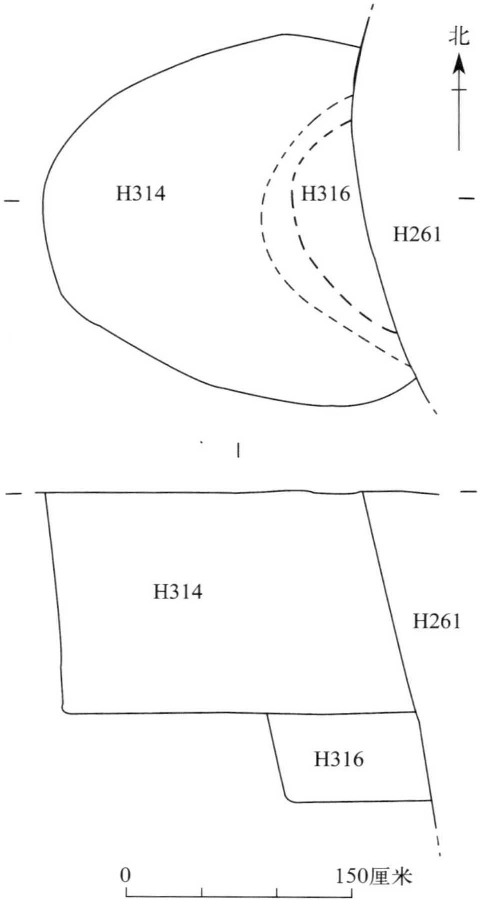

图4-717 H316平、剖面图

残高 4.8 厘米（图 4-718，1）。

双耳罐 2 件。

标本H316：1，夹砂橙黄陶。侈口，圆唇，矮领，束颈，颈部以下残。连口残耳，颈部素面。口径 13.6、残高 3 厘米（图 4-718，2）。

标本H316：2，夹砂橙黄陶。侈口，圆唇，矮领，束颈，颈部以下残。连口拱形双耳，颈部素面。口径 9.2、残高 4.2 厘米（图 4-718，3）。

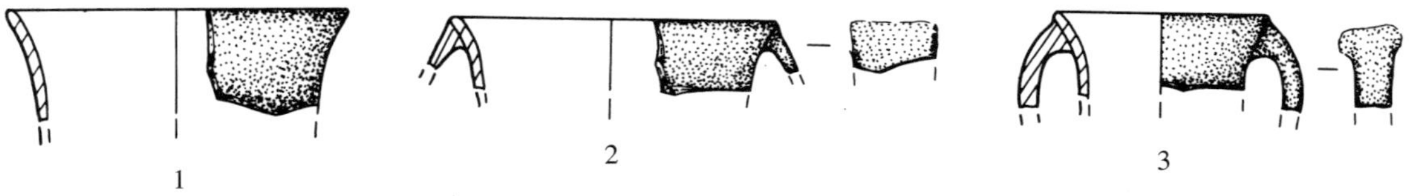

图4-718 H316出土遗物

1.圆腹罐H316：3 2、3.双耳罐H316：1、2

306. H317

H317 位于ⅡT1002 中南部，开口于第②层下（图 4–719；彩版二五三，1）。平面呈圆形，口部边缘形态明显，底部边缘形态明显，剖面呈袋状，斜弧壁，未见工具痕迹，坑底平整。坑口南北 2.82、东西 2.95、坑底南北 3.74、深 2.12 米。坑内堆积可分三层，第①层厚 0.92～1.50 米，土色浅灰色，土质较疏松，坡状堆积，出土少量陶片和石块、兽骨。第②层厚 0.34～0.98 米，土色深灰色，土质较疏松，包含较多红烧土颗粒、少量炭屑和白灰皮，凸镜状堆积，出土较多陶片，少量石块和兽骨、石刀、骨锥各 1 件。第③层厚 0.20～0.72 米，土色浅黄色，土质较疏松，包含少量草木灰、炭屑，凸镜状堆积。

出土较多陶片，少量石块、兽骨。

（1）H317①层

出土大量陶片，以腹部残片为主，可辨器形有圆腹罐、花边罐、单耳罐、双耳罐、高领罐、盆、斝、尊（表 4–1230、1231）。

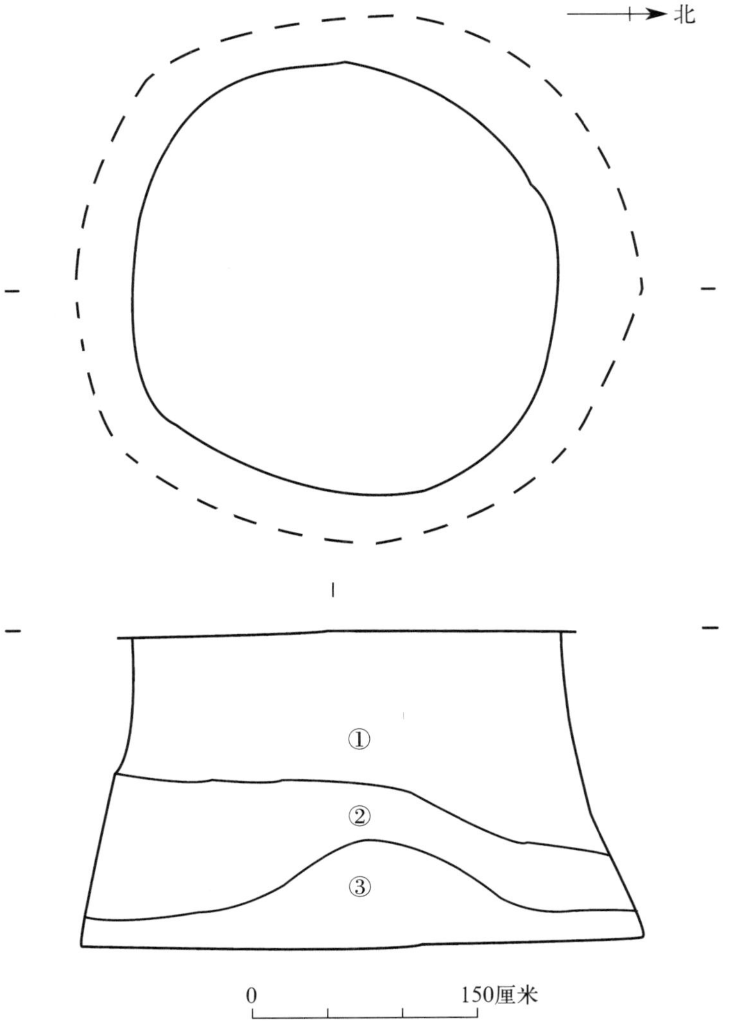

图4–719　H317平、剖面图

表4-1230 H317①层器形数量统计表

陶质/陶色/器形	泥质				夹砂				合计
	红	橙黄	灰	褐	红	橙黄	灰	黑	
单耳罐						1			1
圆腹罐		1	1		6	6			14
高领罐	2								2
花边罐	1			1	3	3			8
盆		1							1
尊		1							1
斝					1	1	1		3
双耳罐						1			1

表4-1231 H317①层陶片统计表

陶质/陶色/纹饰	泥质				夹砂				合计
	橙黄	灰	红	灰底黑彩	橙黄	灰	红	褐	
素面	89	12	23		50				174
绳纹	11				17				28
篮纹	46		14		19				79
麻点纹					247				247
席纹					1				1
戳印纹					3				3
篮纹＋麻点纹					4				4
附加堆纹	2				5				7
附加堆纹＋篮纹					3				3

圆腹罐 14件。

标本H317①：2，夹砂红陶。侈口，圆唇，高领，束颈，颈部以下残。颈部饰横向篮纹。口径14.4、残高6.4厘米（图4-720，1）。

标本H317①：6，泥质橙黄陶。侈口，方唇，上腹圆，下腹残。唇面呈凹槽状，器表素面。口径20、残高5.4厘米（图4-720，2）。

标本H317①：8，夹砂橙黄陶。侈口，圆唇，高领，束颈，颈部以下残。颈部素面。口径14.8、残高4.1厘米（图4-720，3）。

标本H317①：9，夹砂橙黄陶。侈口，圆唇，高领，束颈，颈部以下残。颈部素面。口径11.6、残高4厘米（图4-720，4）。

标本H317①：11，夹砂橙黄陶。侈口，圆唇，上腹斜弧，下腹残。器表素面，有烟炱。口径16.8、残高4.4厘米（图4-720，5）。

标本H317①：12，泥质橙黄陶。侈口，圆唇，矮领，束颈，颈部以下残。颈部素面。口径10、残高3.6厘米（图4-720，6）。

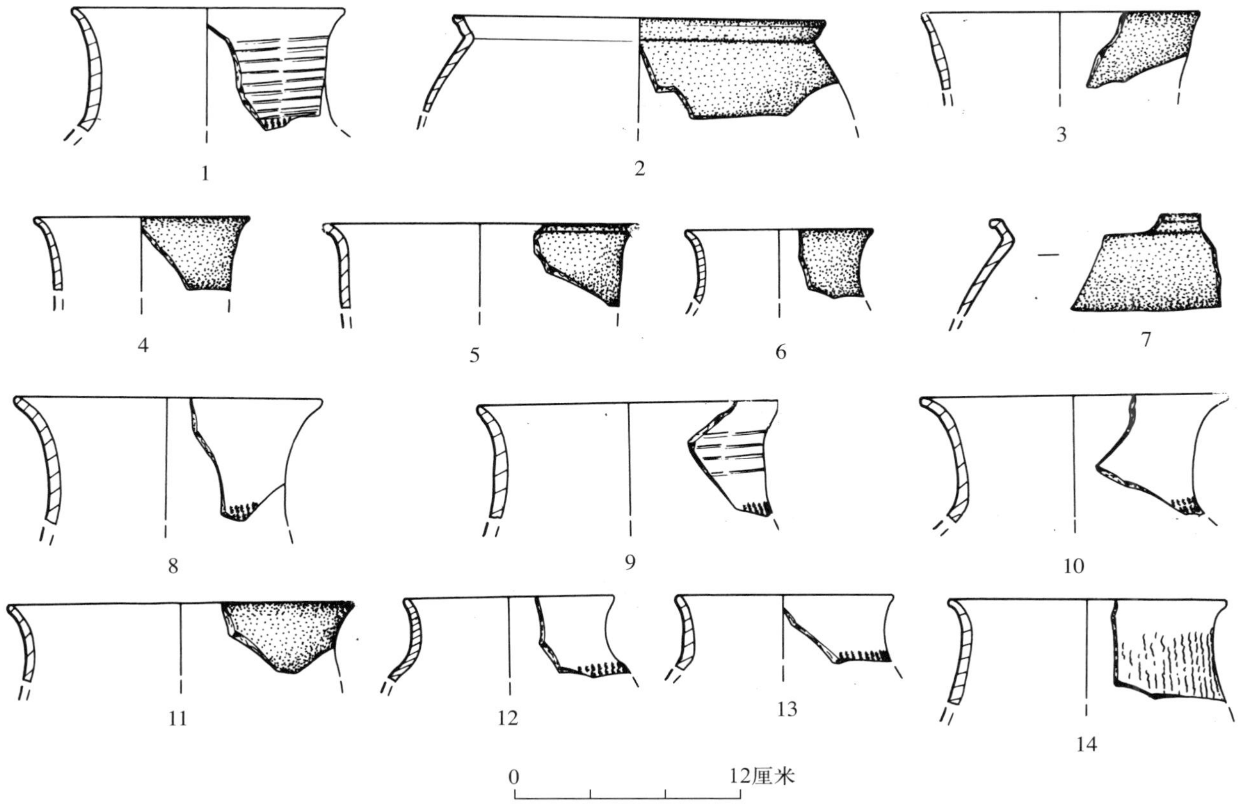

图4-720 H317出土遗物

1～14.圆腹罐H317①：2、6、8、9、11、12、14～17、21、23、24、31

标本H317①：14，夹砂红陶。侈口，折沿，圆唇，上腹圆弧，下腹残。器表素面，有烟炱。残高5.2、残宽8厘米（图4-720，7）。

标本H317①：15，夹砂红陶。侈口，圆唇，高领，束颈，颈部以下残。上颈部素面，下颈部饰麻点纹，有烟炱。口径16.4、残高6.8厘米（图4-720，8）。

标本H317①：16，夹砂橙黄陶。侈口，圆唇，高领，束颈，颈部以下残。颈部素面。口径16、残高6.1厘米（图4-720，9）。

标本H317①：17，夹砂橙黄陶。侈口，圆唇，高领，束颈，颈部以下残。上颈部素面，下颈部饰麻点纹。口径16.4、残高6.6厘米（图4-720，10）。

标本H317①：21，泥质灰陶。侈口，圆唇，矮领，束颈，颈部以下残。颈部素面，有烟炱。口径18.4、残高4厘米（图4-720，11）。

标本H317①：23，夹砂红陶。侈口，圆唇，矮领，束颈，上腹圆，下腹残。颈部素面，上腹饰麻点纹。口径11.2、残高4.4厘米（图4-720，12）。

标本H317①：24，夹砂红陶。侈口，圆唇，矮领，束颈，颈部以下残。颈部饰竖向绳纹。口径11.6、残高3.8厘米（图4-720，13）。

标本H317①：31，夹砂红陶。侈口，圆唇，高领，束颈，颈部以下残。颈部饰竖向绳纹，口径14.8、残高5.6厘米（图4-720，14）。

花边罐 7件。

标本H317①：5，夹砂橙黄陶。侈口，尖唇，矮领，束颈，上腹斜，下腹残。口沿外侧饰一周附加泥条，泥条经手指按压呈波状，颈部素面，上腹饰麻点纹，有烟炱。口径10、残高6.4厘米（图4-721，1）。

标本H317①：7，泥质红陶。微侈口，尖唇，高领，束颈，颈部以下残。口沿外侧饰有一周附加泥条，泥条之上饰斜向戳印纹，颈部素面。口径15.6、残高5厘米（图4-721，2）。

标本H317①：13，夹砂红陶。侈口，圆唇，矮领，束颈，上腹斜弧，下腹残。口沿外侧饰一周附加泥条，泥条经手指按压呈波状，颈部素面，上腹饰麻点纹。口径9.2、残高6.4厘米（图4-721，3）。

标本H317①：20，泥质红陶。侈口，圆唇，矮领，束颈，颈部以下残。口沿外侧饰一周附加泥条，泥条经手指按压呈波状，颈部素面。口径18.4、残高4.6厘米（图4-721，4）。

标本H317①：25，夹砂橙黄陶。侈口，圆唇，矮领，束颈，上腹圆，下腹残。口沿外侧饰一周附加泥条，泥条经手指按压呈波状，上腹饰麻点纹，有烟炱。口径16.4、残高7.8厘米（图4-721，5）。

标本H317①：27，泥质褐陶。侈口，尖唇，高领，微束颈，上腹圆弧，下腹残。口沿外侧饰一周附加泥条，泥条经手指按压呈波状，颈部素面，上腹饰麻点纹，有烟炱。口径14.8、残高8.6厘米（图4-721，6）。

标本H317①：28，夹砂红陶。侈口，尖唇，矮领，束颈，上腹圆，下腹残。口沿外侧饰一周附加泥条，泥条经手指按压呈波状，颈部饰横向篮纹，上腹饰麻点纹，有烟炱。口径16.8、残高6厘米（图4-721，7）。

单耳罐 1件。

标本H317①：1，夹砂橙黄陶。侈口，圆唇，矮领，束颈，上腹圆，下腹残。连口拱形单耳。耳上顶端口沿呈锯齿状，颈部素面，耳面和上腹饰麻点纹，有烟炱。残高6、残宽7厘米（图4-721，9）。

双耳罐 1件。

标本H317①：30，夹砂橙黄陶。侈口，锯齿唇，高领，束颈，上腹圆，下腹残。连口拱形双耳。耳面饰戳印纹，颈部饰斜向篮纹，上腹饰麻点纹。口径26、残高11厘米（图4-721，10）。

高领罐 3件。

标本H317①：29，夹砂橙黄陶。侈口，尖唇，矮领，束颈，上腹圆，下腹残。口沿外侧饰一周附加泥条，泥条经手指按压呈波状，颈部素面，有烟炱。口径18、残高2.4厘米（图4-721，8）。

标本H317①：3，泥质红陶。喇叭口，圆唇，高领，束颈，颈部以下残。颈部素面，内壁素面磨光。口径19.6、残高6厘米（图4-721，11）。

标本H317①：4，泥质红陶。喇叭口，圆唇，高领，束颈，颈部以下残。颈部素面。口径16.8、残高5.6厘米（图4-721，12）。

盆 1件。

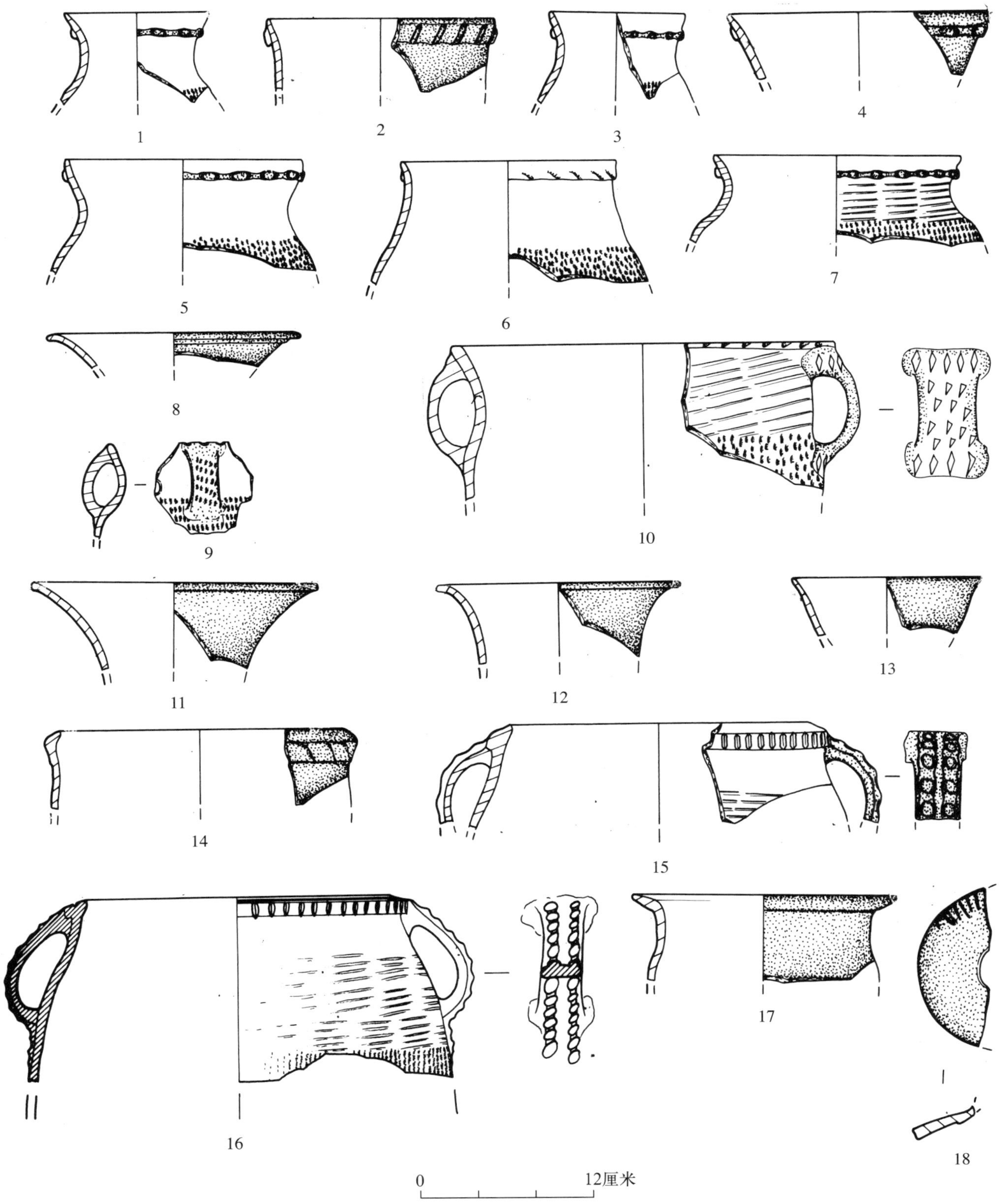

图4-721　H317出土遗物

1～7.花边罐H317①：5、7、13、20、25、27～28　9.单耳罐H317①：1　10.双耳罐H317①：30　8、11、12.高领罐H317①：29、3、4　13.盆H317①：10　14～16.斝H317①：19、26、32　17.尊H317①：18　18.器盖H317①：22

标本H317①：10，泥质橙黄陶。敞口，圆唇，斜弧腹，底残。器表素面。口径13.2、残高4.2厘米（图4-721，13）。

斝　3件。

标本H317①：19，夹砂橙黄陶。敛口，圆唇，上腹直，下腹残。口沿外侧饰一周附加泥条，泥条之上饰戳印纹。口径20、残高5.6厘米（图4-721，14）。

标本H317①：26，夹砂红陶。敛口，尖唇，上腹斜，下腹残。拱形双耳，耳面饰两条竖向附加泥条，泥条经手指按压呈波状，口沿外侧饰一周附加泥条，泥条之上饰戳印纹，上腹饰横向篮纹，有烟炱。口径20.8、残高7.2厘米（图4-721，15）。

标本H317①：32，夹砂灰陶。敛口，方唇，上腹圆弧，下腹残。连口拱形双耳。唇面有两道凹槽，口沿外侧饰一周附加泥条，泥条之上饰戳印纹，耳面饰两条竖向附加泥条，泥条经手指按压呈波状，上腹饰横向篮纹，篮纹下饰竖向绳纹，有烟炱。口径21.2、残高13厘米（图4-721，16）。

尊　1件。

标本H317①：18，泥质橙黄陶。喇叭口，圆唇，高领，束颈，上腹圆，下腹残。器表素面。口径18.4、残高6厘米（图4-721，17）。

器盖　1件。

标本H317①：22，夹砂橙黄陶。敞口，方唇，斜弧盖面，柄部残，口沿外侧饰刻划纹，盖面素面。残长11.2、残宽5厘米（图4-721，18）。

（2）H317②层

出土少量陶片，以腹部残片为主，可辨器形有圆腹罐、花边罐、单耳罐、双耳罐、高领罐、大口罐、鸮面罐、盆、斝、尊、盉、彩陶盆。另出土石器、石刀、骨锥（表4-1232、1233）。

表4-1232　H317②层器形数量统计表

陶质 / 陶色 / 器形	泥质				夹砂				合计
	红	橙黄	灰	黑	红	橙黄	灰	褐	
双耳罐	1					2			3
花边罐		3			4	5		2	14
斝						1	2		3
圆腹罐		3			2	7			12
单耳罐						1			1
盆		2							2
鸮面罐						1			1
大口罐						1			1
高领罐	2	2							4
尊		1							1
盉				1					1
彩陶盆		1							1

表4-1233　H317②层陶片统计表

纹饰 \ 陶质/陶色	泥质				夹砂				合计
	橙黄	灰	红	灰底黑彩	橙黄	灰	红	褐	
素面	149	9	43		102				303
绳纹	24		2		32		2		60
篮纹	99	7	4		28				138
麻点纹					425				425
席纹					1				1
戳印纹					1				1
压印纹	2								2
刻划纹	1				12				13
篮纹＋麻点纹					6				6
附加堆纹					8				8
麻点纹＋附加堆纹	1				1				2
篮纹＋绳纹					3				3
附加堆纹＋篮纹					5				5

圆腹罐　12 件。

标本H317②：4，夹砂橙黄陶。侈口，圆唇，矮领，束颈，上腹圆，下腹残。颈部饰竖向细绳纹，颈腹之间饰有多个泥饼，上腹饰麻点纹，有烟炱。口径 10、残高 6.2 厘米（图 4-722，1）。

标本H317②：5，夹砂橙黄陶。侈口，圆唇，矮领，束颈，圆腹，底残。颈部素面，上腹饰竖向刻划纹，有烟炱。口径 9.6、残高 6.3 厘米（图 4-722，2）。

标本H317②：18，夹砂红陶。侈口，圆唇，高领，束颈，上腹圆弧，下腹残。颈部素面，上腹饰麻点纹。口径 20、残高 10 厘米（图 4-722，3）。

标本H317②：19，夹砂橙黄陶。侈口，圆唇，矮领，束颈，圆腹，底残。颈部素面，腹部饰麻点纹，有烟炱。口径 19、残高 21 厘米（图 4-722，4）。

标本H317②：21，夹砂橙黄陶。侈口，方唇，高领，束颈，上腹圆弧，下腹残。唇面有一周凹槽，口沿外侧有一周折棱，颈部素面，上腹饰麻点纹。口径 16、残高 10.6 厘米（图 4-722，5）。

标本H317②：23，泥质橙黄陶。侈口，圆唇，高领，束颈，上腹圆弧，下腹残。器表通体素面磨光，内壁有烟炱。口径 20、残高 8.4 厘米（图 4-722，6）。

标本H317②：27，泥质橙黄陶。侈口，圆唇，矮领，束颈，上腹斜弧，下腹残。器表素面。口径 10.8、残高 5.6 厘米（图 4-722，7）。

标本H317②：32，夹砂橙黄陶。侈口，圆唇，高领，束颈，上腹圆，下腹残。颈部素面，上腹饰麻点纹，有烟炱。口径 14.8、残高 7 厘米（图 4-722，8）。

标本H317②：34，夹砂橙黄陶。侈口，圆唇，矮领，束颈，颈部以下残。颈部素面，有烟炱。口径 15.2、残高 3.6 厘米（图 4-722，9）。

标本H317②：35，夹砂橙黄陶。侈口，圆唇，矮领，微束颈，上腹斜，下腹残。颈部素面，

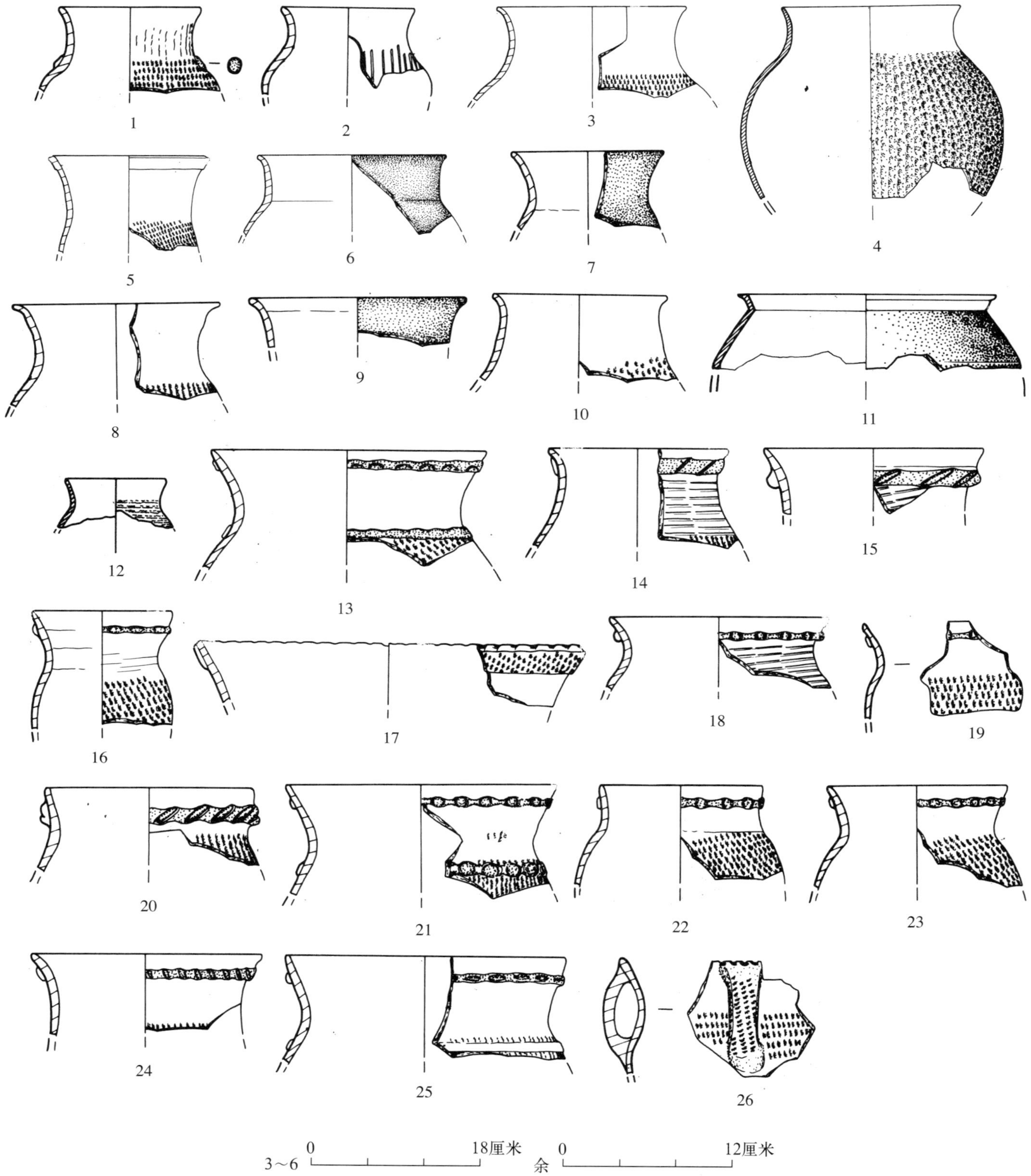

图4-722　H317出土遗物

1～12.圆腹罐H317②：4、5、18、19、21、23、27、32、34、35、40、41　13～25.花边罐H317②：2、6～8、10、11、14、17、20、22、24、25、37　26.单耳罐H317②：9

上腹饰麻点纹，有烟炱。口径 12.4、残高 6 厘米（图 4-722，10）。

标本H317②：40，泥质橙黄陶。侈口，折沿，尖唇，矮领，束颈，上腹圆弧，下腹残。器表素面。口径 18.4、残高 5.6 厘米（图 4-722，11）。

标本H317②：41，夹砂红陶。侈口，圆唇，矮领，束颈，上腹圆，下腹残。颈部素面且有刮抹痕迹，上腹饰横向绳纹。口径 7.2、残高 3.6 厘米（图 4-722，12）。

花边罐　13 件。

标本H317②：2，夹砂橙黄陶。侈口，尖唇，矮领，束颈，上腹圆弧，下腹残。口沿外侧及下颈部各饰一条附加泥条，泥条经手指按压呈波状，颈部素面，上腹饰麻点纹。口径 19.6、残高 8.6 厘米（图 4-722，13）。

标本H317②：6，夹砂红陶。侈口，圆唇，高领，束颈，上腹斜弧，下腹残。口沿外侧饰一周附加泥条，泥条之上饰斜向戳印纹，颈部饰横向篮纹，上腹饰竖向绳纹。口径 12.8、残高 7.2 厘米（图 4-722，14）。

标本H317②：7，泥质橙黄陶。侈口，尖唇，高领，束颈，颈部以下残。颈部饰横向篮纹，篮纹之上有一周附加泥条，泥条之上饰斜向戳印纹。口径 15.6、残高 4.6 厘米（图 4-722，15）。

标本H317②：8，泥质橙黄陶。侈口，尖唇，矮领，束颈，圆腹，底残。口沿外侧饰一周附加泥条，泥条经手指按压呈波状，颈部饰横向绳纹，腹部饰麻点纹。口径 10、残高 8.6 厘米（图 4-722，16）。

标本H317②：10，夹砂褐陶。侈口，锯齿唇，矮领，微束颈，颈部以下残。口沿外侧饰一周附加泥条，泥条之上饰麻点纹，颈部素面。口径 27.2、残高 4.6 厘米（图 4-722，17）。

标本H317②：11，夹砂红陶。侈口，尖唇，矮领，束颈，上腹圆弧，下腹残。口沿外侧饰一周附加泥条，泥条经手指按压呈波状，颈部饰横向篮纹。口径 15.6、残高 5.4 厘米（图 4-722，18）。

标本H317②：14，夹砂橙黄陶。侈口，圆唇，矮领，束颈，上腹圆，下腹残。口沿外侧饰一周附加泥条，泥条经手指按压呈波状，颈部素面，上腹饰麻点纹，有烟炱。残高 7、残宽 7.2 厘米（图 4-722，19）。

标本H317②：17，夹砂红陶。侈口，圆唇，矮领，束颈，上腹斜弧，下腹残。颈部饰一周附加泥条，泥条之上饰斜向戳印纹，上腹饰竖向绳纹。口径 14.8、残高 5.6 厘米（图 4-722，20）。

标本H317②：20，夹砂褐陶。侈口，圆唇，矮领，束颈，上腹斜弧，下腹残。口沿外侧及上腹各饰一周附加泥条，泥条经手指按压呈波状，颈部素面，上腹饰麻点纹。口径 19.2、残高 8 厘米（图 4-722，21）。

标本H317②：22，夹砂红陶。侈口，尖唇，矮领，束颈，上腹圆，下腹残。口沿外侧饰一周附加泥条，泥条经手指按压呈波状，颈部素面，上腹饰麻点纹。口径 11.4、残高 7 厘米（图 4-722，22）。

标本H317②：24，夹砂橙黄陶。侈口，圆唇，矮领，束颈，上腹圆，下腹残。口沿外侧饰一周附加泥条，泥条经手指按压呈波状，颈部素面，上腹饰麻点纹。口径 12.8、残高 7.4 厘米（图 4-722，23）。

标本H317②：25，夹砂橙黄陶。侈口，圆唇，高领，束颈，颈部以下残。口沿外侧饰一周附加泥条，泥条之上饰戳印纹，下颈部饰竖向绳纹。口径16、残高5.8厘米（图4−722，24）。

标本H317②：37，夹砂橙黄陶。侈口，圆唇，矮领，束颈，上腹斜，下腹残。口沿外侧饰一周附加泥条，泥条经手指按压呈波状，颈部素面，上腹饰竖向绳纹，绳纹之上饰一周附加泥条，部分泥条已脱落。口径20、残高7.6厘米（图4−722，25）。

单耳罐　1件。

标本H317②：9，夹砂橙黄陶。侈口，圆唇，高领，束颈，上腹圆，下腹残。连口拱形单耳。耳上端口沿处呈锯齿状，耳面及上腹饰麻点纹。残高8.4、残宽9.2厘米（图4−722，26）。

双耳罐　3件。

标本H317②：1，夹砂橙黄陶。侈口，圆唇，矮领，束颈，颈部以下残。口沿外侧有耳脱落痕迹，下颈部饰刻划纹。口径9.2、残高3.2厘米（图4−723，1）。

标本H317②：12，泥质红陶。侈口，圆唇，矮领，束颈，上腹圆，下腹残。拱形双耳，器表素面。口径10.8、残高5.2厘米（图4−723，2）。

标本H317②：16，夹砂橙黄陶。侈口，方唇，高领，束颈，上腹圆，下腹残。连口拱形双耳。耳上端饰戳印纹，器表素面，有烟炱。口径23.2、残高9.4厘米（图4−723，3）。

高领罐　4件。

标本H317②：28，泥质橙黄陶。喇叭口，圆唇，高领，束颈，颈部以下残。颈部饰竖向篮纹，内壁素面磨光。口径20.4、残高3厘米（图4−723，4）。

标本H317②：29，泥质红陶。喇叭口，圆唇，高领，束颈，颈部以下残。口沿外侧有一周折棱，颈部素面且有刮抹痕迹，内壁素面磨光，有烟炱。口径18、残高14厘米（图4−723，5）。

标本H317②：43，泥质橙黄陶。喇叭口，平沿，圆唇，高领，束颈，颈部以下残。口沿外侧饰一周折棱，颈部素面磨光。口径21、残高3.6厘米（图4−723，6）。

标本H317②：33，泥质红陶。喇叭口，圆唇，高领，束颈，颈部以下残。口沿外侧有一周折棱，器身通体素面磨光，有烟炱。口径18、残高6.8厘米（图4−723，7）。

大口罐　1件。

标本H317②：26，夹砂橙黄陶。直口，方唇，上腹斜直，下腹残。口沿外侧饰一周附加泥条呈锯齿状，上腹饰横向篮纹。口径35.2、残高4厘米（图4−723，8）。

鸮面罐　1件。

标本H317②：15，夹砂橙黄陶。仅存鸮面部分，腹部残。锯齿唇，素面，面部有一道凹槽及穿孔。残长7.6、残宽5厘米（图4−723，9）。

盆　2件。

标本H317②：13，泥质橙黄陶。敞口，方唇，上腹斜直，下腹残。口沿外侧有一周折棱，腹部饰横向篮纹。口径21.2、残高2.4厘米（图4−723，10）。

标本H317②：38，泥质橙黄陶。敞口，窄平沿，尖唇，斜弧腹，平底。口沿外侧饰一周折棱，腹部饰横向篮纹。口径21.4、高10、底径12厘米（图4−723，11；彩版二五三，2）。

彩陶盆　1件。

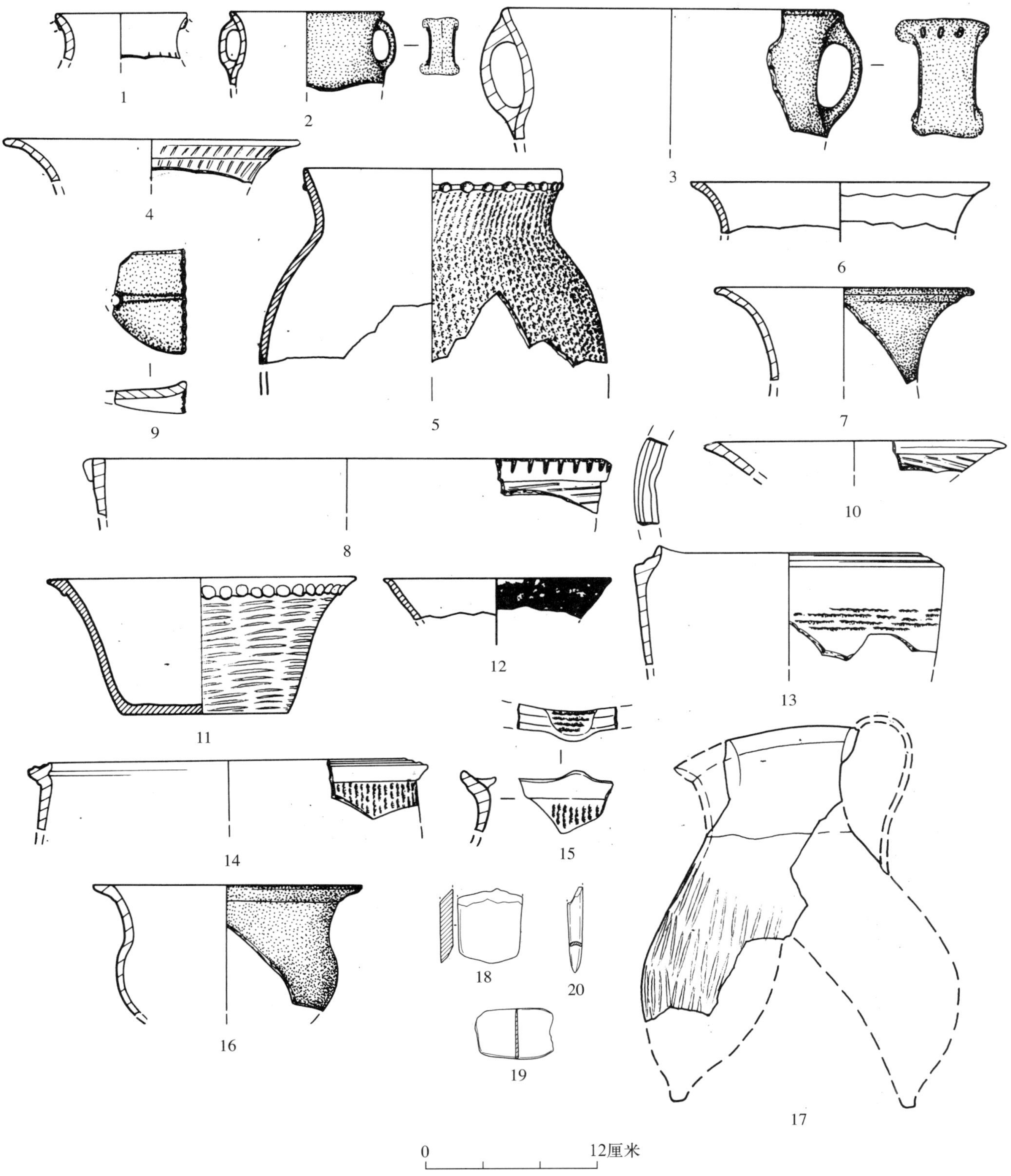

图4-723　H317出土遗物

1～3.双耳罐H317②：1、12、16　4～7.高领罐H317②：28、29、43、33　8.大口罐H317②：26　9.鸮面罐H317②：15　10、11.盆H317②：13、38　12.彩陶盆H317②：42　13～15.斝H317②：3、30、31　16.尊H317②：36　17.盉H317②：39　18.石器H317②：44　19.石刀H317②：45　20.骨锥H317②：46

标本H317②：42，泥质橙黄陶。敞口，窄平沿，尖唇，斜直腹，底残。器表磨光，饰黑彩。口径16、残高3厘米（图4-723，12）。

斝 3件。

标本H317②：3，夹砂橙黄陶。敛口，重唇，上腹斜直，下腹残。口沿有一流，上腹饰横向绳纹，有烟炱。口径18、残高8.4厘米（图4-723，13；彩版二五三，3）。

标本H317②：30，夹砂灰陶。敛口，重唇，上腹直，下腹残。唇面有三道凹槽，腹部饰竖向绳纹，有烟炱。口径24.8、残高4.6厘米（图4-723，14）。

标本H317②：31，夹砂灰陶。敛口，圆唇，上腹斜直，下腹残。口沿有一流，口沿外侧有两道凹槽，腹部饰竖向绳纹，内壁有烟炱。残高4.4、残宽6.8厘米（图4-723，15）。

尊 1件。

标本H317②：36，泥质橙黄陶。喇叭口，平沿，圆唇，高领，束颈，圆腹，底残。器身通体素面磨光且有刮抹痕迹，有烟炱。口径18.8、残高9厘米（图4-723，16）。

盉 1件。

标本H317②：39，泥质黑陶。侈口，尖唇，口部有一流，高领，束颈，连口残耳，足残。口径13、残高20.8厘米（图4-723，17）。

石器 1件。

标本H317②：44，石英岩。上窄下宽，基部与刃部均残，两面平整，两侧边平直，器表磨痕明显。残长5.3、残宽4.5、厚0.9厘米（图4-723，18）。

石刀 1件。

标本H317②：45，石英岩。长方形，平基部，两侧边残，双面磨刃。刃残长4厘米，刃角36°，器身残长5.3、宽3.6厘米（图4-723，19；彩版二五四，1）。

骨锥 1件。

标本H317②：46，动物骨骼磨制而成，扁平长条状，器表磨制光滑，柄部残，尖部磨制尖锐。残长6.1、残宽1.1厘米（图4-723，20；彩版二五四，2）。

（3）H317③层

出土少量陶片，以腹部残片为主，可辨器形有圆腹罐、花边罐、高领罐、盆、斝。另出土骨锥（表4-1234、1235）。

表4-1234 H317③层器形数量统计表

陶质 / 陶色 / 器形	泥质				夹砂				合计
	红	橙黄	灰	黑	红	橙黄	灰	黑	
圆腹罐					1	4	3		8
高领罐	3								3
花边罐					2	1			3
盆		1					1		2
斝						1			1

表4-1235 H317③层陶片统计表

纹饰 \ 陶质 / 陶色	泥质				夹砂				合计
	橙黄	灰	红	灰底黑彩	橙黄	灰	红	褐	
素面	20	2			31				53
绳纹			4		4				8
篮纹	13	2			10				25
麻点纹					89				89
戳印纹					2				2
刻划纹			1		2				3
附加堆纹	1				1				2
附加堆纹＋篮纹					1				1

圆腹罐 8件。

标本H317③：2，夹砂橙黄陶。侈口，圆唇，高领，束颈，上腹圆，下腹残。口沿外侧素面，颈、腹部饰麻点纹。口径19.2、残高12.4厘米（图4-724，1）。

标本H317③：1，夹砂橙黄陶。侈口，圆唇，高领，束颈，上腹圆弧，下腹残。颈部饰横向篮纹，上腹饰麻点纹。口径12、残高9厘米（图4-724，2）。

标本H317③：4，夹砂橙黄陶。侈口，圆唇，高领，束颈，上腹圆弧，下腹残。颈部素面，上腹饰麻点纹。口径12.8、残高7.2厘米（图4-724，3）。

标本H317③：8，夹砂灰陶。侈口，圆唇，矮领，束颈，颈部以下残。颈部饰竖向绳纹。口径11.6、残高4.4厘米（图4-724，4）。

标本H317③：9，夹砂灰陶。侈口，方唇，高领，束颈，颈部以下残。唇面有一周凹槽，颈部饰横向篮纹。口径20.8、残高5.6厘米（图4-724，5）。

标本H317③：12，夹砂灰陶。侈口，圆唇，矮领，束颈，上腹圆，下腹残。颈部素面，上腹饰竖向绳纹。残高6.2、残宽9厘米（图4-724，6）。

标本H317③：14，夹砂橙黄陶。侈口，圆唇，高领，束颈，颈部以下残。颈部素面。残高6、残宽7厘米（图4-724，7）。

标本H317③：16，夹砂红陶。侈口，圆唇，矮领，束颈，颈部以下残。颈部素面。残高4.6、残宽6.4厘米（图4-724，8）。

高领罐 3件。

标本H317③：3，泥质红陶。喇叭口，圆唇，高领，束颈，上腹圆弧，下腹残。口沿外侧有一周折棱，器表素面。口径20.8、残高10.4厘米（图4-724，9）。

标本H317③：5，泥质红陶。喇叭口，圆唇，高领，束颈，颈部以下残。颈部饰横向篮纹，内壁素面磨光。口径25.6、残高4.8厘米（图4-724，10）。

标本H317③：11，泥质红陶。喇叭口，圆唇，高领，束颈，颈部以下残。口沿外侧有一周折棱，颈部素面。口径22.8、残高5厘米（图4-724，11）。

花边罐 3件。

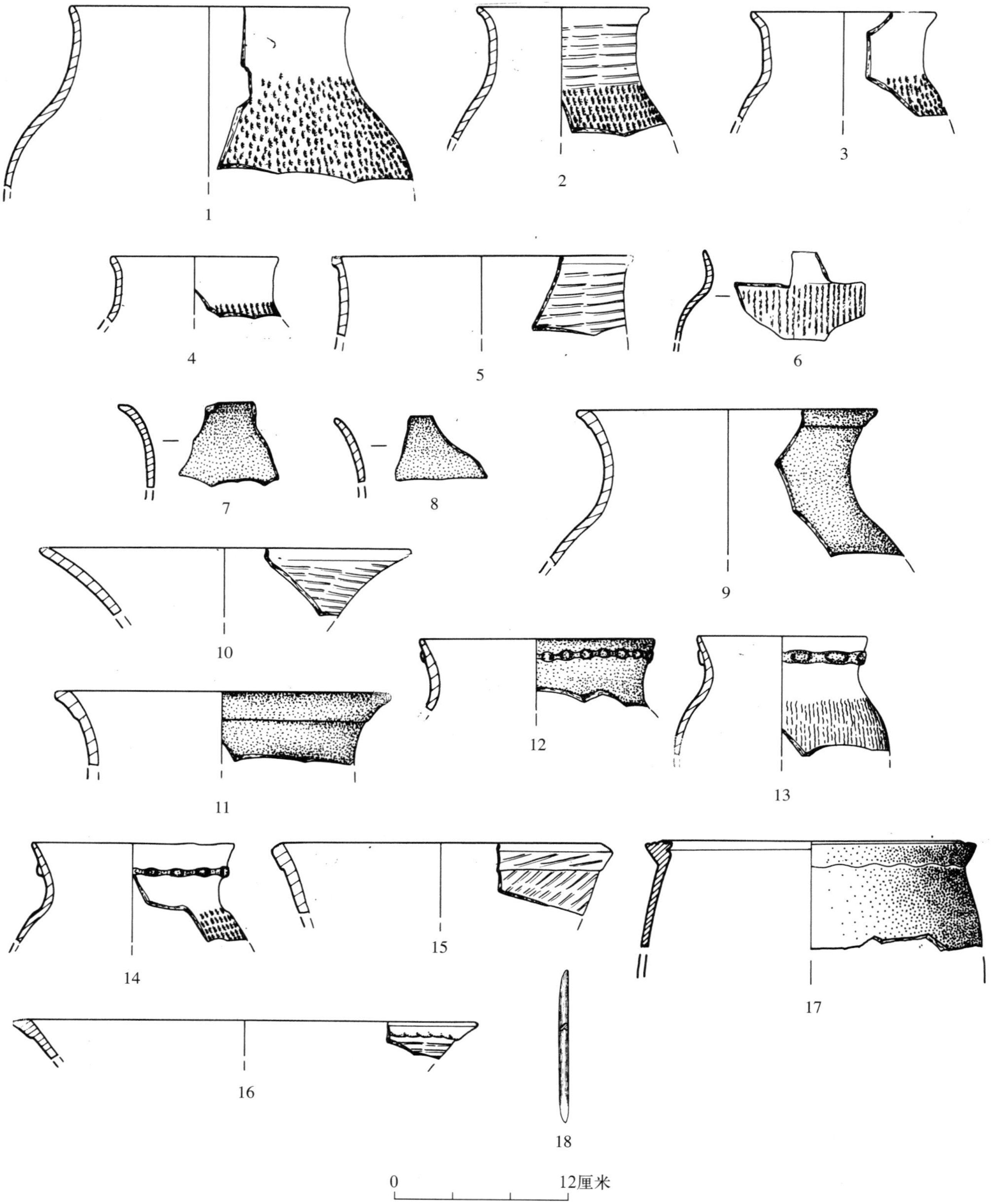

图4-724 H317出土遗物

1～8.圆腹罐H317③：2、1、4、8、9、12、14、16 9～11.高领罐H317③：3、5、11 12～14.花边罐H317③：7、6、15 15、16.盆H317③：10、13 17.斝H317③：18 18.骨锥H317③：17

标本H317③：7，夹砂红陶。侈口，圆唇，矮领，束颈，颈部以下残。口沿外侧饰一周附加泥条，泥条经手指按压呈波状，颈部素面。口径 16.4、残高 5 厘米（图 4-724，12）。

标本H317③：6，夹砂红陶。侈口，尖唇，矮领，束颈，圆腹，底残。口沿外侧饰一周附加泥条，泥条经手指按压呈波状，颈部素面，腹部饰竖向绳纹。口径11.6、残高8.5厘米（图4-724，13）。

标本H317③：15，夹砂橙黄陶。侈口，尖唇，矮领，束颈，上腹圆，下腹残。颈部饰一周附加泥条，泥条经手指按压呈波状，上腹饰麻点纹。口径 14、残高 7 厘米（图 4-724，14）。

盆　2 件。

标本H317③：10，夹砂灰陶。敞口，方唇，上腹斜弧，下腹残。口沿外侧有一周凸棱，器表饰斜向篮纹。口径 22、残高 5 厘米（图 4-724，15）。

标本H317③：13，泥质橙黄陶。敞口，方唇，上腹斜直，下腹残。口沿外侧饰一周折棱，上腹饰横向篮纹。口径 32、残高 2.6 厘米（图 4-724，16）。

斝　1 件。

标本H317③：18，夹砂橙黄陶。敛口，多重唇，上腹弧，下腹残。口沿外侧饰一周折棱，器表素面，有烟炱。口径 22.8、残高 7.6 厘米（图 4-724，17）。

骨锥　1 件。

标本H317③：17，动物骨骼磨制而成，两端均磨制成尖部，器表磨制光滑。长 10.8、宽 0.7、厚 0.5 厘米（图 4-724，18）。

307. H318

H318 位于ⅡT0906 西南部，部分延伸至T0905 东部，开口于第⑦层下，被H319 打破（图 4-725）。根据遗迹暴露部分推测H318 平面呈椭圆形，口部边缘形态明显，底部边缘形态明显，剖面呈筒状，直壁，未见工具痕迹，坑底西高东低呈坡状。坑口东西 2.74、南北 2.96、坑底东西 1.30、深 0.94～1.10 米。坑内堆积未分层，土色浅灰色，土质较疏松，坡状堆积。

出土少量陶片、石块、兽骨，另出土陶纺轮、骨针、蚌壳、石凿，陶片以腹部残片为主，可辨器形有圆腹罐、花边罐、高领罐、壶、盆（表 4-1236、1237）。

表4-1236　H318器形数量统计表

器形＼陶质/陶色	泥质				夹砂				合计
	红	橙黄	灰	褐	红	橙黄	灰	黑	
高领罐		2							2
壶		1							1
圆腹罐					2	2			4
盆		2		1					3
花边罐					2	1			3

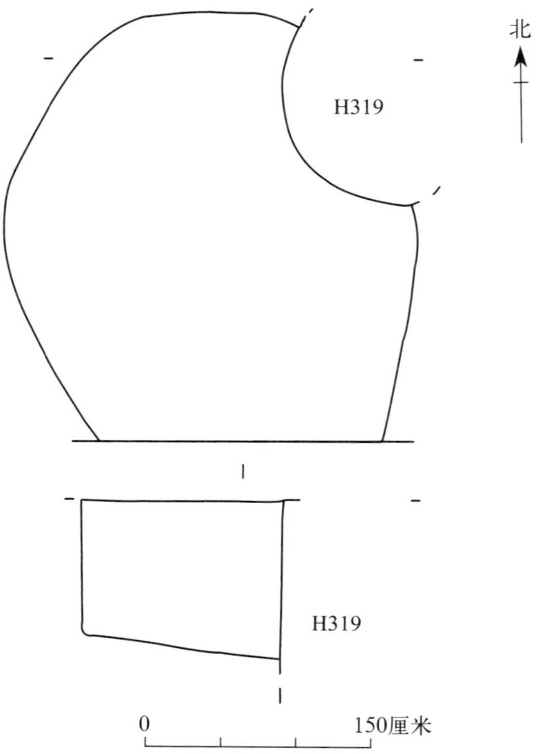

图4-725　H318平、剖面图

表4-1237　H318陶片统计表

纹饰＼陶色＼陶质	泥质				夹砂				合计
	橙黄	灰	红	褐	橙黄	灰	红	褐	
素面	71	3	7		53				134
绳纹	1		1		31		2		35
篮纹	27	2	16	1	8				54
麻点纹					106		1		107
刻划纹	1	1							2
篮纹＋麻点纹					1				1
附加堆纹	1				2				3
附加堆纹＋麻点纹					1				1
网格纹						1			1

圆腹罐　4件。

标本H318：3，夹砂红陶。侈口，圆唇，矮领，束颈，上腹圆弧，下腹残。颈部饰横向篮纹，上腹饰竖向绳纹。口径11.6、残高6.5厘米（图4-726，1）。

标本H318：7，夹砂红陶。侈口，圆唇，高领，束颈，颈部以下残。上颈部素面，下颈部饰竖向绳纹。口径12、残高7厘米（图4-726，2）。

标本H318：8，夹砂橙黄陶。侈口，圆唇，矮领，束颈，颈部以下残。颈部饰横向篮纹。口径 12.4、残高 3.6 厘米（图 4–726，3）。

标本H318：9，夹砂橙黄陶。侈口，圆唇，高领，束颈，颈部以下残。颈部饰竖向篮纹。口径 15.2、残高 5.6 厘米（图 4–726，4）。

花边罐　3 件。

标本H318：10，夹砂红陶。侈口，圆唇，矮领，束颈，颈部以下残。口沿外侧饰一周附加泥条，泥条经手指按压呈波状，颈部素面。口径 12、残高 4.6 厘米（图 4–726，5）。

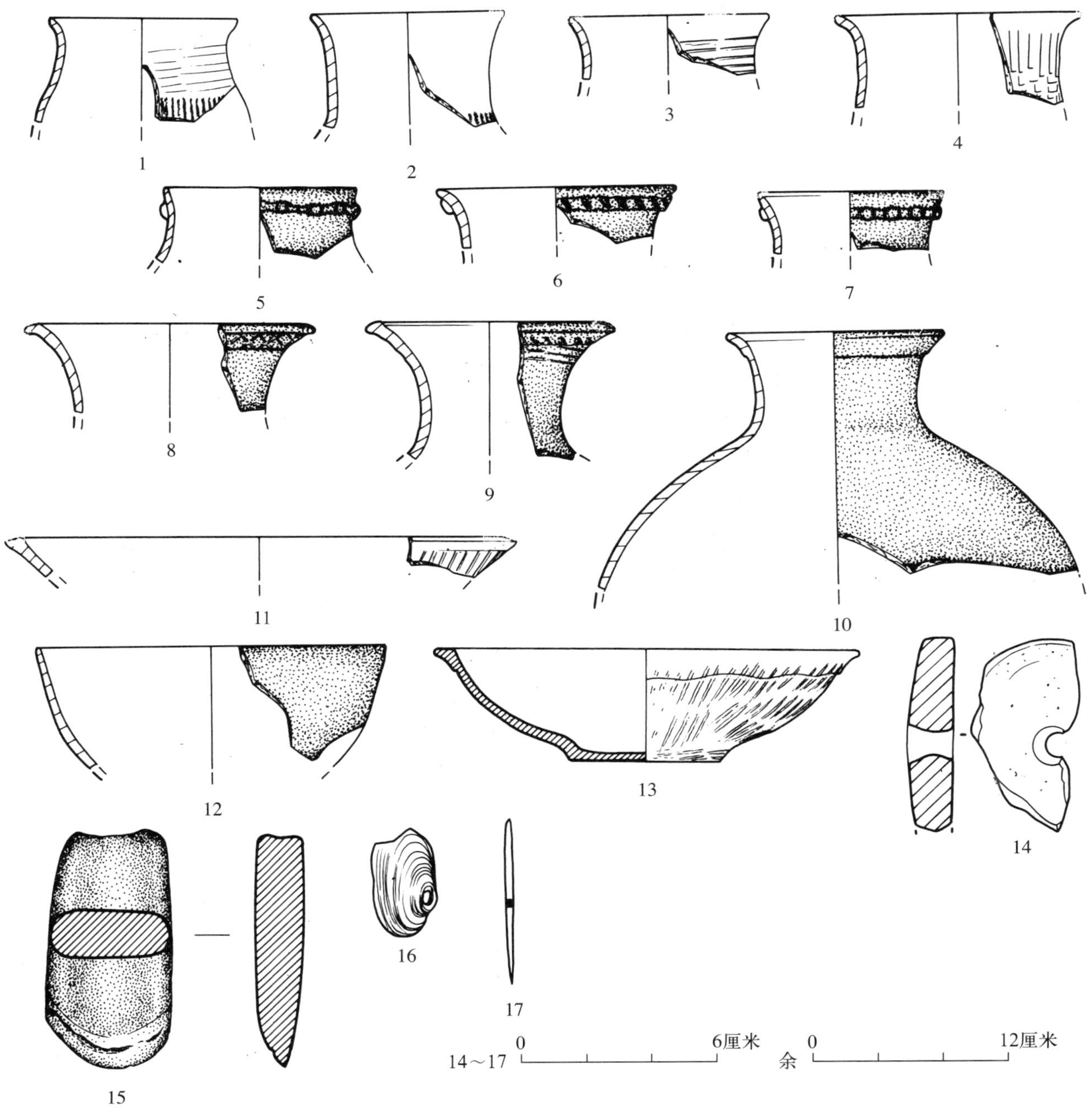

图4–726　H318出土遗物

1～4.圆腹罐H318：3、7～9　5～7.花边罐H318：10～12　8、9.高领罐H318：1、5　10.壶H318：2　11～13.盆H318：4、6、17　14.陶纺轮H318：15　15.石凿H318：13　16.蚌饰H318：14　17.骨针H318：16

标本H318：11，夹砂橙黄陶。侈口，圆唇，高领，束颈，颈部以下残。口沿外侧饰一周附加泥条，泥条之上饰戳印纹，颈部素面。口径14.8、残高3.6厘米（图4-726，6）。

标本H318：12，夹砂红陶。侈口，圆唇，矮领，束颈，颈部以下残。口沿外侧饰一周附加泥条，泥条经手指按压呈波状，颈部素面。口径11.6、残高3.6厘米（图4-726，7）。

高领罐 2件。

标本H318：1，泥质橙黄陶。喇叭口，圆唇，高领，束颈，颈部以下残。口沿外侧饰一周附加泥条，泥条之上饰交错刻划纹，颈部素面。口径18、残高5.6厘米（图4-726，8）。

标本H318：5，泥质橙黄陶。喇叭口，圆唇，高领，束颈，颈部以下残。口沿外侧饰一周折棱，沿下饰斜向篮纹，颈部素面。口径15.2、残高8.4厘米（图4-726，9）。

壶 1件。

标本H318：2，泥质橙黄陶。喇叭口，圆唇，高领，束颈，上腹圆，下腹残。口沿外侧有一周折棱，器表素面。口径13.6、残高16厘米（图4-726，10）。

盆 3件。

标本H318：4，泥质橙黄陶。敞口，方唇，斜弧腹，底残。腹部饰竖向篮纹。口径31.2、残高2.6厘米（图4-726，11）。

标本H318①：6，泥质橙黄陶。敞口，圆唇，斜弧腹，底残。器表素面。口径21.6、残高7.6厘米（图4-726，12）。

标本H318：17，泥质褐陶。敞口，窄平沿，圆唇，弧腹，平底。口沿外侧有一周折棱，器表饰斜向篮纹。口径26、高7.2、底径9.2厘米（图4-726，13；彩版二五四，3）。

陶纺轮 1件。

标本H318：15，泥质橙黄陶。圆饼状，侧边直，中间有一双向钻孔，器表素面。残长5.4、残宽3.2、厚1.4厘米（图4-726，14；彩版二五四，4）。

石凿 1件。

标本H318：13，残损，石英岩。上窄下宽，基部略残，两侧边圆弧，截断面呈圆角长方形，单面弧形磨刃。基宽2.8、刃长3.8厘米，刃角48°，器身长7.3、宽3.8、厚1.5厘米（图4-726，15；彩版二五四，5）。

蚌饰 1件。

标本H318：14，残，由蚌壳制成，为装饰所用，在贝壳中心有一圆形钻孔。残长2.4、宽1.9、圆孔直径0.4厘米（图4-726，16）。

骨针 1件。

标本H318：16，动物骨骼磨制而成，呈圆柱状，尾端略残，尖部磨制尖锐。残长5.2、直径0.3厘米（图4-726，17；彩版二五四，6）。

308. H319

H319位于ⅡT0906西部，开口于第⑦层下（图4-727；彩版二五五，1）。平面呈圆形，口部边缘形态明显，底部边缘形态明显，剖面呈筒状，斜直壁，未见工具痕迹，坑底平整。坑口东西

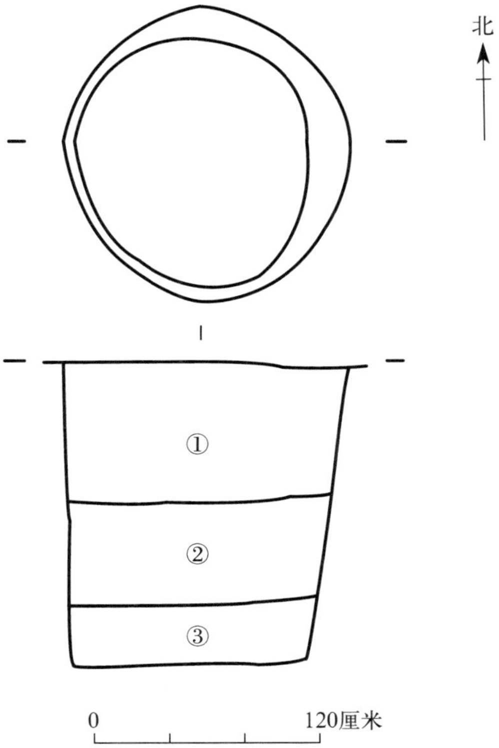

图4-727　H319平、剖面图

1.50、南北1.60、坑底东西1.22、深1.60～1.65米。坑内堆积可分两层，第①层厚0.68～0.78米，土色浅灰色，土质疏松，基本水平堆积。第②层厚0.54～0.56米，土色浅灰色，土质较疏松，水平堆积。第③层厚0.34米，土色灰色，土质疏松，基本水平状堆积。

出土少量陶片和石块、动物骨骼。

(1) H319②层

出土少量陶片，以腹部残片为主，可辨器形有圆腹罐、花边罐、单耳罐、双耳罐、高领罐、盆、尊。另出土骨匕、兽骨（表4-1238、1239）。

表4-1238　H319②层器形数量统计表

陶质 / 陶色 / 器形	泥质				夹砂				合计
	红	橙黄	灰	黑	红	橙黄	灰	黑	
尊		1							1
高领罐	1		1						2
盆	1	1							2
单耳罐		1							1
圆腹罐						2			2
花边罐					1				1
双耳罐	1								1

表4-1239 H319②层陶片统计表

纹饰 \ 陶质 / 陶色	泥质				夹砂				合计
	橙黄	灰	红	灰底黑彩	橙黄	灰	红	褐	
素面	20	9	7		27				63
绳纹	3				10	6			19
篮纹	17	1	5		9				32
麻点纹					52				52
网格纹	1								1
交错绳纹	2								2
篮纹＋麻点纹					1				1
附加堆纹＋绳纹						1			1

圆腹罐 2件。

标本H319②：6，夹砂橙黄陶。侈口，圆唇，矮领，束颈，圆腹，底残。颈部素面，腹部饰麻点纹，有烟炱。口径13.2、残高8厘米（图4-728，1）。

标本H319②：8，夹砂橙黄陶。侈口，圆唇，矮领，束颈，颈部以下残。颈部素面且有刮抹痕迹。口径15.6、残高5.2厘米（图4-728，2）。

花边罐 1件。

标本H319②：9，夹砂红陶。侈口，锯齿唇，矮领，束颈，上腹圆，下腹残。口沿外侧饰一周附加泥条，泥条之上饰戳印纹，颈部素面，上腹饰麻点纹。残高12、残宽10.4厘米（图4-728，3）。

单耳罐 1件。

标本H319②：5，泥质橙黄陶。侈口，圆唇，矮领，束颈，鼓腹，底残。拱形单耳，颈部素面，腹部饰竖向刻划纹。残高6.6、残宽5.2厘米（图4-728，4）。

双耳罐 1件。

标本H319②：10，泥质红陶。侈口，圆唇，高领，束颈，上腹圆，下腹残。拱形双耳，器表素面。口径10.8、残高6.4厘米（图4-728，5）。

高领罐 2件。

标本H319②：2，泥质红陶。喇叭口，平沿，圆唇，高领，束颈，颈部以下残。口沿外侧有一周折棱，颈部素面磨光。口径16、残高4.8厘米（图4-728，6）。

标本H319②：7，泥质灰陶。喇叭口，圆唇，口沿以下残。口沿外侧饰一周折棱，内壁素面磨光。口径17.2、残高2.8厘米（图4-728，7）。

盆 2件。

标本H319②：3，泥质橙黄陶。敞口，平沿，尖唇，上腹斜直，下腹残。上腹饰横向篮纹，内壁素面磨光。残高4、残宽7.2厘米（图4-728，8）。

标本H319②：4，泥质红陶。敞口，圆唇，斜直腹，底残。口沿外侧饰一周折棱，腹部饰横

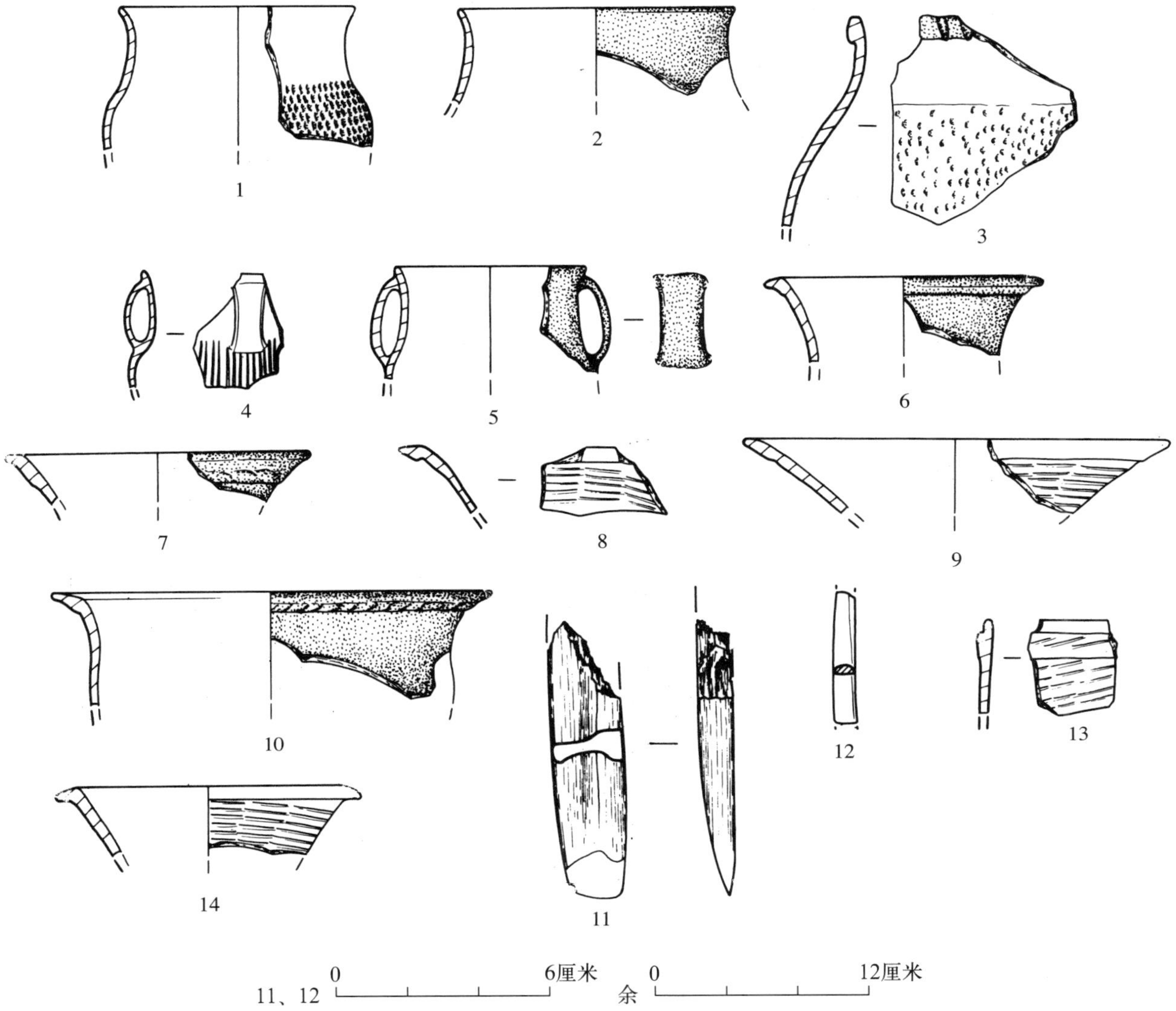

图4–728　H319出土遗物

1、2、13.圆腹罐H319②：6、8、H319③：1　3.花边罐H319②：9　4.单耳罐H319②：5　5.双耳罐H319②：10　6、7、14.高领罐H319②：2、7、H319③：2　8、9.盆H319②：3、4　10.尊H319②：1　11.骨匕H319②：11　12.兽骨H319②：12

向篮纹，内壁素面磨光且有刮抹痕迹。口径 23.6、残高 4.2 厘米（图 4–728，9）。

尊　1 件。

标本H319②：1，泥质橙黄陶。敞口，平沿，圆唇，矮领，束颈，上腹圆弧，下腹残。口沿外侧饰一周折棱，器表素面，内壁素面磨光。口径 24.4、残高 6.4 厘米（图 4–728，10）。

骨匕　1 件。

标本H319②：11，动物骨骼磨制而成，扁平长条状，柄部残，双面磨刃，器表磨制光滑。刃残长 1.2 厘米，刃角 34°，器身残长 8、宽 2、厚 1 厘米（图 4–728，11）。

兽骨　1 件。

标本H319②：12，扁平长条状，器表未见明显打磨痕迹。残长 3.8、宽 0.7、厚 0.3 厘米（图 4–728，12）。

（2）H319③层

出土少量陶片，以腹部残片为主，可辨器形有圆腹罐、高领罐（表4－1240、1241）。

表4－1240　H319③层器形数量统计表

器形 \ 陶质 / 陶色	泥质				夹砂				合计
	红	橙黄	灰	黑	红	橙黄	灰	黑	
圆腹罐	1								1
高领罐			1						1

表4－1241　H319③层陶片统计表

纹饰 \ 陶质 / 陶色	泥质				夹砂				合计
	橙黄	灰	红	灰底黑彩	橙黄	灰	红	褐	
素面	2				2				4
附加堆纹＋篮纹	1								1
篮纹	6		1		5		1		13

圆腹罐　1件。

标本H319③：1，泥质红陶。直口，圆唇，上腹直，下腹残。口沿外侧饰一周附加泥条，器表饰斜向篮纹，内壁素面磨光。残高5.4、残宽5厘米（图4－728，13）。

高领罐　1件。

标本H319③：2，泥质灰陶。喇叭口，平沿，圆唇，高领，束颈，颈部以下残。颈部饰横向篮纹，内壁素面磨光且有刮抹痕迹。口径17.2、残高4厘米（图4－728，14）。

309. H320

H320位于ⅡT0906东北部，开口于第⑦层下（图4－729；彩版二五五，2）。平面呈圆形，口部边缘形态明显，底部边缘形态较明显，剖面呈袋状，斜直壁，未见工具痕迹，坑底平整。坑底北侧与东侧各有一小凹坑，坑口东西1.32、南北1.16、坑底南北1.40、东西1.54、坑深0.80～0.92米。东侧小坑口直径32、深12厘米，北侧小坑口直径20、深10厘米。坑内堆积可分两层，第①层厚0.30～0.34米，土色浅灰色，土质疏松，包含大量炭屑和红烧土颗粒，水平状堆积。第②层厚0.35～0.45米，土色褐色，土质疏松，包含大量炭屑和红烧土颗粒，凹镜状堆积。

出土少量陶片和石块、兽骨。

（1）H320①层

出土少量陶片，以腹部残片为主，可辨器形有圆腹罐、双耳罐、高领罐、大口罐、敛口罐、双鋬罐、盆、瓶（表4－1242、1243）。

圆腹罐　14件。

标本H320①：1，夹砂红陶。侈口，圆唇，矮领，束颈，上腹圆，下腹残。颈部素面且有修整刮抹痕迹，上腹饰竖向绳纹，内壁较粗糙。口径16.8、残高10厘米（图4－730，1；彩版二五五，3）。

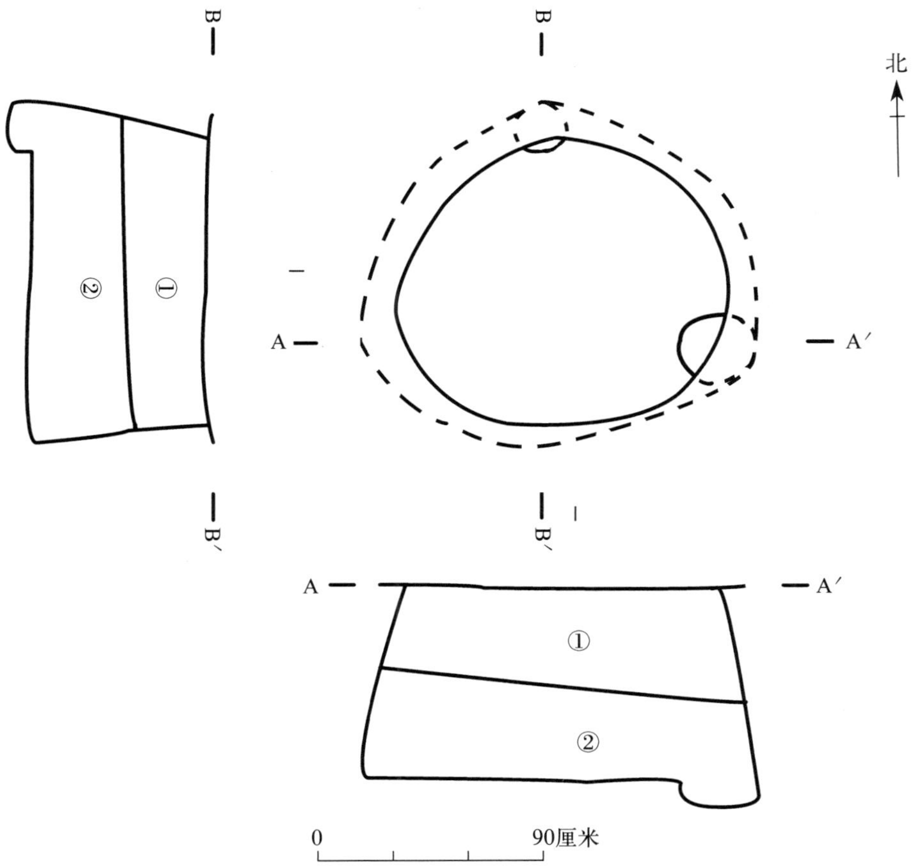

图4-729　H320平、剖面图

表4-1242　H320①层器形数量统计表

器形＼陶质/陶色	泥质				夹砂				合计
	红	橙黄	灰	黑	红	橙黄	灰	黑	
圆腹罐	1				5	7	1		14
大口罐					1				1
双耳罐					1				1
高领罐	1								1
瓶		1							1
敛口罐	1								1
双鋬罐	1								1
盆	1								1

表4-1243　H320①层陶片统计表

纹饰＼陶质/陶色	泥质				夹砂				合计
	橙黄	灰	红	灰底黑彩	橙黄	灰	红	褐	
素面	64	2	4		79				149

续表

纹饰＼陶质	泥质				夹砂				合计
纹饰＼陶色	橙黄	灰	红	灰底黑彩	橙黄	灰	红	褐	
绳纹					38		1		39
篮纹	44		6		12				62
麻点纹					92				92
刻划纹					1				1
篮纹＋麻点纹					5				5
篮纹＋绳纹							1		1
附加堆纹＋绳纹					1				1
附加堆纹＋麻点纹					1				1

标本H320①：2，夹砂橙黄陶。侈口，圆唇，矮领，束颈，颈部以下残。颈部素面。口径18、残高4厘米（图4－730，2）。

标本H320①：3，夹砂红陶。侈口，圆唇，矮领，束颈，上腹圆，下腹残。颈部饰横向篮纹，上腹饰麻点纹。口径14.8、残高8.4厘米（图4－730，3）。

标本H320①：4，夹砂橙黄陶。侈口，圆唇，矮领，束颈，上腹圆弧，下腹残。颈部素面且有刮抹痕迹，上腹部饰竖向绳纹，内壁有刮抹痕迹。口径13.2、残高4.6厘米（图4－730，4）。

标本H320①：5，夹砂红陶。侈口，圆唇，高领，微束颈，颈部以下残。颈部素面。口径16.8、残高3.8厘米（图4－730，5）。

标本H320①：6，夹砂红陶。侈口，圆唇，矮领，束颈，颈部以下残。颈部饰横向绳纹。口径13.2、残高3.6厘米（图4－730，6）。

标本H320①：7，夹砂橙黄陶。侈口，方唇，矮领，束颈，圆腹，平底。颈部素面，上腹饰斜向篮纹，篮纹以下饰麻点纹，近底部饰横向篮纹。口径15.2、高19.4、底径7.4厘米（图4－730，7）。

标本H320①：8，夹砂橙黄陶。侈口，圆唇，矮领，束颈，颈部以下残。颈部饰菱形网格纹，内壁有刮抹痕迹，有烟炱。口径14.8、残高3.8厘米（图4－730，8）。

标本H320①：9，夹砂灰陶。侈口，圆唇，高领，束颈，颈部以下残。颈部素面。口径14.8、残高5.4厘米（图4－730，9）。

标本H320①：10，夹砂橙黄陶。侈口，方唇，高领，束颈，颈部以下残。唇面有一道凹槽，颈部饰斜向篮纹，内壁口沿处有刮抹痕迹，有烟炱。口径23.6、残高7.6厘米（图4－730，10）。

标本H320①：12，夹砂橙黄陶。侈口，方唇，矮领，束颈，颈部以下残。颈部素面。口径9.2、残高5.6厘米（图4－730，11）。

标本H320①：16，夹砂红陶。侈口，圆唇，高领，束颈，圆腹，平底，颈部饰横向篮纹，腹部饰麻点纹，近底部饰横向篮纹，有烟炱。口径16.4、高22、底径11厘米（图4－730，12；彩版二五五，4）。

标本H320①：20，泥质红陶。侈口，方唇，矮领，束颈，颈部以下残。颈部素面且有刮抹痕

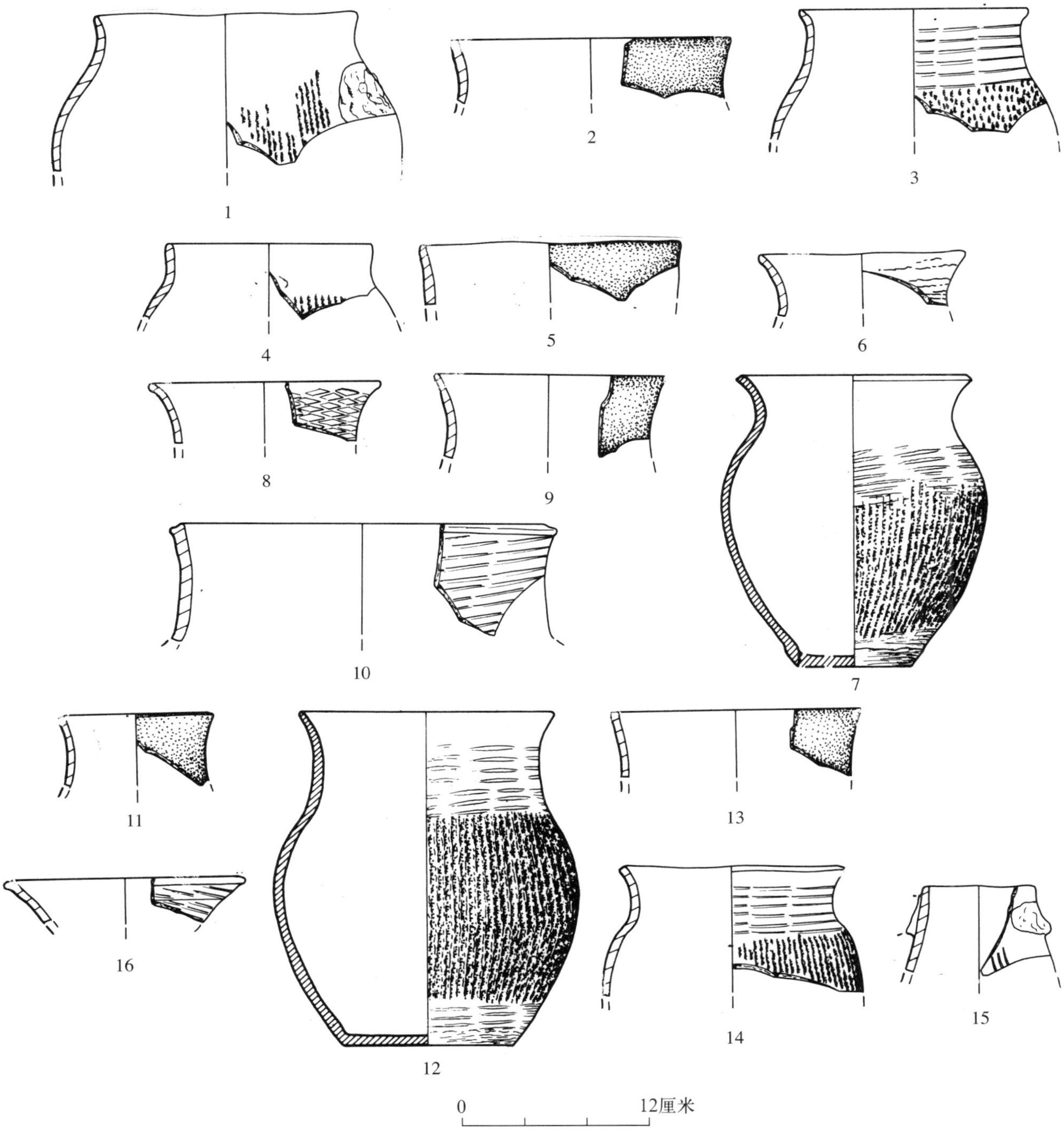

图4-730 H320出土遗物

1～14.圆腹罐H320①：1～10、12、16、20、21 15.双耳罐H320①：13 16.高领罐H320①：14

迹。口径16、残高4.4厘米（图4-730，13）。

标本H320①：21，夹砂橙黄陶。侈口，方唇，矮领，束颈，上腹圆，下腹残。颈部饰横向篮纹，上腹部饰竖向绳纹。口径14.4、残高8.4厘米（图4-730，14）。

双耳罐 1件。

标本H320①：13，夹砂红陶。敛口，方唇，矮领，上腹斜，下腹残。沿下有耳脱落痕迹，上腹饰竖向刻划纹。口径7.2、残高5.6厘米（图4-730，15）。

高领罐　1件。

标本H320①：14，泥质红陶。喇叭口，圆唇，口沿以下残。口沿外侧有一周折棱，器表饰斜向篮纹，内壁有刮抹痕迹。口径14.8、残高3厘米（图4-730，16）。

大口罐　1件。

标本H320①：11，夹砂红陶。侈口，方唇，上腹斜直，下腹残。口沿外侧有一周凸棱饰斜向篮纹，腹部饰麻点纹，内壁有刮抹痕迹，有烟炱。口径25.2、残高6厘米（图4-731，1）。

敛口罐　1件。

标本H320①：17，泥质红陶。敛口，方唇，上腹圆弧，下腹残。器表素面。口径10、残高3厘米（图4-731，2）。

双鋬罐　1件。

标本H320①：19，泥质红陶。直口，方唇，上腹直，下腹残。现仅存一耳鋬，鋬上有数道刻划纹，腹部饰斜向绳纹，内壁刮抹痕迹明显。残高9.2、残宽11.2厘米（图4-731，3）。

盆　1件。

标本H320①：18，泥质红陶。敞口，方唇，斜腹微弧，底残。口沿外侧有一周折棱，器表素面且粗糙，内壁素面磨光且有刮抹痕迹。口径26、残高5.2厘米（图4-731，4）。

瓶　1件。

标本H320①：15，泥质橙黄陶。喇叭口，方唇，口沿以下残。器表素面。口径12、残高1.6厘米（图4-731，5）。

（2）H320②层

出土少量陶片，以腹部残片为主，可辨器形有圆腹罐、花边罐、盆（表4-1244、1245）。

表4-1244　H320②层器形数量统计表

器形＼陶质/陶色	泥质				夹砂				合计
	红	橙黄	灰	黑	红	橙黄	灰	黑	
花边罐						1			1
圆腹罐						1			1
盆		1			1				2

表4-1245　H320②层陶片统计表

纹饰＼陶质/陶色	泥质				夹砂				合计
	橙黄	灰	红	灰底黑彩	橙黄	灰	红	褐	
素面	2				2				4
绳纹					7				7
篮纹	6		1		5		1		13

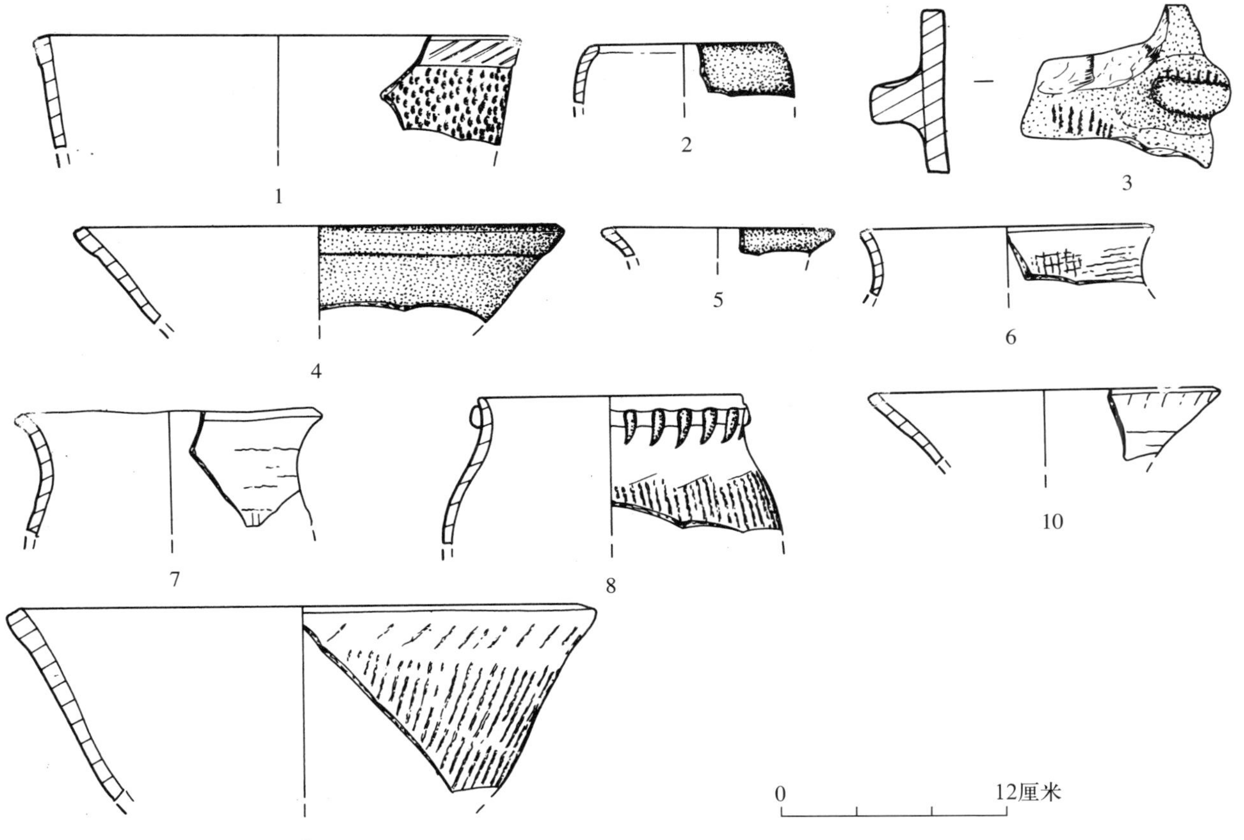

图4-731　H320出土遗物

1.大口罐H320①：11　2.敛口罐H320①：17　3.双鋬罐H320①：19　4.盆H320①：18　5.瓶H320①：15　6、7.圆腹罐H320②：2、3　8.花边罐H320②：1　9、10.盆H320②：4、5

圆腹罐　2件。

标本H320②：2，夹砂橙黄陶。侈口，方唇，矮领，束颈，颈部以下残。颈部饰交错绳纹。口径15.6、残高1.8厘米（图4-731，6）。

标本H320②：3，夹砂橙黄陶。侈口，方唇，矮领，束颈，上腹斜弧，下腹残。颈部饰横向绳纹，上腹饰竖向绳纹。口径15.6、残高6.6厘米（图4-731，7）。

花边罐　1件。

标本H320②：1，夹砂橙黄陶。侈口，圆唇，矮领，微束颈，上腹圆，下腹残。口沿外侧饰一周附加泥条，泥条之上饰戳印纹，颈部素面且有刮抹痕迹，上腹部饰竖向绳纹。口径14、残高8厘米（图4-731，8）。

盆　2件。

标本H320②：4，夹砂红陶。敞口，方唇，斜弧腹，底残。唇面有一道凹槽，器表饰斜向绳纹，内壁口沿处有刮抹痕迹。口径30、残高10厘米（图4-731，9）。

标本H320②：5，泥质橙黄陶。敞口，方唇，斜腹，底残。口沿外侧有刮抹痕迹，器表素面。口径18、残高3.8厘米（图4-731，10）。

310. H321

H321位于ⅡT1106东南部，南部延伸至T1206北隔梁下，开口于第④层下（图4−732；彩版二五六，1）。平面呈圆形，口部边缘形态明显，底部边缘形态明显，剖面呈袋状，斜弧壁，未见工具痕迹，坑底平整。坑口东西1.60、南北1.79、坑底东西2.20、深2.88米。坑内堆积未分层，土色浅灰色，土质疏松、水平状堆积。

出土少量陶片和石块、兽骨，陶片以腹部残片为主，可辨器形有圆腹罐、花边罐、斝（表4−1246、1247）。

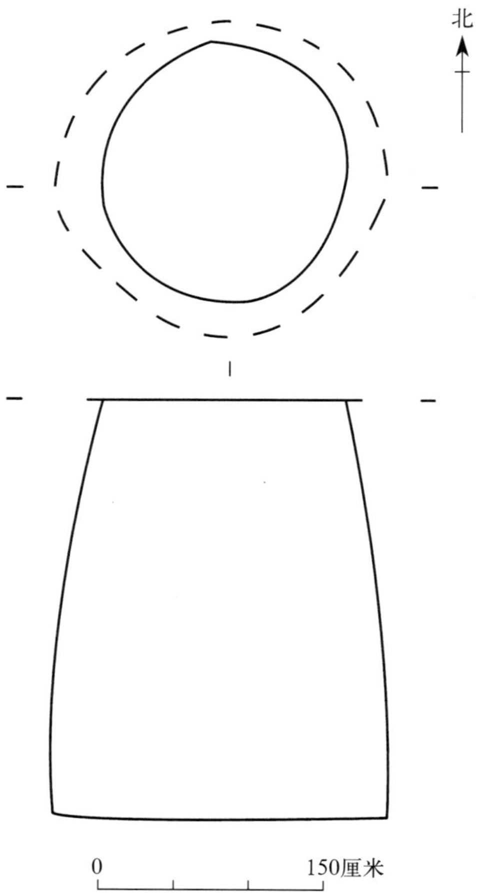

图4−732 H321平、剖面图

表4−1246 H321器形数量统计表

陶质 / 陶色 / 器形	泥质				夹砂				合计
	红	橙黄	灰	黑	红	橙黄	灰	黑	
圆腹罐						1			1
花边罐						2			2
斝					1				1

表4-1247　H321陶片统计表

纹饰 \ 陶质 / 陶色	泥质				夹砂				合计
	橙黄	灰	红	灰底黑彩	橙黄	灰	红	褐	
素面	8		4		10				22
绳纹					8				8
篮纹	4								4
麻点纹					17				17

圆腹罐　1件。

标本H321：1，夹砂橙黄陶。侈口，圆唇，矮领，束颈，圆腹，底残。器表饰麻点纹，有烟炱。口径16.4、残高10.6厘米（图4-733，1）。

花边罐　2件。

标本H321：2，夹砂橙黄陶。侈口，尖唇，矮领，束颈，颈部以下残。颈部饰一周附加泥条，泥条经手指按压呈波状，颈部素面。口径12.4、残高4.4厘米（图4-733，2）。

标本H321：4，夹砂橙黄陶。侈口，圆唇，矮领，束颈，上腹斜弧，下腹残。颈部饰一周附加泥条，泥条经手指按压呈波状，上腹部饰竖向绳纹，有烟炱。口径10.8、残高5.6厘米（图4-733，3）。

斝　1件。

标本H321：3，夹砂红陶。敛口，内折沿，重唇，上腹斜直，下腹残。唇上有三道凹槽，口沿外侧饰两排戳印纹，腹部素面。残高3.4、残宽4.2厘米（图4-733，4）。

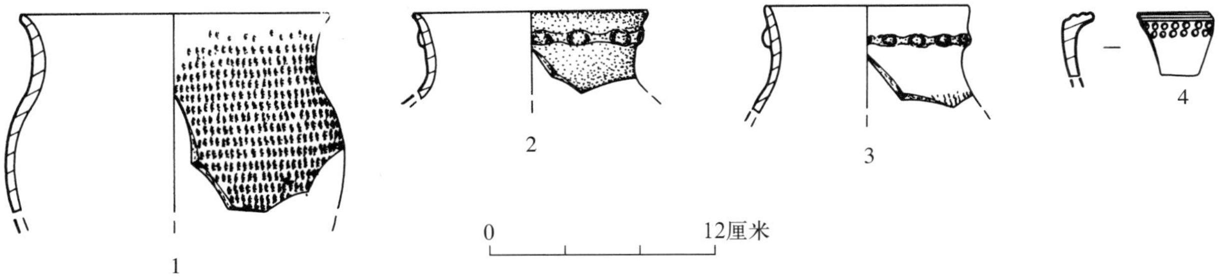

图4-733　H321出土遗物

1.圆腹罐H321：1　2、3.花边罐H321：2、4　4.斝H321：3

311. H322

H322位于ⅡT0906西南部，开口于第⑦层下（图4-734；彩版二五六，2）。平面呈圆形，口部边缘形态明显，底部边缘形态明显，剖面呈筒状，斜壁，未见工具痕迹，坑底平整。坑口南北0.83、东西0.80、坑底东西0.68、深0.63米。坑内堆积未分层，土色灰色，土质疏松，水平堆积。

出土少量陶片和石块、兽骨，陶片以腹部残片为主，可辨器形有敛口罐（表4-1248、1249）。

敛口罐　1件。

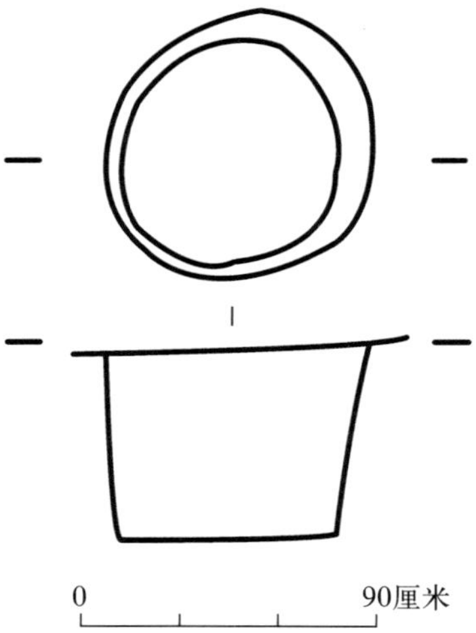

图4-734 H322平、剖面图

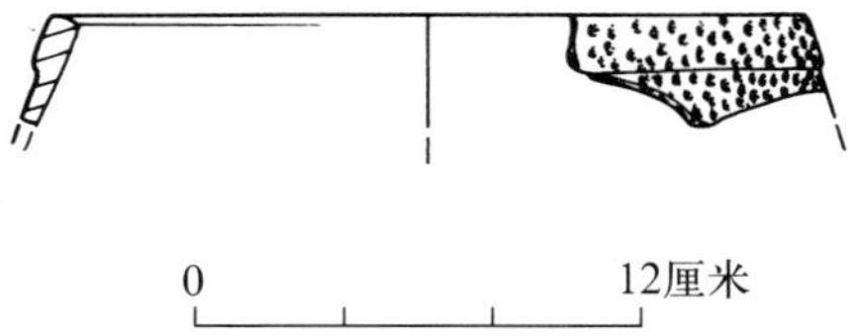

图4-735 H322出土敛口罐H322：1

表4-1248 H322器形数量统计表

器形 \ 陶质 / 陶色	泥质				夹砂				合计
	红	橙黄	灰	黑	红	橙黄	灰	黑	
敛口罐						1			1

表4-1249 H322陶片统计表

纹饰 \ 陶质 / 陶色	泥质				夹砂				合计
	橙黄	灰	红	灰底黑彩	橙黄	灰	红	褐	
素面	9	1			1				11
篮纹		1			7				8
麻点纹					9				9
刻划纹					1				1

标本H322：1，夹砂橙黄陶。敛口，方唇，上腹斜弧，下腹残。口沿外侧饰一周凸棱，器表通体饰麻点纹。口径 20、残高 2.8 厘米（图 4-735）。

312. H323

H323 位于ⅡT1002 中西部，开口于第②层下，被H317 打破（图 4-736；彩版二五七，1）。根据遗迹现残存部分H323 平面呈月牙形，口部边缘形态明显，底部边缘形态明显，剖面呈筒状，斜直壁，未见工具痕迹，坑底北高南低呈坡状。坑口东西残宽 0.95、南北残长 4.05、坑底东西 0.40、深 1.80 米。坑内堆积未分层，土色浅灰色，土质较疏松，包含较多草木灰、少量炭屑和红烧土颗粒，水平状堆积。

出土少量陶片和石块、兽骨，陶片以腹部残片为主，可辨器形有圆腹罐、花边罐、双耳罐、大口罐、盆（表 4-1250、1251）。

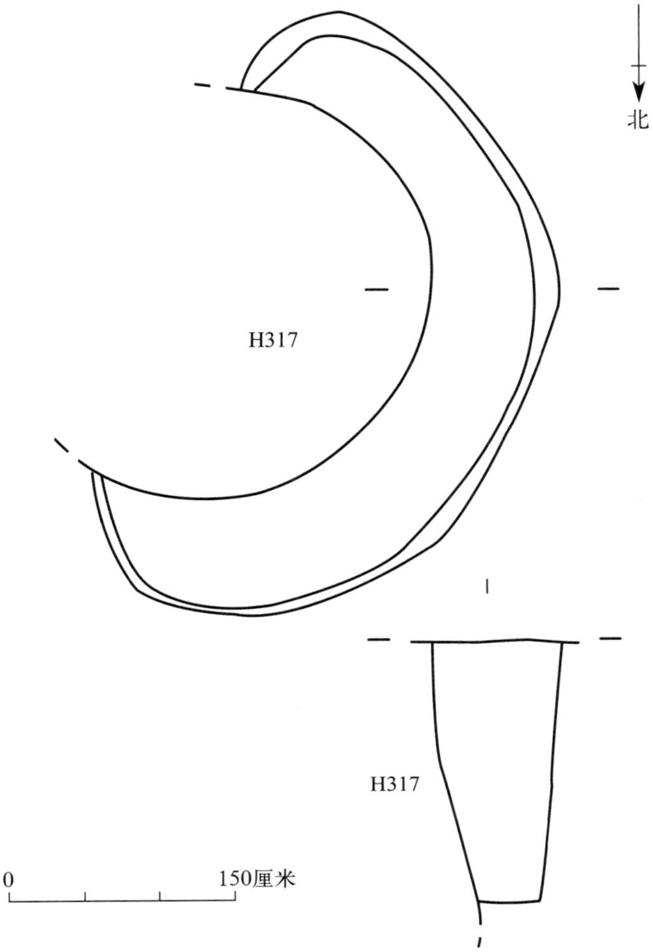

图4-736 H323平、剖面图

表4-1250 H323器形数量统计表

器形 \ 陶质/陶色	泥质				夹砂				合计
	红	橙黄	灰	黑	红	橙黄	灰	黑	
圆腹罐					3	3			6
双耳罐		1				1			2
花边罐					1	1			2
盆	1	2							3
大口罐							1		1

表4-1251 H323陶片统计表

纹饰 \ 陶质/陶色	泥质				夹砂				合计
	橙黄	灰	红	灰底黑彩	橙黄	灰	红	褐	
素面	29	2	6		22				59
绳纹	1		11		6		2		20

续表

纹饰 \ 陶色 \ 陶质	泥质				夹砂				合计
	橙黄	灰	红	灰底黑彩	橙黄	灰	红	褐	
篮纹	33				8				41
麻点纹					44				44
刻划纹					1				1
篮纹＋麻点纹					2				2
篮纹＋刻划纹		1							1
篮纹＋绳纹							1		1

圆腹罐　6件。

标本H323：1，夹砂橙黄陶。侈口，方唇，高领，束颈，上腹圆，下腹残。唇面有一道凹槽，颈部饰横向篮纹，上腹饰斜向绳纹，有烟炱。口径15.6、残高10厘米（图4-737，1）。

标本H323：4，夹砂红陶。侈口，圆唇，高领，束颈，上腹圆，下腹残。颈部素面，上腹饰麻点纹。口径12、残高6.8厘米（图4-737，2）。

标本H323：5，夹砂橙黄陶。侈口，圆唇，矮领，束颈，颈部以下残。口沿外侧有刮抹痕迹，颈部素面，有烟炱。口径12.4、残高5厘米（图4-737，3）。

标本H323：6，夹砂红陶。侈口，方唇，上腹斜弧，下腹残。唇面上有两道凹槽，器表素面。口径18.8、残高5.2厘米（图4-737，4）。

标本H323：7，夹砂橙黄陶。侈口，圆唇，高领，束颈，颈部以下残。口沿外侧有刮抹痕迹，颈部素面，有烟炱。口径16、残高5厘米（图4-737，5）。

标本H323：10，夹砂红陶。侈口，方唇，上腹斜弧，下腹残。唇面上有两道凹槽，器表素面。口径18.4、残高5厘米（图4-737，6）。

花边罐　2件。

标本H323：8，夹砂红陶。侈口，圆唇，矮领，束颈，上腹圆弧，下腹残。颈部饰一周附加泥条，泥条经手指按压呈波状，上腹素面。口径12.8、残高4.2厘米（图4-737，7）。

标本H323：9，夹砂橙黄陶。侈口，尖唇，矮领，束颈，上腹圆，下腹残。口沿外侧饰一周附加泥条，泥条经手指按压呈波状，颈部素面，上腹饰麻点纹，有烟炱。口径11.6、残高5厘米（图4-737，8）。

双耳罐　2件。

标本H323：2，泥质橙黄陶。侈口，尖唇，矮领，束颈，上腹圆，下腹残。拱形双耳，颈部有刮抹痕迹，器表素面磨光。口径11.2、残高6.6厘米（图4-737，9）。

标本H323：3，夹砂橙黄陶。侈口，尖唇，高领，束颈，圆腹，底残。拱形双耳，器表素面且粗糙。口径8.4、残高7厘米（图4-737，10）。

大口罐　1件。

标本H323：13，夹砂灰陶。微侈口，方唇，上腹斜直，下腹残。口沿外侧有一周折棱，器表通体饰麻点纹。口径21.6、残高3.6厘米（图4-737，11）。

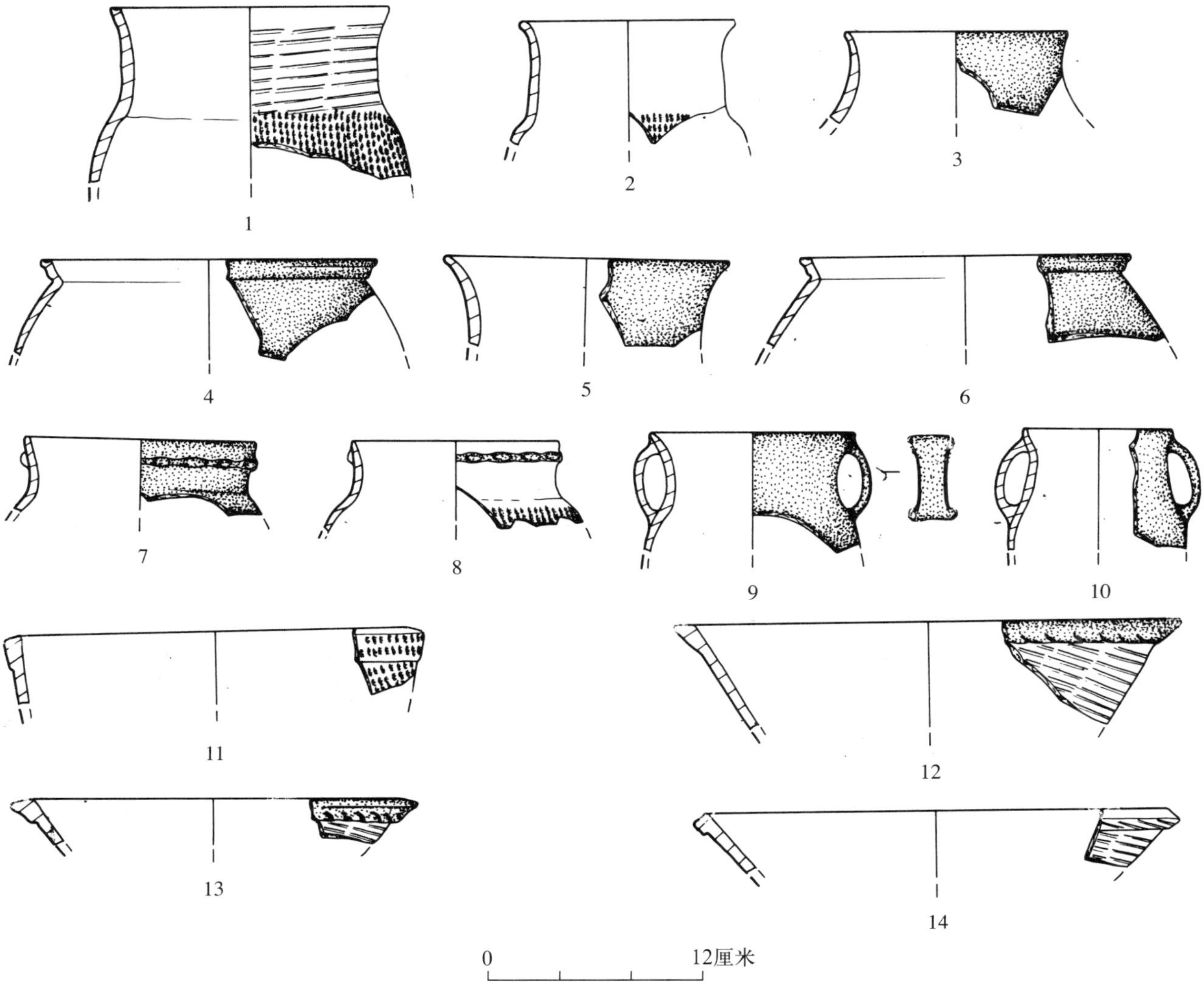

图4-737　H323出土遗物

1～6.圆腹罐H323：1、4～7、10　7、8.花边罐H323：8、9　9、10.双耳罐H323：2、3　11.大口罐H323：13　12～14.盆H323：11、12、14

盆　3件。

标本H323：11，泥质橙黄陶。敞口，方唇，斜弧腹，底残。口沿外侧饰一周折棱，腹部饰斜向篮纹。口径28.4、残高6厘米（图4-737，12）。

标本H323：12，泥质红陶。敞口，窄平沿，尖唇，上腹斜，下腹残。口沿外侧饰一周折棱，腹部饰斜向篮纹。口径21.2、残高2.6厘米（图4-737，13）。

标本H323：14，泥质橙黄陶。敞口，方唇，斜弧腹，底残。口沿外侧有一周凸棱，器表饰斜向篮纹。口径25.6、残高1.8厘米（图4-737，14）。

313. H324

H324位于ⅡT0906东南部，开口于第⑦层下（图4-738）。平面呈圆形，口部边缘形态明显，

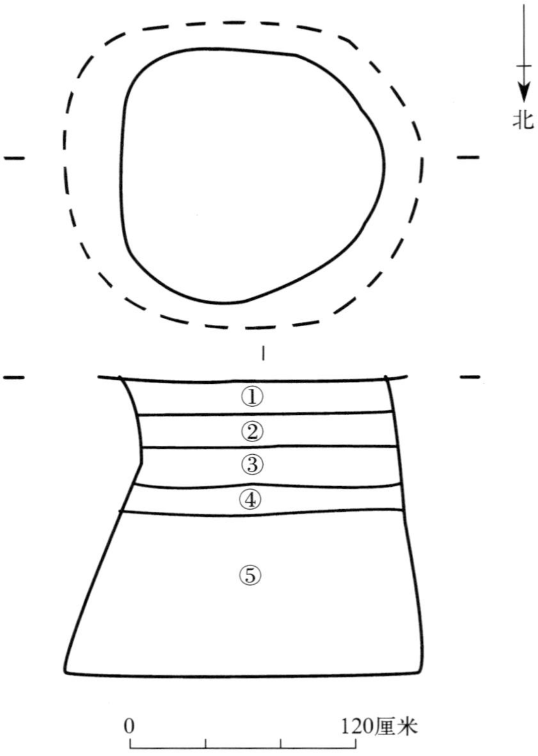

图4-738 H324平、剖面图

底部边缘形态明显，剖面呈袋状，斜壁，未见工具痕迹，坑底平整。坑口南北1.41、东西1.40、坑底东西1.90、深1.61米。坑内堆积可分五层，第①层厚0.16～0.20米，土色浅灰色，土质疏松，水平状堆积。第②层厚0.18～0.20米，土色褐色，土质较疏松，水平状堆积。第③层厚0.20～0.22米，土色浅灰色，土质较疏松，水平状堆积。第④层厚0.12～0.16米，土色褐色，土质较疏松，水平状堆积。第⑤层厚0.88米，土色灰色，土质较疏松，水平状堆积。

出土少量陶片和兽骨、石块。

（1）H324①层

出土少量陶片，以腹部残片为主，可辨器形有圆腹罐、花边罐、敛口罐（表4-1252、1253）。

圆腹罐 4件。

表4-1252 H324①层器形数量统计表

器形 \ 陶质 / 陶色	泥质				夹砂				合计
	红	橙黄	灰	黑	红	橙黄	灰	黑	
圆腹罐						4			4
花边罐					1	1			2
敛口罐						1			1

表4-1253　H324①层陶片统计表

纹饰＼陶质/陶色	泥质				夹砂				合计
	橙黄	灰	红	灰底黑彩	橙黄	灰	红	褐	
素面	6	2	5		10				23
绳纹	1		2		5				8
篮纹	9		2						11
麻点纹					24		4		28
附加堆纹					2				2
附加堆纹＋麻点纹					2				2

标本H324①：1，夹砂橙黄陶。侈口，圆唇，高领，束颈，颈部以下残。颈部饰横向篮纹，有烟炱。口径 17.6、残高 6.4 厘米（图 4-739，1）。

标本H324①：4，夹砂橙黄陶。侈口，圆唇，高领，束颈，颈部以下残。颈部素面。口径 15.2、残高 5.2 厘米（图 4-739，2）。

标本H324①：5，夹砂橙黄陶。侈口，圆唇，高领，束颈，颈部以下残。颈部素面。口径 13.4、残高 4.8 厘米（图 4-739，3）。

标本H324①：6，夹砂橙黄陶。侈口，方唇，高领，束颈，颈部以下残。颈部素面，有烟炱。口径 16.4、残高 5 厘米（图 4-739，4）。

花边罐　2 件。

标本H324①：2，夹砂红陶。侈口，尖唇，高领，束颈，颈部以下残。颈部饰一周附加泥条，泥条经手指按压呈波状，素面。口径 12.8、残高 4 厘米（图 4-739，5）。

标本H324①：3，夹砂橙黄陶。侈口，尖唇，矮领，束颈，上腹圆弧，下腹残。口沿外侧饰一周附加泥条，泥条经手指按压呈波状，颈部素面，上腹饰麻点纹，有烟炱。口径 13.2、残高 5 厘米（图 4-739，6）。

敛口罐　1 件。

标本H324①：7，夹砂红陶。敛口，方唇，上腹斜弧，下腹残。口沿外侧饰一周附加泥条，器表饰麻点纹。口径 16.4、残高 4.2 厘米（图 4-739，7）。

（2）H324②层

出土少量陶片，以腹部残片为主，可辨器形有圆腹罐、盆、尊、陶杯（表 4-1254、1255）。

表4-1254　H324②层器形数量统计表

器形＼陶质/陶色	泥质				夹砂				合计
	红	橙黄	灰	褐	红	橙黄	灰	黑	
盆	1								1
圆腹罐					1	2			3
尊		1							1
陶杯				1					1

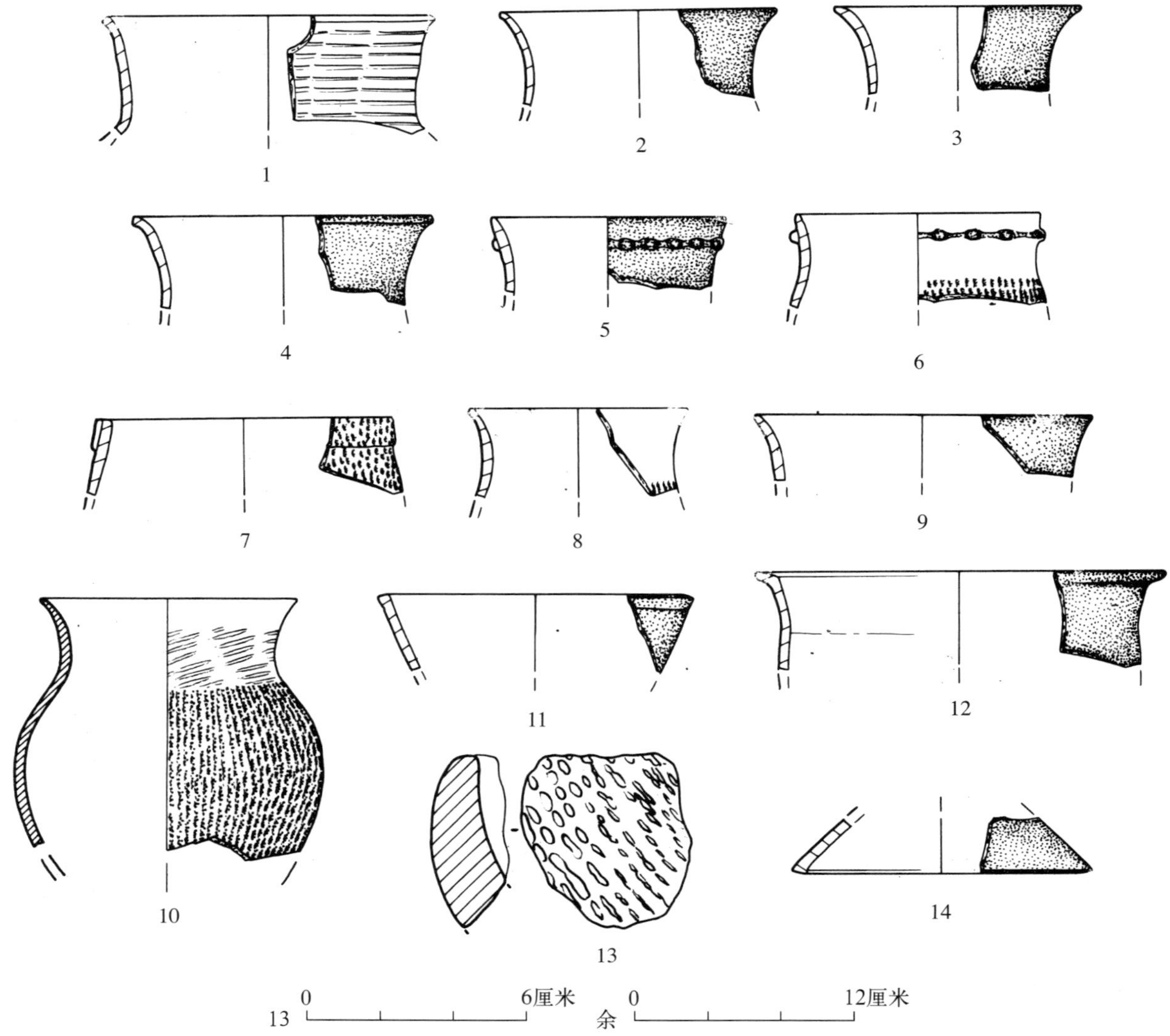

图4-739　H324出土遗物

1～4.圆腹罐H324①：1、4～6　5、6.花边罐H324①：2、3　7.敛口罐H324①：7　8～10.圆腹罐H324②：2、4、6　11.盆H324②：1　12.尊H324②：3　13.陶杯H324②：5　14.器盖H324②：7

表4-1255　H324②层陶片统计表

纹饰＼陶质/陶色	泥质				夹砂				合计
	橙黄	灰	红	灰底黑彩	橙黄	灰	红	褐	
素面	6		5		7				18
绳纹					7				7
篮纹	12	2			2				16
麻点纹					20				20
篮纹＋麻点纹					1				1
附加堆纹							1		1

圆腹罐　3 件。

标本H324②：2，夹砂橙黄陶。侈口，圆唇，矮领，束颈，上腹斜弧，下腹残。颈部素面，上腹饰麻点纹，有烟炱。口径 12、残高 4.8 厘米（图 4–739，8）。

标本H324②：4，夹砂红陶。侈口，圆唇，矮领，束颈，颈部以下残。颈部素面，有烟炱。口径 18.4、残高 3.4 厘米（图 4–739，9）。

标本H324②：6，夹砂橙黄陶。侈口，尖唇，矮领，束颈，圆腹，底残。颈部饰斜向篮纹，腹部饰竖向绳纹，有烟炱。口径 14.2、残高 14.8 厘米（图 4–739，10）。

盆　1 件。

标本H324②：1，泥质红陶。敞口，方唇，斜弧腹，底残。口沿外侧有一周凹槽，器表及内壁素面磨光。口径 17.2、残高 4.2 厘米（图 4–739，11）。

尊　1 件。

标本H324②：3，泥质橙黄陶。敞口，平沿，圆唇，矮领，束颈，上圆弧，下腹残。器身通体素面磨光。口径 22.4、残高 5.4 厘米（图 4–739，12）。

陶杯　1 件。

标本H324②：5，泥质褐陶。敛口，圆唇，弧腹，底残。器表饰麻点纹。残高 4.8、残宽 4.7 厘米（图 4–739，13）。

器盖　1 件。

标本H324②：7，夹砂橙黄陶。柄部残，斜直盖面，方唇，器表素面，直径 16、残高 3.2 厘米（图 4–739，14）。

（3）H324③层

出土少量陶片，以腹部残片为主，可辨器形有圆腹罐、单耳罐、盆（表 4–1256、1257）。

表4–1256　H324③层器形数量统计表

陶质 / 陶色 / 器形	泥质				夹砂				合计
	红	橙黄	灰	黑	红	橙黄	灰	黑	
盆		1							1
圆腹罐					2				2
单耳罐						1			1

表4–1257　H324③层陶片统计表

陶质 / 陶色 / 纹饰	泥质				夹砂				合计
	橙黄	灰	红	灰底黑彩	橙黄	灰	红	褐	
素面	8				7				15
绳纹					7				7
篮纹	5				1				6
附加堆纹					1				1

圆腹罐　2件。

标本H324③：2，夹砂红陶。侈口，圆唇，高领，束颈，圆腹，底残。颈部素面，腹部饰麻点纹，上腹饰有泥饼。口径13.2、残高13.8厘米（图4-740，1）。

标本H324③：3，夹砂红陶。侈口，方唇，高领，束颈，圆腹，平底。唇面有一道凹槽，颈部素面，腹部饰竖向绳纹，有烟炱。口径11.2、高15.6、底径8.2厘米（图4-740，2；彩版二五七，2）。

单耳罐　1件。

标本H324③：4，夹砂橙黄陶。侈口，圆唇，口沿以下残。拱形单耳，耳上端口沿呈锯齿状，耳面饰竖向绳纹。残高3.4、残宽5厘米（图4-740，3）。

盆　1件。

标本H324③：1，泥质橙黄陶。敞口，方唇，斜直腹，底残。口沿外侧饰一周折棱，腹部饰斜向篮纹，内壁素面磨光。口径27.6、残高3.6厘米（图4-740，4）。

（4）H324④层

出土少量陶片，以腹部残片为主，可辨器形有圆腹罐、花边罐、三耳罐、大口罐（表4-1258、1259）。

表4-1258　H324④层器形数量统计表

陶质 / 陶色 / 器形	泥质				夹砂				合计
	红	橙黄	灰	黑	红	橙黄	灰	黑	
三耳罐		1							1
圆腹罐					2	1			3
花边罐						2			2
大口罐						1			1

表4-1259　H324④层陶片统计表

陶质 / 陶色 / 纹饰	泥质				夹砂				合计
	橙黄	灰	红	灰底黑彩	橙黄	灰	红	褐	
素面			3		4				7
绳纹			2		2				4
篮纹	2		2		1				5
麻点纹					5				5
篮纹＋绳纹					2				2
篮纹＋麻点纹					2				2

大口罐　1件。

标本H324④：2，夹砂橙黄陶。直口，方唇，斜直腹，底残。器表饰竖向绳纹，有烟炱。口径15.6、残高7.2厘米（图4-740，5）。

圆腹罐　3件。

标本H324④：5，夹砂红陶。口沿及颈部残，圆腹，平底。腹部饰麻点纹，近底部有泥条盘筑痕迹。残高 15.6、底径 10.8 厘米（图 4-740，6）。

标本H324④：6，夹砂红陶。侈口，圆唇，高领，束颈，上腹圆，下腹残。颈部饰横向篮纹，腹部饰麻点纹。口径 14.4、残高 10.6 厘米（图 4-740，7）。

标本H324④：7，夹砂橙黄陶。侈口，圆唇，矮领，束颈，上腹圆弧，下腹残。颈部饰横向

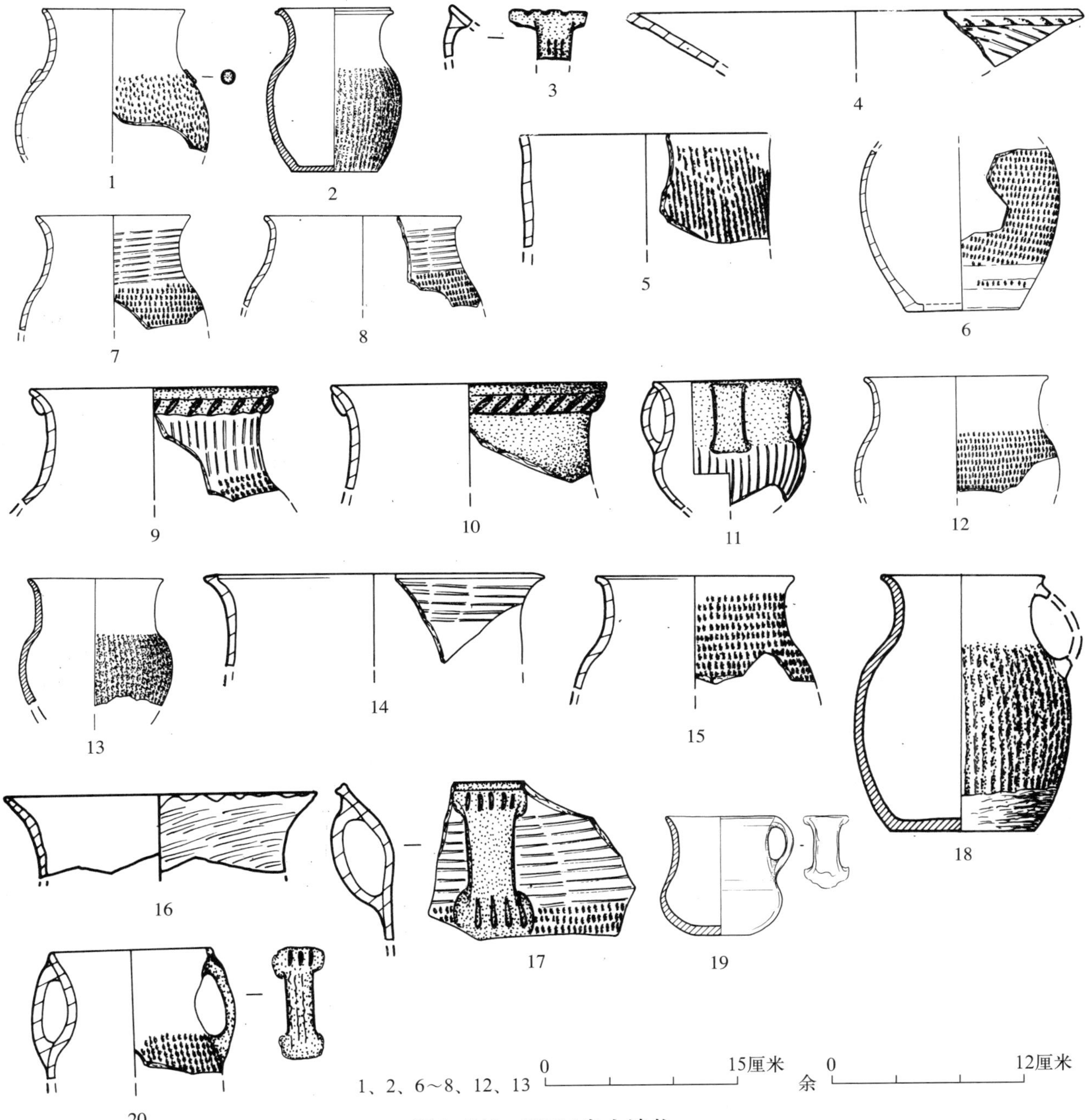

图4-740　H324出土遗物

1、2、6～8、12～15.圆腹罐H324③：2、3、H324④：5～7、H324⑤：2、7、12、19　3、17～19.单耳罐H324③：4、H324⑤：3、11、18　4.盆H324③：1　5.大口罐H324④：2　9、10、16.花边罐H324④：3、4、H324⑤：15　11.三耳罐H324④：1　20.双耳罐H324⑤：20

篮纹，上腹饰麻点纹。口径 18.4、残高 8.6 厘米（图 4−740，8）。

花边罐　2 件。

标本H324④：3，夹砂橙黄陶。侈口，圆唇，高领，束颈，上腹圆弧，下腹残。口沿外侧饰一周附加泥条，泥条之上饰斜向戳印纹，颈部饰竖向篮纹，上腹饰麻点纹。口径 15.6、残高 7.4 厘米（图 4−740，9）。

标本H324④：4，夹砂橙黄陶。侈口，尖唇，高领，束颈，颈部以下残。口沿外侧饰一周附加泥条，泥条之上饰斜向戳印纹，颈部素面。口径 17.2、残高 6.6 厘米（图 4−740，10）。

三耳罐　1 件。

标本H324④：1，泥质橙黄陶。侈口，圆唇，矮领，束颈，鼓腹，底残。连口拱形三耳。颈部素面，腹部饰竖向刻划纹。口径 9.2、残高 8.2 厘米（图 4−740，11）。

（5）H324⑤层

出土少量陶片，以腹部残片为主，可辨器形有圆腹罐、花边罐、单耳罐、双耳罐、高领罐、大口罐、鸮面罐、盆、豆、斝。另出土石刀（表 4−1260、1261）。

表4−1260　H324⑤层器形数量统计表

器形＼陶质/陶色	泥质				夹砂				合计
	红	橙黄	灰	黑	红	橙黄	灰	黑	
高领罐	3	2							5
圆腹罐					1	3			4
单耳罐		1			1	1			3
豆						1			1
盆	2		1						3
大口罐					1	1			2
鸮面罐							1		1
花边罐						1			1
双耳罐						1			1
斝						1			1

表4−1261　H324⑤层陶片统计表

纹饰＼陶质/陶色	泥质				夹砂				合计
	橙黄	灰	红	白	橙黄	灰	红	褐	
素面	50	16	4	1	18	2			91
绳纹	5		2		13				20
篮纹	49	7	9		12	2			79
麻点纹					76				76
篮纹＋麻点纹					4				4
附加堆纹					1				1
附加堆纹＋绳纹					1				1

圆腹罐　4 件。

标本H324⑤：2，夹砂橙黄陶。侈口，圆唇，矮领，束颈，圆腹，底残。颈部素面，腹部饰麻点纹，有烟炱。口径 17.2、残高 11.6 厘米（图 4–740，12）。

标本H324⑤：7，夹砂橙黄陶。侈口，尖唇，高领，束颈，圆腹，底残。颈部素面，腹部饰麻点纹，有烟炱。口径 12.8、残高 12 厘米（图 4–740，13）。

标本H324⑤：12，夹砂红陶。侈口，圆唇，高领，束颈，颈部以下残。颈部饰横向篮纹。口径 21.2、残高 5.8 厘米（图 4–740，14）。

标本H324⑤：19，夹砂橙黄陶。侈口，圆唇，矮领，束颈，上腹圆，下腹残。器表通体饰麻点纹，有烟炱。口径 12.4、残高 7 厘米（图 4–740，15）。

花边罐　1 件。

标本H324⑤：15，夹砂橙黄陶。侈口，锯齿唇，高领，束颈，颈部以下残。颈部饰横向篮纹。口径 19.4、残高 5 厘米（图 4–740，16）。

单耳罐　3 件。

标本H324⑤：3，夹砂橙黄陶。侈口，方唇，高领，束颈，上腹圆弧，下腹残。连口拱形单耳。唇面有一道凹槽，耳上下端饰戳印纹，颈部饰横向篮纹，上腹饰麻点纹。残高 10、残宽 12.8 厘米（图 4–740，17；彩版二五七，3）。

标本H324⑤：11，夹砂红陶。侈口，圆唇，矮领，束颈，圆腹，平底。拱形单耳，颈部素面，腹部饰麻点纹，近底部纹饰模糊。口径 10.2、高 16.4、底径 9 厘米（图 4–740，18）。

标本H324⑤：18，泥质橙黄陶。侈口，尖唇，高领，束颈，鼓腹，平底。连口拱形单耳，器表素面磨光，口径 6.8、高 7.5、底径 3.6 厘米（图 4–740，19）。

双耳罐　1 件。

标本H324⑤：20，夹砂橙黄陶。侈口，圆唇，高领，束颈，上腹圆，下腹残。连口拱形双耳。耳上端饰戳印纹，耳面饰竖向绳纹，颈部素面，上腹饰麻点纹，有烟炱。口径 10、残高 7.8 厘米（图 4–740，20）。

高领罐　5 件。

标本H324⑤：1，泥质红陶。喇叭口，平沿，圆唇，高领，束颈，溜肩，腹部残。口沿外侧有一周折棱，器表通体素面磨光。口径 13.6、残高 8.2 厘米（图 4–741，1）。

标本H324⑤：4，泥质红陶。喇叭口，平沿，圆唇，高领，束颈，颈部以下残。颈部饰横向篮纹，内壁素面磨光。口径 22、残高 9.2 厘米（图 4–741，2）。

标本H324⑤：6，泥质橙黄陶。喇叭口，圆唇，高领，束颈，颈部以下残。器表及内壁通体素面磨光。口径 22.4、残高 7.2 厘米（图 4–741，3）。

标本H324⑤：8，泥质橙黄陶。喇叭口，圆唇，高领，束颈，溜肩，腹部残。颈部饰斜向篮纹，肩部素面磨光。口径 16、残高 13 厘米（图 4–741，4）。

标本H324⑤：14，泥质红陶。喇叭口，平沿，圆唇，高领，束颈，颈部以下残。口沿外侧有一周折棱，颈部素面磨光。口径 12、残高 4 厘米（图 4–741，5）。

大口罐　2 件。

标本H324⑤：10，夹砂橙黄陶。侈口，方唇，上腹斜，下腹残。口沿外侧有一周折棱，器表通体饰麻点纹。口径 22、残高 2.8 厘米（图 4–741，6）。

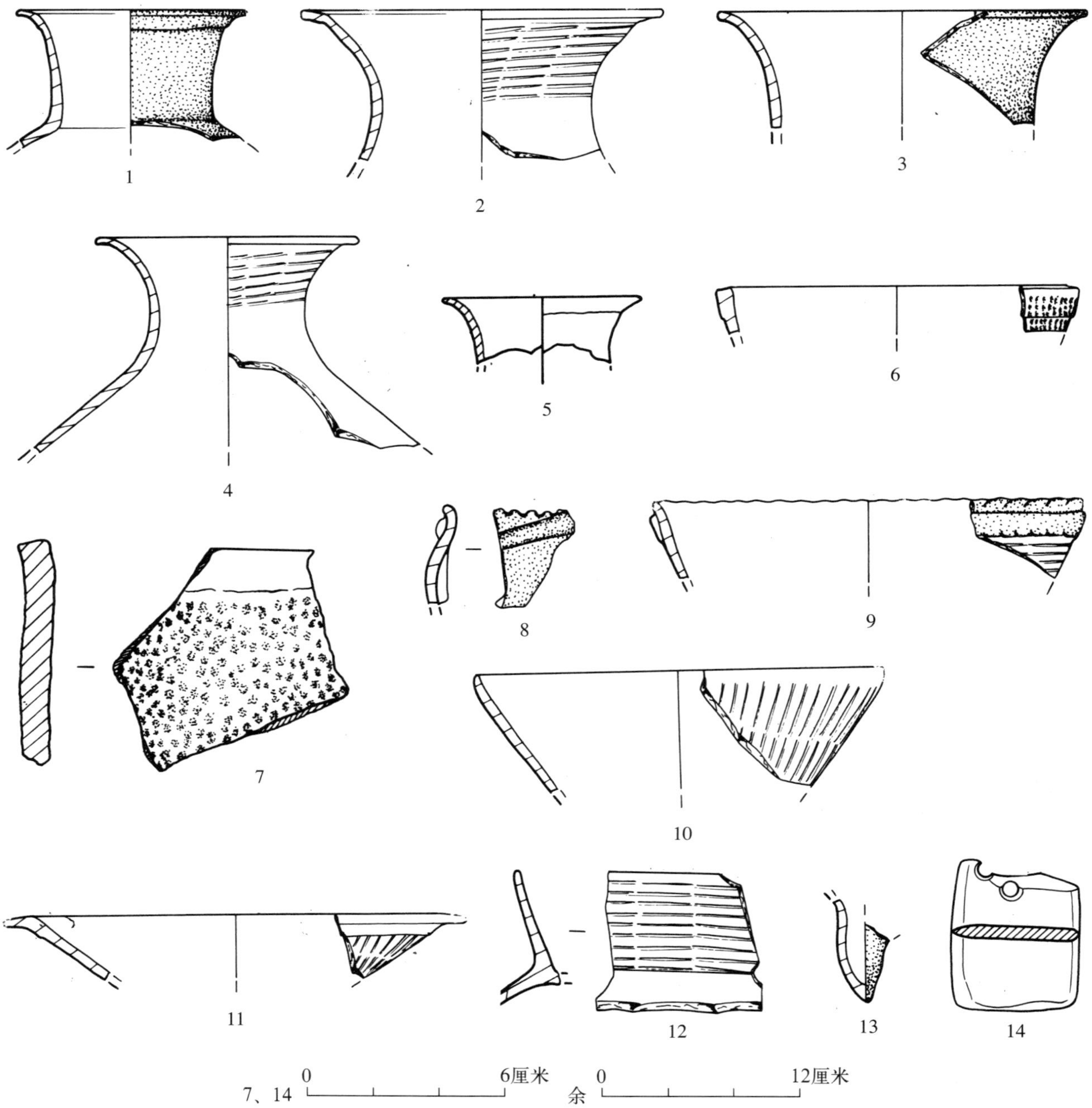

图4-741　H324出土遗物

1～5.高领罐H324⑤：1、4、6、8、14　6、7.大口罐H324⑤：10、16　8.鸮面罐H324⑤：13　9～11.盆H324⑤：9、21、22　12.豆H324⑤：5　13.斝H324⑤：23　14.石刀H324⑤：17

标本H324⑤：16，夹砂红陶。微侈口，方唇，上腹直，下腹残。口沿外侧有一周折棱，器表通体饰麻点纹。残高7、残宽7厘米（图4-741，7）。

鸮面罐　1件。

标本H324⑤：13，夹砂灰陶。仅存鸮面部分，腹部残，锯齿唇，唇外饰附加泥条，面部素面。残高6、残宽5厘米（图4-741，8）。

盆　3件。

标本H324⑤：9，泥质红陶。敞口，锯齿唇，上腹斜弧，下腹残。口沿外侧饰一周附加泥条，泥条经手指按压呈波状，腹部饰横向篮纹。口径26、残高4.8厘米（图4-741，9）。

标本H324⑤：21，泥质红陶。敞口，尖唇，斜直腹，底残。器表通体饰竖向篮纹。口径24.8、残高7.4厘米（图4-741，10）。

标本H324⑤：22，泥质灰陶。敞口，平沿，圆唇，斜弧腹，底残。口沿外侧有一周折棱，腹部饰竖向篮纹。口径28、残高4厘米（图4-741，11）。

豆　1件。

标本H324⑤：5，夹砂橙黄陶。豆盘残，高圈空心足，器表饰横向篮纹。残高8.4、残宽10.2厘米（图4-741，12）。

斝　1件。

标本H324⑤：23，夹砂橙黄陶。牛角状空心足，器表素面。残高6.2、残宽3.6厘米（图4-741，13）。

石刀　1件。

标本H324⑤：17，一半残，平基部，侧边平直，双面磨刃，器身有一钻孔。刃残长4.4厘米，刃角40°，器身残长4.6、残宽4厘米（图4-741，14）。

314. H325

H325位于ⅡT0806东北角，开口于第⑤层下（图4-742；彩版二五八，1）。根据遗迹暴露部分推测H325平面呈圆形，口部边缘形态明显，底部边缘形态明显，剖面呈袋状，斜弧壁，未

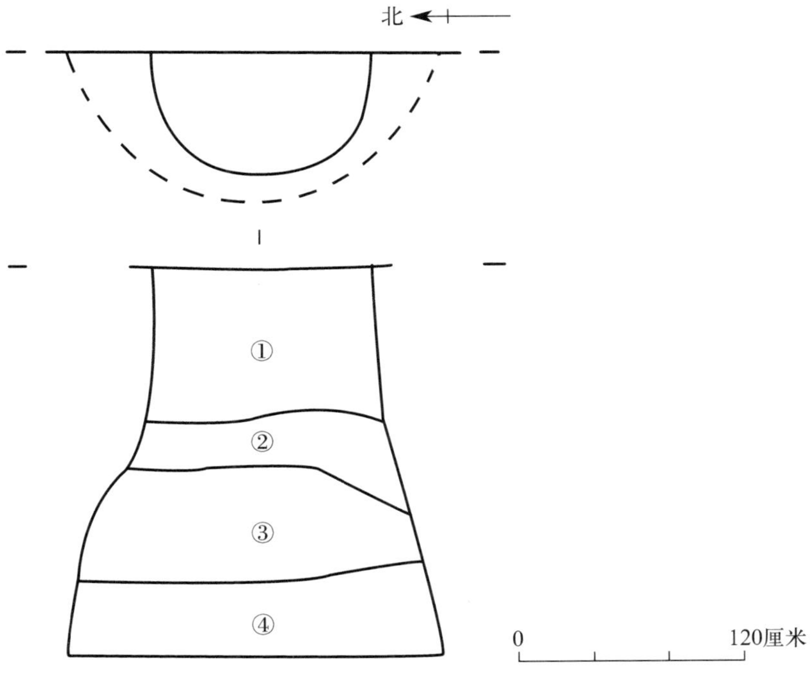

图4-742　H325平、剖面图

见工具痕迹，坑底平整。坑口南北 1.20、东西 0.66、坑底南北 1.98、深 2.10 米。坑内堆积可分四层，第①层厚 0.78～0.85 米，土色浅褐色，土质较疏松，坡状堆积。第②层厚 0.24～0.50 米，土色浅黄色，土质较致密，包含少量炭屑和零星草木灰，坡状堆积。第③层厚 0.25～0.60 米，土色浅灰色，土质较疏松，包含大量炭屑和草木灰，坡状堆积，出土少量陶片和兽骨。第④层厚 0.40～0.50 米，土色浅褐色，土质较致密，包含少量草木灰，水平状堆积。

出土少量陶片、兽角。

（1）H325①层

出土少量陶片，以腹部残片为主，可辨器形有圆腹罐（表 4–1262、1263）。

表4–1262　H325①层器形数量统计表

陶质 / 陶色 / 器形	泥质				夹砂				合计
	红	橙黄	灰	黑	红	橙黄	灰	黑	
圆腹罐					1				1

表4–1263　H325①层陶片统计表

陶质 / 陶色 / 纹饰	泥质				夹砂				合计
	橙黄	灰	红	灰底黑彩	橙黄	灰	红	褐	
素面	10	2			8				20
绳纹					5				5
篮纹	3		2		2				7
麻点纹					9				9

圆腹罐　1 件。

标本H325①：1，夹砂红陶。侈口，圆唇，矮领，束颈，颈部以下残。颈部素面。口径 18、残高 3.6 厘米（图 4–743，1）。

（2）H325③层

出土少量陶片，以腹部残片为主，可辨器形有圆腹罐、双耳罐。另出土兽角（表 4–1264、1265）。

表4–1264　H325③层器形数量统计表

陶质 / 陶色 / 器形	泥质				夹砂				合计
	红	橙黄	灰	黑	红	橙黄	灰	黑	
双耳罐						1			1
圆腹罐		1			1				2

表4–1265　H325③层陶片统计表

陶质 / 陶色 / 纹饰	泥质				夹砂				合计
	橙黄	灰	红	灰底黑彩	橙黄	灰	红	褐	
素面	4				4				8

续表

陶质 陶色 纹饰	泥质				夹砂				合计
	橙黄	灰	红	灰底黑彩	橙黄	灰	红	褐	
绳纹					8				8
篮纹	3	4	8						15
麻点纹					4				4

圆腹罐　2件。

标本H325③：2，泥质橙黄陶。侈口，圆唇，高领，微束颈，颈部以下残。颈部饰竖向刻划纹。口径9.2、残高4.6厘米（图4－743，2）。

标本H325③：3，夹砂红陶。侈口，圆唇，高领，束颈，颈部以下残。颈部素面。口径10.8、残高3.2厘米（图4－743，3）。

双耳罐　1件。

标本H325③：1，夹砂橙黄陶。侈口，圆唇，矮领，束颈，上腹圆，下腹残。连口拱形双耳。耳上端饰戳印纹，颈部素面，耳面及腹部饰竖向绳纹，有烟炱。口径14.2、残高7厘米（图4－743，4）。

兽角　1件。

标本H325③：4，器身呈半环状，根部残，前端较尖，器表光滑。残长11.7、直径2.4厘米（图4－743，5）。

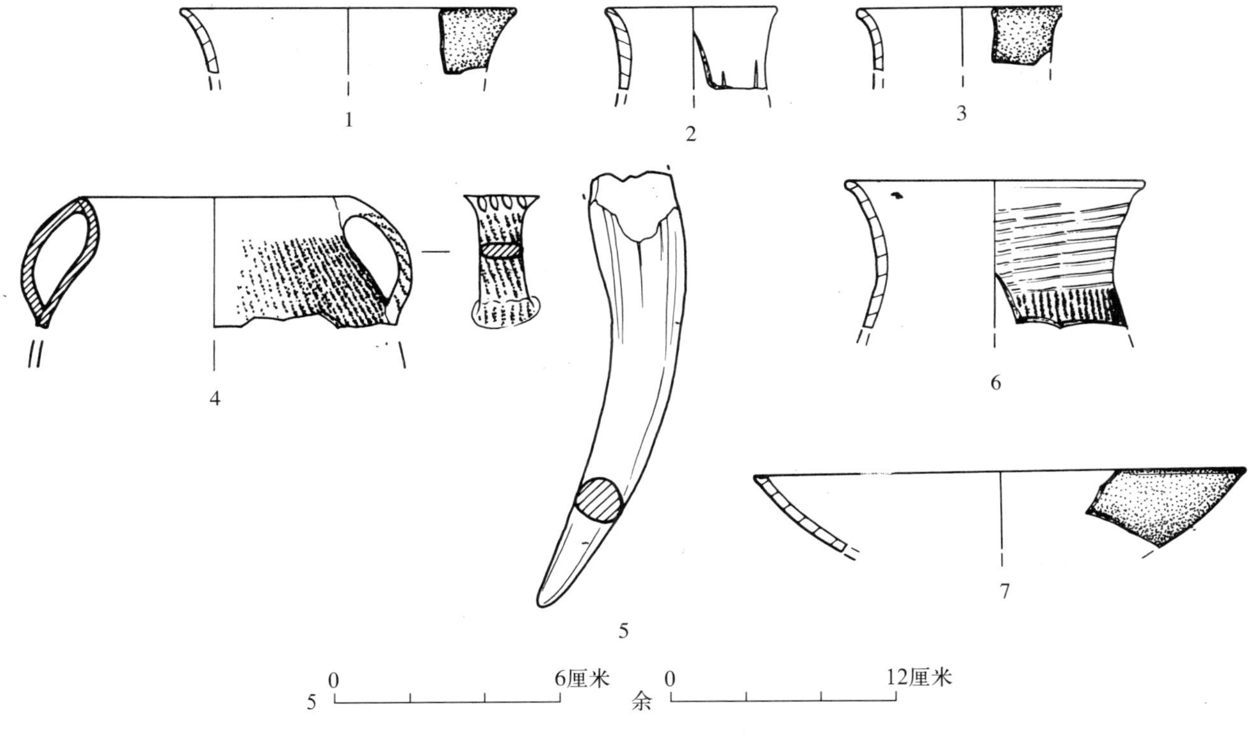

图4－743　H325出土遗物

1～3、6.圆腹罐H325①：1、H325③：2、3、H325④：2　4.双耳罐H325③：1　5.兽角H325③：4　7.盆H325④：1

（3）H325④层

出土少量陶片，以腹部残片为主，可辨器形有圆腹罐、盆（表 4-1266、1267）。

表4-1266　H325④层器形数量统计表

器形＼陶质/陶色	泥质				夹砂				合计
	红	橙黄	灰	黑	红	橙黄	灰	黑	
盆		1							1
圆腹罐					1				1

表4-1267　H325④层陶片统计表

纹饰＼陶质/陶色	泥质				夹砂				合计
	橙黄	灰	红	灰底黑彩	橙黄	灰	红	褐	
素面	3				1				4
绳纹					2		1		3
篮纹							1		

圆腹罐　1 件。

标本H325④：2，夹砂红陶。侈口，圆唇，高领，束颈，上腹斜弧，下腹残。颈部饰斜向篮纹，上腹饰竖向绳纹。口径 16、残高 8 厘米（图 4-743，6）。

盆　1 件。

标本H325④：1，泥质橙黄陶。敞口，方唇，斜弧腹，底残。器表素面磨光。口径 26、残高 4.4 厘米（图 4-743，7）。

315. H326

H326 位于ⅡT0603 中部，部分压于东、北隔梁下，开口于第⑤层下，被H284 打破（图 4-744）。平面呈椭圆形，口部边缘形态明显，底部边缘形态明显，剖面呈袋状，斜壁，未见工具痕迹，坑底平整。坑口东西约 3.34、南北约 2.68、坑底东西约 3.06、深 0.95 米。坑内堆积未分层，土色浅灰色，土质较疏松，包含少量褐色斑点土，水平状堆积。

出土大量陶片、石块、兽骨、石铲、石锛、玉镞，陶片以腹部残片为主，可辨器形有圆腹罐、花边罐、高领罐、大口罐、盆、斝（表 4-1268、1269）。

表4-1268　H326器形数量统计表

器形＼陶质/陶色	泥质				夹砂				合计
	红	橙黄	灰	黑	红	橙黄	灰	褐	
高领罐	2	3							5
圆腹罐					1	2		1	4
花边罐					2				2
盆		3							3

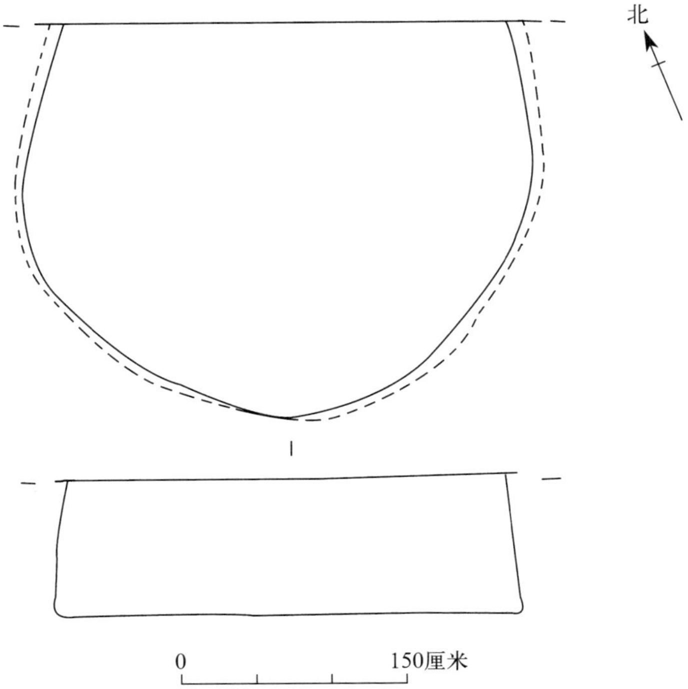

图4-744　H326平、剖面图

续表

器形 \ 陶质/陶色	泥质				夹砂				合计
	红	橙黄	灰	黑	红	橙黄	灰	褐	
斝					1				1
大口罐						1			1

表4-1269　H326陶片统计表

纹饰 \ 陶质/陶色	泥质				夹砂				合计
	橙黄	灰	红	灰底黑彩	橙黄	灰	红	褐	
素面	59	6	1		34	2			102
绳纹					31				31
篮纹	54	9			62		1		126
麻点纹					15				15
篮纹＋麻点纹					4				4
麻点纹＋戳印纹					2				2
弦纹					1				1
刻划纹					2				2
附加堆纹＋绳纹					1				1
附加堆纹＋篮纹＋绳纹					1				1
戳印纹					5				5
戳印纹＋刻划纹					1				1

圆腹罐 4件。

标本H326：7，夹砂红陶。侈口，圆唇，矮领，束颈，颈部以下残。颈部饰横向篮纹。口径11.6、残高4.4厘米（图4-745，1）。

标本H326：8，夹砂褐陶。侈口，方唇，矮领，束颈，颈部以下残。唇面有一道凹槽，颈部饰横向篮纹。口径17.2、残高5.8厘米（图4-745，2）。

标本H326：16，夹砂橙黄陶。侈口，圆唇，矮领，束颈，上腹圆弧，下腹残。颈部素面，上腹饰麻点纹。口径13.6、残高5.6厘米（图4-745，3）。

标本H326：19，夹砂橙黄陶。侈口，圆唇，矮领，束颈，上腹斜弧，下腹残。颈部素面，上腹饰麻点纹。口径12.8、残高5.8厘米（图4-745，4）。

花边罐 2件。

标本H326：9，夹砂红陶。侈口，尖唇，矮领，束颈，颈部以下残。口沿外侧饰一周附加泥，

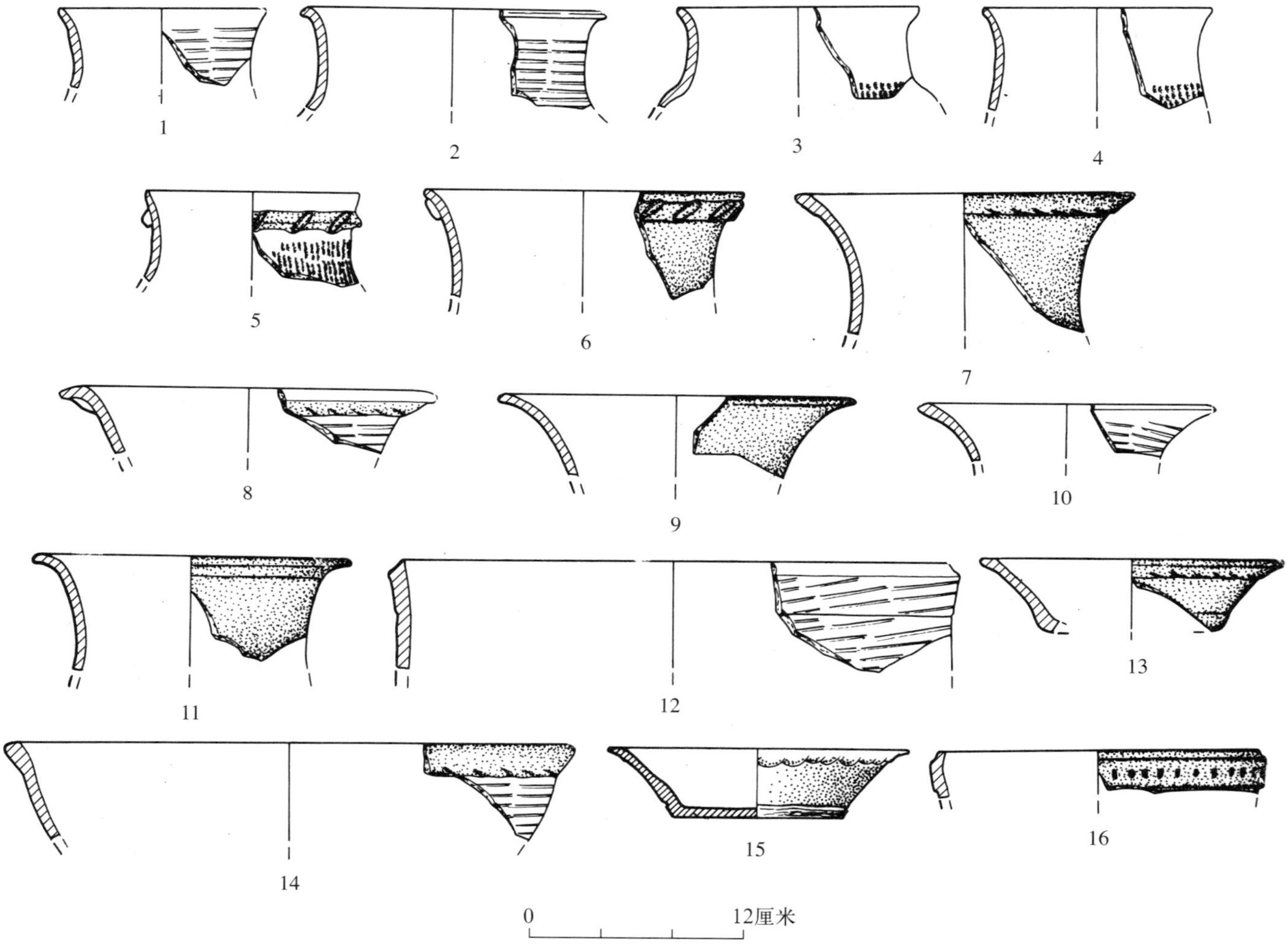

图4-745 H326出土遗物

1～4.圆腹罐H326：7、8、16、19 5、6.花边罐H326：9、18 7～11.高领罐H326：5、6、10、12、15 12.大口罐H326：14 13～15.盆H326：11、17、20 16.斝H326：13

泥条之上饰斜向戳印纹，颈部饰竖向绳纹。口径 12、残高 5 厘米（图 4-745，5）。

标本H326：18，夹砂红陶。侈口，圆唇，高领，束颈，颈部以下残。口沿外侧饰一周附加泥条，泥条之上饰斜向戳印纹，颈部素面。口径 18、残高 6.2 厘米（图 4-745，6）。

高领罐　5 件。

标本H326：5，泥质红陶。喇叭口，圆唇，高领，束颈，颈部以下残。口沿外侧饰一周折棱，颈部素面。口径 18.8、残高 8 厘米（图 4-745，7）。

标本H326：6，泥质橙黄陶。喇叭口，斜平沿，圆唇，高领，束颈，颈部以下残。口沿外侧饰一周附加泥条，泥条经手指按压呈波状，颈部饰斜向篮纹。口径 21.2、残高 3.8 厘米（图 4-745，8）。

标本H326：10，泥质红陶。喇叭口，圆唇，高领，束颈，颈部以下残。颈部素面。口径 20、残高 4.6 厘米（图 4-745，9）。

标本H326：12，泥质橙黄陶。喇叭口，圆唇，高领，束颈，颈部以下残。颈部饰斜向篮纹。口径 16、残高 3.2 厘米（图 4-745，10）。

标本H326：15，泥质橙黄陶。喇叭口，圆唇，高领，束颈，颈部以下残。口沿外侧有一周折棱，颈部素面。口径 18、残高 6.4 厘米（图 4-745，11）。

大口罐　1 件。

标本H326：14，夹砂橙黄陶。侈口，方唇，上腹直，下腹残。口沿外侧有一周折棱，器表饰横向篮纹。口径 30.4、残高 6.2 厘米（图 4-745，12）。

盆　3 件。

标本H326：11，泥质橙黄陶。敞口，窄平沿，圆唇，斜弧腹，底残。口沿外侧饰一周折棱，器表及内壁素面磨光。口径 17.2、残高 4.1 厘米（图 4-745，13）。

标本H326：17，泥质橙黄陶。敞口，圆唇，斜弧腹，底残。口沿外侧饰一周折棱，腹部饰横向篮纹。口径 32、残高 5.6 厘米（图 4-745，14）。

标本H326：20，泥质橙黄陶。敞口，平沿，尖唇，斜弧腹，平底。口沿外侧饰一周折棱，腹部素面。口径 17、高 4、底径 9.6 厘米（图 4-745，15；彩版二五八，2）。

斝　1 件。

标本H326：13，夹砂红陶。敛口，圆唇，口沿以下残。口沿外侧饰一周附加泥条，泥条之上饰戳印纹。口径 17.6、残高 2.4 厘米（图 4-745，16）。

玉镞　1 件。

标本H326：4，器体呈扁三角形，两侧边缘均为双面磨制的刃部，较为锋利，尾端平整，尖部略残。长 3.5、宽 2.1、厚 0.2 厘米（图 4-746，1）。

石锛　2 件。

标本H326：1，石英岩。基部圆弧，两侧边平直，中腰以下残，器表磨制光滑。残长 6.5、宽 3.8、厚 1.9 厘米（图 4-746，2；彩版二五八，3）。

标本H326：2，页岩。上窄下宽，基部残，两侧边圆弧，双面磨刃。刃长 3.7 厘米，刃角 55°，器身残长 13.2、宽 4.3、厚 1.9 厘米（图 4-746，3；彩版二五八，4）。

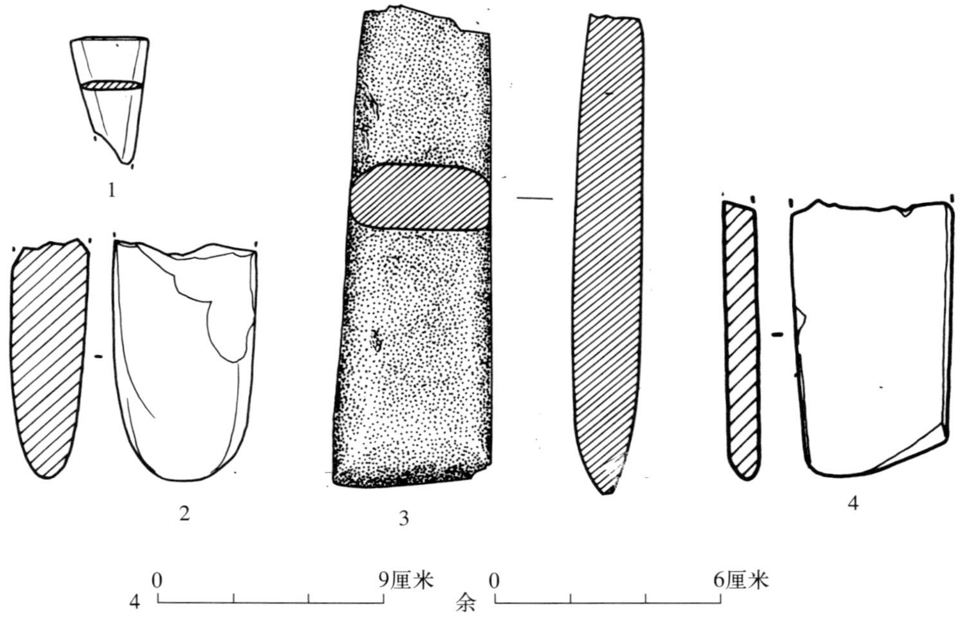

图4－746　H326出土遗物

1.玉镞H326：4　2、3.石锛H326：1、2　4.石铲H326：3

石铲　1件。

标本H326：3，石英岩。基部略残，侧边及表面平直，中腰以下残，器表磨痕明显。残长10、宽5.6、厚1.2厘米（图4－746，4；彩版二五八，5）。

316. H327

H327位于ⅡT1105西部，开口于第④层下，被H373、H380打破（图4－747；彩版二五九，1）。根据遗迹暴露部分推测H327平面近椭圆形，口部边缘形态明显，底部边缘形态明显，剖面呈筒状，斜直壁，未见工具痕迹，坑底平整。坑口南北3.40、东西2.16、坑底南北4.6、坑深1.12～1.44米。坑内堆积可分十五层，第①层厚0～0.22米，土色褐色，土质较疏松、坡状堆积。第②层厚0～0.20米，土色浅灰色，土质较疏松，坡状堆积。第③层厚0.04～0.26米，土色浅灰色，土质较疏松，坡状堆积。第④层厚0～0.26米，土色浅褐色，土质疏松，坡状堆积。第⑤层厚0～0.26米，土色浅灰色，土质疏松，坡状堆积。第⑥层厚0～0.24米，土色浅灰色，土质较疏松，坡状堆积。第⑦层厚0～0.18米，土色浅灰色，土质较疏松，坡状堆积。第⑧层厚0～0.16米，土色深灰色，土质较疏松，坡状堆积。第⑨层厚0～0.40米，土色浅灰色，土质较疏松，坡状堆积。第⑩层厚0～0.48米，土色浅灰色，土质较疏松，凹镜状堆积。第⑪层厚0～0.40米，土色浅灰色，土质较疏松，包含零星草木灰和炭屑，坡状堆积。第⑫层厚0～0.28米，土色浅灰色，土质较疏松，凹镜状堆积。第⑬层厚0～0.32米，土色浅灰色，土质较疏松，坡状堆积。第⑭层厚0～0.32米，土色浅灰色，土质较疏松，包含少量红烧土颗粒，坡状堆积。第⑮层厚0～0.48米，土色浅黄色，土质较疏松，水平状堆积。

出土少量陶片、石块、兽骨。

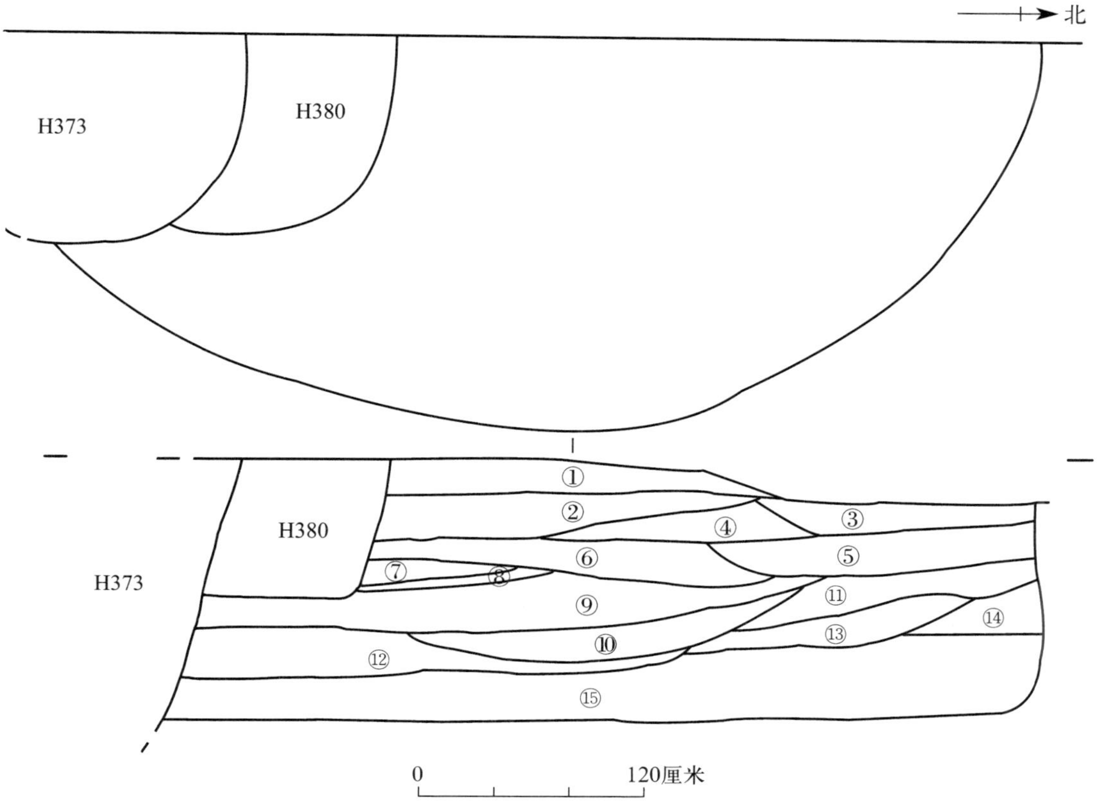

图4-747　H327平、剖面图

（1）H327①层

出土少量陶片，以腹部残片为主，可辨器形有钵。另出土石凿、骨匕（表4-1270、1271）。

表4-1270　H327①层器形数量统计表

陶质 / 陶色 / 器形	泥质				夹砂				合计
	红	橙黄	灰	褐	红	橙黄	灰	黑	
钵				1					1

表4-1271　H327①层陶片统计表

陶质 / 陶色 / 纹饰	泥质				夹砂				合计
	橙黄	灰	红	灰底黑彩	橙黄	灰	红	褐	
素面	5	1							6
绳纹	4				3				7
麻点纹					10				10

钵　1件。

标本H327①：3，泥质褐陶。敛口，方唇，上腹鼓，下腹斜直，底残。腹部饰竖向篮纹。口径22.8、残高6.2厘米（图4-748，1）。

石凿　1件。

标本H327①：1，残损，石英岩。呈方柱状，做工规整，基部残损，侧边平直，双面磨刃。刃长1.6厘米，刃角36°，器身长7、宽2.2、厚2.3厘米（图4-748，2）。

骨匕　1件。

标本H327①：2，系大型动物肢骨磨制而成，扁平状，柄部系原骨关节，双面磨刃。刃长1.5厘米，刃角，器身长12.7、宽3.9、厚0.9厘米（图4-748，3；彩版二五九，2）。

（2）H327③层

出土少量陶片，以腹部残片为主，可辨器形有圆腹罐、高领罐、盆。另出土石刀、料姜石（表4-1272、1273）。

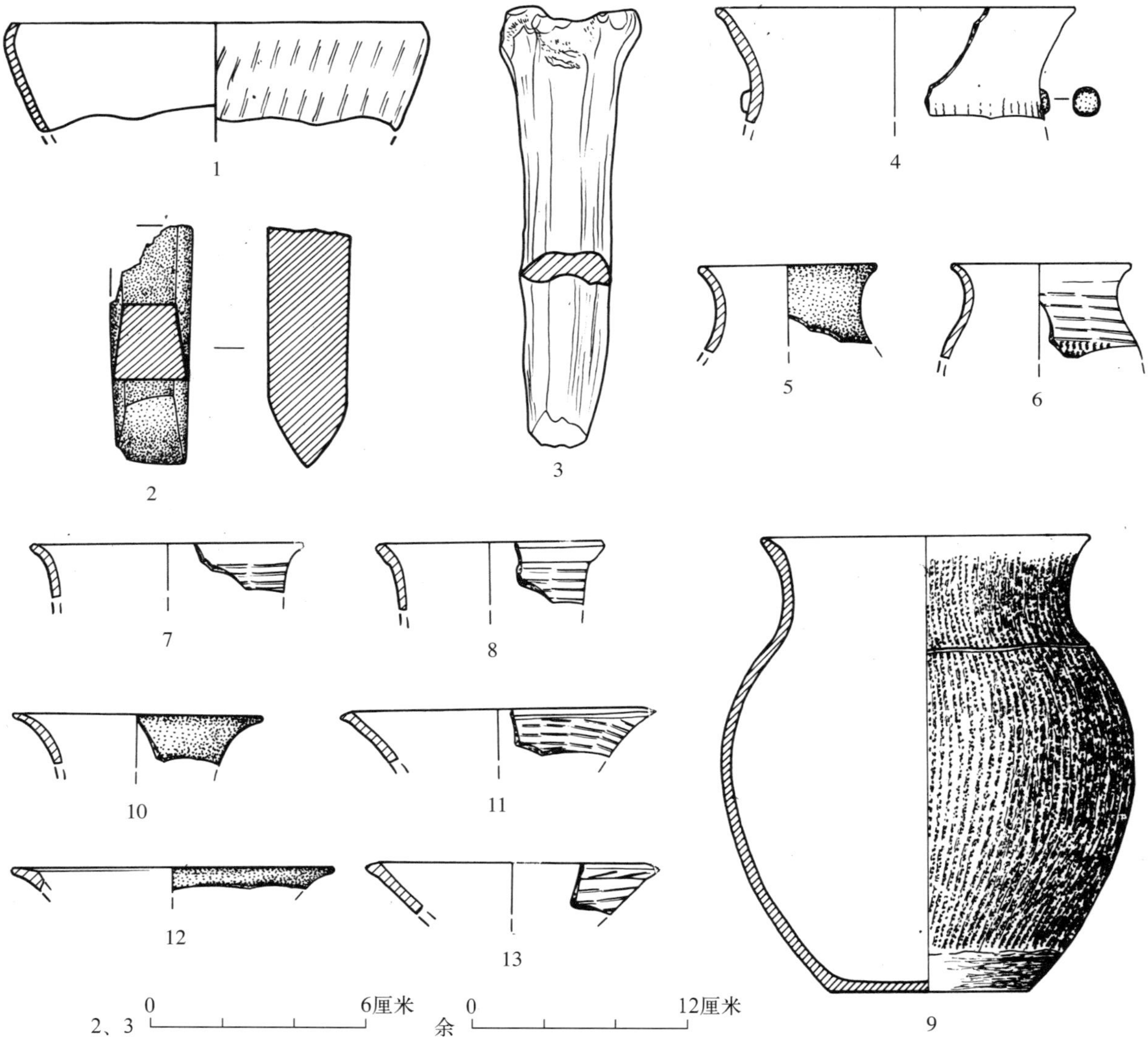

图4-748　H327出土遗物

1.钵H327①：3　2.石凿H327①：1　3.骨匕H327①：2　4～9.圆腹罐H327③：1、2、6、7、9、10　10～12.高领罐H327③：4、5、8　13.盆H327③：3

表4-1272　H327③层器形数量统计表

器形 \ 陶质/陶色	泥质				夹砂				合计
	红	橙黄	灰	黑	红	橙黄	灰	黑	
圆腹罐					1	5			6
盆	1								1
高领罐		2	1						3

表4-1273　H327③层陶片统计表

纹饰 \ 陶质/陶色	泥质				夹砂				合计
	橙黄	灰	红	灰底黑彩	橙黄	灰	红	褐	
素面	20	1	3		8				32
绳纹					2				2
篮纹	16				1				17
麻点纹					23				23

圆腹罐　6件。

标本H327③：1，夹砂橙黄陶。侈口，圆唇，矮领，束颈，颈部以下残。颈部饰竖向绳纹，绳纹之上有泥饼，有烟炱。口径20、残高6.4厘米（图4-748，4）。

标本H327③：2，夹砂橙黄陶。侈口，圆唇，矮领，束颈，颈部以下残。颈部素面。口径10、残高4.6厘米（图4-748，5）。

标本H327③：6，夹砂橙黄陶。侈口，圆唇，矮领，束颈，上腹圆弧，下腹残。颈部饰横向篮纹，上腹饰麻点纹，有烟炱。口径10、残高5.4厘米（图4-748，6）。

标本H327③：7，夹砂橙黄陶。侈口，圆唇，高领，束颈，颈部以下残。颈部饰横向篮纹。口径15.2、残高3厘米（图4-748，7）。

标本H327③：9，夹砂橙黄陶。侈口，圆唇，高领，束颈，颈部以下残。口沿外侧有一周折棱，颈部饰横向篮纹。口径12.4、残高3.6厘米（图4-748，8）。

标本H327③：10，夹砂红陶。侈口，圆唇，矮领，束颈，圆腹，平底，颈腹间有一周凹槽，器表通体饰竖向绳纹。口径18.4、高25.8、底径10厘米（图4-748，9；彩版二五九，3）。

高领罐　3件。

标本H327③：4，泥质灰陶。喇叭口，圆唇，高领，束颈，颈部以下残。颈部素面。口径14、残高2.8厘米（图4-748，10）。

标本H327③：5，泥质橙黄陶。喇叭口，方唇，高领，束颈，颈部以下残。颈部饰横向篮纹。口径17.6、残高2.8厘米（图4-748，11）。

标本H327③：8，泥质橙黄陶。喇叭口，圆唇，口沿以下残。器表素面。口径18、残高1.2厘米（图4-748，12）。

盆　1件。

标本H327③：3，泥质红陶。敞口，方唇，斜弧腹，底残。口沿外侧有一周折棱，器表饰斜向篮纹。口径 16.4、残高 2.8 厘米（图 4-748，13）。

石刀　1 件。

标本H327③：12，石英岩。长方形，基部及侧边残，双面磨刃。刃残长 3.5 厘米，刃角 37°，器身残长 8.4、残宽 4.3 厘米（图 4-749，1；彩版二五九，4）。

料姜石　1 件。

标本H327③：11，圆柱状，上下两面平，器表粗磨，直径 6、高 5 厘米（图 4-749，2；彩版二五九，5）。

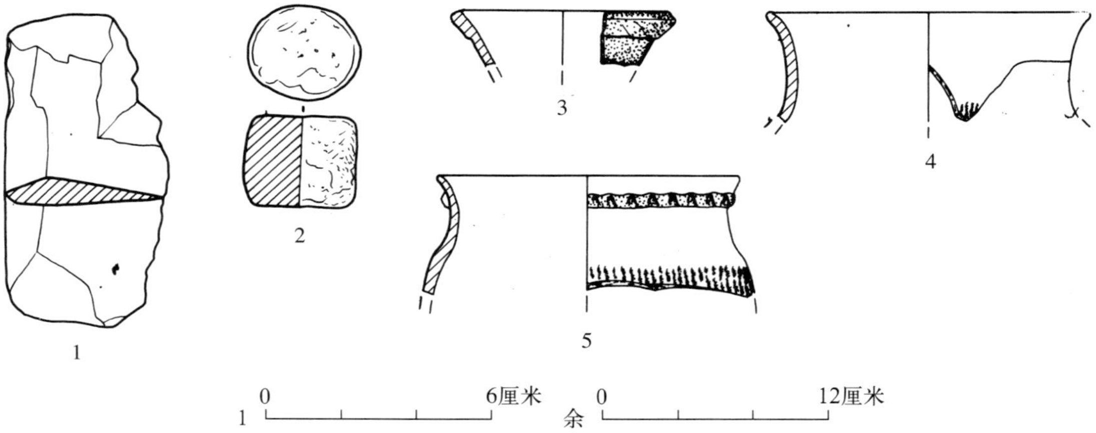

图4-749　H327出土遗物

1.石刀H327③：12　2.料姜石H327③：11　3.盆H327④：1　4.圆腹罐H327⑤：1　5.花边罐H327⑪：1

（3）H327④层

出土少量陶片，以腹部残片为主，可辨器形有盆（表 4-1274、1275）。

表4-1274　H327④层器形数量统计表

器形 \ 陶质 / 陶色	泥质				夹砂				合计
	红	橙黄	灰	黑	红	橙黄	灰	黑	
盆	1								1

表4-1275　H327④层陶片统计表

纹饰 \ 陶质 / 陶色	泥质				夹砂				合计
	橙黄	灰	红	灰底黑彩	橙黄	灰	红	褐	
素面	16	2			5				23
绳纹	1				1				2
篮纹	34	3	4		3				44
麻点纹					46				46
篮纹＋麻点纹							1		1
附加堆纹＋绳纹					1				1
附加堆纹＋麻点纹					1				1

盆　1 件。

标本H327④：1，泥质红陶。敞口，方唇，斜直腹，底残。口沿外侧饰一周附加泥条，器表素面。口径 12、残高 3 厘米（图 4-749，3）。

（4）H327⑤层

出土少量陶片，以腹部残片为主，可辨器形有圆腹罐（表 4-1276、1277）。

表4-1276　H327⑤层器形数量统计表

陶质 / 陶色 / 器形	泥质				夹砂				合计
	红	橙黄	灰	黑	红	橙黄	灰	黑	
圆腹罐						1			1

表4-1277　H327⑤层陶片统计表

陶质 / 陶色 / 纹饰	泥质				夹砂				合计
	橙黄	灰	红	灰底黑彩	橙黄	灰	红	褐	
素面	19				8				27
绳纹					4				4
篮纹	8								8
麻点纹					14				14

圆腹罐　1 件。

标本H327⑤：1，夹砂橙黄陶。侈口，圆唇，矮领，束颈，上腹斜，下腹残。颈部素面，上腹饰竖向绳纹，有烟炱。口径 17.2、残高 5.6 厘米（图 4-749，4）。

（5）H327⑪层

出土少量陶片，以腹部残片为主，可辨器形有花边罐（表 4-1278、1279）。

表4-1278　H327⑪层器形数量统计表

陶质 / 陶色 / 器形	泥质				夹砂				合计
	红	橙黄	灰	黑	红	橙黄	灰	黑	
花边罐					1				1

表4-1279　H327⑪层陶片统计表

陶质 / 陶色 / 纹饰	泥质				夹砂				合计
	橙黄	灰	红	灰底黑彩	橙黄	灰	红	褐	
素面	2		3		2				7
绳纹					2				2
篮纹	1				1				2

花边罐　1 件。

标本H327⑪：1，夹砂红陶。侈口，圆唇，矮领，束颈，上腹圆，下腹残。口沿外侧饰一周附加泥条，泥条之上饰戳印纹，颈部素面，上腹饰竖向绳纹，有烟炱。口径16、残高6.4厘米（图4－749，5）。

317. H328

H328位于ⅡT1005东南部，开口于第⑥层下（图4－750；彩版二六〇，1）。平面近圆形，口部边缘形态明显，底部边缘形态明显，剖面呈筒状，斜直壁，未见工具痕迹，坑底平整。坑口南北1.81、东西1.78、坑底东西1.42、深1.60米。坑内堆积未分层，土色深褐色，土质疏松，水平状堆积。

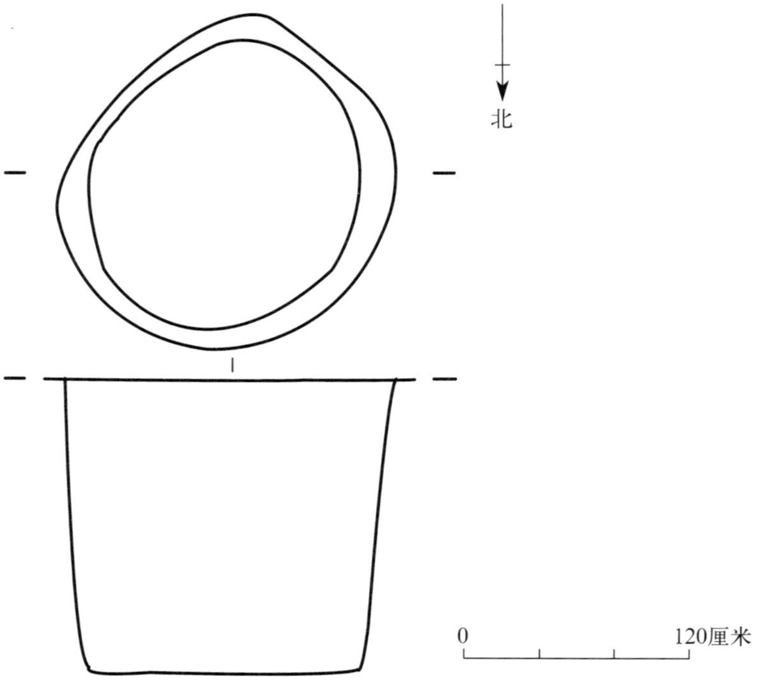

图4－750　H328平、剖面图

出土少量陶片和石块、兽骨，骨器、骨镞、陶纺轮各1件，陶片以腹部残片为主，可辨器形有圆腹罐、花边罐、双耳罐、高领罐、敛口罐、盆。另出土骨镞（表4－1280、1281）。

表4－1280　H328器形数量统计表

器形＼陶质/陶色	泥质				夹砂				合计
	红	橙黄	灰	褐	红	橙黄	灰	黑	
花边罐					1	3			4
双耳罐						1			1
盆	1	1	1	1					4
圆腹罐	1					3			4
敛口罐			1						1
高领罐		1							1

表4-1281　H328陶片统计表

陶质/陶色/纹饰	泥质				夹砂				合计
	橙黄	灰	红	褐	橙黄	灰	红	褐	
素面	39	2	12	1	35				89
绳纹					34				34
篮纹	16		9		8				33
麻点纹					54				54
戳印纹	1								1
篮纹＋麻点纹					4				4

圆腹罐　4件。

标本H328：7，泥质红陶。侈口，方唇，矮领，束颈，上腹圆，下腹残。器表素面磨光且有刮抹痕迹。口径10.8、残高5.8厘米（图4-751，1）。

标本H328：8，夹砂橙黄陶。侈口，圆唇，高领，束颈，上腹斜，下腹残。颈部素面，上腹饰竖向绳纹，有烟炱。口径16、残高8.6厘米（图4-751，2）。

标本H328：10，夹砂橙黄陶。侈口，圆唇，矮领，束颈，上腹斜弧，下腹残。颈部素面，颈腹间饰附加泥条，泥条经手指按压呈波状，上腹饰竖向绳纹，有烟炱。口径16、残高9厘米（图4-751，3）。

标本H328：11，夹砂橙黄陶。侈口，圆唇，矮领，束颈，上腹圆，下腹残。颈部有一周折棱，颈部饰有附加泥饼，腹部饰竖向绳纹，上腹有一周凹槽。口径22、残高11厘米（图4-751，4）。

花边罐　4件。

标本H328：1，夹砂橙黄陶。侈口，尖唇，矮领，束颈，颈部以下残。颈部饰一周附加堆泥条，泥条经手指按压呈波状，素面。口径13.6、残高3.2厘米（图4-751，5）。

标本H328：2，夹砂橙黄陶。侈口，尖唇，高领，束颈，颈部以下残。口沿外侧饰一周附加泥条，泥条之上饰斜向戳印纹，颈部饰斜向篮纹，有烟炱。口径13.6、残高3.8厘米（图4-751，6）。

标本H328：3，夹砂橙黄陶。侈口，锯齿唇，矮领，束颈，上腹圆，下腹残。器表通体饰竖向绳纹，颈部纹饰被修整磨平。口径14.4、残高11厘米（图4-751，7）。

标本H328：9，夹砂红陶。侈口，锯齿唇，矮领，微束颈，上腹圆，下腹残。颈部素面，上腹饰麻点纹，有烟炱。口径15.6、残高10.8厘米（图4-751，8）。

双耳罐　1件。

标本H328：4，夹砂橙黄陶。侈口，圆唇，高领，束颈，上腹圆，下腹残。连口拱形双耳。耳面饰三个附加泥饼，颈部素面，上腹饰麻点纹。口径14.4、残高8厘米（图4-751，9）。

高领罐　1件。

标本H328：14，泥质橙黄陶。喇叭口，圆唇，高领，束颈，颈部以下残。颈部素面磨光。口

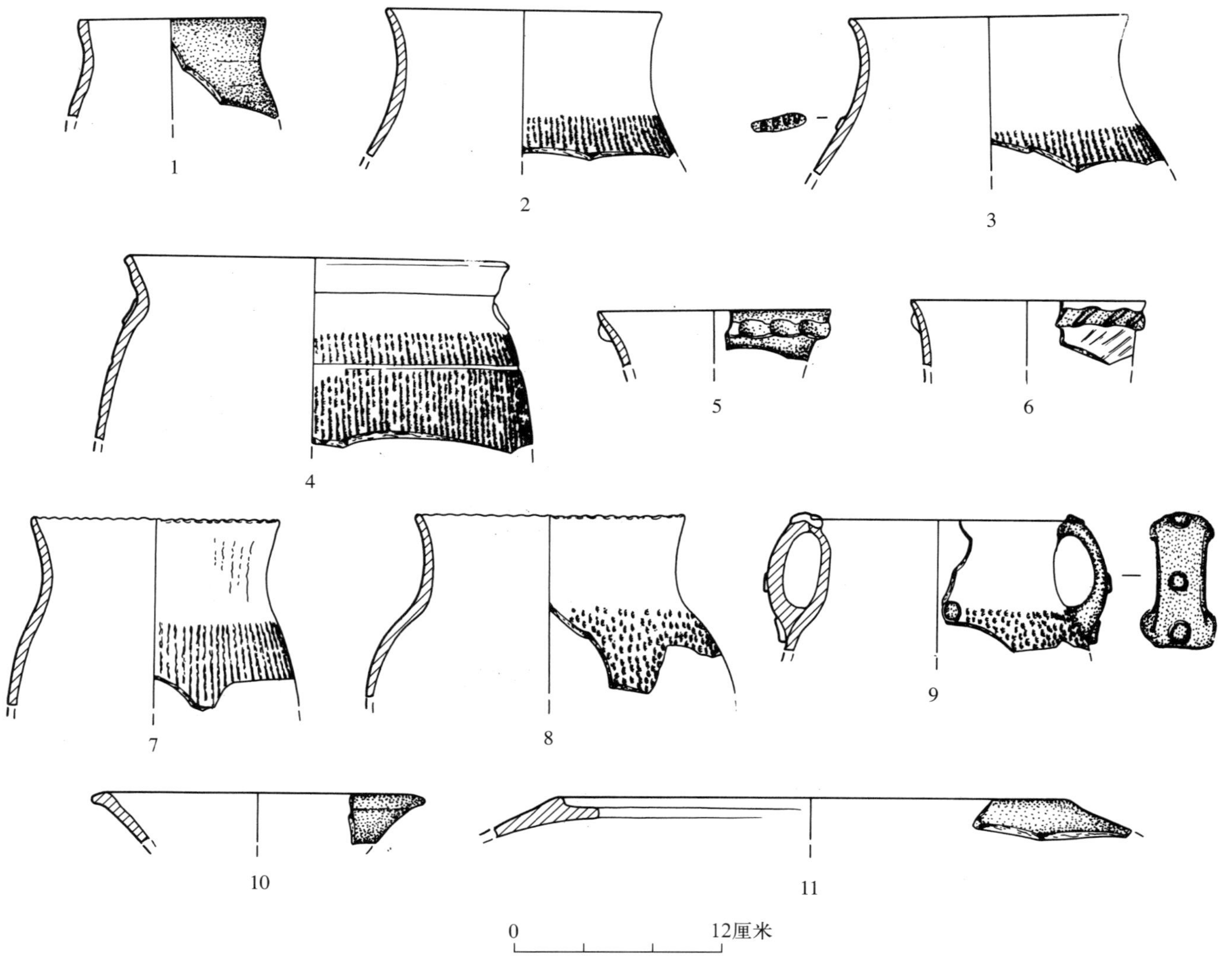

图4-751　H328出土遗物

1～4.圆腹罐H328：7、8、10、11　5～8.花边罐H328：1～3、9　9.双耳罐H328：4　10.高领罐H328：14　11.敛口罐H328：13

径 19.2、残高 3 厘米（图 4-751，10）。

敛口罐　1 件。

标本H328：13，泥质灰陶。敛口（子母口），圆唇，上腹斜弧，下腹残。器表素面。口径 29.6、残高 2.4 厘米（图 4-751，11）。

盆　4 件。

标本H328：5，泥质褐陶。敞口，方唇，弧腹，底残。口沿外侧有一周折棱，器表素面磨光。口径 24.8、残高 4 厘米（图 4-752，1）。

标本H328：6，泥质橙黄陶。敞口，方唇，斜弧腹，器表素面，内壁素面磨光。口径 24.8、残高 3.2 厘米（图 4-752，2）。

标本H328：12，泥质红陶。敞口，方唇，斜弧腹，底残。器表素面磨光。口径 18、残高 6 厘米（图 4-752，3）。

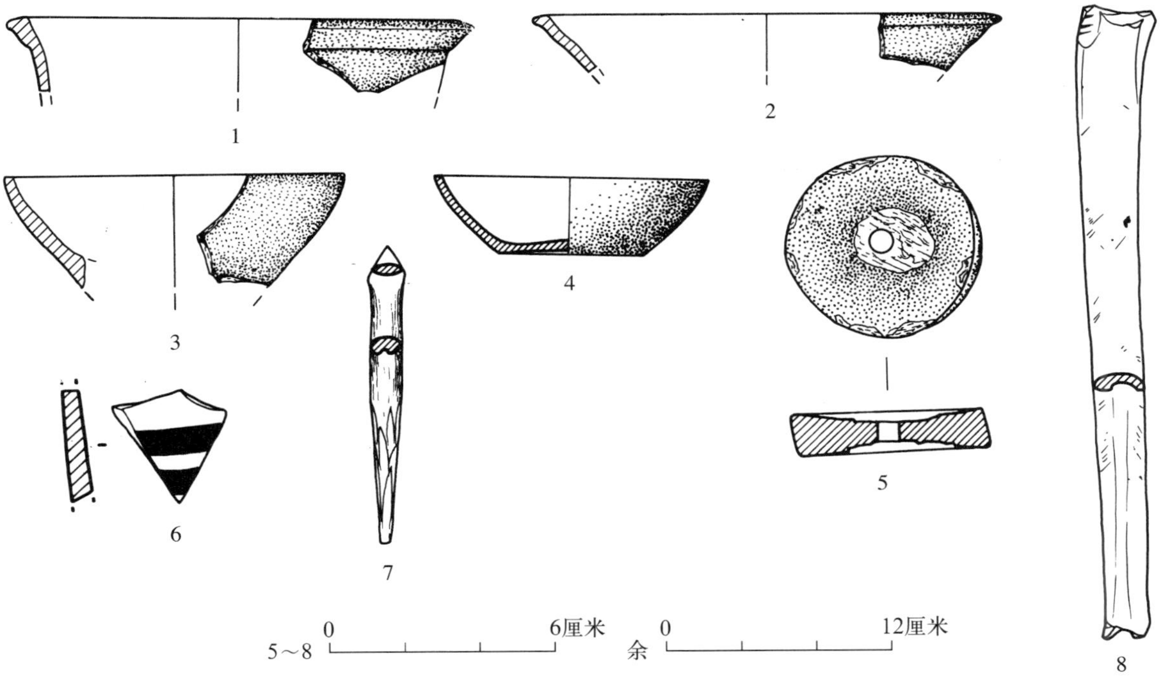

图4-752　H328出土遗物

1～4.盆H328：5、6、12、15　5.陶纺轮H328：17　6.彩陶片H328：18　7.骨镞H328：16　8.骨器H328：19

标本H328：15，泥质橙黄陶。敞口，方唇，斜弧腹，平底内凹，器表素面磨光。口径14.6、高4.2、底径7厘米（图4-752，4；彩版二六〇，2）。

陶纺轮　1件。

标本H328：17，夹砂红陶。呈圆饼状，中间有一圆孔，器表素面，孔径0.7、直径5、厚1.2厘米（图4-752，5；彩版二六〇，3）。

彩陶片　1件。

标本H328：18，泥质橙黄陶。器表，饰条带形褐彩。残高3.1、残宽3厘米（图4-752，6）。

骨镞　1件。

标本H328：16，动物骨骼磨制而成，器表磨制光滑，锋部扁平状磨制成尖，铤部呈柱状。长8.3、宽1、厚0.5厘米（图4-752，7；彩版二六〇，4）。

骨器　1件。

标本H328：19，动物肢骨，扁平长条状，器身磨制光滑，一端平整，一端残。残长17.3、宽2.1、厚0.5厘米（图4-752，8；彩版二六〇，5）。

318. H329

H329位于ⅡT0906北隔梁下，开口于第⑦层下，被H307、H320打破（图4-753）。根据遗迹现残存部分推测H329平面呈椭圆形，口部边缘形态明显，底部边缘形态明显，剖面呈筒状，直壁，未见工具痕迹，坑底西高东低呈坡状。坑口南北1.54、东西1.80、坑底东西1.80、深0.34～0.42米。坑内堆积未分层，土色浅灰色，土质疏松，出土少量陶片和石块、兽骨水平状

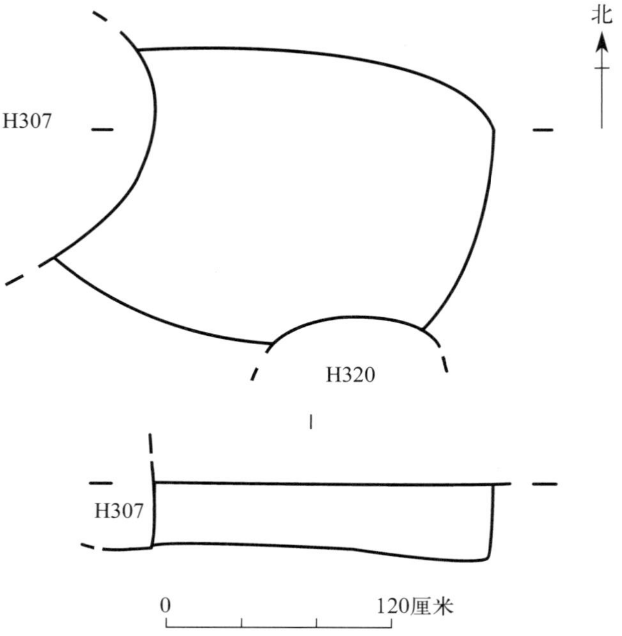

图4-753 H329平、剖面图

堆积。

出土少量陶片，以陶器腹部残片为主，无可辨器形标本，所以不具体介绍，只进行陶系统计（表 4-1282）。

表4-1282 H329陶片统计表

纹饰 \ 陶质/陶色	泥质				夹砂				合计
	橙黄	灰	红	灰底黑彩	橙黄	灰	红	褐	
素面	3	2	3		2				10
绳纹		1			4				5
篮纹	3		5		2				10

319. H330

H330 位于ⅡT0905 南部，开口于第⑦层下，东部被H337 打破（图 4-754；彩版二六一，1）。根据遗迹现残存部分推测H330 平面近圆形，口部边缘形态明显，底部边缘形态明显，剖面呈筒状，斜直壁，未见工具痕迹。坑底平装，有一小坑。坑口南北 1.37、东西 0.78、坑底东西 0.66、深 0.38～0.40 米，小坑口 0.22、深 0.10 米。坑内堆积未分层，土色浅灰色，土质较疏松，水平状堆积。

出土少量陶片和石块、兽骨，骨器 1 件，陶片以腹部残片为主，可辨器形有圆腹罐、花边罐、盆、钵。出土骨器（表 4-1283、1284）。

圆腹罐 1 件。

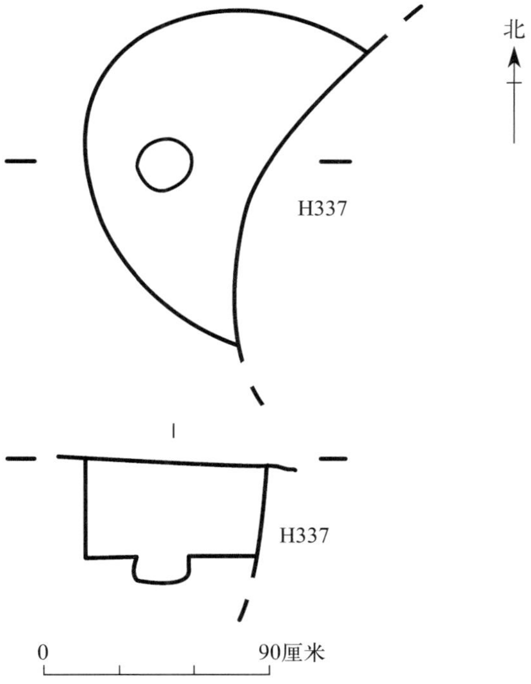

图4-754　H330平、剖面图

表4-1283　H330器形数量统计表

器形＼陶质/陶色	泥质				夹砂				合计
	红	橙黄	灰	黑	红	橙黄	灰	黑	
钵		1							1
花边罐						1			1
圆腹罐						1			1
盆		1							1

表4-1284　H330陶片统计表

纹饰＼陶质/陶色	泥质				夹砂				合计
	橙黄	灰	红	灰底黑彩	橙黄	灰	红	褐	
素面	22	3			24				49
绳纹	1				13				14
篮纹	16	2	5		3				26
麻点纹					43				43
刻划纹					1				1

标本H330：3，夹砂橙黄陶。侈口，圆唇，矮领，束颈，上腹斜，下腹残。器表饰稀疏麻点纹，有烟炱。口径 14、残高 6 厘米（图 4-755，1）。

花边罐　1 件。

标本H330：2，夹砂橙黄陶。侈口，圆唇，矮领，束颈，上腹圆，下腹残。颈部饰一周附加

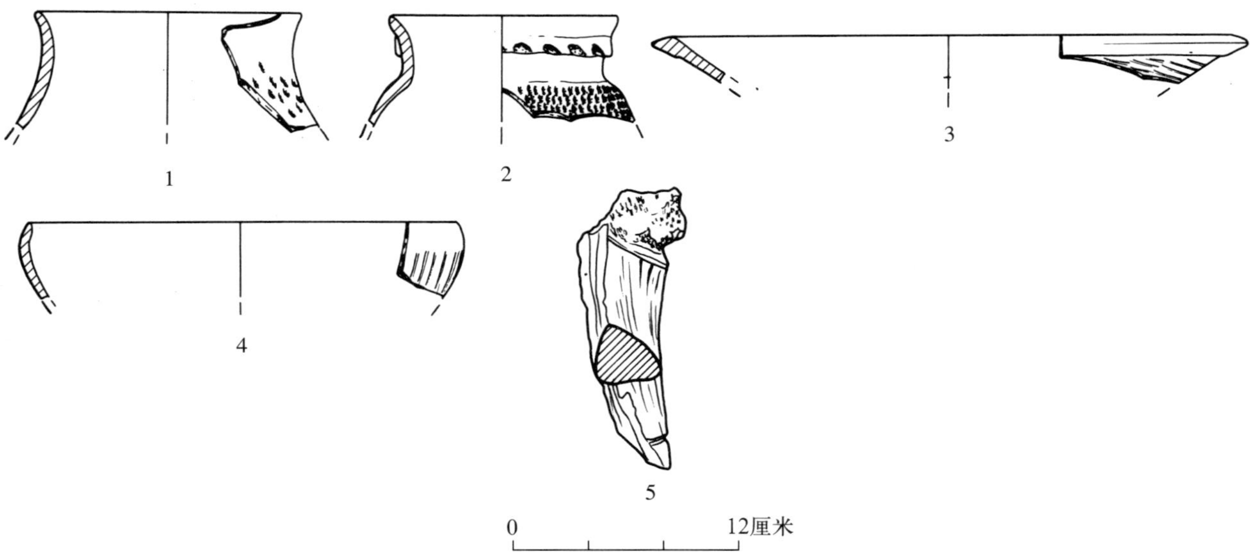

图4-755　H330出土遗物

1.圆腹罐H330：3　2.花边罐H330：2　3.盆H330：4　4.钵H330：1　5.骨器H330：5

泥条，泥条之上饰戳印纹，上腹饰麻点纹，有烟炱。口径 12、残高 5.8 厘米（图 4-755，2）。

盆　1 件。

标本H330：4，泥质橙黄陶。敞口，平沿，尖唇，斜腹，底残。口沿外侧有一周折棱，腹部饰横向篮纹，内壁素面磨光。口径 32、残高 2.6 厘米（图 4-755，3）。

钵　1 件。

标本H330：1，泥质橙黄陶。敛口，圆唇，弧腹，底残。腹部饰竖向篮纹。口径 22.8、残高 4 厘米（图 4-755，4）。

骨器　1 件。

标本H330：5，动物角，器表两端均有切割形成的凹槽，未见磨痕。残长 15.8、残宽 5.8、厚 3.2 厘米（图 4-755，5）。

320. H331

H331 位于Ⅱ T0704 西南部，开口于第④层下（图 4-756；彩版二六一，2）。平面呈圆形，口部边缘形态明显，底部边缘形态明显，剖面呈袋状，斜直壁，未见工具痕迹，坑底平整。坑口南北 0.80、东西 0.86、坑底东西 1.10、深 0.98 米。坑内堆积未分层，土色浅褐色，土质疏松，包含零星灰色斑点土，水平状堆积（表 4-1285、1286）。

出土少量陶片和石块，陶片以腹部残片为主，可辨器形有双耳罐、高领罐、盆。

双耳罐　1 件。

标本H331：2，夹砂橙黄陶。侈口，方唇，口沿以下残。唇面有一道凹槽，拱形双耳，耳上端饰戳印纹，有烟炱。口径 22、残高 4.8 厘米（图 4-757，1）。

高领罐　1 件。

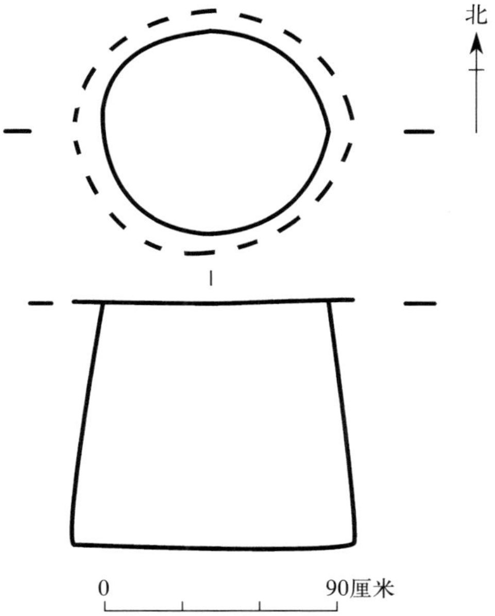

图4-756　H331平、剖面图

表4-1285　H331器形数量统计表

器形 \ 陶质/陶色	泥质				夹砂				合计
	红	橙黄	灰	黑	红	橙黄	灰	黑	
盆	2								2
双耳罐						1			1
高领罐			1						1

表4-1286　H331陶片统计表

纹饰 \ 陶质/陶色	泥质				夹砂				合计
	橙黄	灰	红	灰底黑彩	橙黄	灰	红	褐	
素面	16		2		2				20
绳纹					2				2
篮纹	11		3		2				16
麻点纹					21				21
席纹					1				1

标本H331：4，泥质灰陶。喇叭口，方唇，高领，束颈，颈部以下残。口沿外侧饰一周折棱，颈部饰斜向篮纹。口径 19、残高 2.8 厘米（图 4-757，2）。

盆　2 件。

标本H331：3，泥质红陶。敞口，方唇，斜直腹，底残。口沿外侧有一周折棱，折棱之上饰斜向篮纹，腹部饰横向篮纹。口径 21.6、残高 3.2 厘米（图 4-757，4）。

标本H331：1，泥质红陶。敞口，窄平沿，圆唇，斜弧腹，底残。口沿外侧有一周折棱，腹部饰斜向篮纹。口径 32.4、残高 8.4 厘米（图 4-757，3）。

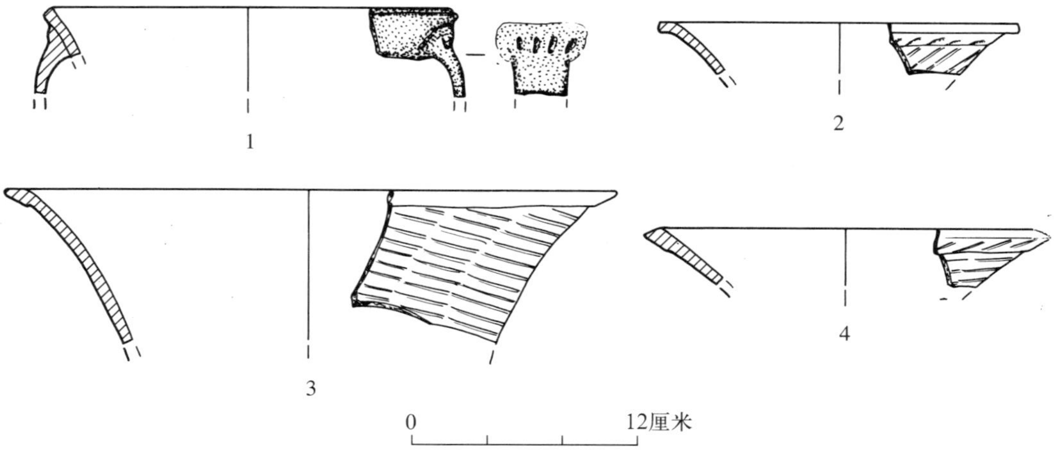

图4-757 H331出土遗物

1.双耳罐H331∶2 2.高领罐H331∶4 3、4.盆H331∶1、3

321. H332

H332位于ⅡT0604东南部，开口于第⑤层下（图4-758）。平面呈圆形，口部边缘形态明显，底部边缘形态明显，剖面呈袋状，弧壁，未见工具痕迹，坑底平整。坑口南北0.99、东西0.99、坑底东西1.23、深1.32米。坑内堆积未分层，土色深灰色，土质较疏松，包含零星植物根茎，水平状堆积。

出土少量陶片，零星石块和兽骨、石刀1件，陶片以腹部残片为主，可辨器形有圆腹罐、花

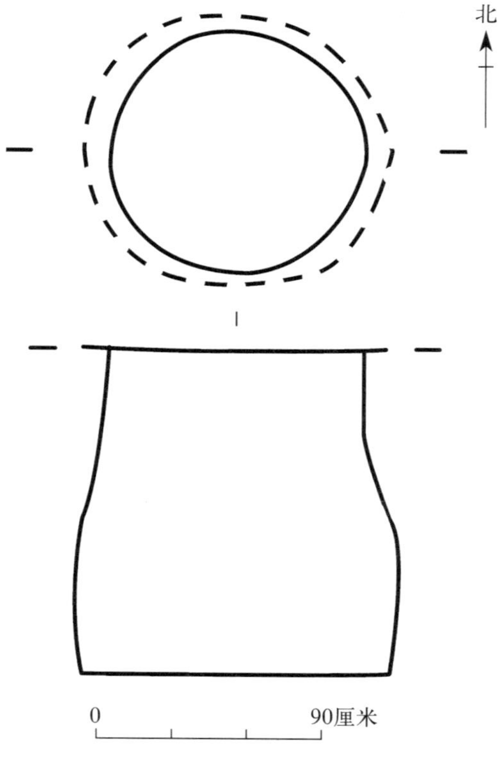

图4-758 H332平、剖面图

边罐、高领罐。另出土石刀（表 4-1287、1288）。

圆腹罐　3 件。

标本H332：2，夹砂橙黄陶。侈口，圆唇，矮领，束颈，上腹圆，下腹残。颈部素面，上腹饰竖向绳纹。口径 14.4、残高 7.4 厘米（图 4-759，1）。

表4-1287　H332器形数量统计表

陶质	泥质				夹砂				合计
器形 \ 陶色	红	橙黄	灰	黑	红	橙黄	灰	黑	
圆腹罐		1				2			3
花边罐						1			1
高领罐	1								1

表4-1288　H332陶片统计表

陶质	泥质				夹砂				合计
纹饰 \ 陶色	橙黄	灰	红	灰底黑彩	橙黄	灰	红	褐	
素面	3				2				5
绳纹					9				9
篮纹	1								1
麻点纹					15				15
刻划纹	1								1

标本H332：3，泥质橙黄陶。侈口，圆唇，矮领，微束颈，鼓腹，底残。颈部素面磨光，腹部饰竖向刻划纹。口径 7.6、残高 6.8 厘米（图 4-759，2）。

标本H332：5，夹砂橙黄陶。侈口，圆唇，高领，束颈，上腹斜，下腹残。颈部素面，上腹饰斜向绳纹。口径 8.6、残高 5.2 厘米（图 4-759，3）。

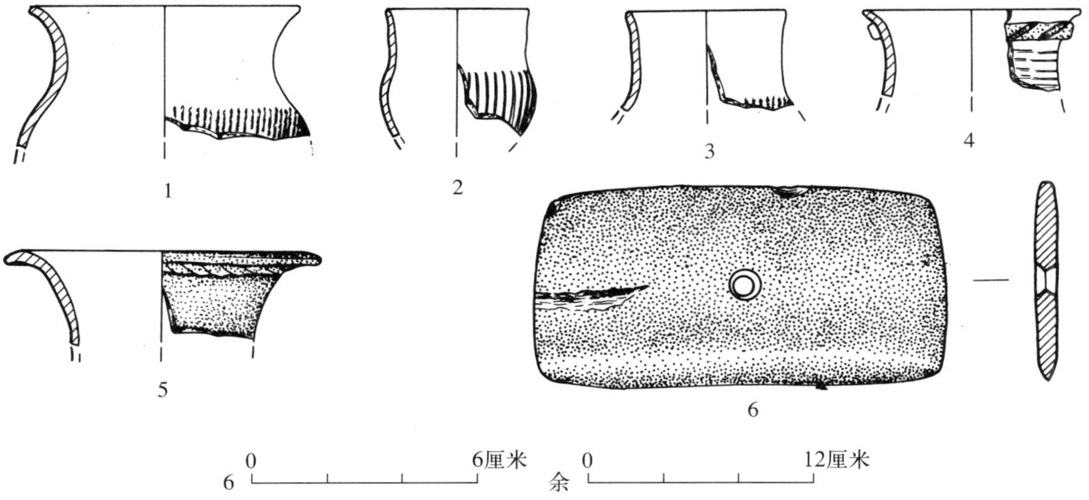

图4-759　H332出土遗物

1～3.圆腹罐H332：2、3、5　4.花边罐H332：4　5.高领罐H332：6　6.石刀H332：1

花边罐 1件。

标本H332：4，夹砂橙黄陶。侈口，圆唇，高领，束颈，颈部以下残。口沿外侧饰一周附加泥条，泥条之上饰斜向戳印纹，颈部饰横向篮纹。口径 11.6、残高 4.4 厘米（图 4-759，4）。

高领罐 1件。

标本H332：6，泥质红陶。喇叭口，圆唇，高领，束颈，颈部以下残。口沿外侧饰一周折棱，颈部素面磨光且有刮抹痕迹。口径 16.8、残高 4.8 厘米（图 4-759，5）。

石刀 1件。

标本H332：1，页岩。近长方形，平基部，两侧边规整，双面磨刃，器身中间有一圆孔，孔径 0.9 厘米，刃长 10.4 厘米，刃角 56° ，器身长 10.7、宽 5.4、厚 0.6 厘米（图 4-759，6；彩版二六二，1）。

322. H333

H333 位于ⅡT1006 东隔梁下，部分延伸至T1007 西部，开口于第⑤层下，被H295 打破（图 4-760；彩版二六二，2）。根据遗迹现残存部分推测H333 平面呈矩形，口部边缘形态较明显，底部边缘形态较明显，剖面呈筒状，直壁，未见工具痕迹，坑底平整。坑口南北 1.54、东西 2.06、坑底南北 1.52、深 1.42 米。坑内堆积未分层，土色深黄色，土质较疏松，水平状堆积。

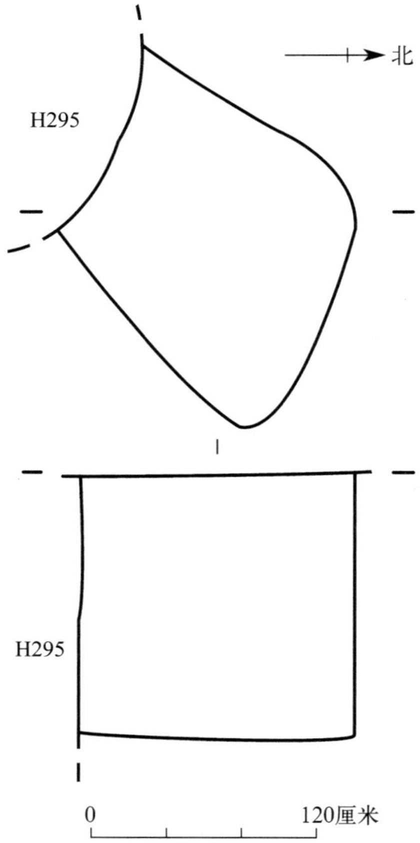

图4-760 H333平、剖面图

出土少量陶片，陶片以陶器腹部残片为主，无可辨器形标本，所以不具体介绍，只进行陶系统计（表 4-1289）。

表4-1289　H333陶片统计表

纹饰 \ 陶质/陶色	泥质				夹砂				合计
	橙黄	灰	红	灰底黑彩	橙黄	灰	红	褐	
素面					3				3
绳纹					3				3
篮纹	1				2				3
麻点纹					1				1

323. H334

H334 位于ⅡT1005 东南部，开口于第⑥层下，被H328 打破（图 4-761；彩版二六二，3）。根据现存部分推测H334 平面近圆形，口部边缘形态明显，底部边缘形态明显，剖面呈袋状，斜直壁，未见工具痕迹，坑底平整。坑口南北残存 0.10、东西残存 0.92、坑底南北 1.46、深 0.72～1.62 米。坑内堆积未分层，土色灰色，土质疏松，水平状堆积。

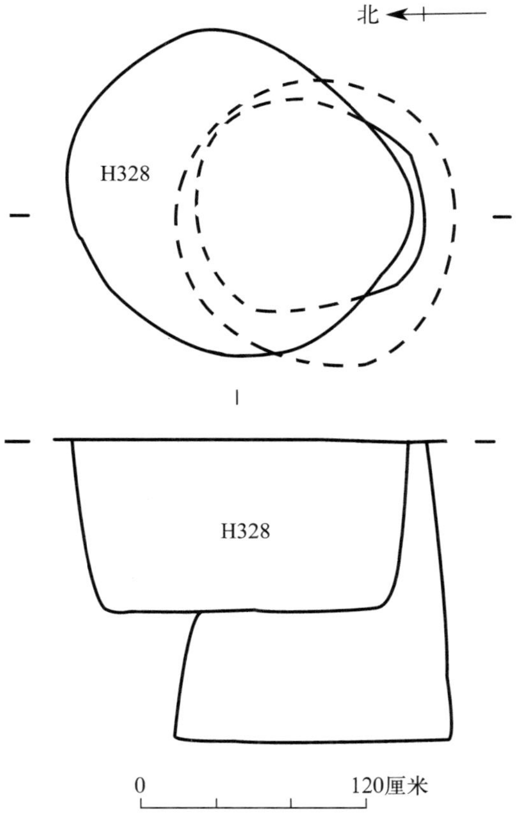

图4-761　H334平、剖面图

出土少量陶片和石块、兽骨，骨凿、磨石、骨锥各1件，陶片以腹部残片为主，可辨器形有圆腹罐、单耳罐、双耳罐、高领罐（表4–1290、1291）。

表4–1290 H334器形数量统计表

陶质/陶色/器形	泥质				夹砂				合计
	红	橙黄	灰	黑	红	橙黄	灰	黑	
高领罐	1	1							2
双耳罐					1				1
圆腹罐					2	5	1		8
单耳罐					1	1			2

表4–1291 H334陶片统计表

陶质/陶色/纹饰	泥质				夹砂				合计
	橙黄	灰	红	灰底黑彩	橙黄	灰	红	褐	
素面	7	3	15		37				62
绳纹					53	1			54
篮纹	7		8		4				19
麻点纹					48				48
刻划纹					2				2
交错篮纹	3								3
篮纹＋麻点纹					1				1

圆陶罐 8件。

标本H334：3，夹砂灰陶。侈口，尖唇，高领，束颈，上腹圆，下腹残。颈部饰横向篮纹，腹部饰竖向绳纹。口径18.4、残高11.2厘米（图4–762，1）。

标本H334：4，夹砂橙黄陶。侈口，方唇，高领，微束颈，颈部以下残。口沿外侧有一周折棱，颈部饰斜向篮纹。口径29.2、残高7.2厘米（图4–762，2）。

标本H334：5，夹砂红陶。侈口，方唇，矮领，束颈，圆腹，底残。口沿外侧饰一周附加泥条，颈部饰横向篮纹，腹部饰竖向绳纹。口径22、残高18.4厘米（图4–762，3）。

标本H334：12，夹砂橙黄陶。侈口，圆唇，高领，束颈，圆腹，平底。颈部素面，腹部饰麻点纹，近底部有刮抹痕迹。口径17、高23.2、底径11厘米（图4–762，4；彩版二六三，1）。

标本H334：14，夹砂橙黄陶。侈口，圆唇，矮领，束颈，上腹斜直，下腹残。上腹饰麻点纹，有烟炱。口径10、残高5.8厘米（图4–762，5）。

标本H334：15，夹砂橙黄陶。侈口，方唇，矮领，束颈，颈部以下残。唇面有一周凹槽，口沿外侧有一周折棱，器表素面，有烟炱。口径18、残高3.8厘米（图4–762，6）。

标本H334：16，夹砂橙黄陶。侈口，圆唇，矮领，束颈，上腹斜直，下腹残。器表素面。口径12、残高4.4厘米（图4–762，7）。

标本H334：17，夹砂红陶。侈口，圆唇，矮领，束颈，上腹斜，下腹残。器表素面，有烟

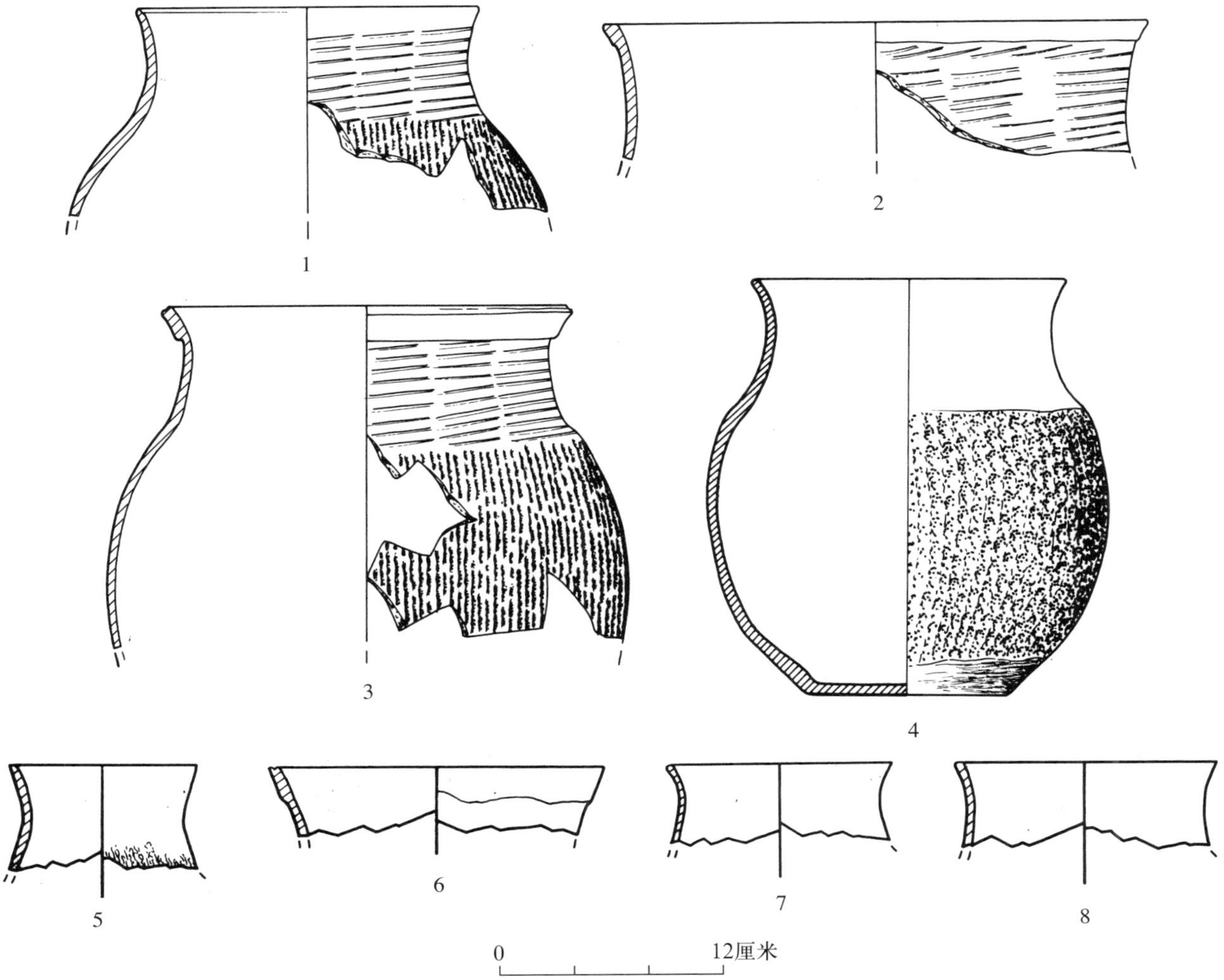

图4-762　H334出土遗物

1～8.圆腹罐H334：3～5、12、14～17

灸。口径 14、残高 4.6 厘米（图 4-762，8）。

单耳罐　2 件。

标本H334：8，夹砂橙黄陶。侈口，尖唇，高领，束颈，斜弧腹，平底。连口拱形单耳，颈部素面，腹部饰麻点纹。口径 9、高 10.4、底径 7 厘米（图 4-763，1）。

标本H334：10，夹砂红陶。侈口，圆唇，矮领，束颈，斜弧腹，平底，连口残耳，颈部饰横向绳纹，腹部饰麻点纹。口径 8.8、高 10.2、底径 7 厘米（图 4-763，2；彩版二六三，2）。

双耳罐　1 件。

标本H334：2，夹砂红陶。侈口，方唇，高领，束颈，上腹圆弧，下腹残。拱形双耳，唇面有一道凹槽，口沿外侧有一周折棱，颈部饰斜向篮纹，腹部饰竖向绳纹。口径 24、残高 11 厘米（图 4-763，3）。

高领罐　2 件。

标本H334：1，泥质橙黄陶。喇叭口，窄平沿，尖唇，高领，束颈，溜肩，腹部残。口沿外侧有一周折棱，器表素面磨光。口径 16、残高 14 厘米（图 4-763，4）。

标本H334：9，泥质红陶。喇叭口，圆唇，高领，束颈，溜肩，腹部残。口沿外侧有一周折棱，颈部饰横向篮纹，颈肩相交处饰有泥饼。口径 19.6、残高 10.4 厘米（图 4-763，5）。

圆陶刀　1 件。

标本H334：6，泥质橙黄陶。陶片打磨而成，近圆形，器表饰篮纹，边缘打磨痕迹明显。残长 11.6、残宽 12.4 厘米（图 4-763，6）。

石刀　1 件。

标本H334：13，石英岩。长方形，平基部，两侧边残，器身中间有一钻孔，双面磨刃，近刃部有一残孔，孔径 0.3 厘米。刃残长 4 厘米，刃角 58°，器身残长 7.6、宽 4.3 厘米（图 4-763，7；彩版二六三，3）。

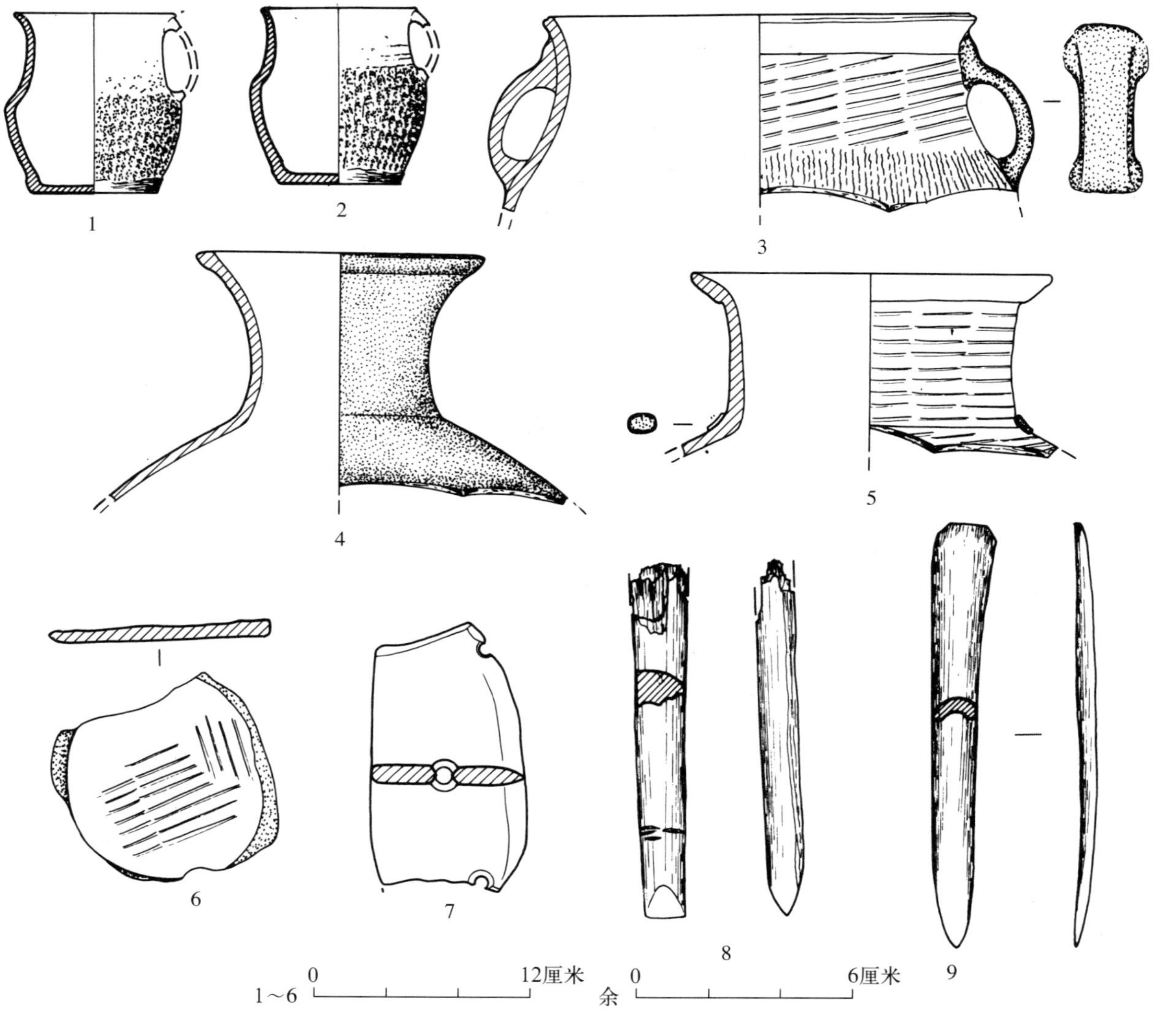

图4-763　H334出土遗物

1、2.单耳罐H334：8、10　3.双耳罐H334：2　4、5.高领罐H334：1、9　6.圆陶刀H334：6　7.石刀H334：13　8.骨凿H334：7　9.骨锥H334：11

骨凿　1件。

标本H334：7，动物骨骼磨制而成，柄部残，双面磨刃。刃长1.1厘米，刃角56°，器身残长10、宽1.6、厚1.1厘米（图4-763，8；彩版二六三，4）。

骨锥　1件。

标本H334：11，动物骨骼磨制而成，器身呈扁平状，尾端平，尖部磨制尖锐，器身磨制光滑。长12、宽1.8、厚0.5厘米（图4-763，9；彩版二六三，5）。

324. H335

H335位于ⅡT1205西北部，开口于第②层下（图4-764；彩版二六四，1）。根据遗迹暴露部分推测H335平面近圆形，口部边缘形态明显，底部边缘形态明显，剖面呈袋状，斜直壁，未见工具痕迹，坑底平整。坑口南北0.98、东西0.80、坑底南北1.02、深0.70米。坑内堆积未分层，土色深灰色，土质较疏松，包含少量灰色土块，水平状堆积。

出土少量陶片，以腹部残片为主，可辨器形有圆腹罐、花边罐、双耳罐、高领罐（表4-1292、1293）。

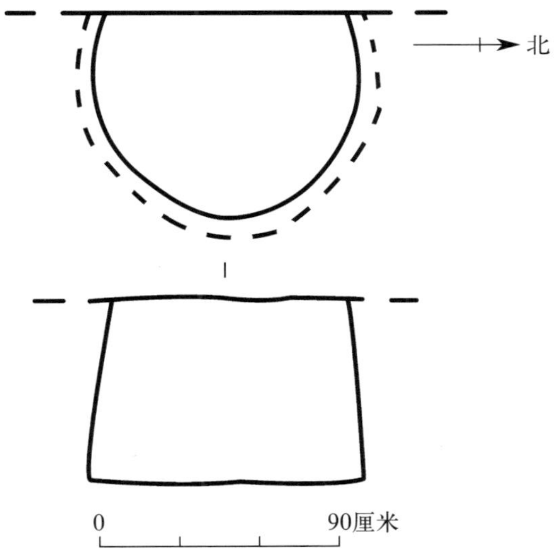

图4-764　H335平、剖面图

表4-1292　H335器形数量统计表

器形 \ 陶质 / 陶色	泥质				夹砂				合计
	红	橙黄	灰	黑	红	橙黄	灰	黑	
高领罐						1			1
花边罐						1			1
圆腹罐	1					2			3
双耳罐						1			1

表4-1293　H335陶片统计表

纹饰＼陶质/陶色	泥质				夹砂				合计
	橙黄	灰	红	白	橙黄	灰	红	褐	
素面	25	2		1	10				38
绳纹	1				9				10
篮纹	11	1	1		4				17
麻点纹					50				50
交错篮纹			1						1
篮纹＋麻点纹	2				2				4
附加堆纹					1				1
附加堆纹＋麻点纹	1								1

圆腹罐　3件。

标本H335：3，夹砂橙黄陶。侈口，圆唇，高领，束颈，上腹斜弧，下腹残。颈部饰横向篮纹，上腹饰麻点纹，有烟炱。口径15.6、残高7.2厘米（图4-765，1）。

标本H335：5，夹砂橙黄陶。侈口，圆唇，矮领，束颈，颈部以下残。颈部素面。口径13.6、残高3厘米（图4-765，2）。

标本H335：6，泥质红陶。口沿及颈部残，鼓腹，平底，器表素面磨光。残高5.2、底径3.6厘米（图4-765，3）。

花边罐　1件。

标本H335：2，夹砂橙黄陶。侈口，尖唇，矮领，束颈，上腹斜弧，下腹残。颈部饰一周附加堆泥条，泥条经手指按压呈波状，腹部饰麻点纹。口径12、残高4.6厘米（图4-765，4）。

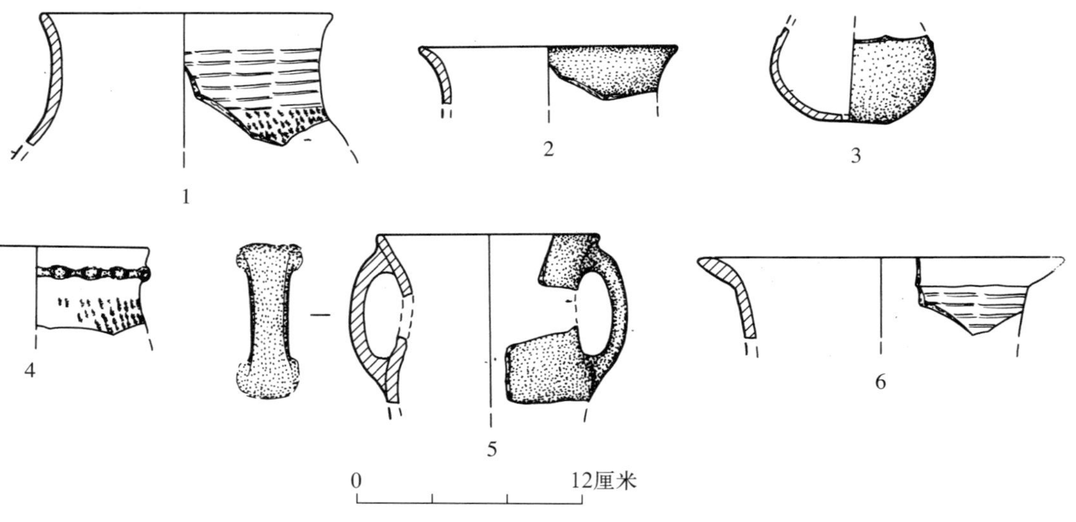

图4-765　H335出土遗物

1～3.圆腹罐H335：3、5、6　4.花边罐H335：2　5.双耳罐H335：4　6.高领罐H335：1

双耳罐　1件。

标本H335∶4，夹砂橙黄陶。侈口，圆唇，高领，束颈，圆腹，底残。拱形双耳，器表素面，有烟炱。口径11.6、残高9厘米（图4-765，5）。

高领罐　1件。

标本H335∶1，夹砂橙黄陶。喇叭口，圆唇，高领，束颈，颈部以下残。口沿外侧有一周折棱，颈部饰横向篮纹。口径19.2、残高4.4厘米（图4-765，6）。

325. H336

H336位于ⅡT0604南部，开口于第⑤层下（图4-766；彩版二六四，2）。平面呈圆形，口部边缘形态明显，底部边缘形态明显，剖面呈筒状，斜直壁，未见工具痕迹，坑底平整。坑口南北1.10、东西1.20、坑底东西1.00、深0.80米。坑内堆积未分层，土色浅黄色，土质较疏松，包含少量植物根茎，零星红烧土颗粒和炭屑，水平状堆积。

出土少量陶片，以腹部残片为主，可辨器形有双耳罐、盆（表4-1294、1295）。

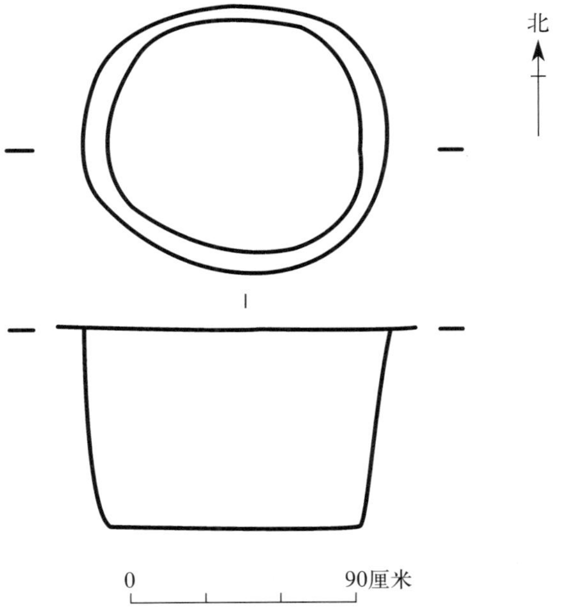

图4-766　H336平、剖面图

表4-1294　H336器形数量统计表

陶质 / 陶色 / 器形	泥质				夹砂				合计
	红	橙黄	灰	黑	红	橙黄	灰	黑	
双耳罐						1			1
盆		1							1

表4-1295 H336陶片统计表

纹饰＼陶质/陶色	泥质				夹砂				合计
	橙黄	灰	红	灰底黑彩	橙黄	灰	红	褐	
素面	1		1		5				7
绳纹	1				1				2
篮纹	1				1				2
麻点纹					8				8

双耳罐　1 件。

标本H336：1，夹砂橙黄陶。侈口，方唇，高领，束颈，颈部以下残。连口残耳，唇面有一周凹槽，耳上端饰戳印纹，颈部饰斜向篮纹。口径 22.8、残高 6 厘米（图 4-767，1）。

盆　1 件。

标本H336：2，泥质橙黄陶。敞口，平沿，圆唇，斜弧腹，底残。器表素面。口径 28、残高 3.8 厘米（图 4-767，2）。

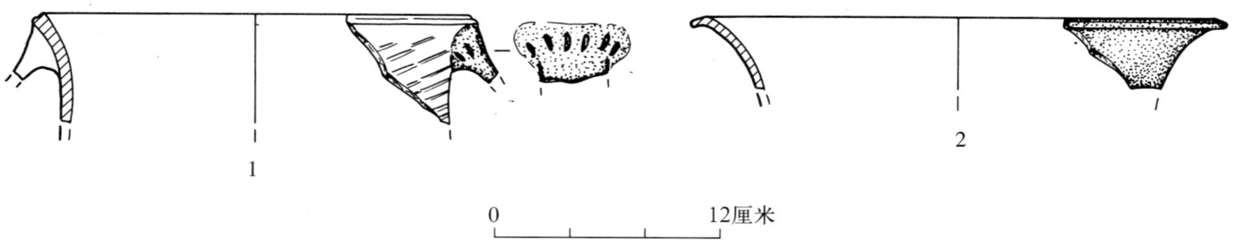

图4-767　H336出土遗物

1.双耳罐H336：1　2.盆H336：2

326. H337

H337 位于ⅡT0906 西南角，部分延伸至ⅡT0905 东隔梁及ⅡT1006 北隔梁下，开口于第⑦层下（图 4-768；彩版二六五，1）。根据遗迹暴露部分推测H337 平面近圆形，口部边缘形态明显，底部边缘形态明显，剖面呈袋状，斜直壁，未见工具痕迹，坑底平整。坑口东西 1.98、南北 1.60、坑底东西 2.40、深 1.84 米。坑内堆积可分三层，第①层厚 0.50～0.80 米，土色浅灰色，土质较致密，坡状堆积。第②层厚 0.46～0.77 米，土色浅灰色，土质较疏松，水平状堆积。第③层厚 0.54～0.58 米，土色灰色，土质疏松，水平状堆积。

出土大量陶片和石块、兽骨，骨凿、石器各 1 件。

（1）H337①层

出土少量陶片，以腹部残片为主，可辨器形有圆腹罐、花边罐、高领罐、盆。另出土石器、骨凿各 1 件（表 4-1296、1297）。

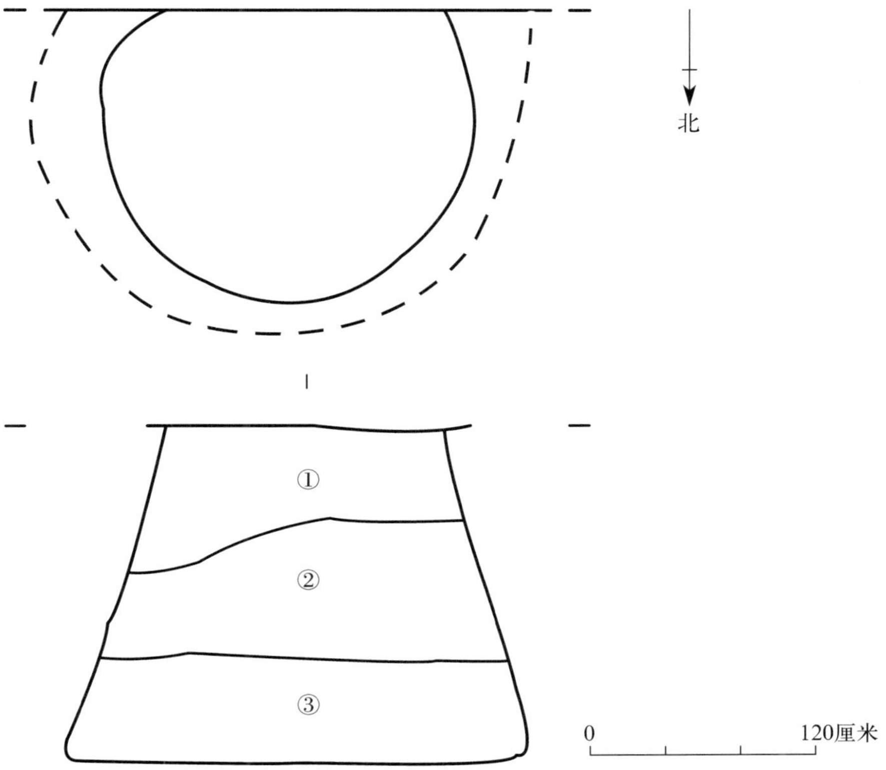

图4-768　H337平、剖面图

表4-1296　H337①层器形数量统计表

器形 \ 陶质/陶色	泥质				夹砂				合计
	红	橙黄	灰	黑	红	橙黄	灰	黑	
高领罐		2							2
花边罐					1				1
圆腹罐	1								1
盆		1							1

表4-1297　H337①层陶片统计表

纹饰 \ 陶质/陶色	泥质				夹砂				合计
	橙黄	灰	红	灰底黑彩	橙黄	灰	红	褐	
素面	15	2			11				28
绳纹	2	1	1		7				11
篮纹	22	1	7		7				37
麻点纹					14				14
刻划纹					2				2
网格纹	1								1
附加堆纹	1								1

圆腹罐　1件。

标本H337①：4，泥质红陶。上腹残，下腹鼓，平底内凹，器表素面。残高4.2、底径4.8厘米（图4-769，1）。

花边罐　1件。

标本H337①：2，夹砂红陶。侈口，圆唇，矮领，束颈，颈部以下残。口沿外侧饰一周附加泥条，泥条之上饰戳印纹，颈部饰横向篮纹。口径16.8、残高3.4厘米（图4-769，2）。

高领罐　2件。

标本H337①：1，泥质橙黄陶。喇叭口，窄平沿，圆唇，口沿以下残。器表素面。口径18.8、残高1.8厘米（图4-769，3）。

标本H337①：3，泥质橙黄陶。喇叭口，圆唇，高领，束颈，颈部以下残。颈部饰横向篮纹。口径14.4、残高3.6厘米（图4-769，4）。

盆　1件。

标本H337①：5，泥质橙黄陶。敞口，方唇，斜弧腹，底残。口沿外侧有一周折棱，器表饰斜向篮纹。口径27.6、残高5.2厘米（图4-769，5）。

石器　1件。

标本H337①：7，石英岩。整体呈椭圆形，器表保留天然纹理，其中一面有明显切割痕迹，器身长8.8、宽4.6、厚3.4厘米（图4-769，6；彩版二六五，2）。

骨凿　1件。

标本H337①：6，动物肢骨磨制而成，长条状，柄部残，做工精细，双面磨刃。刃长1厘米，刃角56°，器身残长3.9、宽1.4、厚0.6厘米（图4-769，7；彩版二六五，3）。

（2）H337②层

出土少量陶片，以腹部残片为主，可辨器形有圆腹罐、花边罐、单耳罐、高领罐、大口罐、双鋬盆、陶盅（表4-1298、1299）。

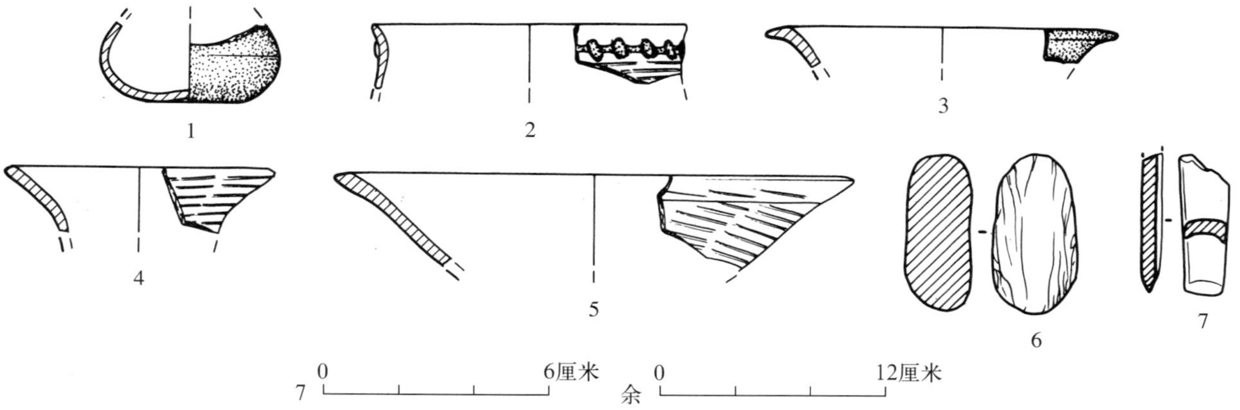

图4-769　H337出土遗物

1.圆腹罐H337①：4　2.花边罐H337①：2　3、4.高领罐H337①：1、3　5.盆H337①：5　6.石器H337①：7　7.骨凿H337①：6

表4-1298　H337②层器形数量统计表

器形 \ 陶质/陶色	泥质				夹砂				合计
	红	橙黄	灰	黑	红	橙黄	灰	黑	
高领罐		1							1
花边罐					1				1
圆腹罐						2			2
双鋬盆		1							1
大口罐					1				1
单耳罐	1								1
陶盅		1							1

表4-1299　H337②层陶片统计表

纹饰 \ 陶质/陶色	泥质				夹砂				合计
	橙黄	灰	红	灰底黑彩	橙黄	灰	红	褐	
素面	31	5	2		15				53
绳纹	3				12				15
篮纹	28	1	15		3				47
麻点纹					77		2		79

圆腹罐　2件。

标本H337②：3，夹砂橙黄陶。侈口，圆唇，矮领，束颈，颈部以下残。颈部饰横向篮纹。口径10.4、残高4厘米（图4-770，1）。

标本H337②：6，夹砂橙黄陶。侈口，圆唇，高领，束颈，上腹圆弧，下腹残。颈部素面，上腹饰竖向绳纹。口径13.6、残高8厘米（图4-770，2）。

花边罐　1件。

标本H337②：2，夹砂红陶。侈口，圆唇，矮领，束颈，上腹圆弧，下腹残。口沿外侧饰一周附加泥条，泥条经手指按压呈波状，上腹饰麻点纹。口径12.8、残高6.8厘米（图4-770，3）。

单耳罐　1件。

标本H337②：7，泥质红陶。侈口，圆唇，鼓腹，底残。拱形单耳，颈部素面，腹部饰交错刻划纹。残高6、残宽5.4厘米（图4-770，4）。

高领罐　1件。

标本H337②：1，泥质橙黄陶。喇叭口，尖唇，高领，束颈，颈部以下残。口沿外侧饰一周折棱，颈部素面。口径20、残高7.2厘米（图4-770，5）。

大口罐　1件。

标本H337②：5，夹砂红陶。侈口，方唇，上腹斜直，下腹残。口沿外侧饰一周附加泥条，器表通体饰麻点纹。口径15.6、残高4.4厘米（图4-770，6）。

双鋬盆　1件。

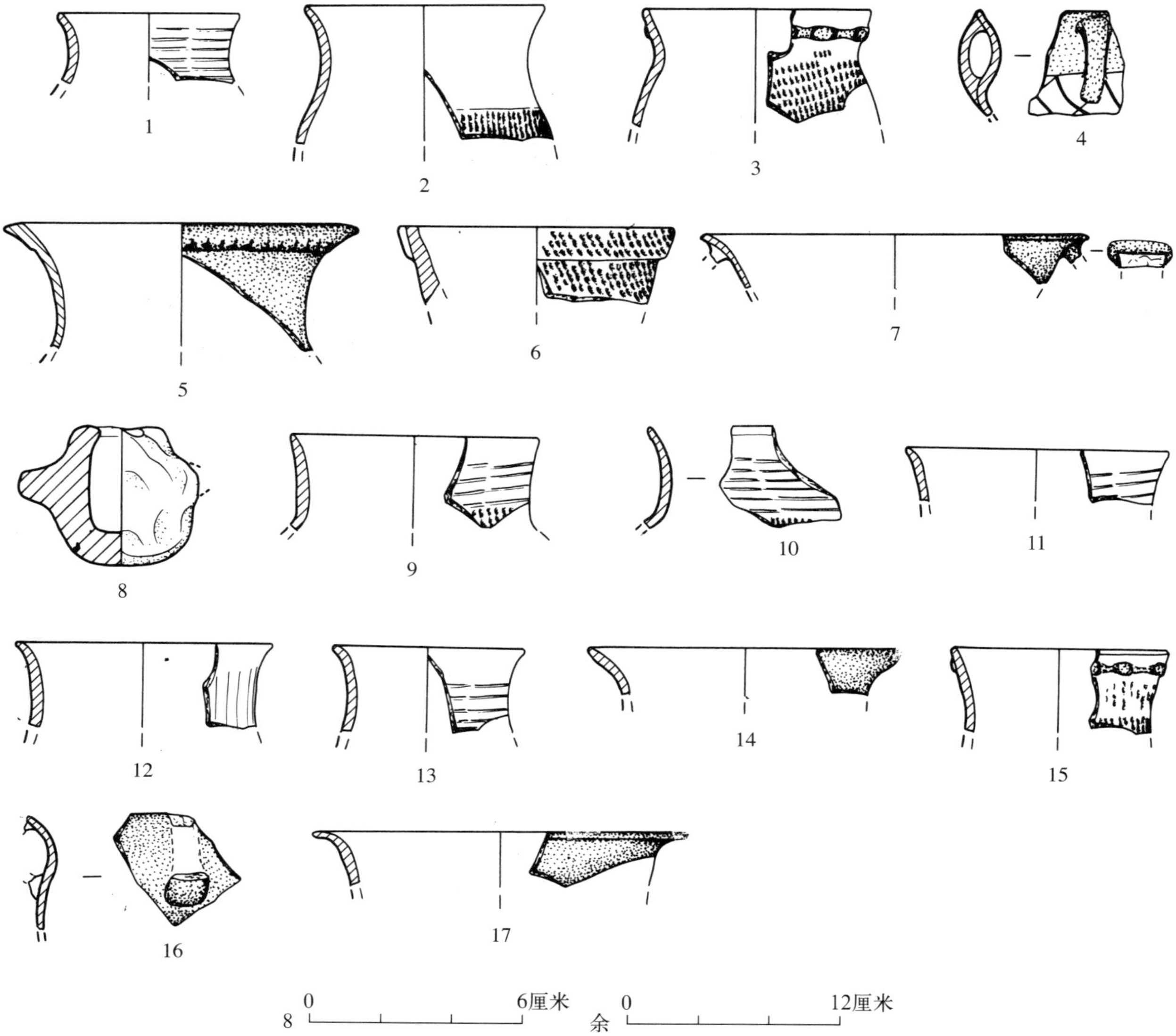

图4－770　H337出土遗物

1、2、9～14.圆腹罐H337②：3、6、H337③：2、3、5～8　3、15.花边罐H337②：2、H337③：4　4、16.单耳罐H337②：7、H337③：1　5、17.高领罐H337②：1、H337③：9　6.大口罐H337②：5　7.双鋬盆H337②：4　8.陶盅H337②：8

标本H337②：4，泥质橙黄陶。敞口，尖唇，上腹斜弧，下腹残。近口部有一对称鋬耳，器表素面。口径22、残高3厘米（图4－770，7）。

陶盅　1件。

标本H337②：8，泥质橙黄陶。直口，圆唇，圆弧腹，平底微弧，腹部有对称鋬耳，一鋬耳脱落，器表素面且做工粗糙。口径3、高4、底径3厘米（图4－770，8；彩版二六五，4）。

（3）H337③层

出土少量陶片，以腹部残片为主，可辨器形有圆腹罐、花边罐、单耳罐、高领罐（表4－1300、1301）。

圆腹罐　6件。

表4-1300　H337③层器形数量统计表

器形＼陶质/陶色	泥质				夹砂				合计
	红	橙黄	灰	黑	红	橙黄	灰	黑	
单耳罐		1							1
圆腹罐					1	5			6
花边罐					1				1
高领罐		1							1

表4-1301　H337③层陶片统计表

纹饰＼陶质/陶色	泥质				夹砂				合计
	橙黄	灰	红	灰底黑彩	橙黄	灰	红	褐	
素面	31	3	4		23				61
绳纹	1	1	1		15				18
篮纹	31	4	5						40
麻点纹					43				43
刻划纹					4				4
篮纹＋麻点纹					2				2
附加堆纹					1				1

标本H337③：2，夹砂橙黄陶。侈口，尖唇，矮领，微束颈，颈部以下残。颈部饰斜向篮纹，篮纹下饰麻点纹。口径14、残高5.4厘米（图4-770，9）。

标本H337③：3，夹砂橙黄陶。侈口，圆唇，矮领，束颈，颈部以下残。颈部饰横向篮纹，篮纹下饰麻点纹。残高6、残宽6.8厘米（图4-770，10）。

标本H337③：5，夹砂橙黄陶。侈口，圆唇，矮领，束颈，颈部以下残。颈部饰斜向篮纹。口径14.8、残高3厘米（图4-770，11）。

标本H337③：6，夹砂橙黄陶。侈口，圆唇，矮领，束颈，颈部以下残。颈部素面有竖向刮抹痕迹。口径14.4、残高4.6厘米（图4-770，12）。

标本H337③：7，夹砂红陶。侈口，圆唇，矮领，束颈，颈部以下残。颈部饰横向篮纹。口径10.8、残高4.8厘米（图4-770，13）。

标本H337③：8，夹砂橙黄陶。侈口，圆唇，束颈，颈部以下残。器表素面。口径17.6、残高2.6厘米（图4-770，14）。

花边罐　1件。

标本H337③：4，夹砂红陶。侈口，圆唇，矮领，束颈，颈部以下残。口沿外侧饰一周附加泥条，泥条经手指按压呈波状，颈部饰麻点纹。口径12、残高4.8厘米（图4-770，15）。

单耳罐　1件。

标本H337③：1，泥质橙黄陶。侈口，圆唇，矮领，束颈，圆腹，底残，耳残。器表素面。残高6.6、残高7厘米（图4-770，16）。

高领罐 1件。

标本H337③：9，泥质橙黄陶。喇叭口，圆唇，高领，束颈，颈部以下残。颈部素面磨光。口径21.2、残高3.6厘米（图4-770，17）。

327. H338

H338位于ⅡT1006西北角，西部延伸至T1005东隔梁下，开口于第⑥层下（图4-771）。根据遗迹暴露部分推测H338平面近椭圆形，口部边缘形态明显，底部边缘形态不明显，剖面呈筒状，弧形壁，未见工具痕迹，坑底西高东低呈坡状。坑口东西2.04、南北1.48、坑底东西1.66、深0.70～0.88米。坑内堆积未分层，土色浅灰色，土质较致密，坡状堆积。

出土少量陶片和石块、兽骨，陶片以腹部残片为主，可辨器形有花边罐、盆（表4-1302、1303）。

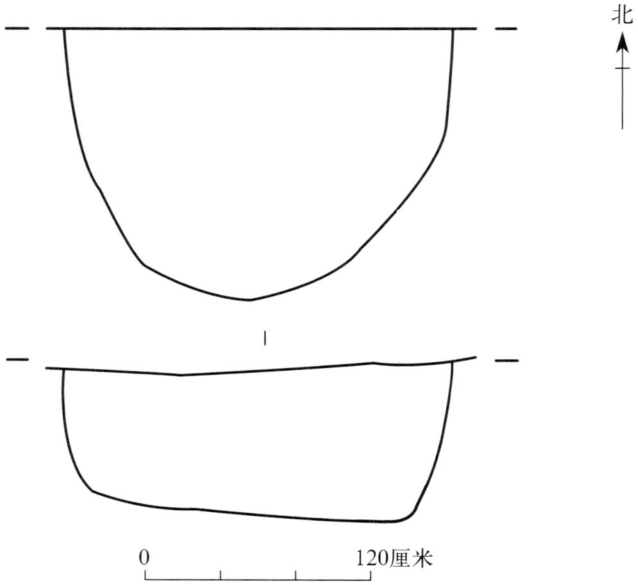

图4-771 H338平、剖面图

表4-1302 H338器形数量统计表

器形 \ 陶质/陶色	泥质				夹砂				合计
	红	橙黄	灰	黑	红	橙黄	灰	黑	
花边罐					1	1			2
盆		1							1

表4-1303 H338陶片统计表

纹饰 \ 陶质/陶色	泥质				夹砂				合计
	橙黄	灰	红	灰底黑彩	橙黄	灰	红	褐	
素面	26	4	5		13				48
绳纹	2	1			10				13

续表

纹饰 \ 陶质/陶色	泥质				夹砂				合计
	橙黄	灰	红	灰底黑彩	橙黄	灰	红	褐	
篮纹	20	1	4						25
麻点纹					24				24
刻划纹					1				1
附加堆纹					2				2

花边罐　2件。

标本H338：1，夹砂红陶。侈口，圆唇，高领，束颈，颈部以下残。口沿外侧饰一周附加泥条，泥条经手指按压呈波状，颈部素面。口径10、残高4.2厘米（图4-772，1）。

标本H338：3，夹砂橙黄陶。侈口，圆唇，高领，束颈，上腹圆弧，下腹残。口沿外侧有一周折棱，折棱之上饰戳印纹，颈部及上腹素面。口径13.2、残高6.4厘米（图4-772，2）。

盆　1件。

标本H338：2，泥质橙黄陶。敞口，方唇，上腹斜直，下腹残。口沿外侧有一周折棱，器表饰斜向篮纹，内壁素面磨光。口径29.2、残高5厘米（图4-772，3）。

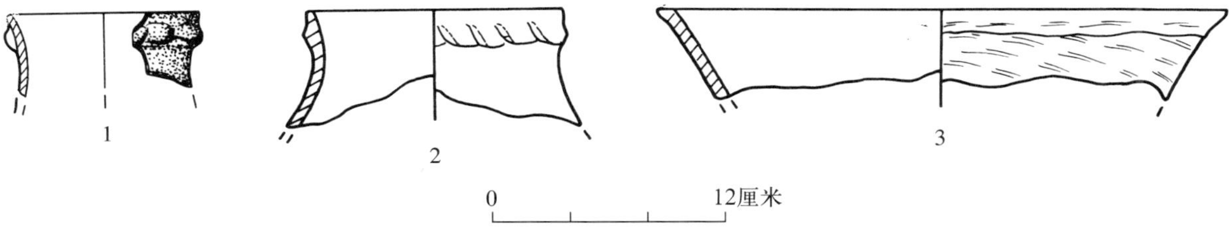

图4-772　H338出土遗物

1、2.花边罐H338：1、3　3.盆H338：2

328. H339

H339位于ⅡT0704偏西南部，开口于第⑤层下，被H331打破（图4-773；彩版二六六，1）。根据现存部分推测H339平面近椭圆形，口部边缘形态较明显，底部边缘形态明显，剖面呈袋状，斜直壁，未见工具痕迹，坑底平整。坑口南北1.22、东西1.22、坑底东西1.36、深0.42米。坑内堆积未分层，土色灰色，土质疏松，包含少量黑色斑点土，水平状堆积。

出土少量陶片，以腹部残片为主，可辨器形有圆腹罐（表4-1304、1305）。

表4-1304　H339器形数量统计表

器形 \ 陶质/陶色	泥质				夹砂				合计
	红	橙黄	灰	黑	红	橙黄	灰	黑	
圆腹罐						1			1

表4-1305 H339陶片统计表

纹饰＼陶质/陶色	泥质				夹砂				合计
	橙黄	灰	红	灰底黑彩	橙黄	灰	红	褐	
素面		1			1				2
绳纹					3				3
篮纹	16				2				18
麻点纹					16				16

圆腹罐 1件。

标本H339：1，夹砂橙黄陶。侈口，圆唇，高领，微束颈，上腹斜弧，下腹残。颈部饰斜向篮纹，上腹饰麻点纹，有烟炱。口径15.6、残高8.6厘米（图4-774）。

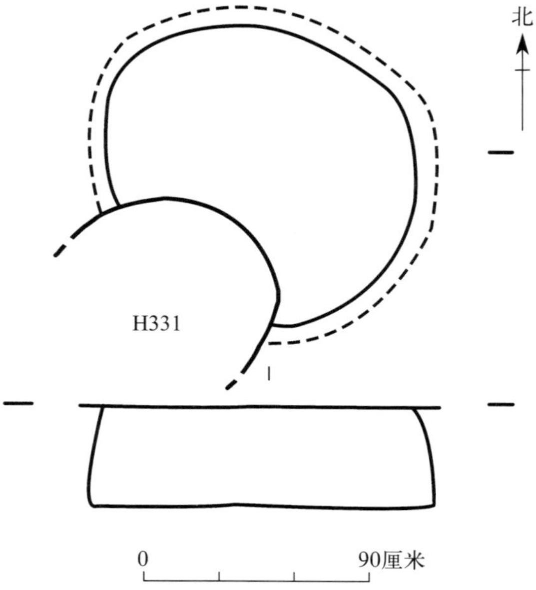

图4-773 H339平、剖面图

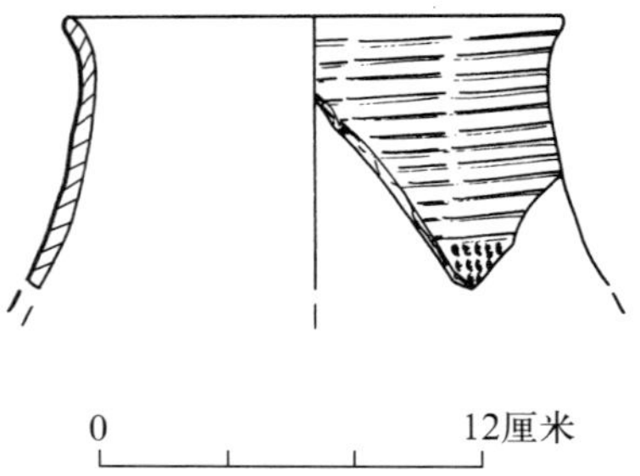

图4-774 H339出土圆腹罐H339：1

329. H340

H340位于ⅡT0604东北部，部分压于北隔梁下，开口于第⑤层下，被D2打破（图4-775；彩版二六六，2）。根据遗迹暴露部分推测H340平面近圆形，口部边缘形态明显，底部边缘形态明显，剖面呈筒状，斜直壁，未见工具痕迹，坑底平整。东北角有一柱洞，平面呈圆形，剖面呈筒状，柱洞东西0.15、南北0.06、深0.51米，坑口南北0.78、东西1.84、坑底东西1.40、深1.00米。坑内堆积可分两层，第①层厚0.24～0.40米，土色深灰色，土质较疏松，包含零星炭屑，坡状堆积。第②层厚0.18～0.75米，土色浅灰色，土质较疏松，包含零星炭屑和红烧土颗粒，水平状堆积。

出土较多陶片，少量石块，陶片以腹部残片为主，可辨器形有圆腹罐、花边罐、双耳罐、高领罐、盆、斝、豆（表4-1306、1307）。

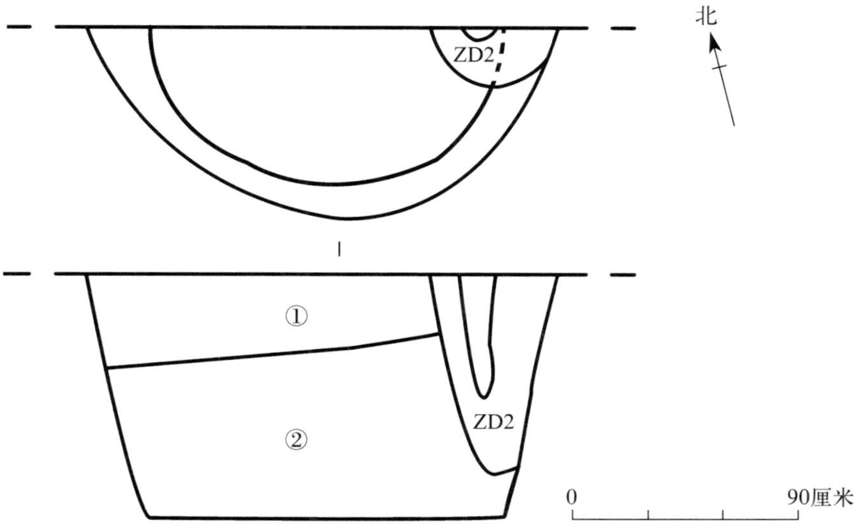

图4-775　H340平、剖面图

表4-1306　H340②层器形数量统计表

器形＼陶质/陶色	泥质				夹砂				合计
	红	橙黄	灰	黑	红	橙黄	灰	黑	
双耳罐		1							1
盆	1	1							2
圆腹罐			1		1	5			7
花边罐						1	1		2
斝						1			1
豆		1							1
高领罐		1							1

表4-1307　H340②层陶片统计表

纹饰＼陶质/陶色	泥质				夹砂				合计
	橙黄	灰	红	灰底黑彩	橙黄	灰	红	褐	
素面	69	1	4		37				111
绳纹	3				12				15
篮纹	21		4		11				36
麻点纹					102				102
席纹					1				1
压印纹	1								1
刻划纹	1				2				3
交错绳纹		1							1
篮纹＋麻点纹					6				6
附加堆纹					2				2

圆腹罐　7件。

标本H340②：3，夹砂橙黄陶。侈口，圆唇，高领，束颈，颈部以下残。口沿外侧有一周折棱，颈部饰斜向篮纹，有烟炱。口径14.4、残高5.4厘米（图4-776，1）。

标本H340②：5，夹砂橙黄陶。侈口，圆唇，高领，微束颈，上腹斜，下腹残。颈部饰横向绳纹，上腹饰竖向绳纹，有烟炱。口径10.8、残高6.6厘米（图4-776，2）。

标本H340②：7，夹砂红陶。侈口，方唇，高领，束颈，颈部以下残。唇面有一周凹槽，颈部饰横向篮纹，有烟炱。口径22、残高5厘米（图4-776，3）。

标本H340②：8，夹砂橙黄陶。侈口，圆唇，高领，束颈，上腹斜弧，下腹残。颈部素面，上腹饰麻点纹，有烟炱。口径11.6、残高7.4厘米（图4-776，4）。

标本H340②：10，夹砂橙黄陶。侈口，圆唇，矮领，束颈，上腹圆弧，下腹残。颈部素面，

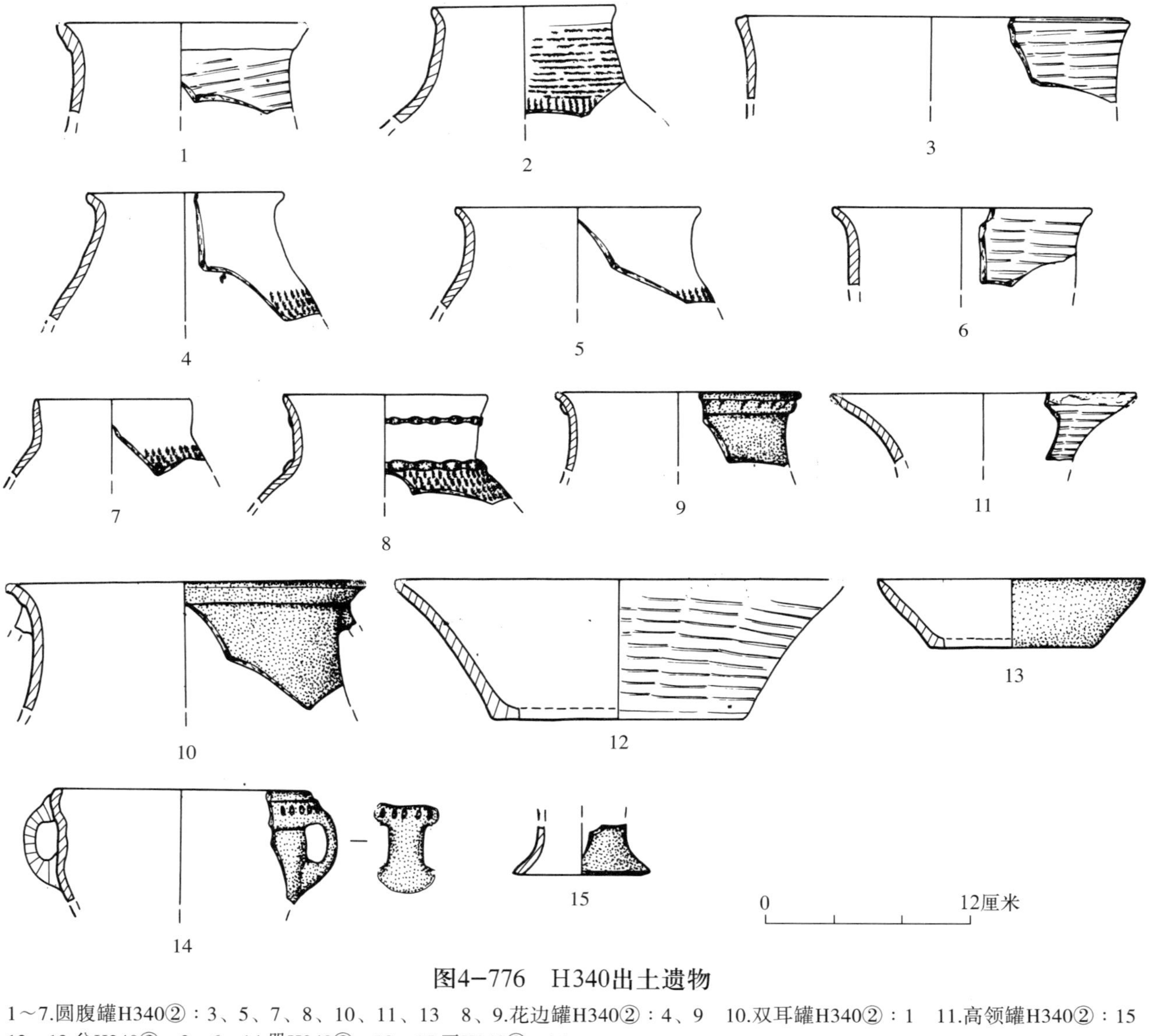

图4-776　H340出土遗物

1～7.圆腹罐H340②：3、5、7、8、10、11、13　8、9.花边罐H340②：4、9　10.双耳罐H340②：1　11.高领罐H340②：15　12、13.盆H340②：2、6　14.斝H340②：12　15.豆H340②：14

腹部饰竖向绳纹，有烟炱。口径14.4、残高5.6厘米（图4-776，5）。

标本H340②：11，泥质灰陶。侈口，圆唇，矮领，束颈，上腹微弧，下腹残。器表饰横向篮纹。口径15.2、残高4.6厘米（图4-776，6）。

标本H340②：13，夹砂橙黄陶。微侈口，尖唇，矮领，束颈，上腹圆弧，下腹残。颈部素面，上腹饰麻点纹，有烟炱。口径9.2、残高4.6厘米（图4-776，7）。

花边罐 2件。

标本H340②：4，夹砂橙黄陶。侈口，尖唇，矮领，束颈，上腹圆弧，下腹残。颈部饰两周附加泥条，泥条经手指按压呈波状，上腹饰麻点纹，有烟炱。口径12、残高6.4厘米（图4-776，8）。

标本H340②：9，夹砂灰陶。侈口，圆唇，矮领，束颈，颈部以下残。口沿外侧饰一周附加泥条，泥条经手指按压呈波状，颈部素面。口径14.4、残高4.4厘米（图4-776，9）。

双耳罐 1件。

标本H340②：1，泥质橙黄陶。侈口，圆唇，高领，束颈，颈部以下残，耳残。口沿外侧有一周折棱，器表素面。口径21.2、残高7.4厘米（图4-776，10）。

高领罐 1件。

标本H340②：15，泥质橙黄陶。喇叭口，圆唇，高领，束颈，颈部以下残。颈部饰横向篮纹。口径18、残高4厘米（图4-776，11）。

盆 2件。

标本H340②：2，泥质红陶。敞口，圆唇，斜弧腹，平底。腹部饰斜向篮纹，内壁有刮抹痕迹。口径26、高8.3、底径14.8厘米（图4-776，12）。

标本H340②：6，泥质橙黄陶。敞口，尖唇，斜弧腹，平底。器表素面，有烟炱。口径15.6、高4、底径9.6厘米（图4-776，13）。

斝 1件。

标本H340②：12，夹砂橙黄陶。敛口，圆唇，圆腹，底残。拱形双耳，口沿外侧饰一周附加泥条，泥条之上饰戳印纹，器表素面。口径14.8、残高6.8厘米（图4-776，14）。

豆 1件。

标本H340②：14，泥质橙黄陶。喇叭状，高圈空心足，方唇，器表素面。底径8、残高2.8厘米（图4-776，15）。

330. H341

H341位于ⅡT0906东南角，开口于第⑦层下（图4-777；彩版二六七，1）。根据遗迹暴露部分推测H341平面近圆形，口部边缘形态明显，底部边缘形态明显，剖面呈袋状，斜弧壁，未见工具痕迹，坑底平整。坑口南北0.60、东西0.54、坑底南北1.08、东西0.84、深2.08米。坑内堆积可分三层，第①层厚0.74～0.79米，土色浅灰色，土质疏松，基本水平状堆积，出土少量陶片。第②层厚0.39～0.42米，土色灰色，土质较疏松，水平状堆积，出土少量陶片。第③层厚0.88～0.94米，土色浅灰色，土质较疏松，水平状堆积。

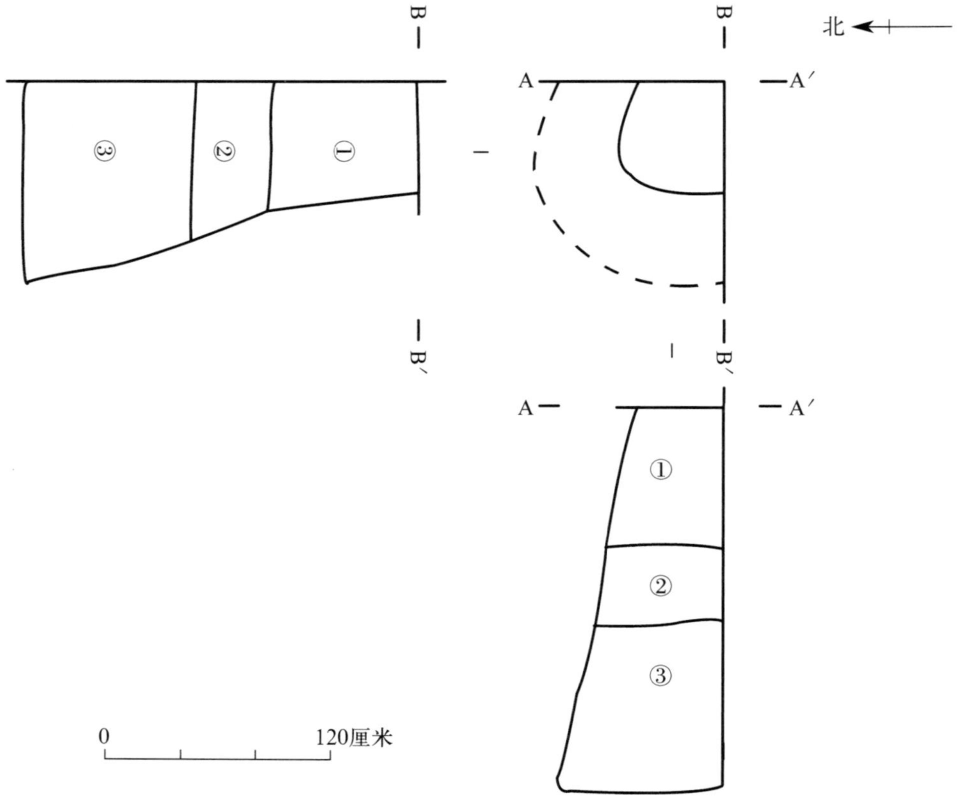

图4-777　H341平、剖面图

出土少量陶片。

（1）H341①层

出土少量陶片，以腹部残片为主，可辨器形有圆腹罐（表 4-1308、1309）。

圆腹罐　1 件。

表4-1308　H341①层器形数量统计表

器形＼陶质／陶色	泥质				夹砂				合计
	红	橙黄	灰	黑	红	橙黄	灰	黑	
圆腹罐						1			1

表4-1309　H341①层陶片统计表

纹饰＼陶质／陶色	泥质				夹砂				合计
	橙黄	灰	红	灰底黑彩	橙黄	灰	红	褐	
素面	4				2				6
篮纹	2								2
麻点纹					3				3
戳印纹			1						1
附加堆纹＋麻点纹					1				1

标本H341①：1，夹砂橙黄陶。侈口，圆唇，矮领，束颈，颈部以下残。颈部饰横向篮纹，有烟炱。口径12、残高6厘米（图4-778，1）。

（2）H341③层

出土少量陶片，以腹部残片为主，可辨器形有圆腹罐、花边罐、盆（表4-1310、1311）。

表4-1310 H341③层器形数量统计表

器形 \ 陶质/陶色	泥质				夹砂				合计
	红	橙黄	灰	黑	红	橙黄	灰	黑	
圆腹罐					2		1		3
盆	1	1							2
花边罐					1				1

表4-1311 H341③层陶片统计表

纹饰 \ 陶质/陶色	泥质				夹砂				合计
	橙黄	灰	红	灰底黑彩	橙黄	灰	红	褐	
素面	5	1			15				21
绳纹					1				1
篮纹	4				8				12
麻点纹					11				11
篮纹＋麻点纹					1				1
交错篮纹					1				1

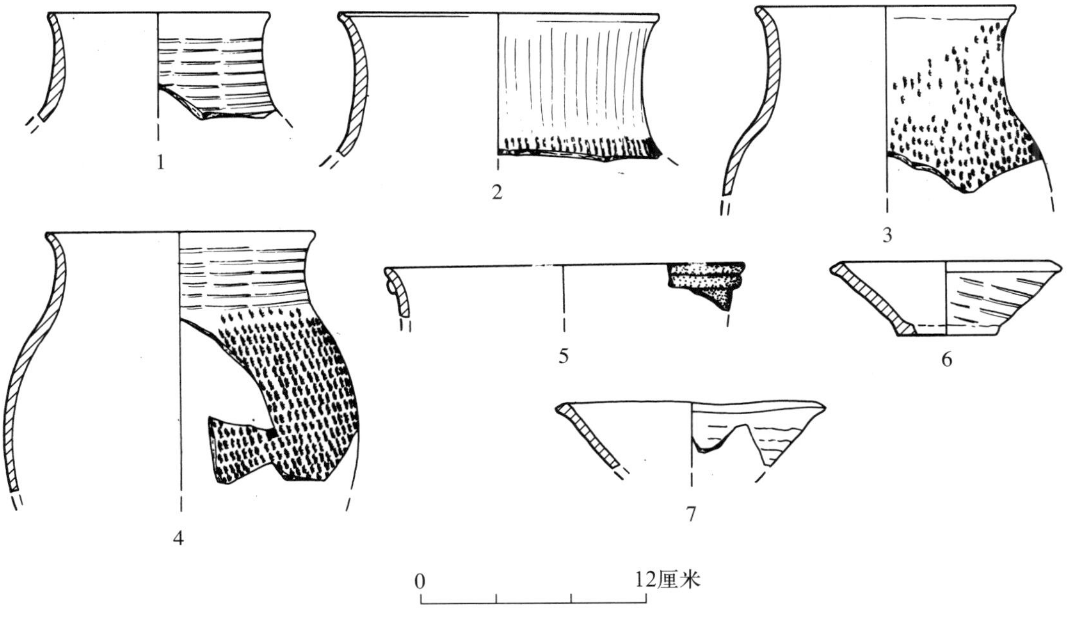

图4-778 H341出土遗物

1.圆腹罐H341①：1 2～4.圆腹罐H341③：1、3、5 5.花边罐H341③：4 6、7.盆H341③：2、6

圆腹罐　3件。

标本H341③：1，夹砂红陶。侈口，圆唇，高领，束颈，上腹斜，下腹残。颈部饰竖向篮纹，上腹饰竖向绳纹，有烟炱。口径17、残高7.6厘米（图4-778，2）。

标本H341③：3，夹砂红陶。侈口，圆唇，高领，束颈，上腹圆，下腹残。器身通体饰麻点纹，有烟炱。口径14、残高10厘米（图4-778，3）。

标本H341③：5，夹砂灰陶。侈口，圆唇，矮领，束颈，圆腹，底残。颈部饰横向篮纹，腹部饰麻点纹，有烟炱。口径14、残高14厘米（图4-778，4）。

花边罐　1件。

标本H341③：4，夹砂红陶。侈口，圆唇，口沿以下残。口沿外侧饰一周附加泥条，泥条经手指按压呈波状，有烟炱。口径19.2、残高2.6厘米（图4-778，5）。

盆　2件。

标本H341③：2，泥质红陶。敞口，方唇，斜弧腹，平底。腹部饰斜向篮纹。口径12.8、高4、底径5.2厘米（图4-778，6）。

标本H341③：6，泥质橙黄陶。敞口，方唇，斜弧腹，底残。腹部饰横向篮纹，内壁素面磨光且有刮抹痕迹。口径14.4、残高3.6厘米（图4-778，7）。

331. H342

H342位于ⅡT0906东南角，开口于第⑦层下，被H324、H341打破（图4-779；彩版二六七，2）。根据遗迹暴露部分推测H342平面近椭圆形，口部边缘形态较明显，底部边缘形态较明显，剖面呈不规则状，斜壁，未见工具痕迹，坑底西高东低呈坡状。坑口东西2.40、南北1.15、深

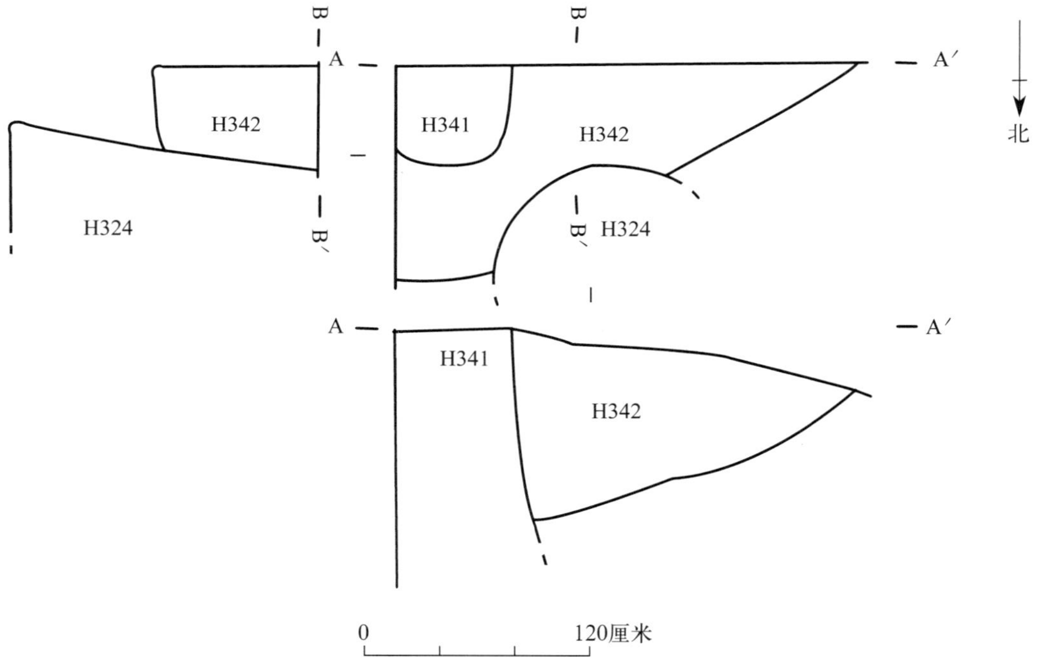

图4-779　H342平、剖面图

1.02 米。坑内堆积未分层，土色浅灰色，土质疏松，坡状堆积。

出土零星陶片和石块、兽骨，陶片以陶器腹部残片为主，无可辨器形标本，所以不具体介绍，只进行陶系统计（表 4-1312）。

表4-1312　H342陶片统计表

纹饰＼陶色＼陶质	泥质				夹砂				合计
	橙黄	灰	红	灰底黑彩	橙黄	灰	红	褐	
素面	8	2	3		7				20
绳纹		1			7				8
篮纹	3	1	5		2				11

332. H344

H344 位于Ⅱ T0704 西部，开口于第⑤层下（图 4-780；彩版二六八，1）。平面呈圆形，口部边缘形态明显，底部边缘形态明显，剖面呈筒状，斜直壁，未见工具痕迹，坑底平整。坑口南北 1.70、东西 1.90、坑底东西 1.78、深 0.98 米。坑内堆积未分层，土色浅黄色，土质疏松，包含零星黑色斑点，水平状堆积。

出土少量陶片，以腹部残片为主，可辨器形有圆腹罐、盆（表 4-1313、1314）。

圆腹罐　1 件。

标本H344：1，泥质橙黄陶。侈口，尖唇，高领，束颈，颈部以下残。颈部饰竖向刻划纹。口径 6.4、残高 4 厘米（图 4-781，1；彩版二六八，2）。

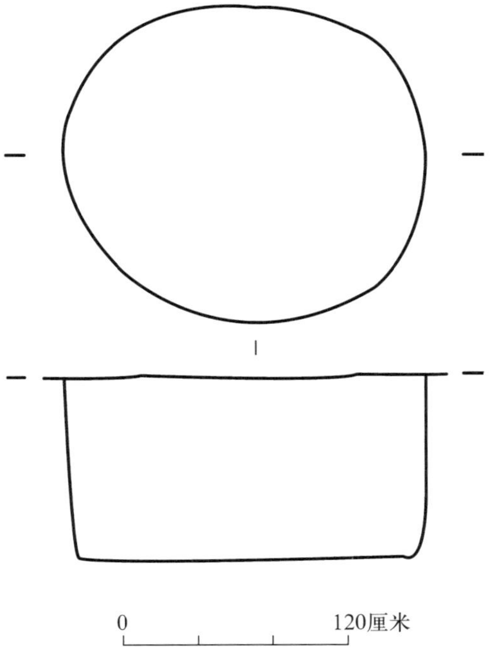

图4-780　H344平、剖面图

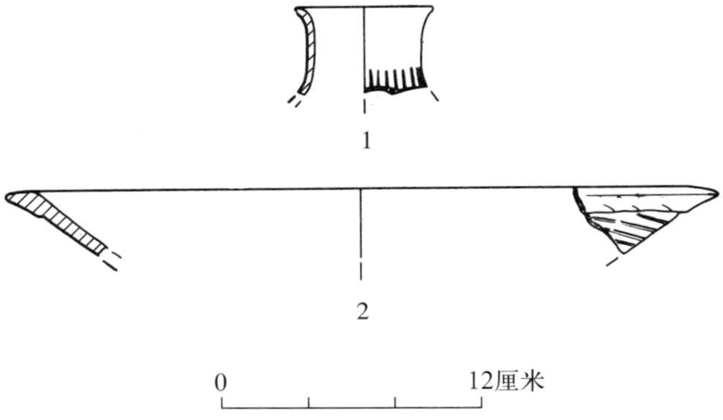

图4-781　H344出土遗物

1.圆腹罐H344：1　2.盆H344：2

表4-1313　H344器形数量统计表

器形＼陶质/陶色	泥质				夹砂				合计
	红	橙黄	灰	黑	红	橙黄	灰	黑	
圆腹罐		1							1
盆	1								1

表4-1314　H344陶片统计表

纹饰＼陶质/陶色	泥质				夹砂				合计
	橙黄	灰	红	灰底黑彩	橙黄	灰	红	褐	
素面	29	2	3		9				43
绳纹					1				1
篮纹	15				19				34
麻点纹					8				8

盆　1件。

标本H344：2，泥质红陶。敞口，平沿，尖唇，斜弧腹，底残。口沿外侧饰一周折棱，腹部饰斜向篮纹。口径32.8、残高3.2厘米（图4-781，2）。

333. H345

H345位于ⅡT0604西北部，部分压于T0603北隔梁下，开口于第⑤层下，被H284、H326打破（图4-782；彩版二六八，4）。根据遗迹现存部分推测H345平面近圆形，口部边缘形态明显，底部边缘形态明显，剖面呈筒状，斜直壁，未见工具痕迹，坑底平整。坑口东西0.8、南北1.20、坑底东西1.48、深2.04米。坑内堆积可分两层，第①层厚1.25～1.40米，土色浅褐色，土质致密，包含零星炭屑，坡状堆积，出土大量陶片，少量石块，石镞1件、石凿1件。第②层厚0.69～0.80米，土色深褐色，土质较疏松，包含少量炭屑和红烧土颗粒，水平状堆积。

出土有陶片和零星兽骨。

（1）H345①层

出土大量陶片，以腹部残片为主，可辨器形有圆腹罐、花边罐、大口罐、盆。另出土石镞、玉凿（表4-1315、1316）。

表4-1315　H345①层器形数量统计表

器形＼陶质/陶色	泥质				夹砂				合计
	红	橙黄	灰	黑	红	橙黄	灰	黑	
花边罐					1				1
大口罐						1			1
圆腹罐						1			1
盆		1							1

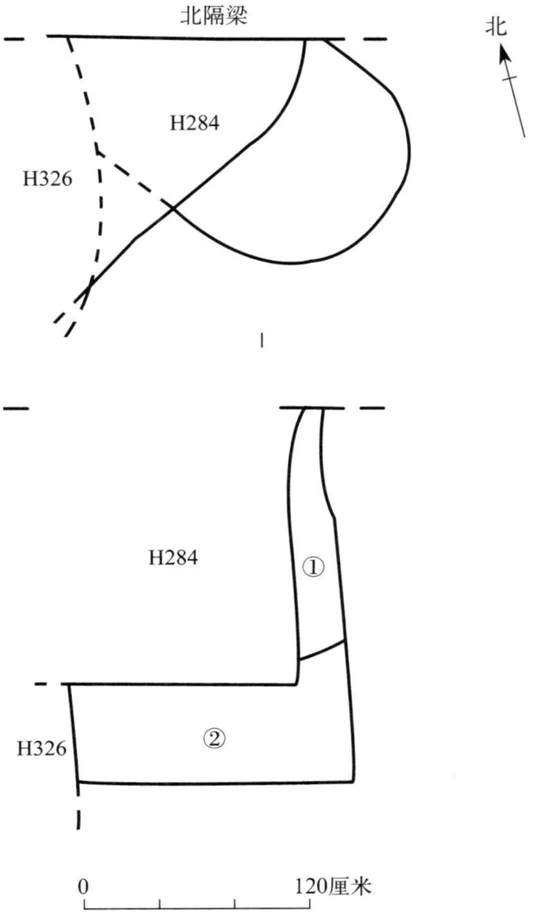

图4-782　H345平、剖面图

表4-1316　H345①层陶片统计表

纹饰＼陶质/陶色	泥质				夹砂				合计
	橙黄	灰	红	灰底黑彩	橙黄	灰	红	褐	
素面	73	10	13		42				138
绳纹					11				11
篮纹	59		8		8				75
麻点纹					92		4		96
刻划纹		2			2				4

圆腹罐　1件。

标本H345①：3，夹砂橙黄陶。侈口，圆唇，矮领，束颈，上腹圆弧，下腹残。颈部素面，上腹饰麻点纹，有烟炱。口径12.4、残高5.2厘米（图4-783，1）。

花边罐　1件。

标本H345①：1，夹砂红陶。侈口，方唇，口沿以下残。唇面有一道凹槽，口沿外侧饰一周附加泥条，器表素面，有烟炱。口径24、残高3.6厘米（图4-783，2）。

大口罐　1件。

标本H345①：2，夹砂橙黄陶。直口，方唇，上腹直，下腹残。口沿外侧有一周折棱，器表通体饰麻点纹。口径40.4、残高3.4厘米（图4-783，3）。

盆　1件。

标本H345①：4，泥质橙黄陶。敞口，圆唇，上腹斜弧，下腹残。口沿外侧有一周折棱，器表饰斜向篮纹，内壁素面磨光，有烟炱。口径33.2、残高2.6厘米（图4-783，4）。

石镞　1件。

标本H345①：5，略残，石英岩。器体呈扁三角形，两侧边缘均为双面磨制的刃部，较为锋利，尖部较尖锐，尾端平整。长3.8、宽1.6、厚0.2厘米（图4-783，5）。

玉凿　1件。

标本H345①：6，墨绿色，长条状，器身磨制光滑，基部残，侧边平直，双面磨刃。刃长2.8厘米，刃角38°，器身残长10.8、宽3.5、厚1.4厘米（图4-783，6；彩版二六八，3）。

（2）H345②层

出土少量陶片，以腹部残片为主，可辨器形有花边罐、双耳罐、盆（表4-1317、1318）。

花边罐　1件。

标本H345②：5，夹砂橙黄陶。侈口，圆唇，高领，束颈，颈部以下残。口沿外侧饰一周附加泥条，泥条之上饰斜向戳印纹，颈部素面。口径14.4、残高4厘米（图4-783，7）。

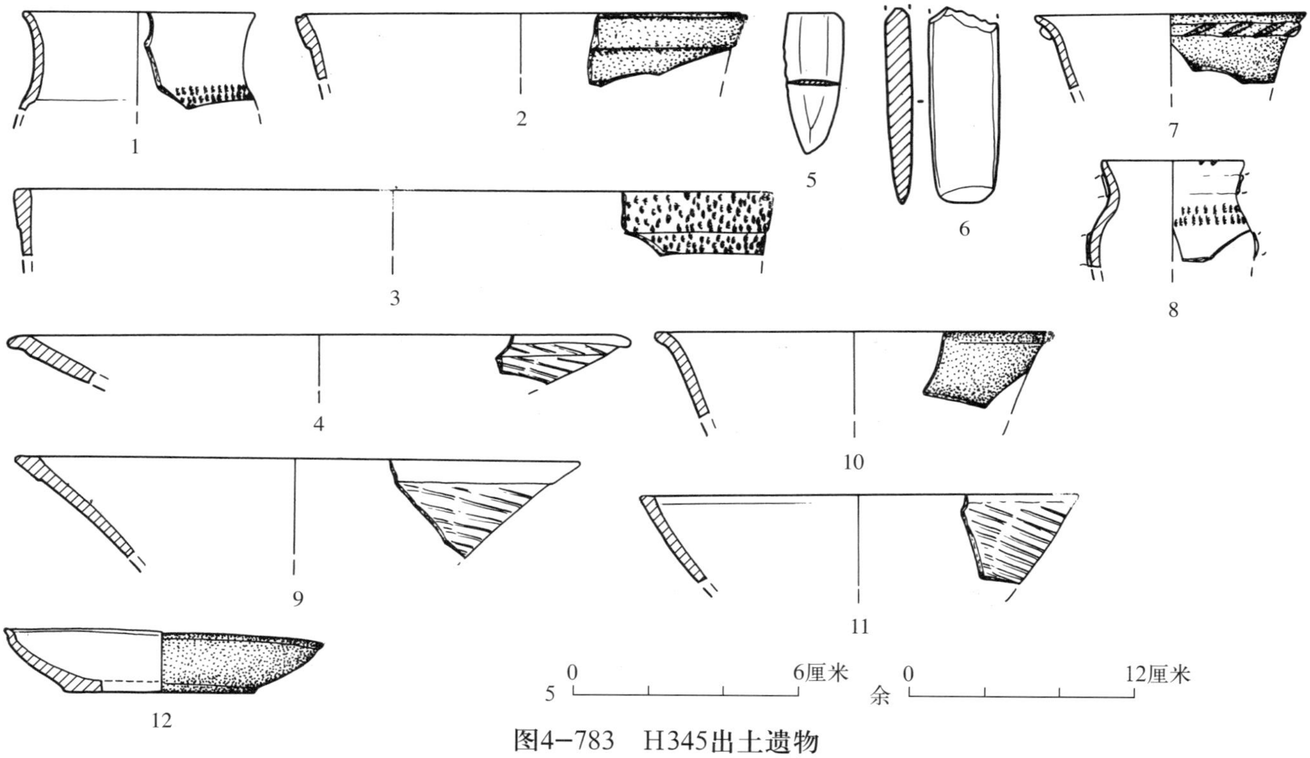

图4-783　H345出土遗物

1.圆腹罐H345①：3　2、7.花边罐H345①：1、H345②：5　3.大口罐H345①：2　4、9～12.盆H345①：4、H345②：1～4　5.石镞H345①：5　6.玉凿H345①：6　8.双耳罐H345②：6

表4-1317　H345②层器形数量统计表

器形＼陶质/陶色	泥质				夹砂				合计
	红	橙黄	灰	黑	红	橙黄	灰	黑	
盆	2	2							4
花边罐						1			1
双耳罐						1			1

表4-1318　H345②层陶片统计表

纹饰＼陶质/陶色	泥质				夹砂				合计
	橙黄	灰	红	灰底黑彩	橙黄	灰	红	褐	
素面	16		11		11		5		43
绳纹			2		4		1		7
篮纹	3		4		3				10
麻点纹					40				40
戳印纹					1				1
刻划纹					2				2
附加堆纹							1		1

双耳罐　1件。

标本H345②：6，夹砂橙黄陶。侈口，圆唇，矮领，束颈，圆腹，底残。颈部及腹部耳部脱落痕迹明显，颈部素面，上腹饰麻点纹。口径7.6、残高6厘米（图4-783，8）。

盆　4件。

标本H345②：1，泥质红陶。敞口，平沿，尖唇，斜腹微弧，底残。口沿外侧有一周折棱，腹部饰斜向篮纹。口径30、残高5.4厘米（图4-783，9）。

标本H345②：2，泥质红陶。敞口，圆唇，上腹斜直，下腹残。器表素面，内壁素面磨光。口径20.8、残高4.6厘米（图4-783，10）。

标本H345②：3，泥质橙黄陶。敞口，方唇，上腹斜弧，下腹残。腹部饰斜向篮纹，内壁素面磨光。口径23.2、残高4.8厘米（图4-783，11）。

标本H345②：4，泥质橙黄陶。敞口，尖唇，斜弧腹，平底。器表素面，内壁素面磨光且刮抹痕迹明显。口径16.8、高3.4、底径10厘米（图4-783，12）。

334. H346

H346位于ⅡT1006西部，开口于第⑦层下，被H338打破（图4-784；彩版二六九，1）。根据遗迹现存部分推测H346平面近圆形，口部边缘形态明显，底部边缘形态明显，剖面呈袋状，斜直壁，未见工具痕迹，坑底平整。坑口东西1.12、南北0.73、坑底南北1.46、深1.40米。坑内堆积未分层，土色浅黄色，土质较致密，水平状堆积。

出土少量陶片和兽骨、石块，陶片以腹部残片为主，可辨器形有圆腹罐、花边罐、斝（表

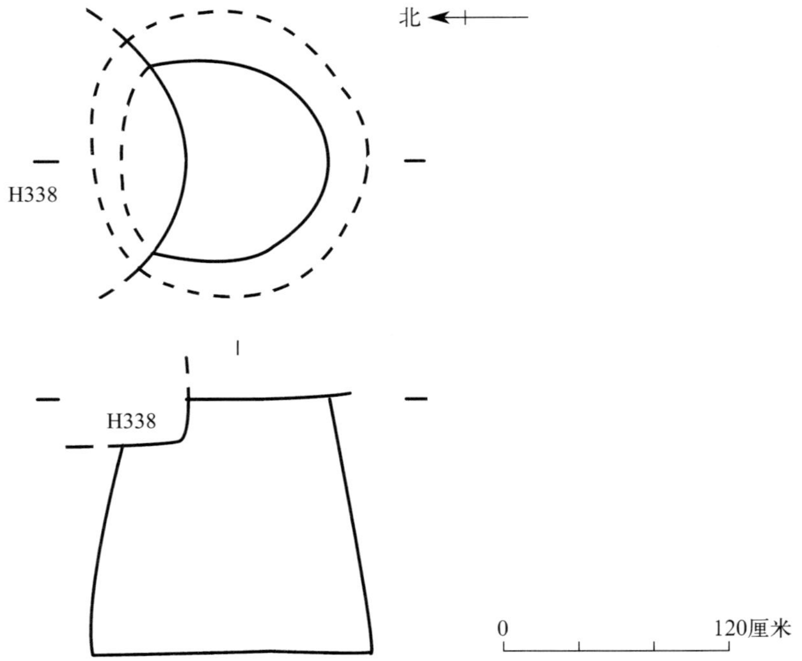

图4-784 H346平、剖面图

4-1319、1320）。

圆腹罐 3件。

标本H346：1，夹砂红陶。侈口，尖唇，矮领，束颈，上腹圆，下腹残。器表通体饰麻点纹。口径13.6、残高10厘米（图4-785，1）。

表4-1319 H346器形数量统计表

陶质 / 陶色 / 器形	泥质				夹砂				合计
	红	橙黄	灰	黑	红	橙黄	灰	黑	
圆腹罐					1	2			3
花边罐						1			1
斝足							1		1

表4-1320 H346陶片统计表

陶质 / 陶色 / 纹饰	泥质				夹砂				合计
	橙黄	灰	红	灰底黑彩	橙黄	灰	红	褐	
素面	10		1		10				21
绳纹＋篮纹					1				1
篮纹	9				1				10
麻点纹					25				25
交错篮纹	2								2
绳纹					9				9

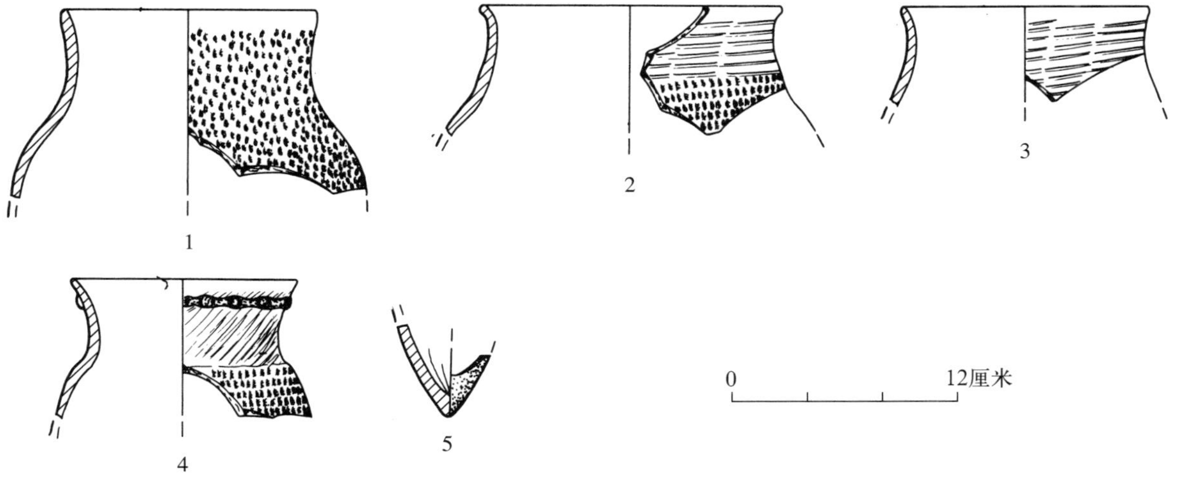

图4－785　H346出土遗物

1～3.圆腹罐H346：1、2、4　4.花边罐H346：3　5.斝足H346：5

标本H346：2，夹砂橙黄陶。侈口，圆唇，高领，微束颈，上腹圆弧，下腹残。颈部饰横向篮纹，上腹饰麻点纹，有烟炱。口径16、残高6.8厘米（图4－785，2）。

标本H346：4，夹砂橙黄陶。侈口，圆唇，矮领，束颈，颈部以下残。颈部饰横向篮纹。口径13.2、残高5.2厘米（图4－785，3）。

花边罐　1件。

标本H346：3，夹砂橙黄陶。侈口，尖唇，矮领，束颈，上腹圆，下腹残。颈部饰斜向篮纹，篮纹之上饰一周附加泥条，泥条经手指按压呈波状，上腹饰麻点纹，有烟炱。口径12、残高7.4厘米（图4－785，4）。

斝　1件。

标本H346：5，夹砂灰陶。牛角状空心足，器表素面。残高5、残宽5厘米（图4－785，5）。

335. H347

H347位于ⅡT0604中西部，小部分延伸至ⅡT0603北隔梁下，开口于第⑤层下，被H345、H336、H340打破（图4－786）。平面呈不规则状，口部边缘形态明显，底部边缘形态不明显，剖面呈筒状，斜壁，未见工具痕迹，坑底平整。坑口东西3.70、南北2.00、坑底东西2.64、深0.90米。坑内堆积未分层，土色深褐色，土质较疏松，包含少量炭屑和红烧土颗粒，水平状堆积。

出土少量陶片，陶片以腹部残片为主，可辨器形有圆腹罐、大口罐、盆（表4－1321、1322）。

圆腹罐　1件。

标本H347：3，泥质红陶。侈口，圆唇，高领，束颈，颈部以下残。器表素面磨光。口径22.8、残高8厘米（图4－787，1）。

大口罐　1件。

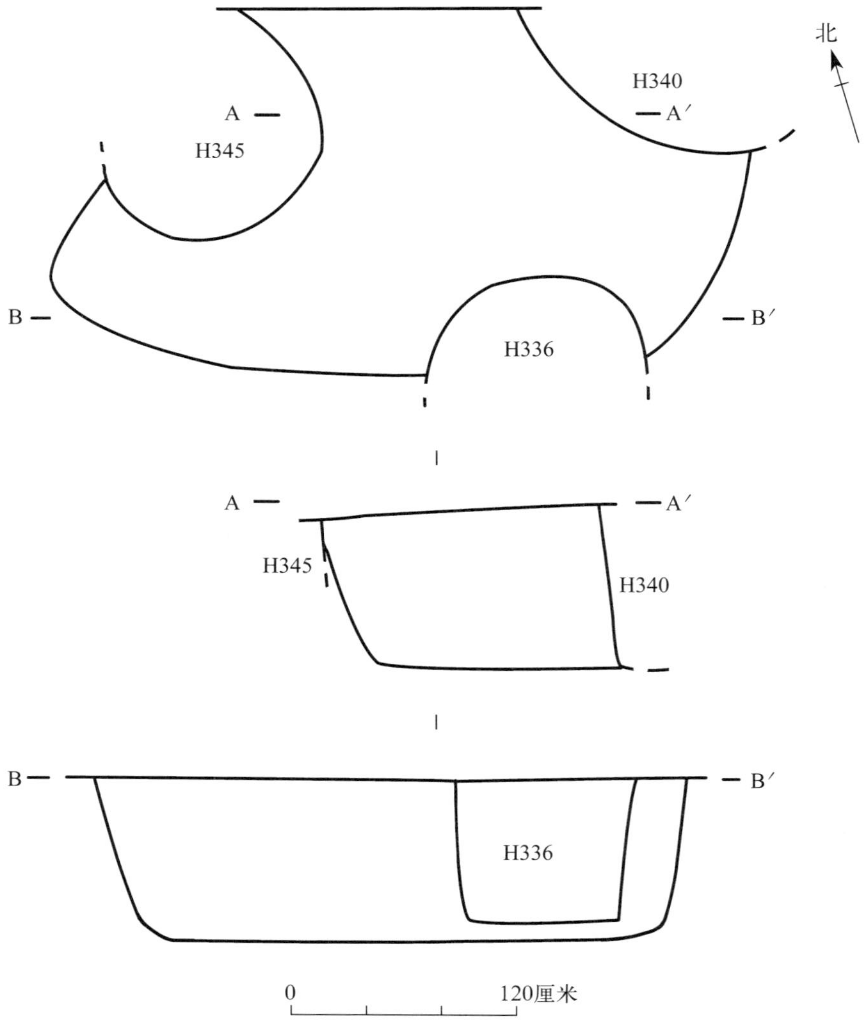

图4-786 H347平、剖面图

表4-1321 H347器形数量统计表

器形＼陶质/陶色	泥质				夹砂				合计
	红	橙黄	灰	黑	红	橙黄	灰	黑	
盆		3							3
圆腹罐	1								1
大口罐						1			1

表4-1322 H347陶片统计表

纹饰＼陶质/陶色	泥质				夹砂				合计
	橙黄	灰	红	灰底黑彩	橙黄	灰	红	褐	
素面	21	3			7				31
绳纹					22				22

续表

纹饰＼陶质/陶色	泥质				夹砂				合计
	橙黄	灰	红	灰底黑彩	橙黄	灰	红	褐	
篮纹	23				5				28
麻点纹					31				31
压印纹			1						1
戳印纹			1						1
篮纹＋麻点纹					4				4
附加堆纹							1		1

标本H347：6，夹砂橙黄陶。直口，方唇，上腹斜直，下腹残。口沿外侧有一周折棱，器表素面，有烟炱。口径28、残高3.8厘米（图4－787，2）。

盆　3件。

标本H347：2，泥质橙黄陶。敞口，尖圆唇，上腹斜弧，下腹残。口沿外侧有一周折棱，器身通体素面磨光，内壁有刮抹痕迹。口径16、残高2.2厘米（图4－787，3）。

标本H347：4，泥质橙黄陶。敞口，方唇，斜弧腹，底残。口沿外侧有一周折棱，腹部饰横向篮纹，内壁素面磨光且有刮抹痕迹。口径30、残高4.8厘米（图4－787，4）。

标本H347：5，泥质橙黄陶。敞口，圆唇，上腹斜直，下腹残。腹部饰横向篮纹，内壁素面磨光。口径21.6、残高2.4厘米（图4－787，5）。

器盖　1件。

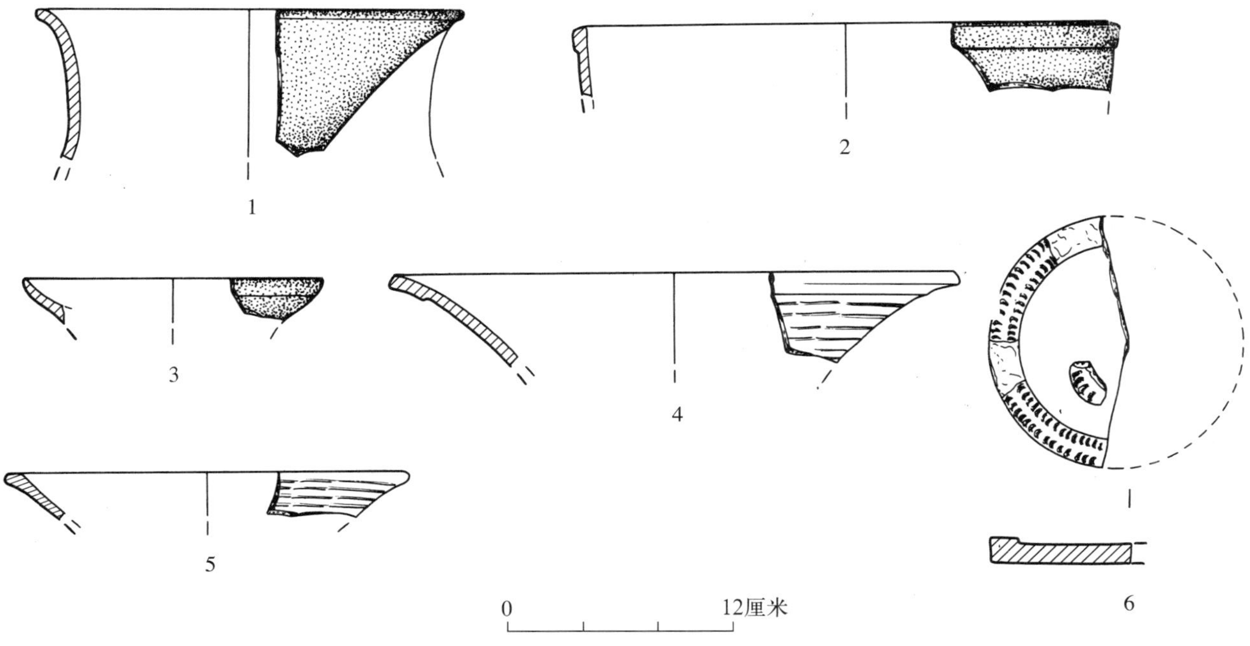

图4－787　H347出土遗物

1.圆腹罐H347：3　2.大口罐H347：6　3～5.盆H347：2、4、5　6.器盖H347：1

标本H347：1，泥质红陶。残存呈半圆形，器盖边缘饰有一周附加泥条，泥条之上饰戳印纹，中间有残耳根部，直径13.6、厚0.7厘米（图4-787，6）。

336. H348

H348位于ⅡT0604南部，开口于第⑤层下，被H347、H336和H340打破（图4-788；彩版二六九，2）。根据遗迹现存部分推测H348平面近圆形，口部边缘形态较明显，底部边缘形态较明显，剖面呈筒状，斜直壁，未见工具痕迹，底部平整。坑口东西1.53、南北1.53、坑底东西1.32、深0.60米。坑内堆积未分层，土色浅灰色，土质较疏松，包含较多草木灰，少量炭粒和红烧土颗粒，水平状堆积。

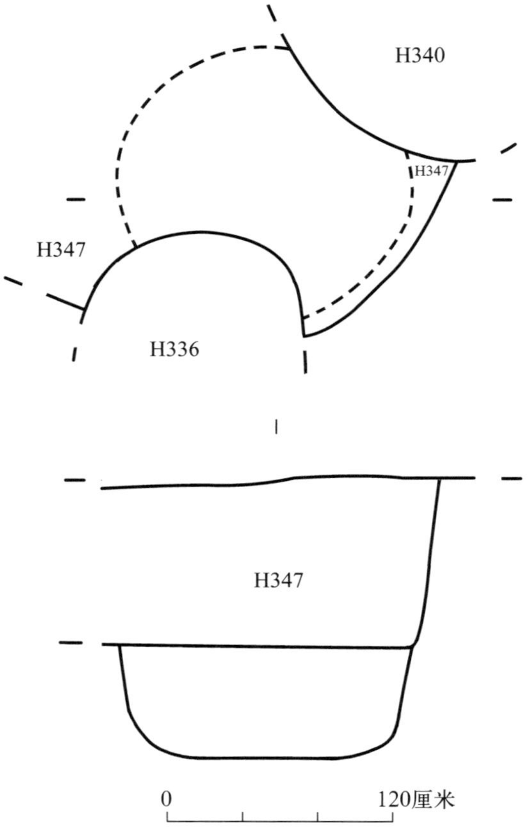

图4-788 H348平、剖面图

出土较多陶片，少量石块和兽骨、石刀1件，陶片以腹部残片为主，可辨器形有圆腹罐、双耳罐、高领罐、斝。另出土石刀（表4-1323、1324）。

表4-1323 H348器形数量统计表

器形 \ 陶质 / 陶色	泥质				夹砂				合计
	红	橙黄	灰	黑	红	橙黄	灰	黑	
斝					1				1
双耳罐						1			1

续表

器形＼陶质/陶色	泥质				夹砂				合计
	红	橙黄	灰	黑	红	橙黄	灰	黑	
圆腹罐					3	3			6
高领罐		1							1

表4-1324　H348陶片统计表

纹饰＼陶质/陶色	泥质				夹砂				合计
	橙黄	灰	红	灰底黑彩	橙黄	灰	红	褐	
素面	10				5				15
绳纹					7				7
篮纹	4								4
麻点纹					14				14

圆腹罐　6件。

标本H348：3，夹砂橙黄陶。侈口，圆唇，高领，束颈，上腹圆，下腹残。颈部素面，上腹饰麻点纹，有烟炱。口径13.6、残高8.4厘米（图4-789，1）。

标本H348：5，夹砂橙黄陶。侈口，圆唇，高领，束颈，颈部以下残。颈部饰横向篮纹，有烟炱。口径16.4、残高6厘米（图4-789，2）。

标本H348：6，夹砂红陶。侈口，方唇，高领，束颈，颈部以下残。唇面有一周凹槽，颈部饰横向篮纹，有烟炱。口径19.2、残高5.6厘米（图4-789，3）。

标本H348：7，夹砂红陶。侈口，尖唇，高领，束颈，圆腹，平底。颈部饰斜向篮纹，腹部饰麻点纹。口径19、高29、底径11.6厘米（图4-789，4；彩版二七〇，1）。

标本H348：8，夹砂橙黄陶。侈口，圆唇，矮领，束颈，颈部以下残。上颈部有一周刮痕，下颈部饰竖向绳纹，有烟炱。口径14、残高5.8厘米（图4-789，5）。

标本H348：9，夹砂红陶。侈口，圆唇，矮领，束颈，上腹斜，下腹残。颈部饰横向篮纹，上腹部饰竖向绳纹。残高5.8、残宽5厘米（图4-789，6）。

双耳罐　1件。

标本H348：2，夹砂橙黄陶。侈口，尖唇，矮领，束颈，圆腹，平底。连口拱形双耳，耳面及器表饰竖向绳纹，有烟炱。口径10、高13.2、底径8.4厘米（图4-789，7；彩版二七〇，2）。

高领罐　1件。

标本H348：4，泥质橙黄陶。喇叭口，圆唇，高领，束颈，颈部以下残。口沿外侧有一周折棱，颈部素面磨光。口径20.8、残高5.6厘米（图4-789，8）。

斝　1件。

标本H348：1，夹砂红陶。敛口，圆唇，上腹直，下腹残。口沿外侧饰一周附加泥条，泥条之上饰圆形戳印纹，上腹素面，有烟炱。口径19.6、残高7厘米（图4-789，9）。

石刀　1件。

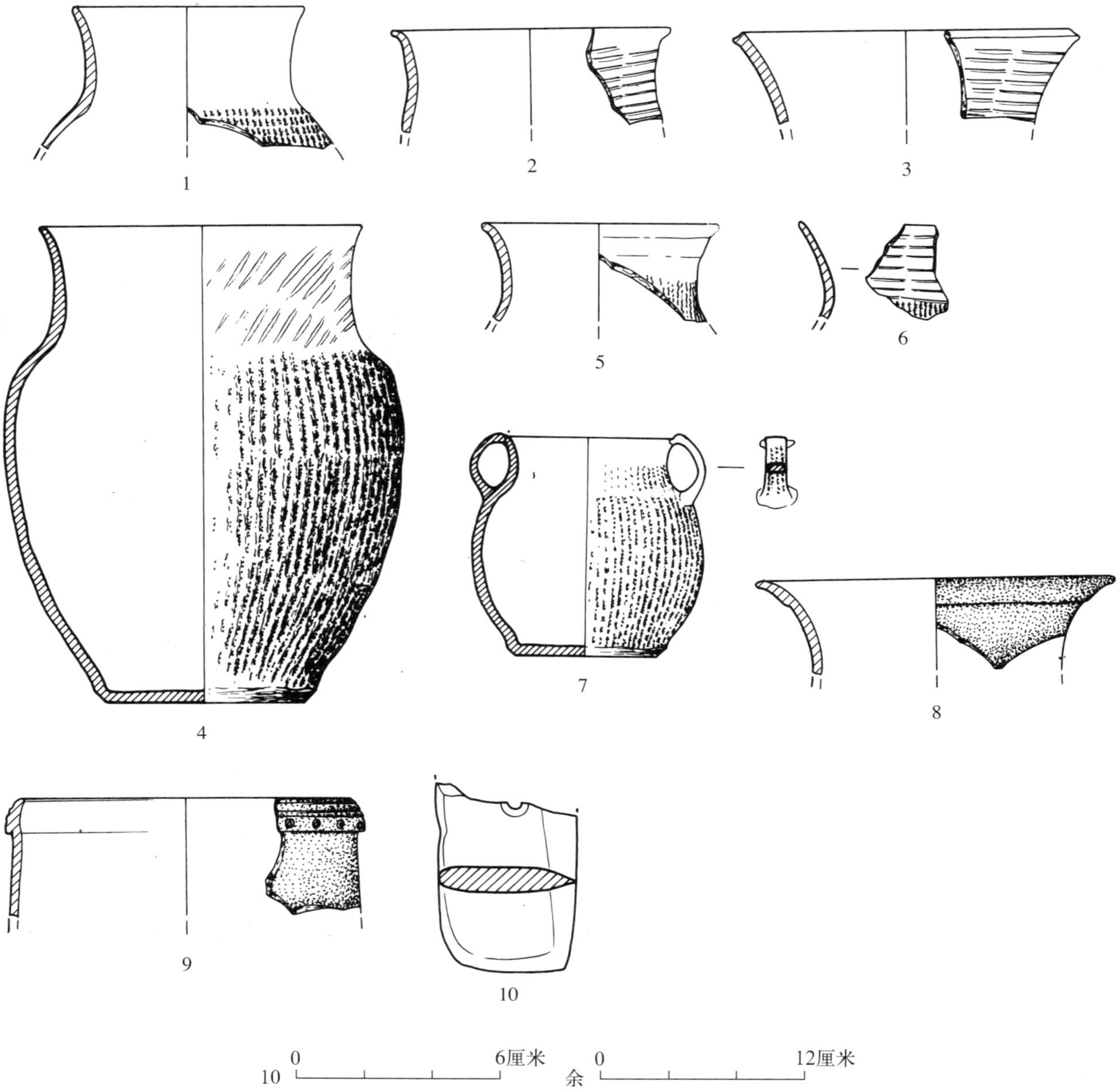

图4-789　H348出土遗物

1～6.圆腹罐H348：3、5～9　7.双耳罐H348：2　8.高领罐H348：4　9.斝H348：1　10.石刀H348：10

标本H348：10，石英岩。长方形，平基部，一侧边磨制成刃部，一侧边残，双面磨刃，残断处有一残孔，侧刃长3厘米，刃角35°，主刃残长4.6厘米，刃角21°，器身残长5.8、宽4.2厘米（图4-789，10）。

337. H349

H349位于ⅡT0704中部，开口于第⑤层下，被H339打破（图4-790；彩版二七一，1）。根据遗迹现存部分推测H349平面近圆形，口部边缘形态较明显，底部边缘形态较明显，剖面呈筒

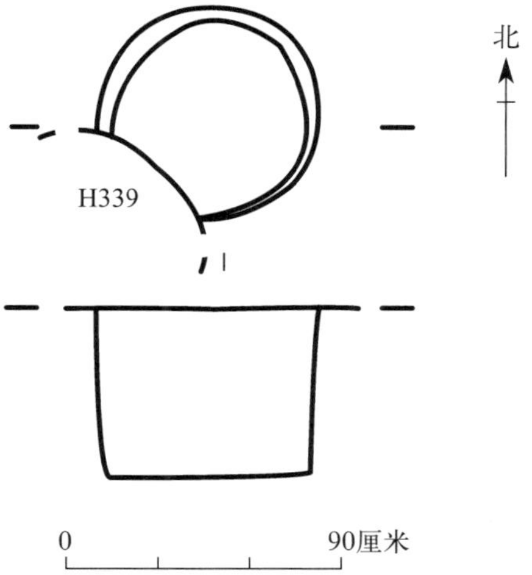

图4－790　H349平、剖面图

状，斜直壁，未见工具痕迹，坑底平整。坑口南北 0.70、东西 0.70、坑底东西 0.66、深 0.56 米。坑内堆积未分层，土色浅灰色，土质疏松，包含少量黑色斑点，水平状堆积。

出土少量陶片，骨器 1 件，陶片以腹部残片为主，可辨器形有圆腹罐、花边罐（表 4－1325、1326）。

表4－1325　H349器形数量统计表

器形 \ 陶质 / 陶色	泥质				夹砂				合计
	红	橙黄	灰	黑	红	橙黄	灰	黑	
花边罐					1	2			3
圆腹罐						1			1

表4－1326　H349陶片统计表

纹饰 \ 陶质 / 陶色	泥质				夹砂				合计
	橙黄	灰	红	灰底黑彩	橙黄	灰	红	褐	
素面	6	2	3		8				19
绳纹		1			7				8

圆腹罐　1 件。

标本H349：3，夹砂橙黄陶。侈口，方唇，矮领，束颈，颈部以下残。唇面有一道凹槽，颈部素面且有刮抹痕迹。口径 14.4、残高 3.8 厘米（图 4－791，1）。

花边罐　3 件。

标本H349：1，夹砂橙黄陶。侈口，圆唇，矮领，束颈，颈部以下残。口沿外侧饰一周附加泥条，泥条经手指按压呈波状，颈部素面，有烟炱。口径 14、残高 4.8 厘米（图 4－791，2）。

标本H349：2，夹砂橙黄陶。侈口，圆唇，矮领，束颈，颈部以下残。口沿外侧饰一周附加泥条，泥条经手指按压呈波状，颈部饰斜向篮纹，篮纹下饰麻点纹，有烟炱。口径 13.6、残高 4.8

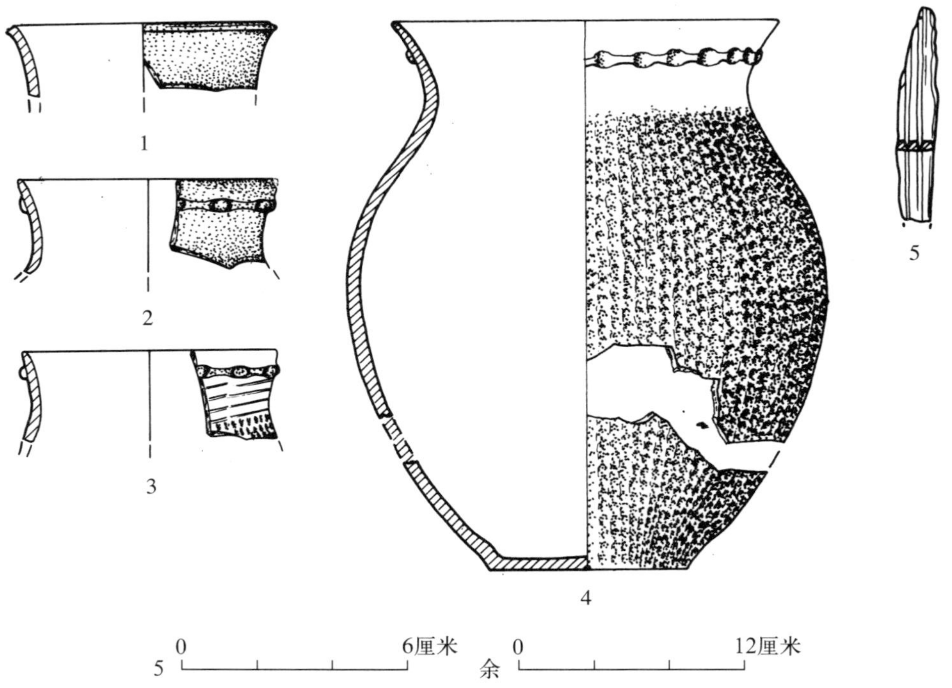

图4－791　H349出土遗物

1.圆腹罐H349：3　2～4.花边罐H349：1、2、4　5.骨器H349：5

厘米（图 4－791，3）。

标本H349：4，夹砂红陶。侈口，尖唇，矮领，束颈，圆腹，平底，颈部饰一周附加泥条，泥条经手指按压呈波状，腹部饰麻点纹。口径 20.4、高 30、底径 10.8 厘米（图 4－791，4；彩版二七〇，3）。

骨器　1 件。

标本H349：5，动物骨骼制作而成，长条扁平状，一面磨制平整且光滑，一面有两道切割凹槽，器身残长 5.9、残宽 1.1、厚 0.3 厘米（图 4－791，5；彩版二七〇，4、5）。

338. H350

H350 位于ⅡT1006 内，延伸至ⅡT0905、ⅡT0906、ⅡT1005、ⅡT1006 四个探方，开口于第⑦层下，被H342、H322、H319、H341、H333、H295、H338、H346 打破（图 4－792；彩版二七一，2）。平面近圆形，口部边缘形态明显，底部边缘形态明显，剖面呈筒状，斜直壁，未见工具痕迹，坑底平整。坑口南北 7.5、东西 7.3、坑底东西残 5.40、深 1.75～2.10 米。坑内堆积可分两层，第①层厚 0～0.37 米，土色浅褐色，土质较致密，包含较多白色斑点，坡状堆积。第②层厚 1.35～2.10 米，土色黄色，土质致密，水平状堆积，包含黑色硬土块。

出土少量陶片和石块、兽骨。

（1）H350①层

出土少量陶片，以腹部残片为主，可辨器形有圆腹罐、高领罐、斝、尊（表 1327、1328）。

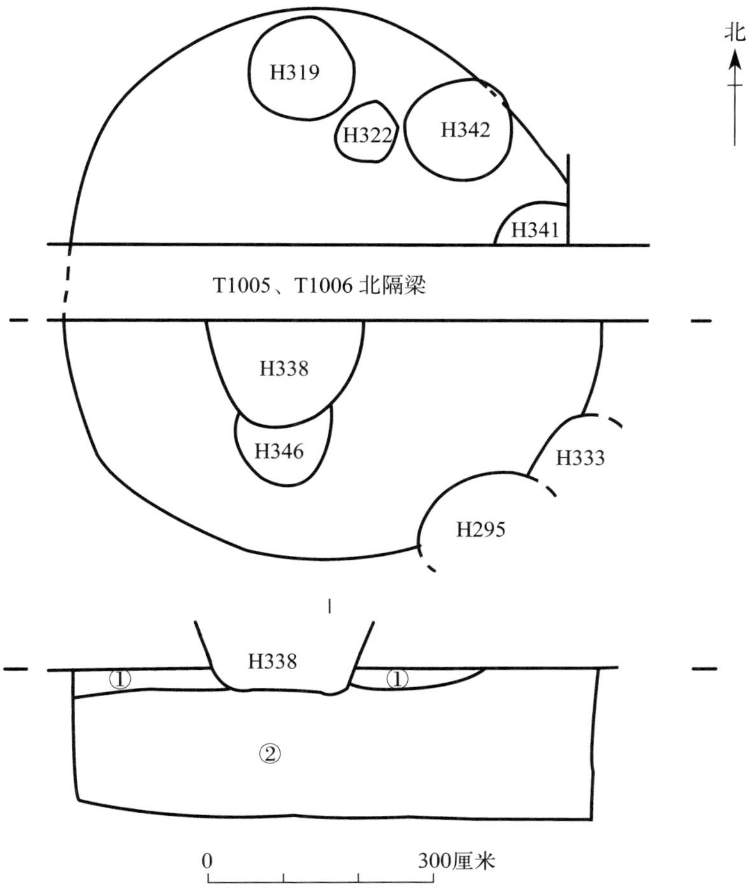

图4-792 H350平、剖面图

表4-1327 H350①层器形数量统计表

器形＼陶质/陶色	泥质				夹砂				合计
	红	橙黄	灰	黑	红	橙黄	灰	黑	
高领罐		2							2
尊	1								1
圆腹罐	1					1			2
斝					1				1

表4-1328 H350①层陶片统计表

纹饰＼陶质/陶色	泥质				夹砂				合计
	橙黄	灰	红	灰底黑彩	橙黄	灰	红	褐	
素面	19	2			9				30
绳纹					9				9
篮纹	19	5	2						26
麻点纹					14				14
附加堆纹					2				2

圆腹罐　2件。

标本H350①：4，泥质红陶。侈口，圆唇，高领，束颈，颈部以下残。颈部素面。口径10、残高4.8厘米（图4-793，5）。

标本H350①：6，夹砂橙黄陶。侈口，圆唇，矮领，束颈，上腹斜弧，下腹残。颈部素面，上腹部饰竖向绳纹，有烟炱。口径15.2、残高6厘米（图4-793，6）。

高领罐　2件。

标本H350①：1，泥质橙黄陶。喇叭口，微卷沿，圆唇，高领，束颈，颈部以下残。口沿外侧有一周折棱，颈部素面且有刮抹痕迹。口径19.2、残高2.8厘米（图4-793，1）。

标本H350①：3，泥质橙黄陶。喇叭口，平沿，圆唇，高领，束颈，颈部以下残。颈部饰横向篮纹有刮抹痕迹。口径24、残高4厘米（图4-793，2）。

斝　1件。

标本H350①：5，夹砂红陶。牛角状空心足，器表素面，有烟炱。残高6.8、残宽6厘米（图4-793，3）。

尊　1件。

标本H350①：2，泥质红陶。喇叭口，圆唇，高领，束颈，鼓腹，底残。器表素面磨光。口径10.8、残高9.2厘米（图4-793，4）。

（2）H350②层

出土少量陶片，以腹部残片为主，可辨器形有圆腹罐、花边罐、双耳罐、高领罐、大口罐、盆、斝（表4-1329、1330）。

表4-1329　H350②层器形数量统计表

器形＼陶质/陶色	泥质				夹砂				合计
	红	橙黄	灰	黑	红	橙黄	灰	黑	
双耳罐	1					1			2
花边罐						3			3
盆	1	2							3
圆腹罐					2	11			13
高领罐		2							2
斝							1		1
大口罐						1			1

表4-1330　H350②层陶片统计表

纹饰＼陶质/陶色	泥质				夹砂				合计
	橙黄	灰	红	灰底黑彩	橙黄	灰	红	褐	
素面	26		3		17				46
绳纹	2				19				21
篮纹	25		8		5				38

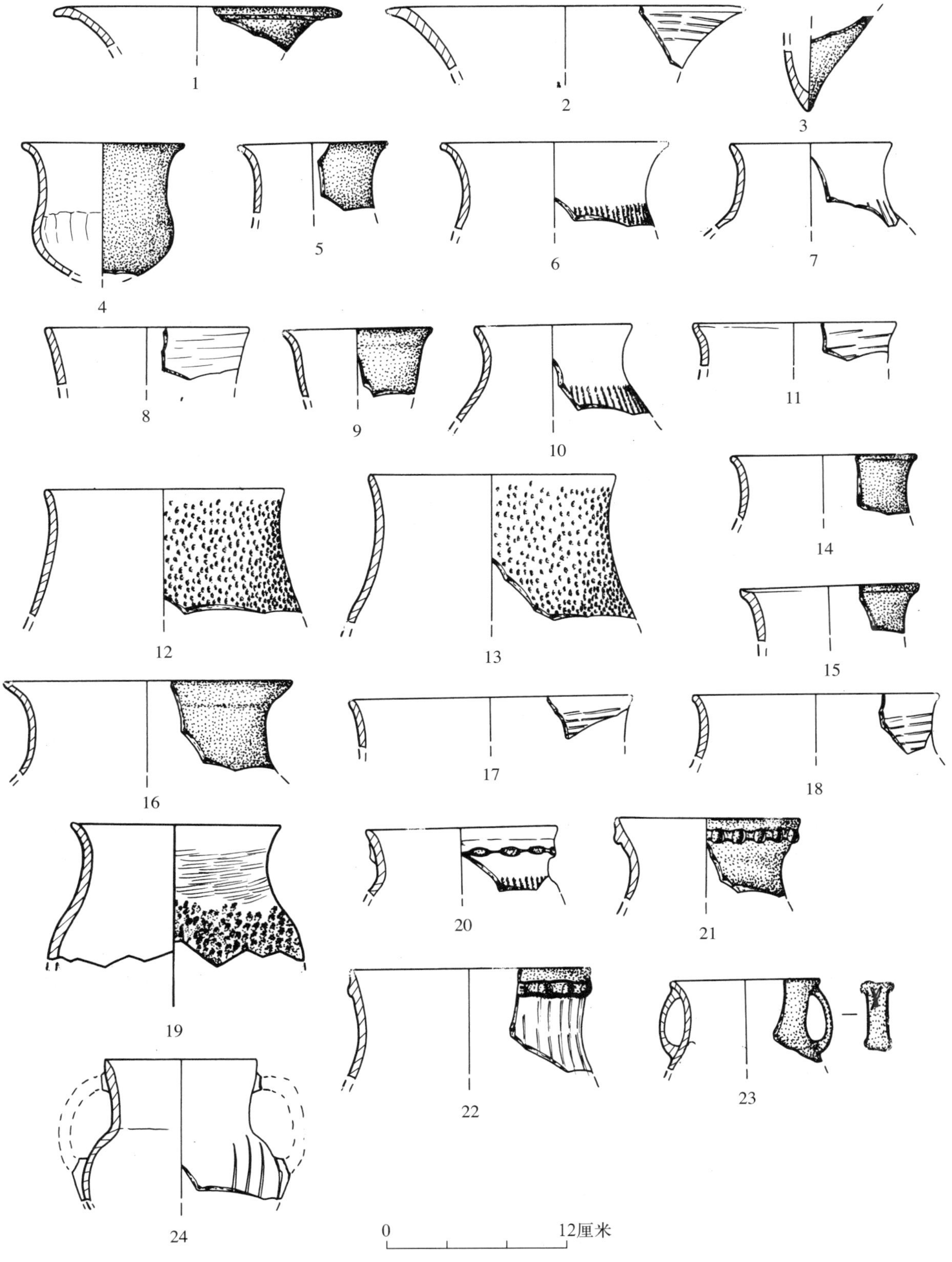

图4－793　H350出土遗物

1、2.高领罐H350①：1、3　3.斝H350①：5　4.尊H350①：2　5～19.圆腹罐H350①：4、6、H350②：4、6～8、12～14、17、18、23～26　20～22.花边罐H350②：2、15、16　23、24.双耳罐H350②：1、19

续表

纹饰 \ 陶质/陶色	泥质				夹砂				合计
	橙黄	灰	红	灰底黑彩	橙黄	灰	红	褐	
麻点纹					37		2		39
刻划纹	2								2
交错绳纹		1							1

圆腹罐　13 件。

标本H350②：4，夹砂橙黄陶。侈口，圆唇，矮领，束颈，上腹圆弧，下腹残。颈部素面，上腹饰竖向刻划纹，有烟炱。口径 10.8、残高 5.8 厘米（图 4–793，7）。

标本H350②：6，夹砂橙黄陶。侈口，圆唇，矮领，束颈，颈部以下残。颈部素面，有烟炱。口径 13.6、残高 3.8 厘米（图 4–793，8）。

标本H350②：7，夹砂橙黄陶。侈口，圆唇，矮领，束颈，斜弧腹，底残。器表素面，有烟炱。口径 10、残高 4.4 厘米（图 4–793，9）。

标本H350②：8，夹砂橙黄陶。侈口，圆唇，矮领，束颈，上腹斜弧，下腹残。颈部素面，上腹饰竖向绳纹，有烟炱。口径 10.6、残高 6.2 厘米（图 4–793，10）。

标本H350②：12，夹砂橙黄陶。侈口，圆唇，矮领，束颈，颈部以下残。颈部饰横向篮纹。口径 13.6、残高 2.8 厘米（图 4–793，11）。

标本H350②：13，夹砂橙黄陶。侈口，圆唇，高领，束颈，上腹斜弧，下腹残。器表通体饰麻点纹，有烟炱。口径 16、残高 8.4 厘米（图 4–793，12）。

标本H350②：14，夹砂橙黄陶。侈口，圆唇，高领，束颈，上腹斜弧，下腹残。器表通体饰麻点纹，有烟炱。口径 16.4、残高 10 厘米（图 4–793，13）。

标本H350②：17，夹砂橙黄陶。侈口，圆唇，矮领，束颈，颈部以下残。颈部素面，有烟炱。口径 12.4、残高 4.2 厘米（图 4–793，14）。

标本H350②：18，夹砂橙黄陶。侈口，方唇，矮领，束颈，颈部以下残。颈部素面。口径 12、残高 3.4 厘米（图 4–793，15）。

标本H350②：23，夹砂红陶。侈口，圆唇，高领，束颈，颈部以下残。颈部素面。口径 19.2、残高 6.2 厘米（图 4–793，16）。

标本H350②：24，夹砂红陶。侈口，圆唇，矮领，束颈，颈部以下残。颈部饰横向篮纹。口径 18.8、残高 3.2 厘米（图 4–793，17）。

标本H350②：25，夹砂橙黄陶。侈口，圆唇，矮领，束颈，颈部以下残。颈部饰横向篮纹。口径 16.4、残高 4.2 厘米（图 4–793，18）。

标本H350②：26，夹砂橙黄陶。侈口，圆唇，高领，束颈，上腹圆，下腹残。颈部饰横向篮纹，上腹饰麻点纹，有烟炱。口径 13.8、残高 9.2 厘米（图 4–793，19）。

花边罐　3 件。

标本H350②：2，夹砂橙黄陶。侈口，尖唇，矮领，束颈，上腹圆弧，下腹残。颈部饰一周附加泥条，泥条经手指按压呈波状，上腹饰竖向绳纹，有烟炱。口径 12.8、残高 4.6 厘米（图 4−793，20）。

标本H350②：15，夹砂橙黄陶。侈口，尖唇，矮领，束颈，颈部以下残。口沿外侧饰一周附加泥条，泥条经手指按压呈波状，颈部素面，有烟炱。口径 12.4、残高 5.4 厘米（图 4−793，21）。

标本H350②：16，夹砂橙黄陶。侈口，尖唇，高领，束颈，颈部以下残。口沿外侧饰一周附加泥条，泥条经手指按压呈波状，颈部饰竖向篮纹，有烟炱。口径 16、残高 7.2 厘米（图 4−793，22）。

双耳罐　2 件。

标本H350②：1，泥质红陶。侈口，圆唇，矮领，束颈，上腹圆弧，下腹残，拱形双耳。器表素面。口径 10、残高 5.8 厘米（图 4−793，23）。

标本H350②：19，夹砂橙黄陶。侈口，尖唇，高领，束颈，鼓腹，底残，耳残。颈部素面，腹部饰竖向刻划纹。口径 10、残高 9.6 厘米（图 4−793，24）。

高领罐　2 件。

标本H350②：9，泥质橙黄陶。喇叭口，圆唇，高领，束颈，颈部以下残。颈部素面，有烟炱。口径 15.6、残高 6.6 厘米（图 4−794，1）。

标本H350②：11，泥质橙黄陶。喇叭口，圆唇，高领，束颈，颈部以下残。颈部素面。口径 12.6、残高 3.4 厘米（图 4−794，2）。

大口罐　1 件。

标本H350②：22，夹砂橙黄陶。侈口，方唇，斜直腹，底残。口沿外侧饰一周附加泥条，器

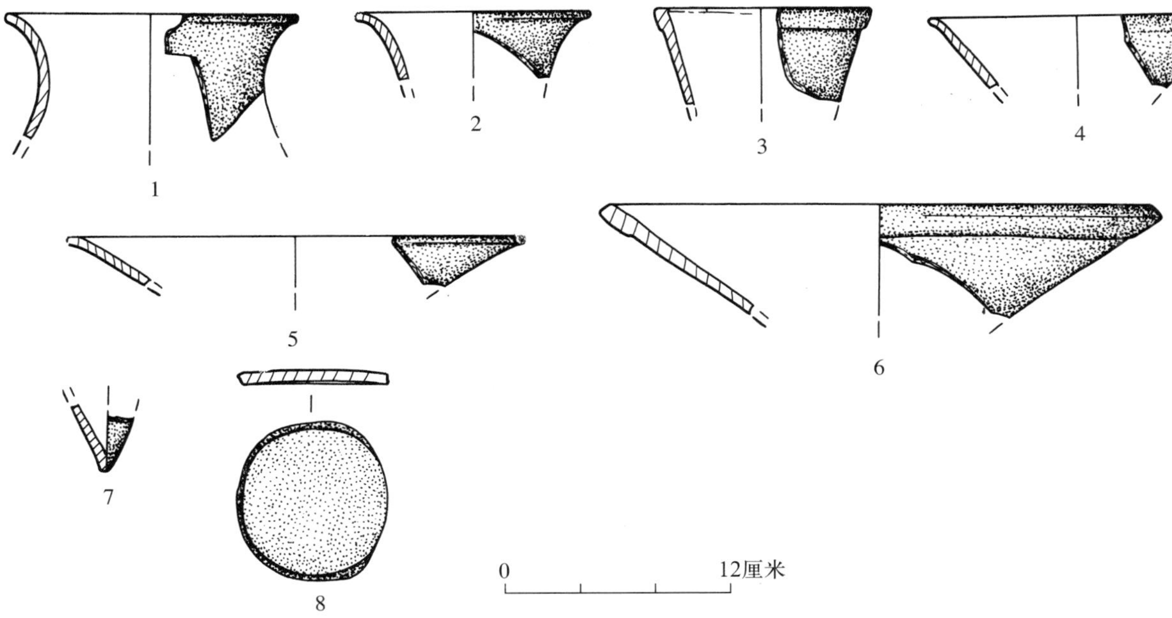

图4−794　H350出土遗物

1、2.高领罐H350②：9、11　3.大口罐H350②：22　4～6.盆H350②：3、5、21　7.斝H350②：20　8.圆陶片H350②：10

表素面，有烟炱。口径 11.6、残高 5.2 厘米（图 4-794，3）。

盆 3 件。

标本H350②：3，泥质红陶。敞口，圆唇，斜直腹，底残。器表素面。口径 16、残高 4 厘米（图 4-794，4）。

标本H350②：5，泥质橙黄陶。敞口，圆唇，斜直腹，底残。器表素面。口径 24.4、残高 2.6 厘米（图 4-794，5）。

标本H350②：21，泥质橙黄陶。敞口，方唇，斜直腹，底残。口沿外侧有一周凸棱，器表素面。口径 28.8、残高 6 厘米（图 4-794，6）。

斝 1 件。

标本H350②：20，夹砂灰陶。牛角状空心足。器表素面，有烟炱。残高 3.4、残宽 3.4 厘米（图 4-794，7）。

圆陶片 1 件。

标本H350②：10，泥质橙黄陶。圆形，边缘磨制痕迹明显，素面。直径 8.6 厘米（图 4-794，8）。

339. H351

H351 位于ⅡT0803 西北部，开口于第④层下（图 4-795；彩版二七二，1）。平面近圆形，口部边缘形态明显，底部边缘形态较明显，剖面呈筒状，直壁，未见工具痕迹，坑底平整。坑口南北 1.15、东西 1.22、坑底东西 1.14、坑深 0.22 米。坑内堆积未分层，土色浅灰色，土质疏松，夹杂黑色斑点，水平状堆积。

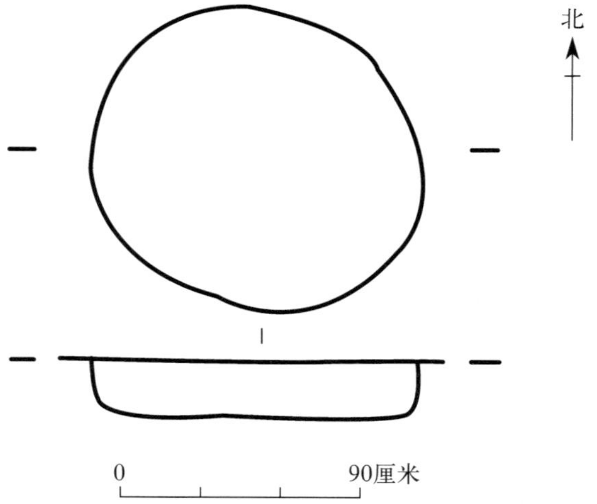

图4-795 H351平、剖面图

340. H352

H352 位于ⅡT1104 北隔梁西部，北部延伸至ⅡT1004 西南部，开口于第②层下，被H355 打破（图 4-796；彩版二七二，2）。平面呈圆形，口部边缘形态明显，底部边缘形态明显，剖面呈

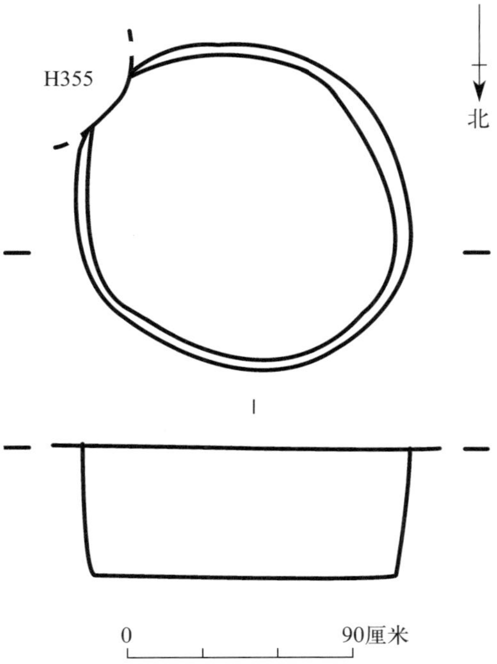

图4-796　H352平、剖面图

筒状，斜直壁，未见工具痕迹，坑底平整。坑口南北 1.34、东西 1.33、坑底东西 1.20、坑深 0.52 米。坑内堆积未分层，土色深褐色，土质较疏松，夹杂少量炭粒，水平状堆积。

坑内出土少量陶片及晚期瓷片，陶片以陶器腹部残片为主，无可辨器形标本，所以不具体介绍，只进行陶系统计（表 4-1331）。

表4-1331　H352陶片统计表

陶质 / 陶色 / 纹饰	泥质				夹砂				合计
	橙黄	灰	红	灰底黑彩	橙黄	灰	红	褐	
素面	9	2	3		12				26
绳纹		1			8				9
篮纹	3	1	8		2				14
麻点纹					18				18

341. H353

H353 位于Ⅱ T0803 北部，开口于第④层下，被H252 打破（图 4-797；彩版二七三，1）。根据现存部分推测H353 平面近圆形，口部边缘形态明显，底部边缘形态较明显，剖面呈筒状，直斜壁，未见工具痕迹，坑底平整。坑口南北 1.80、东西 0.75、坑底东西 0.68、深 0.20 米。坑内堆积未分层，土色浅褐色，土质疏松，水平状堆积。

坑内无出土遗物。

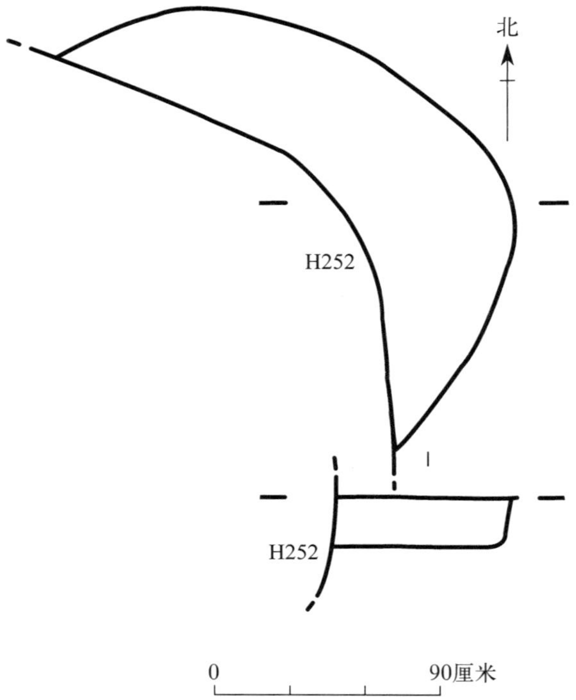

图4-797 H353平、剖面图

342. H354

H354位于ⅡT1104西北角，开口于第②层下（图4-798；彩版二七三，2）。根据现存部分推测H354平面近圆形，口部边缘形态明显，底部边缘形态不明显，剖面呈锅状，弧形壁，未见工具痕迹，圜底。坑口南北长1.54、东西宽0.72、坑深0.95米。坑内堆积未分层，土色深褐色，土

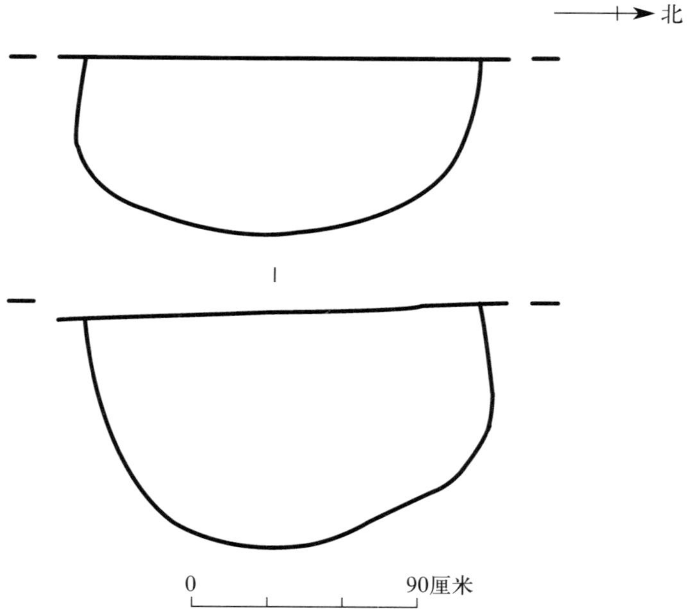

图4-798 H354平、剖面图

质较疏松，夹杂少量炭粒，凹镜状堆积。

坑内出土少量陶片，另出土骨簪 1 件（表 4-1332）。

表4-1332　H354陶片统计表

纹饰 \ 陶质 / 陶色	泥质				夹砂				合计
	橙黄	灰	红	灰底黑彩	橙黄	灰	红	褐	
素面	8	2	3		9				22
绳纹		1			5				6
篮纹	3	1	8		2				14

骨簪　1 件。

标本H354：1，动物骨骼磨制而成，扁平锥状，器表磨制光滑，尾端残，前端磨制成尖。残长 7.1、宽 0.9、厚 0.5 厘米（图 4-799；彩版二七三，3）。

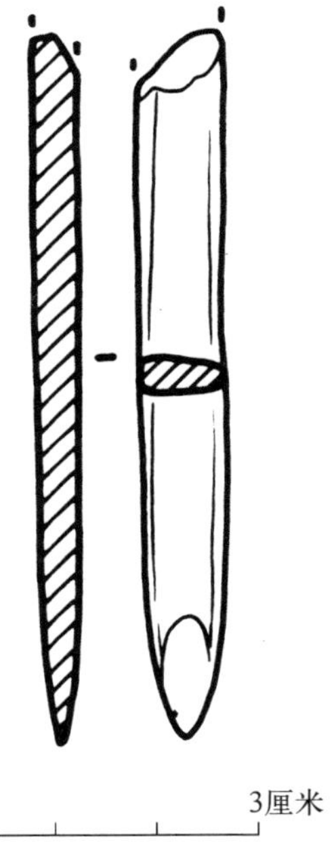

图4-799　H354出土骨簪H354：1

343. H355

H355 位于ⅡT1104 北部，开口于第②层下，被H352 打破（图 4-800；彩版二七四，1）。平面近椭圆形，口部边缘形态明显，底部边缘形态较明显，剖面呈筒状，斜直壁，未见工具痕迹，坑底平整。坑口南北 1.60、东西 1.34、坑底东西 1.04、坑深 0.84 米。坑内堆积未分层，土色深褐色，土质较疏松，水平状堆积。

坑内出土少量陶片，以陶器腹部残片为主，无可辨器形标本，所以不具体介绍，只进行陶系统计（表 4-1333）。

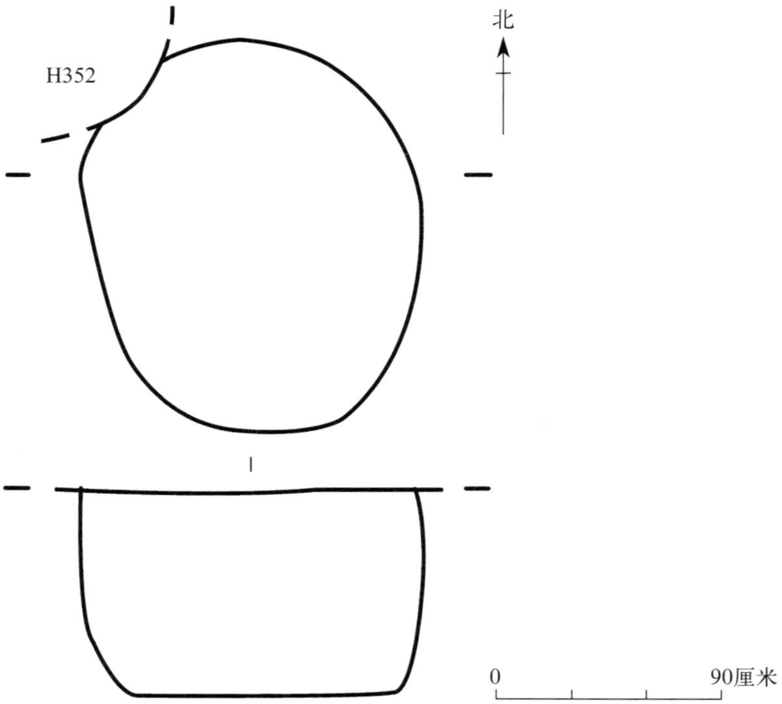

图4-800 H355平、剖面图

表4-1333 H355陶片统计表

纹饰＼陶质/陶色	泥质				夹砂				合计
	橙黄	灰	红	灰底黑彩	橙黄	灰	红	褐	
素面	11	2	3		12				28
绳纹		1			11				12
篮纹	5		8		2				15

344. H356

H356位于ⅡT1104中部，开口于第②层下（图4-801；彩版二七四，2）。平面近圆形，口部边缘形态明显，底部边缘形态明显，剖面呈筒状，直壁，未见工具痕迹，坑底平整。坑口南北1.14、东西1.08、坑底东西1.04、坑深0.86米。坑内堆积未分层，土色深褐色，土质较疏松，夹杂少量炭粒，水平状堆积。

坑内出土少量陶片，以陶器腹部残片为主，无可辨器形标本，所以不具体介绍，只进行陶系统计（表4-1334）。

表4-1334 H356陶片统计表

纹饰＼陶质/陶色	泥质				夹砂				合计
	橙黄	灰	红	灰底黑彩	橙黄	灰	红	褐	
素面	4	1	3		2				10

续表

纹饰＼陶质/陶色	泥质				夹砂				合计
	橙黄	灰	红	灰底黑彩	橙黄	灰	红	褐	
绳纹		1			3				4
篮纹	3		3		2				8

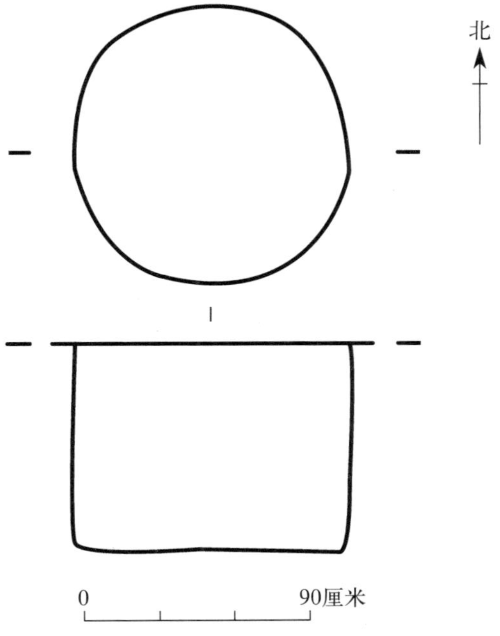

图4-801　H356平、剖面图

345. H357

H357位于ⅡT1104中部偏西，开口于第②层下，被H356打破（图4-802；彩版二七五，1）。根据现存部分推测H357平面近圆形，口部边缘形态明显，底部边缘形态明显，剖面呈袋状，斜直壁，未见工具痕迹，坑底东高西低，呈坡状。坑口南北1.08、坑底东西1.12、坑深1.20～1.28米。坑内堆积未分层，土色深褐色，土质较疏松，夹杂少量炭粒，坡状堆积。

坑内出土少量陶片及零星兽骨，陶片以腹部残片为主，可辨器形有圆腹罐、高领罐（表4-1335、1336）。

表4-1335　H357器形数量统计表

器形＼陶质/陶色	泥质				夹砂				合计
	红	橙黄	灰	黑	红	橙黄	灰	黑	
圆腹罐					1	2			3
高领罐		1							1

表4-1336 H357陶片统计表

纹饰＼陶质/陶色	泥质				夹砂				合计
	橙黄	灰	红	灰底黑彩	橙黄	灰	红	褐	
素面	25				2				27
绳纹					3				3
篮纹			1		1				2
麻点纹	1				12				13

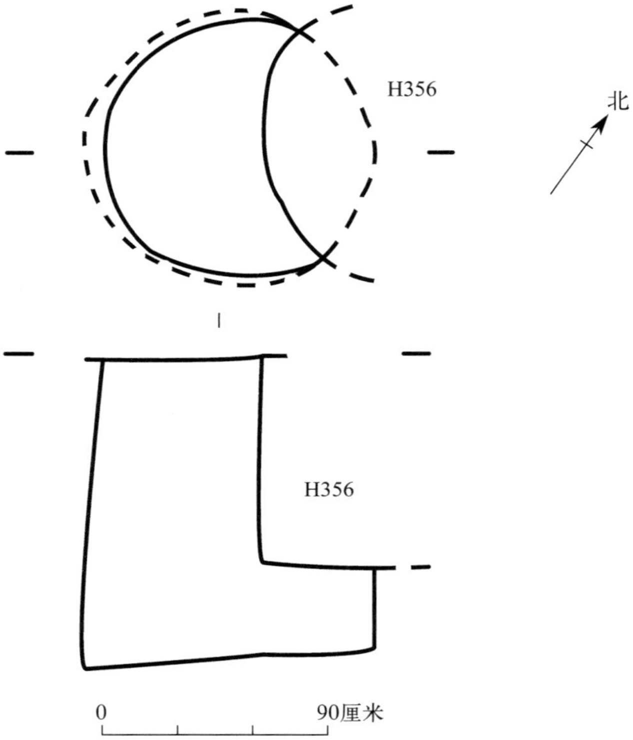

图4-802 H357平、剖面图

圆腹罐 3件。

标本H357：1 夹砂红陶。侈口，圆唇，矮领，微束颈，颈部以下残。颈部饰麻点纹，有烟炱痕迹。口径17.6、残高4.6厘米（图4-803，1）。

标本H357：2，夹砂橙黄陶。侈口，圆唇，矮领，束颈，颈部以下残。颈部饰横向篮纹，有烟炱痕迹。口径13.2、残高4.6厘米（图4-803，2）。

标本H357：3，夹砂橙黄陶。侈口，圆唇，矮领，束颈，圆腹，底残。颈部素面，腹部饰麻点纹，有烟炱痕迹。口径12.8、残高14厘米（图4-803，3）。

高领罐 1件。

标本H357：4，泥质橙黄陶。喇叭口，圆唇，高领，束颈，颈部以下残。口沿外侧有一周折棱，颈部饰竖向篮纹。口径17.6、残高5.2厘米（图4-803，4）。

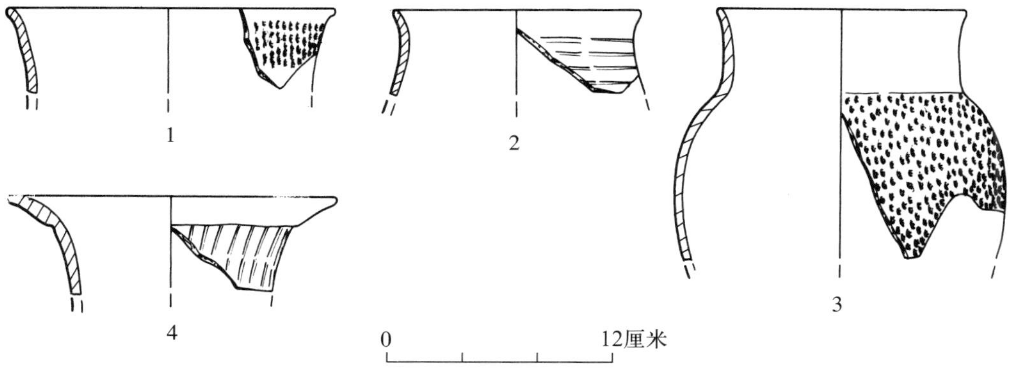

图4-803　H357出土遗物

1.圆腹罐H357：1、2、3　4.高领罐H357：4

346. H358

H358位于ⅢT2817西部，开口于第①层下（图4-804）。平面北宽南窄近长方形，口部边缘形态明显，底部边缘形态较明显，剖面呈筒状，斜直壁，未见工具痕迹，坑底平整。坑口南北1.70、东西0.51～0.60、坑底南北1.50、坑深0.60米。坑内堆积未分层，土色浅褐色，土质较疏松，包含有较多植物根茎，少量炭粒、红烧土颗粒，水平状堆积。

坑内出土少量陶片，以陶器腹部残片为主，无可辨器形标本，所以不具体介绍，只进行陶系统计（表4-1337）。

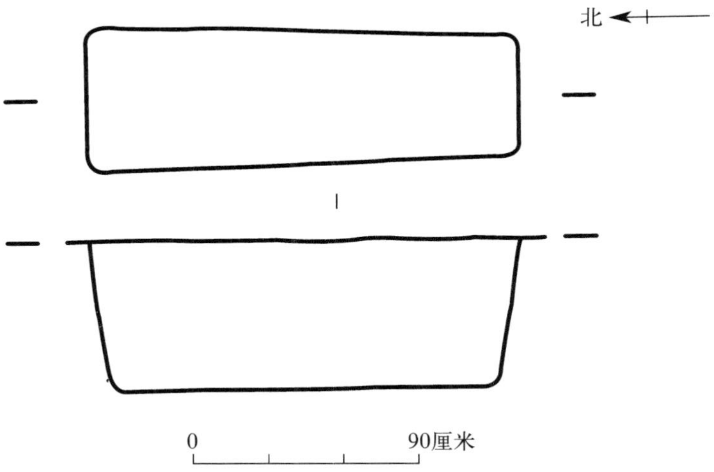

图4-804　H358平、剖面图

表4-1337　H358陶片统计表

陶质	泥质				夹砂				合计
纹饰＼陶色	橙黄	灰	红	灰底黑彩	橙黄	灰	红	褐	
素面	8	2	3		5				18
绳纹		1			4				5
篮纹	3		4		2				9

347. H359

H359位于ⅡT1206南部，开口于第⑤层下（图4-805；彩版二七五，2）。平面呈椭圆形，口部边缘形态不明显，底部边缘形态明显，剖面呈袋状，斜直壁，坑底平整。坑口东西1.50、南北1.26、坑底东西1.74、坑深0.80～1.30米。坑内堆积未分层，土色浅褐色，土质疏松，坡状堆积。

坑内出土少量陶片，另出土陶罐、骨锥各1件，陶片以腹部残片为主，可辨器形有花边罐、单耳罐（表4-1338、1339）。

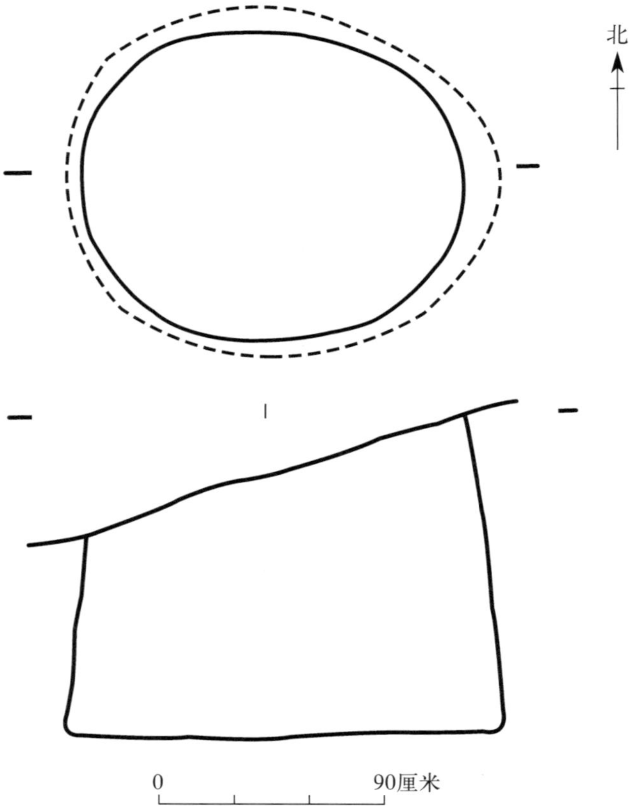

图4-805 H359平、剖面图

表4-1338 H359器形数量统计表

器形 \ 陶质/陶色	泥质				夹砂				合计
	红	橙黄	灰	黑	红	橙黄	灰	黑	
花边罐						1			1
单耳罐					1				1

表4-1339 H359陶片统计表

纹饰 \ 陶质/陶色	泥质				夹砂				合计
	橙黄	灰	红	灰底黑彩	橙黄	灰	红	褐	
绳纹	1				2				3

花边罐　1件。

标本H359：1，夹砂橙黄陶。侈口，圆唇，矮领，束颈，颈部以下残。口沿外侧饰一周附加泥条，泥条之上饰斜向戳印纹，颈部饰横向篮纹。口径15.2、残高5厘米（图4-806，1）。

单耳罐　1件。

标本H359：3，夹砂红陶。侈口，尖唇，矮领，束颈，鼓腹，平底。拱形单耳，颈部素面，腹部饰竖向绳纹。口径8、高9.6、底径6.4厘米（图4-806，2；彩版二七五，3）。

骨锥　1件。

标本H359：2，动物骨骼磨制而成，器表磨制光滑，尖端与尾端均残，截断面呈椭圆形，近尖端宽，尾端窄，器身残长8.2、宽1.2、厚0.4厘米（图4-806，3）。

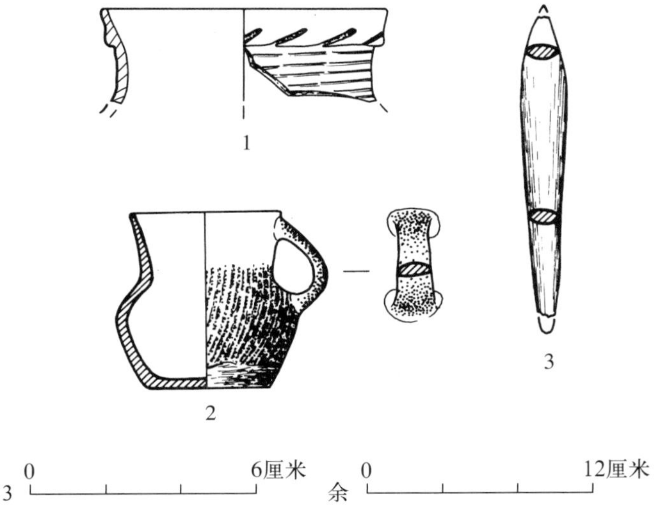

图4-806　H359出土遗物

1.花边罐H359：1　2.单耳罐H359：3　3.骨锥H359：2

348. H360

H360位于ⅡT0901西部，部分压于西壁下，开口于第②层下（图4-807；彩版二七六，1）。根据现存部分推测H360平面近圆形，口部边缘形态明显，底部边缘形态明显，剖面呈筒状，直壁，未见工具痕迹，坑底平整。坑口南北1.08、东西0.82、坑底东西0.80、坑深1.06米。坑内堆积未分层，土色浅褐色，土质疏松，水平状堆积。

坑内出土少量陶片，以陶器腹部残片为主，无可辨器形标本，所以不具体介绍，只进行陶系统计（表4-1340）。

表4-1340　H360陶片统计表

陶质 / 陶色 / 纹饰	泥质				夹砂				合计
	橙黄	灰	红	灰底黑彩	橙黄	灰	红	褐	
素面	7	2	3		9				21

续表

陶质 / 陶色 / 纹饰	泥质				夹砂				合计
	橙黄	灰	红	灰底黑彩	橙黄	灰	红	褐	
绳纹		1			6				7
篮纹	6		6		2				14

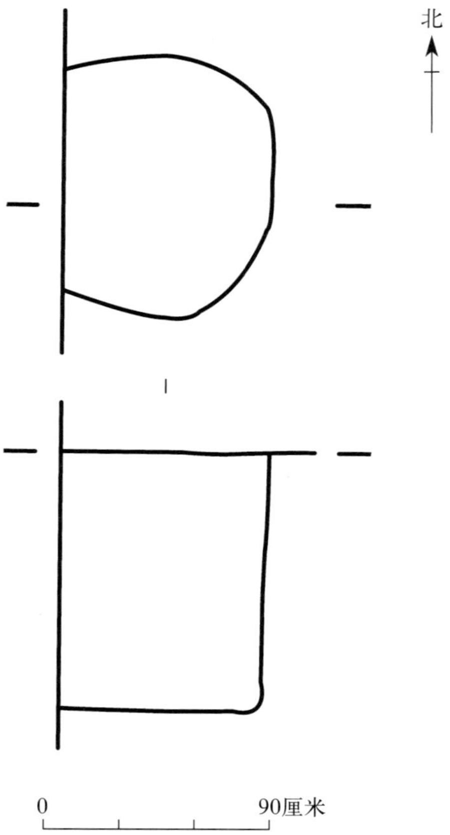

图4-807　H360平、剖面图

349. H361

H361位于ⅡT0901西南角，开口于第②层下，被G4打破（图4-808；彩版二七六，2）。根据现存部分推测H361平面近圆形，口部边缘形态明显，底部边缘形态较明显，剖面呈筒状，直壁，未见工具痕迹，坑底平整。坑口东西0.94、南北0.60、坑底0.86、坑深0.56米。坑内堆积未分层，土色浅褐色，土质疏松，水平状堆积。

坑内出土少量陶片，以腹部残片为主，可辨器形有盆（表4-1341、1342）。

盆　1件。

标本H361：1，泥质红陶。敞口，方唇，斜腹微弧，平底。口沿外侧有一周折棱，折棱之上饰斜向篮纹，腹部饰横向绳纹。口径34、高9.6、底径18.4厘米（图4-809）。

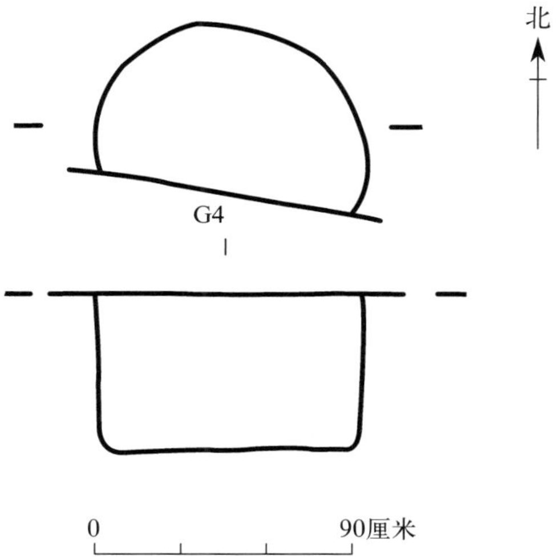

图4-808　H361平、剖面图

表4-1341　H361器形数量统计表

器形＼陶质/陶色	泥质				夹砂				合计
	红	橙黄	灰	黑	红	橙黄	灰	黑	
盆	1								1

表4-1342　H361陶片统计表

纹饰＼陶质/陶色	泥质					夹砂				合计
	橙黄	灰	红	白	灰底黑彩	橙黄	灰	红	褐	
素面	9	1	3			10				23
绳纹		2				7				9
篮纹	5		6			8		1		20

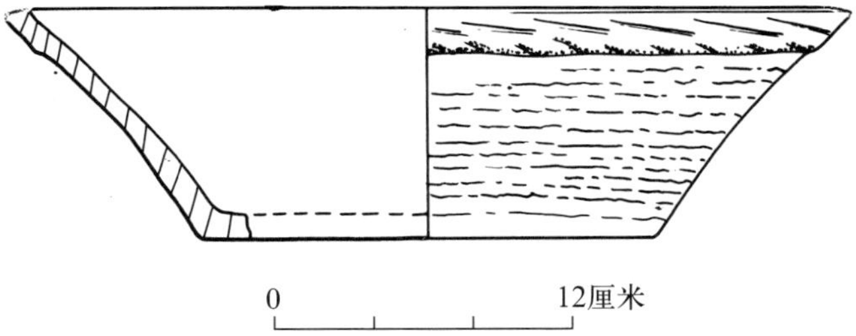

图4-809　H361出土盆H361：1

350. H362

H362 位于ⅡT1104 东部，开口于第③层下（图 4-810）。平面近圆形，口部边缘形态明显，底部边缘形态较明显，剖面呈筒状，直壁，未见工具痕迹，基本平底。坑口东西 1.24、南北 1.16、坑底南北 1.10、坑深 1.02～1.10 米。坑内堆积未分层，土色深褐色，土质较疏松，水平

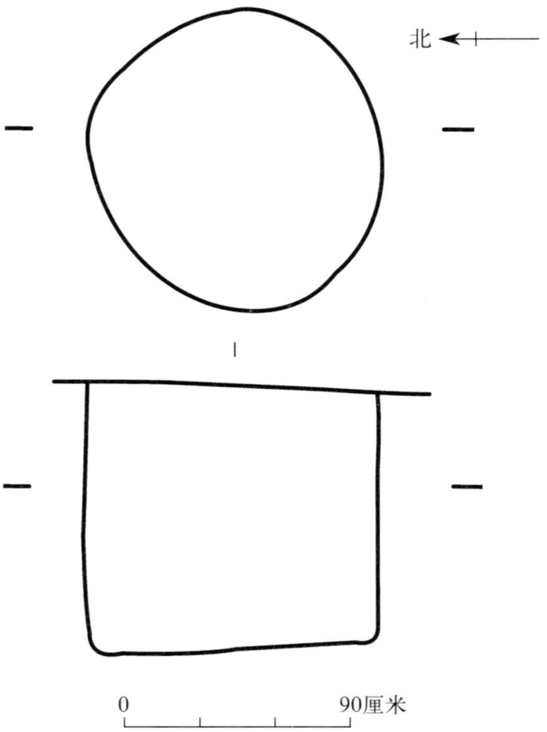

图4-810 H362平、剖面图

状堆积。

坑内出土少量陶片，以腹部残片为主，可辨器形有圆腹罐、花边罐、盆（表 4-1343、1344）。

表4-1343 H362器形数量统计表

陶质 \ 陶色 \ 器形	泥质				夹砂				合计
	红	橙黄	灰	黑	红	橙黄	灰	黑	
盆		1							1
圆腹罐		2				2			4
花边罐					1				1

表4-1344 H362陶片统计表

陶质 \ 陶色 \ 纹饰	泥质				夹砂				合计
	橙黄	灰	红	白	橙黄	灰	红	褐	
素面	12			1	4				17
绳纹					3				3
篮纹	1				5		2		8
麻点纹					7		3		10

圆腹罐 4 件。

标本H362：2，泥质橙黄陶。侈口，方唇，高领，束颈，颈部以下残。口沿外侧有一周凸棱，器表素面。口径 24.8、残高 4.8 厘米（图 4-811，1）。

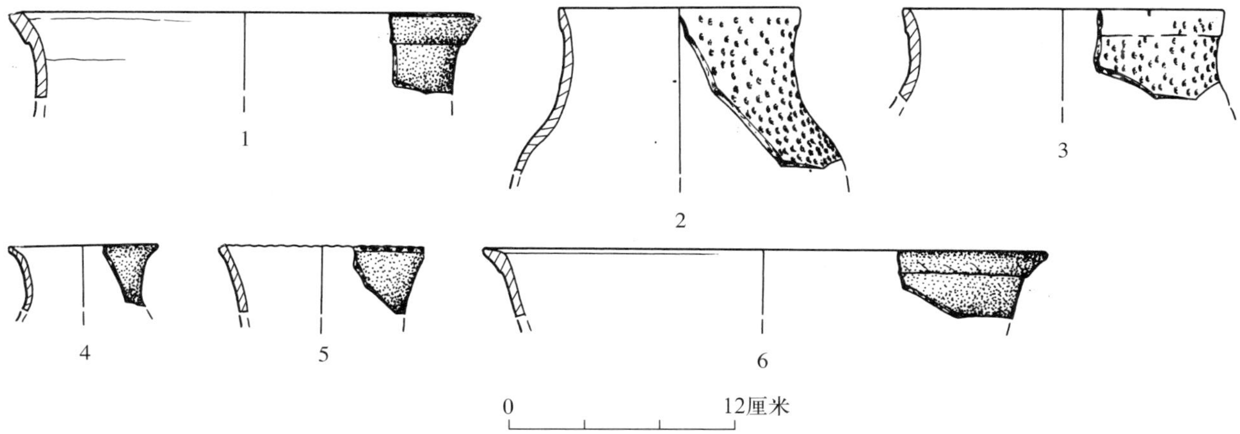

图4−811　H362出土遗物

1～4.圆腹罐H362：2～5　5.花边罐H362：6　6.盆H362：1

标本H362：3，夹砂橙黄陶。侈口，尖唇，高领，束颈，上腹圆，下腹残。器表通体饰麻点纹。口径 12.8、残高 8.8 厘米（图 4−811，2）。

标本H362：4，夹砂橙黄陶。侈口，圆唇，矮领，束颈，颈部以下残。口沿外侧有一周折棱，器表通体饰麻点纹。口径 17.2、残高 5 厘米（图 4−811，3）。

标本H362：5，泥质橙黄陶。侈口，圆唇，矮领，束颈，颈部以下残。颈部素面。口径 8、残高 3.6 厘米（图 4−811，4）。

花边罐　1 件。

标本H362：6，夹砂红陶。侈口，锯齿唇，矮领，束颈，颈部以下残。颈部素面。口径 10.8、残高 3.6 厘米（图 4−811，5）。

盆　1 件。

标本H362：1，泥质橙黄陶。敞口，方唇，上腹斜弧，下腹残。口沿外侧饰一周折棱，腹部素面。口径 30、残高 3.6 厘米（图 4−811，6）。

351. H363

H363 位于ⅡT1104 西南部，开口于第③层下（图 4−812；彩版二七七，1）。平面近圆形，口部边缘形态明显，底部边缘形态明显，剖面呈筒状，直壁，未见工具痕迹，坑底平整。坑口南北 1.36、东西 1.38、坑底东西 1.28、深 1.04 米。坑内堆积未分层，土色深褐色，土质较疏松，包含炭粒，水平状堆积。

坑内出土少量陶片，以腹部残片为主，可辨器形有圆腹罐、花边罐。另出土石刀、兽骨（表 4−1345、1346）。

圆腹罐　1 件。

标本H363：1，夹砂橙黄陶。侈口，圆唇，矮领，束颈，颈部以下残。颈部素面。口径 9.2、残高 3.2 厘米（图 4−813，1）。

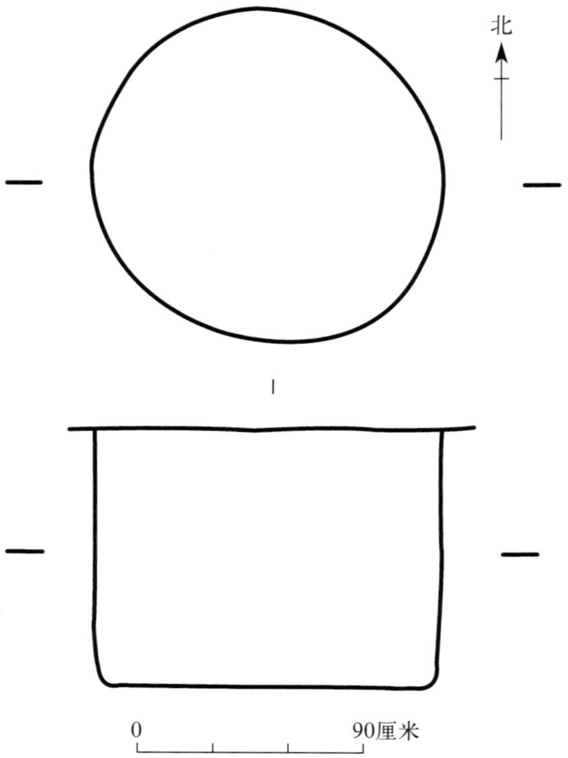

图4-812　H363平、剖面图

表4-1345　H363器形数量统计表

陶质／陶色／器形	泥质				夹砂				合计
	红	橙黄	灰	黑	红	橙黄	灰	黑	
圆腹罐						1			1
花边罐					1				1

表4-1346　H363陶片统计表

陶质／陶色／纹饰	泥质				夹砂				合计
	橙黄	灰	红	灰底黑彩	橙黄	灰	红	褐	
素面	4								4
绳纹					2				2
篮纹	1		1						2
麻点纹					6				6

花边罐　1件。

标本H363：2，夹砂红陶。侈口，尖唇，矮领，束颈，颈部以下残。口沿外侧饰一周附加泥条，泥条之上饰戳印纹。口径12.4、残高3.2厘米（图4-813，2）。

石刀　1件。

标本H363：3，残，石英岩。近三角形，器表有疤痕，双面磨刃。刃长5.5厘米，刃角35°，

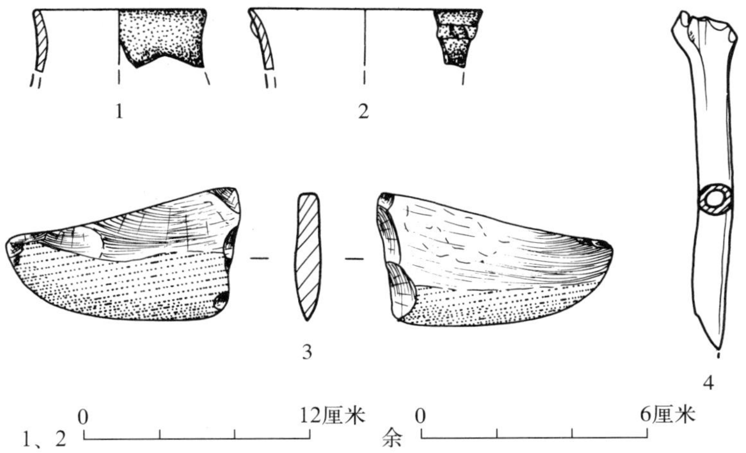

图4-813　H363出土遗物

1.圆腹罐H363：1　2.花边罐H363：2　3.石刀H363：3　4.兽骨H363：4

器身残长 6.2、残宽 3.6 厘米（图 4-813，3）。

兽骨　1 件。

标本H363：4，动物肢骨，一端系原骨关节，一端残，器表光滑。残长 9.3、宽 1.7 厘米（图 4-813，4）。

352. H364

H364 位于ⅢT2817 北部，部分压于北隔梁下，开口于第②层下（图 4-814；彩版二七七，2）。平面呈不规则状，口部边缘形态明显，底部边缘形态明显，剖面呈筒状，斜直壁，未见工

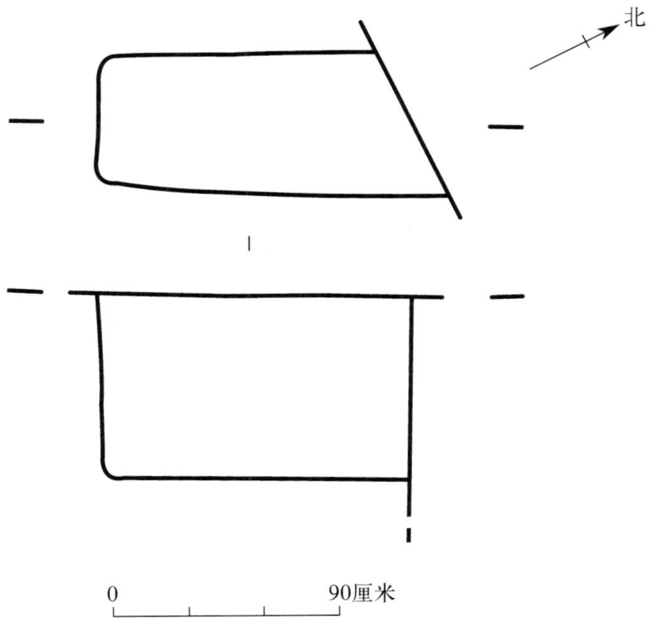

图4-814　H364平、剖面图

具痕迹，坑底平整。坑口南北 1.08～1.38、东西 0.50～0.58、坑底南北 1.20、坑深 0.74 米。坑内堆积未分层，土色灰褐色，土质较疏松，包含有较多植物根系，少许炭粒、红烧土颗粒，水平状堆积。

坑内出土少量陶片，以陶器腹部残片为主，无可辨器形标本，所以不具体介绍，只进行陶系统计（表 4-1347）。

表4-1347 H364陶片统计表

陶质/陶色/纹饰	泥质				夹砂				合计
	橙黄	灰	红	白	橙黄	灰	红	褐	
素面	13	5	1	1	1		1		22
绳纹		1			1		1		3
篮纹	15				3				18
麻点纹					14				14
抹断绳纹					1				1
篮纹+绳纹							1		1

353. H365

H365 位于ⅡT1206 西南部，开口于第⑤层下，被H359 打破（图 4-815；彩版二七八，1）。根据现存部分推测H365 平面近圆形，口部边缘形态明显，底部边缘形态较明显，剖面呈袋状，斜

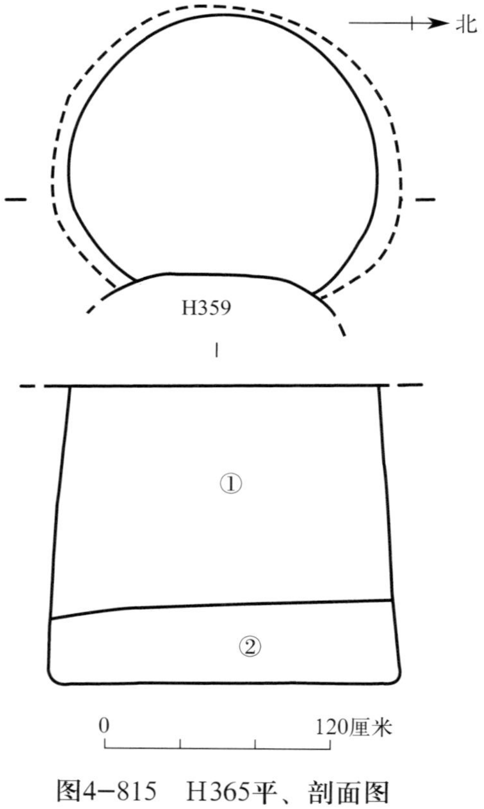

图4-815 H365平、剖面图

直壁，未见工具痕迹，坑底平整。坑口南北 1.60、东西 1.40、坑底南北 1.85、坑深 1.60 米。坑内堆积分两层：第①层厚 1.16～1.25 米，土色深灰色，土质疏松，水平状堆积。第②层厚 0.35～0.44 米，土色深褐色，土质疏松，水平状堆积。

坑内出土少量陶片、石块、兽骨，另出土石刀、陶器各 1 件。

（1）H365①层

出土少量陶片，以腹部残片为主，可辨器形有圆腹罐、花边罐、高领罐、钵。另出土石刀（表 4-1348、1349）。

表4-1348　H365①层器形数量统计表

器形＼陶质/陶色	泥质				夹砂				合计
	红	橙黄	灰	黑	红	橙黄	灰	黑	
钵	1								1
高领罐	1								1
花边罐					1				1
圆腹罐					1	2			3

表4-1349　H365①层陶片统计表

纹饰＼陶质/陶色	泥质				夹砂				合计
	橙黄	灰	红	灰底黑彩	橙黄	灰	红	褐	
素面	8		7		4				19
绳纹	2		1		6				9
篮纹	8		1		3				12
麻点纹					33		3		36
交错篮纹	1		3						4
篮纹＋麻点纹					5				5

圆腹罐　3 件。

标本H365①：4，夹砂橙黄陶。侈口，圆唇，高领，束颈，上腹圆弧，下腹残。颈部饰横向篮纹，上腹饰麻点纹，器表有烟炱痕迹。口径 12、残高 5.6 厘米（图 4-816，1）。

标本H365①：5，夹砂橙黄陶。侈口，圆唇，矮领，束颈，颈部以下残。颈部素面。口径 21.2、残高 4 厘米（图 4-816，2）。

标本H365①：6，夹砂红陶。侈口，圆唇，矮领，束颈，颈部以下残。颈部饰斜向篮纹。口径 11.2、残高 2.6 厘米（图 4-816，3）。

花边罐　1 件。

标本H365①：3，夹砂红陶。侈口，尖唇，矮领，束颈，颈部以下残。口沿外侧饰一周附加泥条，泥条经手指按压呈波状，颈部饰斜向篮纹，器表有烟炱痕迹。口径 17.2、残高 3.6 厘米（图 4-816，4）。

高领罐　1 件。

标本H365①：2，泥质红陶。喇叭口，圆唇，高领，束颈，颈部以下残。颈部素面磨光。口径15.2、残高6.8厘米（图4-816，5）。

钵　1件。

标本H365①：1，泥质红陶。敞口，方唇，斜弧腹，底残。器表与内壁通体素面磨光。口径20.4、残高5.2厘米（图4-816，6）。

陶器　1件。

标本H365①：8，泥质红陶。呈圆柱状，两端残，中腰粗两端略细，器表素面磨光。残长11、直径4.6厘米（图4-816，7；彩版二七八，2）。

石刀　1件。

标本H365①：7，石英岩。基部及一侧边残，一侧边平直，双面磨刃，残断处有一残孔。刃残长4.3厘米，刃角27°，残长5.3、残宽3.4厘米（图4-816，8；彩版二七八，3）。

（2）H365②层

出土少量陶片，以腹部残片为主，可辨器形有圆腹罐、单耳罐、双耳罐、高领罐、豆。另出土石刀1件（表4-1350、1351）。

表4-1350　H365②层器形数量统计表

陶质/陶色/器形	泥质				夹砂				合计
	红	橙黄	灰	黑	红	橙黄	灰	黑	
圆腹罐					1	6			7
单耳罐						1			1
双耳罐						1			1
豆	1								1
高领罐		1							1

表4-1351　H365②层陶片统计表

陶质/陶色/纹饰	泥质				夹砂				合计
	橙黄	灰	红	灰底黑彩	橙黄	灰	红	褐	
素面	11		10		15		1		37
绳纹	2				7				9
篮纹	11	1	3		5				20
麻点纹					47		4		51
压印纹	1								1
篮纹＋麻点纹					3				3

圆腹罐　7件。

标本H365②：1，夹砂红陶。侈口，圆唇，高领，束颈，颈部以下残。颈部饰麻点纹。口径15.6、残高4.2厘米（图4-816，9）。

标本H365②：2，夹砂橙黄陶。侈口，圆唇，矮领，束颈，上腹斜弧，下腹残。颈部饰横向

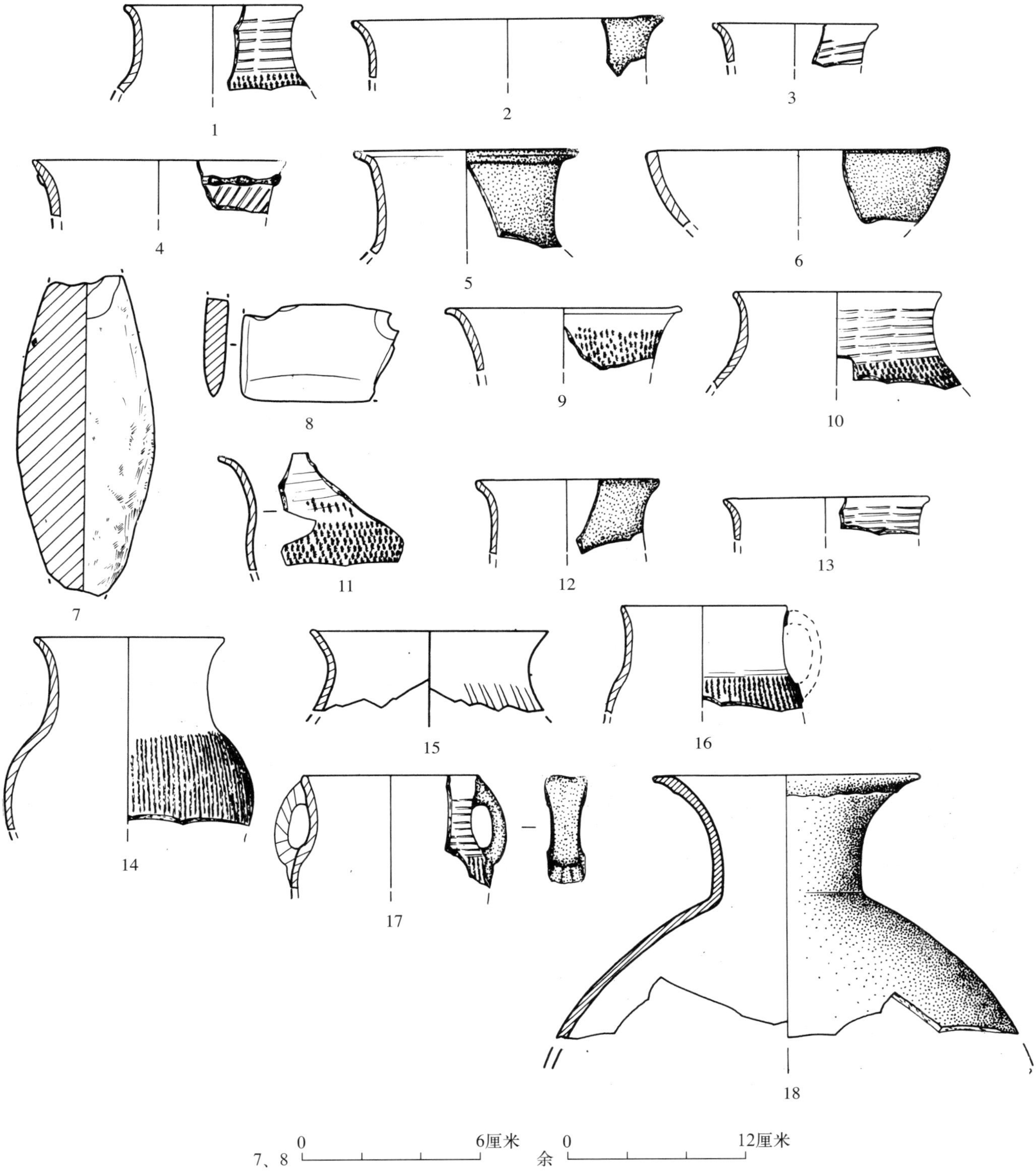

图4-816　H365出土遗物

1～3、9～15.圆腹罐H365①：4～6、H365②：1、2、4、5、7、9、13　4.花边罐H365①：3　5、18.高领罐H365①：2、H365②：10　6.钵H365①：1　7.陶器H365①：8　8.石刀H365①：7　16.单耳罐H365②：3　17.双耳罐H365②：6

篮纹，上腹饰麻点纹。口径 14、残高 6.6 厘米（图 4-816，10）。

标本H365②：4，夹砂橙黄陶。侈口，圆唇，高领，束颈，上腹圆，下腹残。颈部饰横向篮纹，腹部饰麻点纹。残高 7.9、残宽 8.2 厘米（图 4-816，11）。

标本H365②：5，夹砂橙黄陶。侈口，圆唇，高领，束颈，颈部以下残。颈部素面且有刮抹痕迹，器表有烟炱痕迹。口径 12.4、残高 5 厘米（图 4-816，12）。

标本H365②：7，夹砂橙黄陶。侈口，圆唇，矮领，束颈，颈部以下残。颈部饰横向篮纹，器表有烟炱痕迹。口径 14、残高 2.8 厘米（图 4-816，13）。

标本H365②：9，夹砂橙黄陶。侈口，圆唇，高领，束颈，圆腹，底残。颈部素面，腹部饰竖向绳纹，器表有烟炱痕迹。口径 12.8、残高 13 厘米（图 4-816，14）。

标本H365②：13，夹砂橙黄陶。侈口，圆唇，矮领，束颈，上腹斜，下腹残。颈部素面，上腹饰竖向篮纹，器表有烟炱痕迹。口径 16、残高 5.6 厘米（图 4-816，15）。

单耳罐　1 件。

标本H365②：3，夹砂橙黄陶。侈口，圆唇，高领，束颈，上腹圆弧，下腹残。耳残，颈部素面，上腹饰竖向绳纹。口径 11.2、残高 7.6 厘米（图 4-816，16）。

双耳罐　1 件。

标本H365②：6，夹砂橙黄陶。侈口，圆唇，高领，束颈，圆腹，底残。连口拱形双耳，颈部饰横向篮纹，腹部饰斜向绳纹。口径 11.6、残高 7.6 厘米（图 4-816，17）。

高领罐　1 件。

标本H365②：10，泥质橙黄陶。喇叭口，平沿，圆唇，高领，束颈，圆肩，腹部残，口沿外侧饰一周折棱，器表素面磨光。口径 18、残高 18.4 厘米（图 4-816，18）。

豆　1 件。

标本H365②：8，泥质红陶。现残存豆盘部分和豆座部分，盘与座均不完整，豆盘有两个对向钻孔，器表素面。残高 6.6、残宽 18.8 厘米（图 4-817，1）。

器盖　1 件。

标本H365②：11，夹砂橙黄陶。柄部残，斜弧盖面，盖面饰麻点纹，中间有一周凹槽，直径

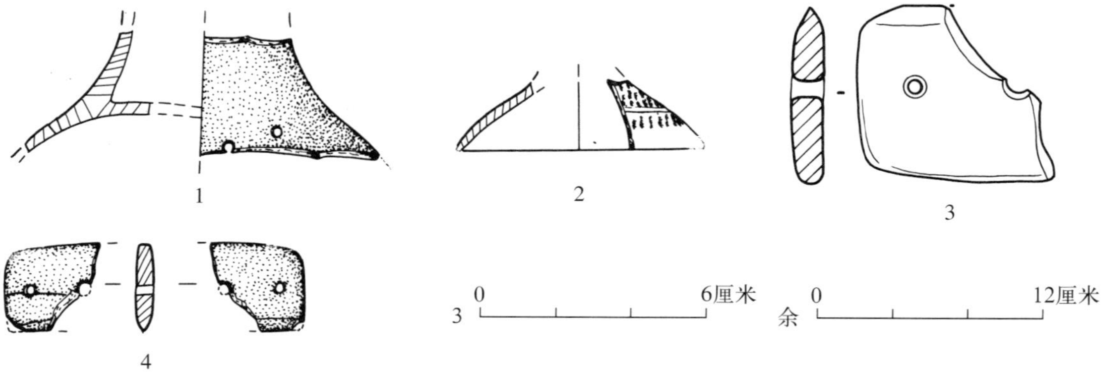

图4-817　H365出土遗物

1.豆H365②：8　2.器盖H365②：11　3.陶刀H365②：14　4.石刀H365②：12

13.2、残高 3.6 厘米（图 4-817，2）。

陶刀　1 件。

标本H365②：14，泥质红陶。一半残，平基部，一侧边平直，双面磨刃，器身有两个钻孔，一个残，器表素面，孔径 0.3 厘米，刃残长 1.3 厘米，刃角 63°，器身残长 5.1、宽 4.8 厘米（图 4-817，3）。

石刀　1 件。

标本H365②：12，石英岩。平基部，侧边平直，双面磨刃，器身有两个钻孔。刃残长 1.4 厘米，刃角 57°，器身残长 4.8、宽 5 厘米（图 4-817，4）。

354. H366

H366 位于ⅡT0803 北部，开口于第⑤层下（图 4-818；彩版二七八，4）。平面呈圆形，口部边缘形态明显，底部边缘形态较明显，剖面呈筒状，直壁，未见工具痕迹，平底。坑口南北 2.04、东西 2.04、坑底东西 2.04、坑深 0.26 米。坑内堆积未分层，土色浅褐色，土质疏松，夹杂少许黑色斑点，水平状堆积。

坑内出土少量陶片，以腹部残片为主，可辨器形有双耳罐（表 4-1352、1353）。

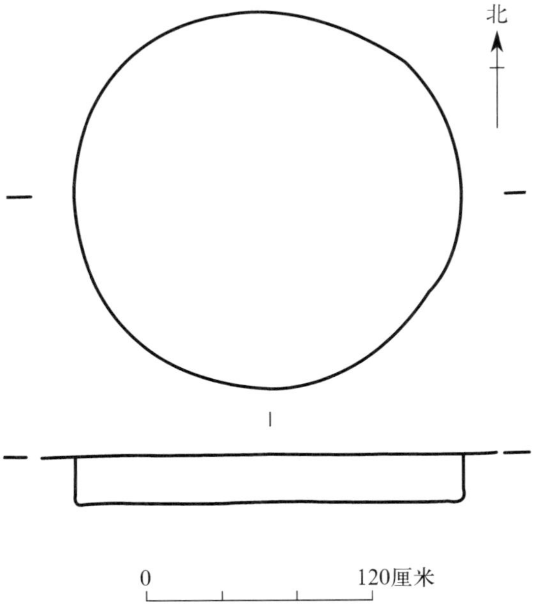

图4-818　H366平、剖面图

表4-1352　H366器形数量统计表

器形＼陶质／陶色	泥质				夹砂				合计
	红	橙黄	灰	黑	红	橙黄	灰	黑	
双耳罐	1								1

表4-1353　H366陶片统计表

纹饰＼陶质/陶色	泥质				夹砂				合计
	橙黄	灰	红	灰底黑彩	橙黄	灰	红	褐	
素面	2		9		2				13
绳纹	1								1
篮纹	3				3				6
麻点纹					1				1

双耳罐　1件。

标本H366：1，泥质红陶。侈口，圆唇，矮领，束颈，颈部以下残。拱形单耳，颈部素面。口径8.8、残高4.4厘米（图4-819）。

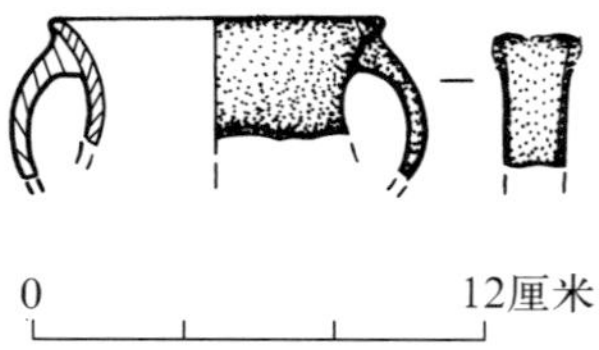

图4-819　H366出土双耳罐H366：1

355. H367

H367位于ⅡT0703东部，开口于第⑤层下，被H261、H344打破（图4-820；彩版二七九，1）。平面呈不规则状，口部边缘形态明显，底部边缘形态明显，剖面呈筒状，直壁，未见工具痕迹，坑底北高南低呈坡状。坑口东西1.92、南北3.15、坑底南北3.10、坑深0.56～0.94米。坑内堆积未分层，土色褐色，土质疏松，坡状堆积。

坑内出土少量陶片，以腹部残片为主，可辨器形有圆腹罐、盆。另出土石料（表4-1354、1355）。

表4-1354　H367器形数量统计表

器形＼陶质/陶色	泥质				夹砂				合计
	红	橙黄	灰	黑	红	橙黄	灰	黑	
圆腹罐						1			1
盆		1							1

表4-1355　H367陶片统计表

纹饰＼陶质/陶色	泥质				夹砂				合计
	橙黄	灰	红	灰底黑彩	橙黄	灰	红	褐	
素面	9		1		4				14
篮纹	4				6				10

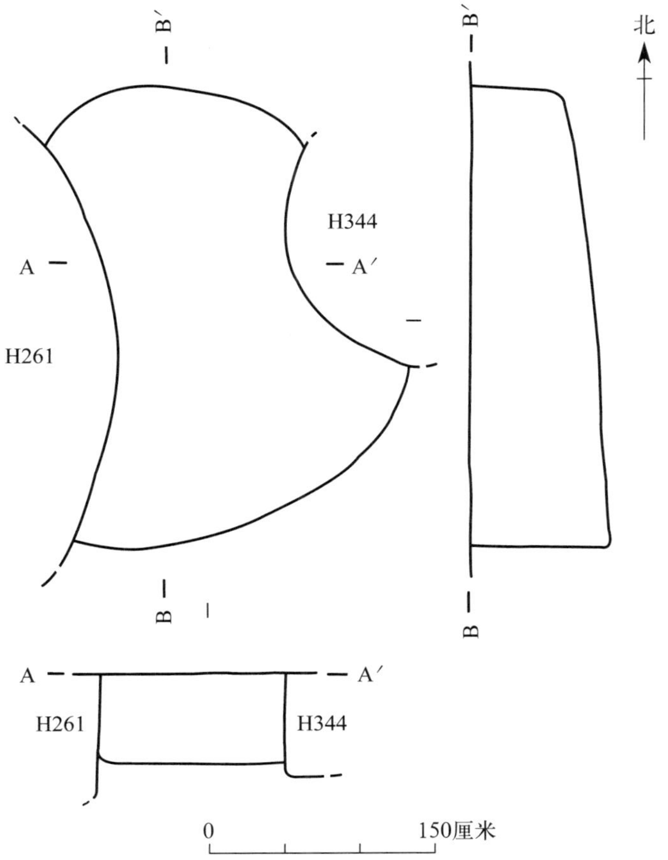

图4-820　H367平、剖面图

续表

陶质/陶色/纹饰	泥质				夹砂				合计
	橙黄	灰	红	灰底黑彩	橙黄	灰	红	褐	
麻点纹					7				7
篮纹＋麻点纹					1				1

圆腹罐　1件。

标本H367：1，夹砂橙黄陶。侈口，圆唇，矮领，束颈，颈部以下残。颈部素面，有烟炱。口径15.6、残高5.2厘米（图4-821，1）。

盆　1件。

标本H367：2，泥质橙黄陶。敞口，平沿，尖唇，口沿以下残。口沿外侧饰一周折棱，内壁素面磨光。口径20.4、残高1.8厘米（图4-821，2）。

陶刀　1件。

标本H367：3，泥质红陶。陶片打制而成，一边缘打制呈刃部，器表饰斜向绳纹，中间有一周钻孔。刃残长4厘米，刃角46°，孔径0.6、器身残长5.2、残宽3.8厘米（图4-821，3）。

石料　1件。

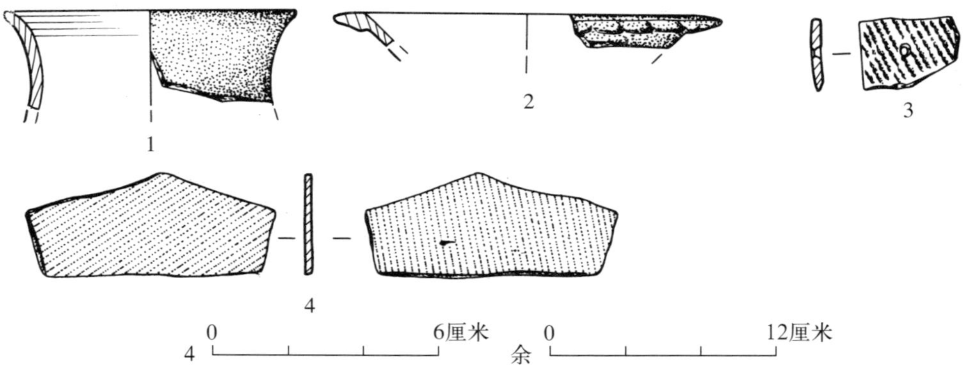

图4-821　H367出土遗物

1.圆腹罐H367：1　2.盆H367：2　3.陶刀H367：3　4.石料H367：4

标本H367：4，页岩。制作小石器材料，不规则状。残长 6.7、残宽 2.9、厚 0.2 厘米（图 4-821，4）。

356. H368

H368 位于ⅡT0703 东北部，开口于第⑤层下（图 4-822；彩版二七九，2）。平面呈圆形，口部边缘形态明显，底部边缘形态较明显，剖面呈袋状，斜直壁，未见工具痕迹，坑底平整。坑口南北 1.19、东西 1.26、坑底东西 1.44、坑深 0.78 米。坑内堆积未分层，土色深灰色，土质疏松，水平状堆积。

坑内出土少量陶片、石块，陶片以腹部残片为主，可辨器形有圆腹罐（表 4-1356、1357）。

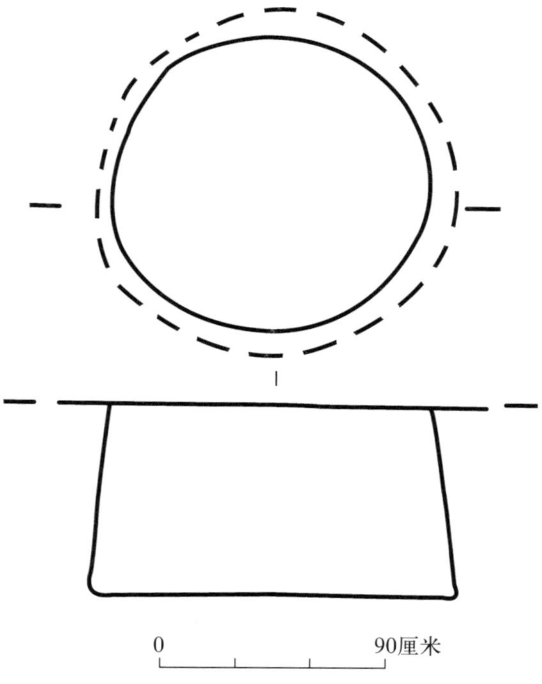

图4-822　H368平、剖面图

表4-1356 H368器形数量统计表

器形＼陶质/陶色	泥质				夹砂				合计
	红	橙黄	灰	黑	红	橙黄	灰	黑	
圆腹罐						1			1

表4-1357 H368陶片统计表

纹饰＼陶质/陶色	泥质				夹砂				合计
	橙黄	灰	红	灰底黑彩	橙黄	灰	红	褐	
素面	5				6				11
篮纹	2				1				3
麻点纹					7				7
席纹					1				1

圆腹罐 1件。

标本H368：1，夹砂橙黄陶。侈口，方唇，矮领，束颈，颈部以下残。唇面有一道凹槽，颈部饰横向篮纹。口径14.4、残高2.4厘米（图4-823）。

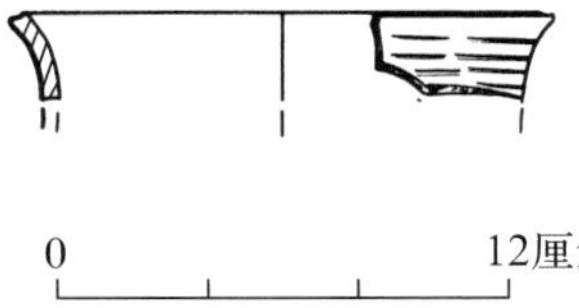

图4-823 H368出土圆腹罐H368：1

357. H369

H369位于ⅡT1206中部，开口于第⑤层下，被H359打破（图4-824；彩版二八〇，1）。根据暴露部分推测H369平面近圆形，口部边缘形态明显，底部边缘形态较明显，剖面呈袋状，上壁直下壁斜直，未见工具痕迹，平底。坑口东西0.96、坑底东西1.66、坑深1.80～1.94米。坑内堆积未分层，土色浅灰色，土质疏松，水平状堆积。

坑内出土少量陶片，以腹部残片为主，可辨器形有花边罐、双耳罐、碗（表4-1358、1359）。

表4-1358 H369器形数量统计表

器形＼陶质/陶色	泥质				夹砂				合计
	红	橙黄	灰	黑	红	橙黄	灰	黑	
花边罐						1			1
碗		1							1
双耳罐					1				1

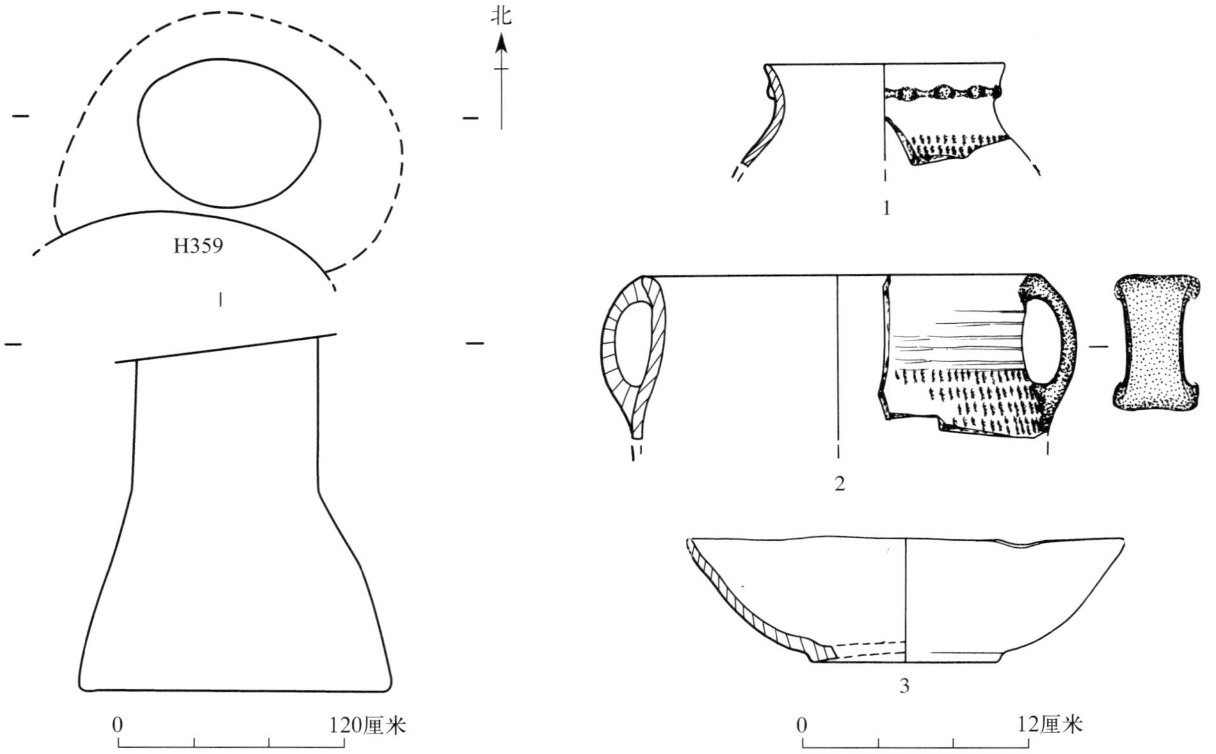

图4-824　H369及出土遗物

1.花边罐H369：1　2.双耳罐H369：3　3.碗H369：2

表4-1359　H369陶片统计表

陶质 / 陶色 / 纹饰	泥质				夹砂				合计
	橙黄	灰	红	白	橙黄	灰	红	褐	
素面	4			1			1		6
篮纹	1								1
麻点纹					9				9

花边罐　1件。

标本H369：1，夹砂橙黄陶。侈口，尖唇，矮领，束颈，上腹圆弧，下腹残。口沿外侧饰一周附加泥条，泥条经手指按压呈波状，颈部素面，上腹饰麻点纹，器表有烟炱痕迹。口径12.8、残高5.4厘米（图4-824，1）。

双耳罐　1件。

标本H369：3，夹砂红陶。侈口，圆唇，矮领，束颈，上腹圆，下腹残，连口拱形双耳。颈部饰横向篮纹，上腹饰麻点纹。口径21.2、残高8.8厘米（图4-824，2）。

碗　1件。

标本H369：2，泥质橙黄陶。敞口，圆唇，斜弧腹，底内凹，器表素面且有刮抹痕迹。口径23.2、高6.8、底径9.6厘米（图4-824，3）。

358. H370

H370位于ⅡT0901北部，开口于第④层下（图4-825；彩版二八〇，2）。平面呈长方形，口部边缘形态明显，底部边缘形态明显，剖面呈筒状，直壁，未见工具痕迹，坑底平整。坑口南北长1.72、东西宽0.60、坑底南北1.72、坑深0.44米。坑内堆积未分层，土色浅褐色，土质疏松，夹杂少许黑色斑点，水平状堆积。

坑内出土零散陶片，以腹部残片为主，可辨器形有圆腹罐（表4-1360、1361）。

圆腹罐　1件。

标本H370：1，泥质橙黄陶。侈口，尖唇，矮领，束颈，颈部以下残。口沿外侧饰一周折棱，颈部素面。口径34.8、残高5.6厘米（图4-826）。

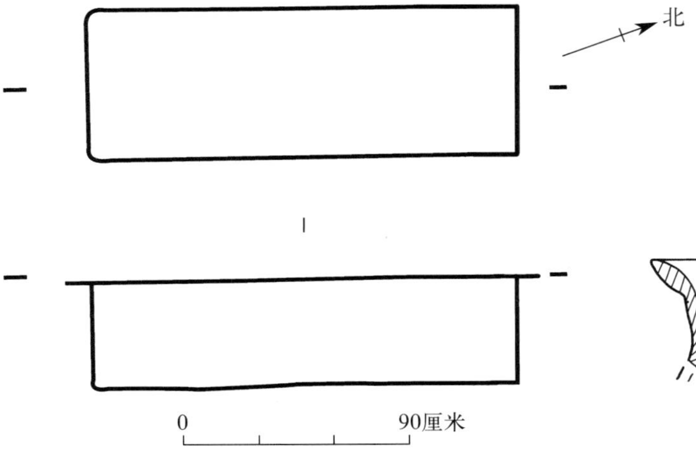

图4-825　H370平、剖面图

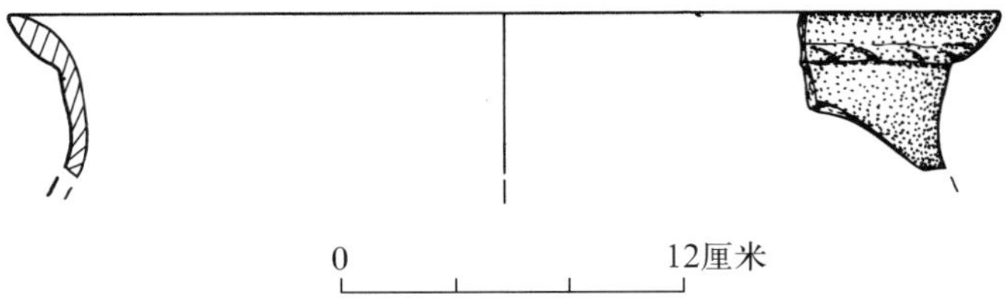

图4-826　H370出土圆腹罐H370：1

表4-1360　H370器形数量统计表

器形＼陶质/陶色	泥质				夹砂				合计
	红	橙黄	灰	黑	红	橙黄	灰	黑	
圆腹罐		1							1

表4-1361　H370陶片统计表

纹饰＼陶质/陶色	泥质				夹砂				合计
	橙黄	灰	红	灰底黑彩	橙黄	灰	红	褐	
素面			1				1		2
绳纹					1				1
麻点纹					7				7
篮纹＋麻点纹					1				1

359. H371

H371位于ⅡT0903东部，开口于第④层下，被H255、F23叠压（图4–827；彩版二八一，1）。平面呈椭圆形，口部边缘形态明显，底部边缘形态较明显，剖面呈筒状，直壁，未见工具痕迹，坑底平整。坑口南北3.45、东西3.20、坑底东西3.22、坑深0.90米。坑内堆积未分层，土色灰色，土质疏松，夹杂少许黑色斑点，水平状堆积。

出土少量陶片，以腹部残片为主，可辨器形有圆腹罐、高领罐、双耳罐、盆、陶刀（表4–1362、1363）。

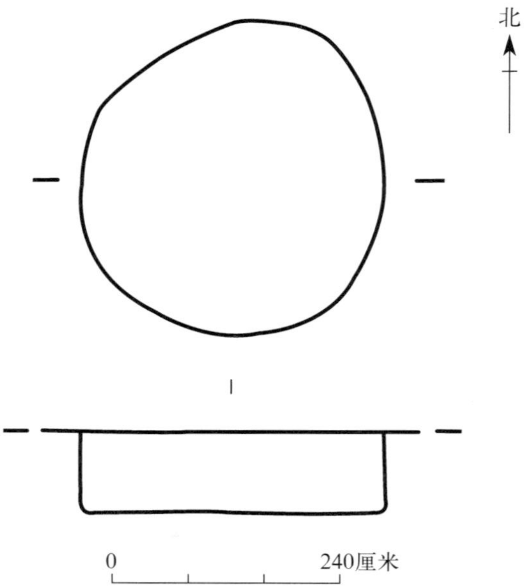

图4–827 H371平、剖面图

表4–1362 H371器形数量统计表

器形＼陶质／陶色	泥质				夹砂				合计
	红	橙黄	灰	黑	红	橙黄	灰	黑	
圆腹罐						3			3
盆			1			1			2
高领罐		1							1
双耳罐					1	1			2

表4–1363 H371陶片统计表

纹饰＼陶质／陶色	泥质				夹砂				合计
	橙黄	灰	红	灰底黑彩	橙黄	灰	红	褐	
素面	29	6	8		8				51
绳纹					8				8
篮纹	17	1	5		12				35
麻点纹					56				56

续表

纹饰 \ 陶质/陶色	泥质				夹砂				合计
	橙黄	灰	红	灰底黑彩	橙黄	灰	红	褐	
戳印纹					1				1
篮纹＋麻点纹					2				2
附加堆纹					3				3
附加堆纹＋篮纹					1				1
附加堆纹＋麻点纹					1				1

圆腹罐　3 件。

标本H371：1，夹砂橙黄陶。侈口，圆唇，高领，束颈，颈部以下残。颈部素面，器表有烟炱痕迹。口径 13.6、残高 5 厘米（图 4–828，1）。

标本H371：3，夹砂橙黄陶。侈口，圆唇，矮领，束颈，颈部以下残。颈部饰麻点纹，器表有烟炱痕迹。口径 14、残高 4.5 厘米（图 4–828，2）。

标本H371：6，夹砂橙黄陶。侈口，方唇，矮领，束颈，颈部以下残。唇面有一道凹槽，口沿外侧有一周折棱，器表饰斜向篮纹。口径 23.2、残高 3.8 厘米（图 4–828，3）。

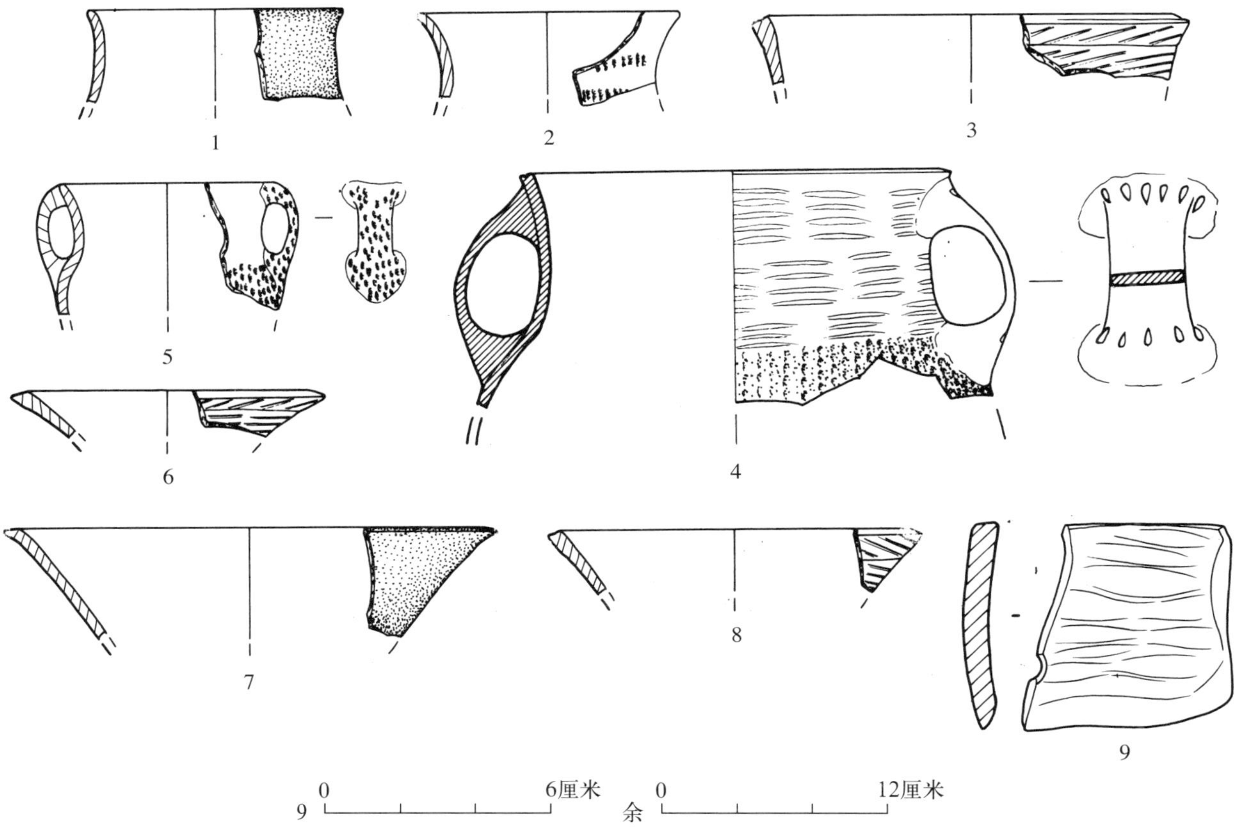

图4–828　H371出土遗物

1～3.圆腹罐H371：1、3、6　4、5.双耳罐H371：8、9　6.高领罐H371：4　7、8.盆H371：2、7　9.陶刀H371：5

双耳罐　2件。

标本H371：8，夹砂橙黄陶。侈口，方唇，高领，束颈，上腹圆，下腹残。拱形双耳，唇面有一道凹槽，耳上下端饰戳印纹，颈部饰横向篮纹，腹部饰麻点纹。口径22.6、残高12.6厘米（图4-828，4）。

标本H371：9，夹砂红陶。侈口，圆唇，矮领，束颈，鼓腹，底残。连口拱形双耳。颈部素面，耳面与腹部饰麻点纹，器表有烟炱痕迹。口径11.2、残高7厘米（图4-828，5）。

高领罐　1件。

标本H371：4，泥质橙黄陶。喇叭口，方唇，口沿以下残。口沿外侧有一周折棱，器表饰横向篮纹，内壁素面磨光。口径16.8、残高2.4厘米（图4-828，6）。

盆　2件。

标本H371：2，泥质灰陶。敞口，圆唇，斜直腹，底残。口沿外侧有刮抹痕迹，器表素面，内壁素面磨光。口径26、残高6厘米（图4-828，7）。

标本H371：7，夹砂橙黄陶。敞口，方唇，上腹斜，下腹残。唇面有一道凹槽，口沿外侧有一周折棱，器表饰斜向篮纹。口径20、残高3.6厘米（图4-828，8）。

陶刀　1件。

标本H371：5，泥质橙黄陶。陶片打磨而成，长方形，平基部，侧边有打制痕迹，双面磨刃，器表饰横向篮纹，有一残孔。刃残长5.2厘米，刃角46°，器身残长5.6、宽5.6厘米（图4-828，9）。

360. H372

H372位于ⅡT1206东北角，部分压于东隔梁下，开口于第③层下（图4-829）。根据现存部分推测H372平面呈不规则状，口部边缘形态明显，底部边缘形态不明显，剖面呈锅状，弧形壁，未见工具痕迹，圜底。坑口南北2.60、东西0.40、坑深0.90～1.13米。坑内堆积未分层，土色浅灰色，土质疏松，凹镜状堆积。

坑内出土少量陶片（表4-1364）。

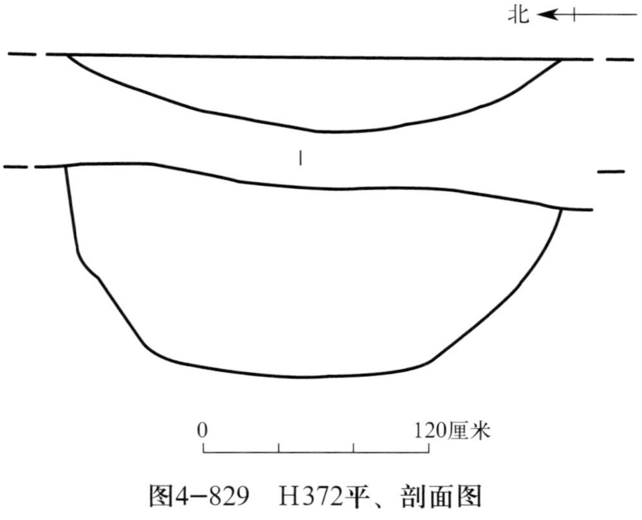

图4-829　H372平、剖面图

表4-1364　H372陶片统计表

纹饰＼陶质/陶色	泥质				夹砂				合计
	橙黄	灰	红	灰底黑彩	橙黄	灰	红	褐	
素面	4				4				8
绳纹					1				1
篮纹	1								1
麻点纹					4				4

361. H373

H373位于ⅡT1205西北角，部分压于ⅡT1204东隔梁下，开口于第④层下，被H335打破（图4-830；彩版二八一，2）。根据暴露部分推测H373平面近椭圆形，口部边缘形态明显，底部边缘形态不明显，剖面呈锅状，弧形壁，未见工具痕迹，圜底。坑口南北2.40、东西1.26、坑深1.60～1.70米。坑内堆积未分层，土色深褐色，土质较疏松，凹镜状堆积。

坑内出土少量陶片，以腹部残片为主，可辨器形有圆腹罐、花边罐、盆（表4-1365、1366）。

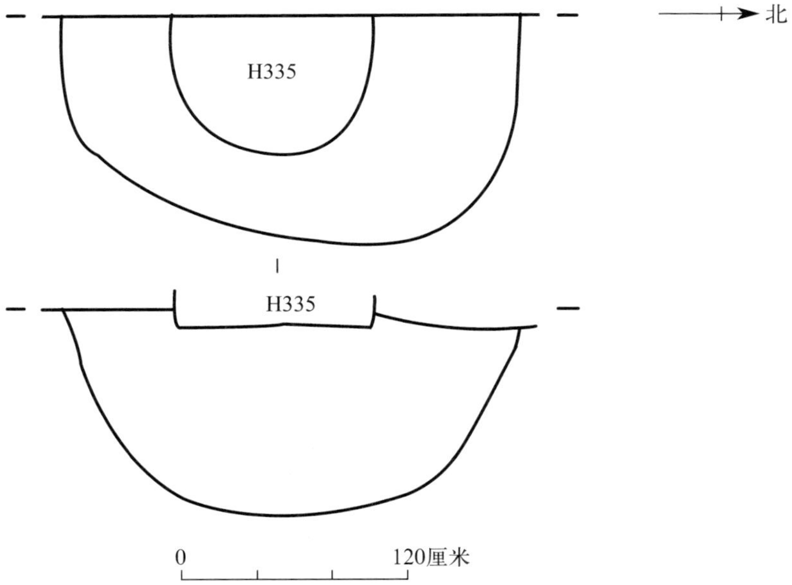

图4-830　H373平、剖面图

表4-1365　H373器形数量统计表

器形＼陶质/陶色	泥质				夹砂				合计
	红	橙黄	灰	黑	红	橙黄	灰	黑	
圆腹罐						1			1
花边罐						1			1
盆		1							1

表4-1366　H373陶片统计表

陶质/陶色/纹饰	泥质				夹砂				合计
	橙黄	灰	红	灰底黑彩	橙黄	灰	红	褐	
素面	3				3				6
绳纹	1				3				4
篮纹	2								2
麻点纹					4				4
戳印纹	1								1
附加堆纹					1				1

圆腹罐　1件。

标本H373：1，夹砂橙黄陶。侈口，圆唇，高领，束颈，圆腹，底残。颈部饰横向篮纹，腹部饰麻点纹，器表有烟炱痕迹。口径15.2、残高11.8厘米（图4-831，1）。

花边罐　1件。

标本H373：2，夹砂橙黄陶。侈口，圆唇，矮领，束颈，颈部以下残。口沿外侧饰一周附加泥条，泥条经手指按压呈波状，颈部素面。口径13、残高4.3厘米（图4-831，2）。

盆　1件。

标本H373：3，泥质橙黄陶。敞口，平沿，尖唇，弧腹，底残。器表素面，内壁素面磨光。残高3.2、残宽4.6厘米（图4-831，3）。

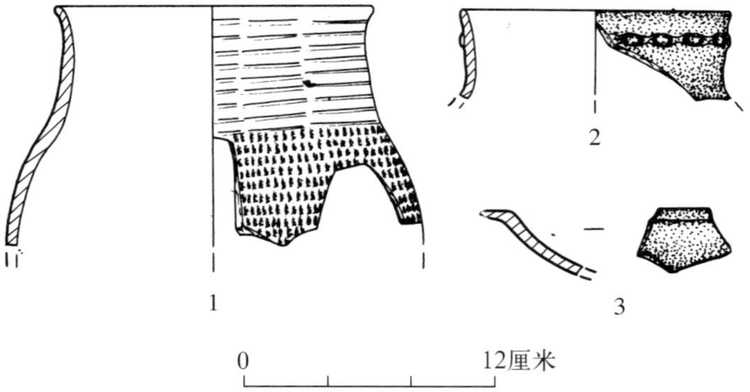

图4-831　H373出土遗物

1.圆腹罐H373：1　2.花边罐H373：2　3.盆H373：3

362. H375

H375位于ⅡT1104西南部，部分被压于ⅡT1204北隔梁下，开口于第③层下，被H363打破（图4-832）。平面呈不规则状，口部边缘形态明显，底部边缘形态明显，剖面呈筒状，直壁，平底。坑口东西1.38、南北0.84、坑深0.94米。坑内堆积未分层，土色浅褐色，土质较疏松，水平状堆积。

坑内出土少量陶片，以腹部残片为主，可辨器形有圆腹罐（表4-1367、1368）。

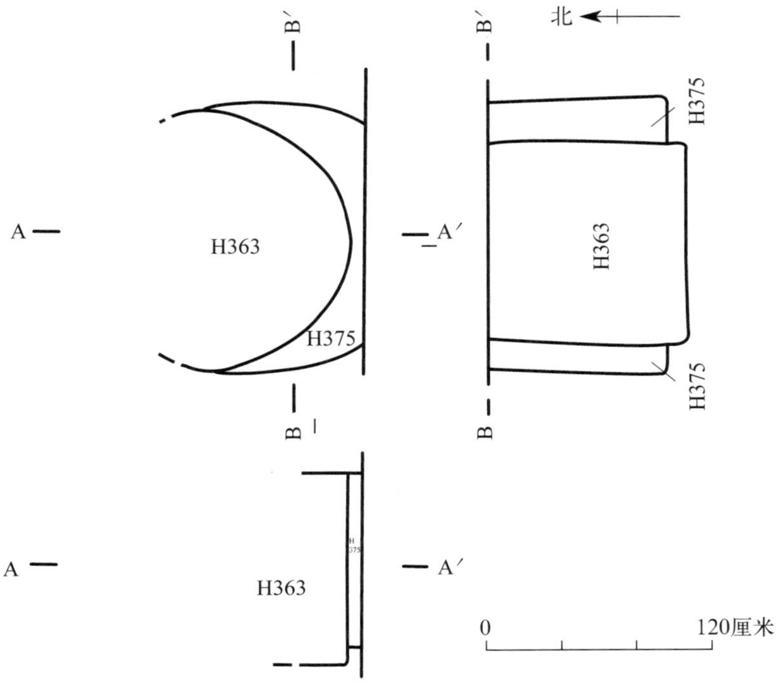

图4-832 H375平、剖面图

表4-1367 H375器形数量统计表

器形＼陶质/陶色	泥质				夹砂				合计
	红	橙黄	灰	黑	红	橙黄	灰	黑	
圆腹罐						1			1

表4-1368 H375陶片统计表

纹饰＼陶质/陶色	泥质				夹砂				合计
	橙黄	灰	红	灰底黑彩	橙黄	灰	红	褐	
素面	2				1				3
篮纹			1						1
麻点纹					2				2

圆腹罐 1件。

标本H375：1，夹砂橙黄陶。侈口，圆唇，高领，束颈，上腹圆弧，下腹残。颈部饰横向篮纹，上腹饰麻点纹。口径10.4、残高6.5厘米（图4-833）。

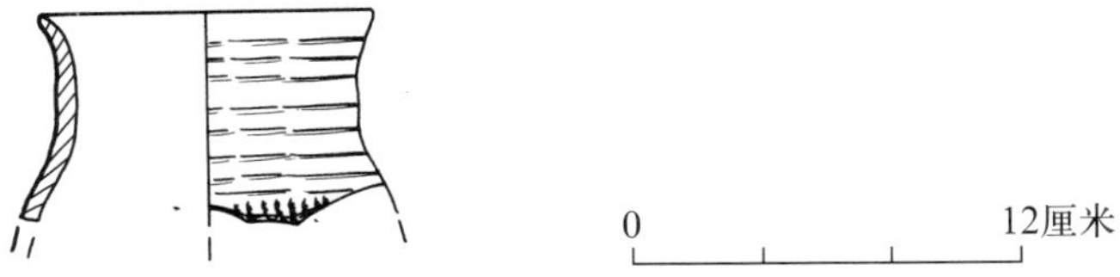

图4-833 H375出土圆腹罐H375：1

363. H376

H376位于ⅢT2917北部，延伸分布于ⅢT2816、ⅢT2817、ⅢT2818、ⅢT2916、ⅢT2917探方内，将灰坑南部分进行清理，北部未清理，开口于第③层下（图4-834；彩版二八二，1）。平面呈不规则状，口部边缘形态较明显，底部边缘形态明显，剖面呈筒状，不规则状壁面，壁部有坍塌痕迹，尤为南壁、东壁最为明显，坑内有坍塌黄土，在东部、东北部有部分黄土，底部凹凸不平。已清理坑口部分东西6.20、南北3.60～5.00、坑底东西4.80、坑深3.40～3.95米。坑内堆积分七层，第①层厚0.15～0.75米，土色浅灰色，土质疏松，包含较多的炭粒、红烧土颗粒及少量草木灰，坡状堆积。第②层厚0.1～0.56米，土色浅褐色，土质较疏松，包含零星炭粒、红烧土颗粒，少量草木灰，坡状堆积。第③层厚0.2～1.1米，土色浅褐色，土质较疏松，包含少量红烧土颗粒，较多草木灰、炭粒，坡状堆积。第④层厚0～1米，土色浅灰色，土质较疏松，包含大量炭粒、红烧土颗粒及少量草木灰，坡状堆积。第⑤层厚0～0.4米，土色浅褐色，土质较疏松，包含零星炭粒、草木灰，坡状堆积。第⑥层厚0.13～1.25米，土色浅褐色，土质较致密，包含少许红烧土颗粒、炭粒，坡状堆积。第⑦层厚0.35～1.35米，土色深浅褐色，土质较疏松，包含少量炭粒，不规则状堆积。

坑内出土大量陶片及少许石块、骨器、兽骨。

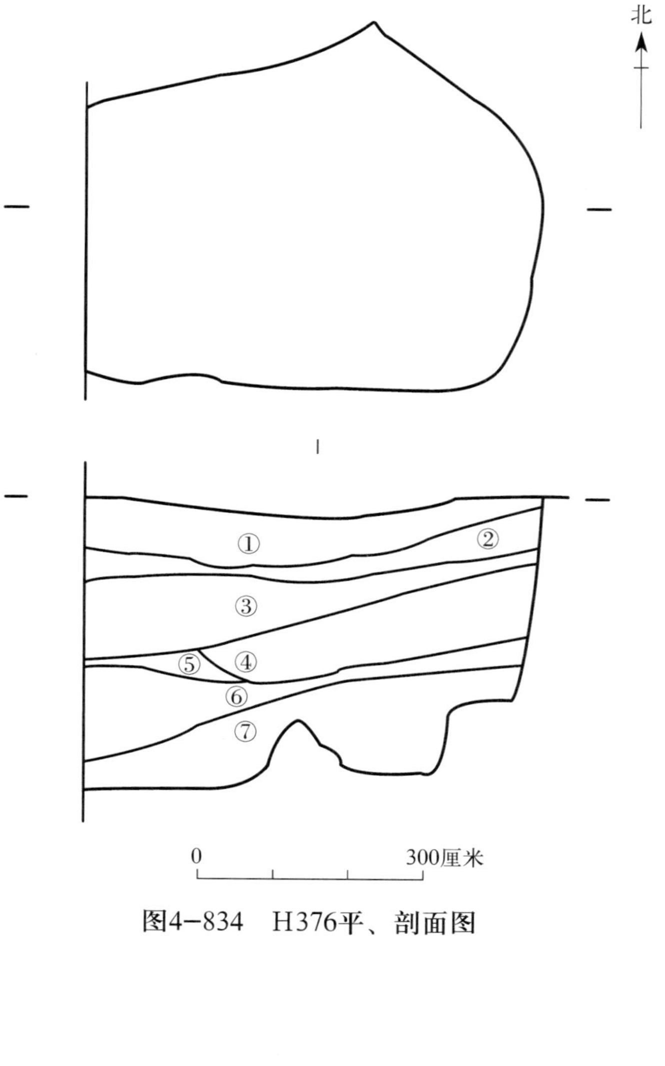

图4-834 H376平、剖面图

（1）H376①层

出土大量陶片，以腹部残片为主，可辨器形有圆腹罐、花边罐、双耳罐、高领罐、盆、钵。另出土石刀、磨石、骨针、骨镞（表4-1369、1370）。

表4-1369 H376①层器形数量统计表

器形 \ 陶质 / 陶色	泥质				夹砂				合计
	红	橙黄	灰	黑	红	橙黄	灰	黑	
花边罐					1				1
盆	1	2			1	1			5
高领罐	1	2	1						4
圆腹罐					3	10	1		14
双耳罐		1							1
钵		1							1

表4-1370 H376①层陶片统计表

纹饰 \ 陶质 / 陶色	泥质				夹砂				合计
	橙黄	灰	红	白	橙黄	灰	红	褐	
素面	163	12	61		77				313
绳纹	15	4			39		3		61
篮纹	89	16	46	2	34		6		193
麻点纹					152		4		156
方格纹	1								1
网格纹	1						2		3
戳印纹					2				2
刻划纹	1						1		2
交错篮纹	2								2
篮纹＋麻点纹					4				4
附加堆纹					2		1		3
附加堆纹＋绳纹					1				1
附加堆纹＋刻划纹		1							1
附加堆纹＋麻点纹					1				1
交错绳纹			1		1		2		4
篮纹＋绳纹					4				4

圆腹罐 14件。

标本H376①：6，夹砂橙黄陶。侈口，圆唇，矮领，束颈，上腹斜弧，下腹残。颈部饰横向篮纹，上腹饰竖向绳纹，器表有烟炱痕迹。口径11.6、残高7.2厘米（图4-835，1）。

标本H376①：7，夹砂橙黄陶。侈口，方唇，矮领，束颈，颈部以下残。唇面有一道凹槽，颈部素面，有烟炱痕迹。口径18、残高5.2厘米（图4-835，2）。

标本H376①：8，夹砂橙黄陶。侈口，方唇，高领，束颈，颈部以下残。颈部素面，器表有

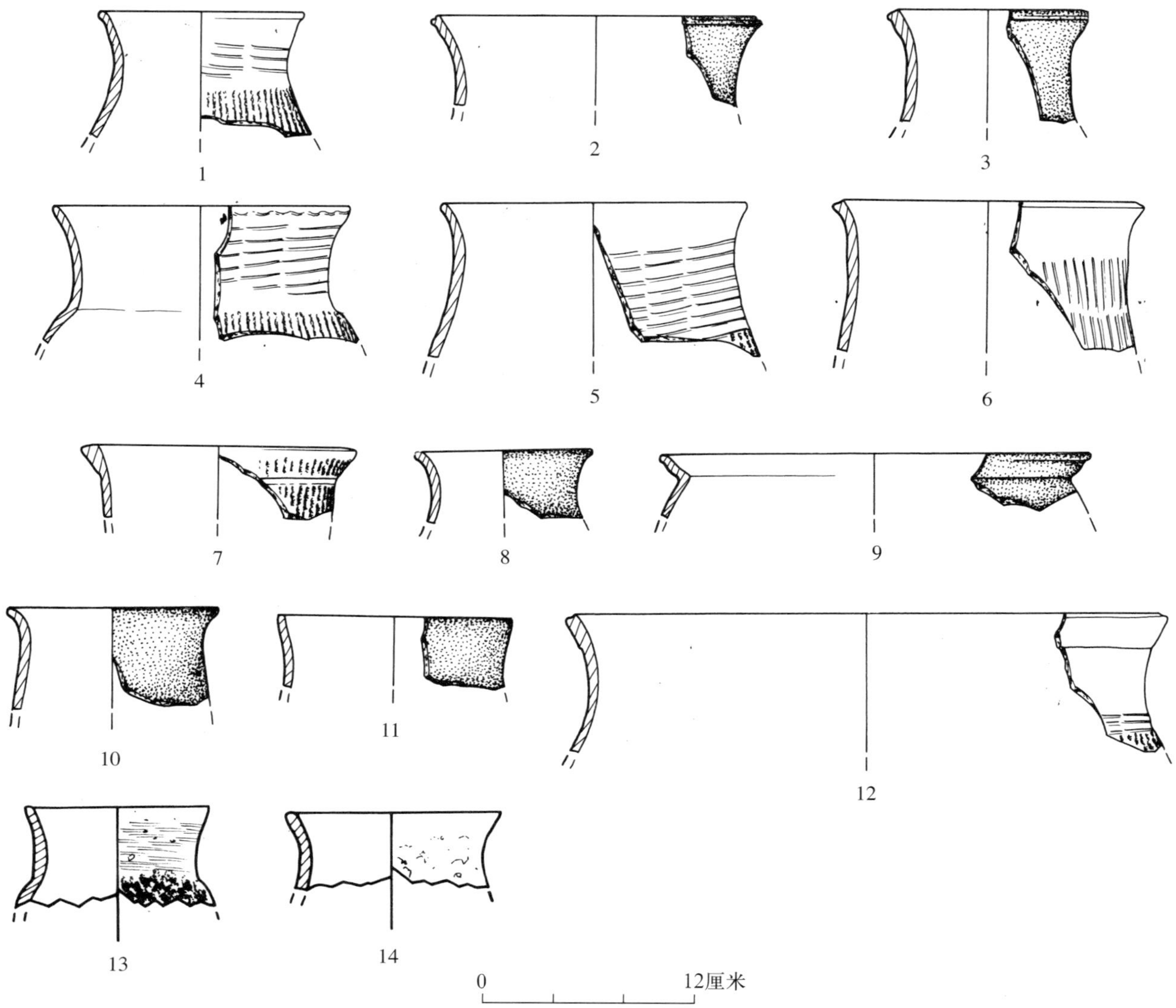

图4-835　H376出土遗物

1～14.圆腹罐H376①：6～12、14、15、18、20、24、29、30

烟炱痕迹。口径 11.2、残高 6.4 厘米（图 4-835，3）。

标本H376①：9，夹砂橙黄陶。侈口，圆唇，高领，束颈，上腹斜弧，下腹残。颈部饰斜向篮纹，上腹饰绳纹，器表有烟炱痕迹。口径 16.8、残高 8 厘米（图 4-835，4）。

标本H376①：10，夹砂橙黄陶。侈口，圆唇，高领，束颈，上腹圆，下腹残。唇外侧有刮抹痕迹呈波状，颈部饰横向篮纹，上腹饰竖向绳纹，器表有烟炱痕迹。口径 17.6、残高 8.8 厘米（图 4-835，5）。

标本H376①：11，夹砂橙黄陶。侈口，方唇，高领，束颈，颈部以下残。颈部饰竖向篮纹。口径 17.6、残高 8.8 厘米（图 4-835，6）。

标本H376①：12，夹砂橙黄陶。侈口，方唇，矮领，束颈，颈部以下残。颈部饰竖向绳纹，绳纹之上有一周凹槽，器表有烟炱痕迹。口径 15.6、残高 4.2 厘米（图 4-835，7）。

标本H376①：14，夹砂橙黄陶。侈口，圆唇，矮领，束颈，颈部以下残。颈部素面。口径10、残高4厘米（图4-835，8）。

标本H376①：15，夹砂橙黄陶。侈口，折沿，圆唇，上腹圆弧，下腹残。器表素面。口径24.4、残高3.6厘米（图4-835，9）。

标本H376①：18，夹砂红陶。侈口，圆唇，矮领，束颈，上腹斜弧，下腹残。器表素面且有烟炱痕迹。口径12、残高6厘米（图4-835，10）。

标本H376①：20，夹砂红陶。微侈口，圆唇，矮领，微束颈，颈部以下残。颈部素面且有刮抹痕迹。口径13.2、残高4.2厘米（图4-835，11）。

标本H376①：24，夹砂灰陶。侈口，方唇，高领，束颈，上腹斜，下腹残。唇面有一道凹槽，口沿外侧有一周折棱，颈部饰横向篮纹，上腹饰麻点纹。口径34、残高7.8厘米（图4-835，12）。

标本H376①：29，夹砂橙黄陶。侈口，圆唇，高领，束颈，上腹圆，下腹残。颈部饰横向篮纹，上腹饰麻点纹，器表有烟炱痕迹。口径10.4、残高6厘米（图4-835，13）。

标本H376①：30，夹砂红陶。侈口，圆唇，矮领，束颈，颈部以下残。颈部素面。口径12、残高4.5厘米（图4-835，14）。

花边罐　1件。

标本H376①：1，夹砂红陶。侈口，方唇，高领，束颈，颈部以下残。口沿外侧饰一周附加泥条，泥条之上饰斜向戳印纹，颈部饰横向篮纹，篮纹下饰一周附加泥条，泥条经手指按压呈波状。口径29.6、残高8.2厘米（图4-836，1）。

双耳罐　1件。

标本H376①：19，泥质橙黄陶。侈口，方唇，口沿以下残。连口残耳，器表素面且有烟炱痕迹。口径24、残高4厘米（图4-836，2）。

高领罐　4件。

标本H376①：3，泥质红陶。喇叭口，方唇，高领，束颈，颈部以下残。口沿外侧有一周折棱，颈部素面。口径21.6、残高6厘米（图4-836，3）。

标本H376①：4，泥质橙黄陶。喇叭口，圆唇，高领，束颈，颈部以下残。口沿外侧有一周折棱，下颈部有一周凹槽，颈部素面。口径21.6、残高6.8厘米（图4-836，4）。

标本H376①：13，泥质灰陶。喇叭口，微卷沿，圆唇，高领，束颈，颈部以下残。颈部饰竖向篮纹。口径16.4、残高4厘米（图4-836，5）。

标本H376①：25，泥质橙黄陶。侈口，方唇，高领，束颈，颈部以下残。唇面有两道凹槽，口沿外侧饰一周折棱，颈部素面。口径18.4、残高3.6厘米（图4-836，6）。

盆　5件。

标本H376①：2，泥质橙黄陶。敞口，方唇，上腹斜直，下腹残。唇面有一道凹槽，腹部饰斜向篮纹。口径38、残高3.6厘米（图4-836，7）。

标本H376①：5，泥质红陶。敞口，方唇，上腹斜直，下腹残。口沿外侧有一周折棱，腹部饰斜向篮纹。口径25.6、残高2.6厘米（图4-836，8）。

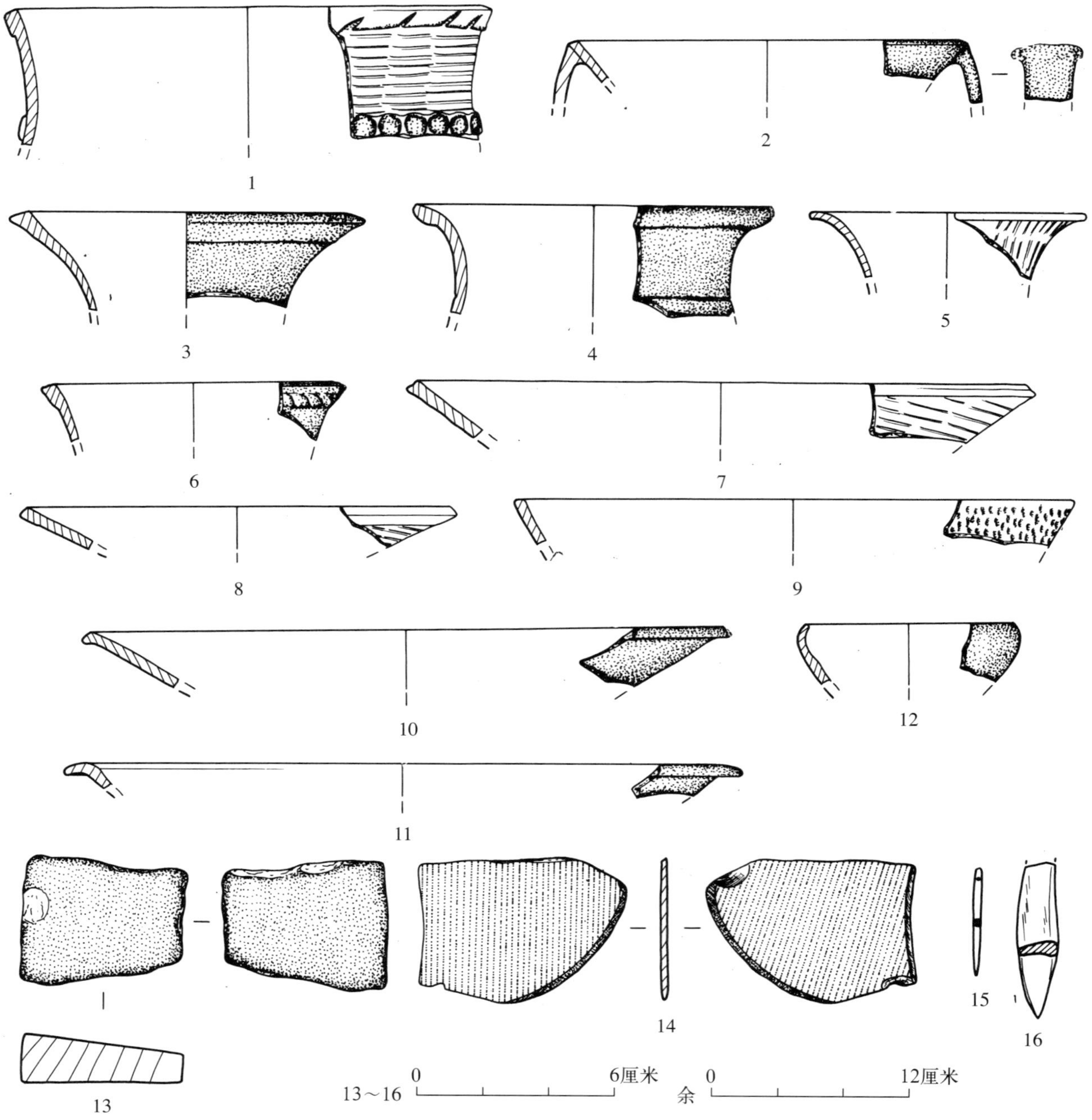

图4-836　H376出土遗物

1.花边罐H376①：1　2.双耳罐H376①：19　3～6.高领罐H376①：3、4、13、25　7～11.盆H376①：2、5、22、23、26　12.钵H376①：21　13.磨石H376①：16　14.石刀H376①：17　15.骨针H376①：27　16.骨镞H376①：28

标本H376①：22，夹砂红陶。侈口，方唇，上腹斜，下腹残。器表通体饰麻点纹。口径33.6、残高3厘米（图4-836，9）。

标本H376①：23，夹砂橙黄陶。敞口，方唇，上腹斜弧，下腹残。器表素面磨光。口径39.2、残高3.6厘米（图4-836，10）。

标本H376①：26，泥质橙黄陶。敞口，卷沿，圆唇，上腹斜弧，下腹残。器表素面。口径

41.6、残高 1.6 厘米（图 4-836，11）。

钵　1 件。

标本H376①：21，泥质橙黄陶。敛口，圆唇，弧腹，底残。器表素面磨光。口径 12.8、残高 3.6 厘米（图 4-836，12）。

磨石　1 件。

标本H376①：16，石英岩。近梯形，一侧厚一侧薄，表面磨痕明显。残长 5、宽 4.2、厚 0.9～1.5 厘米（图 4-836，13）。

石刀　1 件。

标本H376①：17，石英岩。平整，圆弧边缘磨制成刃部。刃长 5.2 厘米，刃角 20°，器身残长 6.3、残宽 4.6 厘米（图 4-836，14）。

骨针　1 件。

标本H376①：27，动物骨骼磨制而成，器身较短，尾部扁平且有一穿孔，针尖磨制尖锐。长 3.4、直径 0.3 厘米（图 4-836，15；彩版二八二，2）。

骨镞　1 件。

标本H376①：28，动物肢骨磨制而成，呈扁平状，中腰至铤部残，锋部磨制尖锐。残长 4.9、残宽 1.3、厚 0.5 厘米（图 4-836，16；彩版二八二，3）。

（2）H376②层

出土少量陶片，以腹部残片为主，可辨器形有双錾罐（表 4-1371、1372）。

表4-1371　H376②层器形数量统计表

陶质	泥质				夹砂				合计
器形 \ 陶色	红	橙黄	灰	黑	红	橙黄	灰	黑	
双錾罐							1		1

表4-1372　H376②层陶片统计表

陶质	泥质				夹砂				合计
纹饰 \ 陶色	橙黄	灰	红	灰底黑彩	橙黄	灰	红	褐	
素面	12				6				18
绳纹	2				1				3
篮纹	6		1			1			8
麻点纹					8				8
压印纹	1								1
戳印纹＋篮纹						1			1

双錾罐　1 件。

标本H376②：1，夹砂灰陶。敛口，方唇，上腹鼓，下腹残。上腹饰斜向篮纹，有一錾耳，耳上端饰戳印纹。口径 32、残高 7.8 厘米（图 4-837，1）。

（3）H376③层

出土少量陶片，以腹部残片为主，可辨器形有圆腹罐、花边罐、单耳罐、双耳罐、高领罐、大口罐、盆、尊。另出土石刀、石料、骨饰、骨锥（表 4–1373、1374）。

表4–1373 H376③层器形数量统计表

器形 \ 陶质 / 陶色	泥质				夹砂				合计
	红	橙黄	灰	黑	红	橙黄	灰	黑	
高领罐	1	1							2
尊						1			1
圆腹罐						5	2		7
双耳罐			1						1
大口罐	1						1		2
盆	1	1							2
花边罐						1			1
单耳罐		1							1

表4–1374 H376③层陶片统计表

纹饰 \ 陶质 / 陶色	泥质				夹砂				合计
	橙黄	灰	红	灰底黑彩	橙黄	灰	红	褐	
素面	107	18	13		85				223
绳纹	6	1	1		14				22
篮纹	48	8	21		17				94
麻点纹					186				186
网格纹					1				1
交错篮纹		1	2						3
戳印纹			1						1
刻划纹					1		1		2
交错绳纹					1				1
绳纹＋附加堆纹					1				1
附加堆纹＋篮纹					2				2
附加堆纹＋麻点纹					2				2

圆腹罐 7 件。

标本H376③：4，夹砂橙黄陶。侈口，圆唇，矮领，束颈，上腹圆，下腹残。颈部饰横向篮纹，上腹饰竖向绳纹。口径 15.6、残高 8.6 厘米（图 4–837，2）。

标本H376③：5，夹砂灰陶。侈口，方唇，矮领，束颈，颈部以下残。口沿外侧有一周附加泥条，泥条经手指按压呈波状，颈部素面。口径 24.6、残高 4.6 厘米（图 4–837，3）。

标本H376③：6，夹砂橙黄陶。侈口，方唇，矮领，束颈，颈部以下残。口沿外侧有一周折棱，颈部饰斜向篮纹，器表有烟炱痕迹。口径 21.6、残高 3 厘米（图 4–837，4）。

标本H376③：8，夹砂橙黄陶。侈口，方唇，矮领，束颈，颈部以下残。颈部素面，器表有

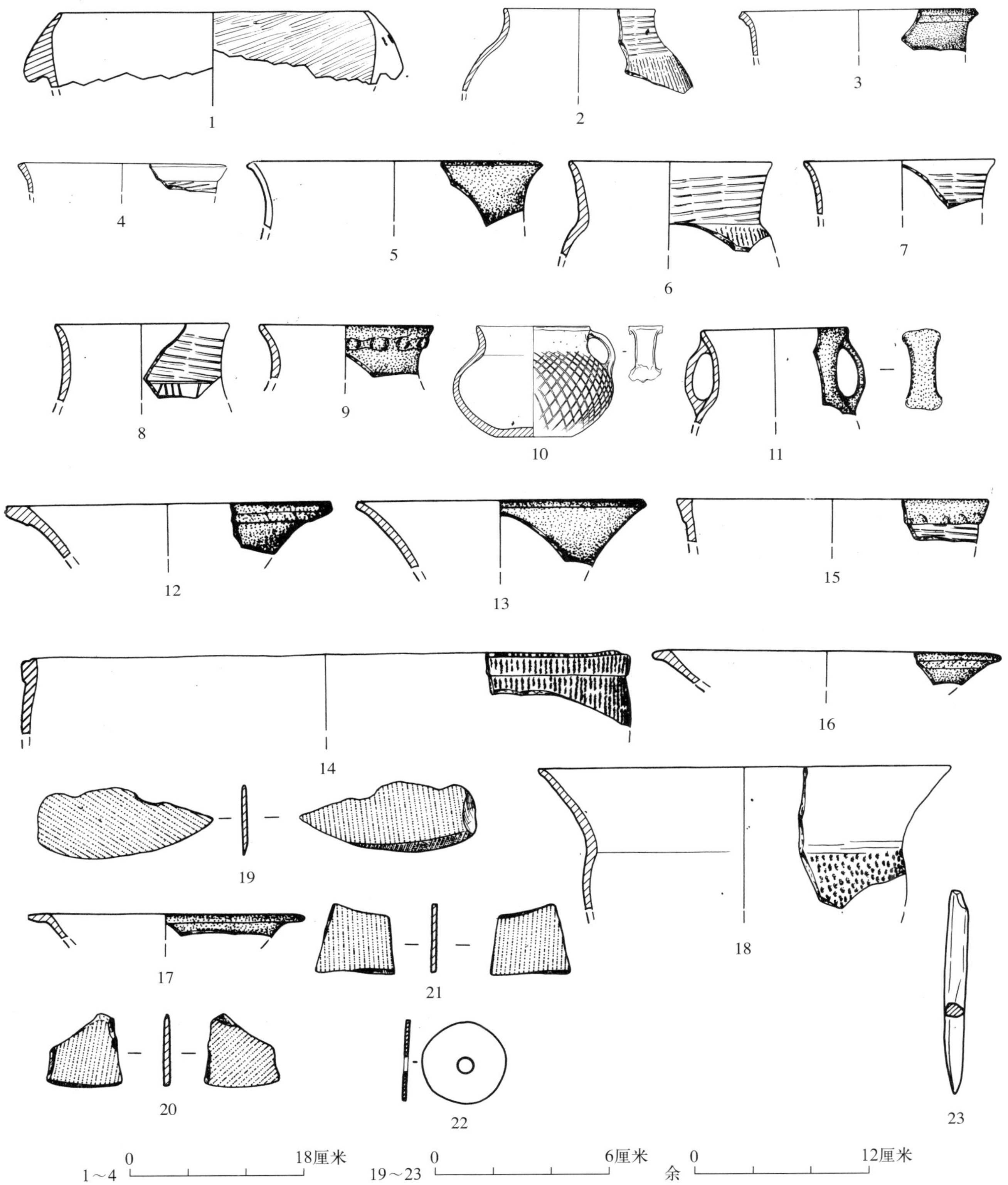

图4-837　H376出土遗物

1.双鋬罐H376②：1　2～8.圆腹罐H376③：4～6、8～11　9.花边罐H376③：16　10.单耳罐H376③：22　11.双耳罐H376③：7　12、13.高领罐H376③：1、2　14、15.大口罐H376③：12、13　16、17.盆H376③：15、17　18.尊H376③：3　19.石刀H376③：14　20、21.石料H376③：18、19　22.骨饰H376③：20　23.骨锥H376③：21

烟炱痕迹。口径 20.4、残高 4.6 厘米（图 4-837，5）。

标本H376③：9，夹砂橙黄陶。侈口，圆唇，矮领，束颈，上腹圆，下腹残。颈部饰横向篮纹，上腹饰竖向绳纹。口径 14、残高 6.8 厘米（图 4-837，6）。

标本H376③：10，夹砂橙黄陶。侈口，圆唇，矮领，束颈，颈部以下残。颈部饰横向篮纹。口径 13.2、残高 3.6 厘米（图 4-837，7）。

标本H376③：11，夹砂灰陶。侈口，圆唇，矮领，束颈，颈部以下残。颈部饰斜向篮纹，篮纹下饰竖向刻划纹，器表有烟炱痕迹。口径 12、残高 5.4 厘米（图 4-837，8）。

花边罐　1 件。

标本H376③：16，夹砂橙黄陶。侈口，圆唇，矮领，束颈，颈部以下残。口沿外侧饰一周附加泥条，泥条经手指按压呈波状，颈部素面。口径 12、残高 3.6 厘米（图 4-837，9）。

单耳罐　1 件。

标本H376③：22，泥质橙黄陶。侈口，尖唇，矮领，束颈，鼓腹，平底。拱形单耳，颈部素面，腹部饰交错刻划纹，器表有烟炱痕迹。口径 7.8、高 7.8、底径 5.2 厘米（图 4-837，10）。

双耳罐　1 件。

标本H376③：7，泥质灰陶。侈口，圆唇，高领，束颈，上腹圆，下腹残。拱形双耳，器表素面。口径 10、残高 6.6 厘米（图 4-837，11）。

高领罐　2 件。

标本H376③：1，泥质橙黄陶。喇叭口，平沿，方唇，高领，束颈，颈部以下残。唇面有一周凹槽，口沿外侧有一周折棱，颈部素面磨光。口径 22.4、残高 3.8 厘米（图 4-837，12）。

标本H376③：2，泥质红陶。喇叭口，方唇，高领，束颈，颈部以下残。颈部素面且有刮抹痕迹。口径 19.6、残高 4.8 厘米（图 4-837，13）。

大口罐　2 件。

标本H376③：12，泥质红陶。直口，方唇，上腹微弧，下腹残。唇面有一周凹槽，口沿外侧饰一周附加泥条，器表通体饰竖向绳纹，器表有烟炱痕迹。口径 41.6、残高 5.6 厘米（图 4-837，14）。

标本H376③：13，夹砂灰陶。微侈口，方唇，上腹斜弧，下腹残。口沿外侧有一周折棱，上腹饰横向篮纹，器表有烟炱痕迹。口径 21.6、残高 3.2 厘米（图 4-837，15）。

盆　2 件。

标本H376③：15，泥质红陶。敞口，平沿，圆唇，上腹斜弧，下腹残。口沿外侧有一周折棱，腹部素面。口径 24、残高 2.4 厘米（图 4-837，16）。

标本H376③：17，泥质橙黄陶。敞口，平沿，尖唇，斜弧腹，底残。器表素面。口径 19.2、残高 1.6 厘米（图 4-837，17）。

尊　1 件。

标本H376③：3，夹砂橙黄陶。敞口，圆唇，高领，束颈，圆腹，底残。颈部素面，上腹饰麻点纹，器表有烟炱痕迹。口径 28.4、残高 9.8 厘米（图 4-837，18）。

石刀　1 件。

标本H376③：14，石英岩。基部及侧边残，弧形边磨成刃部，单面磨刃。刃残长 4.3，刃角 34°，器身残长 6、残宽 2.5 厘米（图 4-837，19）。

石料　2 件。

标本H376③：18，页岩。整体较平整，制作小石器材料。残长 2.6、残宽 2.6 厘米（图 4-837，20）。

标本H376③：19，页岩。整体较平整，制作小石器材料。残长 2.5、残宽 2.6 厘米（图 4-837，21）。

骨饰　1 件。

标本H376③：20，动物骨骼磨制而成，圆形，器表磨制光滑，中间有一圆孔，器身直径 2.9、孔径 0.6、厚 0.1 厘米（图 4-837，22；彩版二八二，4）。

骨锥　1 件。

标本H376③：21，动物肢骨磨制而成，扁平长条状，器表磨制光滑，柄部磨制圆钝，锥尖磨制尖锐。长 7.2、宽 0.8、厚 0.5 厘米（图 4-837，23；彩版二八二，5）。

（4）H376④层

出土少量陶片，以腹部残片为主，可辨器形有圆腹罐、盆（表 4-1375、1376）。

表4-1375　H376④层器形数量统计表

器形 \ 陶质/陶色	泥质				夹砂				合计
	红	橙黄	灰	黑	红	橙黄	灰	黑	
盆	1	1	1						3
圆腹罐						1			1

表4-1376　H376④层陶片统计表

纹饰 \ 陶质/陶色	泥质				夹砂				合计
	橙黄	灰	红	灰底黑彩	橙黄	灰	红	褐	
素面	15				16				31
绳纹	1				9				10
篮纹			8		16				24
麻点纹					17		3		20
篮纹＋刻划纹					2				2
麻点＋篮纹					2				2

圆腹罐　1 件。

标本H376④：2，夹砂橙黄陶。侈口，圆唇，高领，束颈，颈部以下残。口沿外侧有一周折棱，颈部素面，有烟炱痕迹。口径 15.2、残高 6.4 厘米（图 4-838，1）。

盆　3 件。

标本H376④：1，泥质红陶。敞口，卷沿，圆唇，上腹斜直，下腹残。口沿外侧有一周凸棱呈波状，腹饰横向篮纹。口径 28、残高 4.4 厘米（图 4-838，2）。

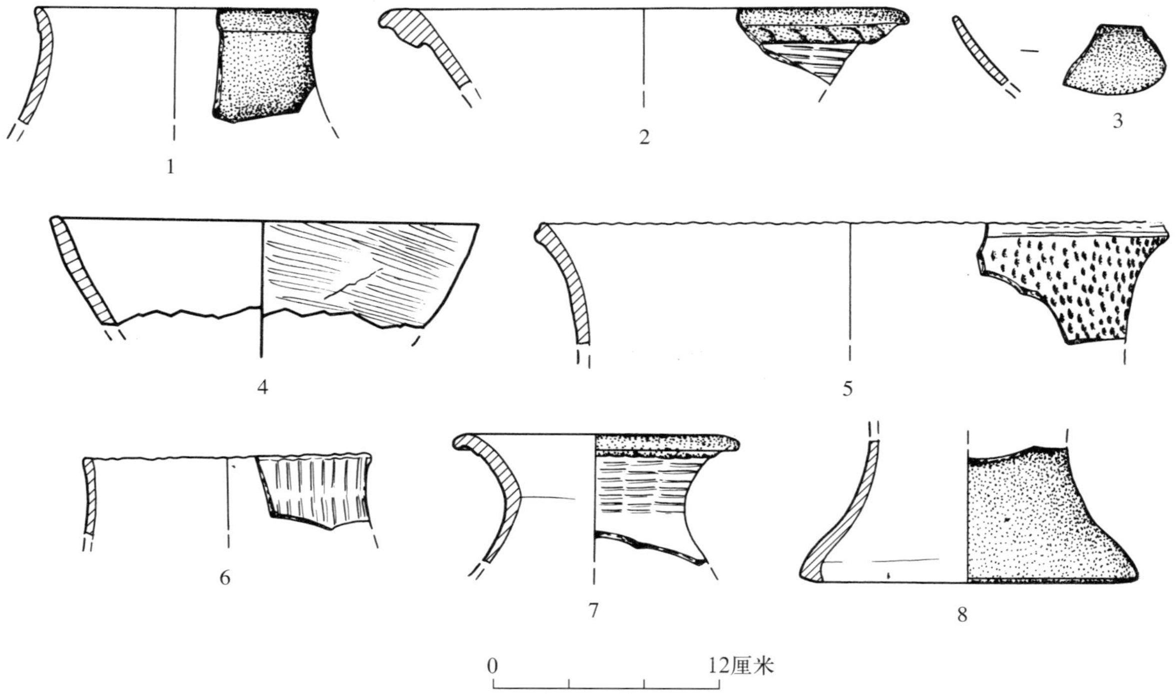

图4-838　H376出土遗物

1.圆腹罐H376④：2　2～4.盆H376④：1、3、4　5、6.花边罐H376⑤：3、4　7.高领罐H376⑤：1　8.豆H376⑤：2

标本H376④：3，泥质灰陶。敞口，圆唇，弧腹，底残。器表素面。残高3.6、残宽5.4厘米（图4-838，3）。

标本H376④：4，泥质橙黄陶。敞口，窄平沿，圆唇，斜弧腹，底残。器表饰斜向篮纹，内壁素面磨光。口径22.6、残高5.8厘米（图4-838，4）。

（5）H376⑤层

出土少量陶片，以腹部残片为主，可辨器形有花边罐、高领罐、豆（表4-1377、1378）。

表4-1377　H376⑤层器形数量统计表

陶质 / 陶色 / 器形	泥质				夹砂				合计
	红	橙黄	灰	黑	红	橙黄	灰	黑	
高领罐		1							1
豆		1							1
花边罐					1	1			2

表4-1378　H376⑤层陶片统计表

陶质 / 陶色 / 纹饰	泥质				夹砂				合计
	橙黄	灰	红	灰底黑彩	橙黄	灰	红	褐	
素面	6		4						10
篮纹	5				3				8

续表

纹饰＼陶质/陶色	泥质				夹砂				合计
	橙黄	灰	红	灰底黑彩	橙黄	灰	红	褐	
麻点纹					15				15
刻划纹					1				1
交错篮纹	1								1

花边罐　2件。

标本H376⑤：3　夹砂红陶。侈口，锯齿唇，高领，束颈，颈部以下残。唇面有一周凹槽，颈部饰麻点纹。口径33.6、残高6.6厘米（图4-838，5）。

标本H376⑤：4，夹砂橙黄陶。侈口，锯齿唇，矮领，微束颈，颈部以下残。颈部饰竖向篮纹，器表有烟炱痕迹。口径15.2、残高4.3厘米（图4-838，6）。

高领罐　1件。

标本H376⑤：1，泥质橙黄陶。喇叭口，卷沿，圆唇，高领，束颈，颈部以下残。口沿外侧有一周折棱，颈部饰横向篮纹，器表有烟炱痕迹。口径15.2、残高7厘米（图4-838，7）。

豆　1件。

标本H376⑤：2，泥质橙黄陶。高圈空心足，豆盘残。器表素面且有烟炱痕迹。底径18、残高7.8厘米（图4-838，8）。

（6）H376⑥层

出土少量陶片，以腹部残片为主，可辨器形有圆腹罐、双耳罐、高领罐（表4-1379、1380）。

表4-1379　H376⑥层器形数量统计表

器形＼陶质/陶色	泥质				夹砂				合计
	红	橙黄	灰	黑	红	橙黄	灰	黑	
双耳罐		1				2			3
高领罐		1							1
圆腹罐					2	4	1		7

表4-1380　H376⑥层陶片统计表

纹饰＼陶质/陶色	泥质				夹砂				合计
	橙黄	灰	红	灰底黑彩	橙黄	灰	红	褐	
素面	35	5	5		15				60
绳纹					4				4
篮纹	19	5	5		9		2		40
麻点纹					17				17
戳印纹	1								1

圆腹罐　7件。

标本H376⑥：4，夹砂橙黄陶。侈口，圆唇，矮领，束颈，上腹斜弧，下腹残。颈部素面，上腹饰网格状刻划纹，器表有烟炱痕迹。口径 9.6、残高 6 厘米（图 4–839，1）。

标本H376⑥：5，夹砂橙黄陶。侈口，圆唇，高领，束颈，上腹圆弧，下腹残。颈部素面，上腹饰竖向绳纹，器表有烟炱痕迹。口径 13.6、残高 7.4 厘米（图 4–839，2）。

标本H376⑥：7，夹砂灰陶。侈口，圆唇，矮领，束颈，颈部以下残。颈部素面，器表有烟炱痕迹。口径 16.8、残高 4.4 厘米（图 4–839，3）。

标本H376⑥：8，夹砂橙黄陶。侈口，尖唇，矮领，束颈，颈部以下残。口沿外侧有一周折棱，器表饰麻点纹，器表有烟炱痕迹。口径 18、残高 3.8 厘米（图 4–839，4）。

标本H376⑥：9，夹砂橙黄陶。侈口，方唇，矮领，束颈，颈部以下残。唇面有一周凹槽，颈部素面。口径 18.8、残高 3.6 厘米（图 4–839，5）。

标本H376⑥：10，夹砂红陶。侈口，圆唇，矮领，束颈，颈部以下残。颈部素面。口径 14、残高 4 厘米（图 4–839，6）。

标本H376⑥：11，夹砂红陶。侈口，方唇，口沿以下残。口沿外侧有一周折棱，器表素面。口径 24.4、残高 3 厘米（图 4–839，7）。

双耳罐　3 件。

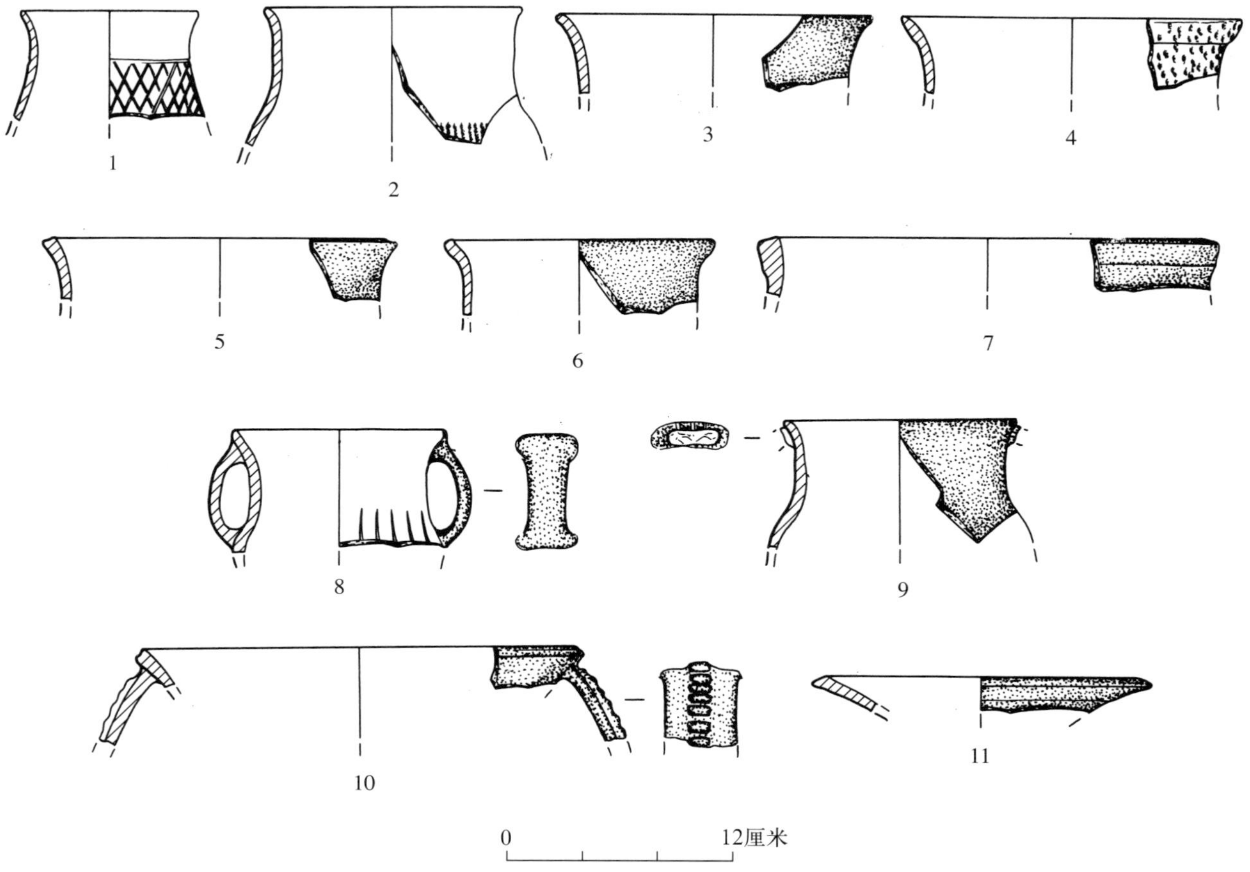

图4–839　H376出土遗物

1～7.圆腹罐H376⑥：4、5、7～11　8～10.双耳罐H376⑥：1、2、6　11.高领罐H376⑥：3

标本H376⑥：1，夹砂橙黄陶。侈口，圆唇，高领，束颈，上腹鼓，下腹残。拱形单耳，颈部素面，上腹饰竖向刻划纹，器表有烟炱痕迹。口径 11.2、残高 6.6 厘米（图 4-839，8）。

标本H376⑥：2，泥质橙黄陶。侈口，尖唇，高领，束颈，上腹圆，下腹残，耳残。器表素面。口径 12.4、残高 6.8 厘米（图 4-839，9）。

标本H376⑥：6，夹砂橙黄陶。侈口，方唇，口沿以下残。唇面有一道凹槽，耳残，耳面饰竖向附加泥条呈锯齿状，器表有烟炱痕迹。口径 23.2、残高 5.2 厘米（图 4-839，10）。

高领罐 1 件。

标本H376⑥：3，泥质橙黄陶。敞口，方唇，口沿以下残。口沿外侧有一周折棱，器表素面。口径 18、残高 1.8 厘米（图 4-839，11）。

（7）H376⑦层

出土陶片见下表（表 4-1381）。

表4-1381 H376⑦层陶片统计表

陶质 / 陶色 / 纹饰	泥质				夹砂				合计
	橙黄	灰	红	白	橙黄	灰	红	褐	
素面	32	6	10	1	35				84
绳纹	3	4			10	1			18
篮纹	28		15		8	4			55
麻点纹	36								36

364. H377

H377 位于ⅡT0703 东北角，北部延伸至T0603 东南部，开口于第⑤层下，被H284 打破（图 4-840；彩版二八三，1）。平面呈不规则状，口部边缘形态明显，底部边缘形态不明显，剖面呈筒状，斜直壁，未见工具痕迹，坑底平整。坑口南北长 2.12～3.20、东西宽 1.48～1.70、底部南北残 1.90、坑深 1.82 米。坑内堆积未分层，土色浅褐色，土质疏松，包含少许黑色斑点，水平状堆积。

坑内出土少量陶片，以腹部残片为主，可辨器形有圆腹罐、单耳罐（表 4-1382、1383）。

表4-1382 H377器形数量统计表

陶质 / 陶色 / 器形	泥质				夹砂				合计
	红	橙黄	灰	黑	红	橙黄	灰	黑	
圆腹罐						1			1
单耳罐					1				1

表4-1383 H377陶片统计表

陶质 / 陶色 / 纹饰	泥质				夹砂				合计
	橙黄	灰	红	灰底黑彩	橙黄	灰	红	褐	
素面	3								3

续表

陶质/陶色/纹饰	泥质				夹砂				合计
	橙黄	灰	红	灰底黑彩	橙黄	灰	红	褐	
篮纹	1				3				4
麻点纹					7				7

圆腹罐　1件。

标本H377：1，夹砂橙黄陶。侈口，方唇，高领，束颈，颈部以下残。颈部饰横向篮纹，器表有烟炱痕迹。口径20.8、残高7.6厘米（图4-841，1）。

单耳罐　1件。

标本H377：2，夹砂红陶。侈口，圆唇，矮领，微束颈，颈部以下残，耳残。颈部饰横向篮纹。残高5、残宽5厘米（图4-841，2）。

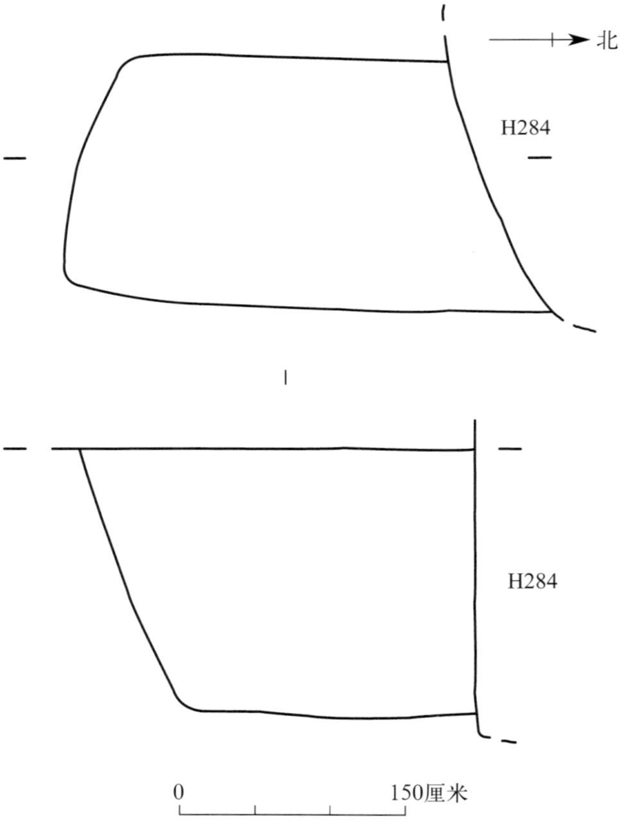

图4-840　H377平、剖面图

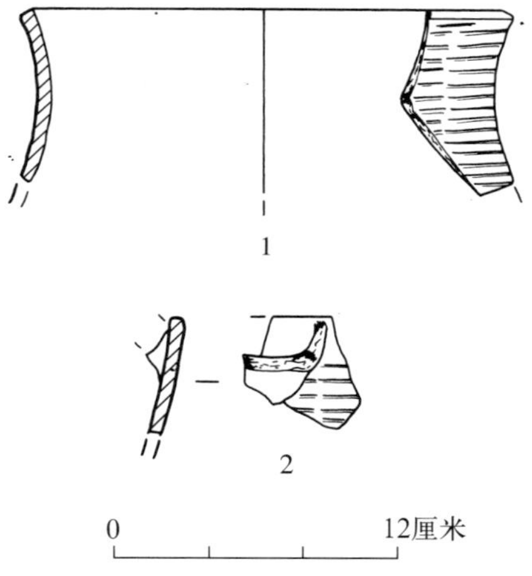

图4-841　H377出土遗物

1.圆腹罐H377：1　2.单耳罐H377：2

365. H378

H378位于ⅡT1104南部，开口于第④层下（图4-842；彩版二八三，2）。平面近圆形，口部边缘形态明显，底部边缘形态明显，剖面呈袋状，斜直壁，未见工具痕迹，坑底平整。坑口东西宽1.34、南北长1.40、坑底东西1.80、坑深2.24米。坑内堆积未分层，土色浅色，土质较疏松，

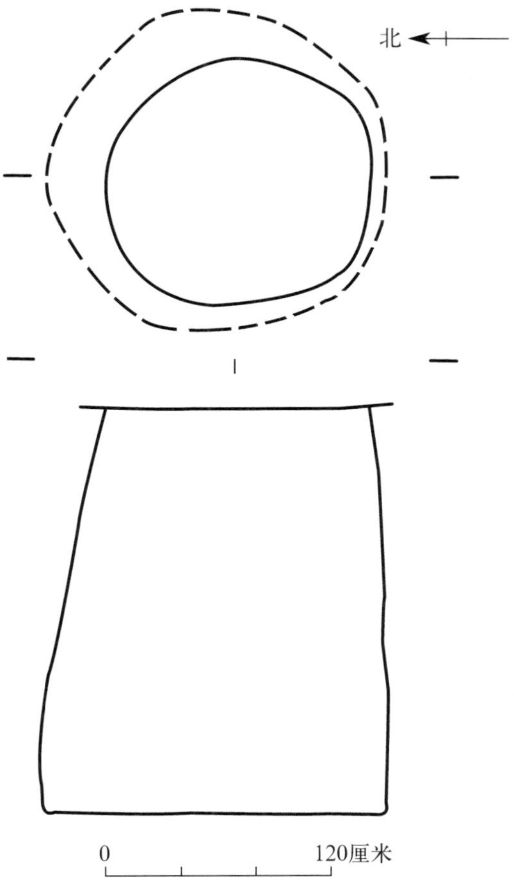

图4-842　H378平、剖面图

包含少许褐色土块颗粒，水平状堆积。

坑内出土少量陶片，陶片以腹部残片为主，可辨器形有圆腹罐、花边罐、双耳罐、高领罐、大口罐、盆、斝，另出土石刀、陶纺轮各1件（表4-1384、1385）。

表4-1384　H378器形数量统计表

陶质	泥质				夹砂				合计
器形 \ 陶色	红	橙黄	灰	黑	红	橙黄	灰	黑	
圆腹罐					2	9			11
盆	2	2							4
双耳罐	1					1			2
大口罐	1								1
斝					1				1
高领罐	1		1						2
罐腹底					1				1
花边罐						1			1
斝足							1		1

表4-1385　H378陶片统计表

纹饰＼陶质/陶色	泥质				夹砂				合计
	橙黄	灰	红	灰底黑彩	橙黄	灰	红	褐	
素面	67	4	3		46				120
绳纹	5	2			43				50
篮纹	23	1	6		5				35
麻点纹					71				71
交错篮纹	3		1						4
篮纹＋麻点纹					2				2

圆腹罐　12 件。

标本H378：1，夹砂橙黄陶。侈口，圆唇，高领，束颈，上腹圆，下腹残。颈部素面，上腹饰麻点纹，器表有烟炱痕迹。口径 13.2、残高 8.4 厘米（图 4-843，1）。

标本H378：2，夹砂橙黄陶。侈口，圆唇，矮领，束颈，上腹圆，下腹残。颈部素面，上腹饰竖向绳纹，器表有烟炱痕迹。口径 13.2、残高 10 厘米（图 4-843，2）。

标本H378：3，夹砂橙黄陶。侈口，圆唇，矮领，束颈，上腹圆，下腹残。颈部素面，上腹饰麻点纹，器表有烟炱痕迹。口径 14、残高 7.6 厘米（图 4-843，3）。

标本H378：5，夹砂橙黄陶。侈口，圆唇，矮领，束颈，上腹圆，下腹残。颈部素面，上腹饰竖向绳纹，器表有烟炱痕迹。口径 12.8、残高 7.6 厘米（图 4-843，4）。

标本H378：7，夹砂橙黄陶。侈口，圆唇，矮领，束颈，上腹圆，下腹残。颈部素面，上腹饰麻点纹，器表有烟炱痕迹。口径 11.6、残高 5.8 厘米（图 4-843，5）。

标本H378：8，夹砂橙黄陶。侈口，圆唇，矮领，束颈，颈部以下残。颈部素面且有刮抹痕迹。口径 11.2、残高 4.4 厘米（图 4-843，6）。

标本H378：9，夹砂橙黄陶。侈口，圆唇，矮领，微束颈，上腹斜，下腹残。器表素面且有烟炱痕迹。口径 10、残高 3.6 厘米（图 4-843，7）。

标本H378：10，夹砂橙黄陶。侈口，圆唇，矮领，束颈，上腹斜，下腹残。器表饰横向篮纹。口径 9.2、残高 3.4 厘米（图 4-843，8）。

标本H378：17，夹砂红陶。口部残。圆腹，平底。腹部饰麻点纹。残高 13.6、底径 9.6 厘米（图 4-843，9）。

标本H378：20，夹砂橙黄陶。侈口，圆唇，高领，束颈，上腹斜，下腹残。颈部饰横向篮纹，上腹饰竖向绳纹。口径 13.6、残高 6.4 厘米（图 4-843，10）。

标本H378：22，夹砂红陶。侈口，圆唇，高领，束颈，颈部以下残。颈部素面。口径 12.8、残高 4.6 厘米（图 4-843，11）。

标本H378：24，夹砂红陶。侈口，圆唇，矮领，束颈，圆腹，假圈足，颈部饰斜向篮纹，腹部饰麻点纹，近底部有刮抹痕迹。口径 12、高 20、底径 10.4 厘米（图 4-843，12；彩版二八四，1）。

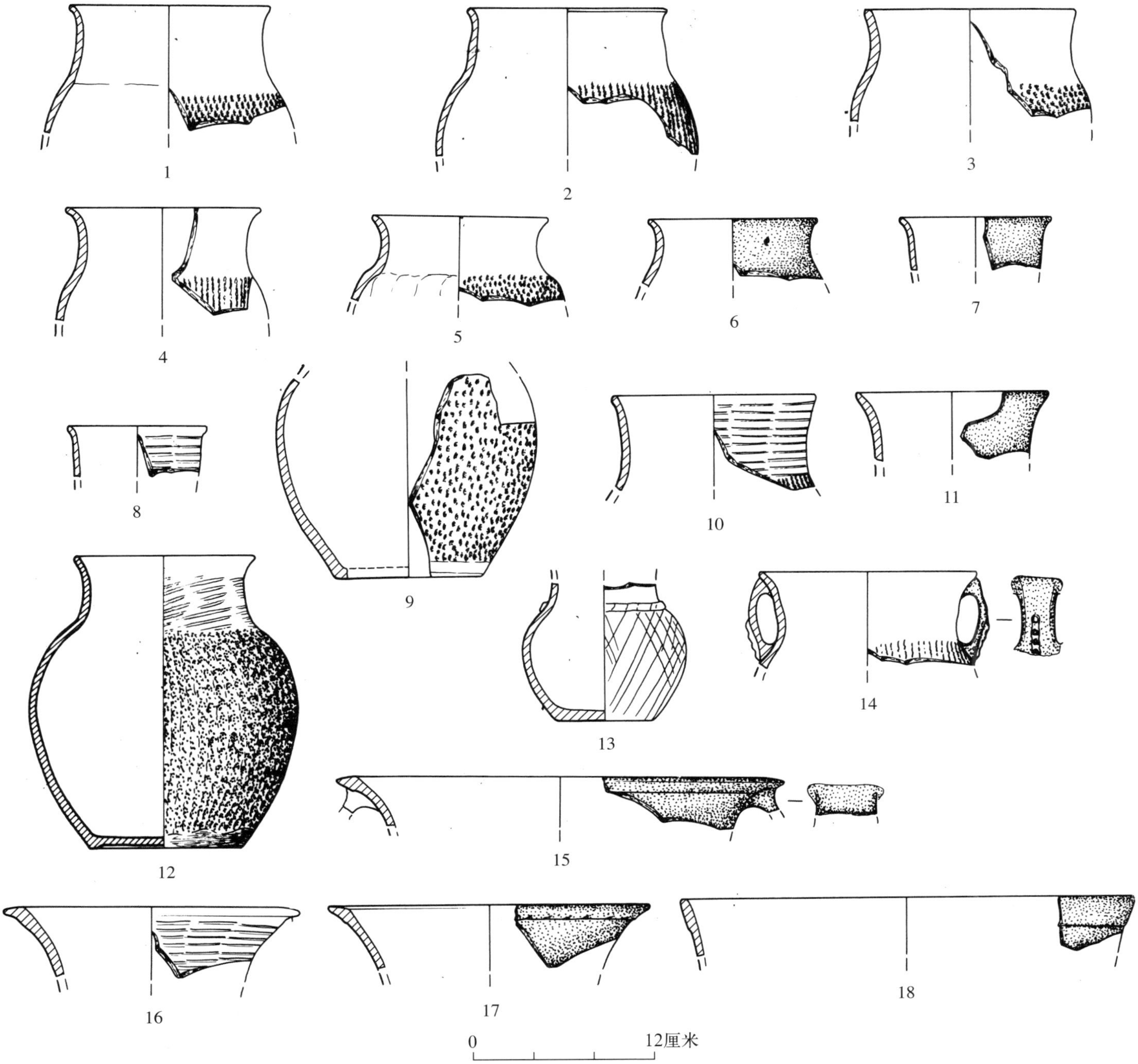

图4-843　H378出土遗物

1～12.圆腹罐H378：1、2、3、5、7～10、17、20、22、24　13.花边罐H378：18　14、15.双耳罐H378：6、14　16、17.高领罐H378：15、16　18.大口罐H378：11

花边罐　1件。

标本H378：18，夹砂橙黄陶。口部残，矮领，束颈，圆腹，平底。颈部素面，颈腹间饰一周附加泥条，泥条经手指按压呈波状，腹部饰交错刻划纹，器表有烟炱痕迹。残高9.4、底径6.4厘米（图4-843，13）。

双耳罐　2件。

标本H378：6，夹砂橙黄陶。侈口，圆唇，高领，束颈，上腹圆弧，下腹残。连口拱形双耳。耳面饰一条附加泥条，泥条经手指按压呈波状，颈部素面，上腹饰竖向绳纹。口径14.4、残高6.4厘米（图4-843，14）。

标本H378：14，泥质红陶。侈口，方唇，口沿以下残。残耳，器身通体素面磨光。口径29.6、残高3.4厘米（图4-843，15）。

高领罐　2件。

标本H378：15，泥质灰陶。喇叭口，圆唇，高领，束颈，颈部以下残。颈部饰斜向篮纹，内壁素面磨光。口径19.6、残高4.8厘米（图4-843，16）。

标本H378：16，泥质红陶。喇叭口，平沿，圆唇，高领，束颈，颈部以下残。口沿外侧饰一周折棱，颈部素面，内壁素面磨光且有刮抹痕迹。口径21.2、残高4.4厘米（图4-843，17）。

大口罐　1件。

标本H378：11，泥质红陶。侈口，圆唇，口沿以下残。口沿外侧有一周折棱，器表素面且有刮抹痕迹，有烟炱痕迹。口径30、残高3.8厘米（图4-843，18）。

盆　4件。

标本H378：4，泥质红陶。敞口，圆唇，斜弧腹，底残。口沿外侧有一周折棱，器表素面，内壁素面磨光且有刮抹痕迹。口径20.4、残高9.2厘米（图4-844，1）。

标本H378：12，泥质橙黄陶。敞口，方唇，斜弧腹，底残。器表通体素面磨光。口径20、残高3厘米（图4-844，2）。

标本H378：21，泥质红陶。敞口，方唇，斜弧腹，平底。器表素面。口径19、高5、底径

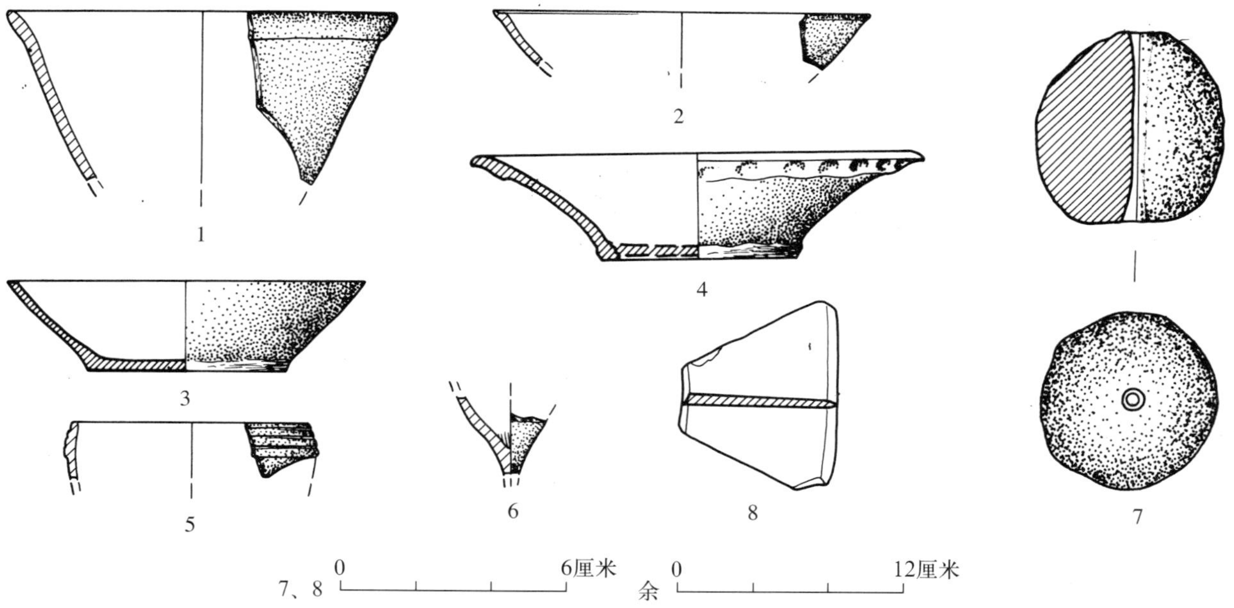

图4-844　H378出土遗物

1～4.盆H378：4、12、21、23　5、6.斝H378：13、19　7.陶纺轮H378：25　8.石刀H378：26

10.6 厘米（图 4−844，3；彩版二八四，2）。

标本H378：23，泥质橙黄陶。敞口，微卷沿，尖唇，斜弧腹，平底。口沿外侧饰一周折棱，腹部素面。口径 24、高 6、底径 10.4 厘米（图 4−844，4；彩版二八四，3）。

斝 2 件。

标本H378：13，夹砂红陶。敛口，圆唇，口沿以下残。口沿外侧有三道凹槽，器表素面且有烟炱痕迹。口径 12.4、残高 3 厘米（图 4−844，5）。

标本H378：19，泥质灰陶。牛角状空心足，器表素面。残高 4、残宽 5.2 厘米（图 4−844，6）。

陶纺轮 1 件。

标本H378：25，泥质红陶。近圆球状，中间有一圆孔，素面，直径 5.1、孔径 0.2 厘米（图 4−844，7；彩版二八四，4）。

石刀 1 件。

标本H378：26，石英岩。呈梯形，基部及两侧边残，双面磨刃。刃残长 4.5 厘米，刃角 43°，器身残长 5、残宽 4 厘米（图 4−844，8；彩版二八四，5）。

366. H379

H379 位于ⅡT1104 东部，开口于第④层下，被H362 打破。平面近圆形，口部边缘形态较明显，底部边缘形态较明显，剖面呈袋状，斜壁（图 4−845；彩版二八五，1），未见工具痕迹，坑

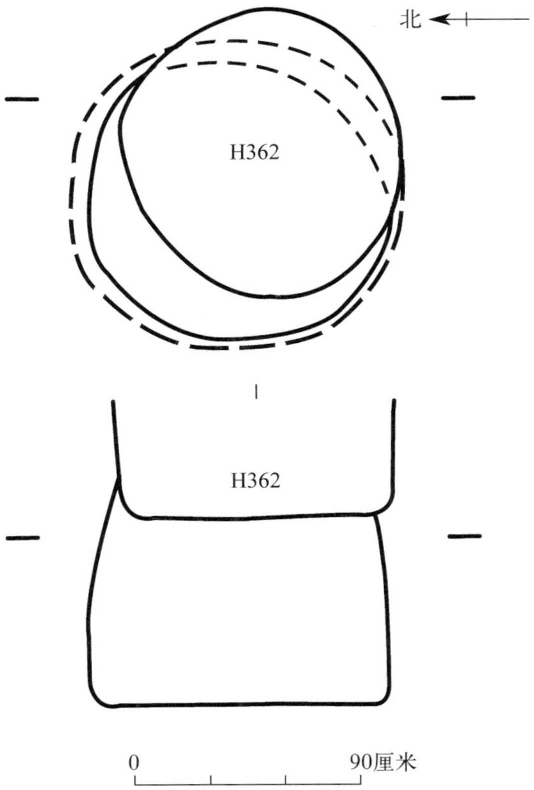

图4−845 H379平、剖面图

底平整。坑口南北长 1.24、东西宽 1.18、坑底南北长 1.10、坑深 0.76～0.98 米。坑内堆积未分层，土色褐色，土质较疏松，包含少许灰色土块，水平状堆积。

坑内出土少量陶片，以腹部残片为主，可辨器形有圆腹罐、花边罐、盆、彩陶钵（表 4-1386、1387）。

表4-1386 H379器形数量统计表

器形 \ 陶质 / 陶色	泥质				夹砂				合计
	红	橙黄	灰	黑	红	橙黄	灰	黑	
盆	1	2							3
彩陶钵		1							1
花边罐		1							1
圆腹罐		1							1

表4-1387 H379陶片统计表

纹饰 \ 陶质 / 陶色	泥质				夹砂				合计
	橙黄	灰	红	灰底黑彩	橙黄	灰	红	褐	
素面	10		1		13	2			26
绳纹			5		5				10
篮纹	2								2
麻点纹					15				15

圆腹罐 1 件。

标本H379：4，泥质橙黄陶。侈口，圆唇，高领，束颈，颈部以下残。颈部饰麻点纹，器表有烟炱痕迹。口径 13.6、残高 6.8 厘米（图 4-846，1）。

花边罐 1 件。

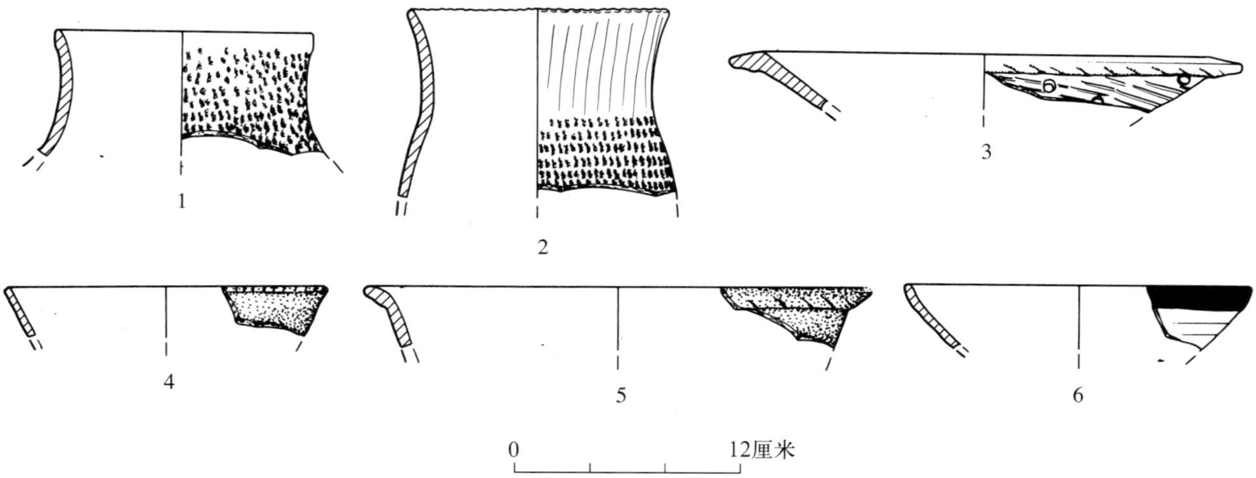

图4-846 H379出土遗物

1.圆腹罐H379：4 2.花边罐H379：3 3～5.盆H379：1、5、6 6.彩陶钵H379：2

标本H379：3，泥质橙黄陶。侈口，锯齿唇，高领，束颈，上腹圆弧，下腹残。颈部饰竖向刻划纹，上腹饰麻点纹，器表有烟炱痕迹。口径14、残高10.3厘米（图4-846，2）。

盆　3件。

标本H379：1，泥质褐陶。敞口，平沿，圆唇，上腹斜弧，下腹残。口沿外侧饰一周折棱，腹部饰斜向篮纹，器表有三个钻孔。口径27.2、残高3厘米（图4-846，3）。

标本H379：5，泥质橙黄陶。敞口，方唇，上腹斜弧，下腹残。唇面有一周刻划纹，腹部素面。口径17.2、残高2.8厘米（图4-846，4）。

标本H379：6，泥质橙黄陶。敞口，斜沿，圆唇，上腹斜弧，下腹残。口沿外侧呈波状，腹部素面。口径26.8、残高3.4厘米（图4-846，5）。

彩陶钵　1件。

标本H379：2，泥质橙黄陶。侈口，圆唇，弧腹，底残。器表素面磨光，口沿外侧饰一周宽条形黑彩。口径18.4、残高3.4厘米（图4-846，6）。

367. H380

H380位于ⅡT1205西北角，部分压于ⅡT1204东隔梁下，开口于第④层下，被H373打破（图4-847）。根据暴露部分推测H380平面近椭圆形，口部边缘形态明显，底部边缘形态较明显，剖面呈筒状，斜直壁，未见工具痕迹，坑底平整。坑口南北0.85、东西1.26、坑底南北0.80、深0.80米。坑内堆积未分层，土色灰色，土质疏松，包含有较多褐色斑块，水平状堆积。

坑内出土少量陶片，以腹部残片为主，可辨器形有圆腹罐、花边罐、高领罐、盆、尊（表4-1388、1389）。

圆腹罐　1件。

标本H380：5，夹砂橙黄陶。侈口，圆唇，高领，束颈，颈部以下残。颈部饰麻点纹，器表

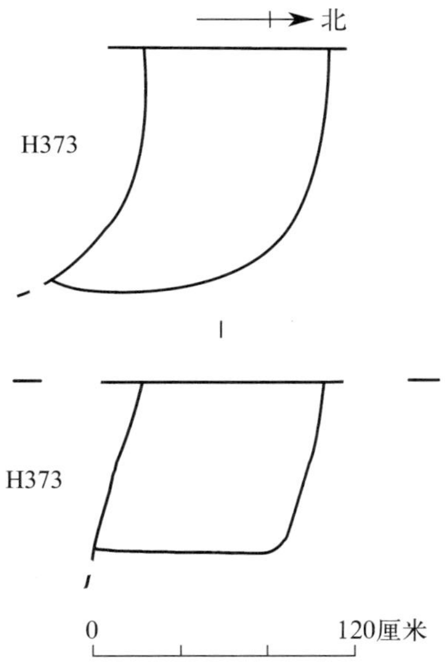

图4-847　H380平、剖面图

有烟炱痕迹。口径 14、残高 5.6 厘米（图 4-848，1）。

花边罐　2 件。

表4-1388　H380器形数量统计表

器形＼陶质/陶色	泥质				夹砂				合计
	红	橙黄	灰	黑	红	橙黄	灰	黑	
尊	1								1
花边罐					1	1			2
盆		1							1
高领罐	1								1
圆腹罐						1			1

表4-1389　H380陶片统计表

纹饰＼陶质/陶色	泥质				夹砂				合计
	橙黄	灰	红	灰底黑彩	橙黄	灰	红	褐	
素面	1	1	1		2		1		6
绳纹					2				2
篮纹	6	2	2		4				14
麻点纹					11		6		17
篮纹＋麻点纹					1				1

标本H380：2，夹砂橙黄陶。侈口，尖唇，高领，束颈，上腹圆，下腹残。口沿外侧饰一周附加泥条，泥条经手指按压呈波状，颈部素面，上腹饰麻点纹，器表有烟炱痕迹。口径 14、残高 9.6 厘米（图 4-848，2）。

标本H380：6，夹砂红陶。侈口，圆唇，矮领，束颈，颈部以下残。口沿外侧饰一周附加泥

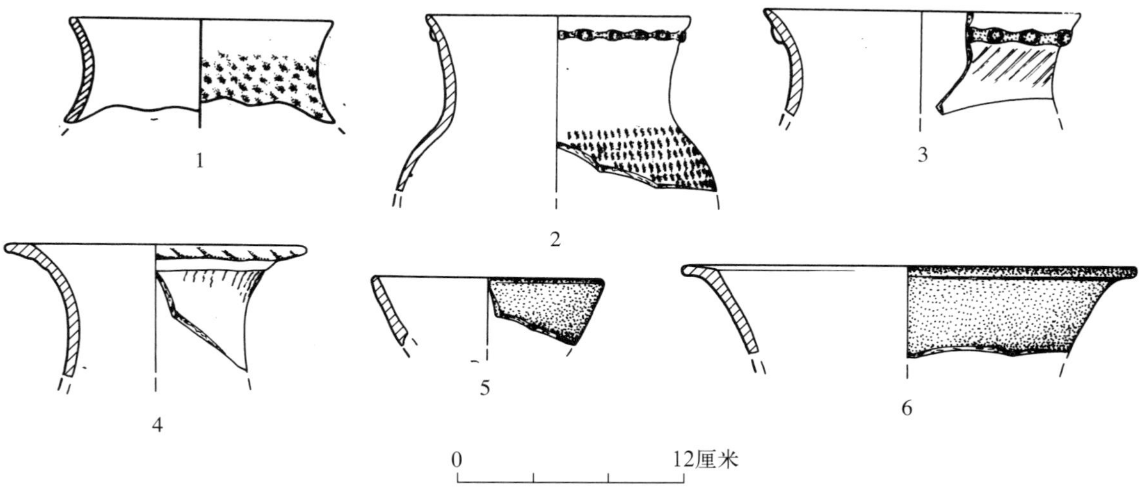

图4-848　H380出土遗物

1.圆腹罐H380：5　2、3.花边罐H380：2、6　4.高领罐H380：4　5.盆H380：3　6.尊H380：1

条，泥条经手指按压呈波状，颈部饰斜向篮纹，器表有烟炱痕迹。口径 16.8、残高 5.6 厘米（图 4－848，3）。

高领罐　1 件。

标本H380：4，泥质红陶。喇叭口，平沿，圆唇，高领，束颈，颈部以下残。口沿外侧饰一周折棱，颈部饰竖向绳纹，纹饰有抹平痕迹，内壁素面磨光，器表有烟炱痕迹。口径 16、残高 7.2 厘米（图 4－848，4）。

盆　1 件。

标本H380：3，泥质橙黄陶。敞口，圆唇，斜弧腹，底残。器表素面，内壁素面磨光且有刮抹痕迹。口径 12、残高 3.6 厘米（图 4－848，5）。

尊　1 件。

标本H380：1，泥质红陶。敞口，平沿，圆唇，高领，束颈，颈部以下残。器表素面磨光。口径 24、残高 5 厘米（图 4－848，6）。

368. H381

H381 位于ⅡT1206 南部，开口于第⑤层下，被H359 打破（图 4－849；彩版二八五，2）。平面呈不规则状，口部边缘形态较明显，底部边缘形态较明显，剖面呈袋状，斜直壁，未见工具痕迹，坑底平整。坑口东西 1.45、南北 0.64、坑底东西 2.05、坑深 1.06～1.30 米。坑内堆积未分层，土色褐色，土质疏松，包含红烧土颗粒，水平状堆积。

坑内出土少量陶片，以腹部残片为主，可辨器形有罐腹底（表 4－1390、1391）。

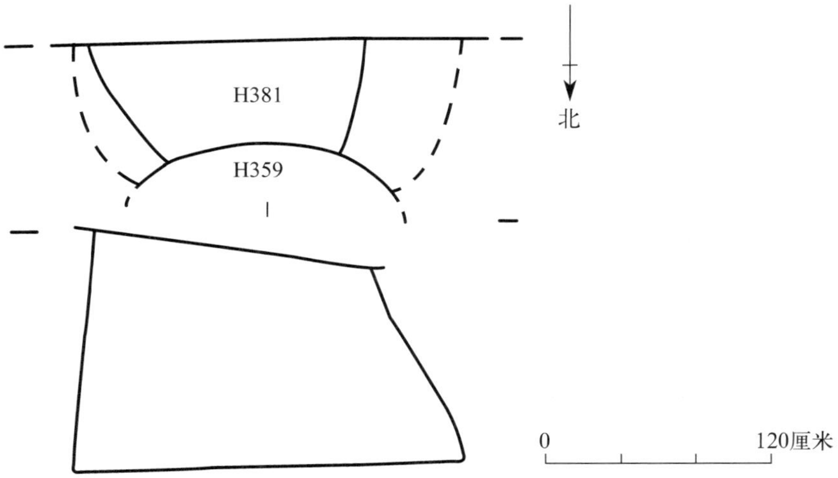

图4－849　H381平、剖面图

表4－1390　H381器形数量统计表

器形 \ 陶质/陶色	泥质				夹砂				合计
	红	橙黄	灰	黑	红	橙黄	灰	黑	
罐腹底	1					2			3

表4-1391　H381陶片统计表

陶质 / 陶色 / 纹饰	泥质				夹砂				合计
	橙黄	灰	红	灰底黑彩	橙黄	灰	红	褐	
素面			1		1				2
绳纹					3				3
篮纹	1		1		3				5
麻点纹					9				9

罐腹底　3件。

标本H381：1，夹砂橙黄陶。上腹残，下腹斜弧，平底内凹。下腹饰竖向绳纹。残高6、底径11.2厘米（图4-850，1）。

标本H381：2，泥质红陶。上腹残，下腹斜弧，平底，下腹饰竖向篮纹。残高3、底径12厘米（图4-850，2）。

标本H381：3，夹砂橙黄陶。上腹残，下腹圆弧，平底内凹。下腹饰麻点纹。残高3.6、底径10厘米（图4-850，3）。

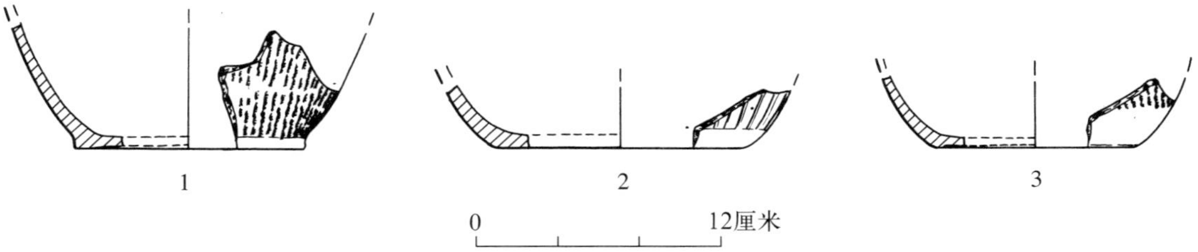

图4-850　H381出土遗物

1～3.罐腹底H381：1、2、3

369. H382

H382位于ⅡT1205东南角，部分压于南壁下，东部延伸至ⅡT1206内，开口于第⑤层下（图4-851；彩版二八六，1）。根据暴露部分推测H382平面近椭圆形，口部边缘形态不明显，底部边缘形态明显，剖面呈袋状，直壁，未见工具痕迹，坑底平整。坑口东西长1.54、南北宽0.92、坑底东西长1.50、坑深0.56～0.90米。坑内堆积未分层，土色深灰色，土质较疏松，包含有较多褐色斑块，坡状堆积。

坑内出土少量陶片，以腹部残片为主，可辨器形有罐腹底（表4-1392、1393）。

罐腹底　2件。

标本H382：1，夹砂红陶。上腹残，下腹斜直，平底内凹。下腹饰斜向篮纹，底面饰交错篮纹。残高3.2、底径15.2厘米（图4-852，1）。

标本H382：2，夹砂红陶。上腹残，下腹斜直，平底。下腹饰麻点纹。残高5、底径8.4厘米（图4-852，2）。

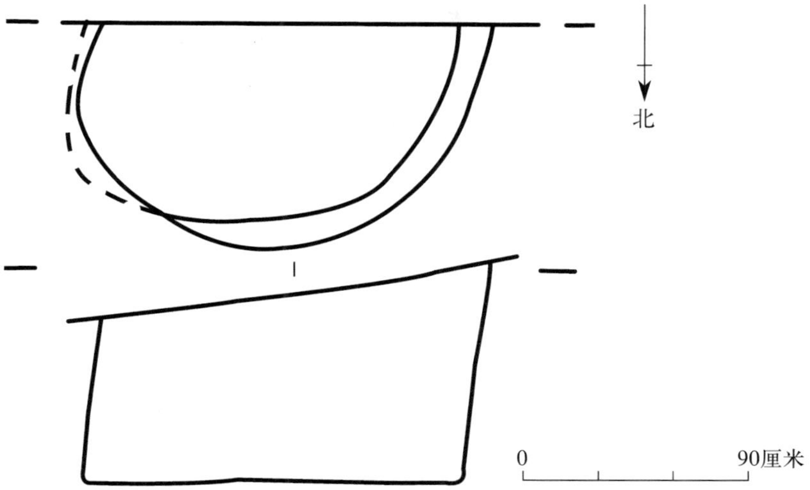

图4-851 H382平、剖面图

表4-1392 H382器形数量统计表

陶质 / 陶色 / 器形	泥质				夹砂				合计
	红	橙黄	灰	黑	红	橙黄	灰	黑	
罐腹底					2				2

表4-1393 H382陶片统计表

陶质 / 陶色 / 纹饰	泥质				夹砂				合计
	橙黄	灰	红	灰底黑彩	橙黄	灰	红	褐	
素面			1		1		2		4
绳纹					3				3

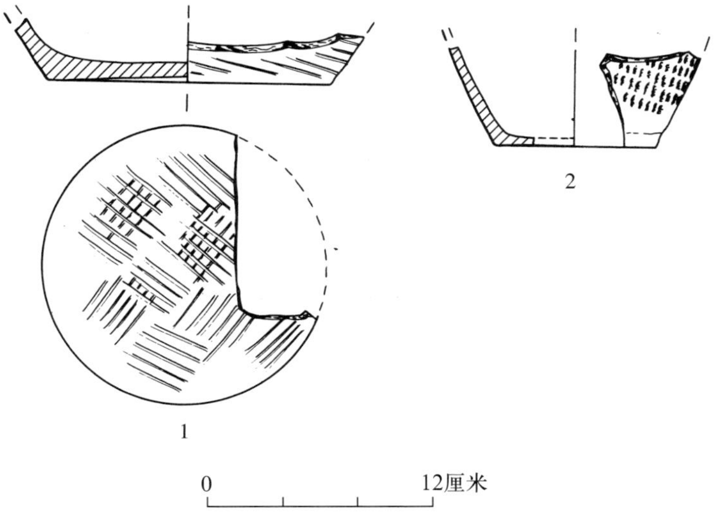

图4-852 H382出土遗物

1、2.罐腹底H382：1、2

370. H383

H383 位于ⅡT0901 东北角，开口于第④层下（图 4−853；彩版二八六，2）。平面近长方形，口部边缘形态明显，底部边缘形态明显，剖面呈筒状，直壁，未见工具痕迹，坑底平整。坑口南北 1.96、东西 0.52～0.56、坑底南北 1.96、坑深 0.30 米。坑内堆积未分层，土色浅褐色，土质疏松，夹杂少许黑色斑点，水平状堆积。

坑内无出土遗物。

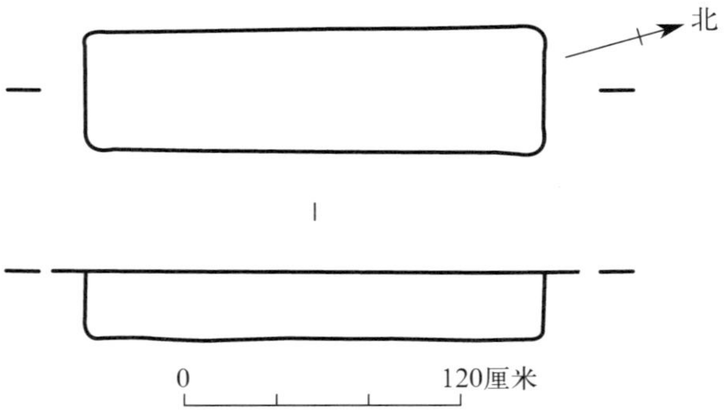

图4−853　H383平、剖面图

371. H384

H384 位于ⅡT1001 东北部，开口于第②层下（图 4−854；彩版二八七，1）。平面近长方形，口部边缘形态明显，底部边缘形态较明显，剖面筒状，直壁，未见工具痕迹，坑底平整。坑口南北 2.00、东西 0.60～0.70、坑底南北 2.00、深 0.60 米。坑内堆积未分层，土色浅褐色，土质疏松，包含少许黑色斑点，水平状堆积。

坑内无出土遗物。

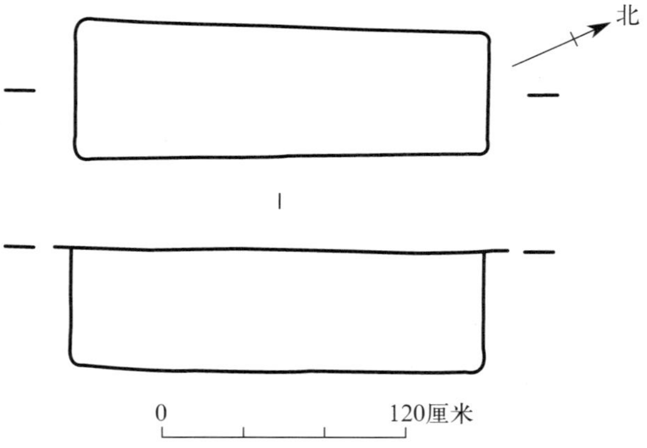

图4−854　H384平、剖面图

372. H385

H385 位于ⅡT1104 东南角，开口于第⑤层下，被H375、H378 打破（图 4−855；彩版二八七，2）。平面呈不规则状，口部边缘形态明显，底部边缘形态不明显，剖面呈筒状，斜壁，未见工具

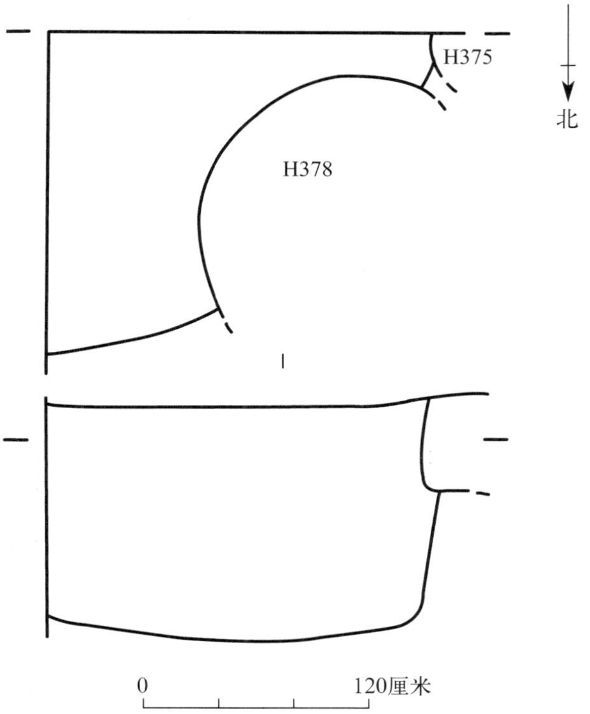

图4-855　H385平、剖面图

痕迹，坑底呈凹状。坑口东西长 2.06、南北宽 1.74、坑底东西长 1.96、坑深 1.29 厘米。坑内堆积未分层。土色浅褐色，土质疏松，包含较多灰色土颗粒，坡状堆积。

坑内出土较多陶片及少量石块，以腹部残片为主，可辨器形有圆腹罐，另出土骨器 1 件（表4-1394、1395）。

表4-1394　H385器形数量统计表

陶质	泥质				夹砂				合计
器形＼陶色	红	橙黄	灰	黑	红	橙黄	灰	黑	
圆腹罐					1				1

表4-1395　H385陶片统计表

陶质	泥质				夹砂				合计
纹饰＼陶色	橙黄	灰	红	灰底黑彩	橙黄	灰	红	白	
素面	2	2	1		7		1	1	14
绳纹	3				7				10
篮纹	11				1				12
麻点纹					3				3

圆腹罐　1 件。

标本H385：1，夹砂红陶。侈口，圆唇，矮领，束颈，颈部以下残。颈部素面。口径 10.4、残高 3 厘米（图 4-856，1）。

骨器　1 件。

标本H385：2，动物牙齿磨制而成，器身呈半环状，一面磨平，一面呈凹状，一端磨制成尖，一端残。残长 6.4、宽 1.4、厚 0.3 厘米（图 4-856，2；彩版二八七，3）。

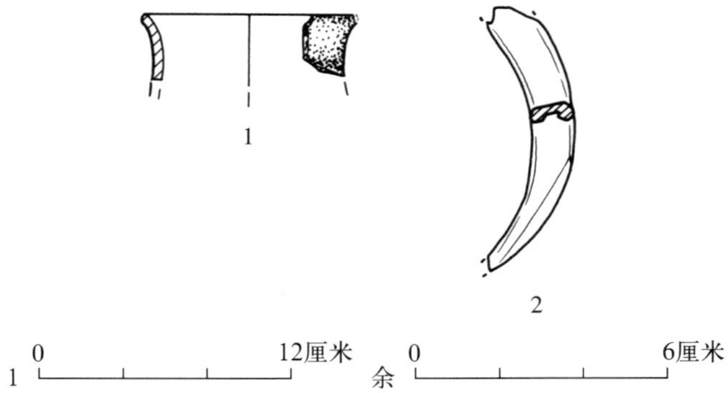

图4-856　H385出土遗物

1.圆腹罐H385：1　2.骨器H385：2

373. H386

H386 位于ⅡT1104 西南角，部分延伸至ⅡT1103 东隔梁及ⅡT1204 北隔梁下，开口于第③层下，被H363、H375 打破（图 4-857）。平面呈不规则状，口部边缘形态明显，底部边缘不明显，剖面呈袋状，弧形壁，未见工具痕迹，坑底南高北低呈坡状。坑口南北 1.43、东西 0.92、坑底南北 1.48、坑深 1.04 米。坑内堆积分两层：第①层厚 0.30～0.54 米，土色深褐色，土质较疏松，包含有较多灰色土块颗粒，坡状堆积。第②层厚 0.44～0.50 米，土色褐色，土质疏松，坡状堆积。

坑内无出土遗物。

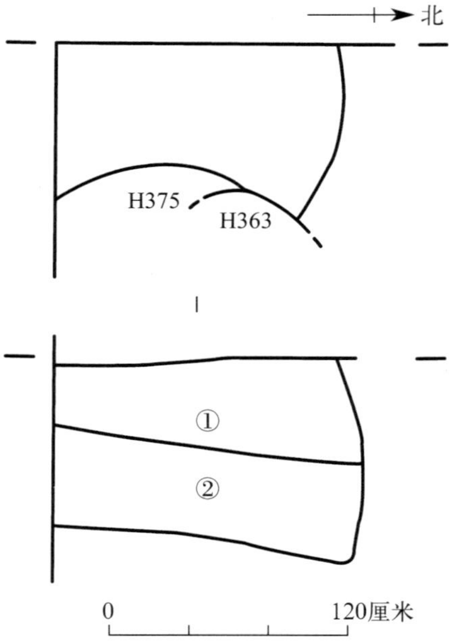

图4-857　H386平、剖面图

374. H387

H387位于ⅡT1104西南角，部分延伸至ⅡT1103东隔梁及ⅡT1204北隔梁下，开口于第⑤层下，被H378、H385打破（图4-858）。平面呈不规则状，口部边缘形态明显，底部边缘形态不明显，剖面呈袋状，斜壁，未见工具痕迹，底部南高北低呈坡状。坑口东西2.40、南北2.38、坑底东西1.96、坑深0.40～0.52米。坑内堆积未分层，土色深褐色，土质较疏松，夹杂有较多灰色土块颗粒，水平状堆积。

坑内出土少量陶片，以陶器腹部残片为主，无可辨器形标本，所以不具体介绍，只进行陶系统计（表4-1396）。

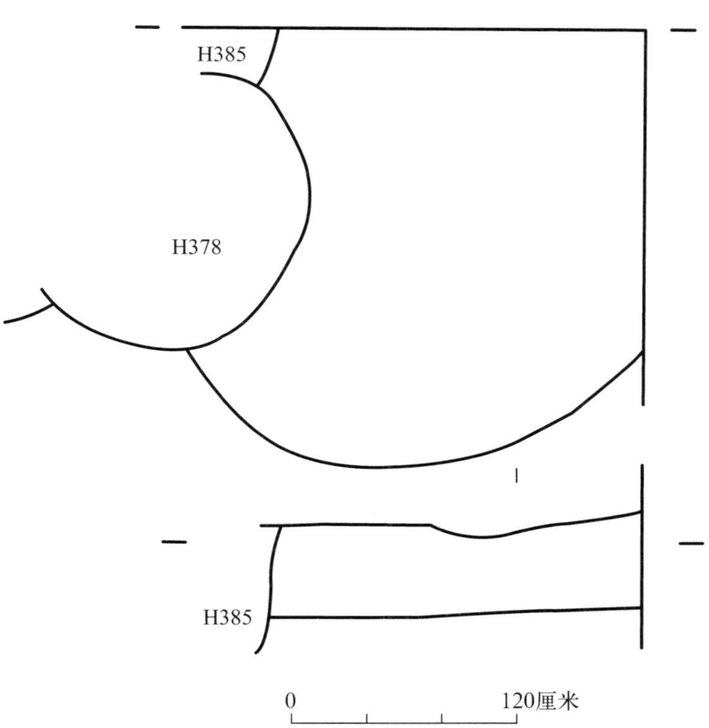

图4-858　H387平、剖面图

表4-1396　H387陶片统计表

陶质 / 陶色 / 纹饰	泥质				夹砂				合计
	橙黄	灰	红	灰底黑彩	橙黄	灰	红	褐	
素面	18	3	7		8		1		37
绳纹					4				4
篮纹	12	2	2		4				20
麻点纹					18		6		24
篮纹＋麻点纹					2				2

375. H388

H388位于ⅡT1104南部，南部压于ⅡT1203北隔梁下，开口于第⑤层下，被H387、H385打破（图4-859；彩版二八八，1）。平面呈不规则状，剖面呈筒状，斜壁，未见工具痕迹，坑底平整。坑口南北2.56、东西3.20、坑底东西3.12、坑深1.25～1.74米。坑内堆积分两层，第①层厚0.43～1.04米，土色深褐色，土质较疏松，水平状堆积。第②层厚0.68～0.83米，土色浅褐色，土质疏松，水平状堆积。

坑内出土少量陶片，以腹部残片为主，可辨器形有圆腹罐、盆、陶纺轮（表4-1397、1398）。

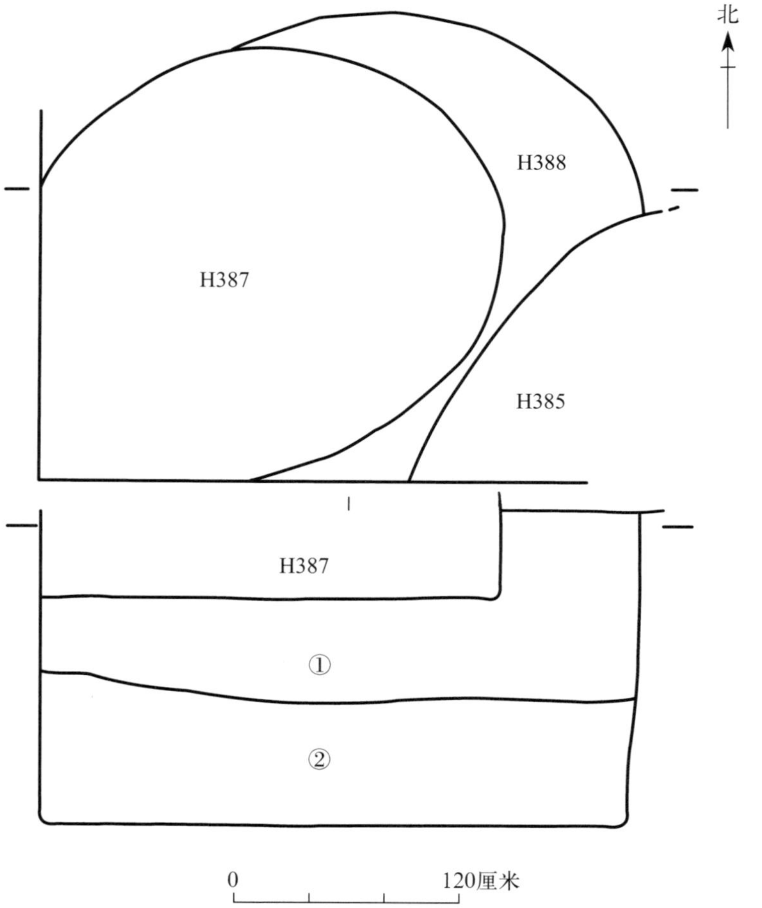

图4-859 H388平、剖面图

表4-1397 H388①层器形数量统计表

器形 \ 陶质 / 陶色	泥质				夹砂				合计
	红	橙黄	灰	黑	红	橙黄	灰	黑	
圆腹罐	2								2
盆	1								1

表4-1398　H388①层陶片统计表

陶质 / 陶色 / 纹饰	泥质				夹砂				合计
	橙黄	灰	红	灰底黑彩	橙黄	灰	红	褐	
素面	1		1						2
篮纹	4		1		1				6
麻点纹	9		4						13

圆腹罐　2件。

标本H388①：1，泥质红陶。侈口，方唇，高领，束颈，颈部以下残。口沿外侧有一周折棱，折棱之上饰斜向篮纹，颈部饰斜向篮纹，纹饰被抹平，内壁素面磨光。口径28.8、残高7厘米（图4-860，1）。

标本H388①：3，泥质红陶。侈口，圆唇，矮领，束颈，颈部以下残。器表通体素面磨光。口径9.2、残高3.4厘米（图4-860，2）。

盆　1件。

标本H388①：2，泥质红陶。敞口，方唇，斜弧腹，底残。器表饰斜向篮纹，内壁素面磨光，器表有烟炱痕迹。口径23.2、残高3.2厘米（图4-860，3）。

陶纺轮　1件。

标本H388①：4，残，泥质橙黄陶。残存呈圆弧饼状，素面。残长6、残宽3.6厘米（图4-860，4）。

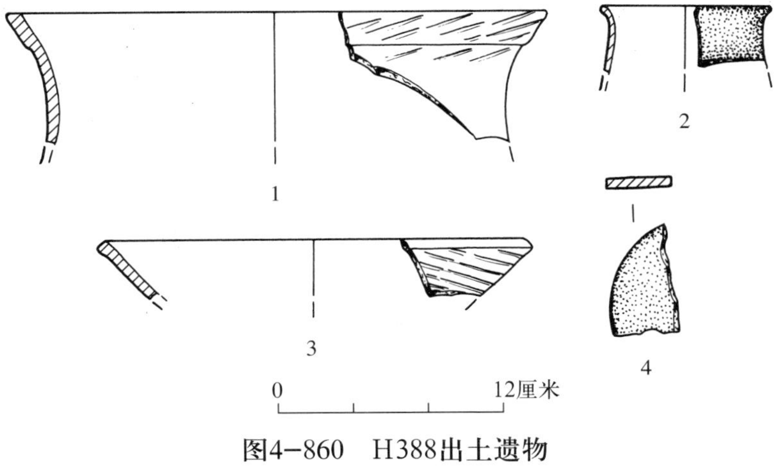

图4-860　H388出土遗物

1、2.圆腹罐H388①：1、3　3.盆H388①：2　4.陶纺轮H388①：4

376. H389

H389位于ⅡT1001西北部，开口于第②层下（图4-861；彩版二八八，2）。平面近长方形，口部边缘形态明显，底部边缘形态明显，剖面呈筒状，直壁，未见工具痕迹，坑底平整。坑口东西2.24、南北0.64～0.76、坑底南北2.24、坑深0.64～0.66米。坑内堆积未分层，土色浅褐色，

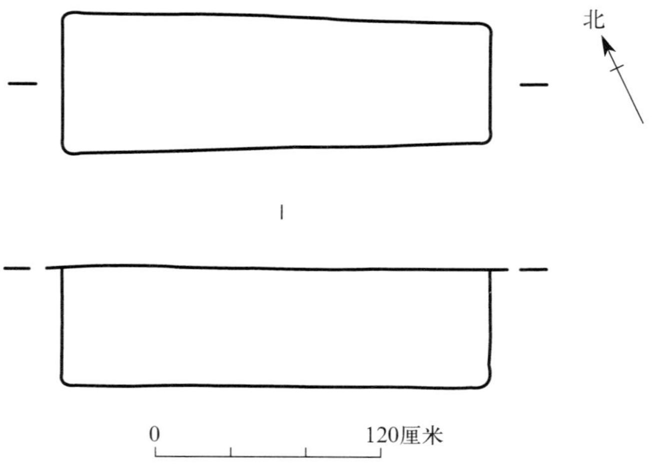

图4-861　H389平、剖面图

土质疏松，包含少许黑色斑点，水平状堆积。

坑内出土少量陶片，以腹部残片为主，可辨器形有圆腹罐（表 4-1399、1400）。

圆腹罐　1 件。

标本H389：1，夹砂灰陶。侈口，圆唇，矮领，束颈，颈部以下残。颈部素面。口径 18.8、残高 4.8 厘米（图 4-862）。

表4-1399　H389器形数量统计表

陶质 / 陶色 / 器形	泥质				夹砂				合计
	红	橙黄	灰	黑	红	橙黄	灰	黑	
圆腹罐							1		1

表4-1400　H389陶片统计表

陶质 / 陶色 / 纹饰	泥质				夹砂				合计
	橙黄	灰	红	灰底黑彩	橙黄	灰	红	褐	
素面		1				1			2
篮纹		2			1				3
麻点纹		1				1			2

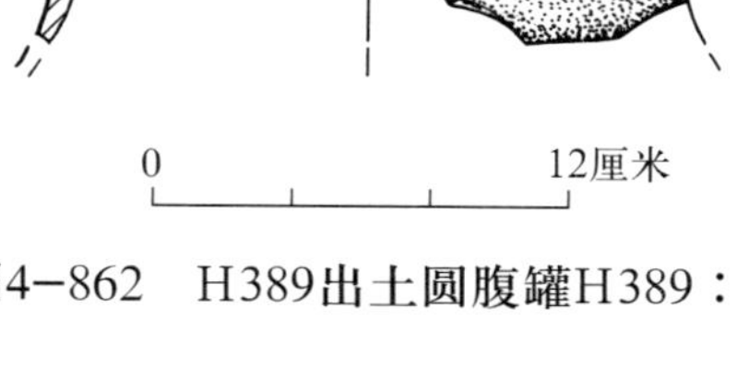

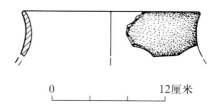

图4-862　H389出土圆腹罐H389：1

377. H390

H390位于ⅡT0902东北角，东部延伸至ⅡT0903西北部，开口于第④层下（图4-863；彩版二八九，1）。平面近椭圆形，口部边缘形态较明显，底部边缘形态较明显，剖面呈筒状，直壁，未见工具痕迹，坑底平整。坑口南北2.28、东西2.04、坑底东西1.98、坑深0.12米。坑内堆积未分层，土色浅褐色，土质疏松，水平状堆积。

坑内出土少量陶片，以腹部残片为主，可辨器形有花边罐（表4-1401）。

表4-1401 H390器形数量统计表

陶质	泥质				夹砂				合计
器形＼陶色	红	橙黄	灰	黑	红	橙黄	灰	黑	
花边罐						1			1

花边罐 1件。

标本H390：1，夹砂橙黄陶。侈口，圆唇，矮领，束颈，上腹圆，下腹残。颈部饰两周附加泥条，泥条经手指按压呈波状，上腹饰麻点纹，器表有烟炱痕迹。口径11.2、残高6.4厘米（图4-864）。

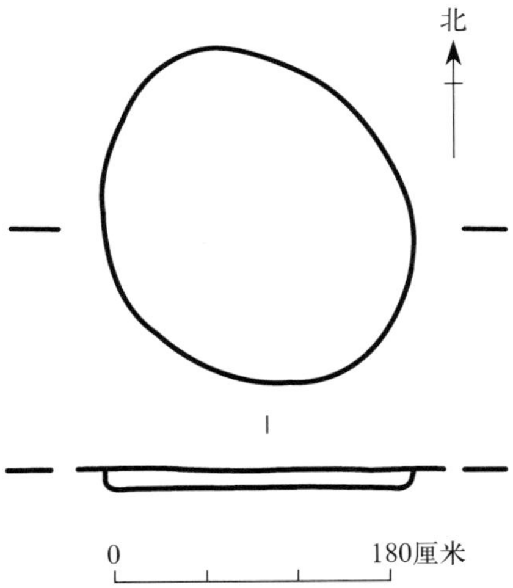

图4-863 H390平、剖面图

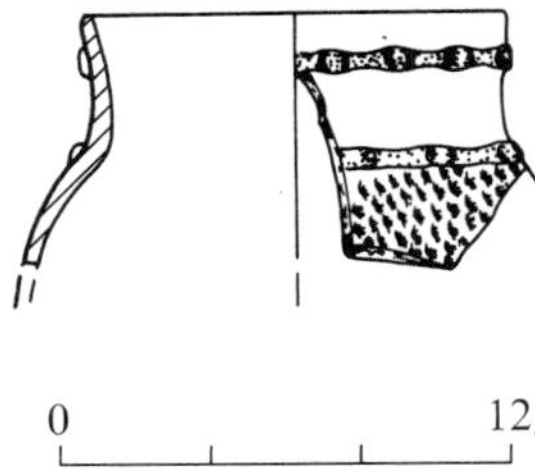

图4-864 H390出土花边罐H390：1

378. H391

H391位于ⅢT2915北部，开口于第③层下，被一条东西向20世纪90年代沟打破（图4-865；彩版二八九，2）。平面呈半圆形，口部边缘形态明显、底部边缘形态较明显，剖面呈筒状，直壁，未见工具痕迹，坑底平整，坑口南北2.08、东西2.10、坑底东西1.96、深0.78米。坑内堆积未分层，土色深褐色，土质较疏松，包含少量草木灰、红烧土颗粒等，水平状堆积。

坑内出土少量陶片、兽骨，以陶器腹部残片为主，无可辨器形标本，所以不具体介绍，只进行陶系统计（表4-1402）。

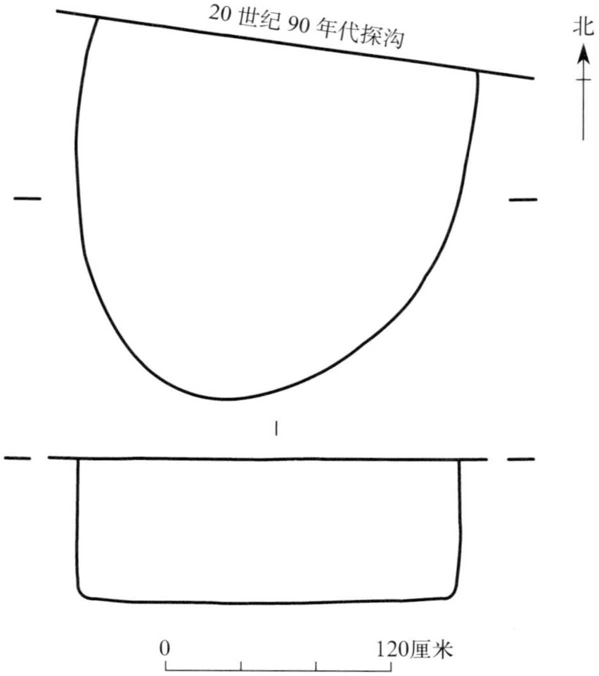

图4-865　H391平、剖面图

表4-1402　H391陶片统计表

纹饰 \ 陶色 \ 陶质	泥质				夹砂				合计
	橙黄	灰	红	灰底黑彩	橙黄	灰	红	白	
素面	12		5		2			2	21
绳纹	2		1		3				6
麻点纹					2				2
抹断绳纹			1						1
戳印纹			1						1
交错篮纹	1		1						2

379. H392

H392 位于ⅡT1205 东南部，开口于第⑤层下（图 4-866；彩版二九〇，1）。平面呈圆形，口部边缘形态较明显，底部边缘形态不明显，剖面呈筒状，斜壁，未见工具痕迹，坑底平整。坑口南北 1.20、东西 1.20、坑底东西 1.08、坑深 0.40～0.46 米。坑内堆积未分层，土色深褐色，土质较疏松，水平状堆积。

坑内出土少量陶片，以腹部残片为主，可辨器形有圆腹罐（表 4-1403、1404）。

圆腹罐　1 件。

标本H392：1，泥质橙黄陶。侈口，方唇，高领，束颈，颈部以下残。口沿外侧有一周折棱，颈部素面，器表有烟炱痕迹。口径 20、残高 4.6 厘米（图 4-867）。

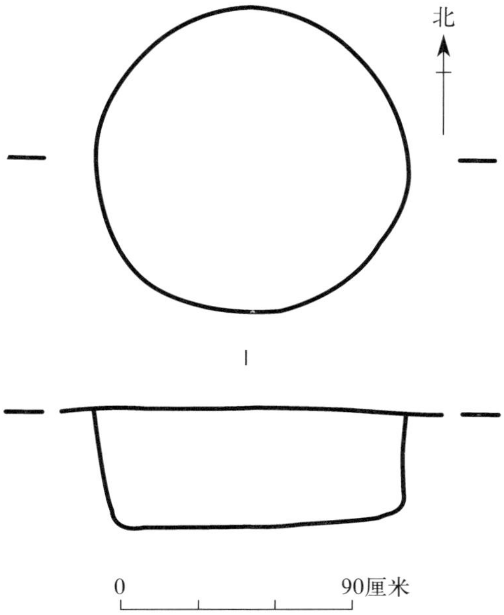

图4-866　H392平、剖面图

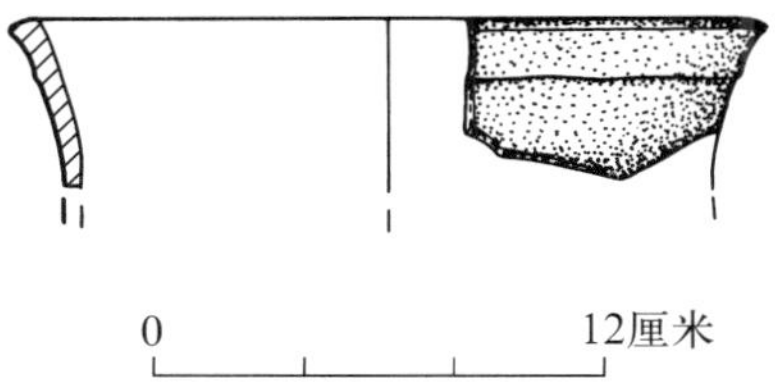

图4-867　H392出土圆腹罐H392：1

表4-1403　H392器形数量统计表

器形 \ 陶质/陶色	泥质				夹砂				合计
	红	橙黄	灰	黑	红	橙黄	灰	黑	
圆腹罐		1							1

表4-1404　H392陶片统计表

纹饰 \ 陶质/陶色	泥质				夹砂				合计
	橙黄	灰	红	灰底黑彩	橙黄	灰	红	褐	
素面					5				5
麻点纹					3				3

380. H393

H393位于ⅡT1205东部，开口于第⑤层下（图4-868；彩版二九〇，2）。平面呈圆形，口部边缘形态明显，底部边缘形态明显，剖面呈袋状，斜直壁，未见工具痕迹，坑底平整。坑口东西1.10、南北0.98、坑底东西2.00、坑深1.22米。坑内堆积未分层，土色深褐色，土质较疏松，包含有较多灰土斑块，水平状堆积。

坑内出土少量陶片，以腹部残片为主，可辨器形有圆腹罐、花边罐、高领罐、盆（表4-1405、1406）。

圆腹罐　1件。

标本H393：2，夹砂橙黄陶。侈口，圆唇，高领，束颈，上腹圆，下腹残。颈部饰横向篮纹，上腹饰麻点纹，有烟炱痕迹。口径14.8、残高11厘米（图4-869，1；彩版二九〇，3）。

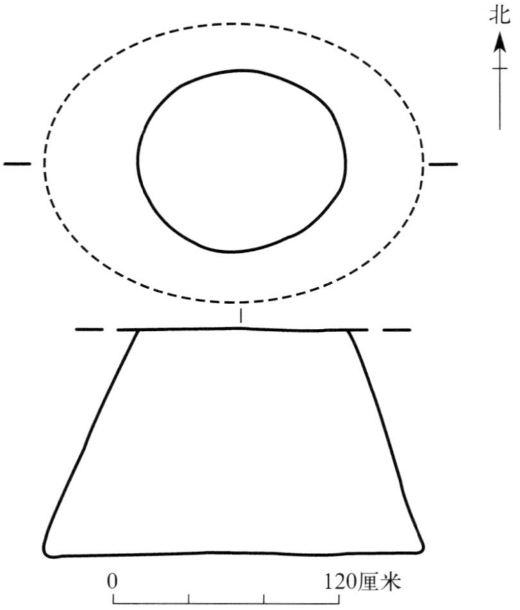

图4-868　H393平、剖面图

表4-1405　H393器形数量统计表

器形＼陶质/陶色	泥质				夹砂				合计
	红	橙黄	灰	黑	红	橙黄	灰	黑	
花边罐		1			1	1			3
圆腹罐						1			1
高领罐		1							1
盆			1						1

表4-1406　H393陶片统计表

纹饰＼陶质/陶色	泥质				夹砂				合计
	橙黄	灰	红	灰底黑彩	橙黄	灰	红	褐	
素面	2	2	2						6
绳纹			1		1				2
篮纹	5				1				6
麻点纹					40				40
篮纹＋麻点纹					1				1

花边罐　3 件。

标本H393：1，夹砂橙黄陶。侈口，锯齿唇，高领，束颈，上腹圆弧，下腹残。器表通体饰麻点纹，有烟炱痕迹。口径 14.4、残高 8.4 厘米（图 4-869，2）。

标本H393：4，夹砂橙黄陶。侈口，锯齿唇，高领，束颈，上腹圆弧，下腹残。器表通体饰麻点纹，有烟炱痕迹。口径 14、残高 9.8 厘米（图 4-869，3）。

标本H393：6，夹砂红陶。侈口，圆唇，矮领，束颈，圆腹，平底，颈部饰两周附加泥条，

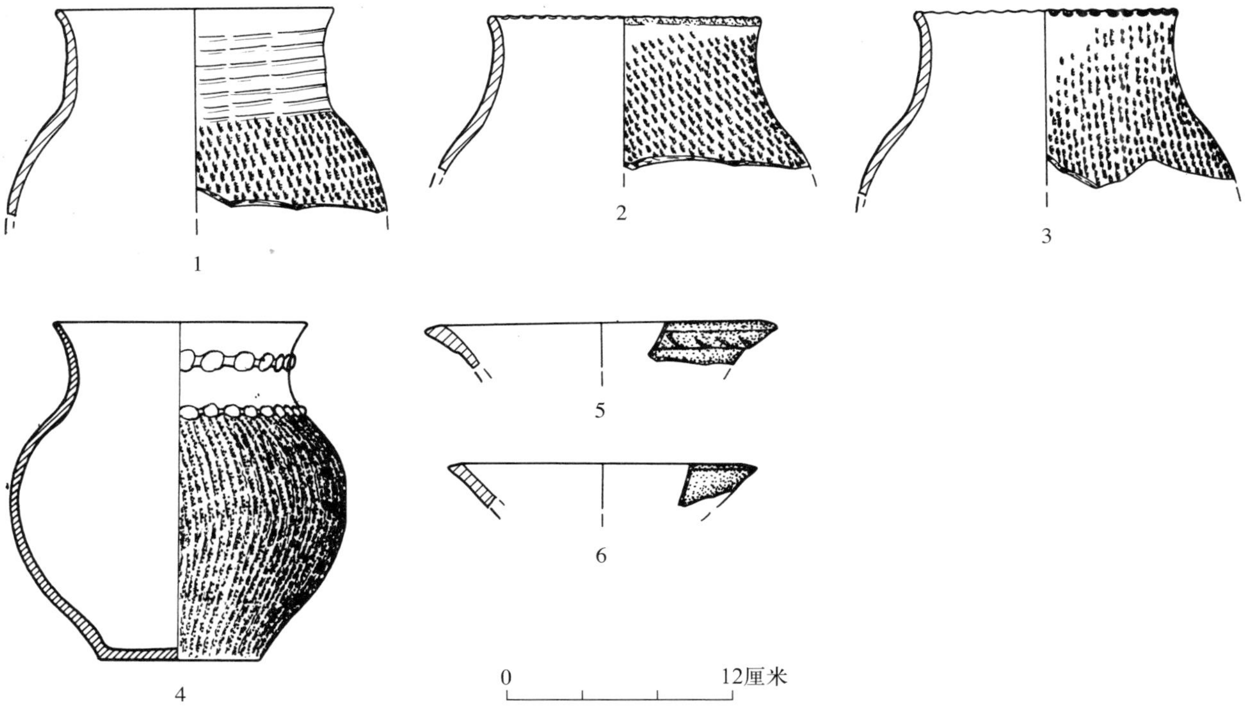

图4-869　H393出土遗物

1.圆腹罐H393：2　2～4.花边罐H393：1、4、6　5.高领罐H393：3　6.盆H393：5

泥条经手指按压呈波状，腹部饰麻点纹，有烟炱痕迹。口径 13.4、高 18.4、底径 8.4 厘米（图 4-869，4）。

高领罐　1 件。

标本H393：3，泥质橙黄陶。喇叭口，方唇，口沿以下残。口沿外侧饰一周折棱，内壁素面磨光。口径 18.8、残高 2.4 厘米（图 4-869，5）。

盆　1 件。

标本H393：5，泥质灰陶。敞口，方唇，上腹斜弧，下腹残。器表素面磨光。口径 16.4、残高 2.4 厘米（图 4-869，6）。

381. H394

H394 位于ⅡT1205 东南部，开口于第⑤层下，被H393、H392、H382 打破（图 4-870；彩版二九一，1）。根据现存部分推测H394 平面近椭圆形，口部边缘形态不明显，底部边缘形态较明显，剖面呈不规则状，斜壁，未见工具痕迹，坑底西高东低略呈坡状。坑口最大径残长约 2.38、残宽 0.38～1.60、坑底残长约 0.88、坑深 0.28～0.60 米。坑内堆积未分层，土色深褐色，土质较疏松，包含有较多灰色斑块，坡状堆积。

坑内出土少量陶片，以陶器腹部残片为主，无可辨器形标本，所以不具体介绍，只进行陶系统计（表 4-1407）。

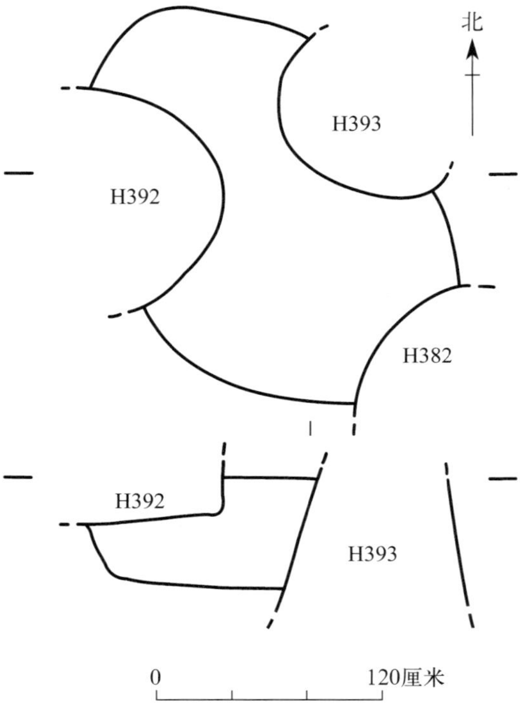

图4-870　H394平、剖面图

表4-1407　H394陶片统计表

纹饰 \ 陶质 / 陶色	泥质				夹砂				合计
	橙黄	灰	红	灰底黑彩	橙黄	灰	红	褐	
素面	1		1		2		1		5
绳纹					2				2
篮纹	6		2		4				12
麻点纹					11		4		15

382. H395

H395位于ⅢT2915西南部，开口于第④层下（图4-871；彩版二九一，2）。平面近圆形，口部边缘形态明显，底部边缘形态较明显，剖面呈袋状，斜直壁，未见工具痕迹，坑底平整。坑口南北1.66、东西1.74、坑底东西1.95、坑深1.32米。坑内堆积未分层，土色深褐色，土质较疏松，包含少量红烧土颗粒及大量草木灰，水平状堆积。

坑内出土大量陶片及少量石块、兽骨，陶片以腹部残片为主，可辨器形有圆腹罐、花边罐、双耳罐、高领罐、大口罐、彩陶罐、盆、钵、豆、壶、陶盘、斝、器盖、陶垫（表4-1408、1409）。

圆腹罐　2件。

标本H395：6，夹砂橙黄陶。侈口，圆唇，高领，束颈，上腹圆，下腹残。口沿外侧有一周

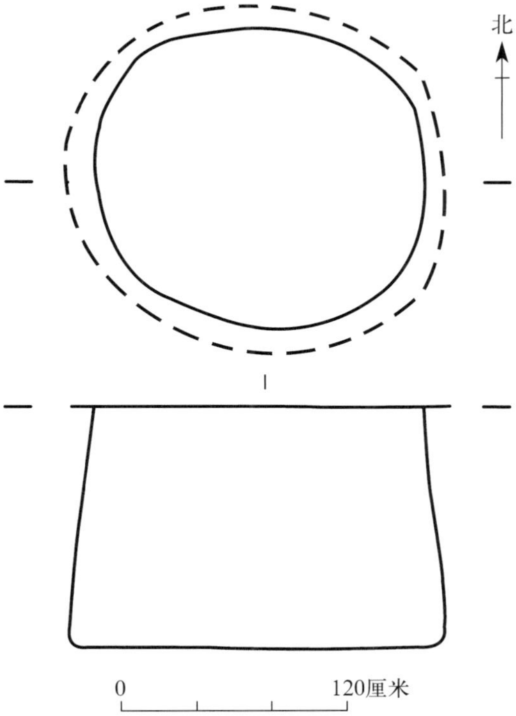

图4-871　H395平、剖面图

折棱，颈部素面，上腹饰竖向绳纹，有烟炱痕迹。口径 12、残高 6.2 厘米（图 4-872，1）。

标本H395：16，夹砂橙黄陶。侈口，圆唇，矮领，束颈，上腹圆，下腹残。器表素面。口径 6.8、残高 3.6 厘米（图 4-872，2）。

表4-1408　H395器形数量统计表

器形 \ 陶质/陶色	泥质				夹砂				合计
	红	橙黄	灰	黑	红	橙黄	灰	黑	
花边罐						3			3
豆		2	1						3
彩陶罐		1							1
高领罐	1	1	1						3
双耳罐	1	1	1						3
圆腹罐						2			2
斝						1			1
盆		1							1
壶	1								1
钵			1		1				2
大口罐						1			1
陶盘		1							1

表4-1409 H395陶片统计表

纹饰 \ 陶色 \ 陶质	泥质				夹砂				合计
	橙黄	灰	红	灰底黑彩	橙黄	灰	红	褐	
素面	79	11	8		45				143
绳纹	4		1		46		3		54
篮纹	62	5	6		17	1	5		96
麻点纹					72				72
抹断绳纹		1							1
刻划纹					1				1
压印纹	1	1							2
网格纹	1								1
戳印纹	1								1
交错绳纹					1				1
篮纹＋麻点纹					5				5
附加堆纹＋绳纹					1				1
篮纹＋刻划纹					1				1
篮纹＋绳纹					2				2
附加堆纹＋篮纹					1				1

花边罐 3件。

标本H395：1，夹砂橙黄陶。侈口，方唇，上腹直，下腹残。口沿外侧饰一周附加泥条，泥条经手指按压呈波状，腹部饰麻点纹。残高6.4、残宽5厘米（图4-872，3）。

标本H395：8，夹砂橙黄陶。侈口，方唇，高领，束颈，颈部以下残。颈部饰竖向绳纹，在绳纹之上饰有三周附加泥条，泥条之上饰斜向绳纹。口径21.8、残高7.6厘米（图4-872，4）。

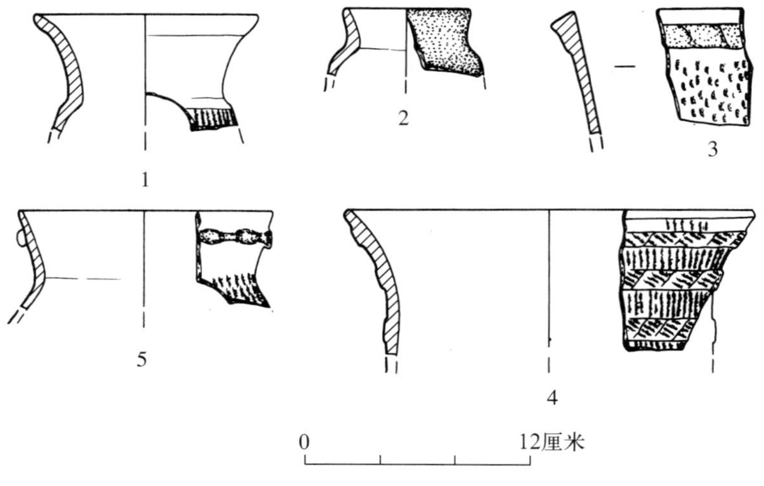

图4-872 H395出土遗物

1、2.圆腹罐H395：6、16 3～5.花边罐H395：1、8、9

标本H395：9，夹砂橙黄陶。侈口，尖唇，矮领，束颈，上腹斜，下腹残。颈部饰一周附加泥条，泥条经手指按压呈波状，上腹饰麻点纹，器表有烟炱痕迹。口径13.6、残高5.4厘米（图4-872，5）。

双耳罐　3件。

标本H395：5，泥质橙黄陶。侈口，圆唇，高领，束颈，弧腹，底残。连口拱形双耳。颈部素面，腹部饰竖向刻划纹。口径10、残高7厘米（图4-873，1）。

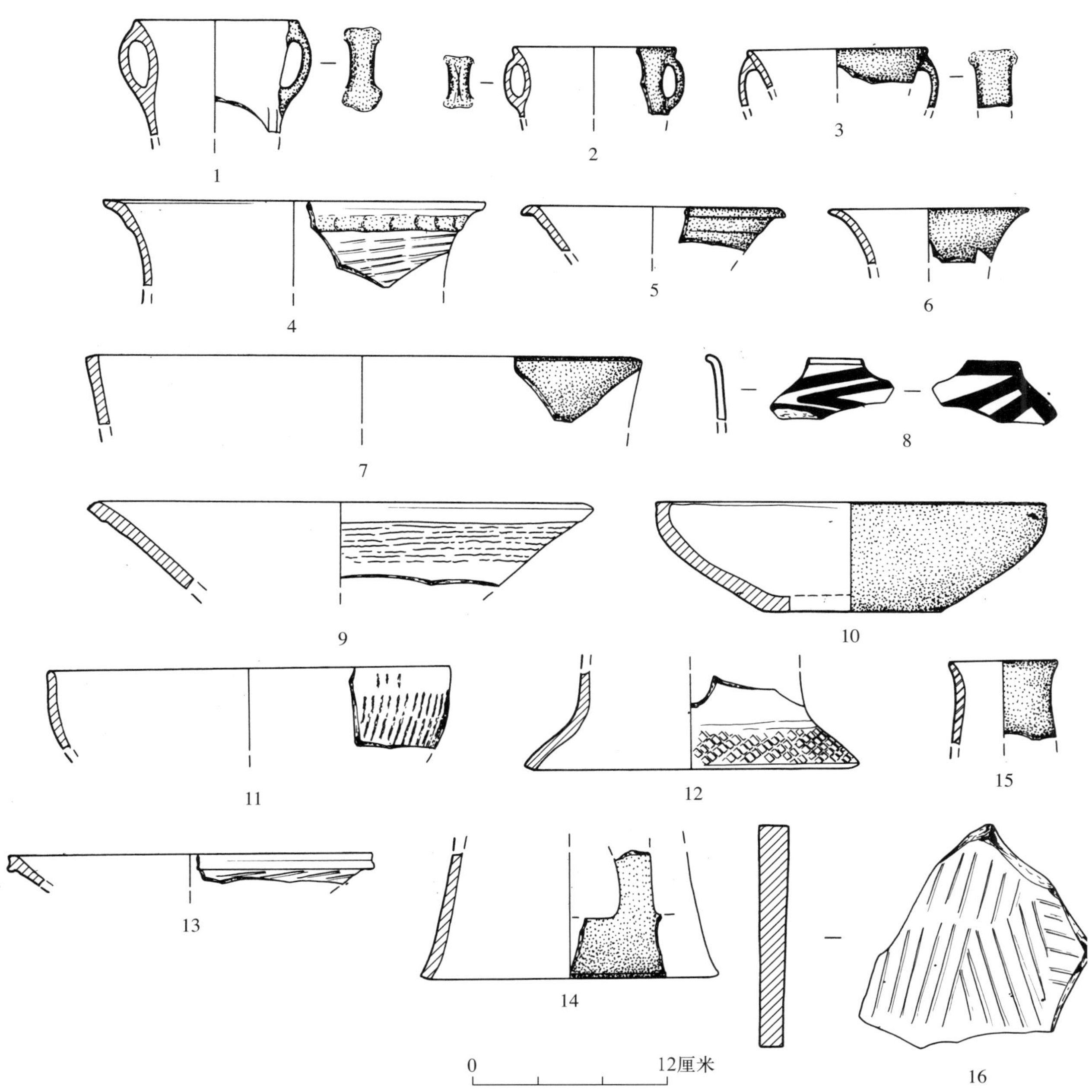

图4-873　H395出土遗物

1～3.双耳罐H395：5、17、24　4～6.高领罐H395：4、11、21　7.大口罐H395：19　8.彩陶片H395：3　9.盆H395：14　10、11.钵H395：23、18　12～14.豆H395：2、10、13　15.壶H395：15　16.陶盘H395：25

标本H395：17，泥质红陶。侈口，圆唇，矮领，束颈，上腹圆，下腹残。拱形双耳，耳上有数道刻划纹，器表通体素面磨光。口径10、残高4.4厘米（图4-873，2）。

标本H395：24，泥质灰陶。侈口，尖唇，口沿以下残。残耳，器表素面磨光。口径11.2、残高3.8厘米（图4-873，3）。

高领罐　3件。

标本H395：4，夹砂灰陶。喇叭口，平沿，圆唇，高领，束颈，颈部以下残。口沿外侧饰一周附加泥条，泥条经手指按压呈波状，颈部饰横向篮纹。口径23.6、残高5.4厘米（图4-873，4）。

标本H395：11，泥质橙黄陶。喇叭口，卷沿，圆唇，高领，束颈，颈部以下残。口沿外侧有一周折棱，器表素面磨光。口径16.4、残高2.8厘米（图4-873，5）。

标本H395：21，泥质红陶。喇叭口，尖唇，高领，束颈，颈部以下残。器表通体素面磨光。口径12、残高3.6厘米（图4-873，6）。

大口罐　1件。

标本H395：19，夹砂橙黄陶。微侈口，方唇，上腹斜直，下腹残。器表素面。口径34、残高4.6厘米（图4-873，7）。

彩陶罐　1件。

标本H395：3，泥质橙黄陶。侈口，圆唇，上腹斜直，下腹残。器表及内壁饰条形黑彩。残高4、残宽7.6厘米（图4-873，8）。

盆　1件。

标本H395：14，夹砂橙黄陶。敞口，方唇，斜腹，底残。口沿外侧有一周折棱，腹部饰横向绳纹，内壁素面磨光。口径31.2、残高5.4厘米（图4-873，9）。

钵　2件。

标本H395：23，泥质灰陶。敛口，方唇，弧腹，平底，器表素面磨光。口径24、高7、底径11厘米（图4-873，10）。

标本H395：18，夹砂红陶。直口，圆唇，上弧腹，下腹残。器身通体饰竖向绳纹。口径24.6、残高5.2厘米（图4-873，11）。

豆　3件。

标本H395：2，泥质橙黄陶。豆盘残，仅存豆柄，喇叭状，近底部饰网格纹，内壁素面磨光。底径20.6、残高6.2厘米（图4-873，12）。

标本H395：10，泥质橙黄陶。敞口，尖唇，口沿以下残。口沿外侧饰一周附加泥条，泥条下饰斜向篮纹。口径22.4、残高1.8厘米（图4-873，13）。

标本H395：13，泥质灰陶。高圈空心足，方唇，器表素面，两侧有切割痕迹。底径18.4、残高8厘米（图4-873，14）。

壶　1件。

标本H395：15，泥质红陶。侈口，圆唇，高领，微束颈，颈部以下残。颈部素面，有烟炱痕迹。口径6.8、残高5.2厘米（图4-873，15）。

陶盘　1件。

标本H395：25，夹砂橙黄陶。一面饰宽篮纹，一面素面。残长14、残宽14厘米（图4-873，16）。

斝　2件。

标本H395：7，夹砂橙黄陶。侈口，圆唇，高领，束颈，上腹圆弧，下腹残。拱形双耳。唇外侧有两道凹槽，颈部素面，上腹饰竖向绳纹，有烟炱痕迹。口径12.4、残高7.2厘米（图4-874，1）。

标本H395：22，夹砂橙黄陶。牛角状空心足，器表饰横向篮纹且有烟炱痕迹。残高7、残宽5厘米（图4-874，2）。

器盖　1件。

标本H395：12，泥质灰陶。空心圆柱状柄，圆顶残，盖面残，素面。残高3、残宽13厘米（图4-874，3）。

陶垫　1件。

标本H395：20，泥质橙黄陶。呈蘑菇状，圆形平底，素面，直径7.2、残高5厘米（图4-874，4）。

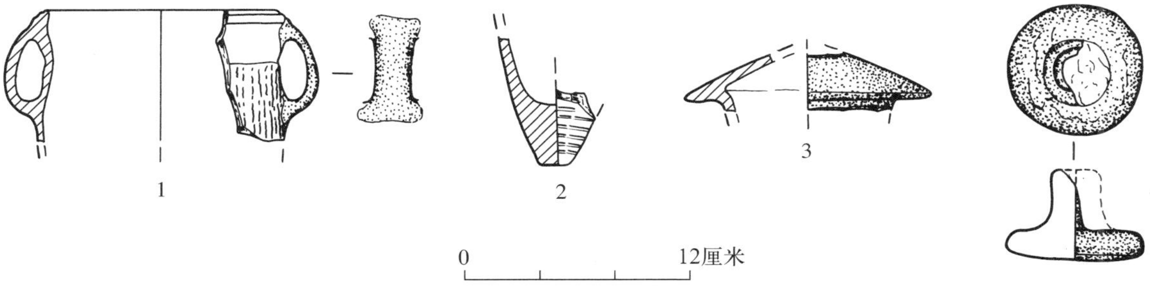

图4-874　H395出土遗物

1、2.斝H395：7、22　3.器盖H395：12　4.陶垫H395：20

383. H396

H396位于ⅢT2915东南角，部分压于东隔梁及南壁下，开口于第④层下（图4-875；彩版二九二，1）。平面呈椭圆形，口部边缘形态明显，底部边缘形态不明显，剖面呈锅状，弧形壁，未见工具痕迹。坑底西高东低呈坡状。坑口南北2.00、东西2.02、坑深2.12米。坑内堆积未分层，土色深褐色，土质较疏松，包含少量红烧土颗粒、草木灰等，凹镜状堆积。

坑内出土大量陶片及少量石块、骨器，以腹部残片为主，可辨器形有圆腹罐、双耳罐、高领罐、盆、钵、豆、盘、陶盅（表4-1410、1411）。

圆腹罐　8件。

标本H396：1，夹砂橙黄陶。侈口，圆唇，矮领，束颈，圆腹，平底。颈部素面，腹部饰麻点纹。口径14.2、高20、底径10.6厘米（图4-876，1；彩版二九二，2）。

标本H396：2，夹砂红陶。侈口，圆唇，矮领，束颈，上腹圆，下腹残。颈部饰横向篮纹，上腹饰麻点纹。口径12.4、残高7.8厘米（图4-876，2）。

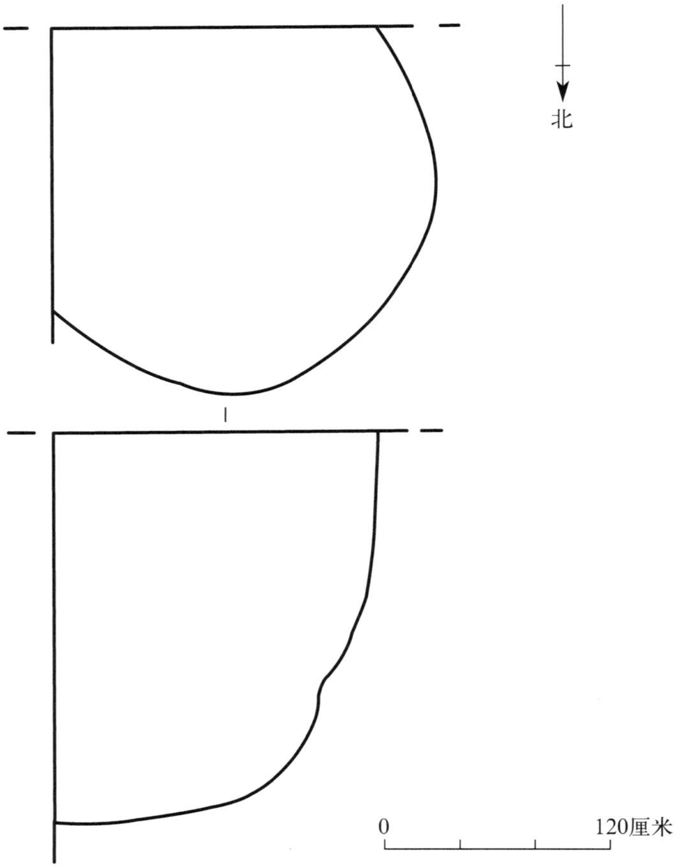

图4-875 H396平、剖面图

表4-1410 H396器形数量统计表

器形 \ 陶质/陶色	泥质				夹砂				合计
	红	橙黄	灰	褐	红	橙黄	灰	黑	
圆腹罐			1		1	6			8
豆		1							1
盆	1								1
高领罐	1	1							2
钵		1							1
盘						1			1
双耳罐						1			1
陶盅				1					1

表4-1411 H396陶片统计表

纹饰 \ 陶质/陶色	泥质				夹砂				合计
	橙黄	灰	红	灰底黑彩	橙黄	灰	红	褐	
素面	30	3	4		18				55

续表

纹饰＼陶色＼陶质	泥质				夹砂				合计
	橙黄	灰	红	灰底黑彩	橙黄	灰	红	褐	
绳纹	3				20				23
篮纹	25	3	19		18				65
麻点纹					34				34
抹断篮纹	1								1
篮纹＋麻点纹	1				1				2
附加堆纹＋麻点纹					1				1

标本H396：6，夹砂橙黄陶。侈口，圆唇，矮领，束颈，上腹圆弧，下腹残。器表通体饰竖向绳纹，颈部饰有一泥饼，有烟炱痕迹。口径12.8、残高10.4厘米（图4-876，3）。

标本H396：8，夹砂橙黄陶。侈口，圆唇，高领，束颈，上腹圆弧，下腹残。颈部素面，上腹饰麻点纹，器表有烟炱痕迹。口径19.2、残高9.6厘米（图4-876，4）。

标本H396：11，夹砂橙黄陶。侈口，方唇，高领，束颈，颈部以下残。唇面有一道凹槽，颈部素面，有烟炱痕迹。口径18.4、残高4.6厘米（图4-876，5）。

标本H396：13，夹砂橙黄陶。侈口，圆唇，高领，束颈，颈部以下残。颈部饰横向篮纹，有烟炱痕迹。口径24.8、残高5.2厘米（图4-876，6）。

标本H396：14，泥质灰陶。侈口，圆唇，矮领，束颈，上腹圆弧，下腹残。器表通体素面磨光。口径8.8、残高5厘米（图4-876，7）。

标本H396：15，夹砂橙黄陶。侈口，方唇，矮领，束颈，上腹圆弧，下腹残。器表通体饰交错绳纹。口径13.2、残高7.6厘米（图4-876，8）。

双耳罐　1件。

标本H396：16，夹砂橙黄陶。侈口，方唇，高领，束颈，上腹圆，下腹残。连口拱形双耳。颈部饰横向篮纹，上腹饰竖向绳纹。口径25.2、残高9.6厘米（图4-876，9）。

高领罐　2件。

标本H396：7，泥质红陶。喇叭口，圆唇，高领，束颈，颈部以下残。口沿外侧饰一周折棱，颈部素面，内壁素面磨光。口径17.6、残高4厘米（图4-876，10）。

标本H396：17，泥质橙黄陶。喇叭口，圆唇，高领，束颈，溜肩，腹部残，口沿外侧饰一周折棱，器身通体素面磨光。口径18、残高8.8厘米（图4-876，11）。

盆　1件。

标本H396：5，泥质红陶。敞口，方唇，斜直腹，底残。器表饰横向篮纹。口径15.6、残高4.6厘米（图4-877，1）。

钵　1件。

标本H396：9，泥质橙黄陶。敛口，尖唇，弧腹，底残。器表素面且有刮抹痕迹，内壁素面

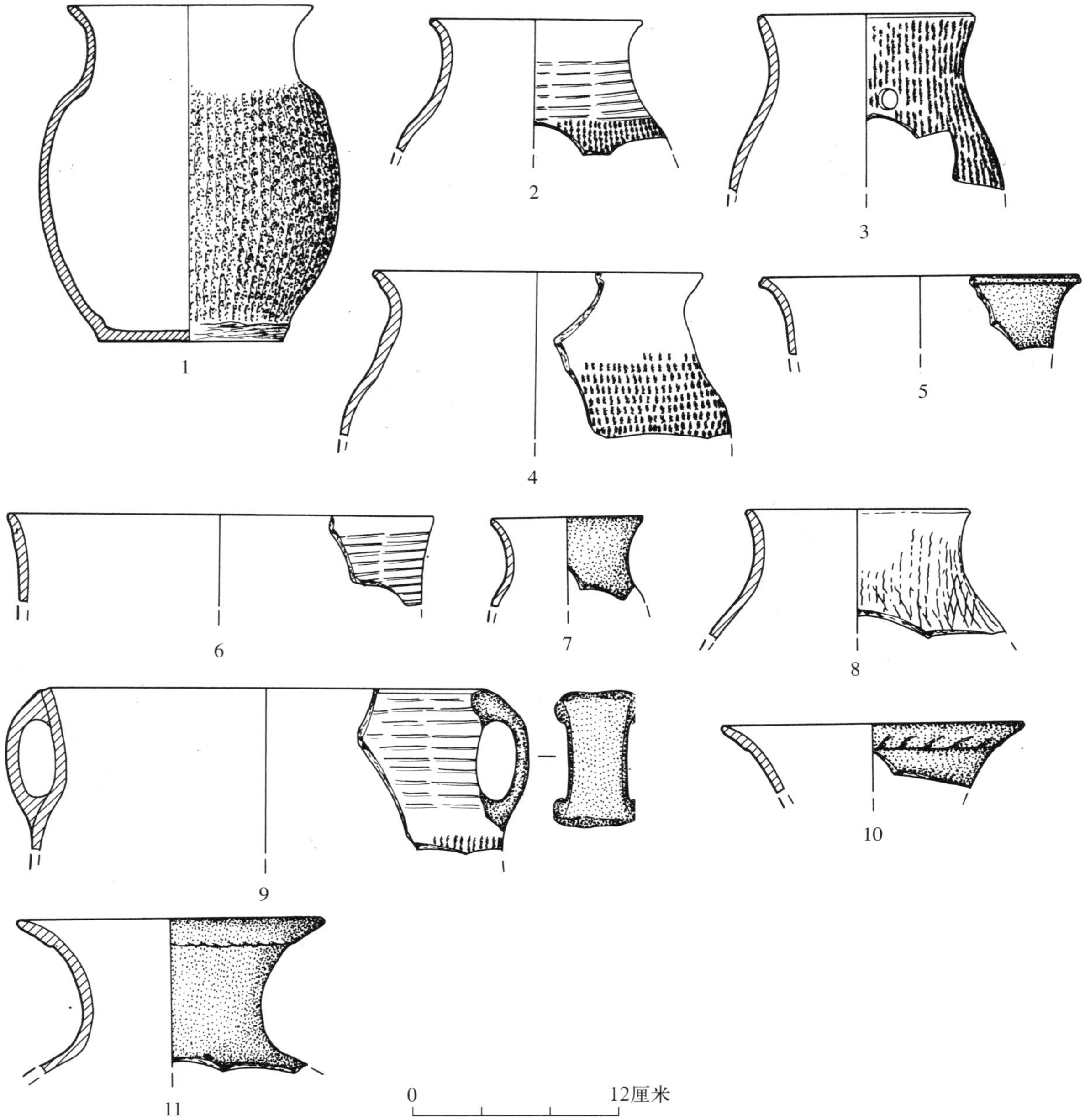

图4-876 H396出土遗物

1～8.圆腹罐H396：1、2、6、8、11、13～15 9.双耳罐H396：16 10、11.高领罐H396：7、17

磨光。口径33.2、残高5.4厘米（图4-877，2）。

豆 1件。

标本H396：3，泥质橙黄陶。喇叭状，豆盘残。器表素面。底径15.2、残高4.8厘米（图4-877，3）。

盘 1件。

标本H396：10，夹砂橙黄陶。一面饰宽篮纹，一面素面且粗糙。残长9、残宽7.8厘米（图

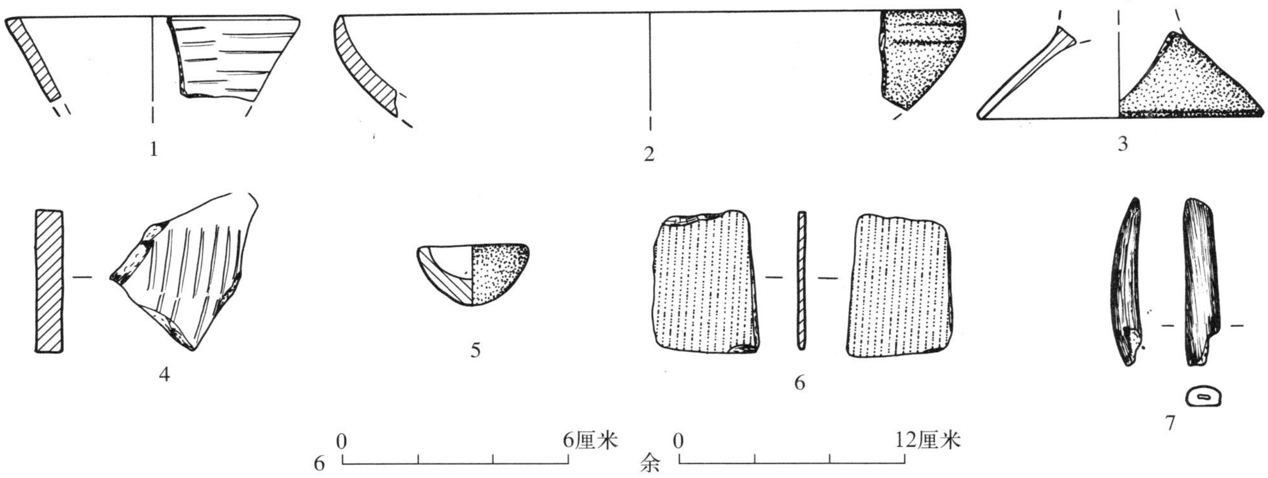

图4-877　H396出土遗物

1.盆H396：5　2.钵H396：9　3.豆座H396：3　4.盘H396：10　5.陶盅H396：18　6.石料H396：4　7.骨器H396：12

4-877，4）。

陶盅　1件。

标本H396：18，泥质褐陶。敞口，方唇，弧腹，圜底。器表素面。口径6、高3.2厘米（图4-877，5）。

石料　1件。

标本H396：4，石英岩。较平整，制作小型石器材料。残长3.9、残宽2.9厘米（图4-877，6）。

骨器　1件。

标本H396：12，动物骨骼磨制而成，器身呈弧形，尾端残，前端磨制痕迹明显，截断面呈椭圆形。器身残长9.2、宽1.6、厚1厘米（图4-877，7）。

384. H397

H397位于ⅢT2916南部，部分压于南壁下，开口于第④层下（图4-878；彩版二九二，3）。根据暴露部分推测H397平面近圆形，口部边缘形态明显，底部边缘形态明显，剖面呈直筒状，直壁，未见工具痕迹，坑底平整。坑口东西2.00、南北1.22、坑底东西1.98、坑深3.54米。坑内堆积未分层，土色深褐色，土质较疏松，包含少量红烧土颗粒及大量草木灰、黑色土颗粒等，水平状堆积。

坑内出土大量陶片及少量石块、兽骨，以腹部残片为主，可辨器形有圆腹罐、花边罐、单耳罐、双耳罐、高领罐、大口罐、敛口罐、盆、双鋬盆、圆盘、器盖（表4-1412、1413）。

圆腹罐　6件。

标本H397：2，夹砂灰陶。侈口，方唇，高领，束颈，颈部以下残。唇面有一道凹槽，颈部饰斜向篮纹，器表有烟炱痕迹。口径28.4、残高7.6厘米（图4-879，1）。

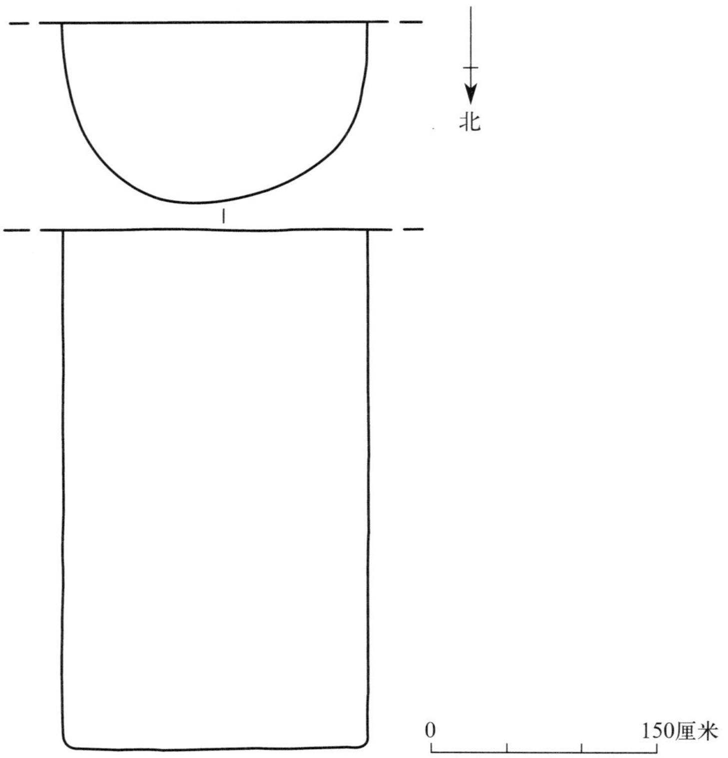

图4-878 H397平、剖面图

表4-1412 H397器形数量统计表

器形 \ 陶质/陶色	泥质				夹砂				合计
	红	橙黄	灰	黑	红	橙黄	灰	褐	
双鋬盆						1			1
圆腹罐					1	3	1	1	6
盆	1	3				1			5
圆盘					1				1
花边罐						2			2
单耳罐		1			1	1			3
双耳罐	1	1							2
高领罐		1							1
敛口罐					1				1
大口罐		1							1

表4-1413 H397陶片统计表

纹饰 \ 陶质/陶色	泥质				夹砂				合计
	橙黄	灰	红	灰底黑彩	橙黄	灰	红	褐	
素面	26	3	6		23		1		59

续表

纹饰＼陶质/陶色	泥质				夹砂				合计
	橙黄	灰	红	灰底黑彩	橙黄	灰	红	褐	
绳纹	1				14		4		19
篮纹	32	1	3		8				44
麻点纹					31		5		36
刻划纹			1		2				3
篮纹＋麻点纹					1				1
附加堆纹			1						1
附加堆＋绳纹					2				2
附加堆＋麻点纹					1				1

标本H397：7，夹砂橙黄陶。侈口，尖唇，高领，微束颈，上腹圆，下腹残。颈部饰斜向篮纹，腹部饰麻点纹，器表有烟炱痕迹。口径18.8、残高12厘米（图4-879，2）。

标本H397：11，夹砂橙黄陶。侈口，斜方唇，矮领，束颈，颈部以下残。口沿外侧有一周凸棱，凸棱之上饰戳印纹，颈部饰斜向篮纹。口径24.4、残高6.2厘米（图4-879，3）。

标本H397：17，夹砂褐陶。侈口，圆唇，矮领，束颈，颈部以下残。颈部饰横向篮纹。口径13.6、残高5厘米（图4-879，4）。

标本H397：20，夹砂红陶。侈口，圆唇，口沿以下残。器表素面且有烟炱痕迹。口径16、残高2厘米（图4-879，5）。

标本H397：25，夹砂橙黄陶。侈口，方唇，矮领，束颈，上腹斜，下腹残。唇面有一周凹槽，器表饰斜向篮纹且有烟炱痕迹。口径21.2、残高5.6厘米（图4-879，6）。

花边罐　2件。

标本H397：9，夹砂橙黄陶。侈口，圆唇，高领，束颈，上腹圆，下腹残。口沿外侧饰一周附加泥条，泥条之上饰斜向戳印纹，颈部素面，上腹饰麻点纹，器表有烟炱痕迹。口径10、残高7.2厘米（图4-879，7）。

标本H397：16，夹砂橙黄陶。侈口，圆唇，矮领，束颈，颈部以下残。口沿外侧饰一周附加泥条，泥条经手指按压呈波状，颈部素面，器表有烟炱痕迹。口径15.6、残高3.8厘米（图4-879，8）。

单耳罐　3件。

标本H397：12，夹砂红陶。侈口，圆唇，高领，束颈，上腹圆弧，下腹残。连口拱形单耳。耳面饰一条竖向附加泥条，泥条经手指按压呈波状，颈部素面，腹部饰竖向绳纹，器表有烟炱痕迹。残高9.2、残宽7厘米（图4-879，9）。

标本H397：15，泥质橙黄陶。侈口，圆唇，高领，微束颈，上腹圆，下腹残。连口拱形单耳。耳上下端均饰戳印纹，颈部上下同样饰有戳印纹，腹部饰竖向刻划纹。残高6.2、残宽4.6厘米（图4-879，10）。

标本H397：18，夹砂橙黄陶。侈口，圆唇，矮领，束颈，鼓腹，底残。连口拱形单耳。耳上

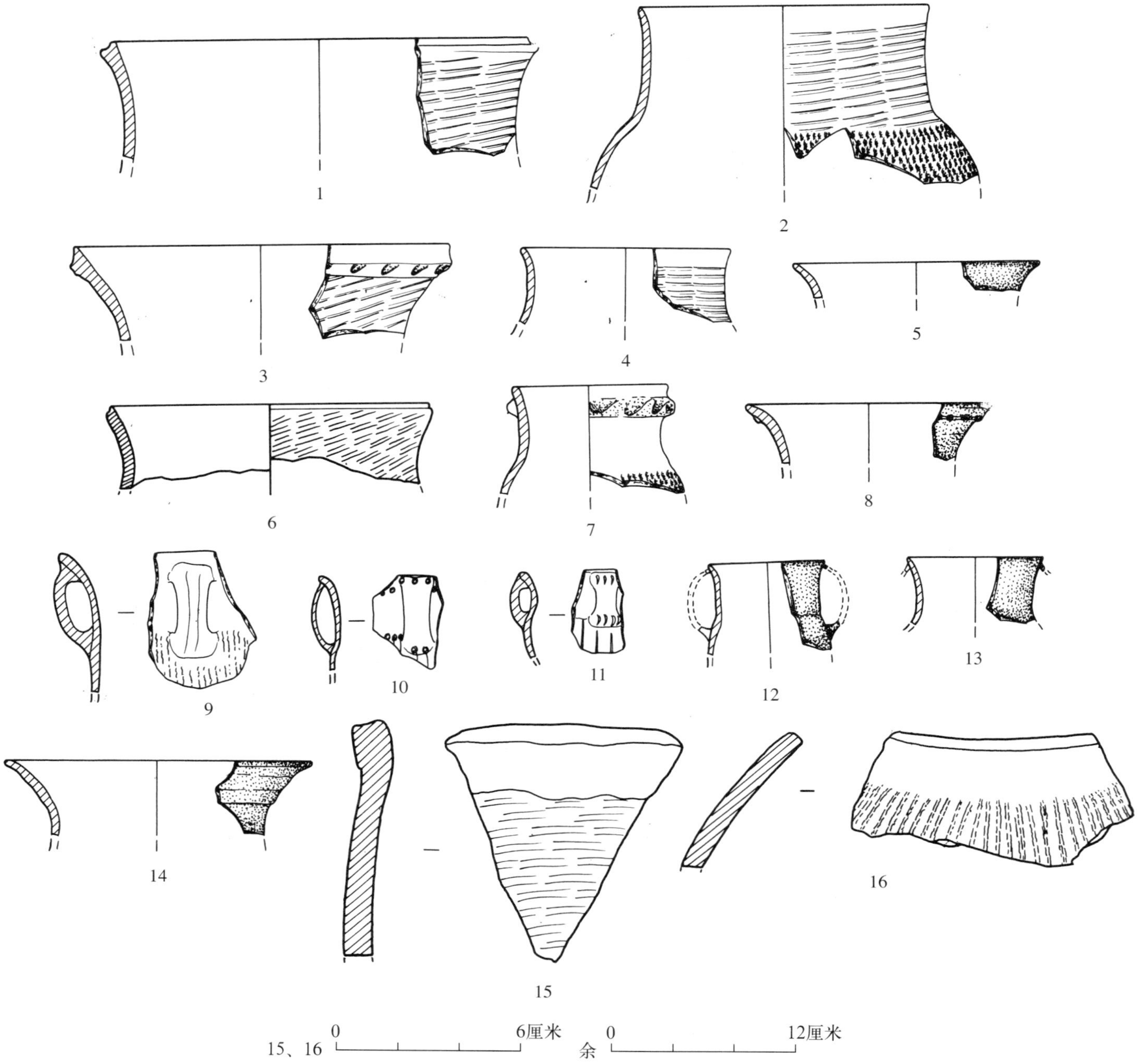

图4-879　H397出土遗物

1～6.圆腹罐H397：2、7、11、17、20、25　7、8.花边罐H397：9、16　9～11.单耳罐H397：12、15、18　12、13.双耳罐H397：13、19　14.高领罐H397：14　15.大口罐H397：26　16.敛口罐H397：24

下端饰戳印纹，颈部素面，腹部饰竖向刻划纹。残高 5.6、残宽 3.4 厘米（图 4-879，11）。

双耳罐　2 件。

标本H397：13，泥质红陶。侈口，尖唇，高领，微束颈，上腹圆，下腹残，耳残。器表通体素面磨光。口径 7.6、残高 6 厘米（图 4-879，12）。

标本H397：19，泥质橙黄陶。侈口，尖唇，矮领，束颈，颈部以下残，耳残。颈部素面。口径8.8、残高4.4厘米（图4-879，13）。

高领罐　1件。

标本H397：14，泥质橙黄陶。喇叭口，圆唇，高领，束颈，颈部以下残。口沿外侧有两周折棱，颈部素面磨光。口径20、残高5厘米（图4-879，14）。

大口罐　1件。

标本H397：26，泥质橙黄陶。微侈口，方唇，上腹微弧，下腹残。口沿外侧有一周折棱，上腹饰横向篮纹。残高8.2、残宽7.8厘米（图4-879，15）。

敛口罐　1件。

标本H397：24，夹砂红陶。敛口，方唇，上腹圆弧，下腹残。器表饰麻点纹。残高4.6、残宽9.2厘米（图4-879，16）。

盆　5件。

标本H397：3，泥质橙黄陶。敞口，圆唇，斜直腹，底残。器表素面，内壁刮抹痕迹明显。口径24.8、残高3.4厘米（图4-880，1）。

标本H397：4，泥质红陶。敞口，圆唇，斜腹微弧，底残。器表素面，内壁素面磨光。口径31.2、残高5厘米（图4-880，2）。

标本H397：5，泥质橙黄陶。敞口，方唇，斜腹微弧，底残。口沿外侧饰一周折棱，腹部饰斜向篮纹，内壁素面磨光，口径24.8、残高7厘米（图4-880，3）。

标本H397：8，泥质橙黄陶。敞口，平沿，圆唇，上腹斜弧，下腹残。口沿外侧饰一周折棱，腹部饰斜向篮纹，内壁素面磨光，器表有烟炱痕迹。口径26.4、残高3厘米（图4-880，4）。

标本H397：21，夹砂橙黄陶。敞口，平沿，尖唇，上腹斜弧，下腹残。口沿外侧饰一周折棱，腹部饰横向篮纹，内壁素面磨光。口径28、残高3.4厘米（图4-880，5）。

双鋬盆　1件。

标本H397：1，夹砂橙黄陶。敞口，方唇，斜弧腹，底残。口沿外侧有一周折棱，腹部饰斜向篮纹，有一乳状耳鋬，耳鋬上饰戳印纹。口径28.8、残高11厘米（图4-880，6）。

圆盘　1件。

标本H397：6，夹砂红陶。圆弧，器表边缘素面，中间饰篮纹，一面素面较粗糙。残长7、残宽13.6、厚1.8厘米（图4-880，7）。

器盖　1件。

标本H397：22，夹砂橙黄陶。现残存圆形的四分之一，中间器纽残缺，边缘饰一周附加泥条，表面通体饰戳印圆孔，底面素面。残长8.6、残宽7.2厘米（图4-880，8）。

石料　2件。

标本H397：10，石英岩。较平整，制作小型石器材料，边缘有击打痕迹。残长6.4、残宽8.2厘米（图4-880，9）。

标本H397：23，石英岩。较平整，制作小型石器材料，边缘有击打痕迹。残长5.1、残宽5厘米（图4-880，10）。

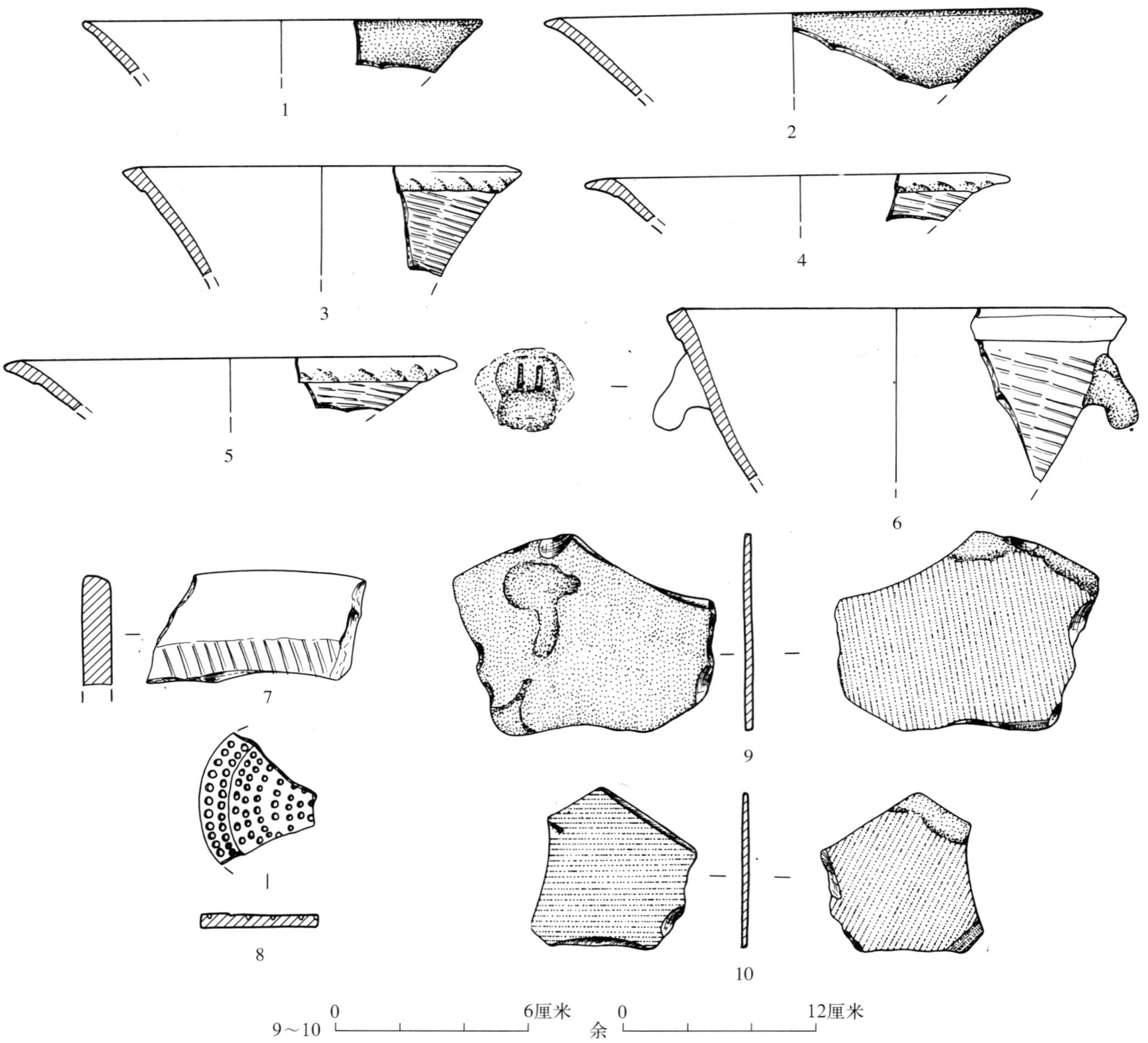

图4-880　H397出土遗物

1～5.盆H397：3～5、8、21　6.双鋬盆H397：1　7.圆盘H397：6　8.器盖H397：22　9、10.石料H397：10、23

385. H398

H398 位于ⅡT1205 西部，部分压于西壁下，开口于第⑤层下，被H373 打破（图 4-881；彩版二九三，1）。平面呈不规则状，口部边缘形态明显，底部边缘形态不明显，剖面呈筒状，弧壁，未见工具痕迹，坑底平整。坑口南北 1.32、东西 1.02、坑底南北 1.66、坑深 1.04～1.64 米。坑内堆积未分层，土色灰褐色，土质较疏松，水平状堆积。

坑内出土少量陶片，以腹部残片为主，可辨器形有圆腹罐、花边罐（表 4-1414、1415）。

圆腹罐　1 件。

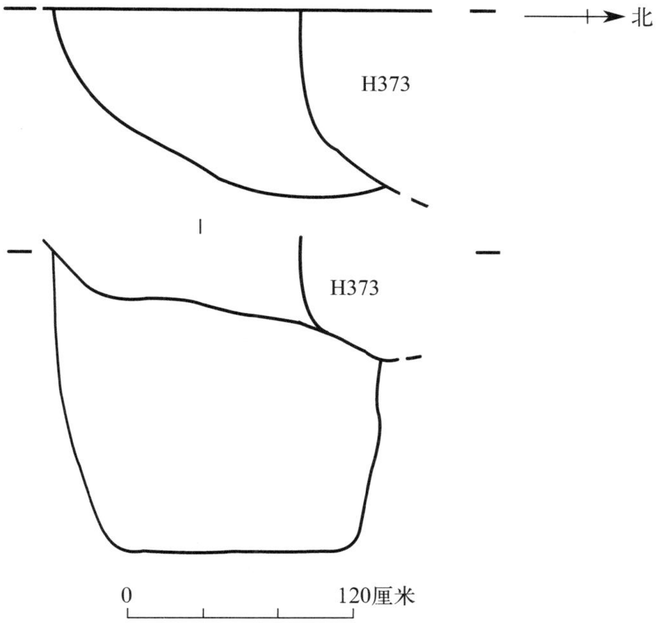

图4-881 H398平、剖面图

表4-1414 H398器形数量统计表

器形＼陶质/陶色	泥质				夹砂				合计
	红	橙黄	灰	黑	红	橙黄	灰	黑	
花边罐						1			1
圆腹罐					1				1

表4-1415 H398陶片统计表

纹饰＼陶质/陶色	泥质				夹砂				合计
	橙黄	灰	红	灰底黑彩	橙黄	灰	红	褐	
素面	3	1			3				7
绳纹					2				2
篮纹	5				1				6
麻点纹					11				11

标本H398：2，夹砂红陶。侈口，方唇，高领，束颈，颈部以下残。唇面有一道凹槽，颈部饰横向篮纹。口径 34.4、残高 6 厘米（图 4-882，1）。

花边罐 1 件。

标本H398：1，夹砂橙黄陶。侈口，圆唇，矮领，微束颈，上腹斜弧，下腹残。颈部饰两周附加泥条，泥条经手指按压呈波状，上腹饰竖向绳纹，器表有烟炱痕迹。口径 12、残高 5.6 厘米（图 4-882，2）。

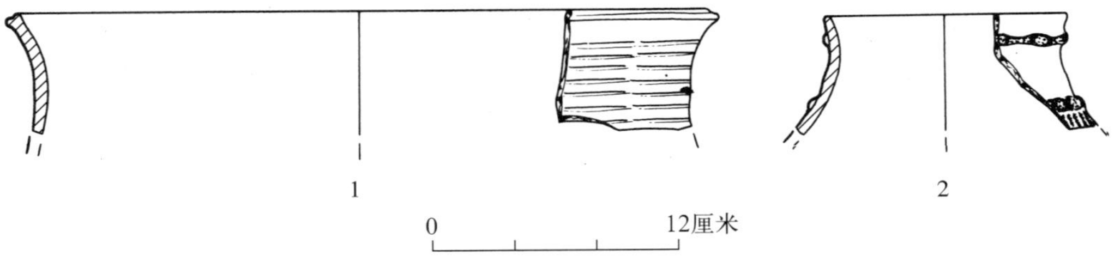

图4-882 H398出土遗物

1.圆腹罐H398：2 2.花边罐H398：1

386. H400

H400位于ⅡT1105北部，开口于第⑤层下，西部被Y4操作间打破（图4-883；彩版二九三，2）。平面呈不规则状，口部边缘形态明显，底部边缘形态明显，剖面呈筒状，直壁，未见工具痕迹，坑底平整。坑口东西残长0.86、南北0.92、坑底东西0.80、坑深0.44米。坑内堆积未分层，土色深灰色，土质疏松，水平状堆积。

出土少量陶片，以腹部残片为主，可辨器形有盆，另出土骨锥1件（表4-1416、1417）。

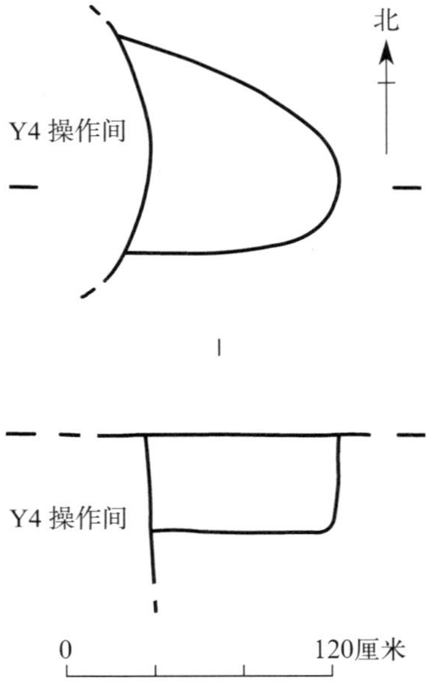

图4-883 H400平、剖面图

表4-1416 H400器形数量统计表

器形 \ 陶质 / 陶色	泥质				夹砂				合计
	红	橙黄	灰	黑	红	橙黄	灰	黑	
盆		1							1

表4-1417　H400陶片统计表

纹饰 \ 陶质/陶色	泥质				夹砂				合计
	橙黄	灰	红	灰底黑彩	橙黄	灰	红	褐	
素面	4				3				7
绳纹	1				1				2
篮纹	1				1				2
麻点纹					2				2

盆　1件。

标本H400：1，泥质橙黄陶。敞口，方唇，斜弧腹，假圈足，腹部饰竖向篮纹，纹饰磨痕。口径22.6、高7.4、底径11厘米（图4-884，1；彩版二九三，3）。

骨锥　1件。

标本H400：2，动物肢骨磨制而成，中腰至柄部残呈扁平状，锥尖呈圆柱状，磨制尖锐。残长9.3、宽1.4厘米（图4-884，2；彩版二九三，4）。

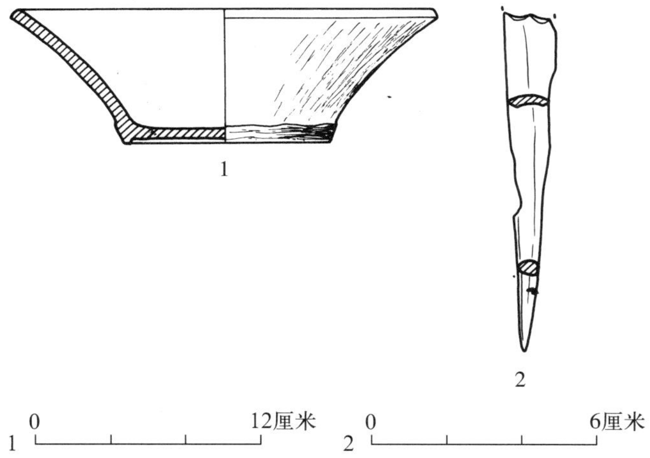

图4-884　H400出土遗物

1.盆H400：1　2.骨锥H400：2

第三节　陶窑

1. Y1

Y1位于ⅢT1006东北部，开口于第④层下（图4-885；彩版二九四、二九五）。窑址建造于生土之上，大致呈东西向分布。陶窑为竖穴式升焰窑，由窑室、火膛、操作间、壁龛组成，总长3.04米。窑室位于操作间西部，窑顶、窑箅已倒塌。窑室平面近圆形，直径1.18～1.34米。

窑室已不存，仅存火道、火膛、火门，火道有两条，呈“Y”形，中间有隔梁隔开，以北火

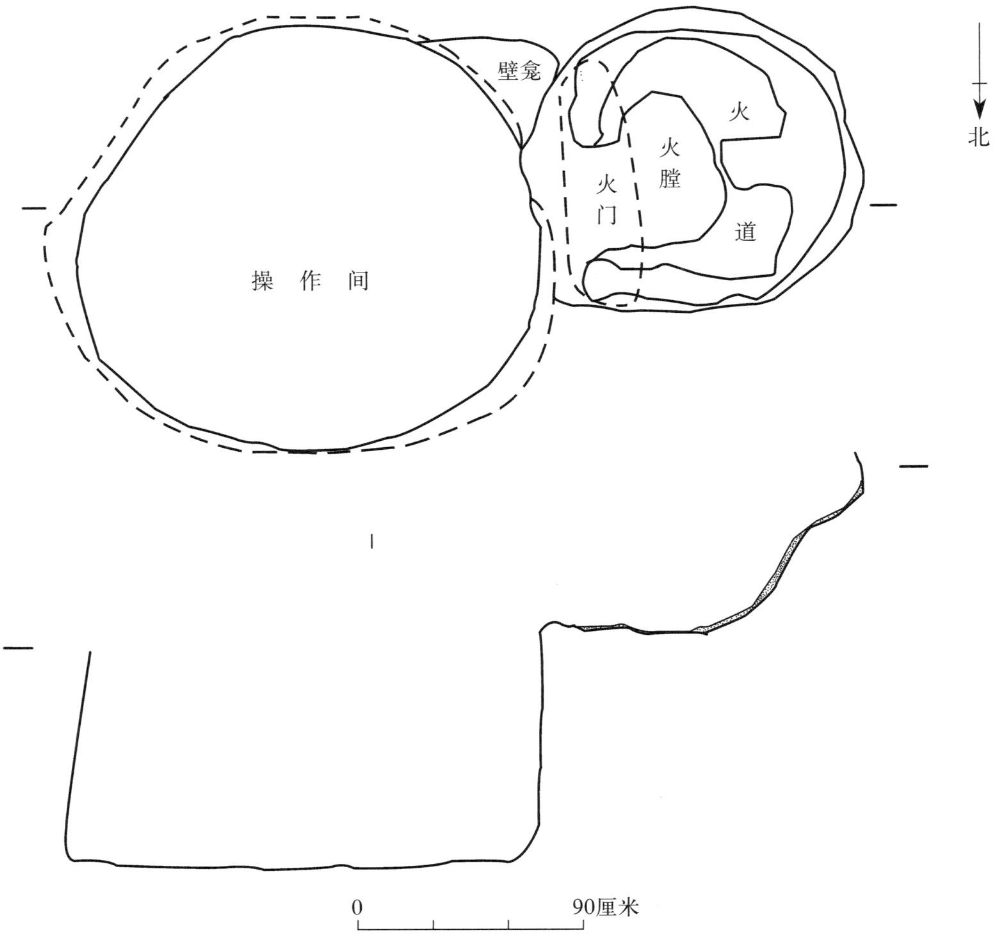

图4-885 Y1平、剖面图

道为例，宽 0.34、进深 0.40、高 0.34 米。

火膛位于窑室中部，呈椭圆形，长径约 0.60、短径约 0.46 米，火膛内有较多草木灰。火门位于窑室东部，现存立面呈矩形，宽 0.42、进深 0.12、残高 0.20 米。窑室烧结面厚 4～8 厘米。

操作间位于窑室东部，平面近圆形，剖面呈袋状，平底。坑口 1.67～1.78、坑底 1.80～2.00、深 0.80～0.98 米。壁龛位于操作间内西南侧，宽 0.60、进深 0.32 米，其用途不详。操作间内堆积可分六层，第①层厚 0.05～0.22 米，土色灰色，土质较疏松，坡状堆积。第②层厚 0～0.10 米，土色灰黑色，土质较疏松，坡状堆积。第③层厚 0.24～0.34 米，土色灰色夹黄土，土质较疏松，坡状堆积。第④层厚 0～0.22 米，土色黄褐色，土质较疏松，坡状堆积。第⑤层厚 0～0.23 米，土色灰褐色，土质较疏松，坡状堆积。第⑥层厚 0～0.16 米，土色深黄色，土质较疏松，凹镜状堆积。坑内出土较多陶片。

（1）Y1①层

出土少量陶片，以腹部残片为主，可辨器形有圆腹罐、花边罐、方盘（表 4-1418、1419）。

圆腹罐 2 件。

标本Y1①：1，夹砂橙黄陶。侈口，方唇，矮领，束颈，上腹圆，下腹残。其内壁口沿有修整刮抹痕迹上腹部有一附加堆泥饼，上腹部饰麻点纹，麻点纹之上饰有一附加泥饼，器表有烟炱痕迹。口径 12.4、残高 6.4 厘米（图 4-886，1）。

表4-1418 Y1①层器形数量统计表

器形 \ 陶质/陶色	泥质				夹砂				合计
	红	橙黄	灰	黑	红	橙黄	灰	褐	
圆腹罐						2			2
花边罐						1			1
方盘								1	1

表4-1419 Y1①层陶片统计表

纹饰 \ 陶质/陶色	泥质				夹砂				合计
	橙黄	灰	红	灰底黑彩	橙黄	灰	红	褐	
素面	18		3		13				34
绳纹					11				11
篮纹	6				1				7
麻点纹					24				24
席纹					3				3

标本Y1①：2，夹砂橙黄陶。侈口，圆唇，矮领，束颈，颈部以下残。其内壁有修整刮抹痕迹口沿外侧为素面且有修整刮抹痕迹，颈部饰麻点。口径 21.2、残高 6 厘米（图 4-886，2）。

花边罐 1 件。

标本Y1①：3，夹砂橙黄陶。侈口，圆唇，高领，束颈，颈部以下残。上颈部饰一周附加堆泥条，泥条经手指按压呈波状，颈部为素面，残高 4.8、残宽 5.2 厘米（图 4-886，3）。

方盘 1 件。

标本Y1①：4，夹砂褐陶。边缘平直，两面平整，素面。残长 3.6、残宽 5.6 厘米（图 4-886，4）。

（2）Y1②层

出土少量陶片，以腹部残片为主，可辨器形有盆，另出土骨锥 1 件（表 4-1420、1421）。

表4-1420 Y1②层器形数量统计表

器形 \ 陶质/陶色	泥质				夹砂				合计
	红	橙黄	灰	黑	红	橙黄	灰	褐	
盆		1							1

表4-1421 Y1②层陶片统计表

纹饰 \ 陶质/陶色	泥质				夹砂				合计
	橙黄	灰	红	灰底黑彩	橙黄	灰	红	褐	
素面	1		2		1				4

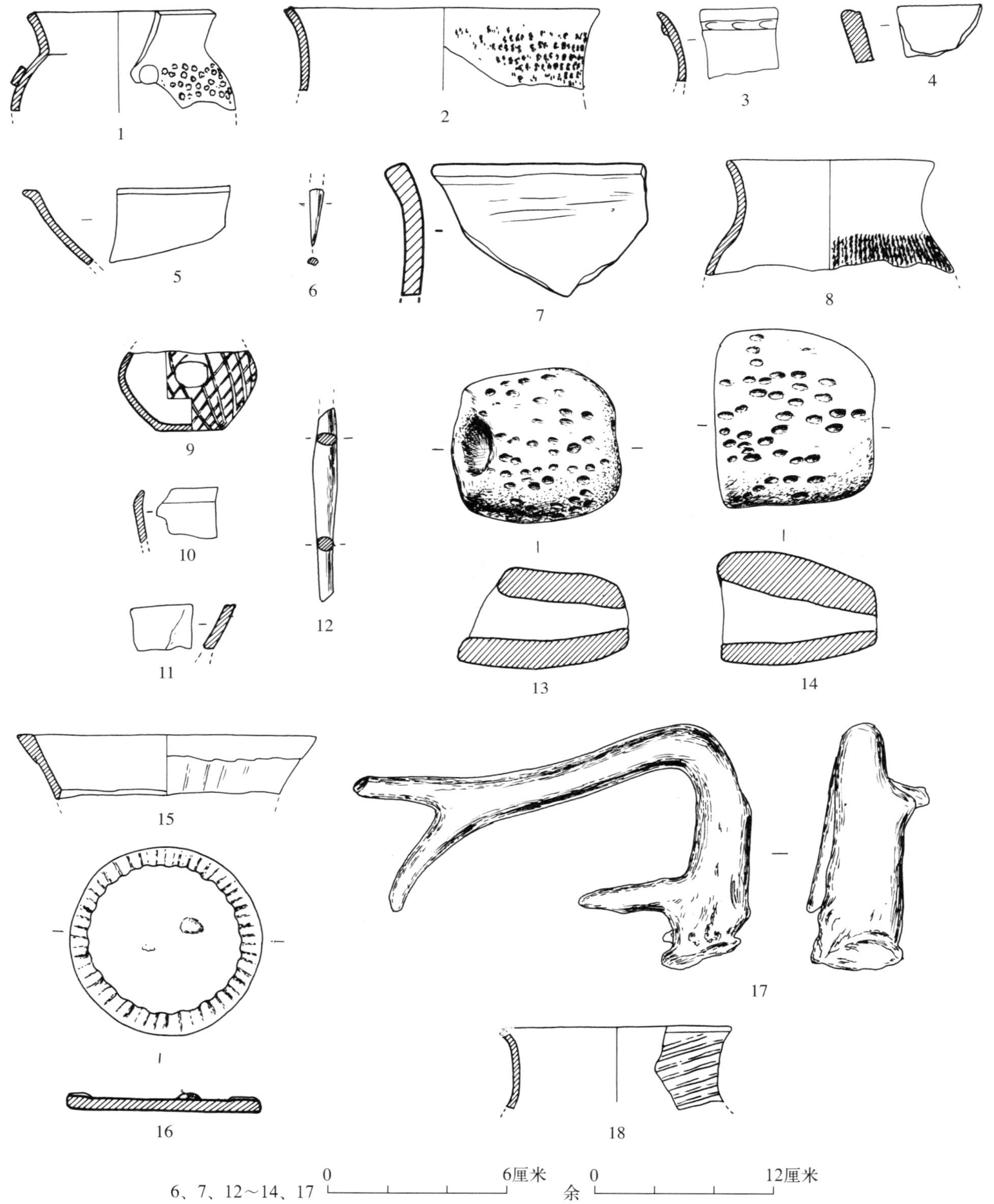

图4-886 Y1出土遗物

1、2、7、8、18.圆腹罐Y1①：1、2、Y1③：1、2、Y1龛：1 3.花边罐Y1①：3 4.方盘Y1①：4 5、15.盆Y1②：2、Y1⑤：3 6、12.骨锥Y1②：1、Y1③：6 9.罐腹底Y1③：3 10.钵Y1③：4 11、16.器盖Y1③：5、Y1⑤：2 13、14.陶拍Y1④：1、2 17.鹿角Y1⑤：1

续表

纹饰 \ 陶质/陶色	泥质				夹砂				合计
	橙黄	灰	红	灰底黑彩	橙黄	灰	红	褐	
绳纹					1				1
篮纹			1						1
麻点纹					10				10

盆　1件。

标本Y1②：2，泥质橙黄陶。敞口，平沿，圆唇，斜弧腹，底残。其内壁为素面磨光且有刮抹痕迹，器表为素面。残高5.2、残宽8厘米（图4-886，5）。

骨锥　1件。

标本Y1②：1，动物肢骨磨制而成，仅存锥尖部分，磨制尖锐，器表磨制光滑。长2、宽0.5厘米（图4-886，6；彩版二九六，1）。

（3）Y1③层

出土少量陶片，以腹部残片为主，可辨器形有圆腹罐、罐腹底、钵、器盖，另出土骨锥1件（表4-1422、1423）。

表4-1422　Y1③层器形数量统计表

器形 \ 陶质/陶色	泥质				夹砂				合计
	红	橙黄	灰	黑	红	橙黄	灰	褐	
圆腹罐						1	1		2
罐腹底					1				1
钵		1							1

表4-1423　Y1③层陶片统计表

纹饰 \ 陶质/陶色	泥质				夹砂				合计
	橙黄	灰	红	灰底黑彩	橙黄	灰	红	褐	
素面	21	1	4		15				41
绳纹		2			20				22
篮纹	16	1	3		2				22
麻点纹					47				47
席纹					1				1
交错绳纹	2								2
篮纹＋麻点纹					1				1
附加堆纹					4				4

圆腹罐　2件。

标本Y1③：1，夹砂橙黄陶。侈口，方唇，矮领，束颈，上腹斜弧，下腹残。器表素面，有烟炱。残高4.8、残宽7.2厘米（图4-886，7）。

标本Y1③：2，夹砂灰陶。侈口，圆唇，高领，束颈，上腹圆，下腹残。口沿内壁有刮抹痕迹，颈部为素面，上腹部饰竖向绳纹。口径14、残宽8厘米（图4-886，8）。

罐腹底　1件。

标本Y1③：3，夹砂红陶。上腹残，下腹圆，平底。腹部饰交错刻划纹。残高5.6、底径4.4厘米（图4-886，9）。

钵　1件。

标本Y1③：4，泥质橙黄陶。敛口，圆唇，上腹斜弧，下腹残。器表素面磨光。残高3.6、残宽4.3厘米（图4-886，10）。

器盖　1件。

标本Y1③：5，泥质灰陶。器纽残缺，现残存边缘部分，器表素面磨光。残长3.6、残宽4.4厘米（图4-886，11）。

骨锥　1件。

标本Y1③：6，动物肢骨磨制而成，锥尖及柄部均残，呈圆柱状，器表磨制光滑。残长6.6、直径0.8厘米（图4-886，12；彩版二九六，2）。

（4）Y1④层

出土陶拍2件，出土少量陶片，以陶器腹部残片为主，无可辨器形标本，所以不具体介绍，只进行陶系统计（表4-1424）。

表4-1424　Y1④层陶片统计表

纹饰＼陶质/陶色	泥质				夹砂				合计
	橙黄	灰	红	灰底黑彩	橙黄	灰	红	褐	
素面	10				4				14
绳纹					4				4
篮纹	7	1							8
麻点纹					13				13
席纹					1				1

陶拍　2件。

标本Y1④：1，夹砂红陶。整体呈椭圆形，拍面弧形且光滑，内空，表面饰麻点纹，中间圆孔直径为0.7～1.9厘米。器身长5.4、宽5.6、高3.5厘米（图4-886，13；彩版二九六，3）。

标本Y1④：2，夹砂红陶。整体呈椭圆形，拍面弧形且光滑，内空，表面饰麻点纹，中间圆孔直径为0.5～2.2厘米。器身长6.1、宽5.4、高3.9厘米（图4-886，14；彩版二九六，4）。

（5）Y1⑤层

出土少量陶片，以腹部残片为主，可辨器形有盆、器盖，另出土鹿角1件（表4-1425、1426）。

盆　1件。

标本Y1⑤：3，泥质红陶。敞口，方唇，上腹斜直，下腹残。其内壁为素面磨光，口沿外侧有一周折棱，器身饰斜向篮纹。口径 20、残高 4.4 厘米（图 4−886，15）。

器盖　1 件。

表4−1425　Y1⑤层器形数量统计表

器形＼陶质/陶色	泥质				夹砂				合计
	红	橙黄	灰	黑	红	橙黄	灰	褐	
盆	1								1

表4−1426　Y1⑤层陶片统计表

纹饰＼陶质/陶色	泥质				夹砂				合计
	橙黄	灰	红	灰底黑彩	橙黄	灰	红	褐	
素面	4				6				10
绳纹					3				3
篮纹	2	1							3
麻点纹					3				3
网格纹					1				1

标本Y1⑤：2，夹砂褐陶。圆饼状，盖面边缘饰一周附加泥条，泥条经手指按压呈波状，中间有柄部脱落痕迹，直径 13、厚 1 厘米（图 4−886，16；彩版二九六，5）。

鹿角　1 件。

标本Y1⑤：1，整体弯曲近“七”状，有三个分杈，表面光滑。长 13.2、宽 8.5、直径 3.1 厘米（图 4−886，17；彩版二九六，6）。

（6）Y1⑥层

出土少量陶片，以陶器腹部残片为主，无可辨器形标本，所以不具体介绍，只进行陶系统计（表 4−1427）。

表4−1427　Y1⑥层陶片统计表

纹饰＼陶质/陶色	泥质				夹砂				合计
	橙黄	灰	红	灰底黑彩	橙黄	灰	红	褐	
素面	5	5	2		4				16
绳纹	2	2							4
篮纹	2								2
麻点纹					8				8
抹断绳纹		1							1

（7）Y1 壁龛

Y1 壁龛出土少量陶片，以腹部残片为主，可辨器形有圆腹罐（表 4−1428、1429）。

圆腹罐　1 件。

标本Y1 龛：1，夹砂红陶。侈口，圆唇，高领，束颈，颈部以下残。颈部饰斜向篮纹。口径15.6、残高5.6厘米（图4-886，18）。

表4-1428　Y1壁龛层器形数量统计表

器形＼陶质／陶色	泥质				夹砂				合计
	红	橙黄	灰	黑	红	橙黄	灰	褐	
圆腹罐	1								1

表4-1429　Y1壁龛层陶片统计表

纹饰＼陶质／陶色	泥质				夹砂				合计
	橙黄	灰	红	灰底黑彩	橙黄	灰	红	褐	
素面	2	1							3
绳纹	1				1				2
麻点纹					3				3
篮纹	1								1

（8）Y1 火膛

出土陶片见下表（表4-1430）。

表4-1430　Y1火膛层陶片统计表

纹饰＼陶质／陶色	泥质				夹砂				合计
	橙黄	灰	红	灰底黑彩	橙黄	灰	红	褐	
素面	8								8

2. Y2

Y2位于ⅢT1104东北部，部分延伸至ⅢT1004内，开口于第④层下（图4-887）。窑址建造于生土之上，大体呈南北向分布。Y2为竖穴式升焰窑，由窑室、火膛、操作间组成，总长3.18米。

窑室位于操作间南部，窑顶、窑箅已倒塌。窑室平面近圆形，直径1.44～1.48米。窑室已不存，仅存火道、火膛、火门，火道有两条，呈"Y"形，中间有窑床残部隔开，以东火道为例，宽0.32、进深1.01、高0.72米。

火膛位于窑室中部，近圆形，长径约0.80、火膛内有一层草木灰，厚0.04～0.40米。火门位于窑室北部，现存立面呈矩形，宽约0.46、进深0.18～0.80、残高0.10～0.24米。窑室烧结面厚4～6厘米。

操作间位于窑室北部，平面呈圆形，剖面呈袋状，平底。坑口约2.06、坑底东西2.32、深1.26米。窑壁底部发现工具痕迹，长条状，长约62、宽约2、深约0.7厘米。窑内堆积可分两层，第①层厚0.80、堆积为窑顶坍塌部分，包含较多大块红烧土块，堆积疏松。第②层厚0.40米，堆积为烧灰层，较疏松。操作间内堆积可分六层，第①层厚0.08～0.14米，土色黄色，土质较疏松，

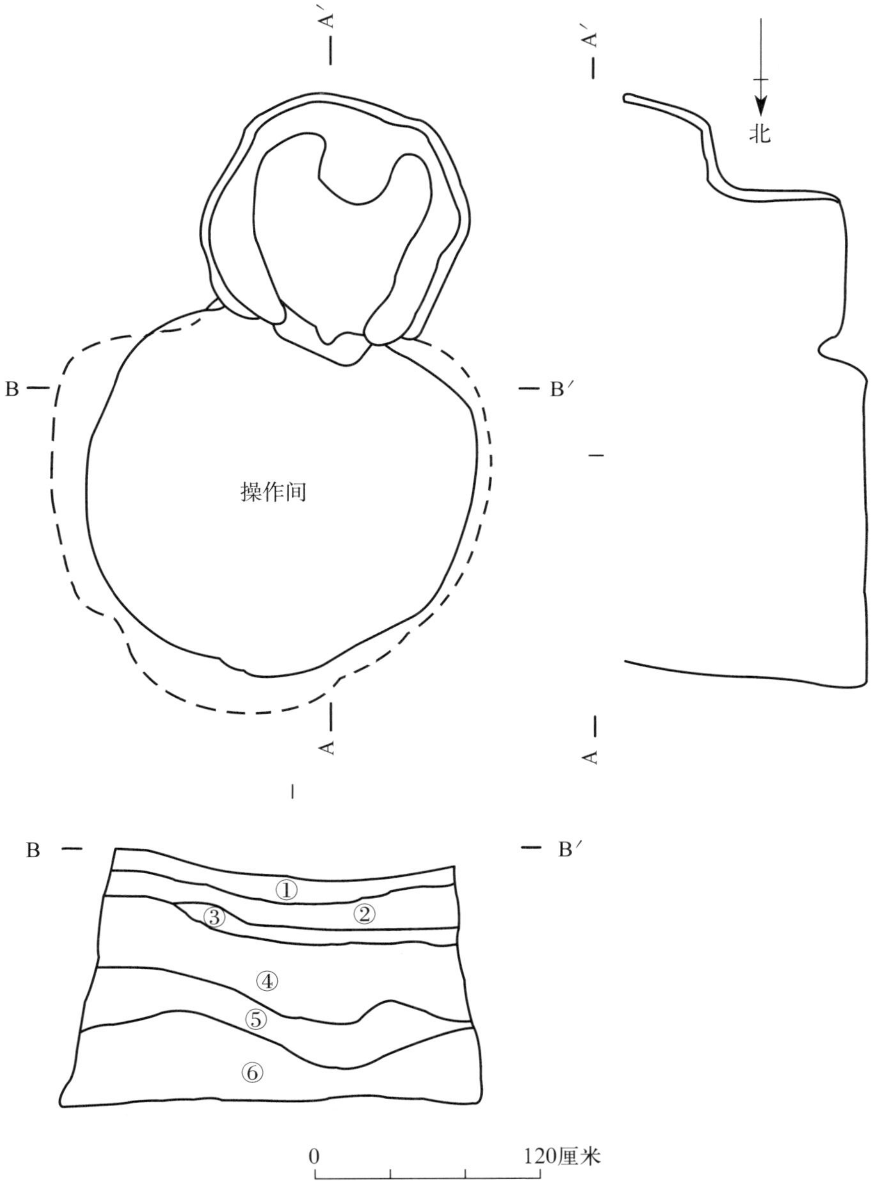

图4-887　Y2平、剖面图

坡状堆积。第②层厚0.10～0.24米，土色灰色，土质较疏松，坡状堆积。第③层厚0～0.14米，土色灰色，土质较疏松，坡状堆积。第④层厚0.30～0.44米，土色黄色，土质较疏松，坡状堆积。第⑤层厚0.03～0.36米，土色浅黄色，土质致密，坡状堆积。第⑥层厚0.16～0.50米，土色浅黄色，土质致密，坡状堆积。坑内出土少量陶片。

（1）Y2①层

出土少量陶片，以腹部残片为主，可辨器形有圆腹罐、高领罐，另出土骨匕1件（表4-1431、1432）。

圆腹罐　2件。

表4-1431　Y2①层器形数量统计表

器形＼陶质	泥质				夹砂				合计
陶色	红	橙黄	灰	黑	红	橙黄	灰	黑	
圆腹罐						2			2
高领罐		1							1

表4-1432　Y2①层陶片统计表

纹饰＼陶质	泥质				夹砂				合计
陶色	橙黄	灰	红	灰底黑彩	橙黄	灰	红	褐	
素面	6				6				12
绳纹					2				2
篮纹	4		1						5
麻点纹					4				4
篮纹＋麻点纹					1				1

标本Y2①：2，夹砂橙黄陶。侈口，圆唇，高领，束颈，上腹圆，下腹残。颈部饰横向篮纹，上腹部饰麻点纹，有烟炱痕迹。残高 11、残宽 8 厘米（图 4-888，1）。

标本Y2①：3，夹砂橙黄陶。侈口，圆唇，高领，束颈，颈部以下残。颈部素面。口径 10.8、残高 3.6 厘米（图 4-888，2）。

高领罐　1 件。

标本Y2①：4，泥质橙黄陶。侈口，方唇，高领，束颈，颈部以下残。其内壁为素面磨光，口沿外侧饰一周附加泥条，器表通体为斜向篮纹。口径 16、残高 2.8 厘米（图 4-888，3）。

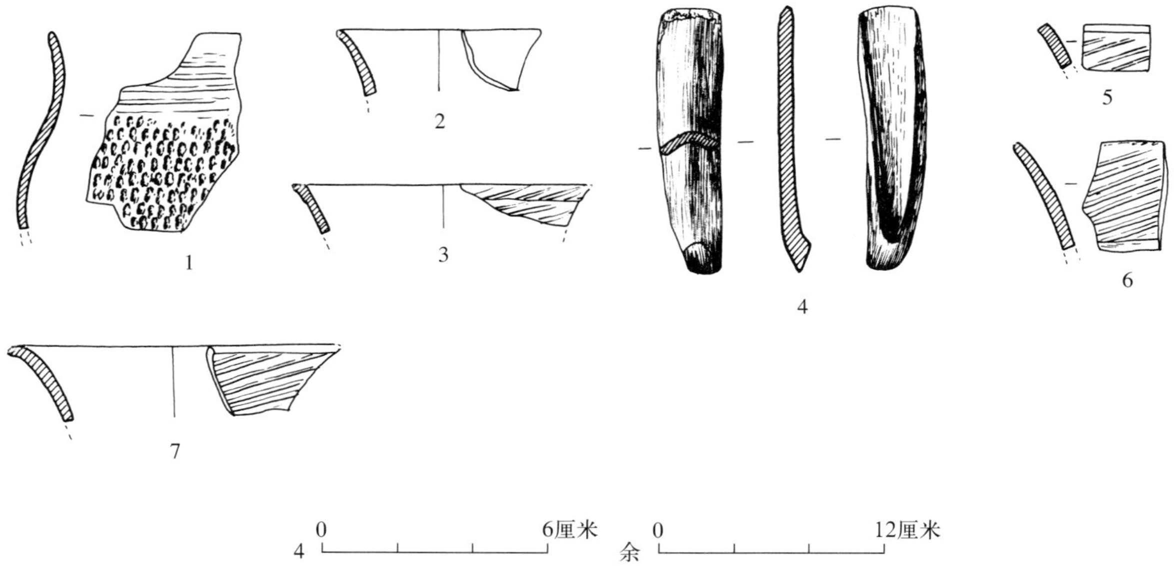

图4-888　Y2出土遗物

1、2.圆腹罐Y2①：2、3　3.高领罐Y2①：4　4.骨匕Y2①：1　5.圆腹罐Y2③：3　6.高领罐Y2③：2　7.盆Y2③：1

骨匕　1件。

标本Y2①：1，动物骨骼磨制而成，扁平长条状，柄尾圆弧，单面磨刃。刃长0.7厘米，刃角48.1°，长7.2、宽1.7、厚0.4厘米（图4-888，4）。

（2）Y2②层

出土陶片见下表（表4-1433）。

表4-1433　Y2②层陶片统计表

纹饰＼陶质/陶色	泥质				夹砂				合计
	橙黄	灰	红	灰底黑彩	橙黄	灰	红	褐	
素面			1						1
篮纹	3								3
麻点纹					2				2

（3）Y2③层

出土少量陶片，以腹部残片为主，可辨器形有圆腹罐、高领罐、盆（表4-1434、1435）。

表4-1434　Y2③层器形数量统计表

器形＼陶质/陶色	泥质				夹砂				合计
	红	橙黄	灰	黑	红	橙黄	灰	黑	
圆腹罐					1				1
高领罐	1								1
盆	1								1

表4-1435　Y2③层陶片统计表

纹饰＼陶质/陶色	泥质				夹砂				合计
	橙黄	灰	红	灰底黑彩	橙黄	灰	红	褐	
素面	2								2
绳纹					1				1
篮纹	3								3
麻点纹					1				1

圆腹罐　1件。

标本Y2③：3，夹砂红陶。侈口，方唇，高领，微束颈，颈部以下残。颈部饰斜向篮纹。残高2.6、残宽3.6厘米（图4-888，5）。

高领罐　1件。

标本Y2③：2，泥质红陶。喇叭口，锯齿唇，高领，束颈，颈部以下残。颈部饰斜向篮纹。残高6、残宽4.4厘米（图4-888，6）。

盆 1件。

标本Y2③：1，泥质红陶。敞口，平沿，圆唇，高领，束颈，颈部以下残。其内壁为素面磨光，器身通体饰斜向篮纹。口径17.8、残高4.2厘米（图4-888，7）。

3. Y3

Y3位于ⅢT1104东北部，开口于第④层下（图4-889；彩版二九七，1）。窑址建造于生土之上，大体呈南北向分布。Y3为竖穴式升焰陶窑，由窑室、火膛、操作间组成，窑顶、窑箅部分已坍塌，平面总长4.05米。

窑室位于操作间北部，窑顶、窑箅已倒塌。窑室平面近椭圆形，直径0.90～1.25米。窑室破坏严重仅存火膛、火门。

火膛位于窑室中部，平面近椭圆形，直径0.96～1.10米，火膛内有一层草木灰，厚10厘米。

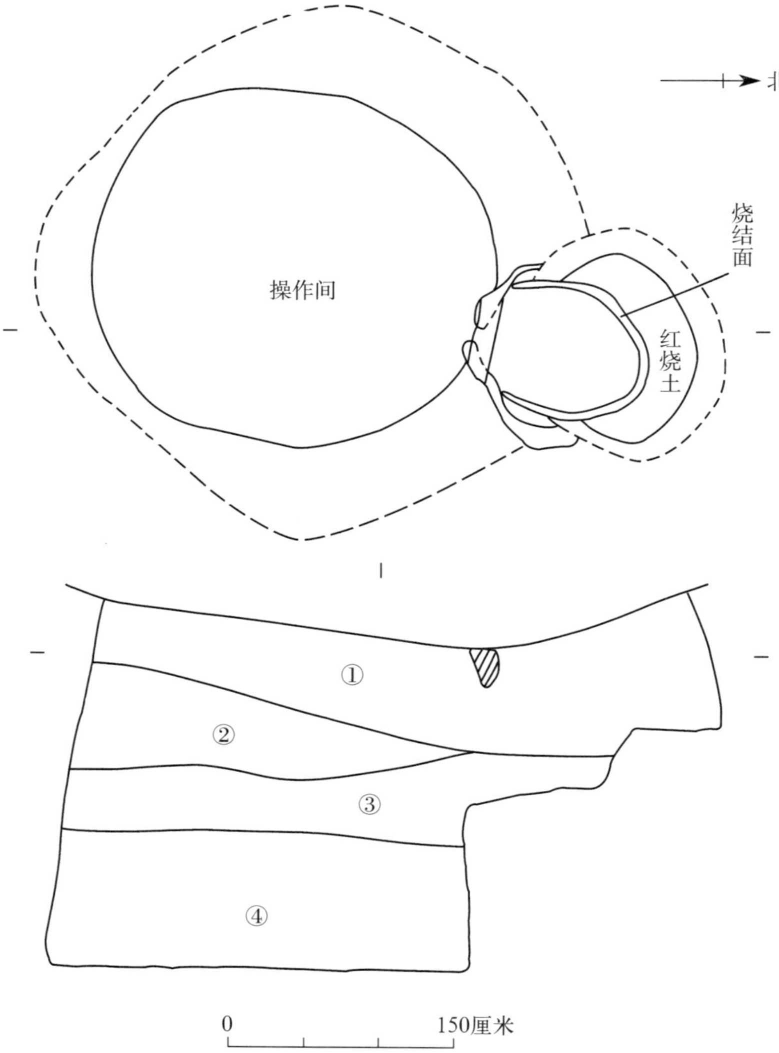

图4-889 Y3平、剖面图

火膛东南偏上部有一火孔，直径 0.12～0.14 米。

火门位于窑室南部，现存立面呈矩形，宽约 0.10、进深约 0.14、残高约 0.10 米。火门上有一横梁，长约 0.64、宽约 0.14 米。窑壁烧结面厚 4～18 厘米。

操作间位于窑室南部，平面呈圆形，剖面呈袋状，平底。坑口约 2.46、坑底约 3.08、深约 2.55 米。火膛内填充大量红烧土块及草木灰，无遗物出土。操作间内堆积可分四层，第①层厚 0.45～0.95 米，土色黄色，土质较致密，坡状堆积。第②层厚 0～0.75 米，土色黄色，土质较致密，坡状堆积。第③层厚 0.2～0.65 米，土色黄色，土质致密，坡状堆积。第④层厚 0.85～0.95 米，土色黄色，土质较致密，水平状堆积。

坑内出土少量陶片。陶片以陶器腹部残片为主，无可辨器形标本，所以不具体介绍，只进行陶系统计（表 4–1436）。

表4–1436　Y3操作间①层陶片统计表

陶质 / 陶色 / 纹饰	泥质				夹砂				合计
	橙黄	灰	红	灰底黑彩	橙黄	灰	红	褐	
素面	5	1			2				8
绳纹					7				7
篮纹	9				3				12
麻点纹					18				18
戳印纹					1				1

4. Y4

Y4 位于ⅡT1105 西北部，开口于第⑤层下（图 4–890，彩版二九七，2）。窑址建造于生土之上，大体呈南北向分布。Y4 为横穴式陶窑，由两个窑室、一个操作间组成。平面总长约 2.90 米。

两个窑室均在操作间坑壁上直接掏挖形成，窑室破坏严重。北侧窑室呈“Y”形，直径 1.30～1.34 米，两凸出部分为烟道，壁面稍斜。残高 0.50 米，壁面和底面均为烧结面，烧结面厚 3 厘米。西侧窑室呈圆形，直径 0.68～0.70 米，直壁，平底，壁面烧结面厚 3 厘米。北侧窑室内出土零星陶片。

操作间平面呈椭圆形，口部边缘形态明显，底部边缘形态明显，剖面呈袋状，斜直壁，未见工具痕迹，底面平整。操作间坑口南北 1.70、东西 1.45、坑底南北 1.96、深 1.20 米。坑内堆积未分层，土色深灰色，土质较疏松，水平状堆积。坑内出土少量陶片、石块、兽骨。

Y4 出土少量陶片，以腹部残片为主，可辨器形有圆腹罐、花边罐、双耳罐、高领罐、斝、豆、器盖（表 4–1437、1438）。

表4–1437　Y4器形数量统计表

陶质 / 陶色 / 器形	泥质				夹砂				合计
	红	橙黄	灰	褐	红	橙黄	灰	黑	
圆腹罐				1		1			2
花边罐						2			2

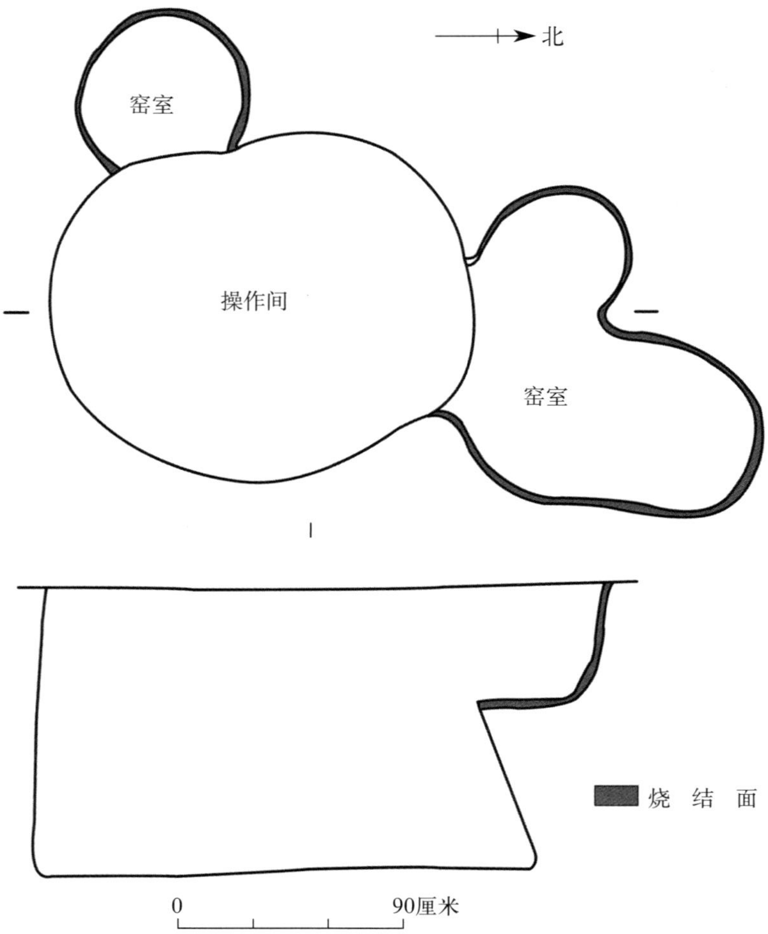

图4-890 Y4平、剖面图

续表

器形 \ 陶质/陶色	泥质				夹砂				合计
	红	橙黄	灰	褐	红	橙黄	灰	黑	
双耳罐	1								1
高领罐		1							1
斝						1			1
豆		1							1
器盖						1			1

表4-1438 Y4陶片统计表

纹饰 \ 陶质/陶色	泥质				夹砂				合计
	橙黄	灰	红	灰底黑彩	橙黄	灰	红	褐	
素面	37	7	8		23				75
绳纹					12	6	7		25

续表

纹饰＼陶质/陶色	泥质				夹砂				合计
	橙黄	灰	红	灰底黑彩	橙黄	灰	红	褐	
篮纹	38	11	7		6				62
麻点纹					41				41
绳纹＋篮纹					1	1			2

圆腹罐 2件。

标本Y4：3，泥质褐陶。侈口，圆唇，矮领，束颈，上腹斜弧，下腹残。器表素面磨光。口径8.8、残高4.8厘米（图4-891，1）。

标本Y4：6，夹砂橙黄陶。侈口，尖唇，高领，微束颈，颈部以下残。器表通体饰麻点纹，有烟炱。口径15.2、残高6厘米（图4-891，2）。

花边罐 2件。

标本Y4：2，夹砂橙黄陶。侈口，圆唇，矮领，束颈，上腹斜弧，下腹残。口沿外侧饰一周附加泥条，泥条经手指按压呈波状，颈部素面，上腹饰麻点纹，有烟炱。口径10.4、残高6.2厘米（图4-891，3）。

标本Y4：9，夹砂橙黄陶。侈口，尖唇，矮领，束颈，圆腹，平底。颈部饰两周附加泥条，

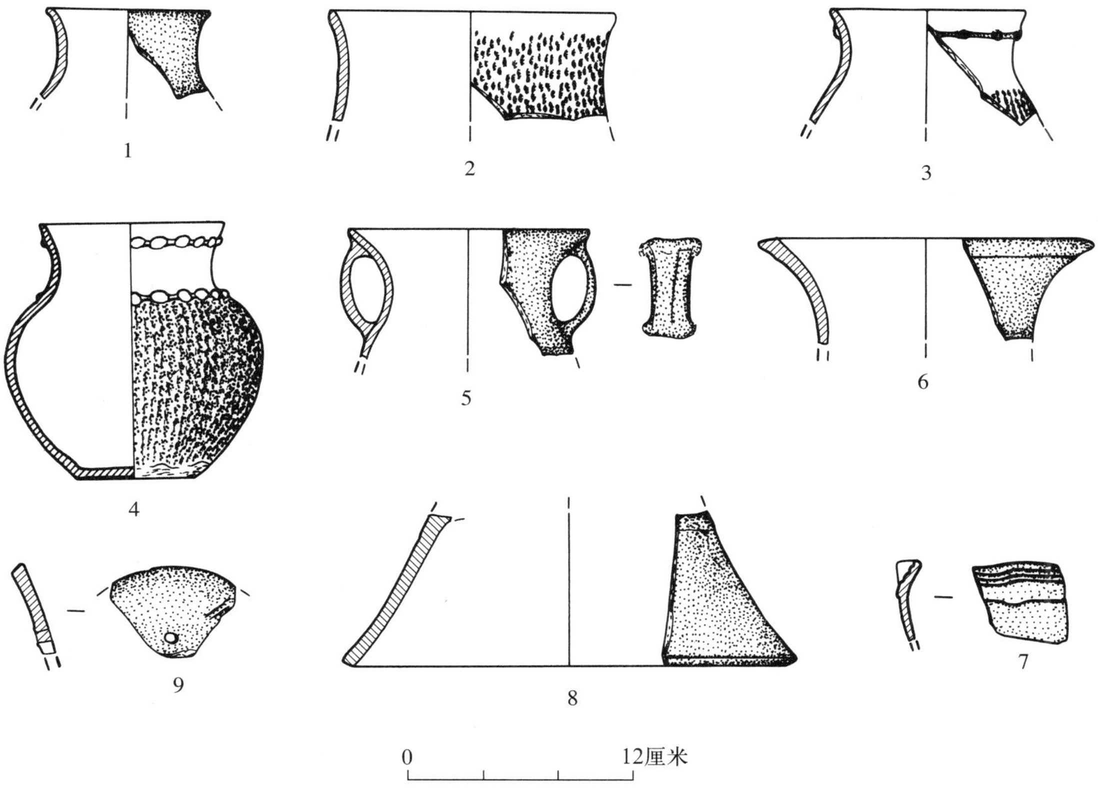

图4-891 Y4出土遗物

1、2.圆腹罐Y4：3、6 3、4.花边罐Y4：2、9 5.双耳罐Y4：4 6.高领罐Y4：5 7.斝Y4：1 8.豆Y4：8 9.器盖Y4：7

泥条经手指按压呈波状，腹部饰麻点纹。口径9.8、高14、底径6.2厘米（图4–891，4；彩版二九七，3）。

双耳罐　1件。

标本Y4：4，泥质红陶。侈口，圆唇，高领，束颈，上腹圆，下腹残。拱形双耳，器表素面。口径12.8、残高6.8厘米（图4–891，5；彩版二九七，4）。

高领罐　1件。

标本Y4：5，泥质橙黄陶。喇叭口，方唇，高领，束颈，颈部以下残。颈部素面，内壁素面磨光。口径18、残高5.6厘米（图4–891，6）。

斝　1件。

标本Y4：1，夹砂橙黄陶。敛口，圆唇，上腹斜，下腹残。唇外有三道凹槽，口沿有一流，腹部素面且有刮抹痕迹，有烟炱。残高4.2、残宽5.2厘米（图4–891，7）。

豆　1件。

标本Y4：8，泥质橙黄陶。喇叭状高圈空心足，豆盘部分残缺，器表素面。底径24、残高8.4厘米（图4–891，8）。

器盖　1件。

标本Y4：7，夹砂橙黄陶。柄部残，仅存部分盖面，器表素面，有一钻孔。残长6.6、残宽5厘米（图4–891，9）。

5. Y5

Y5位于ⅡT1003中南部，开口于第②层下（图4–892），操作间被H305打破。窑址建造于生土之上，大体呈南北向分布。Y5破坏严重，仅存火膛、操作间，具体形制不详，总长2.78米。

火膛位于操作间北部，火膛平面呈不规则形，口部0.90～1.05、深0.76米，斜弧壁，壁面上部分有一层厚2～5厘米青灰色烧结面，外围有一圈厚1～4厘米红烧土，下壁及底面为黄土。火膛内堆积土色灰黑色，土质较疏松，内含较多红烧土块及草木灰，出土少量陶片、石块、兽骨。

操作间位于火膛南部，平面近椭圆形，剖面呈袋状，平底。坑口约2.60、坑底约2.00、深约0.50米。操作间内堆积土色灰褐色，土质疏松。

操作间内出土少量陶片，以陶器腹部残片为主，无可辨器形标本，所以不具体介绍，只进行陶系统计（表4–1439）。

表4–1439　Y5操作间层陶片统计表

陶质 / 陶色 / 纹饰	泥质				夹砂				合计
	橙黄	灰	红	灰底黑彩	橙黄	灰	红	褐	
素面			5		5				10
绳纹	2								2
篮纹		5			8				13

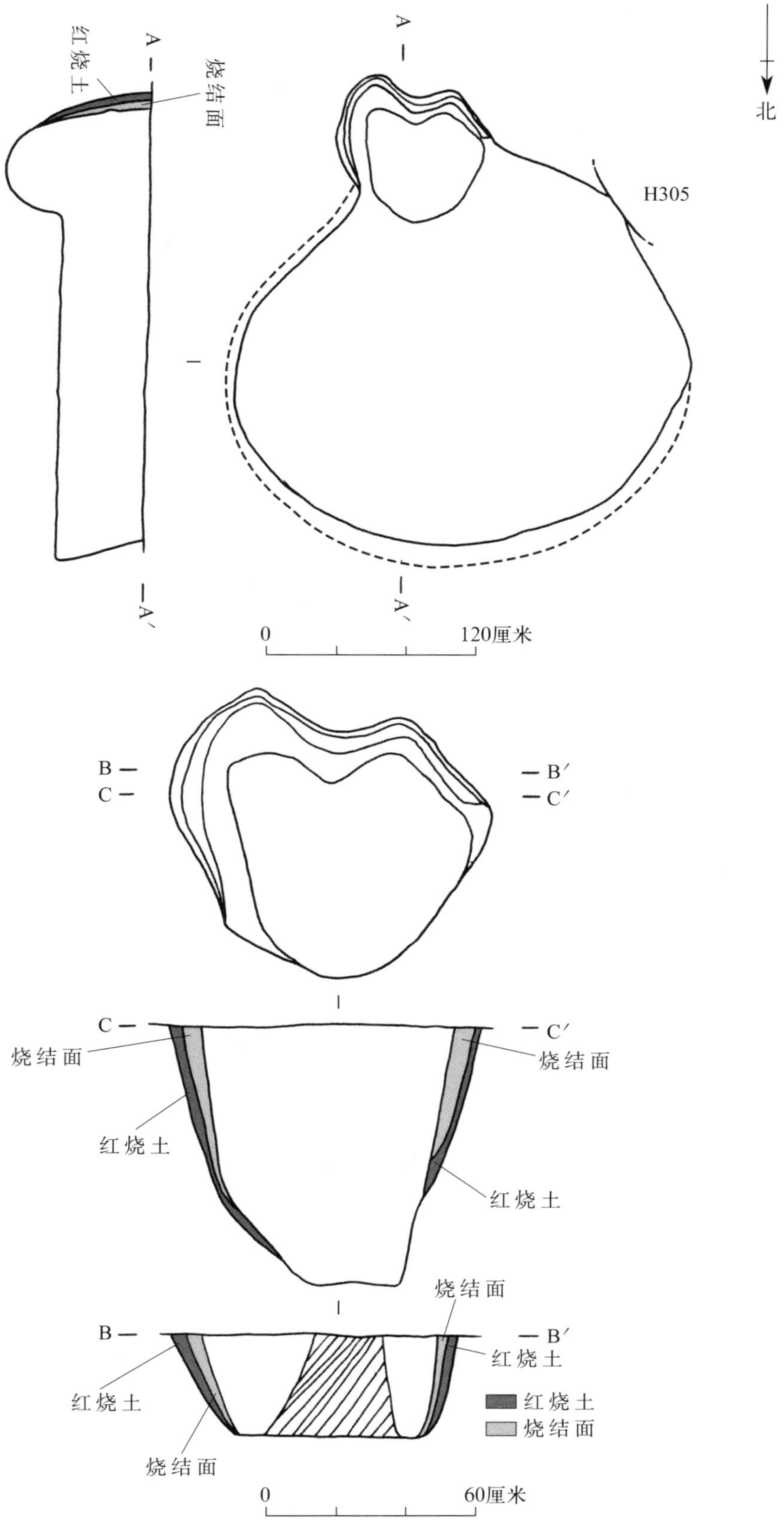

图4-892　Y5平、剖面图

第四节 墓葬

1. M1

M1位于ⅡT1202东南部，开口于第③层下（图4−893）。墓葬为竖穴土坑墓，方向270°。平面呈长方形，口部边缘形态明显，底部边缘形态明显，剖面呈筒状，直壁，未见工具痕迹，墓底东高西低略呈坡状。墓口长2.38、宽0.66～0.82、深0.85～0.95米。

墓内有一具人骨，为仰身直肢葬，人骨保存较好，除肋骨、手指骨与脚趾骨有部分缺失外，其余骨骼基本完整。头朝西，面向南，双手置于盆骨上。墓坑内填土灰褐色，土质疏松，水平状堆积。

出土骨针1件，未见其他随葬品。

骨针 1件。

标本M1：1，动物骨骼磨制而成，仅存针尖部分，器表磨石精细，尖部磨制尖锐。残长1.7厘米（图4−893，1）。

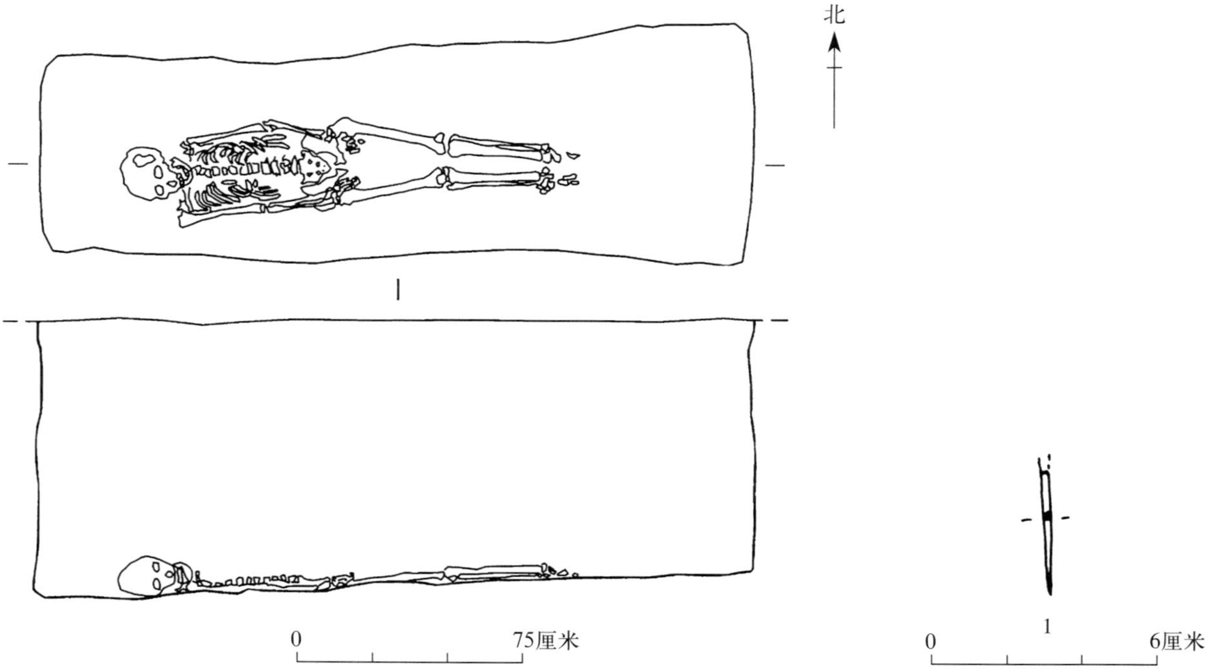

图4−893 M1平、剖视图及出土骨针M1：1

2. M2

M2位于ⅡT0701东南部，开口于第④层下（图4−894；彩版二九八，1）。墓葬为竖穴土坑墓，方向35°。平面呈长方形，口部边缘形态明显，底部边缘形态明显，剖面呈筒状，斜直壁，未见工具痕迹，墓底平整。墓口长1.90、宽0.55～0.60、深0.76米。

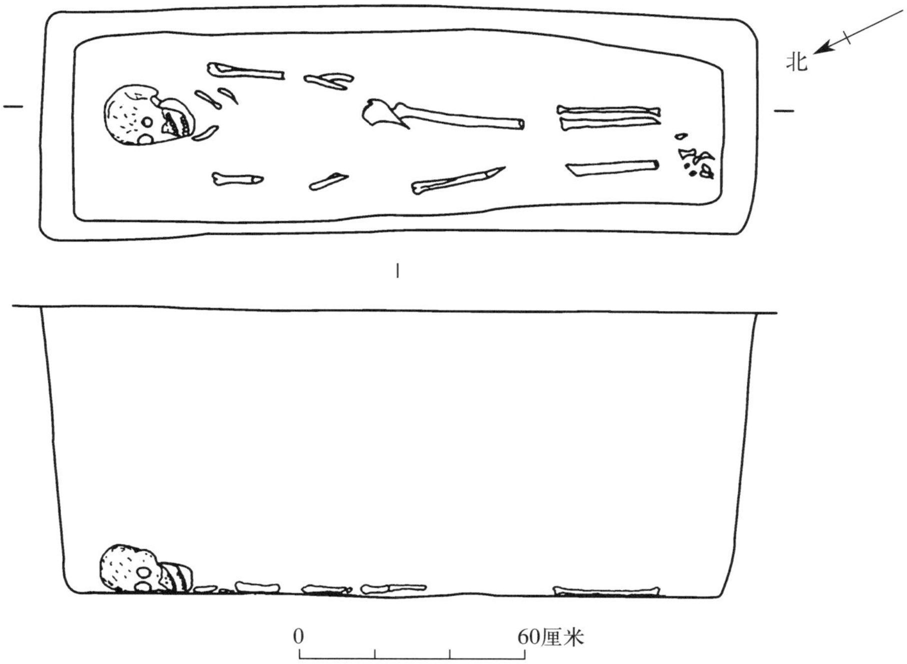

图4-894　M2平、剖视图

墓内有一具人骨，为仰身直肢葬，人骨腐朽严重，头骨稍完整，其余骨骼残缺不全。头朝东北，面向西。墓坑内填土黄色，土质较疏松，水平状堆积。

未见随葬品。

3. M3

M3 位于ⅡT0801 东隔梁南部，开口于第④层下（图 4-895；彩版二九八，2）。墓葬为竖穴土坑墓，方向 20° 。平面呈长方形，口部边缘形态明显，底部边缘形态明显，剖面呈筒状，斜直

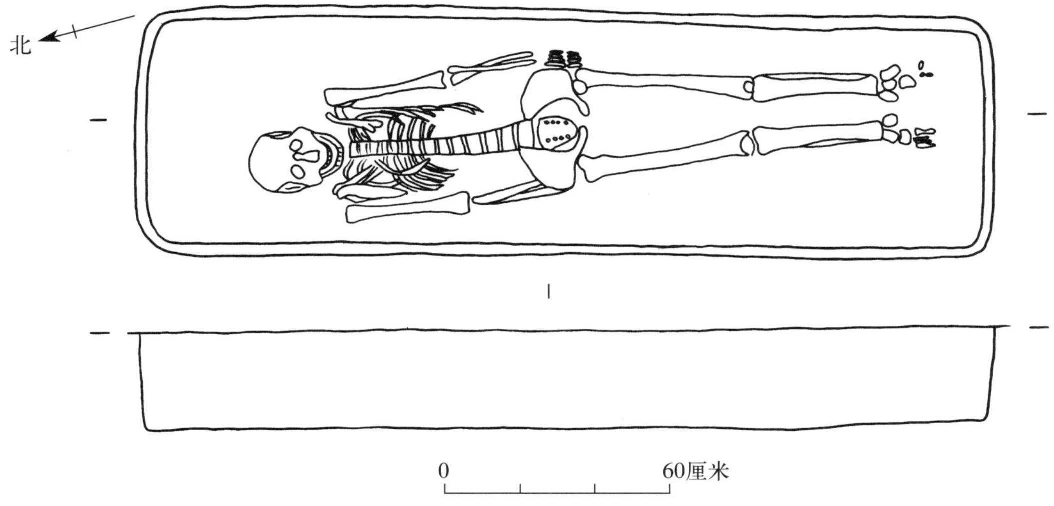

图4-895　M3平、剖视图

壁，未见工具痕迹，墓底平整。墓口长约 2.25、宽约 0.70、深 0.28 米。

墓内有一具人骨，为仰身直肢葬，人骨保存较好，但未见右手骨，脚趾骨不全，头朝东北，面向朝上。墓坑内填土黄色，土质较疏松，水平状堆积。

未见随葬品。出土零散陶片，以陶器腹部残片为主，无可辨器形标本，所以不具体介绍，只进行陶系统计（表 4-1440）。

表4-1440 M3陶片统计表

陶质 / 陶色 / 纹饰	泥质				夹砂				合计
	橙黄	灰	红	灰底黑彩	橙黄	灰	红	褐	
素面	5				1				6
绳纹					3				3
篮纹	1								1
麻点纹					2				2

4. M4

M4 位于ⅡT1005 南部，开口于第⑥层下（图 4-896；彩版二九九，1）。墓葬为竖穴土坑墓，方向 153° 。平面呈长方形，口部边缘形态明显，底部边缘形态明显，剖面呈筒状，斜直壁，未见工具痕迹，墓底平整。墓口长约 0.95、宽 0.40～0.50、深约 0.47 米。

墓内有两具人骨，均为侧身屈肢葬，其中东侧人骨保存较好，西侧人骨较凌乱，头朝东南，面向朝西，据此推测此墓可能为二次合葬墓。墓坑内填土深灰色，土质较疏松，水平状堆积。

未见随葬品。

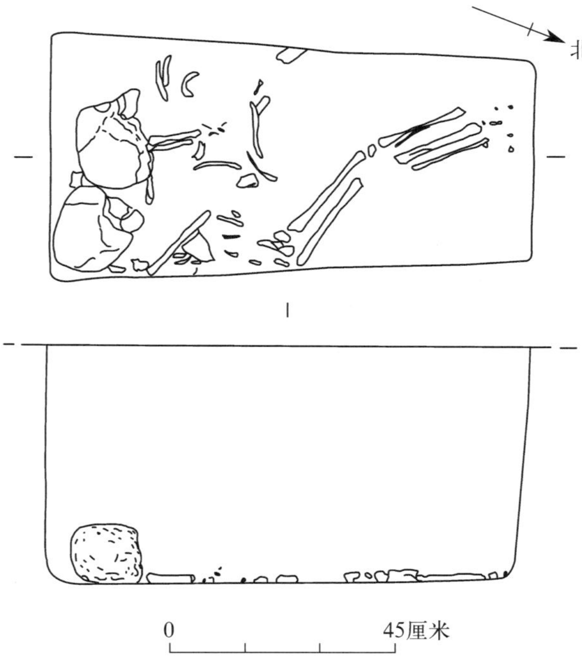

图4-896 M4平、剖视图

5. M5

M5位于ⅡT1002西北部，部分延伸至ⅡT0902西南部，开口于第④层下（图4-897；彩版二九九，2）。墓葬为竖穴土坑墓，方向北偏东10°。平面呈长方形，口部边缘形态明显，底部边缘形态明显，剖面呈筒状，直壁，未见工具痕迹，墓底平整。墓口长约1.96、宽0.58～0.64、深约0.48米。

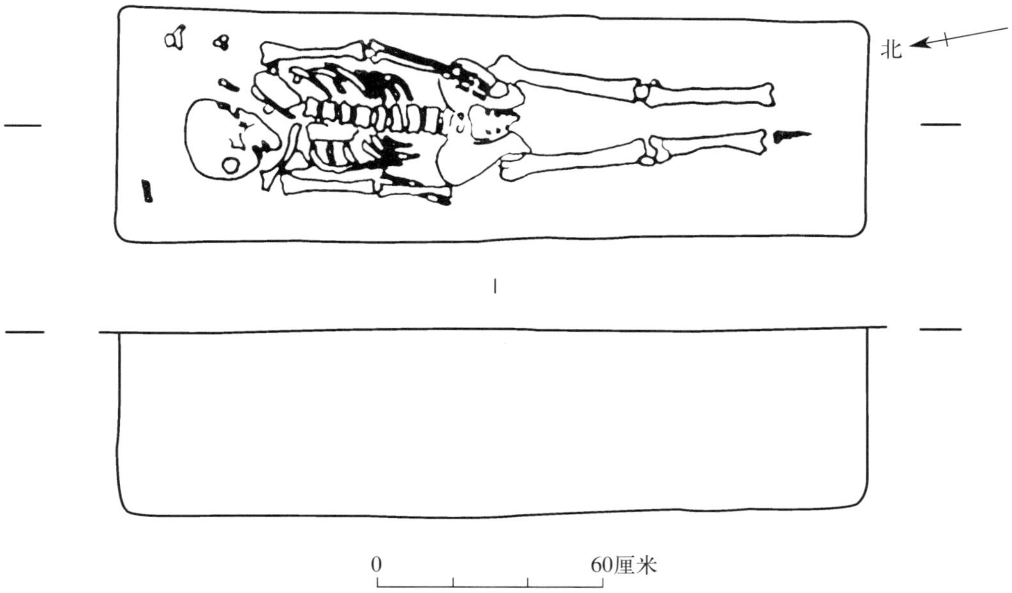

图4-897　M5平、剖视图

墓内有一具人骨，为仰身直肢葬，人骨保存较好，但未见其右手指骨及左脚趾骨，头朝北，面向朝西，左手置于盆骨上。墓坑内填土黄色，土质较疏松，水平状堆积。

未见随葬品。出土零星陶片，以陶器腹部残片为主，无可辨器形标本，所以不具体介绍，只进行陶系统计（表4-1441）。

M2、M3、M5三座墓葬均开口于同层下，方向、形制及葬俗基本相似，且排列整齐距离较近，推测墓主具有一定关系，可能为家族墓地。

表4-1441　M5陶片统计表

陶质 / 陶色 / 纹饰	泥质				夹砂				合计
	橙黄	灰	红	灰底黑彩	橙黄	灰	红	褐	
素面	4								4

6. M6

M6位于ⅡT0901东隔梁下，部分延伸至ⅡT0902西部，开口于第②层下（图4-898；彩版三〇〇，1）。墓葬为竖穴土坑墓，方向153°。平面呈长方形，口部边缘形态明显，底部边缘形态明显，剖面呈筒状，直壁，未见工具痕迹，墓底平整。墓口长约1.74、宽0.52～0.54、深

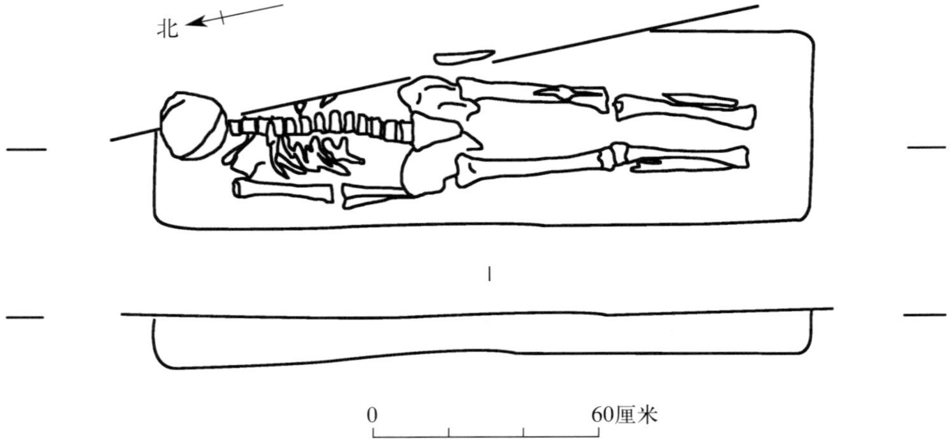

图4-898 M6平、剖视图

0.10～0.14米。

墓内有一具人骨，为仰身直肢葬，人骨保存一般，左上身部分及脚骨缺失，头朝北，面向朝西。墓坑内填土浅褐色，土质较疏松，水平状堆积。

无出土遗物。

7. M7

M7位于ⅡT0901东北角，开口于第②层下（图4-899；彩版三〇〇，2）。墓葬为竖穴土坑墓，方向北偏东10°。平面呈长方形，口部边缘形态明显，底部边缘形态明显，剖面呈筒状，直壁，未见工具痕迹，墓底平整。墓口长1.70、宽0.50～0.56、深0.13米。

墓内有一具人骨，为仰身直肢葬，人骨腐朽严重，仅存头骨及零散肋骨和两块右臂骨，其余骨骼缺失。头朝南，面向西。墓坑内填土浅黄褐色，土质较疏松，水平状堆积。

无出土遗物。

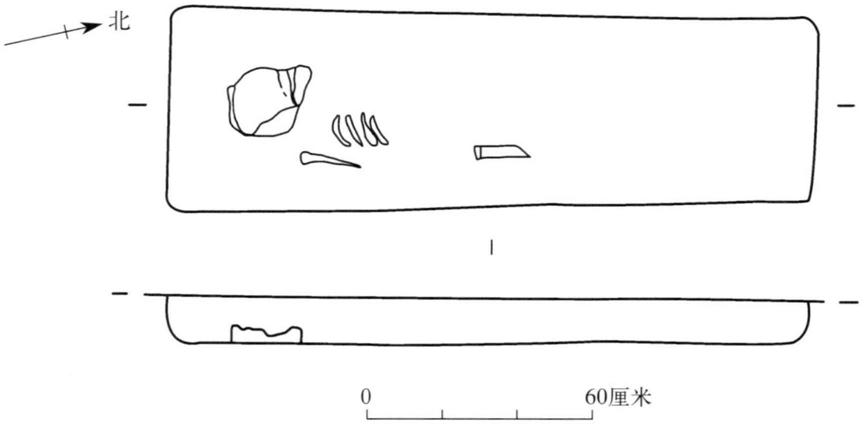

图4-899 M7平、剖视图

8. M8

M8位于ⅡT0901南部，开口于第②层下，被G4打破（图4-900；彩版三〇一，1）。墓葬为竖穴土坑墓，方向北偏东30°。平面呈长方形，口部边缘形态明显，底部边缘形态明显，剖面呈筒状，直壁，未见工具痕迹，墓底平整。墓口长1.90、宽约0.48、深0.09～0.12米。

墓内有一具人骨，为仰身直肢葬，头骨以下至上腿骨部分被东西向的G4破坏，仅存头骨及下腿骨。头朝东北，面向朝西。墓坑内填土浅黄褐色，土质较疏松，水平状堆积。

无出土遗物。

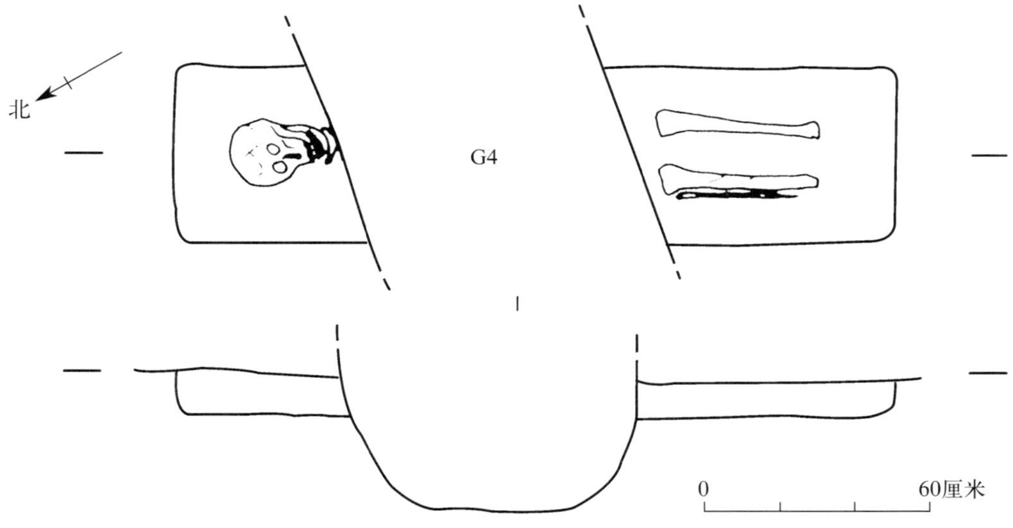

图4-900　M8平、剖视图

9. M11

M11位于ⅢT2915西南部，部分延伸至南壁外未布方区域，开口于第③层下（图4-901；彩版三〇一，2）。墓葬为竖穴土坑墓，方向352°。平面呈长方形，口、底部边缘形态明显，剖面呈筒状，直壁，未见工具痕迹，墓底平整。墓口长1.40、宽0.36～0.44、残深0.24米。

墓内有一具人骨，为仰身直肢葬，人骨保存较好，头向朝北，面向朝上，双手置于盆骨两侧。位于颈部发现由贝壳制成的圆形串饰品4枚；臂骨西侧发现由小型动物牙齿和肢骨制成的串饰36枚；骨架下发现滑石串珠24枚。墓坑内填土浅褐色，土质较疏松，水平状堆积。

填土内未出土陶片，出土骨饰1件、蚌饰1件、滑石串珠1件。

骨饰　1件。

标本M11：1，系小型动物牙齿和肢骨制作而成，6颗牙齿，30件肢骨，大小不一，牙齿和肢骨上均有圆孔，共36件（图4-902，3；彩版三〇二，1）。

蚌饰　1件。

标本M11：2，系蚌壳制作而成，圆形，大小不一，每件中间均有圆孔，共4枚（图4-902，1；彩版三〇二，2～5）。

滑石串珠　1件。

标本M11：3，白色，圆形珠，大小不一，每件中间均有圆孔，共28枚（图4-902，2；彩版三〇二，6）。

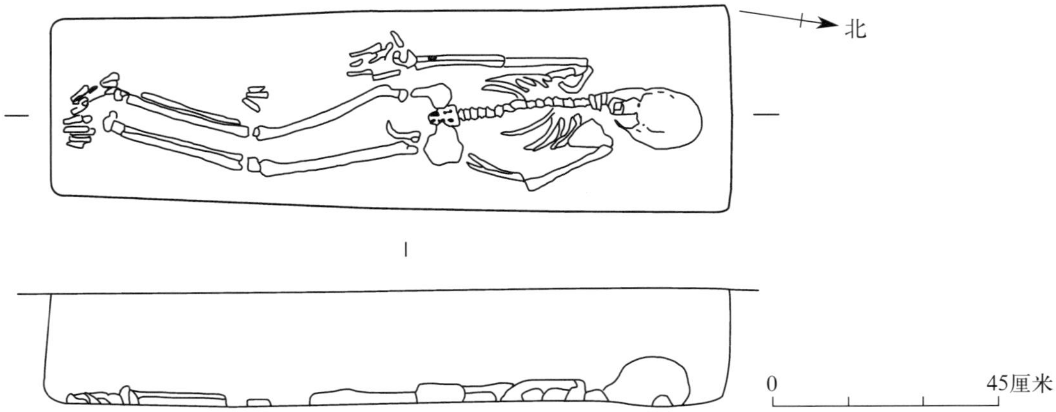

图4-901 M11平、剖视图

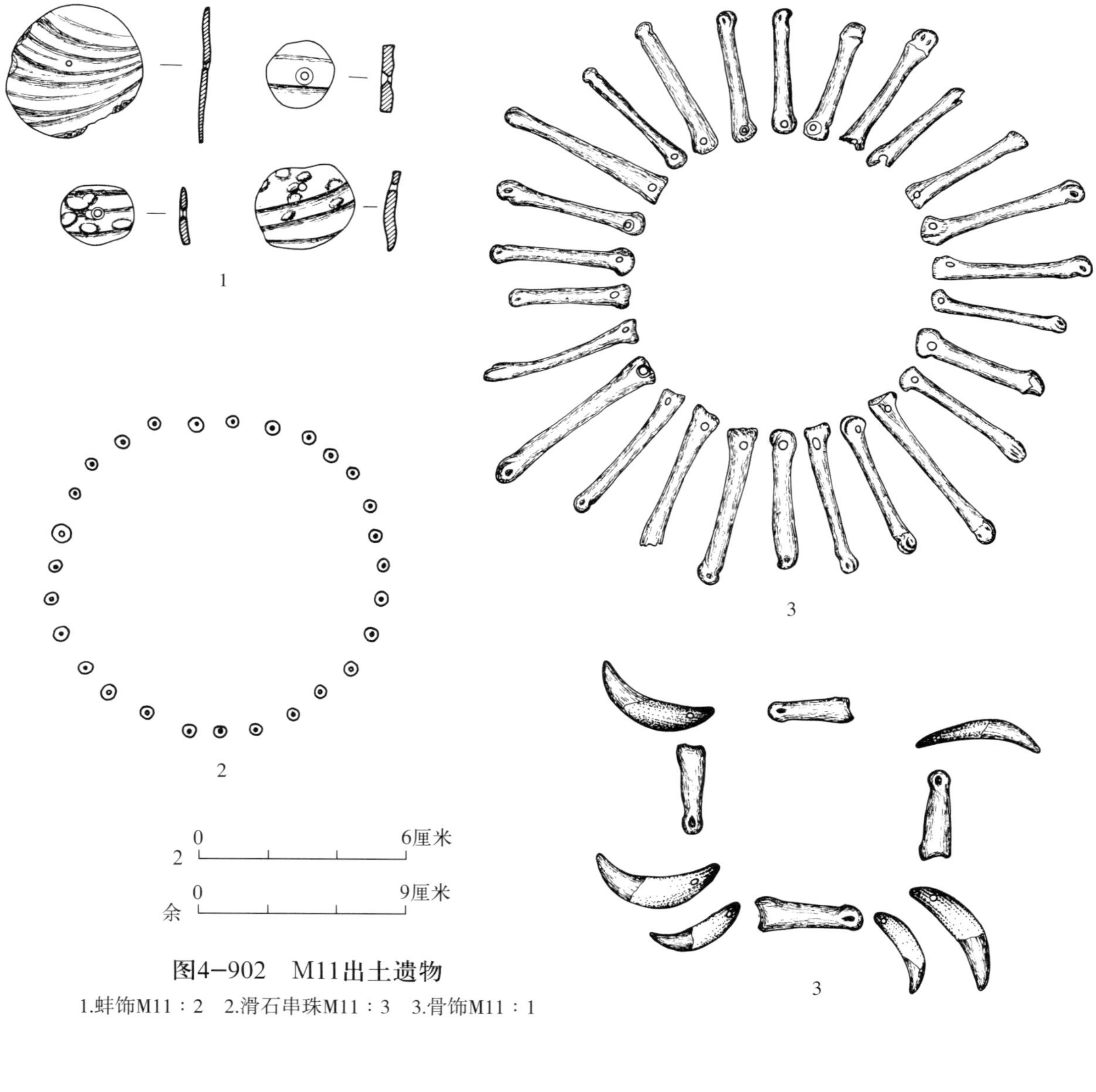

图4-902 M11出土遗物

1.蚌饰M11：2 2.滑石串珠M11：3 3.骨饰M11：1

10. M12

M12 位于ⅢT1001 东隔梁内，开口于第②层下，东部被H389 打破（图 4-903；彩版三〇三，1）。墓葬为竖穴土坑墓，方向 109° 。平面呈长方形，口部边缘形态明显，底部边缘形态明显，剖面呈筒状，直壁，未见工具痕迹，墓底平整。墓口长 1.80、宽 0.46～0.56、残深 0.12 米。

墓内有一具人骨，为仰身直肢葬，人骨保存良好，头向朝东，面向朝南，右手置于盆骨上，左手摆放较乱。墓坑内填土浅褐色，土质较疏松，水平状堆积。

填土内无出土遗物。

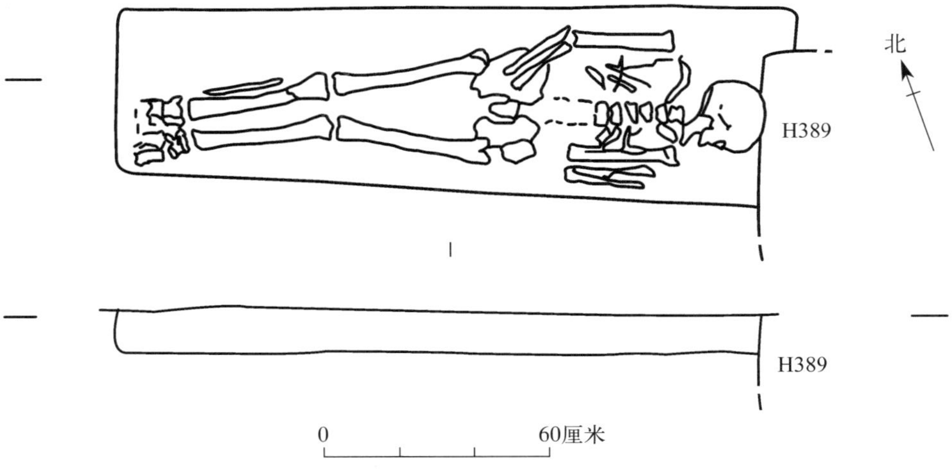

图4-903 M12平、剖视图

11. M13

M13 位于ⅢT2815 东南部，开口于第②层下（图 4-904；彩版三〇三，2）。墓葬为竖穴土坑墓，方向 67° 。平面呈长方形，口部边缘形态明显，底部边缘形态明显，剖面呈筒状，直壁，未见工具痕迹，墓底平整。墓口长 1.54、宽约 0.5、残深 0.12 米。

墓内有一具人骨，为仰身直肢葬，人骨保存较差，仅存盆骨、零散椎骨及部分腿骨，其余部位缺失。墓坑内填土浅褐色，土质较疏松，水平状堆积。

填土内无出土遗物。未见随葬品。

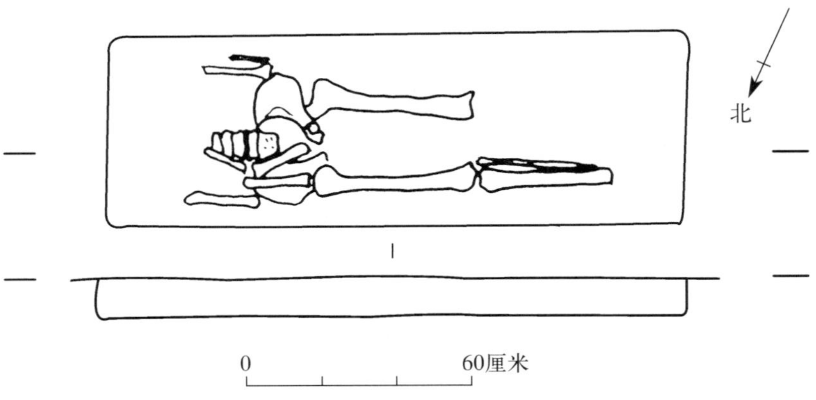

图4-904 M13平、剖视图

第五节 灰沟

1. G1

G1 位于ⅢT0604 南部，南部延伸至ⅢT0704 北部，开口于第②层下（图 4-905；彩版三〇四，1、2）。南北走向，平面呈不规则长条状，口部边缘形态明显，底部边缘形态不明显，剖面呈筒状，直壁，未见工具痕迹，底面平整。口部南北长 4.60、东西宽 0.60～0.90、底部南北长 4.60、深 0.16～0.28 米。沟内堆积未分层，土色深褐色，土质疏松，结构较疏松，基本水平状堆积。

无出土遗物。

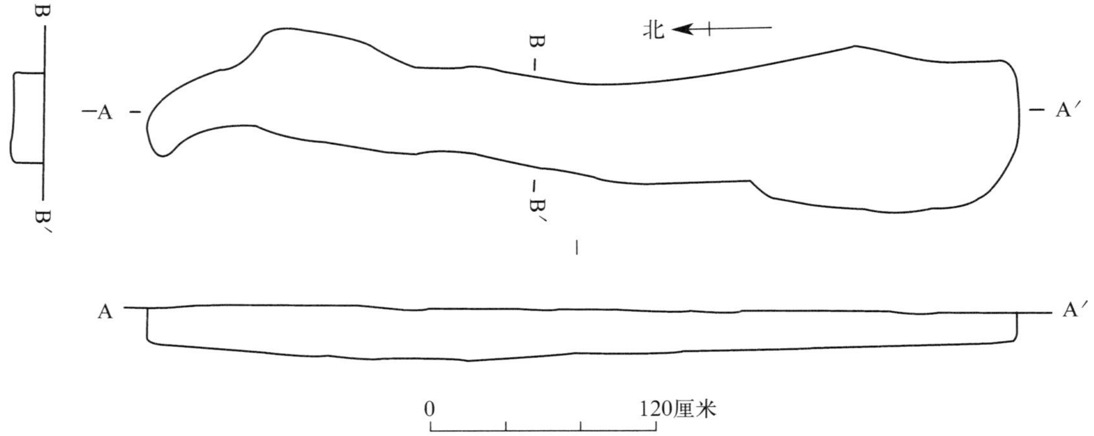

图4-905 G1平、剖面图

2. G2

G2 分布于ⅡT1101、ⅡT1201 东部，以及ⅡT1102、ⅡT1202 西部，开口于第②层下（图 4-906）。灰沟南北走向，南端及北端均延伸至未发掘区域，具体形制及范围不详。平面近梯形，口部边缘形态明显，底部边缘形态不明显，剖面近“梯”形，斜直壁，未见工具痕迹，平底。北窄南宽，北浅南深，口部南北长约 9.00、东西宽 3.10～5.85、沟底东西 3、深 0.25～0.75 米。沟内堆积未分层，土色灰色，土质较疏松，坡状堆积。

G2 出土较多陶片、兽骨及大量石块。以陶器腹部残片为主，无可辨器形标本，所以不具体介绍，只进行陶系统计（表 4-1442）。

表4-1442 G2陶片统计表

陶质	泥质				夹砂				合计
纹饰 \ 陶色	橙黄	灰	红	灰底黑彩	橙黄	灰	红	褐	
素面	26	15			27				68
刻划纹	1								1

续表

纹饰＼陶质/陶色	泥质				夹砂				合计
	橙黄	灰	红	灰底黑彩	橙黄	灰	红	褐	
戳印纹	1								1
绳纹	7	1					4		12
篮纹	37	1					5		43
麻点纹					28				28

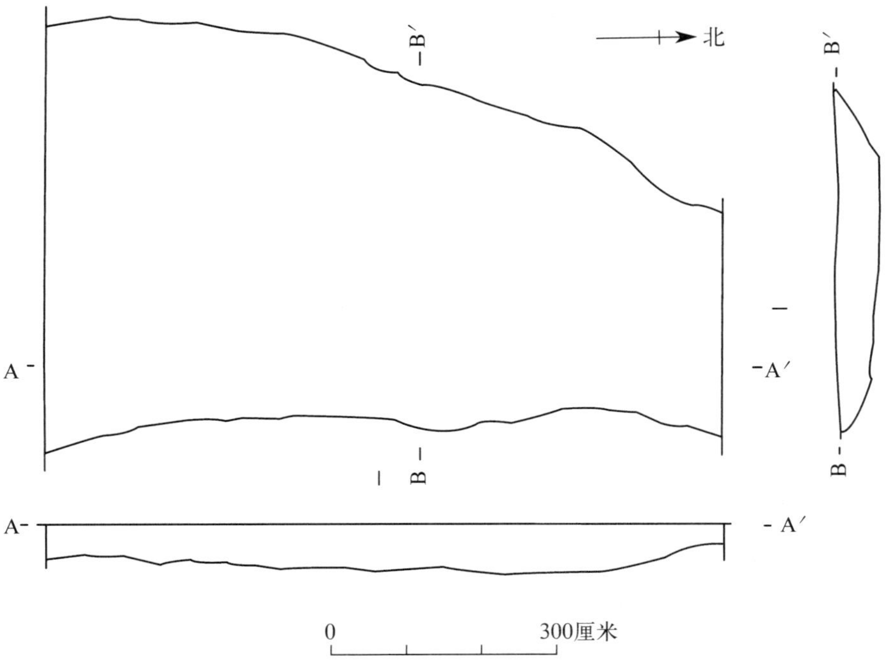

图4-906 G2平、剖面图

3. G3

G3位于ⅡT1003北部，小部分延伸至ⅡT1002东隔梁下，大部分向东延伸至ⅡT1004内，最东部延伸至ⅡT1005内，开口于第②层下（图4-907；彩版三〇五，1）。平面基本呈东西向长条状，口部边缘形态明显，底部边缘形态明显，南北向剖面呈锅状，斜壁，未见工具痕迹，圜底。东西向剖面呈筒状，斜壁，未见工具痕迹，平底。口部东西长约11.75、南北宽0.90～1.60、底部东西10.87、深0.75～0.80米。西部略宽于东部，中部较窄，北高南低，西部略深于东部。沟内堆积未分层，土色灰褐色，土质较疏松，略坡状堆积，出土较多陶片、石块及少许兽骨，另有较多晚期泥质灰陶片，纺轮2件、石器1件。

G3出土陶器标本以残片为主，可辨器形有圆腹罐、盆、钵、碗、方盘等，另出土石器1件、骨钏1件（表4-1443、1444）。

圆腹罐 12件。

标本G3：1，夹砂橙黄陶。侈口，圆唇，矮领，微束颈，上腹斜，下腹残。颈部素面，上腹

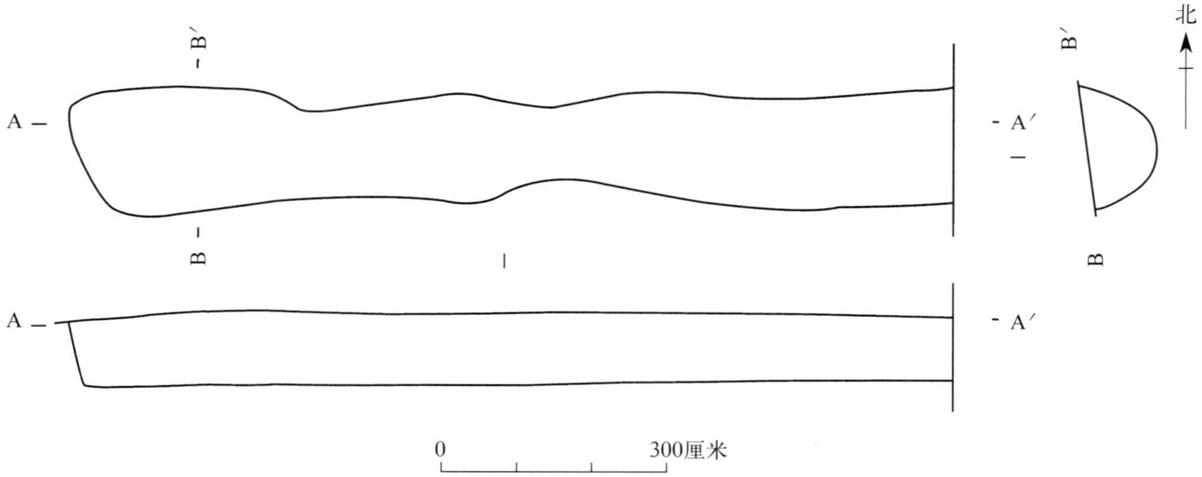

图4-907 G3平、剖面图

饰麻点纹，有烟炱。口径 11.6、残高 5.2 厘米（图 4-908，1）。

标本G3：4，夹砂红陶。侈口，圆唇，高领，束颈，颈部以下残。颈部素面，有烟炱。口径 14.8、残高 6.4 厘米（图 4-908，2）。

标本G3：5，夹砂橙黄陶。侈口，圆唇，矮领，束颈，颈部以下残。颈部素面。口径 14.8、残高 2.8 厘米（图 4-908，3）。

标本G3：12，夹砂橙黄陶。侈口，方唇，矮领，束颈，上腹圆，下腹残。唇面有一道凹槽，颈部素面，上腹饰竖向绳纹。口径 18、残高 7.8 厘米（图 4-908，4）。

表4-1443 G3器形数量统计表

陶质 / 陶色 / 器形	泥质				夹砂				合计
	红	橙黄	灰	黑	红	橙黄	灰	褐	
圆腹罐			1		4	7			12
盆	1	1	3						5
钵	1	4							5
碗			1						1
方盘						1			1
器盖	1								1

表4-1444 G3陶片统计表

陶质 / 陶色 / 纹饰	泥质				夹砂				合计
	橙黄	灰	红	灰底黑彩	橙黄	灰	红	褐	
素面	16	1			15				32
麻点纹	1	2			13				16
篮纹	7				11				18

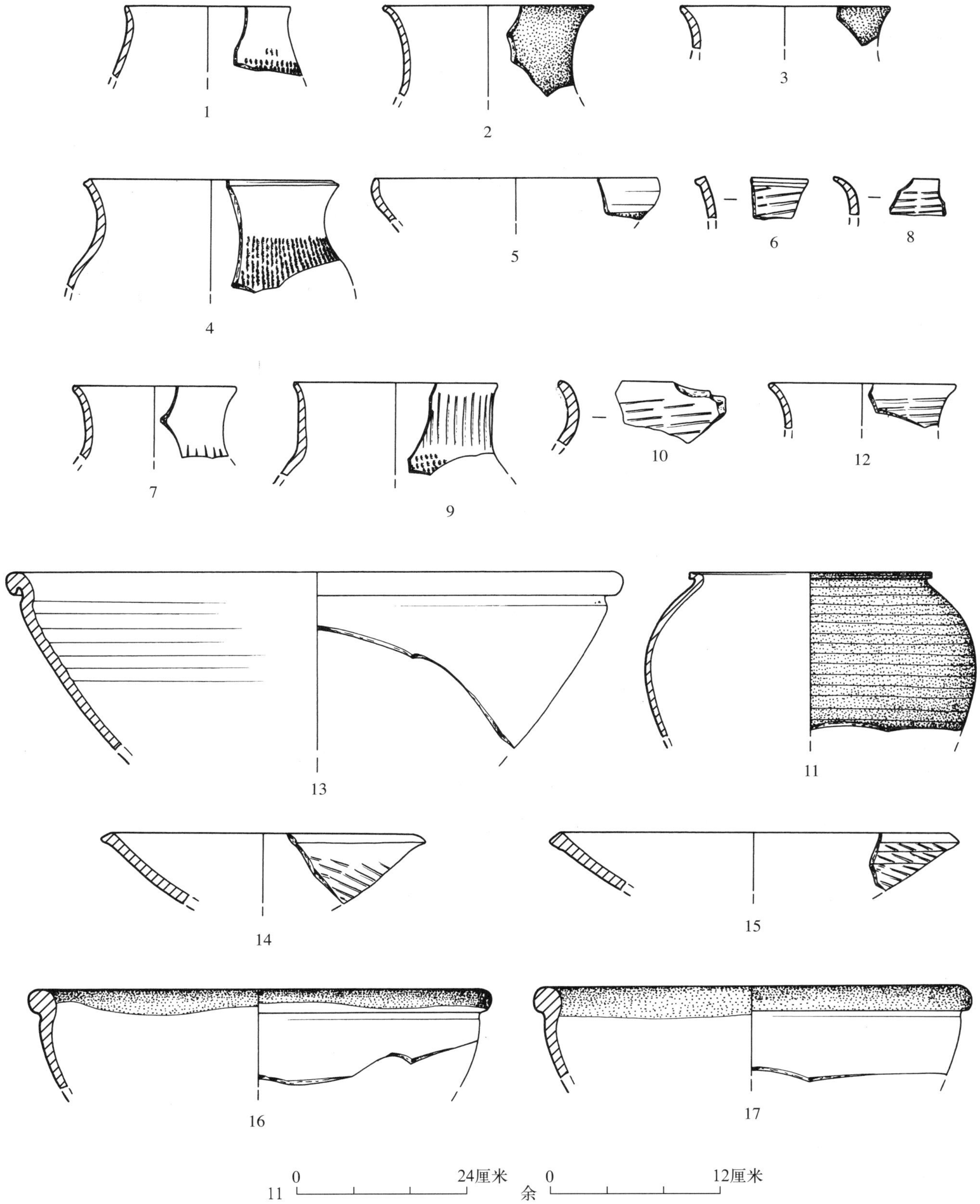

图4-908　G3出土遗物

1～12.圆腹罐G3：1、4、5、12、14、17～23　13～17.盆G3：3、6、9～11

标本G3：14，夹砂红陶。侈口，圆唇，矮领，束颈，颈部以下残。颈部饰横向篮纹。口径20、残高2.8厘米（图4-908，5）。

标本G3：17，夹砂橙黄陶。侈口，方唇，口沿以下残。器表饰斜向篮纹。残高3、残宽4厘米（图4-908，6）。

标本G3：18，夹砂橙黄陶。侈口，圆唇，矮领，束颈，上腹斜，下腹残。颈部素面，上腹饰刻划纹，有烟炱。口径11.6、残高5厘米（图4-908，7）。

标本G3：19，夹砂红陶。侈口，尖唇，口沿以下残。器表饰横向篮纹。残高2.6、残宽4厘米（图4-908，8）。

标本G3：20，夹砂橙黄陶。侈口，尖唇，高领，微束颈，上腹圆弧，下腹残。颈部饰竖向篮纹，上腹饰麻点纹，有烟炱。口径14.4、残高6.6厘米（图4-908，9）。

标本G3：21，夹砂橙黄陶。侈口，圆唇，矮领，束颈，颈部以下残。颈部饰横向篮纹。残高4.6、残宽7.8厘米（图4-908，10）。

标本G3：22，泥质灰陶。敛口，平沿，方唇，圆腹，底残。唇面有一道凹槽，腹部饰横向线纹。口径34、残高24厘米（图4-908，11）。

标本G3：23，夹砂红陶。侈口，圆唇，矮领，束颈，颈部以下残。颈部饰横向篮纹。口径13.2、残高3.4厘米（图4-908，12）。

盆　5件。

标本G3：3，泥质灰陶。敞口，卷沿，圆唇，斜弧腹，底残。器表素面，内壁有刮抹痕迹。口径43.6、残高13厘米（图4-908，13）。

标本G3：6，泥质橙黄陶。敞口，方唇，斜弧腹，底残。腹部饰斜向篮纹。口径22.8、残高5厘米（图4-908，14）。

标本G3：9，泥质红陶。敞口，方唇，斜腹微弧，底残。口沿外侧有一周折棱，器表通体饰斜向篮纹，有烟炱。口径28.8、残高4厘米（图4-908，15）。

标本G3：10，泥质灰陶。敞口，厚圆唇，上腹弧，下腹残。沿下有一周凹槽，器表素面。口径23.8、残高7厘米（图4-908，16）。

标本G3：11，泥质灰陶。敞口，厚圆唇，上腹弧，下腹残。沿下有一周凹槽，器表素面。口径29.6、残高6.4厘米（图4-908，17）。

钵　5件。

标本G3：2，泥质橙黄陶。敛口，圆唇，弧腹，底残。器表素面。口径18.4、残高5.6厘米（图4-909，1）。

标本G3：13，泥质橙黄陶。侈口，圆唇，弧腹，底残。器表素面。口径18、残高3.6厘米（图4-909，2）。

标本G3：15，泥质红陶。侈口，圆唇，弧腹，底残。器表素面。口径18、残高3.8厘米（图4-909，3）。

标本G3：28，泥质橙黄陶。微敛口，圆唇，弧腹，底残。器表素面。口径19.2、残高5.2厘米（图4-909，4）。

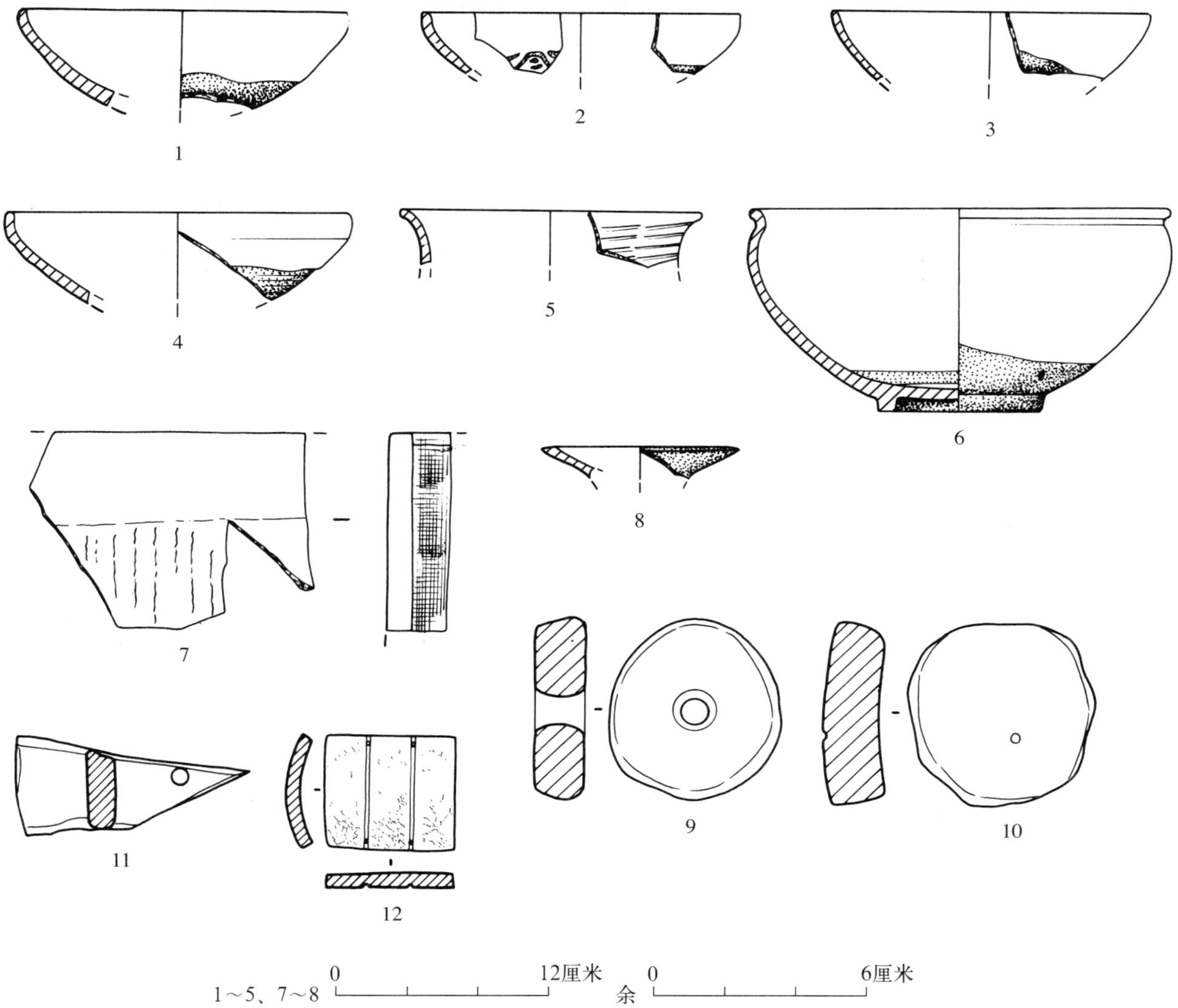

图4-909　G3出土遗物

1～5.钵G3：2、13、15、28、29　6.碗G3：7　7.方盘G3：16　8.器盖G3：8　9、10.陶纺轮G3：24、26　11.石器G3：25　12.骨钏G3：27

标本G3：29，泥质橙黄陶。敛口，圆唇，上腹弧，下腹残。器表素面，有刮抹痕迹。口径20、残高3厘米（图4-909，5）。

碗　1件。

标本G3：7，泥质灰陶。侈口，圆唇，圆弧腹，假圈足，器表素面。口径11.8、高6、底径4.6厘米（图4-909，6）。

方盘　1件。

标本G3：16，夹砂橙黄陶。一边直较规整，近边缘素面，中间饰绳纹。残长16、残宽11.4厘米（图4-909，7）。

器盖　1件。

标本G3：8，泥质红陶。斜直盖面，柄部残，器表素面，直径11.2、残高1.8厘米（图4-909，8）。

陶纺轮　2件。

标本G3：24，泥质灰陶。圆饼状，器表素面，中间有一钻孔，孔径0.8～1.2、器身直径4.9、厚1.4厘米（图4-909，9；彩版三〇六，1）。

标本G3：26，陶纺轮，泥质灰陶。系陶瓦残片打磨而成，圆饼状，器表素面，有一钻孔痕迹，内侧饰布纹。直径5.3、厚1.6厘米（图4-909，10；彩版三〇六，2）。

石器　1件。

标本G3：25，石英岩。三角形，表面磨制光滑，侧边切割痕迹明显，器身有一钻孔，孔径0.5、器身残长6.6、残宽2.9、厚0.8厘米（图4-909，11；彩版三〇六，3）。

骨钏　1件。

标本G3：27，乳白色，为骨钏的一部分，正方形，横截面呈桥拱状，表面有两道凹槽，连接两边四个对钻穿孔用于连接固定。长3.3、宽3.6、厚0.5厘米（图4-909，12；彩版三〇六，4～6）。

4. G4

G4位于ⅡT0901南部，部分压于T1001北隔梁内，大致东西方向，开口于第②层下（图4-910；彩版三〇五，2）。口大底小，平面呈长方形，口部边缘形态明显，底部边缘形态明显，剖面呈筒状，斜直壁，未见工具痕迹，底部较平整。口部东西长4.60、南北宽0.84～1.00、底部长4.43、深0.38米。沟内填土未分层，土色浅灰色，土质疏松，水平状堆积。

无出土遗物。

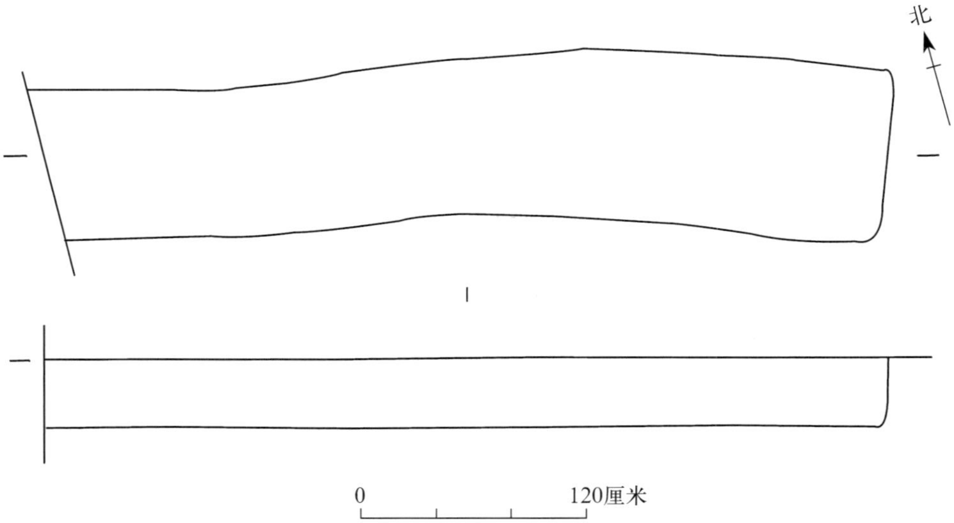

图4-910　G4平、剖面图

第五章　结语

宁夏南部地区龙山时代晚期遗存较为丰富，过去因考古材料的缺乏对该类遗存的认识存在一定局限。沙塘北塬遗址是一处文化内涵单纯的龙山时代晚期遗存，该遗址发掘出土的遗迹、遗物较为丰富，为研究宁夏南部地区龙山时代晚期遗存的性质、源流及与周邻地区考古学文化的关系等提供了重要的新资料。

一　文化特征

沙塘北塬遗址出土最多的器物标本为陶器，主要器形有圆腹罐、花边罐、盆、高领喇叭口罐、双耳罐、单耳罐、大口深腹罐、敛口罐、斝、器盖、豆、尊、杯、鸮面罐、刻槽盆、壶等。这些陶器分夹砂和泥质两类，陶色有橙黄、红、褐、灰、黑、白几种，除素面陶外，纹饰以篮纹、麻点纹、绳纹为主，还有少量的刻划纹、附加堆纹、戳印纹等。另外还出土少量的彩陶，主要为红衣黑彩或橙黄衣黑彩，由黑色条带勾画出不同的图案。

整体来看，沙塘北塬遗址出土陶器具有一定的特征。圆腹罐有夹砂和泥质两类，以夹砂陶占据绝大多数。夹砂圆腹罐器表基本上都有烟炱痕迹，应为炊器，小口，领部有高矮之分，器表纹饰手法有三种：一是领部素面而腹部饰麻点纹或绳纹；二是领部饰有篮纹而腹部饰麻点纹或绳纹，即篮纹分别与麻点纹或绳纹相组合使用；三是通体饰麻点纹或绳纹。泥质圆腹罐口部相对较大，深腹，器表除素面外只饰篮纹。盆绝大多数为泥质陶，敞口，斜直腹，平底，应为盛器，除素面外器表多饰篮纹。花边罐均为夹砂陶，器表都有烟炱痕迹，多是口沿外侧贴有一周附加泥条，泥条用手指捏压呈凹凸的花边状，有的除口沿外还在领部加一周附加泥条。双耳罐有夹砂和泥制陶两类，在颈部附有一对称双小耳。夹砂双耳罐制作粗糙，器形较大，陶胎较厚，多为圆腹，器表烟炱痕迹明显，除素面外纹饰有绳纹或麻点纹；泥质双耳罐制作较为精细，器形较小，陶胎较薄，器表抹光，多为扁鼓腹，素面。高领喇叭口罐均为泥制红陶，器形一般较为高大，高束领，口呈喇叭状，以圆肩为主，折肩较少，斜直腹，除了素面外，腹部大多饰有篮纹，篮纹装饰手法有竖向、横向、斜向、横竖相间及斜竖相间等几类。大口罐为大直口或大口微敛，以泥质为主，厚方唇，深腹微鼓，口沿外侧贴有一周很薄的泥条，通体饰细绳纹，也有少量饰麻点纹。单耳罐多为夹砂陶，也有少量的泥质，颈部附有一小单耳，腹部有圆腹、扁腹及斜直腹等，纹饰除了素面外有细绳纹、刻划纹等。刻槽盆口部带溜和不带溜两类，均为夹砂陶，敞口，斜直腹，器表饰有绳纹或麻点纹，器内壁饰有斜向、竖向及横竖交错的刻槽。斝分带耳和不带耳两类，均为夹砂。带耳斝为敛口多重唇，器形较瘦高，腹底较平，腹部饰有绳纹。无耳斝，侈口，腹部较圆润，素面，腹底为圜底。豆出土数量较少，豆盘较浅，豆柄较粗。敛口罐主要为夹砂陶，敛口，圆腹，纹饰以麻点和绳纹为主，口部应该有配套的器盖。尊出土数量较少，泥质红陶为主，大敞口或侈口，高领微束，鼓腹，素面为主，个别腹部饰有篮纹。

据统计，沙塘北塬遗址的夹砂陶占据绝大多数。陶色以橙黄陶最多，并占据绝对优势，其次红陶也有较多的数量，灰陶也有少量，褐陶、黑陶、白陶只有零星的发现。器形以圆腹罐最多，占据绝对优势，花边罐数量占据第三，二者合起来占所有器形的一半以上，这两种器形均为夹砂陶，陶色以橙黄为主，腹部基本上都有烟炱痕迹，为长期使用的炊器。陶盆的数量占据第二，器身有钻孔修复的痕迹，也为经常使用的实用器，应该用作盛器；高领喇叭口罐数量占据第四，器形高大，为储存器；二者均以泥质红陶为主，作为盛储器二者合起来也占很大的比例。单、双耳罐及其他器形所占的比例很小。纹饰方面，除素面外，纹饰以篮纹、麻点纹、绳纹三种为主，篮纹比麻点纹数量稍多，绳纹位居第三，篮纹分别与麻点纹和绳纹组合也占有一定数量，附加堆纹、刻划纹和戳印纹占的比例较少。

总的来看，沙塘北塬遗址夹砂陶制作相对较为粗糙，器表绝大多数有烟炱痕迹，应该是炊器，纹饰以麻点、绳纹、篮纹加麻点、篮纹加绳纹为主。泥质陶制作相对精细，有些器表进行了抹光处理显得十分光滑，器形较大的罐类应为储藏器，器形较小的盆类应为盛器。泥质陶除素面外纹饰以篮纹最多。夹砂陶中以圆腹罐最多，泥质陶中以盆最多，也说明炊器和盛器是沙塘北塬遗址最主要的生活实用器。另外还有一定数量的陶刀、陶拍、陶纺轮等生产工具。

二　文化性质

过去因发掘材料的匮乏，学界对宁夏南部地区龙山晚期遗存性质的判定存在着一定的误区，往往将其直接归入齐家文化。1986 年发掘的隆德页河子遗址是宁夏南部地区发掘较早的新石器遗址之一，其中出土的龙山晚期遗存的文化面貌与沙塘北塬遗址基本一致，但被认定为齐家文化[1]。2008 年发掘的固原柳沟遗址出土了一批龙山晚期遗存，其文化面貌和沙塘北塬遗址也一致，但被发掘者归属于齐家文化之中[2]。近年来有学者认识到宁夏南部龙山晚期遗存的文化性质有别于其他考古学文化遗存，陈小三认为以隆德页河子龙山晚期遗存为代表的一类遗存自身特征明显，并命名为“页河子类型”[3]。随着我们对沙塘北塬遗址系统的发掘和对出土材料的分析和解读，认为以沙塘北塬遗址为代表的一类遗存自身特征明显，应该是一种独立的考古学文化遗存。

从陶器上看，沙塘北塬遗址出土陶器主要有以下几个方面特征：一是器形整体较圆润、丰满，以圆肩、圆腹为主，很少见瘦高、折腹、折肩；二是纹饰以篮纹和麻点纹最多，绳纹占的比例较少，另外篮纹分别与麻点纹或绳纹相组合使用在夹砂陶器上的装饰有一定的特色；三是富有特色的花边罐大量出现；四是以平底器为主，不见圜底器，空三足器只有斝不见鬲；五是带耳罐

[1]　北京大学、固原博物馆：《宁夏隆德页河子遗址发掘报告》，《考古学研究（三）》，科学出版社，1997 年，第 158～195 页。

[2]　宁夏文物考古研究所：《宁夏固原柳沟遗址发掘简报》，《文博》2015 年第 6 期。

[3]　陈小三：《河西走廊及邻近地区早期青铜时代文化研究》，吉林大学博士学位论文。

耳部较小，没有大耳罐。沙塘北塬遗址陶器的特征具有一定的独特性，明显区别于其他考古学文化的陶器，尤其是与齐家文化区别较为明显。

典型的齐家文化遗址有甘肃武威皇娘娘台[1]、永靖大何庄[2]、秦魏家墓地[3]等，从这些遗址出土的陶器来看，陶器组合有侈口罐、折腹罐、双大耳罐、高领双耳罐、双耳折肩罐、单耳罐、双小耳罐、盆、豆、鬲、圜底罐等。齐家文化陶器器形整体都显得比较瘦高，流行高领、折肩、折腹，带耳器流行大耳等特征。纹饰以绳纹为主，也有一定量的篮纹，麻点纹很少，也有少量的花边装饰。空三足器以鬲为主，不见斝，还有一定数量的圜底器。彩陶纹饰主要以菱形方格纹和折角波纹为主。由此可见，齐家文化的陶器特征和装饰风格与沙塘北塬遗址有较大的区别。

因此，沙塘北塬遗址出土遗存和齐家文化有很大的区别，二者是两种年代有别、性质不同的考古学文化遗存，不能将二者混为一谈。由于沙塘北塬遗址出土遗存具有一定的代表性，主要分布于宁夏南部的六盘山（陇山）地区，而且自身特征明显，为了与其他考古学文化进行区别，我们将以沙塘北塬遗址为代表的一类遗存暂时命名为“沙塘北塬类型”。

关于沙塘北塬遗址出土遗存的绝对年代，经对出土的部分植物遗存进行碳-14测年，年代大致为2200BC～1900BC[4]。从年代上看，沙塘北塬遗址出土遗存早于河西走廊地区的齐家文化，晚于宁夏南部地区的菜园文化，大致与关中地区龙山晚期阶段的客省庄文化年代相当。

三　聚落形态

宁夏南部地区龙山时期遗存的分布虽然较为丰富，但正式发掘的遗址只有零星几处，而且早年发掘的规模较小，使我们对该地区龙山时期的聚落形态的认识不清。沙塘北塬遗址系统的发掘，使我们对宁夏南部地区龙山晚期阶段的聚落形态有了进一步的认识。沙塘北塬遗址面积约6万平方米，发掘面积约2400平方米，但清理的遗迹较为丰富，主要有房址、灰坑、墓葬、陶窑等，对这些遗迹的功能、结构、布局及相互关系等进行探讨，为我们认识沙塘北塬遗址的聚落布局形态及内部结构具有一定的意义。

（一）房址

沙塘北塬遗址发掘清理房址分半地穴式、窑洞式和窖穴式三类。

1. 半地穴式房址

平面多为“凸”字形，均在生土上修建而成，居室为圆角长方形，面积均在10平方米以下，凸出部分为门道，居室正中设有一圆形的灶坑。有的房址除居室中间圆形灶坑外还在墙壁底部设有一“立式灶”，“立式灶”烟道通向地表。房屋中间的圆形灶坑烧结面较厚，应该是长期使用形

[1] 甘肃省博物馆：《甘肃武威皇娘娘台遗址发掘报告》，《考古学报》1960年第2期。

[2] 中国科学院考古研究所甘青工作队：《甘肃永靖大何庄遗址发掘报告》，《考古学报》1974年第2期。

[3] 中国科学院考古研究所甘青工作队：《甘肃永靖大何庄遗址发掘报告》，《考古学报》1974年第2期。

[4] 北京大学测年中心提供测年数据。

成，其功能应该是用于烧水、煮饭、烧烤肉类及取暖等。“立式灶”形制较小，壁面烧结面较薄，说明用火功率较小，其功能应该是储存火种之用，火种需要长期存放，烟囱用于排烟。居住面铺设有白灰皮，白灰皮厚约0.5～1厘米，有的墙壁底部有白灰涂抹的墙裙，墙裙高30～40厘米。居室内也有零星的柱洞分布，一般在灶坑周围分布有1～2个柱洞，有的房址墙壁外围有一周柱洞，顶部情况不详。半地穴式房址居住面大多数都经过1～3次的加工修整，说明使用时间较长。

2. 窑洞式房址

目前只发现1座，在生土上掏挖而成，形制相对完整，由洞室、过洞、过道、门前场所构成。洞室平面呈不规整的椭圆形，剖面斜壁袋状，底部平整，南北长4.4、东西宽4米，面积约17.4平方米。洞室由居住面、墙壁、顶部、室内设施几部分组成。洞室顶部已遭到破坏，从残存的弧度判断应为穹隆顶。居住面为有一层厚约2厘米的黑垆土硬面，表面坚硬光滑，局部黑垆土表面还铺设有一层厚0.5厘米的白灰皮，靠近墙壁周围有用火痕迹。居住面没有设立平面灶坑，在洞室西壁靠南部处设有一立式灶，规模较小，烟道呈“八”字形向两边外扩后向上延伸，因顶部残缺无法判断是否通向地表。居住面有柱洞3处，分布于居住面的中间部位，柱窝明显，柱窝周围填有坚硬的黑垆土。另外还有4个小坑分布于洞室东、西、南、北四处。门洞位于洞室南端，平面呈“n”形，洞顶呈拱形，周围涂抹有草拌泥。过道位于门洞南侧，北窄南宽呈喇叭状，两侧墙壁用土夯筑而成，壁面规整光滑，过道中部有一凸起的土棱，应该是用于挡水，防止雨水进入窑洞内。过道南侧为窑洞门前活动场所，底部较平坦，因没有清理完毕具体范围不详。

3. 窖穴式房址

零星发现几座，在生土上建造而成，居室为一袋状坑，坑底居住面为一层黑垆土硬面，中间有一柱洞，一侧壁面设有一立式灶，另一侧为一斜坡式门道，顶部情况不详，面积在10平方米以下。

整体来看，沙塘北塬遗址房址形式多样，体现当时人类因地制宜地利用自然条件建设居住场所的智慧。从平面布局来看，半地穴式房址多以2～3个一组分布，门道方向一致，似乎有一定的规划。大多数房址门道方向朝南、少量房址门道方向朝东或朝西。窖穴式房址没有明显的分布规律，零散地分布于遗址内。窑洞式房址虽然只发现1座，从位置来看地处整个遗址的中心区，而且是发现面积最大的一座，应该不是一般的普通居住场所，可能是聚落内部从事祭祀活动或集体议事场所。

（二）灰坑

灰坑是沙塘北塬遗址清理最多的遗迹，主要有袋状、筒状、圜底状、不规则状等几类，这些灰坑密集的分布于遗址内。其中袋状灰坑比较有特色，口大底小，加工较为规整，形制有大有小。大的袋状灰坑口部直径一般2米以上，底径在3米以上，深2～3米。小的袋状灰坑口部直径在1米左右，底径在2米左右，深1～2米。有的袋状坑底部还分布有多个小的袋状坑，形成坑套坑的子母坑。从分布位置来看，这些袋状灰坑主要分布于房址周围，应该是当时居民用于储藏物品的窖穴，有的房址内也设有小型的袋状窖穴。另外发现有大型灰坑，剖面呈筒状，口部直径10米左右。这种超级大灰坑的堆积内包含的遗物较少，底部为淤土堆积，应该是被水长期浸泡形成的，由此推测这种超级大坑可能是用于储存水的蓄水池。由于沙塘北塬遗址南距渝河约800米，水源地相对较远，建造蓄水池对当时聚落内部生产生活用水提供便利。其他形制的灰坑分布较多，形制有大有小，形状也比较多样化，应该是当时人类从事生产活动而形成的，而且相互叠压打破关系较为复杂，证明当时居民在这里长期生活。

（三）墓葬

墓葬也是聚落组成的重要部分，沙塘北塬遗址共发现11座竖穴土坑墓和2座灰坑葬。竖穴土坑墓有单人葬和合葬墓两类，葬式有仰身直肢、侧身屈肢、俯身屈肢几种，均不见随葬陶器、石器或玉器等现象，只有一座墓内发现随葬有动物骨骼及滑石制成的串饰，也没有发现葬具。一个灰坑内发现有凌乱的人骨，应该是非正常死亡埋葬。另一个灰坑内随葬有3具儿童，儿童尸骨排放整齐。从墓葬的分布情况来看没有发现集中分布的墓地，只有小范围和零星分布在遗址区内，没有和居住区完全分开。小范围集中分布的墓葬也没有规划布局，没有成排或有规律的分布，方向也没有完全统一。

从葬俗上来看，沙塘北塬遗址与齐家文化有比较大的区别。沙塘北塬遗址发现的墓葬较少，没有发现专门的墓地，均为竖穴土坑墓，有单人葬和合葬墓两类，葬式有仰身直肢、侧身屈肢、俯身屈肢几种，均不见随葬陶器、石器或玉器等现象，只有一座墓内发现随葬有动物骨骼及滑石制成的串饰。由此可以看出沙塘北塬的先民们对逝者的安葬方式是比较简单的，流行薄葬。齐家文化墓葬比较丰富，发现有规模较大的墓地，一般经过一定的规划成排分布，以竖穴土坑墓为主，有单人葬和合葬两种。葬式也较为丰富，单人墓有仰身直肢、侧身直肢、屈肢、俯身等几类。合葬墓有仰身直肢与屈肢合葬、侧身直肢与屈肢合葬、俯身与侧身合葬等。墓葬绝大多数都有随葬品，一般随葬有陶器、石器、骨器、玉器等。不同的葬俗也代表着不同文化或不同群体对逝者安葬习俗的不同，齐家文化和沙塘北塬遗址葬俗的巨大差别反映出二者文化性质的不同。

（四）陶窑

沙塘北塬遗址目前共发现5座陶窑，陶窑的形制不大，带有操作坑，而且破坏较为严重，具体形制不详。从分布位置来看，有3座一组和2座一组的相对集中分布，可能为两个小型的制陶作坊区。陶窑距离房址、水池、窖穴等遗迹较近，这对从事生产陶器活动具有十分便利的条件，但遗址内暂未发现储泥池、陶坯制作区等遗迹。从发掘面积来看，陶窑分布密度也相对较大，虽然陶窑规模较小，但其生产的陶器完全满足本聚落的消费，应该是自给自足的生产模式。

总体来看，沙塘北塬遗址聚落功能较为完善，但没有严格的统一规划。居住区、生产区和墓葬区没有完全分开，基本上都在居住区内分布。生活区相关配套设施较为齐全，有储藏物品的窖穴、储存水的水池等。生产区规模相对较少，除了陶窑再没有发现完整的生产工序链遗迹，应该是自给自足的生产模式。大型的墓葬区没有形成，但有小范围集中分布情况，出现了可能是以家族为单位的小型墓地。

四　与其他考古学文化的关系

“沙塘北塬类型”主要分布于宁夏南部六盘山（陇山）地区，其与宁夏南部菜园文化、河西走廊地区的齐家文化及关中地区的客省庄文化存在着一定的关系，搞清“沙塘北塬类型”与这几种考古学文化的关系，对我们认识“沙塘北塬类型”的源流及互动交流具有重要意义。

（一）与菜园文化的关系

菜园文化是以宁夏海原菜园村遗址群的发掘而命名的[1]，属于龙山早期阶段，主要分布于宁夏南部地区，年代上早于“沙塘北塬类型”，从陶器特征来看其与“沙塘北塬类型”关系密切。

菜园文化陶器组合主要有圆腹罐、花边罐、单耳罐、双耳罐、高领罐、折腹盆、刻槽盆、敞口盆、弇口罐等，这些器形基本上与“沙塘北塬类型”的同类陶器具有一定的相似性。菜园文化的圆腹罐可分小口圆腹罐和大口圆腹罐两类，小口圆腹罐所占比例较多，基本上全是夹砂陶，小口微侈，圆胖腹，平底，除素面外器表多饰斜向篮纹，也有饰交错刻划纹，大口圆腹罐体型较肥大，大侈口，扁圆腹，平底，除素面外器表多饰斜向篮纹；“沙塘北塬类型”的圆腹罐除了器表纹饰与之不同外，器形基本上与之相似。菜园文化的花边罐器形及纹饰基本上与小口圆腹罐一致，不同的是在领部或肩部装饰一周附加泥条作为花边装饰，这与“沙塘北塬类型”的花边罐特征基本相似。菜园文化的单耳罐所占比例也较多，有夹砂和泥质两类，器形有大有小，夹砂单耳罐多为圆胖腹，制作工艺较为粗糙，除素面外，纹饰主要有斜向篮纹、刻划纹及附加堆纹等；泥质单耳罐器表较光滑规整，陶胎也相对较薄，一般为高领扁鼓腹，以素面为主，多在肩部饰一周戳印纹；“沙塘北塬类型”的单耳罐数量相对较少，但也分夹砂和泥质两类，夹砂刻划纹单耳罐与菜园文化夹砂刻划纹单耳罐很接近，泥质素面单耳罐的造型风格也与菜园文化同类器基本一致。菜园文化的双耳罐有泥质和夹砂两种，泥质双耳罐均为素面，陶胎较薄，器表磨光，扁鼓腹，高领，与“沙塘北塬类型”泥质双罐十分接近。夹砂双耳罐除了器表纹饰的不同外，二者的造型也很相似。菜园文化的刻槽盆为大敞口，斜直腹，平底，有的口部带流，内壁刻有竖向或纵横交错的刻槽，器表除素面外多饰有斜向篮纹或多周附加泥条；除器表纹饰不同外，与“沙塘北塬类型”的刻槽盆几乎一致。菜园文化的高领罐有夹砂和泥质两类，高领喇叭口，扁圆胖腹，腹部多饰斜向篮纹，有的腹部饰对称的双耳，有的还在颈部饰单耳，“沙塘北塬类型”的高领喇叭口罐除了不带耳外，其器形和纹饰与菜园文化高领罐非常相似。菜园文化的敞口盆在纹饰及器形上与“沙塘北塬类型”的盆也较为相似。菜园文化的折腹盆以泥质素面为主，多为侈口，束颈，折腹，“沙塘北塬类型”的尊与之较为相似，应该是从菜园文化的折腹盆发展而来。弇口罐为菜园文化中较为特殊的器形，为敛口，肩部或腹部饰有对称的双錾或圆纽，口部应该配套与器盖，这与“沙塘北塬类型”的敛口罐较为接近。从以上这些主要陶器器形来看，“沙塘北塬类型”的同类器都能找到菜园文化的影子，说明“沙塘北塬类型”继承了菜园文化的风格。从陶器整体造型风格来看，

[1]　宁夏文物考古研究所、中国历史博物馆考古部：《宁夏菜园——新石器时代遗址、墓葬发掘报告》，科学出版社，2001 年。

菜园文化的陶器较肥硕，大多数罐类的腹部比较扁圆，底部较小，整体显得矮胖，“沙塘北塬类型”的罐类陶器也整体较为丰满，也继承了菜园文化的风格。因此，“沙塘北塬类型”在发展过程中更多的继承了菜园文化的一些特征，应该是从菜园文化中发展而来的一支考古学文化。

虽然“沙塘北塬类型”继承了菜园文化的一些特征，但并不是完全照搬，在发展中形成了自身的一些特征。沙塘北塬类型的大口深腹罐、斝等器形在菜园文化中较为少见。在纹饰上，“沙塘北塬类型”陶器流行麻点纹、绳纹，篮纹在泥质陶上普遍使用，夹砂陶器上只在领部与麻点纹或绳纹组合使用。菜园文化主要陶器不管是夹砂还是泥质都以篮纹为主，刻划纹和附加堆纹也比“沙塘北塬类型”发达。另外菜园文化的彩陶也十分流行，纹饰图案较为丰富，沙塘北塬类型彩陶数量极少，彩绘图案较为简单。陶器造型上，菜园文化多扁圆腹或扁鼓腹，器形矮胖，北塬类型陶器多圆腹，器形更圆润丰满。

（二）与齐家文化的关系

齐家文化是分布于河西走廊地区的一支重要的考古学文化，代表性遗址有甘肃武威皇娘娘台遗址、永靖大何庄遗址、永靖秦魏家墓地、青海柳湾遗址等，主要陶器组合有侈口罐、单耳罐、双耳罐、高领折肩罐、高领折腹罐、盆、豆等。从年代上看，“沙塘北塬类型”早于齐家文化。虽然齐家文化和“沙塘北塬类型”存在着较大的区别，但在齐家文化中也能找到“沙塘北塬类型”的影子。

齐家文化的陶色以红陶或橙黄陶为主，陶器纹饰主要有绳纹、篮纹为主，也有少量的麻点纹，这基本上与“沙塘北塬类型”主要纹饰一致，只是各自所占的比例不一致。从陶器器形来看，齐家文化的部分陶器有“沙塘北塬类型”的因素。如齐家文化的侈口罐器身虽然显得较瘦高，但总体与“沙塘北塬类型”的圆腹罐有一定的相似性；还有花边罐也与“沙塘北塬类型”的花边罐较为接近。齐家文化的单耳罐与“沙塘北塬类型”的同类单耳罐较为接近，只是齐家文化的器形较瘦；齐家文化的双耳罐虽然以双大耳为主，高领折腹，但“沙塘北塬类型”的同类双耳罐领部也较高，扁鼓腹，应是齐家文化双大耳罐的初形。齐家文化的高领折肩罐与“沙塘北塬类型”的高领喇叭口罐有一定的相似性。还有齐家文化的盆、刻槽盆与“沙塘北塬类型”的盆、刻槽盆非常接近。

总的来看，齐家文化与“沙塘北塬类型”关系密切，齐家文化的主要陶器继承了“沙塘北塬类型”的因素，侈口罐、小单耳罐、小双耳罐、高领折肩罐、盆、刻槽盆等器形都是从“沙塘北塬类型”同类器形中发展演变而来。齐家文化在继承“沙塘北塬遗址”的部分因素外，在发展中也融入了自身的特征，如器形瘦高，流行高领、折肩、大耳等特征。

从“沙塘北塬类型”与菜园文化和齐家文化三者的关系来看，“沙塘北塬类型”是介于菜园文化和齐家文化之间的一种考古学文化遗存，来源于菜园文化，最后向西发展演变成齐家文化。

（三）与客省庄文化的关系

“沙塘北塬类型”在发展中并不是孤立的，与东部的客省庄文化存在着一定的交流互动，这种交流互动主要表现在陶器上。“沙塘北塬类型”的灰陶和黑陶是客省庄文化影响的产物，空三足器斝是来自客省庄文化的因素。客省庄文化陶器中也能见到沙塘北塬类型陶器的因素，如单耳罐、双耳罐、圆腹罐、高领罐等均是来自“沙塘北塬类型”的因素。总体来看，“沙塘北塬类型”对客省庄文化的影响较大，客省庄文化对沙塘北塬类型的影响较小。

本报告主要全面客观的公布沙塘北塬遗址发掘资料，相关深入研究将在《隆德沙塘北塬遗址综合研究》一书中详细呈现。

附表一　沙塘北塬遗址房址登记表

<table>
<tr><th rowspan="2">编号</th><th rowspan="2">位置</th><th rowspan="2">开口层位</th><th rowspan="2">打破关系</th><th rowspan="2">形状</th><th colspan="3">尺寸（米）</th><th rowspan="2">出土器物</th></tr>
<tr><th>长</th><th>宽</th><th>深</th></tr>
<tr><td rowspan="4">F1</td><td rowspan="4">Ⅲ T0102</td><td rowspan="4">④</td><td rowspan="4">④→H14、H26→F1</td><td rowspan="4">圆角“凸”字形</td><td>①层 4.06</td><td>3</td><td rowspan="4">0.46</td><td rowspan="4">圆腹罐、双耳罐、盆、花边罐、鸮面罐、骨器</td></tr>
<tr><td>②层 3.9</td><td>2.84</td></tr>
<tr><td>③层 3.8</td><td>2.80</td></tr>
<tr><td>④层 3.65</td><td>3.06</td></tr>
<tr><td>F2</td><td>Ⅲ T0101</td><td>④</td><td>④→F2</td><td>“凸”字形</td><td>3.14</td><td>2.84</td><td>0.34</td><td>圆腹罐、鸮面罐、骨锥、石器、石刀、獠牙</td></tr>
<tr><td>F3</td><td>Ⅲ T0504 北部</td><td>③</td><td>③→F3</td><td>圆角“凸”字形</td><td>3.7</td><td>2.2～2.9</td><td>0.36～0.58</td><td>盆、石刀、石凿、蚌饰、石器</td></tr>
<tr><td>F4</td><td>Ⅲ T0102</td><td>④</td><td>④→F4</td><td>近长方形</td><td>3.4</td><td>0.58～2</td><td></td><td>圆腹罐</td></tr>
<tr><td>F5</td><td>Ⅲ T0503 西南部</td><td>③</td><td>③→H7、H17→F5</td><td>圆角“凸”字形</td><td>3.7</td><td>3.04</td><td>0.2</td><td>圆腹罐、石刀、骨器</td></tr>
<tr><td>F6</td><td>Ⅲ T0504 北部</td><td>③</td><td>③→F6</td><td>圆角“凸”字形</td><td>2.94</td><td>2.55</td><td>0.52</td><td></td></tr>
<tr><td>F7</td><td>Ⅲ T0602、Ⅲ T0702</td><td>③</td><td>③→F7</td><td>近椭圆形</td><td>2.72</td><td>2.33</td><td>2.1</td><td>圆腹罐、花边罐、高领罐、大口罐、单耳罐、双耳罐、敛口罐、鸮面罐、双鋬罐、盆、豆、钵、壶、斝、瓶、盘、陶纺轮、骨针、骨锥、蚌饰、石器、罐腹底、彩陶片</td></tr>
<tr><td rowspan="2">F8</td><td rowspan="2">Ⅱ T0708、T0808、T0908、T0807、T0907</td><td rowspan="2">⑤</td><td rowspan="2">⑤→F8（前院被H230、H233 打破）</td><td rowspan="2">圆角“凸”字形</td><td>居室 3.16</td><td>2.82</td><td>1.44</td><td rowspan="2">盆、圆腹罐、高领罐、大口罐、斝、陶拍、器盖、石器、骨匕、骨锥、陶罐</td></tr>
<tr><td>前院 7.5</td><td>7.3</td><td>0.2～1.36</td></tr>
<tr><td>F9</td><td>Ⅱ T1102、T1202、T1103、T1203</td><td>②</td><td>②→F9</td><td>圆角长方形</td><td>4.35</td><td>2.8～3.2</td><td>0.28～0.32</td><td>花边罐、圆腹罐</td></tr>
<tr><td>F10</td><td>Ⅲ T0905、T1004、T1005</td><td>③</td><td>③→F10</td><td>圆角长方形</td><td>3.4～3.6</td><td>2.8</td><td>0.45～0.52</td><td>高领罐、圆腹罐、花边罐、罐腹底</td></tr>
</table>

续表

编号	位置	开口层位	打破关系	形状	尺寸（米）			出土器物
					长	宽	深	
F11	Ⅲ T0905、T1004、T1005	③	③→F10→F11	圆角“凸”字形	3.5	2.9	0.52	
F12	Ⅲ T1204、T1304	⑦	⑦→H217→F12	圆角“凸”字形	3.24	2.46	0.05～0.07	花边罐、单耳罐、石斧、刮削器、骨针、骨镞
F13	Ⅲ T1102 东部	④	H151、H177、H134、H186、H197、H107、H128→F13	不规则形	3.28	2.1	0.88	高领罐、圆腹罐、花边罐、盆、双耳罐、罐腹底
F14	Ⅱ T1101 西部、Ⅲ T1101 东部	④	④→H153、H210→F14	圆形	2.7	2.65	1.98	高领罐、圆腹罐、大口罐、器盖、盆、斝、钵、石刀、石斧、骨锥
F15	Ⅲ T1205、T1206、T1305、T1306	⑤	⑤→F15（门前被③下H187打破）	圆角“凸”字形	3.6	2.4	0.27～0.5	盆、单耳罐、圆腹罐、豆
F16	Ⅱ T0908	⑤	⑤→F8F16	圆角长方形	5.1	4.15	1.7	盆、单耳罐、双耳罐、圆腹罐、花边罐、高领罐、敛口罐、豆、斝、尊、陶杯、陶刀、石凿、石刀、石斧、刮削器、骨钏、骨饰、陶罐
F18	Ⅲ T1305、T1306	⑤	⑤→F15⇒F18（被③下H187打破）	圆角“凸”字形	2.1	2.05	0.8～1.6	石刀、石凿
F19	Ⅲ T1304	⑦	H235、H239、H217⇒F19	圆角长方形	3.2	2.88	0.09～1.9	高领罐、双耳罐、圆腹罐、陶罐
F21	Ⅱ T0904、T0905	⑤	⑤→F21	“凸”字形	3.65	3.4	0.82～0.86	双耳罐、花边罐、高领罐、圆腹罐、盆、大口罐、钵、石刀
F23	Ⅱ T0903	④	④→H255→F23	圆角长方形	4.93	3.4	0.5～0.72	圆腹罐、盆、陶刀、石刀、石器
F24	Ⅱ T1007 西南部	⑤	⑤→F24	“凸”字形	3.2～3.9	2.68～3.1	0.87～1	花边罐、高领罐、单耳罐、双耳罐、大口罐、斝足、圆腹罐、器纽、盆、陶刀、石镞、石刀、石锛、石料、磨石

续表

编号	位置	开口层位	打破关系	形状	尺寸（米）			出土器物
					长	宽	深	
F25	Ⅱ T1106 南部	④	④→H321→F25	“凸”字形	4.3	2.1～2.8	0.64～1.08	花边罐、盆、圆腹罐、高领罐、大口罐、尊、斝、蚌器、石料、石杵
F26	Ⅱ T0704 北部	⑤	H339、H344→F26	近圆“凸”字形	4.72	3.28	0.54	圆腹罐、陶拍、玉料
F27	Ⅲ T2715、T2716、T2815、T2816	②	②→F27	近“凸”字形	3.92	2.8	0.05～0.18	石刀、石器
F28	Ⅲ T2817 西侧	④	④→F28	近弧三角形	2.75	2.56	0.4～0.44	圆腹罐、盆
F29	Ⅲ T2815 东北角	②	②→M10→F29	圆角“凸”字形	2.6	2.6	0.4	
F30	Ⅱ T1205 东北角	④	④→H327→F30	近圆角“凸”字形	3.1	2.6	0.6	高领罐、圆腹罐
F31	Ⅱ T1004 东北角	④	④→F31（被②下 G3 打破）	近椭圆形	3.32	3.3	2.04	高领罐、圆腹罐、单耳罐、双耳罐、大口罐、花边罐、刻槽盆、石刀、磨石
F32	Ⅱ T1205 东北角	⑤	⑤→F32	不规则形	3.66	2.46	0.34	圆腹罐

附表二 沙塘北塬遗址灰坑登记表

编号	位置	开口层位	打破关系	形状	尺寸（米）			出土器物
					长	宽	深	
H1	Ⅲ T0101 东部	④	④→H1	近椭圆形	0.95	0.68	0.44～0.48	
H2	Ⅲ T0101 东北角	④	④→H2	近长方形	1.7	0.94～1.2	0.26	
H3	Ⅲ T0101 东南角	④	④→H3	近椭圆形	0.96	0.48	0.5	
H4	Ⅲ T0101 东北角	④	④→H2→H4	不规则形	1.24	1.12	0.27	
H5	Ⅲ T0201 东偏北	④	④→H5	近圆形	1.7	1.3	1.2	圆腹罐、花边罐

续表

编号	位置	开口层位	打破关系	形状	尺寸（米）			出土器物
					长	宽	深	
H6	Ⅲ T0504 东南角	②	②→H6	近椭圆形	0.8	0.62～0.68	0.24～0.28	圆腹罐
H7	Ⅲ T0604 北隔梁下	②	②→H7	不规则形	0.96	0.6～0.66	0.42	双耳罐、石凿
H8	Ⅲ T0505 中偏南	②	②→H8	近椭圆形	2.38	1.84	0.66～0.75	单耳罐、花边罐、高领罐
H9	Ⅲ T0201 东南角	④	④→H5→H9	近椭圆形	0.7	0.66	0.42	
H10	Ⅲ T0605 中偏西	②	②→H10	近椭圆形	1.64	1.36	1.4	双耳罐、高领罐、圆腹罐、斝足、花边罐、石刀
H11	Ⅲ T0604 东部	②	②→H11	近梯形	1.2	0.68～0.98	0.35	敛口罐
H12	Ⅲ T0605 西部	③	③→H12	椭圆形	1.68	0.9	0.46	花边罐
H13	Ⅲ T0605 北部	③	③→H13	近椭圆形	1.14	0.38	0.54～0.58	磨石
H14	Ⅲ T0102 中部	③	③→H14	不规则椭圆形	0.84	0.54	0.5	
H15	Ⅲ T0605 西南角	③	③→H15	椭圆形	1.5	1.32	0.38～0.68	圆腹罐
H16	Ⅲ T0605 西南角	③	③→H15→H16	近椭圆形	1.70	0.90	0.52	
H17	Ⅲ T0603 西部	②	②→H17	椭圆形	2.32	2.18	0.92	盆、圆腹罐
H18	Ⅲ T0605 西南部	③	③→H15→H16→H18（H15、H16 同时打破 H18）	近圆角方形	0.84～0.94	0.82～0.96	0.42	圆腹罐、器耳
H19	Ⅲ T0603 南部	②	②→H19	圆形	1.08	1.03	0.32	斝
H20	Ⅲ T0605 东南角	④	④→H68、H55→H20	近圆形	1.91	1.84	2.6	圆腹罐、石刀

续表

编号	位置	开口层位	打破关系	形状	尺寸（米）			出土器物
					长	宽	深	
H21	Ⅲ T0605 东部	③	③→H21	椭圆形	1.26	1.1	0.78～1	圆腹罐
H22	Ⅲ T0605 北部	③	③→H13→H22	近椭圆形	1.26	0.76	0.2	花边罐、陶纺轮
H23	Ⅲ T0602 西部	③	③→H23	近椭圆形	1.12	1	0.2	
H25	Ⅲ T0605 南部	④	④→H31、H40→H25	近圆形	2.5	2.1	1.3	圆腹罐、大口罐、盆、高领罐
H26	Ⅲ T0102 南部	③	③→H26	近椭圆形	1.7	1.36	1.76	高领罐、花边罐、单耳罐、骨锥
H27	Ⅲ T0605 中偏南	④	④→H10→H27	近椭圆形	1.6	1.35	1.14～1.3	圆腹罐、盆、高领罐、磨石、骨镞
H28	Ⅲ T0602 东南部	②	②→H28	近圆形	1.08	0.7	0.3	
H29	Ⅲ T0602 西南部	②	②→H29	椭圆形	1.9	1.4	1	圆腹罐、石刀
H30	Ⅲ T0505 南部	④	④→H30	近圆形	2.51	2.44	0.84	盆
H31	Ⅲ T0705 西北部	③	③→H31	椭圆形	1.4	1.24	1.38～1.46	器盖、花边罐、圆腹罐、高领罐、双耳罐、鋬耳
H32	Ⅲ T0505 南偏西	④	④→H32	近椭圆形	1.84	0.6	0.6～0.76	高领罐、花边罐
H33	Ⅲ T0605 西北部	④	④→H33（被②下 H10 打破）	近椭圆形	2.42	2.36	0.66	圆腹罐、大口罐、双耳罐、高领罐
H34	Ⅲ T0704 中偏东	⑤	⑤→H34	近椭圆形	2.16	1.2	0.06～0.7	石刀
H35	Ⅲ T0605 西北角	④	④→H33⇒H35	椭圆形	1.76	1.6	0.9	圆腹罐、花边罐、斝、高领罐
H36	Ⅲ T0505 西北部	④	④→H36	近椭圆形	2	0.7	1.64～1.72	圆腹罐、双耳罐、高领罐、盆、骨锥

续表

编号	位置	开口层位	打破关系	形状	尺寸（米）			出土器物
					长	宽	深	
H38	Ⅲ T0602 东北角	④	④→H38	近椭圆形	1.06	0.88	0.4	高领罐
H39	Ⅲ T0505 南部	④	④→H32、H30→H39	不规则形	1.23	0.6	0.92	器盖
H40	Ⅲ T0705 西北角	④	④→H31→H40	近椭圆形	1.8	0.56	1.08	高领罐、盆
H41	Ⅲ T0201 东南角	⑤	⑤→H41	近椭圆形	1.5	1.44	2.5～2.82	圆腹罐、盆、花边罐、器盖、单耳罐、高领罐，石器、石刀
H42	Ⅲ T0201 东南角	⑤	⑤→H42	近圆形	0.6	0.56	0.26	
H43	Ⅲ T0202 北部	④	④→H43	圆形	1.6	1.5	2.04	高领罐、陶拍、单耳罐、花边罐、盆、双耳罐、斝、圆腹罐、陶钵、大口罐、骨锥、骨器、骨针、陶纺轮、豆盘、石凿、石刀、石纺轮、石矛、罐腹底
H44	Ⅲ T0202 南部	⑥	⑥→H44	近椭圆形	3.16	2	0.6～0.8	双耳罐、圆腹罐、花边罐、高领罐、盆、单耳罐、斝、大口罐、敛口罐、彩陶罐、石器、罐腹底
H45	Ⅲ T0202 西部	⑥	⑥→H45	近椭圆形	1.4	0.14	0.6～0.8	圆腹罐
H46	Ⅲ T0202 西部	⑥	⑥→H45→H46	近椭圆形	1.9	1	2.3～2.38	高领罐、大口罐
H47	Ⅲ T0202 西南角	⑥	⑥→H44→H47	不规则形	1.3	1.06	0.26～0.7	花边罐、盆
H48	Ⅲ T0505 西部	④	④→H30、H39、H32→H48	近椭圆形	2.64	2.36	1.93	尊、盆、花边罐、圆腹罐
H49	Ⅲ T0505 中部偏东	④	④→H48→H49	近圆形	0.96	0.88	0.9	盆、圆腹罐、高领罐、花边罐、单耳罐
H50	Ⅲ T0604 西北	②	②→H50	椭圆形	0.86	0.75	0.56	骨器

续表

编号	位置	开口层位	打破关系	形状	尺寸（米）			出土器物
					长	宽	深	
H51	Ⅲ T0704 中部	①	①→H51	近椭圆形	1.2	0.5	0.8	
H52	Ⅲ T0605 南部	④	④→H27、H25→H52	近圆形	1.4	0.9	1.25	圆腹罐
H53	Ⅲ T0605 西南	④	④→H33→H53	近椭圆形	1.2	0.56	0.4	花边罐、高领罐、圆腹罐
H54	Ⅲ T0604 西南角	③	③→H54	椭圆形	1.56	1.2	0.6～0.65	盆、花边罐
H55	Ⅲ T0604 西南角、T0605、T0704、T0705 内	③	③→H54、H51→H55	近椭圆形	4.25	2.85	0.58	花边罐、单耳罐、圆腹罐、斝、盆、双耳罐、石纺轮
H56	Ⅲ T0703 东北角	②	②→H56	椭圆形	0.96	0.8	0.62	
H57	Ⅲ T0604 东南角	⑤	⑤→H57	椭圆形	1.34	1.26	0.84～1.06	斝、圆腹罐、盆、骨锥
H58	Ⅲ T0702 西部、大部分延伸至Ⅲ T0703 内	③	③→H56→H58	近椭圆形	2.56	1.54	1.16	大口罐、圆腹罐、花边罐、骨器、兽骨
H59	Ⅲ T0202 西北角	⑥	④→H43→H59	不规则形	1.3	1.06	0.82	单耳罐、敛口罐、花边罐、骨锥
H60	Ⅲ T0705 西北	④	④→H40→H60	近椭圆形	0.98	0.34	0.32～0.4	
H61	Ⅲ T0705 北部	④	④→H25、H31→H61	近椭圆形	1.14	1	0.9～1.08	盆
H62	Ⅲ T0604 西南角	③	③→H54、H68→H62	近圆形	1.82	1.74	1.5～2.25	圆腹罐、盆、高领罐、花边罐

续表

编号	位置	开口层位	打破关系	形状	尺寸（米）			出土器物
					长	宽	深	
H63	Ⅲ T0202 东北角	⑥	⑥→H63	近椭圆形	3.9	1.75	2.84	盆、单耳罐、圆腹罐、花边罐、高领罐
H64	Ⅲ T0201 东北部	⑤	⑤→H64	近椭圆形	2.8	2.72	0.46	单耳罐、盆、高领罐、圆腹罐、石刀
H65	Ⅲ T0604 东南、部分延伸至 T0603 内	⑥	⑥→H65	近圆形	2.4	2.2	2.1～2.42	盆、单耳罐、花边罐、圆腹罐、双耳罐、斝、大口罐、杯、罐腹底
H66	Ⅲ T0604 东南角	⑥	⑥→H66	椭圆形	1.1	0.93	0.36～0.6	双耳罐
H67	Ⅲ T0704 东北角	⑥	⑥→H34、H57→H67	近椭圆形	1.9	1.36	0.76～0.86	双耳罐、花边罐
H68	Ⅲ T0605 东北角	③	③→F3→H68	近椭圆形	2.5	2.26	2.18～2.23	斝、盆、花边罐、圆腹罐、敛口罐、单耳罐、高领罐、鸮面罐
H70	Ⅲ T0604 东北	⑦	⑦→H70	近圆角方形	1.26	1.18	0.39	石镞
H71	Ⅲ T0604 西南	④	④→H62→H71	近椭圆形	1.5	1.06	0.8	圆腹罐
H72	Ⅲ T0504 西北角	③	③→F3→H72	近椭圆形	2.3	0.9	0.2	
H73	Ⅲ T0704 东北角	⑥	⑥→H57、H67→H73	近椭圆形	1.14	0.94	0.72	盆、双耳罐、圆腹罐、花边罐、大口罐、高领罐
H74	Ⅲ T0503 西北角	③	③→H74	近椭圆形	1.44	0.42	1.84	
H75	Ⅲ T0704 西北角	④	④→H20→H75	近圆形	1.38	1.29	1.76	
H76	Ⅲ T0704 东北角	⑥	⑥→H34→H76（H67 叠压 H76）	近圆形	1.34	1.10	0.54	尊、斝、圆腹罐、高领罐、花边罐、双耳罐
H77	Ⅲ T0704 东南角	⑥	⑥→H34、H51、H67→H77	椭圆形	1.64	1.2	0.69	斝、石刀

续表

编号	位置	开口层位	打破关系	形状	尺寸（米）			出土器物
					长	宽	深	
H78	Ⅲ T0704 东南角	⑥	⑥→H78（H77 叠压 H78）	近椭圆形	1.59	0.45	0.16～0.66	
H79	Ⅲ T0704 南部	⑥	⑥→H78→H79	近圆形	0.4	0.3	0.28	陶拍
H80	Ⅲ T0202 中偏西	⑥	⑥→H44、H46→H80	近圆形	1.36	0.51	0.46	
H81	Ⅲ T0202 东南角	⑤	⑤→H44、H88→H81	近椭圆形	2.9	1.9	0.82	双耳罐、斝足、花边罐、高领罐、圆腹罐
H82	Ⅲ T0201 北部	⑤	⑤→H82（被④下 H5 打破）	近椭圆形	2.25	2.06	0.85～1.06	圆腹罐、高领罐、盆、骨镞
H83	Ⅲ T0604 东南角	⑥	⑥→H65⇒H83	近圆形	2.44	2.44	0.36	高领罐、圆腹罐、花边罐
H84	Ⅲ T0201 西部	⑥	⑥→H82（被⑤下 H82、H88 打破）	近椭圆形	2.14	1.64	1.46	花边罐、敛口罐、高领罐、圆腹罐、骨针
H85	Ⅲ T0705 南部	④	④→H85	近椭圆形	4.7	0.6～2.46	4.8	盆、花边罐、圆腹罐、高领罐、石刀、双耳罐、器纽、石器
H86	Ⅲ T0201 西南角	⑤	⑤→H81→H86	近圆形	1.5	1.2	0.95	圆腹罐、高领罐
H87	Ⅲ T0201 南部	⑤	⑤→H41、H42、H82、H86→H87	近椭圆形	1.78	1.3	0.84～0.94	盆、陶刀、圆腹罐、石刀
H88	Ⅲ T0201 西部	⑤	⑤→H88	椭圆形	1.88	1.52	0.26～0.36	
H89	Ⅲ T0705 东北角	④	④→H89	椭圆形	1.90	1.26	1.7	圆腹罐
H90	Ⅲ T0705 东部	④	④→H89→H90	近椭圆形	1.90	0.88	1.45	
H91	Ⅲ T0704 东北角	⑥	⑥→H67→H91	近椭圆形	1.4	0.95	1.16	圆腹罐、双耳罐、尊、花边罐、豆
H94	Ⅲ T1101 东南部	④	④→H124、H153、H226→H94	近椭圆形	3.4	1.62	0.42～0.6	圆腹罐、盆、陶刀

续表

编号	位置	开口层位	打破关系	形状	尺寸（米）			出土器物
					长	宽	深	
H95	Ⅲ T1202东北部	③	③→H95	近圆形	0.95	0.87	0.48	单耳罐
H96	Ⅲ T1102北部	③	③→H96	椭圆形	1.55	1.29	1.17	
H97	Ⅲ T1106西南部	②	②→H97	近圆形	1.16	1.03	0.58	敛口罐、石镞
H98	Ⅲ T1306西北角	②	②→H98	正方形	1.8	1.75	0.3	
H99	Ⅲ T1206西北角	③	③→H99	长方形	2.4	1.05	0.53	
H100	Ⅲ T1206西北部	③	③→H99、H147→H100	近椭圆形	1.68	1.4	0.8	盆、圆腹罐、花边罐、高领罐、陶器
H101	Ⅲ T1005、T1004、T1104、T1105、T1006、T1106	③	③→H179→H101	不规则形	3.8	2.2	0.08～0.44	花边罐、圆腹罐、双耳罐、单耳罐、陶刀、斝、高领罐、盆、石器、石刀、石料、石纺轮、石镞、锥形器、器盖、骨锥、石锛、陶祖
H102	Ⅲ T1106东南角	②	②→H102	椭圆形	1.90	1.62	0.36～0.46	豆座、斝、陶拍、石斧
H103	Ⅲ T1006西部	③	③→H103	近长方形	1.82	0.52～0.73	0.54～0.76	圆腹罐、单耳罐
H104	Ⅲ T1203中部	③	③→H104	近椭圆形	1.48	1.46	1.02	圆腹罐、大口罐、石刀
H105	Ⅲ T1003西北部	③	③→H105	近椭圆形	1.47	1.32	1.53～1.62	圆腹罐、大口罐、花边罐、高领罐、单耳罐、双耳罐、盆、钵、豆、瓶、斝、器盖、彩陶罐、罐腹底、石镞、石料、石刀、石锛、鹿角、骨锥、骨器
H106	Ⅲ T1003西南部	③	③→H106	椭圆形	1.2	1.06	1.06	圆腹罐、钵、花边罐、大口罐、单耳罐、兽角、罐腹底

续表

编号	位置	开口层位	打破关系	形状	尺寸（米）			出土器物
					长	宽	深	
H107	Ⅲ T1102 南部	③	③→H107	椭圆形	1.98	1.98	0.64	花边罐、陶拍、圆腹罐、盆、高领罐、骨器、兽骨
H108	Ⅲ T1101 南部	③	③→H108	椭圆形	2.92	2.15	0.52	圆腹罐、盆
H109	Ⅲ T1103 西南角	③	③→H117→H109	不规则形	3.26	2.56	0.24～0.36	圆腹罐、花边罐、大口罐、陶纺轮、盆、高领罐
H110	Ⅲ T1103 西北角	③	③→H106→H110	近椭圆形	3.1	1.6	0.44～0.56	钵、圆腹罐、盆、双錾罐
H111	Ⅲ T1104 南部	③	③→H111	椭圆形	1.48	1.12	0.28	圆腹罐、高领罐、盆、器盖、花边罐、罐腹底
H112	Ⅲ T1201 西南角	③	③→H95→H112	近椭圆形	5.55	3.5	0.2～0.73	石料
H113	Ⅲ T1201 东南角	③	③→H113	椭圆形	1.46	0.73	0.52～0.56	石镞
H114	Ⅲ T1202 西北角	③	③→H114	近椭圆形	1.32	1.15	0.67～0.79	花边罐、高领罐、圆腹罐、刻槽盆、罐腹底、石料、玉片
H115	Ⅲ T1206 北部	③	③→H147、H100→H115	近椭圆形	0.87	0.79	0.76	圆腹罐
H116	Ⅲ T1003 西南角	③	③→H106、H130、H136→H116	近椭圆形	2.2	2.2	1.34	陶拍、圆腹罐、陶刀、盆、单耳罐、高领罐、石刀、骨器
H117	Ⅲ T1104 东南部	③	③→H117	近圆形	1.76	1.69	0.84	单耳罐、圆腹罐、罐腹底、石刀
H118	Ⅲ T1205 北部	④	④→H135、H154→H118	近椭圆形	1.84	0.64	1.15	圆腹罐、花边罐、高领罐
H119	Ⅲ T1103 南部	③	③→H109、H131→H119	不规则形	2	0.9	0.46	圆腹罐、盆、壶、高领罐
H120	Ⅲ T1203 东北部	③	③→H131→H120	不规则形	1.44	1.14	0.76	花边罐、单耳罐、圆腹罐、钵、双耳罐、高领罐、盆、敛口罐、彩陶罐、石刀、石料、骨匕
H121	Ⅱ T0707 西南角	④	④→H215、H216→H121	近圆形	2.95	1.1	0.2～0.55	

续表

编号	位置	开口层位	打破关系	形状	尺寸（米）			出土器物
					长	宽	深	
H122	Ⅲ T1004东南角	④	④→H122	近椭圆形	2.7	2.24	1.5	盆、高领罐、双耳罐、圆腹罐、单耳罐
H124	Ⅲ T1101东北角	③	③→H124	近矩形	1.65～2.06	1.25	0.76	折腹罐、石刀
H125	Ⅲ T1106东北部	④	④→H125	椭圆形	1.2	1	0.6	陶杯、圆腹罐、高领罐、盆、单耳罐、罐腹底、石刀、石凿
H126	Ⅲ T1106西北部	④	④→H139→H126	近圆形	1.32	0.87	0.42	石镞
H127	Ⅲ T1101西北角	③	③→H127	椭圆形	1.4	1.14	0.94	陶杯、圆腹罐、大口罐、盆、骨器
H128	Ⅲ T1102南部	③	③→H107→H128	近椭圆形	2.1	1.16	0.54	陶纺轮
H130	Ⅲ T1103东北角	③	③→H130	椭圆形	2	1.84	1.9～2.17	圆腹罐、单耳罐、陶拍、鸮面罐、高领罐、陶罐、盆、敛口罐、陶刀、骨针、骨锥、骨器、石凿、石刀、豆、彩陶片
H131	Ⅲ T1102、T1103、T1202、T1203	③	③→H128、H114→H131	不规则形	4.37	3.72	0.94～1.56	高领罐、圆腹罐、盆、花边罐、陶纺轮、陶杯、骨匕、骨针
H133	Ⅲ T1104东南角	④	④→H109、H117→H133	近椭圆形	1.65	1.22	0.34～0.44	
H134	Ⅲ T1202东北部	④	④→H175、H131、H186→H134	椭圆形	3	2.34	2.1	圆腹罐、高领罐、盆、花边罐、骨镞、玉凿、石刀
H135	Ⅲ T1105南部	③	③→H135	椭圆形	2.64	2.24	1.1～1.3	圆腹罐、盆、花边罐、罐腹底、石镞、石凿、骨匕
H136	Ⅲ T1103西北部	③	③→H106、H110→H136	近椭圆形	1.78	1.36	1.52	高领罐、大口罐、圆腹罐、花边罐、圆盘、盆、单耳罐、陶刀、石刀、骨锥
H137	Ⅲ T1201东南部	③	③→H113→H137	椭圆形	1.92	1.45	0.75	

续表

编号	位置	开口层位	打破关系	形状	尺寸（米）			出土器物
					长	宽	深	
H138	Ⅲ T1202 东南部	③	③→H112⇒H138	近椭圆形	2.26	2.1	0.15～0.6	圆腹罐、盆、单耳罐、高领罐、石刀、石镞、骨凿
H139	Ⅲ T1106 东北角	④	④→H125、H179、H147→H139	近圆形	2.2	2.2	1.16	盆、器盖、单耳罐、大口罐、高领罐、花边罐、陶杯、圆腹罐、石器残片、石刀
H140	Ⅱ T1101 西北角	③	③→H140	近椭圆形	1	0.8	0.6	
H141	Ⅲ T1005 东南角	③	③→H101⇒H141	不规则形	3.8	3.78	1.02	单耳罐、圆腹罐、花边罐、双耳罐、高领罐、盆、斝、石镞、骨锥、骨器
H142	Ⅲ T1005 西南角	③	③→H141、H147、H179→H142、H101⇒H142	不规则形	3.82	2.34	1.24	圆腹罐、花边罐、器盖、盆、陶刀、豆、石器残片、单耳罐
H143	Ⅲ T1104 西北角	③	③→H101⇒H141→H143	近椭圆形	2.46	2.04	2.73	花边罐、圆腹罐、高领罐、双耳罐、盆、大口罐、斝、方盘、豆、陶刀、壶、骨匕、骨饰、骨器
H144	Ⅲ T1006 东南部	④	④→H160→H144	近圆形	1.7	0.9	0.5	盆
H145	Ⅱ T0808 南部	③	③→H145	近椭圆形	6.65	4.5	0.33～0.58	花边罐、陶杯、圆腹罐、盆、大口罐
H146	Ⅲ T1003 西南部	③	③→H105→H146	近圆形	1.44	1.2	2	单耳罐
H147	Ⅲ T1105 西南角	③	③→H135→H147	近椭圆形	3	2.31	0.24～0.7	双耳罐、圆腹罐、花边罐、单耳罐、高领罐、尊、陶刀、石笄、石凿、骨器
H148	Ⅲ T1202 西南角	④	④→H148	近圆形	1.53	1.6	1.04	圆腹罐
H149	Ⅲ T1104 东北角	④	④→H149	近椭圆形	1.3	1.12	0.54	
H150	Ⅲ T1201 中偏东	④	④→H150	椭圆形	1.05	0.99	0.36	

续表

编号	位置	开口层位	打破关系	形状	尺寸（米）			出土器物
					长	宽	深	
H151	Ⅲ T1102 东北角	③	③→H127→H151	圆形	1.7	1.7	1.62	圆腹罐、花边罐、盆、大口罐、高领罐、双耳罐、石器、石镞、双鋬罐
H152	Ⅲ T1103 中偏西	④	③→H136→④→H152	椭圆形	2.5	1.95	0.42	器盖、圆腹罐、大口罐、高领罐、石料
H153	Ⅲ T1101 西南部	④	③→H108→④→H153	圆形	2.7	2.7	1.92	敛口罐、尊、圆腹罐、盆、高领罐、器盖、骨器、石刀、罐腹底
H154	Ⅲ T1105 南部	③	③→H154	近圆形	1.64	1.64	2.24	三耳罐、双耳罐、单耳罐、花边罐、圆腹罐、高领罐、大口罐、尖底瓶、陶纺轮、盆、斝足、器盖、陶刀、器纽、蚌器、骨器、骨匕、骨锥、鹿角、石凿、石镞
H155	Ⅲ T1201 西部	④	④→H155	不规则形	3.4	2.6	1.2	花边罐、盆、圆腹罐、石锛
H156	Ⅲ T1204 西部	⑧	⑦→H222、H217→⑧→H156	椭圆形	2.28	1.94	4.2	单耳罐、花边罐、高领罐、圆腹罐、盆、敛口罐、双耳罐、器纽、陶刀、器盖、方盘、钵、石刀、玉器、骨锥、骨器、獠牙
H157	Ⅲ T1106 东部	③	③→H157	椭圆形	2.43	2.16	1.15	骨针
H158	Ⅲ T1105 中部	④	③→H135→H154→④→H158	近圆形	2.6	1.84	0.54～0.62	圆腹罐、高领罐、陶纺轮、单耳罐、花边罐、器纽、石刀、骨锥、兽骨、玉料
H159	Ⅲ T1006 东部	④	④→H159	矩形	1.05	0.6	0.4～0.6	双耳罐、圆腹罐、鹿角

续表

编号	位置	开口层位	打破关系	形状	尺寸（米）			出土器物
					长	宽	深	
H160	Ⅲ T1006 东北部	④	④→H159→H160	不规则形	2.7	2.2	0.73～0.82	圆腹罐、尊、陶钵、大口罐、花边罐、盆、器盖、陶刀、玉锥、石镞、石刀
H161	Ⅲ T1106 中偏北	④	④→H126→H161	近圆形	1.6	1.42	0.9	圆腹罐
H162	Ⅱ T1201 北部	④	④→H162	近圆形	2.3	2.08	2.4	花边罐、圆腹罐、高领罐、石刀
H165	Ⅱ T0707 西南角	④	④→H121→H165	椭圆形	1	0.87	0.3	陶刀
H166	Ⅱ T0707 西南角	④	④→H121→H166	近圆形	1.1	1.1	0.25	
H167	Ⅲ T1202 东南部	⑤	⑤→H138、H134→H167	不规则形	2.57	1.08	1.93	盆、器纽、鸮面罐、单耳罐、圆腹罐、双耳罐、骨器、石刀、石镞
H168	Ⅲ T1005 西部	④	④→H141→H168	不规则形	3.1	1.76	0.6	圆腹罐、蚌器
H169	Ⅲ T1005 西北部	④	④→H168⇒H169	椭圆形	0.69	0.60	0.2～0.4	
H170	Ⅲ T1203 东南部	④	④→H170	近圆形	1.86	0.68	1.07	
H171	Ⅲ T1203 西南部	④	④→H171	近圆形	2.3	1.02	0.36～0.49	
H172	Ⅲ T1004 东北部	③	③→H105→H172	椭圆形	1.9	0.8	0.85	花边罐、敛口罐、豆、盆
H173	Ⅲ T1203 西北角	③	③→H133→H173	椭圆形	3.1	2.32	1.76	方盘、大口罐、高领罐、圆腹罐、盆、石料、单耳罐、骨凿、兽角
H174	Ⅲ T1304 西偏北	②	②→H174	椭圆形	0.66	0.61	0.4	
H175	Ⅲ T1202 东偏北	④	④→H138→H175	近圆形	1.7	1.54	1.44	陶罐、花边罐

续表

编号	位置	开口层位	打破关系	形状	尺寸（米）			出土器物
					长	宽	深	
H176	Ⅲ T1201 东部	④	④→H176（被 H210、H186、H150、H137、H113、H155 打破）	不规则形	3.65		1.72	单耳罐、陶杯、盆、圆腹罐、花边罐、斝、鹿角
H177	Ⅲ T1101 西部	④	④→H177（被 H127、H124、F14、H153 打破）	不规则形	2.7	2.64	2.2	骨凿、圆腹罐、大口罐、盆、鸮面罐、花边罐、石料、石器
H178	Ⅲ T1004 西南部	④	④→H141、H143→H178	不规则形	1.95	1.56	0.8	花边罐
H179	Ⅲ T1006 东南部	③	③→H179	圆角方形	1.8	1.6	1.28	
H180	Ⅱ T1201 偏西南	④	④→H180	椭圆形	0.81	0.76	1.6	双耳罐
H181	Ⅱ T0707 中部	④	④→H181	近圆形	1.2	1.2	0.99	罐腹底
H182	Ⅲ T1105 中偏东	④	④→H154→H182	近圆形	2.56	2.3	0.84	圆腹罐、高领罐、石刀、斝、盆
H183	Ⅲ T1105 西北角	③	③→H142 ⇒ H183	椭圆形	1.8	1.76	1.84	圆腹罐、高领罐、单耳罐、盆、器盖、石刀、双耳罐
H184	Ⅲ T1203 东北部、T1103 东南部、T1102 西南部、T1202 西北部	③	③→H131 ⇒ H184	近椭圆形	3.7	2.68	1.62	盆、高领罐、大口罐、花边罐、圆腹罐
H185	Ⅱ T1101 东北部	④	④→H209→H185	近圆形	2.22	1.98	3.18	盆、圆腹罐、高领罐、大口罐、石刀、敛口罐
H186	Ⅲ T1202 东部	④	④→H175、H202→H186	椭圆形	4.16	3.42	4.4	圆腹罐、花边罐、大口罐、盆、双耳罐、单耳罐、高领罐、斝足、鸮面罐、壶、陶刀、石料、石刀、玉器、骨锥、兽角、兽骨、骨器、豆、石器、彩陶片

续表

编号	位置	开口层位	打破关系	形状	尺寸（米）			出土器物
					长	宽	深	
H187	Ⅲ T1306 东南部	③	③→H187	不规则形	4.55	2.37	1.26	圆腹罐、花边罐、单耳罐、高领罐、单耳罐、敛口罐、刻槽盆、盆、陶刀、瓶、石斧、罐腹底、石铲
H188	Ⅲ T1306 西北部	③	③→H98→H188	椭圆形	0.94	0.6	0.3	
H189	Ⅲ T1201 西北部	④	④→H153→H189	圆形	0.76	0.78	0.73	单耳罐、圆腹罐
H190	Ⅱ T1201 偏北部	④	④→H162、H180→H190	不规则形	0.62	0.46	1.12	圆腹罐
H191	Ⅱ T1201 西北部	④	④→H162、H180、H190→H191	不规则形	1.14	0.78	0.86	圆腹罐
H192	Ⅲ T1004 南部	④	④→H122、H143、H178→H192	不规则形	1.6	1.4	1.16	圆腹罐
H193	Ⅱ T1102 西北部	②	②→H193	椭圆形	3.8	3.04	0.75	单耳罐
H194	Ⅲ T1005 北偏西	④	④→H168→H194	不规则形	1.56	1.17	0.66	
H195	Ⅲ T1005 西偏北	④	④→H168、H160→H195	不规则形	2.19	0.39	0.4～0.5	
H196	Ⅲ T1203 北部	③	③→H173、H131、H120→H196	不规则形	2.68	1.48	0.88	
H197	Ⅲ T1201 西北部	④	④→H153、H189→H197	不规则形	1.8	1.23	1.33～1.36	花边罐、大口罐
H198	Ⅲ T1304 北部	④	④→H198	近椭圆形	2.3	1.47	0.6	大口罐、花边罐
H199	Ⅲ T1105 西部	④	④→H183、H182、H158→H199	不规则形	3.12	1.37	0.8	敛口罐
H200	Ⅱ T1101 东南部	④	④→H207、H209、H185→H200	近椭圆形	2.03	1.45	1.76～2.14	单耳罐

续表

编号	位置	开口层位	打破关系	形状	尺寸（米）			出土器物
					长	宽	深	
H201	Ⅱ T1101 中偏东	④	④→H185、H200→H201	圆形	3	1.72	2.06	盆、陶杯、圆腹罐、高领罐、花边罐、陶刀、石刀、石器残片
H202	Ⅲ T1201 西南部	④	④→H202	近椭圆形	2.86	0.7	0.67～1.22	
H203	Ⅱ T1102 西南部	④	④→H200、H201、H207、H162、H224、H225→H203	不规则形	1.54	1.28	0.78	圆腹罐
H204	Ⅲ T1104 东部	④	④→H173、H117→H204	近圆形	1.38	1.35	1.44	圆腹罐、高领罐、盆、大口罐
H205	Ⅲ T1005 东南部	④	④→H205	近椭圆形	2.92	2.12	0.72	花边罐、圆腹罐、斝足、盆、大口罐、玉凿、器盖、彩陶片
H206	Ⅲ T1005 中偏西	④	④→H213→H206	圆形	1.2	0.85	1.34	花边罐、壶、高领罐、圆腹罐、盆、斝
H207	Ⅱ T1102 西部	②	②→H193→H207	近椭圆形	1.3	0.37	1.24	
H208	Ⅱ T1202 南部	③	③→H208	近椭圆形	0.58	0.56	0.84～0.98	石锛、磨石
H209	Ⅱ T1102 西北部	④	④→H209（被②下H193、H207打破）	椭圆形	2.45	2.33	2.2	
H210	Ⅲ T1201 东北部	④	④→H94、H155→H210	椭圆形	2.17	1.53	0.56～1.1	
H211	Ⅱ T1202 西南角	④	④→H218→H211（被③下H208打破）	近椭圆形	0.84	0.24	0.96	陶钵、双耳罐、圆腹罐、双鋬罐、高领罐、石斧
H212	Ⅲ T1104 西偏南	④	④→H212	近椭圆形	2.44	1.26	1.05～1.32	盆、圆腹罐、花边罐、高领罐、鸮面罐、石刀
H213	Ⅲ T1005 东南部	④	④→H205→H213	近椭圆形	2.6	2.18	1.1～1.18	花边罐、盆、圆腹罐
H214	Ⅲ T1005 东南部	④	④→H143、H213→H214	近椭圆形	1.2	0.78	0.94	圆腹罐
H215	Ⅱ T0807 西北角	③	③→H215	近圆形	0.9	0.8	0.9～0.95	石斧

续表

编号	位置	开口层位	打破关系	形状	尺寸（米）			出土器物
					长	宽	深	
H216	Ⅱ T0807 西北角	③	③→H215→H216	近圆形	0.7	0.5	1.5～1.55	圆腹罐、花边罐、单耳罐、斝
H217	Ⅲ T1204 东南部	⑦	⑦→H217	近圆形	1.1	1.06	1.41	斝、圆腹罐、盆、花边罐、骨器
H218	Ⅱ T1202 西南角	④	④→H218	近长方形	2.6	1.2～1.44	0.7	单耳罐、花边罐、陶刀、骨器、石刀
H219	Ⅱ T0807 西部	③	③→H216→H219	近椭圆形	3.52	1.5	0.4～0.8	圆腹罐、花边罐、盆、高领罐、骨凿
H220	Ⅲ T1104 西部	④	④→H212、H182、H158→H220	近椭圆形	1.93	1.58	0.48～0.77	圆腹罐、盆
H221	Ⅲ T1105 东北部	④	④→H143、H141、H158、H220、H212→H221	不规则形	2.19	1.74	0.7～0.84	
H222	Ⅲ T1104 西南角	④	④→H212→H222	椭圆形	1.47	1.26	0.84	大口罐、高领罐、敛口罐、盆、花边罐、陶刀
H223	Ⅱ T1102、Ⅱ T1202、Ⅱ T1103、Ⅱ T1203	②	②→H223	不规则状	3.66	2.68	1.08～1.3	
H224	Ⅱ T1101 南部	④	④→H162、H201→H224	近椭圆形	1.27	1.14	1.5	圆腹罐
H225	Ⅱ T1201 南部	④	④→H155、H180、H190、H218→H225	近椭圆形	4.5	3	2.55	圆腹罐、花边罐
H226	Ⅱ T1101 西部	③	③→H140→H226	近椭圆形	2.52	1.45	0.56	陶刀
H227	Ⅱ T0807 西南部	④	④→H227	椭圆形	1.45	0.3	0.75～1.05	
H228	Ⅱ T1101 中南部	④	④→H162、H200、H201→H228	不规则形	1	0.77	0.54	圆腹罐、高领罐、陶刀
H229	Ⅲ T1105 东北部	④	④→H229（被③下H143打破）	椭圆形	1.35	1.17	0.69～0.75	盆

续表

编号	位置	开口层位	打破关系	形状	尺寸（米）			出土器物
					长	宽	深	
H230	Ⅱ T0908 南部	⑤	⑤→H230	椭圆形	3.25	1.6	1.45～1.7	圆腹罐、花边罐、高领罐
H231	Ⅱ T0807 西部	④	④→H227→H231（被③下H216打破）	椭圆形	3.05	1.3	0.74～1.06	器盖、高领罐、花边罐、斝、石斧
H232	Ⅱ T0807 西南角	④	④→H227→H232	近圆形	1.15	0.6	1.43～1.65	圆腹罐、花边罐、盆
H233	Ⅱ T0807 中部	④	④→H231、H219、H227→H233	椭圆形	1.84	1.16	0.66～1.54	圆腹罐、花边罐、敛口罐、盆
H234	Ⅱ T0807 西南部	④	④→H227、H232、H233→H234	不规则形	1.5	0.4～0.75	0.5～0.9	杯、花边罐
H235	Ⅲ T1304 东南部	⑦	⑦→H235	圆形	1.88	1.8	1.65	
H236	Ⅲ T1304 西南部	⑦	⑦→H236	圆形	1.02	0.94	0.5	器盖、圆腹罐、双耳罐、单耳罐、敛口罐、盆、骨锥
H237	Ⅲ T1304 南部	⑦	⑦→H235→H237	近圆形	1.3	0.65	1.85	圆腹罐、花边罐、双耳罐、石刀、骨锥
H238	Ⅲ T1304 西南部	⑦	⑦→H237→H238	近圆形	1.3	0.7	1.75	圆腹罐、花边罐、高领罐、磨石
H239	Ⅲ T1304 西南部	⑦	⑦→H235、H236、H237、H238→H239	不规则形	4.84	4.17	1.32～2.34	盆、花边罐、圆腹罐、双耳罐、单耳罐、大口罐、高领罐、斝、器盖、三耳罐、器纽、石刀、骨锥、骨匕、蚌器
H240	Ⅲ T1304 西北角	⑦	⑦→H239→H240	椭圆形	3.1	2.1	2.2	盆、刻槽盆、杯、大口罐、单耳罐、圆腹罐、花边罐、高领罐、斝、器盖、陶纺轮、陶拍、陶刀、石刀、石斧、石板、骨匕、骨锥、玉刀
H241	Ⅱ T0907 西北角	④	④→H241	椭圆形	1.7	1.15	1.15	圆腹罐、单耳罐、花边罐、盆
H242	Ⅲ T1305 西部	⑥	⑥→F18→H242	不规则形	1.14	0.68	1.44	圆腹罐

续表

编号	位置	开口层位	打破关系	形状	尺寸（米）			出土器物
					长	宽	深	
H243	Ⅲ T1304 东南角	⑦	⑦→H235、H237→H243	不规则形	1.34	1.2	0.7～0.86	
H244	Ⅱ T0907 东北角	⑤	⑤→F16→H244	椭圆形	2.2	1.96	2.8	单耳罐、圆腹罐、花边罐、盆、羊角
H245	Ⅱ T0601 北部	①	①→H245	半椭圆形	5.6	2.66	1.3～1.7	圆腹罐、大口罐、花边罐、双耳罐、三耳罐、高领罐、鸮面罐、盆、豆、碗、陶刀、石刀、石镞、骨钏、骨锥
H246	Ⅱ T0801 北部	②	②→H246	近圆形	2	0.5～0.6	0.72	
H247	Ⅱ T0805 东南部	④	④→H247	椭圆形	1.02	0.7	0.9～0.94	圆腹罐、花边罐、高领罐
H248	Ⅱ T0803 西南角	④	④→H248	椭圆形	2.9	2.6	1	圆腹罐、双耳罐、单耳罐、花边罐、高领罐、盆、石刀
H249	Ⅱ T0601 东部	①	①→H249	椭圆形	2.55	2.47	2.6～2.83	花边罐、单耳罐、双耳罐、高领罐、圆腹罐、盆、斝、陶刀、石刀、石镞、石料
H250	Ⅱ T0705 南部	④	④→H250	矩形	1.43	1.08	0.56	
H251	Ⅱ T0706 西北部	④	④→H251	椭圆形	2.5	1.5	0.5	盆、圆腹罐、尊、花边罐、单耳罐
H252	Ⅱ T0803 西部	④	④→H248→H252	圆形	2.58	1.85	1.1	双耳罐、器盖、花边罐、盆、圆腹罐、高领罐
H253	Ⅱ T0706 中部	③	③→H253	近圆形	2.12	1.97	1.1	高领罐、盆、圆腹罐、钵、器盖、石器残片
H254	Ⅱ T0802 西部	④	④→M3→H254	长方形	1.96	0.49～0.52	0.48	
H255	Ⅱ T0803 东南角	④	④→H255	圆形	2.6	2.46	3.5	双耳罐、单耳罐、大口罐、圆腹罐、高领罐、花边罐、钵、盆、斝、器盖、鸮面罐、器纽、玉料、石刀、兽角

续表

编号	位置	开口层位	打破关系	形状	尺寸（米）			出土器物
					长	宽	深	
H256	Ⅱ T0801 东南部	④	④→ M3 → H256	不规则形	1.85	0.15～0.45	0.5	盆
H257	Ⅱ T0706 东北部	⑤	⑤→ H253 → H257	椭圆形	1.54	1.4	1.26	盆、花边罐、圆腹罐、双耳罐、石刀、石料
H258	Ⅱ T0706 西北部	⑤	⑤→ H257、H253 → H258	近椭圆形	1.8	1.6	1.24	盆、敛口罐、器纽
H259	Ⅱ T0602 西南部	③	③→ H259	椭圆形	0.98	0.96	0.83～0.92	高领罐、石器残片、兽牙
H260	Ⅱ T0706 西北角	⑤	⑤→ H260	半椭圆形	2.15	0.6	1.1～1.26	鸮面罐、花边罐、骨锥、圆腹罐、高领罐、单耳罐
H261	Ⅱ T0702 东部	⑤	⑤→ H276 → H261	椭圆形	6.05	5.5	4.55～5.15	花边罐、高领罐、圆腹罐、敛口罐、大口罐、双耳罐、单耳罐、深腹盆、盆、钵、斝、器纽、杯、豆、盘、尊、器盖、陶刀、陶盅、骨匕、骨镞、骨器、石笄、石刀、石器残片、石料、玉料、骨针、骨锥、鹿角、蚌饰
H262	Ⅱ T0702 北部	⑤	⑤→ H262	椭圆形	2	1.6	1.8～1.84	圆腹罐、石凿
H263	Ⅱ T0602 西北角	⑤	⑤→ H263（被①下 H245 打破）	半椭圆形	4.3	1.07	1.39	盆、高领罐、骨锥
H264	Ⅱ T0602 西南部	⑤	⑤→ H264	近圆形	1.55	1.47	0.8	盆、圆腹罐、骨锥
H265	Ⅱ T0706 南部	⑤	⑤→ H265 → H291	椭圆形	3.56	3	1.62～1.78	圆腹罐、盆、器盖、高领罐、花边罐、杯、陶器
H266	Ⅱ T0602 西南角	⑤	⑤→ H262、H264 → H266	近圆形	3.3	3.25	4.8～5.3	双耳罐、圆腹罐、花边罐、大口罐、高领罐、盆、尊、瓶、陶刀、石刀、石镞、石料、玉料、骨针、骨锥、蚌器

续表

编号	位置	开口层位	打破关系	形状	尺寸（米）			出土器物
					长	宽	深	
H268	Ⅱ T0601 北部	⑤	⑤→H268（被①下 H245 叠压，H249 打破）	近椭圆形	4.8	1.6～1.8	0.7～1.22	双耳罐、圆腹罐、磨石、单耳罐
H269	Ⅱ T0806 东南角	⑤	⑤→H269	近椭圆形	3.1	0.56	0.86～1.26	盆、圆腹罐、花边罐、敛口罐、高领罐、双耳罐、壶、石刀、石器、石镞、砺石、骨镞
H270	Ⅱ T0701 西北部	①	①→H270	圆形	1.05	1	0.72	
H271	Ⅱ T0702 西北角	④	④→H271	椭圆形	1.85	1.12	0.7	罐腹底
H272	Ⅱ T1007 西南部	⑤	⑤→H298→H272	椭圆形	1.05	0.95	1.37～1.4	圆腹罐、花边罐、高领罐、大口罐、单耳罐
H273	Ⅱ T0705 东南部	④	④→H273	椭圆形	0.98	0.7	0.72	钵
H274	Ⅱ T0803 南部	④	④→H255→H274	近圆形	1.84	1.94	0.92	大口罐
H275	Ⅱ T0601 西部	⑤	⑤→H245→H275	近椭圆形	2	0.23	1	
H276	Ⅱ T0703 西北部	⑤	⑤→H276	近椭圆形	2	1.22	1.76	圆腹罐、高领罐、双耳罐、花边罐、器盖、单耳罐、石镞
H277	Ⅱ T0906 北隔梁西部	⑤	⑤→H277	圆形	1.03	1	0.62	圆腹罐、石镞
H278	Ⅱ T0805 东隔梁	④	④→H278	圆形	1.6	1.35	1.1	双耳罐、圆腹罐、盆
H279	Ⅱ T0706 南部	⑤	⑤→H279（被 H265 叠压）	椭圆形	1.9	1.5	2.8	圆腹罐、花边罐、尊、盆
H280	Ⅱ T1005 西北部	③	③→H280	圆形	0.87	0.84	1.1	
H281	Ⅱ T0602 北部	⑤	⑤→H263→H281→H292	近椭圆形	2.2	1.02	0.33～0.94	圆腹罐、高领罐、单耳罐、器盖、骨器

续表

编号	位置	开口层位	打破关系	形状	尺寸（米）			出土器物
					长	宽	深	
H282	Ⅱ T1107 南部	④	④→H282	近椭圆形	2.1	1.5	0.21～0.25	
H283	Ⅱ T1107 西北角	④	④→H283	近圆形	2.32	2.24	0.72～0.93	圆腹罐、陶拍
H284	Ⅱ T0603 中东部	⑤	⑤→H284	椭圆形	3.88	2.36	1.56～1.62	圆腹罐、花边罐、高领罐、单耳罐、敛口罐、双耳罐、盆、石刀、石料、磨石、玉料
H285	Ⅱ T0702 北隔梁下中部	⑤	⑤→H285	椭圆形	1.48	0.9	0.4～0.43	
H286	Ⅱ T0602 中部	⑤	⑤→H264、H268→H286	不规则形	3.24	2.19	1.6	敛口罐、盆、圆腹罐、高领罐、陶刀
H287	Ⅱ T0706 东南角	⑤	⑤→H287	近圆形	1.42	0.74	1.8～2.04	单耳罐、盆、高领罐、圆腹罐、陶铲、骨器
H288	Ⅱ T1006 东南角	④	④→H288	椭圆形	2.02	1.22	1.44～1.7	
H289	Ⅱ T0602 东部	⑤	⑤→H286→H289	近圆形	2.1	1.76	1.1～1.17	单耳罐、高领罐、圆腹罐、盆、石刀、骨针、蚌饰
H290	Ⅱ T0602 北部	⑤	⑤→H290（被 H281 叠压）	椭圆形	1.16	0.8	0.94～1.14	鸮面罐、三耳罐
H291	Ⅱ T0806 北部	⑤	⑤→H265→H291	椭圆形	2.28	2.18	1.2	圆腹罐、高领罐、盆、双耳罐、盘、石刀、骨器
H292	Ⅱ T0602 东北角	⑤	⑤→H281→H292	近椭圆形	1.88	0.84	0.86～0.95	高领罐、盆、圆腹罐、陶刀、双耳罐、石刀、玉料
H293	Ⅱ T1005 西部	⑤	⑤→H293	近椭圆形	4	1.25	1～1.1	盆、骨针、花边罐、玉器、骨锥、蚌壳
H294	Ⅱ T0602 东北部	⑤	⑤→H281、H289、H290、H292→H294	不规则形	2.04	1.96	0.6～0.92	圆腹罐、盆、大口罐、双耳罐、陶刀
H295	Ⅱ T1006 东南角	⑤	⑤→H288→H295	椭圆形	2.28	0.4～1.25	1.2	花边罐、石凿

续表

编号	位置	开口层位	打破关系	形状	尺寸（米）			出土器物
					长	宽	深	
H296	Ⅱ T0603 西部	⑤	⑤→H289、H292→H296	不规则形	2.1～2.2	1.14	0.76～1.10	
H297	Ⅱ T0805 东南部	④	④→H297（被F22叠压）	圆形	1.23	1.17	1.5	
H298	Ⅱ T1007 西南部	⑤	⑤→H298	椭圆形	1.04	0.94	1.58	陶纺轮、骨镞
H299	Ⅱ T1005 北部	⑤	⑤→H280→H299	近椭圆形	1.66	0.76	0.96	
H300	Ⅱ T0603 西部	⑤	⑤→H294→H300（被H289、H296叠压）	椭圆形	2.13	1.5	0.7～1.04	鹿角、骨锥
H301	Ⅱ T0603 西北角	⑤	⑤→H284、H292、H296→H301	不规则形	1.7	0.44～1.48	0.65～0.9	双耳罐、圆腹罐
H302	Ⅱ T0902 东南部	④	④→H302	圆形	0.9	0.85	0.96	圆腹罐
H303	Ⅱ T1105 东北角	④	④→H303	椭圆形	2.16	1.1	0.86～1.01	圆腹罐、单耳罐、盆、双耳罐、石器、石料
H304	Ⅱ T0705 东隔梁下	⑤	⑤→H304	圆形	1.1	1.04	1.2	圆腹罐、斝、花边罐、盆、彩陶片
H305	Ⅱ T1003 西南角	②	②→H305	椭圆形	1.86	1.55	0.4	圆腹罐
H306	Ⅱ T0902 东北部	④	④→H306	圆形	1.3	1.16	1.2	圆腹罐、花边罐
H307	Ⅱ T0906 北隔梁下	⑤	⑤→H307	椭圆形	2.48	2.2	0.08～0.48	圆腹罐、方盘、器纽、石料、骨锥
H308	Ⅱ T0905 东北隔梁下	⑤	⑤→H308	椭圆形	1.38	0.6	0.14～0.38	高领罐
H309	Ⅱ T0603 西北角	⑤	⑤→H292、（④下H301）→H309	椭圆形	1.64	0.24	0.92	
H310	Ⅱ T1105 东部	④	④→H310	近圆形	1.25	0.99	0.48	

续表

编号	位置	开口层位	打破关系	形状	尺寸（米）			出土器物
					长	宽	深	
H311	Ⅱ T0603 西北部	⑤	⑤→ H284、H309、H301 → H311	近圆形	1	0.84	0.66～1.06	石器
H312	Ⅱ T0902 东南角	④	④→ H312	椭圆形	4.3	4.25	3.5	圆腹罐、高领罐、双耳罐、单耳罐、花边罐、大口罐、敛口罐、双鋬罐、刻槽盆、斝、盘、盆、钵、尊、豆、陶杯、器盖、陶刀、骨镞、骨针、骨凿、鹿角、骨锥、石矛、石料、石刀、石镞、泥饼、兽牙
H313	Ⅱ T0805 东隔梁北部	⑤	⑤→ H313	圆形	0.8	0.75	0.44	
H314	Ⅱ T0702 西南部	⑤	⑤→ H261 → H314	椭圆形	2.52	2.1	1.5	单耳罐、花边罐
H315	Ⅱ T1003 中南部	②	②→ Y3 → H315	圆形	2.2	2.08	0.3	圆腹罐、盆
H316	Ⅱ T0702 中南部	⑤	⑤→ H261 → H316（被 H314 叠压）	椭圆形	1.84	0.7	0.6	双耳罐、圆腹罐
H317	Ⅱ T1002 中南部	②	②→ H317	圆形	2.95	2.82	2.12	圆腹罐、花边罐、双耳罐、单耳罐、高领罐、大口罐、鸮面罐、斝、彩陶盆、尊、盆、器盖、盉、骨锥、石器、石刀
H318	Ⅱ T0906 西南部	⑦	⑦→ H319 → H318	椭圆形	2.96	2.74	0.94～1.1	圆腹罐、花边罐、高领罐、壶、盆、陶纺轮、石凿、蚌饰、骨针
H319	Ⅱ T0906 西部	⑦	⑦→ H319	圆形	1.6	1.5	1.6～1.65	尊、高领罐、盆、单耳罐、圆腹罐、花边罐、双耳罐、骨匕、兽骨
H320	Ⅱ T0906 东北部	⑦	⑦→ H320	圆形	1.32	1.16	0.8～0.92	圆腹罐、大口罐、双耳罐、高领罐、瓶、盆、敛口罐、双鋬罐
H321	Ⅱ T1106 东南部	④	④→ H321	圆形	1.79	1.6	2.88	圆腹罐、花边罐、斝

续表

编号	位置	开口层位	打破关系	形状	尺寸（米）			出土器物
					长	宽	深	
H322	Ⅱ T0906 西南部	⑦	⑦→H322	圆形	0.83	0.8	0.75	敛口罐
H323	Ⅱ T1002 中西部	②	②→H317→H323	月牙形	4.05	0.95	1.8	圆腹罐、花边罐、双耳罐、盆、大口罐
H324	Ⅱ T0906 东南部	⑦	⑦→H324	圆形	1.41	1.4	1.61	圆腹罐、花边罐、敛口罐、单耳罐、双耳罐、三耳罐、高领罐、大口罐、鸮面罐、盆、尊、陶杯、器盖、豆、斝、石刀
H325	Ⅱ T0806 东北角	⑤	⑤→H325	圆形	1.2	0.66	2.1	圆腹罐、双耳罐、兽角、盆
H326	Ⅱ T0603 中部	⑤	⑤→H284→H326	椭圆形	3.34	2.68	0.95	圆腹罐、高领罐、花边罐、大口罐、盆、斝、玉锛、石锛、石铲
H327	Ⅱ T1105 西部	④	④→H373、H380→H327	近椭圆形	5.4	2.26	1.19～1.52	花边罐、圆腹罐、高领罐、盆、钵、骨匕、石刀、石凿、料姜石
H328	Ⅱ T1005 东南部	⑥	⑥→H328	近圆形	1.81	1.78	1.6	圆腹罐、高领罐、花边罐、敛口罐、双耳罐、盆、陶纺轮、彩陶片、骨器、骨镞
H329	Ⅱ T0906 北隔梁下	⑦	⑦→H320→H329（被⑤下H307打破）	椭圆形	1.80	1.54	0.34～0.42	
H330	Ⅱ T0905 南部	⑦	⑦→H337→H330	近圆形	1.37	0.78	0.38～0.4	花边罐、圆腹罐、盆、钵、骨器
H331	Ⅱ T0704 西南部	④	④→H331	圆形	0.86	0.8	0.98	高领罐、双耳罐、盆
H332	Ⅱ T0604 东南部	⑤	⑤→H332	圆形	0.99	0.99	1.32	圆腹罐、花边罐、高领罐、石刀
H333	Ⅱ T1006 东隔梁下	⑤	⑤→H295→H333	矩形	2.06	1.54	1.42	
H334	Ⅱ T1005 东南部	⑥	⑥→H328→H334	近圆形	0.92	0.1	0.72～1.62	圆腹罐、高领罐、单耳罐、双耳罐、陶刀、石刀、骨凿、骨锥、圆陶刀

续表

编号	位置	开口层位	打破关系	形状	尺寸（米）			出土器物
					长	宽	深	
H335	Ⅱ T1205 西北部	②	②→ H335	近圆形	0.98	0.8	0.7	圆腹罐、高领罐、花边罐、双耳罐
H336	Ⅱ T0604 南部	⑤	⑤→ H336	圆形	1.2	1.1	0.8	双耳罐、盆
H337	Ⅱ T0906 西南角	⑦	⑦→ H337（被 H318 叠压）	近圆形	1.98	1.6	1.84	高领罐、花边罐、石器、陶盅、单耳罐、大口罐、双鋬盆、圆腹罐、骨凿、盆
H338	Ⅱ T1006 西北角	⑥	⑥→ H338	近椭圆形	2.04	1.48	0.7～0.88	花边罐、盆
H339	Ⅱ T0704 西南部	⑤	⑤→ H339（被④下 H331 打破）	近椭圆形	1.22	1.22	0.42	圆腹罐
H340	Ⅱ T0604 东北部	⑤	⑤→ ZD2 → H340	近圆形	1.84	0.78	1	圆腹罐、高领罐、双耳罐、花边罐、盆、斝、豆
H341	Ⅱ T0906 东南角	⑦	⑦→ H341	近圆形	0.6	0.54	2.08	圆腹罐、花边罐、盆、
H342	Ⅱ T0906 东南角	⑦	⑦→ H324、H341 → H342	近椭圆形	2.4	1.15	1.02	
H344	Ⅱ T0704 西部	⑤	⑤→ H344	圆形	1.9	1.7	0.98	圆腹罐、盆
H345	Ⅱ T0604 西北部	⑤	⑤→ H284、H326 → H345	近圆形	1.2	0.8	2.04	花边罐、大口罐、圆腹罐、双耳罐、盆、石镞、玉凿
H346	Ⅱ T1006 西部	⑦	⑦→ H338 → H346	近圆形	1.12	0.73	1.4	圆腹罐、花边罐、斝
H347	Ⅱ T0604 中西部	⑤	⑤→ H345、H336、H340 → H347	不规则形	3.7	2	0.9	圆腹罐、盆、大口罐、器盖
H348	Ⅱ T0604 南部	⑤	⑤→ H336、H340 → H348（被 H347 叠压）	圆形	1.53	1.53	0.6	圆腹罐、双耳罐、高领罐、斝、石刀
H349	Ⅱ T0704 中部	⑤	⑤→ H339 → H349	近圆形	0.7	0.7	0.56	花边罐、圆腹罐、骨器

续表

编号	位置	开口层位	打破关系	形状	尺寸（米）			出土器物
					长	宽	深	
H350	Ⅱ T1006	⑦	⑦→H350（被H342、H322、H319、H341、H333、H295、H338、H346打破）	近圆形	7.5	7.3	1.75～2.1	高领罐、圆腹罐、花边罐、双耳罐、大口罐、盆、尊、斝、圆陶片
H351	Ⅱ T0803 西北部	④	④→H351	近圆形	1.22	1.15	0.22	
H352	Ⅱ T1104 北隔梁西部	②	②→H355→H352	圆形	1.34	1.33	0.52	
H353	Ⅱ T0803 北部	④	④→H252→H353	近圆形	1.8	0.75	0.2	
H354	Ⅱ T1104 西北角	②	②→H354	近圆形	1.54	0.72	0.95	骨簪
H355	Ⅱ T1104 北部	②	②→H352→H355	近椭圆形	1.6	1.34	0.84	
H356	Ⅱ T1104 中部	②	②→H356	近圆形	1.14	1.08	0.86	
H357	Ⅱ T1104 中偏西	②	②→H356→H357	近圆形	1.12	1.08	1.2～1.28	圆腹罐、高领罐
H358	Ⅲ T2817 西部	①	①→H358	近长方形	1.7	0.51～0.6	0.6	
H359	Ⅱ T1206 南部	⑤	⑤→H359	椭圆形	1.5	1.26	0.8～1.3	花边罐、单耳罐、骨锥
H360	Ⅱ T0901 西部	②	②→H360	近圆形	1.08	0.82	1.06	
H361	Ⅱ T0901 西南角	②	②→G4→H361	近圆形	0.94	0.6	0.56	盆
H362	Ⅱ T1104 东部	③	③→H362	近圆形	1.24	1.16	1.02～1.1	盆、圆腹罐、花边罐
H363	Ⅱ T1104 西南部	③	③→H363	近圆形	1.38	1.36	1.04	圆腹罐、花边罐、石刀、兽骨

续表

编号	位置	开口层位	打破关系	形状	尺寸（米）			出土器物
					长	宽	深	
H364	Ⅲ T2817 北部	②	②→ H364	不规则状	1.08～1.38	0.5～0.58	0.74	
H365	Ⅱ T1206 西南部	⑤	⑤→ H359 → H365	近圆形	1.6	1.4	1.6	高领罐、花边罐、圆腹罐、单耳罐、双耳罐、器盖、钵、豆、石刀、陶刀
H366	Ⅱ T0803 北部	⑤	⑤→ H366	圆形	2.04	2.04	0.26	双耳罐
H367	Ⅱ T0703 东部	⑤	⑤→ H261、H344 → H367	不规则形	3.15	1.92	0.56～0.94	圆腹罐、盆、陶刀、石料
H368	Ⅱ T0703 东北部	⑤	⑤→ H368	圆形	1.26	1.19	0.78	圆腹罐
H369	Ⅱ T1206 中部	⑤	⑤→ H359 → H369	近圆形	0.96	0.8	1.8～1.94	花边罐、碗、双耳罐
H370	Ⅱ T0901 北部	④	④→ H370	长方形	1.72	0.6	0.44	圆腹罐
H371	Ⅱ T0903 东部	④	④→ H371（被 F23、H255 叠压）	椭圆形	3.45	3.2	0.9	圆腹罐、盆、高领罐、双耳罐、陶刀
H372	Ⅱ T1206 东北角	③	③→ H372	不规则形	2.6	0.4	0.9～1.13	
H373	Ⅱ T1205 西北角	④	④→ H335 → H373	近椭圆形	2.4	1.26	1.6～1.7	圆腹罐、花边罐、盆
H375	Ⅱ T1104 西南部	③	③→ H363 → H375	不规则形	1.38	0.84	0.94	圆腹罐
H376	Ⅲ T2917 北部	③	③→ H376	不规则形	6.2	3.6～5	3.4～3.95	花边罐、高领罐、圆腹罐、双耳罐、单耳罐、大口罐、敛口罐、磨石、盆、钵、尊、豆、石刀、骨针、骨镞、骨饰、骨锥、石料、双鋬罐
H377	Ⅱ T0703 东北角	⑤	⑤→ H284 → H377	不规则形	2.12～3.2	1.48～1.7	1.82	圆腹罐、单耳罐

续表

编号	位置	开口层位	打破关系	形状	尺寸（米）			出土器物
					长	宽	深	
H378	Ⅱ T1104 南部	④	④→H378	近圆形	1.4	1.34	2.24	圆腹罐、盆、双耳罐、高领罐、斝、大口罐、花边罐、陶纺轮、石刀
H379	Ⅱ T1104 东部	④	④→H379（被③层下 H362 打破）	近圆形	1.24	1.18	0.76～0.98	盆、彩陶钵、花边罐、圆腹罐
H380	Ⅱ T1205 西北角	④	④→H373→H380	近椭圆形	1.26	0.85	0.8	尊、花边罐、盆、高领罐、圆腹罐
H381	Ⅱ T1206 南部	⑤	⑤→H359→H381	不规则形	1.45	0.64	1.06～1.3	罐腹底
H382	Ⅱ T1205 东南角	⑤	⑤→H382	近椭圆形	1.54	0.92	0.56～0.9	罐腹底
H383	Ⅱ T0901 东北角	④	④→H383	近长方形	1.96	0.52～0.56	0.3	
H384	Ⅱ T1001 东北部	②	②→H384	近长方形	2	0.6～0.7	0.6	
H385	Ⅱ T1104 东南角	⑤	⑤→H385（被③下 H375 和④下 H378 打破）	不规则形	2.06	1.74	1.29	圆腹罐、骨器
H386	Ⅱ T1104 西南角	③	③→H363、H375→H386	不规则形	1.43	0.92	1.04	
H387	Ⅱ T1104 西南角	⑤	⑤→H387（被④层下 H378 打破）	不规则形	2.4	2.38	0.4～0.52	
H388	Ⅱ T1104 南部	⑤	⑤→H385→H387→H388	不规则形	2.9	2.56	1.25～1.74	圆腹罐、盆、陶纺轮
H389	Ⅱ T1001 西北部	②	②→H389	近长方形	2.24	0.64～0.76	0.64～0.66	圆腹罐
H390	Ⅱ T0902 东北角	④	④→H390	近椭圆形	2.28	2.04	0.12	花边罐
H391	Ⅲ T2915 北部	③	③→H391（被 20 世纪 90 年代沟打破）	半圆形	2.1	2.08	0.78	
H392	Ⅱ T1205 东南部	⑤	⑤→H392	圆形	1.2	1.2	0.4～0.46	圆腹罐

续表

编号	位置	开口层位	打破关系	形状	尺寸（米）			出土器物
					长	宽	深	
H393	Ⅱ T1205 东部	⑤	⑤→ H393	圆形	1.1	0.98	1.22	花边罐、圆腹罐、高领罐、盆
H394	Ⅱ T1205 东南部	⑤	⑤→ H382、H392、H393 → H394	近椭圆形	2.38	0.38～1.6	0.28～0.6	
H395	Ⅲ T2915 西南部	④	④→ H395	近圆形	1.74	1.66	1.32	花边罐、彩陶罐、高领罐、双耳罐、圆腹罐、大口罐、盆、斝、陶盘、器盖、钵、壶、豆、陶垫
H396	Ⅲ T2915 东南角	④	④→ H396	椭圆形	2.02	2	2.12	圆腹罐、豆座、盆、高领罐、钵、盘、双耳罐、陶盅、石料、骨器
H397	Ⅲ T2916 南部	④	④→ H397	近圆形	2	1.22	3.54	双鋬盆、圆腹罐、盆、圆盘、花边罐、单耳罐、双耳罐、高领罐、器盖、敛口罐、大口罐、石料
H398	Ⅱ T1205 西部	⑤	⑤→ H398（被④下 H373 打破）	不规则状	1.32	1.02	1.04～1.64	花边罐、圆腹罐
H400	Ⅱ T1105 北部	⑤	⑤→ Y4 → H400	不规则状	092	0.86	0.44	盆、骨锥

附表三　沙塘北塬遗址墓葬登记表

编号	位置	开口层位	打破关系	形状、结构	尺寸（米）			出土器物
					长	宽	深	
M1	Ⅱ T1202 东南部	③	③→ M1	长方形竖穴土坑墓	2.38	0.66～0.82	0.85～0.95	骨针
M2	Ⅱ T0701 东南部	④	④→ M2	长方形竖穴土坑墓	1.9	0.55～0.6	0.76	
M3	Ⅱ T0801 东隔梁南部	④	④→ M3	长方形竖穴土坑墓	2.25	0.7	0.28	
M4	Ⅱ T1005 南部	⑥	⑥→ M4	长方形竖穴土坑墓	0.95	0.4～0.5	0.47	
M5	Ⅱ T1002 西北部	④	④→ M5	长方形竖穴土坑墓	1.96	0.58～0.64	0.48	

续表

编号	位置	开口层位	打破关系	形状、结构	尺寸（米）			出土器物
					长	宽	深	
M6	Ⅱ T0901 东隔梁下	②	②→M6	长方形竖穴土坑墓	1.74	0.52～0.54	0.1～0.14	
M7	Ⅱ T0901 东北角	②	②→M7	长方形竖穴土坑墓	1.7	0.5～0.56	0.13	
M8	Ⅱ T0901 南部	②	②→G4→M8	长方形竖穴土坑墓	1.9	0.48	0.09～0.12	
M11	Ⅲ T2915 西南部	③	③→M11	长方形竖穴土坑墓	1.4	0.36～0.44	0.24	骨饰、蚌饰、滑石串珠
M12	Ⅱ T1001	②	②→H389→M12	长方形竖穴土坑墓	1.8	0.46～0.56	0.12	
M13	Ⅲ T2815 东南部	②	②→M10→M13	长方形竖穴土坑墓	1.92	0.72	0.16	

附表四　沙塘北塬遗址陶窑登记表

编号	位置	开口层位	打破关系	形制	尺寸（米）		出土器物
					直径	深	
Y1	Ⅲ T1006 东北部	④	④→Y1	竖穴式升焰窑	窑室 1.18～1.34	0.4	圆腹罐、花边罐、方盘、盆、钵、器盖、陶拍、鹿角、骨锥、罐腹底
					操作间 1.67～1.78	0.8～0.98	
Y2	Ⅲ T1104 东北部	④	④→Y2	竖穴式升焰窑	窑室 1.44～1.48	1.01	圆腹罐、高领罐、盆、骨匕
					操作间 2.06	1.26	
Y3	Ⅲ T1104 东北部	④	④→Y3	竖穴式升焰窑	窑室 0.9～1.25		
					操作间 2.46	2.55	
Y4	Ⅱ T1105 西北部	⑤	⑤→Y4	横穴式陶窑	北侧窑室 1.3～0.34		斝、花边罐、圆腹罐、双耳罐、高领罐、器盖、豆
					西侧窑室 0.68～0.7		
					操作间 1.45～1.7	1.2	
Y5	Ⅱ T1003 中南部	②	②→H305→Y5	形制不详	火膛 0.9～1.05	0.76	
					操作间 2.6	0.5	

附表五　沙塘北塬遗址灰沟登记表

编号	位置	开口层位	打破关系	形状	尺寸（米）			出土器物
					长	宽	深	
G1	Ⅲ T0604 南部	②	②→G1	不规则长条形	4.6	0.6～0.9	0.16～0.28	
G2	Ⅱ T1101、Ⅱ T1201 东部 Ⅱ T1102、Ⅱ T1202 西部	②	②→G2	近梯形	9	3.1～5.85	0.25～0.75	
G3	Ⅱ T1003 北部	②	②→G3	长条形	11.75	0.9～1.6	0.75～0.8	圆腹罐、钵、盆、碗、器盖、方盘、陶纺轮、石器、骨铲
G4	Ⅱ T0901 南部	②	②→G4	长方形	4.6	0.84～1	0.38	

后 记

经国家文物局批准，2013、2015、2016年，宁夏回族自治区文物考古研究所对沙塘北塬遗址进行了主动性考古发掘，取得了重要的收获。隆德县文物管理所作为配合单位参与了三个年度的考古发掘工作。吉林大学边疆考古研究中心参与了2015年度的考古发掘工作。项目发掘领队为樊军，主要发掘人员有杨剑、王晓阳、井中伟、刘世友、高科、霍耀等。本报告的系统整理工作于2020年启动，由杨剑负责报告的整理工作。

本报告的编辑出版是一项集体工作的结晶，报告主编为杨剑，副主编为王晓阳、霍耀、樊军，参与编写人员有张长江、张单单、任晋芳。本报告的撰写具体分工如下：

第一章：杨剑、樊军。

第二章：王晓阳、霍耀。

第三章：杨剑、王晓阳、樊军、霍耀。

第四章：杨剑、霍耀、王晓阳、樊军、张长江、张单单、任晋芳。

第五章：杨剑。

遗迹照片由杨剑、王晓阳拍摄。器物照片由边东冬拍摄。

标本线图由贾长有、孙广贺绘制。

最后由杨剑统一核查、校对、修改，完成全书的统稿、定稿。

沙塘北塬遗址的发掘和报告的出版得到了国家文物局、宁夏回族自治区文化和旅游厅（文物局）的大力支持。吉林大学边疆考古研究中心、隆德县文物管理所对发掘工作给予了鼎力帮助。在发掘期间，宁夏回族自治区文物局领导、宁夏回族自治区文物考古研究所领导多次亲临现场进行指导。宁夏回族自治区文物考古研究所朱存世所长对本报告的编写出版给予了悉心指导。浙大城市学院黄义军教授翻译了英文提要。文物出版社为本报告的出版付出了很多努力。在此一并感谢！

经过全体考古报告整理人员的日夜奋战，最终完成了这部大报告。因报告体量较大，在编写过程中难免出现小的偏差或失误，望学界同仁和读者予以批评指正。